21世纪法学系列教材

法学通论

General Introduction to Law

主　编　姚建龙

撰稿人　邓少岭　俞海涛　殷啸虎
以撰写章节为序
　　　　　肖　军　姚建龙　涂龙科
　　　　　邹宏建　孟祥沛　孙大伟
　　　　　陈庆安　陈海锋　刘婉婷
　　　　　李建伟　何卫东　孙　祁
　　　　　王海峰　彭　辉　朱　玥

法律出版社
——北京——
始创于1954年

好书，同好老师和好学生分享

图书在版编目（CIP）数据

法学通论 / 姚建龙主编. -- 北京：法律出版社，2025. -- ISBN 978-7-5244-0479-8

Ⅰ. D90

中国国家版本馆 CIP 数据核字第 2025YS7564 号

法学通论　　　　　　　　姚建龙　主编
FAXUE TONGLUN

责任编辑　罗　欣　王懿智
装帧设计　孙　杨

出版发行　法律出版社	开本　787 毫米×1092 毫米　1/16
编辑统筹　法律教育出版分社	印张　29.25　字数　730 千
责任校对　张翼羽	版本　2025 年 6 月第 1 版
责任印制　刘晓伟	印次　2025 年 6 月第 1 次印刷
经　　销　新华书店	印刷　保定市中画美凯印刷有限公司

地址：北京市丰台区莲花池西里 7 号（100073）
网址：www.lawpress.com.cn　　　　　　销售电话：010-83938349
投稿邮箱：info@lawpress.com.cn　　　　客服电话：010-83938350
举报盗版邮箱：jbwq@lawpress.com.cn　　咨询电话：010-63939796
版权所有·侵权必究

书号：ISBN 978-7-5244-0479-8　　　　　　　　定价：69.00 元

凡购买本社图书，如有印装错误，我社负责退换。电话：010-83938349

出 版 说 明

法律出版社作为中国历史悠久、品牌积淀深厚的法律专业出版社，素来重视法学教育图书之出版。

"21世纪法学系列教材"作为本社法学教育出版的重心，延续至今已有二十余年。该系列一直以打造新世纪新经典教材为己任，遍揽名家新秀，覆盖法学各科，因其卓越品质而颇受瞩目并广受肯定。该系列也一直根据法学教育的改革方向和发展变化的客观需要，不断进行调整重组，以便更好地为法学师生服务。

中国的法学教育正面临深刻变革，未来的法学教育势必以培养德法兼修的高素质法治人才为目标，以素质教育与职业教育相结合、理论教育与实践教育相结合、知识教育与应用教育相结合、国际视野与本土特色相结合为导向，法学教育图书的编写与出版也由此进入更新与创新的时代。

为顺应法学教育的改革方向和培养目标，顺应学科交叉融合和数字技术的发展态势，本社将应时而动，为不同学科、不同层次、不同阶段、不同需求的法学师生量身打造法学教材及教学辅助用书。或革新，或全新，以厚基础、宽口径、多元化、开放性为基调，力求从品种、内容和形式上呈现崭新风采，增强教材的时代性、科学性、实效性和可读性，致力于打造"理想信念塑造、专业知识传授、实践能力培养"三位一体的法学教材与教学辅助用书，为法学师生提供更好的教本与读本。

"好书，同好老师和好学生分享。"本社在法学教育图书出版上必将继往开来，以精益求精的专业态度，打造全新"21世纪法学系列教材"，传播法学知识，传承法学理念，辅拂法律教育事业，积累法律教育财富，服务万千法学师生和明日法治英才。

法律出版社
2025年6月

主 编 简 介

姚建龙

研究员、博士生导师,现为上海社会科学院党委副书记、法学研究所所长、《政治与法律》主编,兼任上海市法学会副会长、中国预防青少年犯罪研究会副会长。受聘为国务院妇儿工委办、最高人民法院、最高人民检察院、公安部、共青团中央等部委咨询专家、听证员、监督员,以及上海市重大行政决策咨询论证专家、上海市政府立法专家、浦东新区区委区政府法律顾问、上海市教委法律顾问等。

曾任重庆市劳教戒毒所民警,上海市长宁区人民检察院副检察长(挂职),共青团中央维护青少年权益部副部长(挂职),华东政法大学教授,《青少年犯罪问题》杂志主编,北京师范大学刑事法律科学研究院博士后研究人员,上海政法学院刑事司法学院院长,上海政法学院党委常委、副校长等。

曾应邀赴韩国江原大学、日本立命馆大学、德国法兰克福大学、意大利罗马大学等作访问学者或学术演讲。2012年在加拿大不列颠哥伦比亚省司法学院警察分院学习,2019年参加上海市委组织部赴美国培训班,2010年和2022年分别在中央党校哲学社会科学教学科研骨干研修班和习近平新时代中国特色社会主义思想一年制理论研修班学习。

主要从事中国特色社会主义法治、刑事法学、青少年法学、教育法学研究,近年来主持国家级及省部级课题十余项,承担国家部委、地方省市委托课题三十余项,在《中国法学》《中外法学》等发表论文二百余篇,出版《新时代中国特色社会主义法治基本问题研究》《浦东新区法规研究》《新时代刑法理论的自觉》等著作多部。

曾获全国未成年人思想道德建设工作先进工作者、全国杰出青年法学家提名奖、上海市十大杰出青年、上海市十大优秀中青年法学家、上海市杰出青年岗位能手、上海市禁毒工作先进工作者、上海市未成年人思想道德建设工作先进工作者、上海市曙光学者、首届全国刑法学优秀学术著作奖(1984—2014)专著类一等奖、第八届高等学校科学研究优秀成果奖(人文社会科学)专著类三等奖、首届高铭暄学术奖二等奖等荣誉。

序　言

党的十八大以来,党和国家开启了新时代全面依法治国的伟大历史进程,形成了马克思主义法治理论中国化的最新成果、全面依法治国的根本遵循和行动指南——习近平法治思想。为了贯彻落实习近平法治思想,坚定不移走中国特色社会主义法治道路,坚持社会主义办学方向,提高法治人才培养质量,加强中国特色社会主义法治理论研究,提升法学研究能力和水平,为在法治轨道上全面建设社会主义现代化国家提供有力人才保障和理论支撑,上海社会科学院法学研究所组织编写了这本《法学通论》。本书坚持以习近平法治思想为统领,并贯穿于全书各章之中。同时,贯彻落实《关于加强新时代法学教育和法学理论研究的意见》要求。

我们组织编写这本书的另一个重要动因是,自20世纪70年代末以来,上海社会科学院法学研究所就是国内最早的法学研究生的培养基地之一。1981年法学所就在全国首批获得了法理学、宪法行政法学、民商法学、国际法学硕士学位授权点。为新时代本科生和研究生提供一本比较系统、深入、全面地阐述法学理论和法律发展的教材,是我们能做的一项非常有益的工作,也是我所加强和提高研究生教育水平的一项重要举措。

《法学通论》的编写原则是,体例上基本按照法学二级学科门类(除了军事法学)安排内容。在具体内容上,每部分的编写都立足新时代中国特色社会主义法治发展成果,体现中国特色社会主义法律体系的特点和风貌,重点介绍各学科和各部门法的基本知识和原理。在语言表达上,既注重法律语言的专业性、规范性,又尽量做到语言简练、流畅,通俗易懂。

本书编写人员为上海社会科学院法学研究所从事相关学科研究和教学的专家学者。具体分工如下(按章节顺序):

第一章:邓少岭副研究员、俞海涛助理研究员;第二章、第三章:殷啸虎研究员;第四章:肖军副研究员;第五章:姚建龙研究员、涂龙科研究员、邹宏建助理研究员;第六章:孟祥沛研究员;第七章:孙大伟研究员;第八章:陈庆安研究员、陈海锋副研究员、刘婉婷助理研究员;第九章:李建伟研究员;第十章:何卫东副研究员;第十一章:孙祁副研究员;第十二章:王海峰研究员、彭辉研究员、朱玥助理研究员。

本书的编写得到了上海社会科学院研究生部领导和老师的关心和支持,得到了法律出版社的大力支持与帮助,值本书出版之际,一并致以诚挚的谢意!

由于时间较紧,学术水平和教学经验有限,我们深知本书一定还存在需进一步完善的地方,衷心希望读者在使用本书的过程中多提建议或意见,以使本书不断更新,更好地反映新时代我国法学研究和法治事业的发展状况。

姚建龙
2025年3月

目　录

第一章　法学理论 ……………………………………………………………… （ 1 ）
　第一节　法理学概述 ……………………………………………………………… （ 1 ）
　第二节　法学的基本概念 ………………………………………………………… （ 3 ）
　第三节　法的本质和价值 ………………………………………………………… （ 12 ）
　第四节　法治 ……………………………………………………………………… （ 20 ）
　第五节　法的运行 ………………………………………………………………… （ 24 ）
　第六节　法与社会 ………………………………………………………………… （ 32 ）

第二章　中国法制史 …………………………………………………………… （ 43 ）
　第一节　中国古代法律的产生与发展 …………………………………………… （ 43 ）
　第二节　中国古代立法与法典编纂 ……………………………………………… （ 45 ）
　第三节　中国古代的刑事法律制度 ……………………………………………… （ 52 ）
　第四节　中国古代的民事法律制度 ……………………………………………… （ 61 ）
　第五节　中国古代的诉讼审判制度 ……………………………………………… （ 68 ）
　第六节　清末的法律修订 ………………………………………………………… （ 76 ）

第三章　宪法 …………………………………………………………………… （ 78 ）
　第一节　宪法的基本理论 ………………………………………………………… （ 78 ）
　第二节　宪法的基本制度 ………………………………………………………… （ 84 ）
　第三节　公民的基本权利与义务 ………………………………………………… （ 87 ）
　第四节　国家机构 ………………………………………………………………… （ 95 ）
　第五节　宪法的运行 ……………………………………………………………… （105）

第四章　行政法与行政诉讼法 ………………………………………………… （112）
　第一节　行政法概述 ……………………………………………………………… （112）
　第二节　行政主体 ………………………………………………………………… （114）
　第三节　行政行为概述 …………………………………………………………… （116）
　第四节　行政处罚与行政许可 …………………………………………………… （117）
　第五节　行政强制与行政立法 …………………………………………………… （119）
　第六节　行政协议与行政规划 …………………………………………………… （120）
　第七节　行政程序 ………………………………………………………………… （122）
　第八节　行政赔偿 ………………………………………………………………… （128）

- 第九节　行政复议 …… (131)
- 第十节　行政诉讼概述 …… (133)
- 第十一节　行政诉讼受案范围与管辖 …… (135)
- 第十二节　行政诉讼参加人与证据 …… (136)
- 第十三节　行政诉讼程序与裁判 …… (141)

第五章　刑法 …… (145)
- 第一节　刑法概述 …… (145)
- 第二节　犯罪 …… (150)
- 第三节　刑罚 …… (165)
- 第四节　刑法分则 …… (174)

第六章　民法 …… (196)
- 第一节　民法总论 …… (196)
- 第二节　物权法 …… (204)
- 第三节　合同法 …… (211)
- 第四节　人格权法 …… (219)
- 第五节　婚姻家庭法 …… (223)
- 第六节　继承法 …… (228)
- 第七节　侵权责任法 …… (231)

第七章　商法 …… (236)
- 第一节　商法概述 …… (236)
- 第二节　商法的立法体例和渊源 …… (240)
- 第三节　商主体 …… (242)
- 第四节　商行为 …… (245)
- 第五节　商号 …… (248)
- 第六节　公司法 …… (250)
- 第七节　证券法 …… (256)
- 第八节　保险法 …… (259)
- 第九节　票据法 …… (264)
- 第十节　破产法 …… (266)

第八章　诉讼法 …… (269)
- 第一节　诉讼基本原则 …… (269)
- 第二节　诉讼制度 …… (276)
- 第三节　诉讼证据 …… (286)
- 第四节　诉讼程序 …… (291)

第九章　经济法 (305)

　第一节　经济法总论 (305)
　第二节　宏观调控法律制度 (312)
　第三节　市场规制法律制度 (320)
　第四节　所有制经济法律制度 (327)
　第五节　经济成员权益保护法律制度 (333)

第十章　环境与资源保护法 (342)

　第一节　环境与资源保护法概述 (342)
　第二节　环境与资源保护法律体系 (347)
　第三节　环境与资源保护法的基本原则和法律制度 (352)
　第四节　国际环境法 (362)

第十一章　国际公法 (368)

　第一节　国际法概述 (368)
　第二节　国际法与国内法 (373)
　第三节　国际法上的国家、居民与领土 (375)
　第四节　国际组织 (377)
　第五节　海洋法、国际航空法和外层空间法 (380)
　第六节　条约法 (384)
　第七节　外交和领事关系法 (390)
　第八节　战争和武装冲突法 (392)

第十二章　国际私法与国际经济法 (396)

　第一节　国际私法概述 (396)
　第二节　冲突规范与准据法 (399)
　第三节　国际民商事争议的解决 (413)
　第四节　国际经济法概述 (420)
　第五节　国际贸易法 (425)
　第六节　国际投资法 (444)

第一章 法学理论

| 内容概要 |

法理学力图对法的基本概念和知识作出说明,从而是法学的入门学科。法理学同时又是力图对法律现象进行深层次(自然,这种层次是随时随地而不同的)追问、反思所形成的理论成果和智慧结晶,从而又是常学常新的法学进阶学科。马克思主义法理学具有自己的特色和优势。本章作为法理学的简要介绍,共分六节。第一节介绍法理学的对象与性质,以及马克思主义法理学。第二节选择法学的最重要的共通概念进行了梳理,对作为重要社会调整子系统的法进行了简明解剖,从系统的观点对法进行了整体性说明。同时,也对习近平法治思想的理论意义和核心要义进行了阐释。第三节着重从较深层次阐述法的本质、概念和价值问题。法治是包括当代中国法在内的现代法的结构原则和价值取向。第四节对法治的原理作出概要性勾勒。法学既要对静态的法进行描述,更要对法的运动过程进行勾画。第五节是法的运行的理论和知识。法的产生、发展和运行都是在一定的社会中发生的,法与社会有紧密而复杂的关联,法和社会的关系成为第六节的内容。

第一节 法理学概述

一、法理学对象与性质

法理学是法学体系中处于基础理论地位的学科,它以法的总体性、普遍性、根本性问题,如法的定义和本质、法的合理性和正当性、法的社会根源、法的遵守的机制和影响因素等,为研究对象。

法理学研究针对"全部法律现象,其对象是集合了各种法律制度、法律观念、法律文化等的'总体之法'[1]",它贯通立法和法律实施的全过程,力图把握历史和现实中出现的所有法现象,穿透宪法和部门法、国内法和国际法,揭示其中共通的普遍的内在规律。因此,法理学可被称为法学的一般理论。

法理学不同于其他法学学科,在于它提供的不是具体的知识,而是法律领域中的根本问题及其解决方式,在具有世界观层次的意义上讲,它就是法哲学。因此,法理学可以为其他法学学科提供的往往不是具体的答案,而是更为根本的启示。

法理学提供对法律的基本看法和总观点,为法学研究提供不同的分析和观察视角,这意味

---

[1] 孙国华、朱景文主编:《法理学》(第6版),中国人民大学出版社2023年版,第9页。

着法理学具有法学方法论的意义。同时,法理学中包含的法学认识论和方法论内容,对其他法学学科也具有宏观上的引领和启发意义。所以,法理学可谓法学的方法论。

法理学是一定社会中的观念上层建筑的组成部分。"在观念上层建筑中,往往存在着多种意识形态,但只有反映并服务于该社会占统治地位的生产关系的意识形态,才能决定该社会观念上层建筑的性质。"[2]一定社会存在基础上的法理学,除为观察分析法律现象提供认识的功能外,还具有法学意识形态的性质和功能。不管是否意识到,法理学中的许多内容,都与不同时代不同阶级的意识形态密不可分。同时,不同时代的法理学,尤其是其主流法理学,往往又在该社会法律意识形态中占据主导地位。法理学既具有真理和认识旨趣,又具有意识形态属性。

二、法理学的特点

法理学旨在探讨法的基本而重要的问题,这些问题往往会反复出现从而使法理学问题带有几分"永恒"性。由于法理学要回答的问题具有根本性,从而这些问题及其解答往往比较抽象。相对于部门法学,法理学的主题、方法、边界往往具有较大的不确定性。不管是作为知识的活动和成果,还是作为意识形态,法理学都是随着时代而不断变化和调整的,是确定性、稳定性和变动性的统一,是统一性和多样性的统一。法理学具有一定的世界性、共同性,但也必然具有民族性,各国各民族的法理学往往具有自己的特色和不同的侧重点。

三、马克思主义法理学

(一)马克思主义法理学的形成

对法律现象进行深层次思考的法律思想和理论有悠久的历史,近代以来,法理学更是获得了长足发展,取得了丰富成果。马克思主义在对人类法律文明成果和法律思想进行扬弃的基础上,立基于无产阶级和人民大众的立场,形成了对法律现象更为科学的解释和说明,为服务于无产阶级和人类解放的法学、法理学提供了世界观、方法论指导,并形成了一系列独特性的认识成果、话语方式和理论体系。

(二)马克思主义法理学的特点

与剥削阶级法学相比,马克思主义法理学具有鲜明的特点。第一,马克思主义法理学,以唯物史观为指导思想。第二,马克思主义法理学具有以人民为中心的核心价值观。第三,马克思主义法理学是阶级性和科学性的辩证统一。第四,马克思主义法理学提出了一系列重大而独到的理论观点。

(三)马克思主义法理学中国化

马克思主义法学是开放的理论,而不是一成不变的僵化的教条,它必定可能且应该随着时代的发展而发展,它的内容必然随着不同民族和特定国家的具体情况而不同,表达方式也会形成与具体时代和民族相适应的特色。"在人类思想史上,没有一种思想理论像马克思主义那样对人类产生了如此广泛而深刻的影响。"[3]与中国革命、建设、改革开放以及新时代中国特色

---

[2] 马克思主义哲学编写组:《马克思主义哲学》(第2版),人民教育出版社、高等教育出版社2020年版,第159~160页。

[3] 习近平:《在纪念马克思诞辰200周年大会上的讲话》,人民出版社2018年版,第10页。

社会主义具体实际相结合,马克思主义法学、法理学实现了三次历史性飞跃,形成了毛泽东思想中的法学思想、中国特色社会主义法学、新时代中国特色社会主义法学。第三次伟大飞跃的最重要的实践成果就是形成了习近平法治思想。

习近平法治思想是一个内涵丰富、论述深刻、逻辑严密、系统完备的科学理论体系,是马克思主义法治理论中国化的最新成果,是习近平新时代中国特色社会主义思想的重要组成部分,是全面依法治国的根本遵循和行动指南。习近平法治思想是推进马克思主义法治理论中国化时代化的最新成果,是对中国特色社会主义法治理论的重大创新发展,是当今时代最鲜活、最具有原创性的马克思主义法治理论。

习近平法治思想的核心要义和理论精髓集中体现为习近平总书记在中央全面依法治国会议上明确提出并深刻阐述的"十一个坚持",即:坚持党对全面依法治国的领导;坚持以人民为中心;坚持中国特色社会主义法治道路;坚持依宪治国、依宪执政;坚持在法治轨道上推进国家治理体系和治理能力现代化;坚持建设中国特色社会主义法治体系;坚持依法治国、依法执政、依法行政共同推进,法治国家、法治政府、法治社会一体建设;坚持全面推进科学立法、严格执法、公正司法、全民守法;坚持统筹推进国内法治和涉外法治;坚持建设德才兼备的高素质法治工作队伍;坚持抓住领导干部这个"关键少数"。这"十一个坚持",深刻回答了为什么实行全面依法治国、怎样实行全面依法治国等一系列重大问题,既是重大工作部署,又是重大战略思想。

第二节　法学的基本概念

本节择取数个或数组法学的基本概念,力图从总体上对法的现象进行解剖。法的基本要素是法律规范,规范构成法律部门和法律体系。权利义务是法律现象的核心内容。法是社会调整规范系统的分支,法律调整是法和社会的中介,它产生于社会并有目的地对社会施加重要的影响。法律调整是包括价值观在内的社会各因素与法的专门技术因素的有机结合。

一、社会调整与法

(一)社会调整

每个人都生活在社会中,而每个社会都存在社会调整。所谓社会调整,又称社会控制,是指特定社会实施的使其成员行为符合一定秩序的方式和机制。社会越复杂,其调整机制就越复杂。越是复杂的社会,其调整越是需要以行为的模式标准即规范作为工具,而且这些规范也往往是"成体系"的。社会调整就是以体系化的规范为工具调整人们的行为,使社会摆脱偶然性和任意性带来的混乱和失序从而保持一定程度的稳定性和秩序性而不至于解体的综合机制。

(二)社会调整系统

社会调整的方式可以多种多样,如道德、宗教、习俗、政治和行政等,这些不同类别的调整方式相辅相成构成社会的调整系统。

(三)社会调整分类

社会调整可以基于不同的目的而有不同的分类。现择其二述之。

1.社会调整可以分为正式调整和非正式调整。非正式社会调整往往没有被明确清晰地加以阐明,也没有专门和正式社会组织来执行它。正式社会调整则由正式社会组织如国家、宗教组织、公司等实施,其规则往往比较明确,其保障也比较自觉而清晰,措施可能有奖金、升迁、罚款、开除等,甚至可能剥夺生命。简单传统的社会里,非正式控制往往就已可胜任,但复杂的大型社会则必须要有正式的社会控制。法律是正式的社会控制。

2. 社会调整可分规范性调整和个别性调整,二者是相对而言的。个别性社会调整只针对个别的人、个别的事和具体的情形,属于个案式解决。规范性调整则是对相同的事件和相同情形采用相同的处理方式。个别性调整方式就像给某个人做向导,一直把人带到目的地。规范性调整方式则相当于给路人地图,每个人均可接受地图指引找到目的地。规范性控制是经由长期历史演进在个别性调整的基础上发展起来的。法律主要是规范性调整,但也可能把个别调整吸收进来。

(四)法是一种特殊规范

因为规范是社会调整的重要力量,所以社会调整系统就成了社会规范调整系统。法和法律规范是社会规范调整系统的一个分支和一个子系统,在近现代社会,法和法律取得越来越突出的地位,发挥着更为重要的作用。

社会控制中,规范是重要的手段,法律则是一种特殊的社会规范。与其他规范一样,法律也同样是行为的模式和标准,对人们的社会行为有指引和评价的作用。但法律还有自己鲜明的特点。第一,有社会即有规范,但不能说有社会即有法律。法律是社会发展到一定阶段的产物,是社会出现了阶级、阶级统治和国家之后才产生的社会控制方式。第二,法律是国家意志的体现,而且有正式的国家强制力保障其实施。第三,一般而言,法律是比较发达的社会控制方式,它往往有着复杂的结构和体系化、专门化的形式,在近现代更是如此。第四,现代社会,法律在社会控制体系中往往要求至上的地位和正当性。法律与道德、宗教等其他调整方式相辅相成,但法律因其内在性质和优点而要求高于其他控制方式的地位,若其他调整方式与法律发生冲突,则其他方式应该作出让步。

二、法的要素(上):法律规范

法律规范是法的细胞和基本要素,具有极其重要的意义。

(一)法律规范的含义和特征

1. 法律规范的含义

法律规范与法律规则基本等义,是指国家制定或认可的、规定了社会关系参加者在法律上的权利义务、给社会主体以具体的行为模式指引的、以国家强制力作为其保障的、具有普遍约束力的行为规则。

法律规范虽有强制属性,但它并不简单等同于以威胁为后盾的命令。规范之为规范,首先在于其对于人们的行为具有提供标准的作用。存在规范,意味着最低限度地对相似情形进行相似处理,所以具有起码的平等存在,也体现着对命令的任意性加以约束和限制的要求。

在这里我们需要明确,法律规范并不等于法律条文。第一,法律条文是规范性法律文件的构成要素,是法律规范的表现形式。法律规范要通过法律条文来表达,法律规范是法律条文的内容。但是,法律规范也可以不以法律条文的形式来加以表达,比如,不成文法中的规则就可以用其他方式来体现。第二,法律条文除了表达法律规范,还要表达法律原则、法律概念和法律技术。第三,虽然有时候,一个法律条文恰恰表达了一个法律规则,但法律条文和法律规范往往不是一一对应的。一项法律规范可以表现在不同的法律条文甚至不同的法律文件中,反过来,一个法条可能只反映一个规范的一部分,也有可能表达数个规范。

2. 法律规范的特征

第一,法律规范不同于个别性调整方案,它是可以而且应该反复使用的一般标准,只要该人该事处于其效力范围之内。第二,法律规则不同于建议、劝告和号召、提倡,因为它既提供了明确的行为模式,又是与必须遵守的强制力和义务内在地相联系着的。第三,法律规则与国家强制力相连,这使它区别于其他社会规则。第四,法律规范规定了社会关系参加者的权利义务,也规定了违反其要求时的法律责任和制裁。第五,法律规则技术水平高,自觉性强,不仅结构往往比较完备,而且内在地要求所有规则构成一个层次分明、分工明确的和谐体系。

(二)法律规范的逻辑结构

法律规范是发达的规则,往往具有严密的逻辑结构。关于法律规范的逻辑结构,学界有三要素说和两要素说之分,两说各有其优胜之处,以下分别加以介绍。

1. 三要素说

三要素说认为,法律规范由假定、处理和制裁三个部分组成。其中,假定指规定适用该规范的某种情况或某种条件,当该情况或该条件出现时,法律规范规定的行为模式便生效。处理指规范中为主体预先规定的行为模式,可分三种,即可以为、必须为和禁止为。制裁则是指当主体违反法律时应当承担的法律责任和国家所应施与的强制措施。

这三个要素是具有内在联系的统一整体,当出现假定所说的情况和条件时,主体就应该、可以或不应该为某事,而如果主体不为其所应为或为其所不应为,就应该接受相应的法律后果,承担法律责任,接受法律制裁。这三要素之间的关系可以表述为:"如果……则……否则……"举例而言,如果发生火灾,消防警察应该及时出警救火,如果没有及时出警救火,则应受某种处罚。又如,禁渔期禁止捕捞,如捕捞,则受罚。

我们可以看出,这两个例子一个是关于应该的规范,另一个是关于禁止的规范,三要素说对这两类规范都可以予以较好的说明,但是关于允许的规范,就有观点认为三要素说显得不太能解释清楚了。不能不说这种质疑有其合理性,但是我们应该也可看到,在关于允许和自由的规范中,主体不应超越自由的界限,不应滥用自己的权利,否则也会引起法律责任和制裁。

2. 两要素说

两要素说认为,法律规范由行为模式和法律后果组成。行为模式是指法律规范规定的人们可以这样行为、应该这样行为、不得这样行为的行为方式。行为模式是在舍弃了千差万别的主体行为的具体细节的基础上,将其相同因素加以抽象而形成的。根据行为模式的差别,法律规范相应可分为授权性规范、义务性规范和禁止性规范。法律后果是法律对具有法律意义的行为赋予或肯定或否定的评价和相应的措施。法律后果大体而言有两类:一类是肯定性后果,即法律承认其为合法或有效,甚至予以奖励。另一类是否定性后果,即不予承认或加以撤销,或给予制裁。

两要素说理解起来自然平易,容易让人接受。但三要素说也有一个明显的优点,就是它更明显地抓住了法律控制的一个特点,即其最终的效力来源和实效的保障都来自国家及其强制力,这正是法律与其他社会规范的不同所在。

(三)法律规范的分类

人们从不同的需要出发用不同的标准对法律规范做出过各种各样的分类。以法律规范自身特点及其在法律调整中的作用方式、方向、职能等为标准的分类更富有法理学意义,值得推荐,以下介绍其中的3种。

1. 依据法律规范规定的行为模式的方向的不同,可将法律规范分为授权性规范、义务性规范和禁止性规范。

授权性规范是指指示社会主体可以作为、不作为或要求别人作为或不作为的规范。主体可以作为或不作为之自由,是行为权;主体可以要求他人作为或不作为之权,是请求权。现代社会里,法律中的授权性规范占有首要地位,特别是在民商法中更加明显。义务性规范是规定主体应当或必须作出一定积极行为以实现一定利益的规范。禁止性规范规定主体不得作出一定行为,即规定主体的消极的不作为义务。这两种规范也就是令行禁止,有时被合称为义务性规范。相对于权利的可以放弃,义务则具有强制性,不可放弃。义务性规范对他人和社会是有利的,对于义务人则常常意味着不利或利益牺牲。

有一类规范比较特殊,它既授予主体以权利,但这权利同时又有义务的性质。这种规范大多用于规范国家机关及其活动,一方面,这种规范授予机关或官员以权利或权力,以管理社会或与其他机关互动,另一方面,这些权力相对于国家而言又是义务,不可放弃,不可转让。这类规范被有些学者叫作权义复合性规范。

2. 根据法律是否允许当事人进行调整,即是否可以按照自己的意愿自行设定权利和义务,可以把法律规范分为强行性规范和任意性规范。前者不问个人意愿如何必须加以适用,后者的适用与否则由个人自行选择。这种分类法在古罗马就早已存在。这种分类法与上述第一类分类法有密切联系,但并不能等同。第一种分类法着眼于行为模式的方向的差异,强行性规范与任意性规范之分别则在于所保护的利益是公益还是私益以及法律效力强弱。强行性规范涉及公共利益,较多存在于公法如刑法、行政法之中。任意性规范主要涉及私人利益,较多存在于民商法之中。

3. 根据规则所调整的行为是否发生在该规则产生之前,把法律规则分为构成性(constitutive)规则和调控性(regulative)规则。有不少行为,如驾驶汽车、订立合同等,不待法律规制就已经存在,汽车能够行驶与否,与限制车速之规范并没有实质性联系。但另一类规则就很不同,如象棋游戏,如果没有游戏规则,游戏行为就无法进行,游戏规则在逻辑上成为游戏行为的组成部分。构成性规则在法律中也是很多的,典型者如诉讼规则,如果没有诉讼规则,诉讼行为就没法进行;诉讼规则是诉讼行为逻辑上的构成部分。调控性规则是社会现实关系的更为直接的法律表现,构成性规则体现着对社会关系的积极建构。

三、法的要素(下):法律原则、法律概念、法律技术

法律规范是法律系统的最基本因素,除了法律规范,法的要素还包括法律原则、法律概念和法律技术等。

(一)法律原则

有一个经典案例:一个16岁的男孩谋杀了他的祖父,为的是早日继承祖父的遗产。祖父已经立下合法有效的遗嘱,使这个男孩成为财产的继承人。该男孩显然应负刑事责任,但他继承祖父遗产的权利是否要受到影响?按照法律规则,他虽弑祖,但仍是合法继承人。他的姑姑将其起诉于法院。法院依据"一个人不能从其不当行为中得利"的法律原则剥夺了这个男孩的继承权。这个案例说明,有时候仅仅依据法律规则来处理案件可能会带来实质性的不公甚至

荒谬,此时就可引用法律原则作为指引来处理疑难问题。

法律中的法律原则是指反映法律制度的根本价值,促进法律体系的协调统一,为其他法律要素提供指导,保障法律运作动态平衡的基本准则和原理。

法律原则具有法律规则所无以替代的意义,其功能不仅体现在立法上,也体现在法律适用和法律推理中,具体而言包括:(1)法律原则对法律制定具有指导意义,可以给法律提供统一的精神和价值指引,保障法律整体的和谐;(2)法律原则对于人们理解法律提供了提纲挈领的作用;(3)许多法律原则可以直接作为判案的依据;(4)法律原则可在疑难案件或法律空白出现时作为处理案件的指引。在判例法的情况下,法律原则的作用表现在三个方面:(1)限制法律规则的范围;(2)扩大法律规则的范围;(3)在出现法律空隙时,在法律原则指引下,创造新例并最后建立新规则。

原则与规则的一致之处是比较明显的,下面我们看看二者的区别。其一,原则因其抽象度和概括度较高而适用领域广泛,所调整的行为的范围较大一些。规则指引则更加明确和具体,涵盖范围就窄一些。比如,程序公正原则就比"法官与案件有利害关系则应回避"这条规则的适用领域要大。其二,原则具有较高的稳定性,规则则比较容易随社会变化而较快地变化。其三,规则是以"全部或者没有"的方式而适用的,比如在该区域限速30公里,某司机车速要么合乎该规则要么不合乎该规则。与此不同,法律原则则具有较大伸缩性,比如"任何人不应从自己错误中得利"这一原则就并非时时要加以严格应用。其四,法律原则是人们在一定情况下必须考虑的,但它本身不一定就能解决问题。其五,在几个原则发生冲突时,决策者可能要权衡不同原则的比重。此时,一个原则可能成为决定的主要依据,但对其他原则并非完全弃之不顾,也要加以适当考虑。与此相反,当几个规则发生冲突时,只能是一个有效,其他的就无效或应加以修正。

(二)法律概念

法律概念是构成法律规则和法律原则的元素,对于法律规则和法律原则的适用也有其不可缺少的功能。没有概念,整个法律大厦就会瓦解。法律概念是对各种有关法律的事物、状态、行为等进行概括而形成的法律术语。这些概念并不是法律工作者和法学家的任意创造,而是对大量社会生活和法律生活的概括和提炼。法律概念依其涉及的内容可分为涉人概念、涉事概念、涉物概念。涉人概念有公民、法人、被告等;涉事概念有故意、代理等;涉物概念有时效、有体物等。例子是大量的,这里只是稍稍提及。

(三)法律技术

除了法律规范、法律原则和法律概念,法律中还有一种要素叫法律技术。法律的技术性规定主要包括以下几类:其一,关于纯粹技术性事项和事宜的规定。比如关于升降国旗的规定。其二,关于法律生效、失效或有效期的规定。比如规定法律于何时生效,何时失效。其三,关于法律制定和实施的技术的规定。比如,不同机关制定的各种各级法律的名称可以叫什么,不可以叫什么的规定。法律技术是法律非常重要的构成部分,所谓"工欲善其事,必先利其器",正好可以说明这种情况。普通法系和大陆法系的区别恰恰在于技术方面。当然,法律技术有宏观微观之分(此处即是从微观言说),而且有的技术在法律文件中有所规定和要求,有些则并没有明文加以规定。同时,法律技术也必须与其他法律元素相结合才能发挥作用。

四、法的系统(一):法律体系

(一)法律体系的概念

法律体系,是一国现行有效的全部法律规范,按照一定的原则或标准被划分成若干个不同的部门,而由这些法律部门形成的内在统一、相互联系的系统。法律体系概念揭示的是法的内在结构。

(二)划分法律部门的标准

一般认为,划分法律部门的标准,首先是法律调整对象,其次是法律调整方法。

划分法律部门的首要标准是法律的调整对象,也即社会关系。调整性质相同或相近的一定量的社会关系的法律规范构成一个部门。不同的社会关系则要求不同的法律部门来调整。

法律调整方法,是对一定的社会关系施加有目的的影响的特殊的法律手段和方法的总和。法律调整对象指的是法律调整什么的问题,法律调整方法指的是如何调整的问题。虽然调整的对象相同,但有时出于一定目的却需要用不同的调整方法,由此也可形成不同的法律部门。

(三)当代法律体系的三大部门群

在法律部门之上,相近的数个部门构成部门群。传统上法律体系常被划分为公法和私法两大部门群,但进入20世纪后,出现了公法和私法相互混合的趋势,作为公法和私法结合体的社会法出现并不断发展。

公法包含的部门法主要有行政法、刑法、诉讼法等,它的法律关系主体常常至少有一方是国家机关,公法被认为是关涉国家和社会利益的法律,这类法律需要运用集中的、"管"的,甚至强制的调整方法。

一般认为私法主要指民商法、婚姻法等,它的法律关系主体间常常是平等的,被认为主要涉及私人利益,是首先强调法律关系主体以自己的意志自由处理事务的法律,这类法律主要是授权性规范,运用的是"放"的、分散的方法。

社会法主要包括经济法、劳动法和社会保障法等,调整方法是公法和私法方法的结合,综合运用任意性调整方法和强制性调整方法。

五、法的系统(二):法制

(一)法制的含义

此处所谓法制,是法律制度的简称,是对一定时代特定国家实际存在的法律现象的总称,其外延包括但又远大于法律规范,是一个国家整个法律上层建筑的系统。

(二)法制的构成要素

仅对法律制度从现象而非本质层作解剖,可以认为,法律制度由法律规则及其体系、法律实践和法律意识所构成。

法律规则及其体系是法的内在结构形式。法律实践指法在社会中的运动形式,包括社会主体的各种法律行为,既包括国家各种机关的行为,也包括公民和社会组织的行为,涉及立法、执法、司法、法律监督各环节和守法、用法各种活动。法律意识对法律实践具有重要作用,它常常因时代、地域、传统、社会性质和发展阶段的不同而不同。

(三)法制术语的启示意义

法律规则、法律意识和法律实践是一个有机联系的整体,同时又是一个互相衔接、互相影响的动态系统。这一概念至少可以有两方面的启示：第一，法律的纸面规定和实际运行、实际效果之间常常因存在距离而无法完全一致，甚至会出现立法相同而效果大异其趣的情形。第二，各国法律制度的同异，不能简单只看某一要素或局部，而必须放在整个体系和整体中去分析，不能只见树木，不见森林。

六、法的系统（三）：法律调整[4]

（一）法律调整的概念

法、法制、法律调整都是从整体、总体、综合的层次上把握法律现象的概念。法律调整这一术语更加注重在运动中，在相互联系和相互制约中来分析和认识法是怎样在生活中起作用的。法律调整，是从法的运作方面描述法的实现、法在生活中如何起作用的一个范畴。

"法律调整是根据一定社会的社会生活的需要，运用一系列法律手段（法律规范、法律关系、实现法的活动等），对社会关系施加的有结果的规范组织作用。"[5]

法律调整的过程包含四个阶段：（1）法律规范形成和生效。法律规范开始把社会关系纳入法律调整范围，开启法律调整过程。（2）法律事实出现。法律事实出现导致法律关系产生或变更、消灭。（3）法的实现达成。法律规范的应然内容转化为法律关系参加者具体的权利义务，再转化为社会关系参加者的实际行为，权利被享有，义务被履行，禁止被遵守，由此法得以实现达成。（4）法律适用阶段。很多时候，法的实现需要国家有权机关排除障碍，或把一般性的规范与具体的事实相结合，这就是法的适用。法律适用阶段是一个机动阶段。这四个阶段其实就是法的创制和法的实现两大阶段。

（二）法律调整的特点

法律调整与其他社会调整的不同之处在于：第一，法律调整是运用专门法律手段进行的调节，具有严格的规范性和组织性，显示出一定程度的技术水平；第二，法律调整是有目的、有结果的调整，同时以国家强制力为后盾；第三，法律调整与国家密不可分，对社会关系所作的规范性调整反映统治阶级（掌握国家权力的阶级）的价值观，是国家对一定行为的赞成、禁止、容许的态度宣示。

（三）法律调整对象

法律调整对象是社会关系参加者的意志行为，这种行为从动态来看其实就是社会关系。法律调整的是主体际关系，即人与人的关系或社会关系。人与非主体的客观物件的关系不是法律调整对象。

法律调整对象具有这些特点：首先，法律调整的对象是社会关系，自然现象和客观事物都难以成为法律的调整对象；其次，法律调整的是通过人的意识和意志发生的具体社会关系，主体被假定为具有独立判断能力和意志自由；再次，法的调整对象不包括因社会生活客观规律而发生的大规模的、群众性的社会过程；最后，法律调整的是那些客观上要求调整同时又被统治阶级认为重要的社会关系。

（四）法律调整机制

法律调整机制是用来保证对社会关系实现有效法律影响的各种法律手段的系统。该系统

---

[4] 孙国华、朱景文主编：《法理学》（第 6 版），中国人民大学出版社 2023 年版，第 92～104 页；公丕祥主编：《法理学》（第 3 版），复旦大学出版社 2016 年版，第 89～111 页。

[5] 孙国华、朱景文主编：《法理学》（第 6 版），中国人民大学出版社 2023 年版，第 92 页。

包括的法律手段主要有法律规范、法律关系、权利义务、法律责任、法律制裁、法律解释、法律推理、法律续造等。

七、权利、义务、人权

法是以权利义务为机制来调整社会主体行为和社会关系的,权利和义务是法学的基本范畴。权利和义务是法律规范的核心内容,它贯穿于法律运行的诸环节和各领域,而且,权利和义务也是法的价值得以表现和实现的方式。权利义务的确立、宣示和落实,也同时是社会主导价值取向的确认、传播和实现。

(一)权利、义务的含义、构成和存在形态

1. 权利和义务的含义

权利、义务是具有道德、社会、法律等多层意义的范畴,就权利而言,其核心意义是社会主体被一定社会的价值观和规范系统所承认、允许乃至保障的行为自由。这种行为自由在一定的历史社会条件下具有一定的性质、水平、方式和范围。义务则是社会主体在一定的价值观和规范系统之下所必须接受和负担的行为(作为或不作为)及其界限。

2. 权利的构成

权利是行为自由、利益、意志性和正当性的综合体。首先,行为自由是权利的基本构成要素。权利从其形式上看是"一定社会中的被允许的行为自由的方式、程度、范围、界限、标准"[6]。其次,利益是权利的另一构成要素。利益是权利的依托,是权利的根本内容,是人们享受权利的目的所在。再次,意志性是权利的第三个构成要素。权利包含着行为主体的个体意志与社会整体意志(在阶级社会其实质是掌握政权阶级的意志)的结合。最后,权利的第四个要素是正当性。权利与正义密不可分,如果没有一定的价值观念、正义标准和相应的规范系统,权利就缺乏存在和证成的根据。权利总是被认定为是正当的自由和利益,是应该得到的份额。

义务的构成与权利相似,但方向是相反的。

3. 权利和义务的存在形态

一般而言,权利义务可以有三种存在形态,分别是应有权利和义务、法律权利和义务、现实(实有)权利和义务。权利义务三种存在形态同时也是其三个发展阶段:(1)应有权利和义务。应有权利实质上是道德意义上的权利,是未被法律明文规定但主体认为应当享有或被承认为应当享有的权利。应有义务是虽未被法律明文规定,但根据社会关系的本质和价值观,应当由主体承担和履行的义务。(2)法律权利和义务。"法律权利是规定或隐含在法律规范中、实现于法律关系中的,主体以相对自由地作为或不作为的方式获得利益的一种手段。"[7]相对而言,"法律义务是设定或隐含在法律规范中的,并且是对具体存在于一定的法律关系中的主体,以必须或应该作为或不作为的方式保障权利主体实现或获得利益的一种约束"[8]。(3)现实权利与义务。现实权利与义务是权利义务运行周期的终点,同时是新周期的起点,是法定权利义务的具体落实,权利得到真正享有,义务得到具体履行。

---

[6] 吕世伦、文正邦主编:《法哲学论》,西安交通大学出版社、北京理工大学出版社2016年版,第351页。
[7] 张文显主编:《法理学》(第5版),高等教育出版社、北京大学出版社2018年版,第130~131页。
[8] 吕世伦、文正邦主编:《法哲学论》,西安交通大学出版社、北京理工大学出版社2016年版,第199页。

(二)权利和义务的关系

权利义务是对立统一的矛盾关系。二者是对不同事物的表征。权利表征利益、主动、自主性和自由,义务表征负担、负利益、被动和强制。二者有重大的差异,但不能认为二者是完全对立的关系,它们之间存在着统一性和一致性。

首先,二者在本质和本源上的同一性。权利义务无论多么丰富多彩,都是一定社会物质生活条件的上层建筑组成部分,其内容、水平都深深受制于生产方式、地理、人口等具体状况。权利义务是社会主体在物质生产过程中形成的摆脱偶然性和任意性的、稳定的、必然的利益关系的规范化表现。法律上的权利义务关系都具有国家强制性,同时又都是一定社会的阶级利益关系的表达。这种被上升为国家意志的统治阶级意志,同时还具有占主导地位的价值评价上的正当性。权利和义务都是一定社会的物质生活关系、利益关系和道德正当性的综合。

其次,二者在运作中相互依存和转化。其一,总体上说二者相互依存,都不能孤立地存在和发展,一方的存在和发展必须以另一方的存在和发展为条件。"没有无义务的权利,也没有无权利的义务"[9]。其二,二者在一定条件下会互相转化。权利行使和义务履行都有一定的界限,一旦越过边界便发生了转化,权利成为义务,义务成为权利。其三,现代社会,权利和义务在不同的主体之间的分配不能差距太大,不能出现一方只享受权利而不承担义务,或者只承担义务而不享受权利的情形。

再次,二者在法律调整机制中的功能上存在相互支撑关系[10]。其一,就法所确认和保护的利益而言,权利和义务具有目的和手段的关系。法的价值目标和所欲维护的利益与对其加以直接体现的权利得以确立之后,义务成为必不可少的实现目标的手段。没有义务,权利和价值就难以实现。其二,就法所提供的行为模式给行为主体提供的自我选择的余地和自由度而言,权利提供不确定指引,义务提供确定性指引。权利指引留给主体的空间大,可以自由行动的程度高。义务指引则不同,它所设定的行为模式是应为或勿为,主体无法任意选择,选择余地较小。其三,就法的调整所指向的价值而言,权利的不确定指引更有助于自由的实现,义务的确定性指引和约束机制则更加有利于秩序的建立。自由和秩序都是社会所需要的基本价值,权利义务的配合是实现这两项价值目标的必备且重要的手段,但在互相配合中二者的侧重点显然有所不同。

最后,社会主义法中权利义务的价值定位有主次之别。权利义务的价值地位是否有主导与非主导之分,在功能上是更重限制、惩罚还是保护、教育、引导、组织、管理,这就是法的重心或本位问题。在不同的历史阶段和不同的社会中,对于不同的主体,法律体系中的权利义务确实有轻重之分。古代法中,权利义务是失衡的,对于广大人民来说,义务远多于权利,是义务本位。现代社会确立了法律面前人人平等的原则,至少在形式上,法律体系对于公民来说是权利本位的。权利本位具有这样四个基本特征[11]:其一,权利本位意味着法律面前人人平等,任何人不因性别、种族、肤色、语言、信仰等的差异而被剥夺权利主体资格,在基本权利分配上被歧视,在基本义务上被任意加重;其二,在权利义务的关系范围内,权利是目的,义务是手段,权利是义务存在的意义和根据;其三,对于公民和社会组织而言,如果法律没有明确禁止或强制,则

---

[9]《马克思恩格斯文集》(第3卷),人民出版社2009年版,第227页。
[10] 张文显主编:《法理学》(第5版),高等教育出版社、北京大学出版社2018年版,第135~136页。
[11] 张文显主编:《法理学》(第5版),高等教育出版社、北京大学出版社2018年版,第136~137页。

可做出权利推定,即承认主体享有相应权利和义务;其四,对公民、社会组织等社会主体而言,权利的享有和行使只受法律的限制,且这类法律限制的目的只在于对其他相应主体的权利给予应有的承认、尊重和保护。

资本主义社会的权利本位带有强烈的虚伪性,在实践中常常被扭曲。社会主义法属于更高的历史形态,它与资本主义法存在本质上的不同,其权利本位更加真实。社会主义法在努力实现个人、他人、集体以及国家的权利统一,努力实现权利、义务的统一,努力维护、实现和发展每个社会成员的各项权利,这正是社会主义法的优越性所在,也是其对人民群众和公民的吸引力所在。

(三)人权

1. 人权的概念

人权并没有一个普遍的定义,"在大部分的定义中,人权都被视为每一个人仅仅因为是人就应当享有的权利"[12],或者,"人权是每个人基于其作为人的尊严而应当享有的、对其生存和发展具有基础性意义的权利"[13]。《牛津法律大辞典》对人权的定义是:"人权,就是人要求维护或有时要求阐明的那些应在法律上受到承认和保护的权利,以使每一个人在个性、精神、道德和其他方面的独立获得最充分与最自由的发展。作为权利,它们被认为是生来就有的个人理性、自由意志的产物,而不仅仅是由实在法授予,也不能被实在法所剥夺或取消。"[14]

2. 人权的意义

人权是权利的一种特殊形态,它首先是道德意义上的权利。作为道德意义上的权利,它具有先于法律和高于法律的特性。人权并不是源于法律的权利,相反,法律上的权利需要人权来进一步正当化。人权为法律提供价值支撑和精神动力,法律作为现实的力量对人权加以保护,是保护人权的重要机制。"国家尊重和保护人权"是我国的一项宪法原则。

第三节 法的本质和价值

法的本质和概念是法理学的核心问题。法的价值问题在法理学中也具有根本的重要性。法的本质可分为逐步深入的三个层次,各层次之间是互相渗透的关系。法的定义是对法的概念的逻辑把握,法的概念是对法的本质的集中表达。我国社会主义法的概念和本质是法的概念和本质原理的应用性结论。法的价值包括各种价值,正义是对各种价值的综合。价值冲突的存在是客观的,需要用一定的准则加以解决。更好揭示法的本质和价值需要理解法的诸多现象,法的特征和作用是其中比较重要的两个问题,也在本节作出简要表述。

一、法的特征

法的特征,是法与其他现象尤其是其他社会规范相比较而言的特点。这些特点都是凭感

---

[12] 白桂梅主编:《人权法学》(第3版),北京大学出版社2023年版,第1页。
[13] 孙国华、朱景文主编:《法理学》(第6版),中国人民大学出版社2023年版,第370页。
[14] 白桂梅主编:《人权法学》(第3版),北京大学出版社2023年版,第1页。

觉即可感受到的,属于法的外在的、现象层面的、形式性的东西;透过这些现象层面的属性和特征进一步分析,可以把握到法的更深层次的本质所在。

(一) 法的行为规范性

法的特征首先表现在其规范性,就是说,法确立了社会主体的行为模式和标准,社会主体由此受到强制性要求,不得偏离。行为模式的指引是法的规范性的最直接的表现。法所设定的基本行为模式有三种:第一,人们可以怎样行为,或被允许做什么,即可为、可行。第二,人们应当或必须如何行为,也即应为、应行。第三,主体不得怎样做,即勿为、勿行。

作为社会规范,法的调整对象是人们的相互关系(社会关系)或交互行为,是人们有意识的外在行为,不是人的不受意志控制的生理反应,也排除没有认识能力和意志自由的人的行为。并不是所有的社会行为都需要法律调整,法律只调整对社会具有重要意义而且适合由法律调整的行为。

作为规范的法具有普遍性。首先,法的适用对象具有一般性,法规范不应针对特定具体的某个社会主体,而必须针对所有人或某一类别内的所有人。其次,法的适用方式具有反复性和重复性,而不是一次性的。合同、政府命令等,都只是执行和适用法律的表现与后果,是一次性的,从而不是法律;当然它们与法律有关,具有法律意义。最后,法的适用在地域上具有普遍覆盖性。不同于道德等的适用范围和边界的模糊性,在一国主权范围内或法所调控的特定范围内,法律具有一体适用的要求和性质。

与其他社会规范不同,法律规范具有更多的技术加工提炼的属性,越是发达的法律制度,其技术水平越高。

法与技术规范不同。"技术规范是调整人与自然的关系,规定人们如何使用自然力、劳动工具和劳动对象的行为规则,反映着自然科学的成就,也就是人们通常所说的技术标准、操作规程。"[15] 技术规范调整的是人与外物的关系,不涉及人们的交互行为。但如行为不遵守技术规范可能会危及他人或社会利益,往往会有法律调整的必要,此时技术规范就很可能上升为法律而具有国家强制性。

(二) 法的国家意志性

法的第二个外显特征是,它是由国家制定或认可的体现国家意志的行为规范。

国家意志可以有多种表达和展示方式,法是国家意志的重要表达方式,是国家意志的规范性表达。一定社会的规范需求因其一定程度的重要性和实现国家意图的有效性,就会被提炼、上升或被创造出来,也只有通过国家权力的中介,规范才获得了为国家所代表的社会所承认的一体遵行的合法性和效力。

这种规范性的表达即是法的创制,可有两种途径:制定和认可。制定是国家机关按照一定的权限和程序把国家意志规范化并展示出来的过程,其结果即是制定法或成文法。认可则是对习惯等规范的效力加以承认并将其纳入一国既定法律整体中的活动。

法与国家的紧密关联,是对法的权威性的重要保障;同时,国家权力和意志的统一,也是法律本身统一性的必要条件。与之不同,其他社会规范往往显示出形式上的模糊性、分散性和多样性。

---

[15] 孙国华、朱景文主编:《法理学》(第6版),中国人民大学出版社2023年版,第21页。

(三) 法的权利义务机制

法的权利义务机制为法的第三个基本特征。作为规范的法对社会关系的调整,是通过对社会主体的权利义务加以分配、认定的机制而实现的,权利义务贯穿于法律现象的各方面和全过程。这是法与其他社会规范的又一不同之处。道德和宗教规范以义务为中心取向,规定更多的是主体的积极和消极义务,是其"当行"和"应行",或"不当行""不能为"。习惯是在人们反复实践的基础上自发形成的行为模式,往往并无明晰的权利义务内容,其强制性也往往较弱。各种形式的社会组织的内部规则,其所规定的权利义务的范围、实施方式和二者关系与国家制定的法也存在明显不同。

(四) 法的国家强制性

法的第四个特征是由国家强制力保障其实施。社会规范都有相应的强制性作为保障其实施的后盾,但强制性和强制力的性质、形式、范围、程度却各有不同。国家意味着有组织的权力和对社会强制力的合法垄断,作为国家意志表达的法与国家强制力之间存在密切关系。法律规范的有效性来自多种力量和方式,但国家强制力是必不可少的,国家会对违法犯罪施以有系统的制裁。

法是由国家强制力保证实施的规范,并不意味着强制力是法的唯一保证力量;法的保证方式和力量是多种多样的,比如,法因其正当性为人信服所带来的感召力,法符合大多数人的利益而为人们所自愿接受,或者仅仅因为习惯和从众而服从法律,守法的原因、方式不一而足。虽然任一社会的法都需要国家强制力的保证,但越是进步社会,越是良法,法律得到自觉遵守的程度就越大。正如有的法学家所言:法是理与力的结合,理是基本的,力是必要的。[16] 社会主义法的实施,应该越来越多地依靠公民的自觉遵守;自然,国家强制性也是不可或缺的。

(五) 法的整体性和程序性

法的第五个特征是整体性、程序性。

法的整体性,是说法是规范,而且是规范的体系,是社会调整系统的分支,其本身也构成一个由不同环节、不同部分、不同要素构成的完整系统。

法的程序性特征是指,虽然其他社会规范中也有程序性内容,但不论就其数量还是就其发达程度而论,都难以与法相提并论。对于较为发达的法律制度而言,程序性规定愈加丰富、发达和重要。如哈特所言,法是作为初级规则和次级规则的结合。如果说规定社会主体权利义务的初级规则是实体性内容的话,那么规定法如何被修改、适用和承认的次级规则就是程序性内容。而且,正当程序被认为是现代法的基本的、重要的原则。

二、法的作用

法的作用是法影响社会和个人而产生的后果。法能够发挥作用是法得以存在和发展的原因所在。作为社会经济基础反映的上层建筑的一部分,法反过来又作用于经济基础,同时也作用于上层建筑的其他方面。法的作用可以分为积极作用和消极作用,预期作用和实际作用等。

(一) 法的规范作用

从法作为行为规范发挥作用的形式本身和法所作用的目的和内容的角度,可将法的作用

---

[16] 孙国华:《法理求索》,中国检察出版社2003年版,第262~275页。

分为法的规范作用和社会作用。

法的规范作用具有告示、指引、评价、预测、教育和强制六个方面的作用。法律的告示作用指公开公布的法有让社会成员明确获知国家对一定社会行为的态度的信息。指引作用是说法律规范给社会成员如何行为提出了模式,规定了其权利义务。评价作用往往指对他人行为的评价,法律提供了据以给予肯定或否定判断的根据和标准。预测作用体现在人们相互作用中,一方可以预期对方将会如何行为,由此而决定自己将如何行为。教育作用指法所体现的价值观对社会成员的深刻影响和内化过程,也指行为及其肯定或否定的法律后果对行为者本人和他人的示范、提醒、促进、警戒作用。对于违法犯罪的制裁及由此展示的国家力量,对于违法者是一种强制作用,对于一些边缘分子是震慑,对于社会则是保护,这对于法律是须臾不可或缺的。

(二)法的社会作用

法的社会作用按照领域不同,可以分为经济作用、政治作用、社会作用、文化作用、生态作用等。一种更深入的分类是把法的作用分为政治作用和公共作用,政治作用即维护一定的政治支配,社会作用即执行社会公共事务职能,这两类作用并非截然分开的,而是互相联系、互相支撑又互相矛盾的。

法的社会作用按其性质可以分为:意识形态的正当化,提供社会运行和合作机制,压制。首先,法本身就具有正当化规则的意思,被认为是合理化的产物,又具有形式上中立的特征,统治者依法而治就由此获得更多的合法性。其次,现代法反映了社会各领域的运行规律,也反映了各领域相互关系的规律,社会主体依此而行,社会运行就比较顺畅,阻力较小;而像合同之类的法律机制,又为人们的互相期待提供了保证,这就更加有利于促成合作。最后,法免不了仍有其压制的性质。法以暴力为后盾,自然是一种压制;至此为止的人类社会都不同程度地存在不平等的方面,法有时自觉有时无意识地对此加以确认和维护,这必然多多少少带来压制的性质和特点。

法的规范作用和社会作用是手段和目的的关系。不过,反过来,社会作用也可成为规范作用的手段,而规范作用成了目的。社会作用发挥得好,人们更加信任法律制度,此时规范作用就会得到加强;此时,规范作用就成为社会作用的目的。

(三)正确理解法的作用

法有其独特的作用,在复杂化程度加深的现代社会,法的作用更被人们所强调。但是,我们不能由此而迷信法律,陷入法律创造了社会的迷信,事实恰恰相反,法律是以社会为基础而不是社会以法律为基础。法律并非万能,而是有不少局限。法律自身作为工具有其局限性,社会更对法律带来很多不可避免的局限。同时,法律是社会调整系统中的一种,它必须和其他系统有所区隔,以展现其独特优势;但它也必须与其他调整系统相配合,相互补充,方可收到较好效果。

在当代中国社会里,"法律无用论"也还有一定市场,必须加以纠正。法律无用论有多种表现,但其共同特征在于都没有看到现代社会的复杂性;至于不要国家规则的无政府主义论调则只是一种幻想,或者是一种欺骗。

三、法的本质

前述法的基本特征虽然比较概括,但却是我们通过感性认识就可以加以把握的法的现象,它与人们的直观感觉也是一致的。但我们的认识不应仅仅停留在这一步,而应深入下去,透过现象,抓住事物的本质。

事物有没有本质,这种本质能不能被认识,在传统哲学和后现代哲学中都存在怀疑和否定的观点,这在法哲学领域也有其表现。有的法学家认为法的本质是无法认识和确认的,所以法学只应研究法律规范及其结构,他们对超过这一步的研究成果表示怀疑或将其斥之为形而上学迷信。我们认为,事物的本质是客观事物的稳定的内在的联系,这种联系通过反复的观察和长期的研究,在正确的方法论的指导下是可以发现的;当这种本质被发现之后,它反过来又有助于对事物的深入研究。

我们认为,法的本质及相关的法的概念和定义问题,是法理学的根本问题,各种对法的不同认识和分歧往往因此而起。非马克思主义的法理学对法的问题贡献了流派纷呈、特色各异的种种观点。这些观点丰富了我们对法的认识,对于法学研究和学习也往往具有一定的启发意义,但这些观点同时也容易流于表面性和片面性,从而扭曲了对法的认识,甚至对法的本质起到了某种掩盖作用。马克思主义法理学以历史唯物主义为指导对法的本质问题作出了深刻的分析。

(一)马克思主义法的本质观概述

马克思主义法的本质观可以从阶级意志性、一定历史条件所决定的社会权利和义务、社会物质生活条件制约性这三个层次去把握。

1. 法是统治阶级意志的体现

仅仅看到法表达和体现国家意志,还不算已进入法的本质层次。国家并不是如其表面上所显现的那样,是完全中立的社会组织,而总是一定阶级或阶级联盟居于统治地位的组织。法由此是统治阶级意志的表现。第一,法属于社会的上层建筑,是社会意识现象,是一定社会的主观方面。意志是决定达到某种目的而产生的心理状态,统治阶级意志就是统治阶级意欲达到的符合其利益的目的。第二,法只能是统治阶级意志的体现。在不少情况下,统治阶级往往不是单独的一个阶级,而是数个阶级的联合或联盟。这种政治上的统治阶级,也往往在经济上居于优势地位。一般来说,被统治阶级的意志可以影响统治阶级意志的形成,但这种影响不可能达到本质的地步,统治阶级只是为了保障本阶级的根本利益和长远利益才被迫作出一定程度的让步。第三,法所反映的只能是统治阶级的整体意志。法不是单个人的意志的反映,也不是统治阶级所有成员的意志的简单相加,而是统治阶级的共同意志,代表着统治阶级的整体利益。第四,只有被奉为法律的统治阶级意志才是法。这里突出的是法的形式方面的特征。统治阶级意志可以有多种表达形式,但法必须是通过一定程序和方式才能成为法律的那类意志。也就是说,只有获得以国家为中介的共同规章的形式,成为人人必须遵守的具有普遍效力的行为规则,其中所体现的统治阶级意志才是法。这样,就把法和统治阶级其他意志区别开了。

2. 法是一定历史条件下的行为自由

法是一定历史条件决定的人们事实上的社会权利义务,简单言之,就是行为自由及相关的纪律。表现为法的统治阶级意志,实质上是主体自由、自由的程度、水平以及相应的限制。因为社会地位的不同,不同主体的自由的内容和范围是不一样的。这种自由及其界限就是(事实上的)权利和义务。法律把事实上已有的和可能有的主体自由及其界限表达出来,就成为法律上的权利和义务。在此,我们看到法的本质和法的价值的深层关联。

3. 法的物质制约性

法的第三层本质指的是法所体现的统治阶级意志的内容归根结底是由统治阶级的物质生活条件决定的,这是法的物质制约性。不管是法的阶级意志性,还是法的主体自由的内容,说到底取决于法的物质制约性。存在决定意识。法所体现的一定阶级的意志只能是统治阶级的整体意志,只能是一定内容的意志,正是因为这个阶级生活在共同的经济条件之下,在物质生产中处于基本相同的地位,所以其目的与要求才具有根本的相同性。同时,一定的社会和经济阶段为统治阶级和其他社会主体提供了一定水平的自由的条件,但这条件同时也是自由的界限。既定的历史条件尤其是经济水平,对于主体自由来说是发展的舞台,甚至是进步和提高的中介和跳板,但同时也是制约和限制。物质生活条件一般指一个社会的地理环境、人口状况、生产方式,其中具有决定意义的是为一定生产力水平所制约的生产关系、经济条件。

(二)法的定义

定义应该不仅仅是描述性的,而应该是对特定事物的本质性特点的揭示。理解了法的本质,就可以给法下一个大体如此的定义:法是由国家制定或认可并由国家强制力保证实施的,反映着统治阶级(即掌握政权的阶级)意志的规范系统,该系统是统治阶级和其他阶级成员的主体自由及其界限的表达,这一意志和自由的内容是由统治阶级的物质生活条件决定的;法通过规定人们在法律上的权利和义务,确认、保护和发展对统治阶级有利的社会关系和社会秩序。

这个定义包含了法的规范性、国家强制性、阶级意志性、主体自由性和物质制约性五个方面。

(三)法的各层本质的联系

法的阶级意志性、主体自由性(及限度)、物质制约性三者不是各自孤立的,而是互相渗透、互相作用的关系。只有在正确认识、反映其所处社会的物质生活条件及其规律,正确认识、把握社会主体之间的权利义务关系的前提下,才能更好表达统治阶级的共同意志,实现其各种利益,尤其是根本和长远利益。主体自由的确认和享有,必须符合统治阶级的共同意志和整体利益,尤其是要符合一定历史阶段的经济基础的内在规律和秩序。社会的物质条件内容的展开就是阶级关系和阶级结构,阶级本就首先是一个经济概念,反映人们在经济关系中的地位、结合方式和收益分配,而社会主体之间的稳固的权利义务关系、行为自由的程度、范围、限制,恰恰是经济关系在一定时间内稳定性、连续性、必然性的展现。

(四)中国社会主义法的本质

社会主义法是法的新的历史类型,与人类历史上的法具有一定的共性,但又有根本不同。当代中国,社会主义制度是中华人民共和国的根本制度。中华人民共和国是工人阶级领导的、以工农联盟为基础的人民民主专政的社会主义国家。我国法律即是广大人民的根本利益和共同意志的表现。我国法以权利义务机制调整各种社会关系,确认和保护各类社会主体的自由,并规定为社会主体自由所需要的义务,保证与自由相应的纪律。

"中国共产党领导是中国特色社会主义最本质的特征",广大人民的共同意志必须在党的领导下,经由全过程人民民主提炼,经由党内民主的萃取,在民主集中制基础上逐步形成,上升为国家意志并付诸实施和实现。我国法是党的领导和人民意志的有机统一。

我国当代法的阶级性、人民性,社会主体的行为自由及其限度,自然也必须以社会主义初级阶段的物质生活条件为其基础。与我国社会主义法相联系的物质条件中,最重要的是社会主义的生产方式和经济基础。与我国社会生产力相适应的基本经济制度包括公有制为主体、多种所有制经济共同发展,按劳分配为主体、多种分配方式并存,社会主义市场经济体制,这是我国经济基础的反映。我国法律必须科学反映现实的经济状况及其规律,服务于经济发展和人民幸福。

四、法的价值

价值是法学各学科特别是法理学所不能回避的一个重大问题,也是法律实践中的一个根本问题。

(一)法的价值的概念

价值是表征主体和客体之关系的范畴,指客体的属性对于主体的需要的满足及其程度;只有主体及其需要或者只有客体的属性都不能构成价值。

法的价值一词可以有三种主要的含义。一是法所促进、保护和力图增进的价值,主要有平等、自由、秩序、公平、效率、安全等。这种价值可称为法的"目的价值",是法所追求的目标和理想。二是法本身所应具有的良好品质和属性。比如,法的存在至少意味着一定程度的平等、理性、秩序和效率。又如,法律应当公开以普遍周知,而不能使之处于秘密状态之中;法律应当不溯及既往;等等。这种法的价值可称为形式价值。三是法的价值评价标准问题。在不同种类的价值之间或同类价值之间发生冲突时,法应当用何种标准来进行评价和协调。

这三种法的价值的含义明显不同而有所区别,但三者之间又是密切联系的。现代社会的法,意味着自由、平等和民主,与专制、等级制相对立。当努力追求法的目的价值时,必然涉及其形式价值,而不管是法的形式价值还是法的目的价值都是多样化的,都会有所冲突,这时就应该运用一定标准和方法加以评价和协调。

值得注意的是,价值概念虽有客体性的一面,但对于其中的主体性更应加以重视。法的形式价值是达成其目的价值的手段,目的价值是形式价值存在的意义。法的价值评价标准,是用来衡量、评估和协调各价值之间的准则,其本身并不属于法的价值形态。所以,法的目的价值是法的价值三种含义中最重要的一种。

(二)法的价值冲突及其整合

1.法的价值的冲突及其原因

不管是前述法的目的价值还是形式价值,其内部都可能发生价值冲突,这里主要谈法的目的价值的冲突。价值冲突的原因可能是多方面的:第一,人的需要是多方面的,每个人的需要也并不完全相同,价值目标从而是多种多样的,而一定时期的社会所有的能满足人的需要的资源又是有限的,所以冲突难以避免。第二,由于人们的利益并不能时时保持一致,很多时候,各主体的利益方向不同甚至相互冲突,这样就必然产生利益和价值的冲突。比如,有人侧重平等而有人强调自由,有人强调经济发展而有人更加重视环境保护。第三,社会的变化特别是快速剧烈的变化也是价值冲突产生的强烈刺激因素。

2.法的价值的整合

在法的诸多目的价值体系中,既然有发生冲突的可能,那就应该考虑如何对这些相互冲突的价值进行取舍或整合。整合的原则有:

第一,从实际出发的原则。处理价值冲突问题,应该立足一定历史阶段的具体国情,考察既定的社会经济状况为实现各种法的价值提供了什么样的可能性和现实性。一方面,不能超越历史阶段,不能因看到法律价值并不能全部立即实现的现实而求全责备,这样往往会适得其反。另一方面,也不能在已经具备条件时,畏首畏尾,把已经可以解决的价值冲突问题拖到未来去解决。正确的态度应该是在历史和价值的对立统一,在生产力和人本主义的相互矛盾交织中,积极而又稳妥地处理法的价值的冲突问题。

第二,综合考量、兼顾协调的原则。因为法所追求的各价值都是人们所珍视的,即便有些价值之间存在着负相关,取此而舍彼的方法也往往会导致不应有的负面效果。人们应该努力争取使各价值之间的冲突得以最小化,使其协调一致。只有在确实无法兼顾时,才可以通过权衡比较而加以取舍。

(三)法与正义

1. 正义概述

正义不是法的一项价值,而是所有价值的整体和抽象,如亚里士多德所说,公平为百德之总。正义既有绝对性、普遍性的一面,也有相对性、特殊性的一面。正义随历史、文化等的不同而不同,从而没有永恒的正义,这是其相对性的一面。但是不能用相对性的一面而否认其绝对性的一面。正义的绝对性绝不仅仅是指正义这一术语在文明社会里的普遍存在,更重要的是指:第一,人类历史有其连续性和总体性,正义观念总要符合人类的进步方向和总体利益。第二,正义总是有其最低限度的内容,比如对于随意杀人的禁止,对于盗窃的否定性评价,给每个人其所应得,说话算数等,这些是每个社会都认同的价值观念。第三,正义的相对性假如意味着每个个人都有自己的一套是非标准,那只能陷社会于混乱;实际上,由于时代、社会、阶级、文化等方面的共同性,相同的正义观念在不同层次和范围内是确确实实存在的。

2. 正义的分类

正义可以有不同的分类方法,这里简单介绍历史上较有影响的两种分类方法。

亚里士多德把正义分为普遍正义和特殊正义。普遍正义指的是正义之根本和全体。特殊正义又叫政治正义和法律正义,是正义的一种特殊表现形式。这种政治法律正义又可以分为分配正义和校正正义。分配正义指根据个人的功绩和优点来分配职位和财富等可欲之物。校正正义又分两种,一种是双方权利义务自愿平等的交换关系,如买卖、借贷等;另一种是当主体受到损害后其所获赔偿应该与所受损失相等。

美国哲学家罗尔斯把正义区分为实质正义和形式正义。实质正义指社会制度本身的正义,形式正义指对法律和制度公正和一贯的执行,而不管其实质原则和内容是什么,形式正义也就是法治。

3. 正义与法律

虽然正义之脸模糊不明变幻莫测,但法律还是在努力体现正义的要求,正义也总是通过规则和程序、制度和原则来实现其自身。一方面,一定团体的利益只有符合一定社会的占统治地位的正义观念,才可以取得国家意志——法律的形式和效力;正义也提高了法的正当性从而促进了法的实效;正义作为法律的标准,总是在不断地评价现实的法律,并不断向法律提出自己的要求,法律内容的丰富、质量的改进、机制的合理化都离不开正义观念的推进。另一方面,法律本身就意味着一定程度的正义,规则意味着对特定范围的主体一视同仁,这就与纯粹的专横划清了界限;法律将正义的较为抽象的内容规则化、程序化和具体化,增加了正义的力量。

第四节 法　　治

法治是人类进步的结晶和文明的标志,备受中外法学的瞩目。依法治国,建设社会主义法治国家是我国法律制度、法律实践和法学理论的核心所在。法治有三层含义:法的统治、良法之治、优良秩序。法治与法制等概念虽有联系但却有质的区别。法治有其形式和实质要求。

一、法治的含义

(一)法治含义

法治是法学、法理学中,也是生活中用得非常广泛的一个术语,但也是一个含义并不十分清晰的术语。一般看来,法治可以包含以下三层含义。

1. 法的统治。法的统治指在国家治理和社会调控诸方法中,法律居于最权威的地位,依法而治被作为治国的基本方略。在这种法的统治之下,政治合法性的获取和维持,既不依靠统治者的超凡魅力,也不依靠对长久延续的传统的尊重,而是依靠合理的法律系统及其实施。法律不仅相对于宗教、道德等调控方式居于超于其上的地位,而且对于各种权力也设置了法律之下的运行轨道,划定了其边界。

2. 良法之治。一方面,法治要求法律取得至上权威;另一方面,国家治理所依据的规则也必须具备一定的优良品质。法治之法所应具备的素质包括形式和内容两个方面。就其内容方面而论,法治之法应符合限制权力,保障人权,民主,正义等要求。形式方面包括法的公开性、明确性、不溯及既往等。

3. 优良秩序。法治的第三层含义是良法通过普遍推行后所形成的法律秩序。在此种秩序里,社会既是稳定的,又是发展的,是稳定和发展的动态统一;人的积极性和规则的重要性得到较好的协调;自由和秩序在最大限度上得以相反相成。

(二)法治与法治国

法治与法治国含义基本相同但略有差异。法治(rule of law),法的统治,起源于英国,不仅强调规则的普遍实施,而且突出强调法的正义性品格,强调对权力的限制和对权利的保护。法治国(德语 Rechtstaat,英语 legal state),首先是一个德国概念,是把法治原则和民族国家结合起来而形成的概念。在基本内涵上,法治国和法治一致,但在德国,法治国概念有时被歪曲:法律仅仅被看作强者的意志,这样,法律就有可能沦落为一种专制工具。现在一般不再强调这两个术语之别。

(三)法制与法治

法治与法制是一对音同实异的术语。第一,法制是指法律制度,它是一国法律上层建筑的总和,是系统化的一套机制,与政治制度、经济制度等相对应而称;法治则是治国的基本方略。法制所强调的是法律总体的体系性、整体性和既定性;法治强调的则是法的权威和品格。第二,法治要求法律的一体遵行和至上权威;法制则并不一定有此要求。法治强调对权力的限制和约束,意味着理性和中道;法制作为一种中性的工具,则可被任性、武断所利用。当然,法制与法治也有联系,法制具备是实行法治的前提条件,而如果厉行法治,则法制的原则和要求会更好地得到满足,法制的内容也会臻于完善。但毕竟,有了法制,不一定有法治;二者不应混同。

(四)依法治国与以法治国

这也是常见且容易混淆的两个术语。二者之差别和法治与法制的差别相仿。以法治国,强调法律的工具性;依法治国更强调法律的权威性。二者的区别,正像法治和法制的区别一样,现在都获得了广泛的共识。当然,从最终意义上,从人民主权意义上,法律确实是一种工具和手段,这一点也是毋庸讳言的,就此而论,"以法治国"的提法未必完全错误。

二、法治的要求

法治的要求可分为形式和实质两个方面。

(一)法治对法的形式的要求

这其实就是西方法理学家富勒和拉兹等人所谓的法律的原则。

1. 法律的一般性。也即法的普遍性,是指法律是为一定标准范围内的所有人而制定的,而非对同样的人实行区别待遇。

2. 法律的公开性。公开并不意味着实际上所有的人都知道,而是意味着让人在想知道时便可方便知道到哪里去查询和查阅。实际上,事前公布的规则可以防止权力的任意行使。

3. 法律的明确性。法律含义明确,才可以让人们知所趋避。法律含义模糊,执法者裁量权随之增大,公民权利由此便多一分风险。当然,法律有时也需要一些模糊,但这并不意味着其可以给任意和专横打开通路。

4. 法律的稳定性。法律如果朝令夕改,便会使人手足无措。法律稳定,人们方可对将来形成稳定的预期,由此,他们才好设计规划自己的生活和人生,也由此,社会才有进步的动力。

5. 法律不溯及既往。要求人遵守在行为时尚不存在的行为规则显然是非理性的表现,所以,法律不能溯及既往。当然,有时为了人道的原则,可以适用新法,比如许多国家对刑事案件采从旧兼从轻原则。

6. 法律必须系统化。规则、制度和部门应完备,各部分之间不应有矛盾。重要的是,要事先设定解决规范冲突的规则,比如上位法优于下位法,后法优于先法,特别法优于一般法等。

7. 法律的可诉性。当权利遭到侵犯时,必须有适当的救济手段和程序,无救济则无权利。法院要对所有人都开放,对符合条件的案件都能加以审理,费用不至于过于昂贵。司法既应公正,又应及时。

8. 官方行为与法律规则的一致。这意味着,官员必须守法,这往往是法治的一个关键,因为官员在法律系统中的地位和作用非常重要。

9. 法律职业专门化和职业群体的存在。法律从业者具有共享的价值和技术知识乃至共同的话语体系,是法治得以推行的必备力量。

10. 法官地位保障。应从任期、薪资等各方面保障法官可以依法公正裁判案件。

(二)法治的实质要求(或原则、理念、要素)

1. 正义。这既包括实质正义,也包括程序正义。正义是法律的灵魂,法治而缺乏正义,就不会对社会成员产生感召力和吸引力。自由、平等、效率、秩序等各类法的价值,都应在法律制定和实施中得到保障。程序正义并不仅仅是实质正义的手段,它本身就意味着对人的尊严的肯定。

2. 人权。人权是人之为人所应该享有的基本权利。尊重和保护人权是现代法治的价值基础。

3. 法的权威。法的至上权威,意味着对权力的超越,意味着对个人意志的克服。法律权威意味着,任何政党、组织和个人,都不得有超越法律的特权,任何人违法犯罪,都应受到追究。

4. 权力制衡。国家的各项权力必须互相制衡,才能减少腐败。失去制约和监督的权力会导致腐败,强硬的东西只有靠同样强硬的东西才可制约,所以要依靠权力来制约权力。

三、法治中国

(一)法治中国的进程

1. 从法制到法治的历史飞跃

中国共产党领导的法制事业是从革命根据地开始的。那时的法律虽然不多,却顺应了历史的脉动,反映了革命人民的根本利益,为新中国的法律建设开辟了道路。

中华人民共和国成立,为历史进步开辟了广阔前景。新中国成立初期,我们的法制有过显著发展,也提出过要建立系统完备法制的设想,指明要有法可依、有法必依,但宏观来看新中国成立后三十年的法制建设,还是成绩较小,经验较少,有失误之处。究其原因,主要是没有深刻认识民主需要通过程序和法律,通过一定的机制来实施,没有认识到民主和法制的互相作用的关系,没有认识到法律这一专门工具对于民主展开的保障作用,对于民主实施划定范围设定程序的作用,没有认识到法制对民主主体——公民的权利保障作用,对国家机关及其官员的约束限制作用,对官员腐败变质的防治作用。

历史进入改革开放新时期,随着国家的中心任务转入经济建设,法制建设被提到一个新高度。邓小平同志指出,"为了保障人民民主,必须加强法制。必须使民主制度化、法律化,使这种制度和法律不因领导人的改变而改变,不因领导人的看法和注意力的改变而改变"[17]。他认为,"领导制度、组织制度问题更带根本性、全局性、稳定性和长期性"[18]。党和国家的重要领导人与时俱进地指出,制度问题更带有根本性、全局性、稳定性和长期性;要把社会主义民主法律化、制度化;要一手抓改革开放,一手抓法制建设;要实现有法可依,有法必依,执法必严,违法必究;等等。人民在新时期的伟大实践,推动了法制事业的快速发展。至1996年,中华人民共和国《国民经济和社会发展"九五"计划和2010年远景目标纲要》令人振奋地提出了"依法治国,建设社会主义法制国家"的目标;1997年,党的十五大报告对此目标更加明确地予以重申,引人注目的是,"法制"已改为"法治";1999年,这一目标又被写入宪法,得到国家意志的郑重承诺和庄严宣示。从法制到法治,有历史的继承性,是历史积累的成果;但也是在变化了的历史条件下的新总结、新提升,意义重大。

2. 社会主义法治国家含义和依法执政的提出

党的十五大报告强调,依法治国是党领导人民治理国家的基本方略。同时指出,法治必要性在于发展市场经济的客观需要、社会文明进步的重要标志和国家长治久安的重要保障。依法治国,就是广大人民群众在党的领导下,依照宪法和法律规定,通过各种途径和形式管理国家事务,管理经济文化事业,管理社会事务,保证国家各项工作都依法进行。依法治国把坚持党的领导、发扬人民民主和严格依法办事统一起来,从制度和法律上保证党的基本路线和基本

---

[17]《邓小平文选》(第2卷),人民出版社1994年版,第146页。
[18]《邓小平文选》(第2卷),人民出版社1994年版,第333页。

方针的贯彻实施,保证党始终发挥总揽全局、协调各方的领导核心作用。

党的十六大提出"坚持依法执政,实施党对国家和社会的领导"的要求。党的十六届四中全会通过的《中共中央关于加强党的执政能力建设的决定》更为明确地指出,党必须坚持"科学执政、民主执政、依法执政"。在党与法关系上提出的新论断,进一步丰富了我国法治的内涵。

3. 从依法治国到全面依法治国、推进法治中国建设

党的十八大以来,依法治国方略在新时代继续丰富和发展,"全面依法治国战略"逐步形成。党和人民不失时机地提高了法治的战略地位,深化了对社会主义和法治的紧密关系的认识,而且制定了全面依法治国的顶层设计、路线图、施工图。在此过程中,习近平新时代中国特色社会主义思想形成,在法律领域中集中体现为习近平法治思想。法治中国概念被提出,其内涵也逐步丰富。法治中国概念可以更好地涵括我国社会主义法治建设的整体性、系统性和协同性,同时也更为凸显法治的中国风格和世界意义,体现了法治的现代性与文化特色的结合,体现了中国式现代化和法治的互动。

(二)中国特色社会主义法治事业的意义、成就和前景

社会主义与法治的结合具有重大而深远的意义。中国努力进行法制建设,厉行法治,建设社会主义法治国家,对人类历史进步是一大贡献,是法律文明的一大创造。社会主义国家选择和掌握了法治这个治国的基本方略,就可以更好地保障人权,促进人的自由发展,防止领导干部变质变异,就可以较好地处理好党政关系、政府与公民的关系,社会就有希望实现长期发展、更加繁荣和长期稳定、更加和谐。作为社会主义国家的基本治理方式和依据,法治这个在传统资本主义社会得以发展的人类文明的产物,有可能为更好地结合实质正义和形式正义,更好地结合个人选择和社会团结,更好地处理自由和和谐的关系,更好地处理现代化和异化这些世界性难题,为人类的持续进步、繁荣、和平、正义提供更持久的动力和更优越的机制。

与此相关,社会主义与东方文化、中国文化、中华民族相结合,也有助于丰富法治的形态,进而改进法治的素质。在这样的视野下来观察社会主义法治内容和实践,可以看出中国主体意识的凸显和文化自觉的展示。在发展道路和模式上,中国注定与西方不能相同,所以中国的法治除了社会主义特色之外,还有经过创造性转化、创新性发展的现代中国的因素和特色。

中国法治建设已经取得令人瞩目的成就。这些成就包括,依法治国方略逐步深入人心,依法执政水平明显提高,社会主义法律体系和法治体系逐步完备,法律职业者数量质量快速提升,全民法治意识快速提高等。当然,也还存在一定的问题,有的还比较难克服,如法律权威在实践中还未牢固树立;法律与其他社会规则结合协调还未引起重视;法律职业者文化意识和伦理意识还不尽如人意;民众法治意识总体尚待提高;等等。

中国现代化历程已逾百年,新中国成立已70余年,市场经济、民主政治、现代文化等都已取得较大成就,这都是法治继续进展的基础和保障。社会主义制度的建立,为法治进步提供了更为深远的可能性。中国共产党的领导不断改善和加强,全面从严治党不断推进,为法治提供了坚强的领导力量。

社会主义法治前无古人,在一个十几亿人口的大国,要比较充分地实现法治的理想,必然是一个极其艰巨复杂的事业,从而也必然是一个长期需要很多代人为之奋斗的事业。当然,我们也要有法治自信,相信在中国共产党的领导下,依靠全国各族人民的智慧和努力,法治中国的理想和理念,在中国式现代化进程中一定会不断转化为具体的社会实践和优良的社会秩序。法治应是一个不断提高的过程,可持续的不断升级的法治中国将是法律文明的美好期许。

第五节　法　的　运　行

　　法的运行指的是法在现实社会中产生、实施的整个过程。制定法国家的法的运行大致可以分为法的制定与法的实施两大部分,目前主流观点将法的运行细分为立法、执法、司法、守法。有的观点还将法律监督、法律程序、法律职业、法律方法等作为法的运行的组成部分,单独论述。法的顺畅运行,既取决于法设备的内部条件,又依赖法设备的外部条件。新时代全面依法治国的方针实现了从"有法可依、有法必依、执法必严、违法必究"到"科学立法、严格执法、公正司法、全民守法"的迭代更新,成为健全法的运行的根本遵循。下面介绍立法、执法、司法、守法,以及为保障法的顺畅运行所必需的法律监督和法律方法。

一、法的制定

　　法的制定,又称立法,是指国家有权机关依照法定职权和程序制定、修改、废止、解释、编纂法律文件的活动。广义的立法包括最高国家权力机关及其常设机关、最高国家行政机关、地方国家权力机关、地方国家行政机关依法制定各种法律文件的活动;狭义的立法仅指最高国家权力机关及其常设机关依法制定法律文件的活动。

(一) 立法作用

　　立法是将在国家和社会生活中占据主导地位的人民意志上升为国家意志,[19]用国家强制力保障固化为法律规范的人民意志的实现,它是国家治理的重要手段之一。立法是衡平的艺术,"立法就是在矛盾的焦点上'砍一刀',实际上就是要统筹协调利益关系"[20]。

　　立法的直接目的在于提供法律规范,实现有法可依。立法的作用取决于法的作用,法具有对个人的规范作用和对社会的作用,前者具体包括指引作用、评价作用、预测作用、教育作用和强制作用,后者包括控制和解决社会纠纷、保障社会整合、促进社会价值目标的实现、维护社会秩序和和平、推进社会变迁。[21]

　　立法既能规范稳定的社会关系,又能促进新的社会关系的形成。在处理立法与改革的关系时,立法应当适应改革需要,坚持在法治下推进改革和在改革中完善法治相统一,引导、推动、规范、保障相关改革,确保重大改革于法有据,充分发挥法治在国家治理体系和治理能力现代化中的重要作用。[22]

(二) 立法体制

　　立法体制是一国立法制度最重要的组成部分,它是由立法权的配置、运行和载体等方面的制度体系构成的有机整体,其核心是有关立法权限的制度体系。[23] 立法权配置的制度体系包

---

[19] 周旺生:《立法学》(第2版),法律出版社2009年版,第49页。
[20] 习近平:《在十八届中央政治局第四次集体学习时的讲话》(2013年2月23日),载《习近平关于全面依法治国论述摘编》,中央文献出版社2015年版,第44页。
[21] 雷磊:《法理学》,中国政法大学出版社2019年版,第25~29页。
[22] 《立法法》第9条。
[23] 周旺生:《立法学》(第2版),法律出版社2009年版,第145页。

括立法权的归属、性质、种类、范围、立法权与其他国家权力的关系等;立法权运行的制度体系包括立法权运行的原则、过程、方式等;立法权载体的制度体系包括立法主体或工作机构的建置、组织、活动等。

一国的立法体制是适应本国政治、经济、文化发展的需要,从本国历史和现实出发建立起来的。当今世界的立法体制主要有单一的立法体制、复合的立法体制、制衡的立法体制和特殊的立法体制,这种分类的标准主要看立法机关是一个还是多个以及它们之间的关系。[24]

我国现行立法体制较为特殊,实行的是"一元两级多层次"的立法体制。"一元"指的是各层级的立法权都源于最高国家权力机关,各层级立法需遵循法制统一原则;"两级"指的是从纵向看,存在中央立法和地方立法;"多层次"指的是存在宪法、法律、法规、规章等不同层次的立法权。我国立法体制既有中央立法和地方立法之分,又有人大立法和政府立法之分,呈现出纵横交错的局面,总之,"它是中央统一领导和一定程度分权的,多级并存、多类结合的立法权限划分体制"[25]。

(三)立法原则

实现良法善治"要抓住立法质量这个关键,深入推进科学立法、民主立法、依法立法,统筹立改废释纂,提高立法效率,增强立法系统性、整体性、协同性"[26]。法的制定应当遵循依法立法、民主立法、科学立法的原则。

依法立法要求立法符合宪法的规定、原则和精神,依照法定的权限和程序,从国家整体利益出发,维护社会主义法制的统一、尊严、权威。[27]

民主立法要求立法坚持和发展全过程人民民主,尊重和保障人权,保障和促进社会公平正义;要求立法体现人民的意志,发扬社会主义民主,坚持立法公开,保障人民通过多种途径参与立法活动。[28]

科学立法要求立法者将"规律"上升为"规则",具体指的是立法应当从实际出发,适应经济社会发展和全面深化改革的要求,科学合理地规定公民、法人和其他组织的权利与义务、国家机关的权力与责任;法律规范应当明确、具体,具有针对性和可执行性。[29]

(四)立法程序

立法程序是有权的国家机关,在制定、修改、废止、解释法的活动中,所须遵循的法定的步骤和方法。立法是一项严肃复杂的系统工程,其过程主要可以分为提案、审议、表决和通过、公布四个紧密相连的步骤,在提案前和公布后则还有立法预测、立法规划、立法解释、立法信息反馈、汇编和编纂等。在整个立法过程中,由"法案"到"法"的阶段的立法程序是重点所在。

提出法案,就是由有立法提案权的机关、组织和人员,依据法定程序向有权立法的机关提出关于制定、修改、废止、解释法律文件的议案的活动。提出法案是由法案到法的阶段得以展开的前提性、基础性的程序。法案提出后,由立法机关决定是否列入议程。

审议法案,就是在由法案到法的阶段,由有权机关对法案运用审议权,决定其是否应当列

---

[24] 周旺生:《立法学》(第2版),法律出版社2009年版,第146~149页。
[25] 周旺生:《立法学》(第2版),法律出版社2009年版,第149页。
[26] 习近平:《习近平谈治国理政》(第4卷),外文出版社2022年版,第302页。
[27] 《立法法》第5条。
[28] 《立法法》第6条。
[29] 《立法法》第7条。

入议事日程、是否需要修改以及是否对其加以修改的活动。审议法案是立法程序中的一个重要阶段。法案审议结束后,立法程序进入表决和通过法案的阶段。

表决法案,是有权的机关和人员对法案表示最终的、具有决定意义的态度——表决者最后对法案是赞成还是不赞成的态度。经过表决,法案如果获得法定人数的赞成,即获通过。表决法案是通过法案的必经阶段,是法案获得通过的前提,通过法案则是表决法案的一个主要结果、主要目的。表决结果直接关系到法案能否成为法,因此表决是立法过程中最重要的一个环节。通过后的法就进入公布环节。

公布法指有权机关或人员在特定时间内采用特定方式将法公之于众。在现代法治国家,法非经正式公布不生效力。"未公布之法律,无遵守之义务。"[30] 法的公布时间与生效时间不同,通常存在三种情形:一是公布的同时生效;二是公布后经一定时间生效;三是公布后根据法的到达时间确定生效时间。法律公布是一种拟制,是法律信息在物理时空和心理认知上延展、散布开来的过程中,人为决断、截止在某一点作为终点,将其"视为"公众都可以知悉法的状态。

(五) 立法技术

立法技术是立法活动中所遵循的用以促使立法臻于科学化的方法和操作技巧的总称。[31] 立法技术是在立法实践中发展起来的工具和方法,相比于立法指导思想、立法体制等具有较强的客观性和普适性。[32] 立法技术通常包括立法预测、立法规划、立法决策、法案起草、法的构造、立法语言以及清理、编纂等技术。立法技术的最终目的在于使法律文本在形式、结构、内容等方面尽可能科学合理,从而提高立法质效、形成完备的法律规范体系,它也是高效的法治实施体系得以形成的前提性要素。这里简要介绍法的构造和立法语言。

法的构造包括法的形式构造和法的内容构造。在形式方面,法律文本应当结构完整、合理,体例规范。法律文本包括标题、题注、正文,根据情况设目录、序言、附件等。法的名称设计应当格式统一、准确简洁,概括体现立法主题,反映法的适用范围、法的内容、法的效力等级等要素。[33] 法律正文可以分为编、分编、章、节、条、款、项、目,其中条是构成法律正文的必备和基本要件。法的内容包括法律规范和非规范性内容,法律规范应当具有普遍性、明确性和完整的逻辑结构;非规范性内容包括立法目的、依据和原则的说明,专门概念和术语的解释等辅助性内容。

在立法语言上,法律条文表述应当含义清晰、逻辑严密、语言精练,避免产生歧义和交叉重复;同时应当文风庄重、通俗易懂,避免使用夸张、比喻等修辞手法。语词使用应当力求准确、精当,符合国家通用语言文字规范和标准。含义类同的条文表述和语词使用,应当尽量遵循先例,保证在不同的法律中协调一致,同一语词在同一部法律中含义应尽量一致。表述有关文件精神和要求时,应当尽量将政策语言转化为法律语言,避免简单照抄照搬。[34]

---

[30] 郑玉波:《法谚(一)》,法律出版社 2007 年版,第 9 页。
[31] 周旺生:《立法学》(第 2 版),法律出版社 2009 年版,第 375 页。
[32] 黄文艺主编:《立法学》,高等教育出版社 2008 年版,第 144 页。
[33] 周旺生:《立法学》(第 2 版),法律出版社 2009 年版,第 465 页。
[34] 全国人大常委会法制工作委员会:《全国人大常委会法制工作委员会立法技术规范》,中国民主法制出版社 2024 年版,第 4 页。

二、法的实施

法律的生命在于实施,无法实施的法律只是一纸具文。韩非有言,"世不患无法,而患无必行之法"[35]。"推进法治体系建设,重点难点在于通过严格执法、公正司法、全民守法,推进法律正确实施,把'纸上的法律'变为'行动中的法律'。"[36]法的实施相对于法的制定而言,其基本形式是执法、司法和守法。此外,为了保证严格执法、公正司法、全民守法,还要对法的实施各环节进行监督。

(一)执法

执法,又称法的执行、行政执法。广义的执法是指一切执行法律的活动,包括国家行政机关、司法机关等及其公职人员贯彻执行法律的活动。狭义的执法仅指行政执法,是指国家行政机关和法律授权、委托的组织及其公职人员,依照法定职权和程序,贯彻执行法律的活动。[37]"执法是行政机关履行政府职能、管理经济社会事务的主要方式,各级政府必须依法全面履行职能,坚持法定职责必须为、法无授权不可为,健全依法决策机制,完善执法程序,严格执法责任,做到严格规范公正文明执法。"[38]

执法活动具有以下特点:一是执法的主动性。与司法具有"不告不理"的被动性特点相比,执法主体应当依据法律规定积极主动地履行职责。二是执法的广泛性。执法内容涉及国家政治、经济、文化、社会和生态等各个方面,管理和服务的范围很广。三是执法的单方性。执法主体对于企业、公民等行政管理相对人而言具有优势地位,其意思表示和行政行为对于行政法律关系的形成具有决定性意义。[39]

执法活动需要遵循以下原则:一是合法性原则,要求执法主体必须在法律规定的范围内活动,包括遵循法定权限、法定内容、法定程序等,坚守法无授权不可为的理念。二是合理性原则,要求执法主体在执法活动中,尤其是行使自由裁量权时,必须公平公正、合乎比例、合乎理性。三是效率原则,要求执法主体在满足合法性原则与合理性原则基础上,以尽可能低的时间、经济等成本取得尽可能大的效益。[40]

(二)司法

司法,又称法的适用,是指国家司法机关依照法定职权和程序具体应用法律处理案件并作出判决的活动。司法权本质上是一种"判断权和裁决权"[41]。司法权包括检察权和审判权,分别由检察院和法院行使。全面推进依法治国,必须坚持公正司法。

司法活动具有以下特点:一是权力的专属性或主体的特定性。只有具有司法权的特定主体才能进行司法活动。二是职权与程序的法定性。司法活动必须严格依照法定职权和正当程序,以事实为依据、以法律为准绳。三是被动性和中立性。司法权的行使实行的是事后救济原则,实现的是矫正正义,司法者在原被告之间保持中立、不偏不倚。四是司法的权威性和终局

---

[35] 《盐铁论·申韩》。
[36] 习近平:《习近平谈治国理政》(第4卷),外文出版社2022年版,第302页。
[37] 张文显主编:《法理学》(第5版),高等教育出版社2018年版,第247页。
[38] 习近平:《加快建设社会主义法治国家》(2014年10月23日),载《习近平关于全面依法治国论述摘编》,中央文献出版社2015年版,第61~62页。
[39] 《法理学》编写组:《法理学》(第2版),人民出版社2020年版,第333页。
[40] 张文显主编:《法理学》(第5版),高等教育出版社2018年版,第248~249页。
[41] 习近平:《在中央政治工作会议上的讲话》(2014年1月7日),载《习近平关于全面依法治国论述摘编》,中央文献出版社2015年版,第102页。

性。司法活动以国家名义进行,司法裁决具有国家强制力,非经法定程序不得更改或撤销,"公正司法是维护社会公平正义的最后一道防线"[42]。

司法活动需要遵循以下原则:一是司法为民原则,要求司法要坚持以人为本,尊重和保障人权,"努力让人民群众在每一个司法案件中都能感受到公平正义"[43]。二是依法独立行使职权原则,要求人民法院、人民检察院依照法律规定独立行使审判权、检察权,不受行政机关、社会团体和个人的干涉。[44] 三是司法平等原则,要求司法活动贯彻"法律面前人人平等"原则,反对特权思想和行为。四是司法公正原则,要求公正司法,"所谓公正司法,就是受到侵害的权利一定会得到保护和救济,违法犯罪活动一定要受到制裁和惩罚"[45]。五是司法公开原则,要求司法以看得见的方式实现公平正义,要求司法权在阳光下运行。

(三) 守法

守法,又称法的遵守,是指国家机关、社会组织和公民个人依照宪法法律的规定,行使权利(权力)和履行义务(职责)的活动。全面推进依法治国,必须坚持全民守法。"全民守法,就是任何组织或者个人都必须在宪法和法律范围内活动,任何公民、社会组织和国家机关都要以宪法和法律为行为准则,依照宪法和法律行使权利或权力、履行义务或职责。"[46]

守法活动具有以下几个特点:一是守法主体具有广泛性。我国宪法规定一切国家机关和武装力量、各政党和各社会团体、各企业事业组织都必须遵守宪法和法律,任何组织或者个人都不得有超越宪法和法律的特权。[47] 二是守法范围具有多样性。所守的"法"不仅包括宪法和狭义的法律,还包括行政法规、地方性法规、政府规章、自治条例和单行条例,以及具有法律效力的行政命令、司法裁决和合同等法律文书。三是守法条件具有多重性。主观条件包括由政治意识、道德观念、文化教育程度等共同决定的主观心理状态和法律意识水平,客观条件包括物质生活条件、政治经济状况等社会环境,如法谚云"兵马倥偬,法律沉寂"[48]。

守法活动需要遵循以下原则:一是领导干部带头尊法守法。"各级领导干部要带头依法办事,带头遵守法律,对宪法和法律保持敬畏之心,牢固确立法律红线不能触碰、法律底线不能逾越的观念。"[49]二是全民自觉信法守法。"要充分调动人民群众投身依法治国实践的积极性和主动性,使全体人民都成为社会主义法治的忠实崇尚者、自觉遵守者、坚定捍卫者,使尊法、信法、守法、用法、护法成为全体人民的共同追求。"[50]三是全社会协同推进学法用法。全面推进

---

[42] 习近平:《在十八届中央政治局第四次集体学习时的讲话》(2013年2月23日),载《习近平关于全面依法治国论述摘编》,中央文献出版社2015年版,第67页。

[43] 习近平:《在首都各界纪念现行宪法公布施行三十周年大会上的讲话》(2012年12月4日),载《习近平关于全面依法治国论述摘编》,中央文献出版社2015年版,第67页。

[44] 《宪法》第131条、第136条。

[45] 习近平:《在十八届中央政治局第四次集体学习时的讲话》(2013年2月23日),载《习近平关于全面依法治国论述摘编》,中央文献出版社2015年版,第67页。

[46] 习近平:《在十八届中央政治局第四次集体学习时的讲话》(2013年2月23日),载《习近平关于全面依法治国论述摘编》,中央文献出版社2015年版,第87~88页。

[47] 《宪法》第5条第4款、第5款。

[48] 郑玉波:《法谚(二)》,法律出版社2007年版,第81页。

[49] 习近平:《在十八届中央政治局第四次集体学习时的讲话》(2013年2月23日),载《习近平关于全面依法治国论述摘编》,中央文献出版社2015年版,第110页。

[50] 习近平:《加快建设社会主义法治国家》(2014年10月23日),载《习近平关于全面依法治国论述摘编》,中央文献出版社2015年版,第90页。

依法治国需要全社会共同参与,要深入开展法治宣传教育,完善守法诚信褒奖机制和违法失信行为惩戒机制。

(四)法律监督

"权力不论大小,只要不受制约和监督,都可能被滥用。"[51] 广义的法律监督是指国家机关、社会组织和公民对法的运行过程的合法性进行的监督;狭义的法律监督专指特定国家机关依照法定职权和程序对立法、执法、司法、守法等活动的合法性进行的监督。法律监督又可以分为立法监督和法律实施监督。立法监督是对立法活动和立法结果的监督。[52] 这里只介绍法律实施监督。

法律实施监督指国家机关、社会组织和公民对执法、司法、守法等活动的合法性进行的监督。[53] 法律实施监督的对象包括行政权、监察权、司法权等公权力的主体,主要是行政机关、监察机关、审判机关、检察机关。在我国的监督体系中,监察监督具有鲜明中国特色和优势。监察委员会独立于立法、行政、司法机关,根据宪法和监察法的规定,依法对所有行使公权力的公职人员进行监督。

法律实施监督需要遵循以下原则:一是民主原则。国家行政机关、监察机关、审判机关、检察机关由人大产生,对人大负责,受人大监督;国家权力机关由人民产生,对人民负责,受人民监督。[54] 民主原则衍生出公开原则,公开是对权力进行有效监督的必要前提。二是法治原则。法律实施监督主体必须严格按照法定职权和法定程序进行监督,监督机构依法设置、监督人员依法任命、监督活动依法进行,不受其他任何机关、组织和个人的非法干涉。三是效率原则。法律实施监督越及时越有效,就越能发挥控制权力、保障权利、避免"正义迟到"的作用。

三、法律方法

法律方法是指法律职业者思考、分析和解决法律问题的方式、技术、方法。[55] 在德国,法律方法等同于法学方法等同于法教义学方法;[56] 在我国,法学方法最好被理解为法学研究方法,而与应用于法律实践活动的法律方法有所区别。广义上的法律方法不仅包括司法方法即法律适用的方法,还包括立法方法即法律创制的方法。[57] 狭义的法律方法指的是将法律规范适用于案件事实得出裁判结论的方法,其根本要旨在于弥合法律规范与案件事实之间的缝隙。这里简要介绍一下法律解释、法律续造、法律推理和法律论证,解释、推理和论证并非相互独立、互不隶属的关系,而只是从不同的角度看待法律适用的过程。

(一)法律解释

法律解释有着悠久的历史。说明、解释、理解、阐释、诠释等活动之间有细微的差别,但由于翻译误差和语词使用习惯的不同等原因,常常让人感到混乱;但存在的共识是,人文社会科

---

[51] 习近平:《在第十八届中央纪律检查委员会第三次全体会议上的讲话》(2014年1月14日),载《习近平关于全面依法治国论述摘编》,中央文献出版社2015年版,第59页。
[52] 周旺生:《立法学》(第2版),法律出版社2009年版,第324页。
[53] 《法理学》编写组:《法理学》(第2版),人民出版社2020年版,第352页。
[54] 《宪法》第2条、第3条。
[55] 《法理学》编写组:《法理学》(第2版),人民出版社2020年版,第175页。
[56] [奥]弗朗茨·比德林斯基、[奥]彼得·比德林斯基:《法学方法论入门》,吕思远译,中国政法大学2024年版,第31页。
[57] [奥]恩斯特·A.克莱默:《法律方法论》,周万里译,法律出版社2019年版,第20页。

学的"解释"不同于自然科学的"说明"。科学说明的对象是因果关系,具有客观性,说明的精神活动无法决定自然规律;法律解释的对象是归责关系,具有规范性和评价性,解释的精神活动直接影响权利义务的分配后果。从狭义上来说,对于明确的法律,可以直接适用,并不总是需要解释。然而,法律并不总是明确的,由于规则的一般性、概括性、抽象性等特征和语言的模糊、歧义、冲突等问题,法律常常只有经过解释才能适用。

萨维尼最先系统表述了四种经典的解释方法或要素,即文义、体系、历史和目的。嗣后学界在不断深化完善这四种解释方法之外,还提出了其他解释方法,如发生学解释、合宪性解释、社会学解释、比较解释等。这里介绍四种经典解释方法。其一,文义解释方法指的是从概念含义、语法结构等语言使用规则角度来探求法律规则的内容;文义解释又可分为平义解释和专义解释、限缩解释和扩张解释等。其二,体系解释方法指的是从被解释对象所处篇章节条款项的位置、与其他法律条文的关系等体系角度来探求法律规则的内容;体系解释要求实现规则间的融贯一致,合宪性解释可以包含在体系解释之中。其三,历史解释方法指的是从立法时有关材料、制度沿革发展等历史角度来探求法律规则的内容;有的将根据立法时有关材料作出的解释称为发生学解释或原意解释。其四,目的解释方法指的是从主观目的和客观目的、个别规范目的和法律整体目的等角度探求法律规则的内容;如果将立法者主观目的划入历史解释,那么目的解释主要指客观目的解释,社会学解释可以归入客观目的解释。这些解释方法之间没有严格的位序,但是基于与法律文本本身的"距离"和对形式法治价值的坚守,存在"文义—体系—历史—目的"的运用顺序和优先顺序。文义解释既是其他解释的出发点,又为其他解释活动划定了界限。解释起于文义,终于文义,倘若超出文义射程,便成了续造。

(二)法律续造

法律续造,又称法官"造法",指的是案件事实超出了既有法律规范的文义,法官基于不能拒绝裁判的要求予以填补或修正的活动。所谓超出文义范围,具体又可以分为两种情况,一种是法律应该将某一事实纳入规定却没有纳入,因而出现了"漏洞";另一种是法律不应将某一事实纳入规定却纳入了规定。这时法官就需要漏洞填补和法律修正的方法分别应对上述情况。需要强调的是,在民主法治国中,立法权归于立法者,司法者须受制定法约束,法官造法活动应极力予以避免,非有紧迫、重大理由不能轻易为之。

法律是否存在漏洞需要仔细甄别。法律上的空白不都是漏洞,有许多领域本来就不能或不适合用法律来调整,这些领域被称为"法外空间",这是合乎立法者计划或目的的空白。另外,一些不确定法律概念、准用性条款、例示规定、授权立法等导致的看似空白的部分也不是"漏洞",可以通过解释找出答案。法律漏洞须是违反立法计划或立法目的的不圆满性。

法律漏洞的填补有以下几种具体方法。一是类推适用。基于案件事实(T_1、T_2)的相似性,将适用于一种事实(T_1)的法律后果(R)适用于另一事实(T_2),这里的相似性不限于单纯客观事实特征上的相似性,而须是法律上的相关性。二是目的性扩张。虽然案件事实明显超出法律规则的文义范围,但依据立法目的仍然予以适用,因而扩张了法律规则。与类推适用相比,其事实相似性的要求没有那么高。三是创制性补充。在类推适用和目的性扩张不敷使用时,依据一般法律原则(如诚实信用原则、善良风俗原则)的具体化来填补漏洞。

法律修正有以下几种具体方法。一是目的性限缩。目的性限缩的操作路径恰好与目的性扩张相反。虽然法律规则的文义涵盖了某类案件事实,但依据其立法目的不应涵盖,因而需要限缩法律规则的适用范围,将该类事实予以排除。二是基于一般法律原则的修正。其依据并非立法目的,而是一般法律原则,其效果也能实现对法律规则适用范围的限缩。由于法律原则相比于具体立法目的而言缺乏针对性且更为抽象,在进行限缩时其论证负担更重。

(三)法律推理

推理是逻辑学的范畴,指的是通过逻辑法则,从已知的命题(前提)中推导出新命题(结论)的思维过程。法律推理是从法律规范、法律事实等已知的法律前提得出法律结论的思维过程。法律推理可以分为形式推理和实质推理。简单案件只需要运用形式逻辑进行形式推理就能获得法律结论,疑难案件则需要法官运用辩证逻辑进行实质推理方能获得恰当的法律结论。

形式推理的具体方法有演绎推理、归纳推理和类比推理。演绎推理就是经典的"三段论"推理,是从一般到个别的推理形式,是一种必然性推理。其思维形式是:所有 M 是 P,S 是 M,故 S 是 P。演绎推理需要明确的大前提和小前提。在演绎推理中,法律规范是大前提,案件事实是小前提,通过大前提对小前提的"涵摄"得出法律结论。

归纳推理是从个别到一般的推理,是一种或然性推理。其思维形式是:S_1 是 P,S_2 是 P,S_3 是 P……,故所有 S 是 P。它主要适用于判例法国家,法官从以往判例中运用归纳推理总结出一般的规则或原则,然后再适用于当前的案件,运用演绎推理作出判决。

类比推理是从个别到个别的推理,也是一种或然性推理。其思维形式是:P 具有属性 a、b、c、d;Q 具有属性 a、b、c,故 Q 可能具有属性 d。这种推理能够存在的依据是事物之间的相似性。法官根据"类似案件相同处理"的正义原则进行裁判,其关键在于判断待决案件事实与先例案件事实的"相似性"。相似性判断的作出要基于"法律"的观点,而非其他观点。这种推理形式也主要适用于判例法国家。

实质推理又称辩证推理,在形式逻辑或经典逻辑无法有效发挥作用时出场。法律问题常常是复杂对立的价值判断问题,而不是逻辑认识问题,故而法官在面对冲突、矛盾的规范或事实时,需要综合考虑天理人情国法做选择和平衡,达到法律效果、政治效果和社会效果的统一。在法治国家,形式法治价值要优先于实质法治价值,故而形式推理要优先于实质推理,法官诉诸实质推理要极其慎重。

(四)法律论证

法律论证是运用一系列理由证明某一法律结论的合法性、正当性的思维过程。受科学哲学对科学发现与科学论证二分的启发,学界提出了法律发现与法律论证的二分理论。法律发现关注的是法官实际上如何得出一个判决,法律论证则关注法官如何公开论证判决的正当性。法律适用在本质上是一种"说理"的活动,推理、解释、论证都是通过说理来支持某种主张或判断——"值得研究的是作为正当化过程的论辩"[58]。如果非要说法律推理、法律解释和法律论证的区别,也许可以说法律推理和法律解释理论试图规制法官得出判决的内在思维过程,法律论证理论则聚焦在如何为判决寻找正当化的理由并公开展示之。

法律论证可以分为内部证成和外部证成两个层面。内部证成处理判断是否从前提中逻辑地推导出来的问题,外部证成处理前提的正确性问题。[59] 内部证成可以大致等同于"法律三段论",即从大前提(法律命题)和小前提(事实命题)推出裁判结论。对内部证成来说,重要的

---

[58] [英]尼尔·麦考密克:《法律推理与法律理论》,姜峰译,法律出版社 2018 年版,第 21 页。
[59] [德]罗伯特·阿列克西:《法律论证理论——作为法律证立理论的理性论辩理论》,舒国滢译,中国法制出版社 2002 年版,第 274 页。

是推理形式的有效性,它也要求前提之间融贯无矛盾、前提包含普遍性的规范和具体的事实、加入解释性命题弥补一般规范与具体事实之间的落差等。[60]

然而,内部证成无法保证前提的正确性和可靠性,这就需要对作为大小前提的法律命题和事实命题进行进一步论证,也就是外部证成。适用于当前案件的法律命题并不当然是制定法规范,法官需要通过法律检索识别、法律解释、漏洞填补等方法来证立作为大前提的裁判规范;事实命题的得出也不只依靠现实世界中发生的客观"事件",法官需要综合运用法律规范、经验法则、自然法则、证据法则、诉讼规定等来证立作为小前提的案件事实。

法律论证的理由主要有以下几种:一是法律规定,主要指国家制定法以条文形式确立的法律规则和原则等。二是法律原理,主要指立法说明、执法文书、司法判例等权威性法律文本所阐述的法律原理,有时也包括法律学说。三是公共政策,是指执政党和政府为解决经济社会问题或实现预定目标而确立的指导方针、行动准则、具体措施的总称。四是道德规范,法律与道德之间关系密切、可以相互转化,援引道德规范是我国法律论证的重要传统。五是公序良俗,是指经过长期的生产生活活动而形成的良善风俗、民间习惯和社会规范,是国家制定法的重要补充。[61]

第六节 法 与 社 会

广义的"社会"与"自然"相对,自然现象独立于人的心灵、具有不以人的意志为转移的客观性,而"社会——不管其形式如何——是什么呢?是人们交互活动的产物"[62]。"社会"是"由一定的经济基础和上层建筑构成的整体"。[63] 狭义的"社会"与"国家"或"政府"相对,是上层建筑的一部分,例如中国特色社会主义"五位一体"总体布局包括经济建设、政治建设、文化建设、社会建设和生态文明建设。在论述"法与社会"时,通常有两种做法,一种是径直论述法与经济、政治、道德、文化、人权等的关系;另一种是进一步区分"社会现象"与"社会规范",在"法与其他社会现象"下论述法与经济、政治、文化、科技等的关系,在"法与其他社会规范"下论述法与道德、宗教、习惯、政策等的关系。鉴于篇幅所限,这里不再一一介绍,只择要论述法与经济、政治、道德、科技的关系,因为经济是基础、政治是动力、道德是近亲、科技是未来。法与其他社会现象的关系,简而言之就是作用与反作用、相互影响,但作用或影响的方式不同。

一、法与经济

马克思主义认为,生产力决定生产关系,生产关系的总和构成社会的经济基础,经济基础决定上层建筑,法是上层建筑的重要组成部分。在与法所联系的诸社会现象中,法与经济的联

---

[60] 雷磊:《法理学》,中国政法大学出版社 2019 年版,第 139 页。
[61] 《法理学》编写组:《法理学》(第 2 版),人民出版社 2020 年版,第 187~188 页。
[62] 中共中央马克思恩格斯列宁斯大林著作编译局编译:《马克思恩格斯选集》(第 4 卷),人民出版社 2012 年版,第 408 页。
[63] 中国社会科学院语言研究所词典编辑室编:《现代汉语词典》(第 7 版),商务印书馆 2016 年版,第 1154 页。

系最为密切和深厚,经济是决定法的性质及发展规律的最根本因素。[64]

(一)经济基础对法的决定作用

第一,法的性质由经济基础决定。法的历史类型可以很好说明这一点。奴隶社会中奴隶主占有全部生产资料,包括被视为会说话的劳动工具的奴隶,奴隶制法确认和维护奴隶制社会的经济基础及奴隶主对奴隶的人身占有关系,使奴隶主阶级的统治合法化;封建社会中封建主占有最主要的生产资料——土地,并通过土地与农民形成人身依附关系,封建制法确认和维护封建社会的经济基础和地主与农民的人身依附关系;资本主义法维护以剥削雇佣劳动为基础的资本主义私有制,维护以"代议制"为基础的资产阶级政治统治;社会主义法确认和维护以公有制为主导的多种所有制形式、以按劳分配为主的多种分配形式等社会主义生产关系。[65]

第二,法的内容由经济基础决定。恩格斯在论及法的起源时说:"在社会发展某个很早的阶段,产生了这样一种需要:把每天重复着的产品生产、分配和交换用一个共同规则约束起来,借以使个人服从生产和交换的共同条件。这个规则首先表现为习惯,不久便成了法律。"[66]换言之,法最先是对经济活动中的普遍实践规则的确认。法的内容不是国家立法机关任意创造的,它必须反映经济基础的内容,符合经济发展的规律。

需要注意的是,经济基础对法的决定作用是从根本意义上说的,其不能自发实现,而需要通过人们有意识的活动来实现。由于人们对经济规律的把握并非一蹴而就,这就凸显了科学立法的必要性。

(二)法对经济基础的反作用

经济决定论不是说经济对法的作用是单向作用,也不是说经济是促进法的发展的唯一因素。法具有能动性,对经济基础发挥着重要的反作用,它既能阻碍经济发展,也能推动经济发展。

第一,法确认、维护和巩固现有的经济基础。生产力与生产关系的辩证关系表明,只有当生产力累积到一定程度,产生质的飞跃,才有可能冲破生产关系的束缚。法作为生产关系的固化形式具有很强的稳定性和惰性,旧的生产关系有了法的加持后,更加难以被撼动和突破,从而可以看到法与改革之间具有天然的张力。

第二,法引导、推动和促进新的经济基础的生成。最激烈的情形是政权更替、发生"革命",此时新政权往往通过废除旧法摧毁旧的经济基础,创设新法形成新的经济社会形态;当然,这不是否定客观存在的物质生活条件的继承性。建设和改革时期也需要充分发挥法的引领促进作用,国家越来越重视通过法的形式引导、推动、规范和保障新的生产关系的发展壮大。我国自古以来有变法传统,"先贤们深刻认识到法律在改造和变革社会上的重要功能,并且在改革实践中积极运用法律的这种功能,通过变法引领和推动社会变革"[67]。

(三)市场经济就是法治经济

民主和法治是商品经济、市场经济发达的产物,民主和法治的进程取决于社会经济发展的水平。随着我国改革开放实践和马克思主义中国化、时代化的不断深入,人们越来越意识到市

---

[64] 孙国华、朱景文主编:《法理学》(第3版),中国人民大学出版社2010年版,第105页。
[65] 葛洪义主编:《法理学》(第3版),中国政法大学出版社2017年版,第166~191页。
[66] 中共中央马克思恩格斯列宁斯大林著作编译局编译:《马克思恩格斯选集》(第3卷),人民出版社1995年版,第211页。
[67] 黄文艺:《改革、变法与中国式现代化——党的二十届三中全会精神的法学解读》,载《法学家》2024年第5期。

场经济与法治的内在联系。"新中国成立70多年来,我国之所以创造出经济快速发展、社会长期稳定'两大奇迹',同我们不断推进社会主义法治建设有着十分紧密的关系。"[68] "一些国家虽然也一度实现快速发展,但并没有顺利迈进现代化的门槛,而是陷入这样或那样的'陷阱',出现经济社会发展停滞甚至倒退的局面。后一种情况很大程度上与法治不彰有关。"[69]

学界提出了"社会主义市场经济是法治经济"的命题。所谓"市场经济是法治经济",就是倡导用法治思维和法治方式调整经济关系、规范经济行为、指导经济运行、维护经济秩序、推动经济发展,使市场经济在法治轨道上高效运行、健康发展。2014年,《中共中央关于全面推进依法治国若干重大问题的决定》指出:"社会主义市场经济本质上是法治经济。使市场在资源配置中起决定性作用和更好发挥政府作用,必须以保护产权、维护契约、统一市场、平等交换、公平竞争、有效监管为基本导向,完善社会主义市场经济法律制度。"2022年,党的二十大报告要求"构建高水平社会主义市场经济体制",指出要持续"完善产权保护、市场准入、公平竞争、社会信用等市场经济基础制度,优化营商环境"。2024年,党的二十届三中全会决定要求"营造市场化、法治化、国际化一流营商环境",具体就是要"实施好民法典和相关法律法规,依法平等保护国有、民营、外资等各种所有制企业产权和自主经营权,完善各类市场主体公平竞争的法治环境"[70]。这为新时代法治经济建设提供了方向指引和根本遵循。

二、法与政治

马克思主义认为,政治是离经济基础最近,最直接、最深刻反映经济发展要求的上层建筑,是不同阶级通过各自政党及其政策、围绕国家政权进行的各种活动。[71] 法与统治阶级的政治密切相关,"法是政治活动和实现政治目标的一种常规形式,因而政治和法具有内在的统一性,任何法治的背后都有其政治逻辑"[72]。政治对法起主导作用,法对政治起制约作用。

(一)政治对法的主导作用

第一,法能够存在和有效运行有赖良好的政治环境。专制政治环境下的法不过是独裁君主意志的点缀物,"言出法随"也就意味着没有法。民主政治是现代法治的基础。另外,法往往是政治力量对比关系的表现。如果政治力量严重冲突、无法妥协,开始直接使用暴力争夺国家政权,那么法也就荡然无存了。

第二,法的内容反映统治阶级的政治目的和要求。法总是根据政治目的和要求来分配权利和义务,使其具体化为普遍的、明确的行为规范,用国家强制力来保障法的实施。但这不是说任何一部具体的法都有相应的政治内容,法既有政治统治功能,也有社会管理职能,有的法并不直接与政治相关,但社会管理的优劣也影响政权的稳定。

第三,政治任务的发展变化直接导致法的发展变化。政治的灵敏性在上层建筑中是最强

---

[68] 习近平:《以科学理论为指导,为全面建设社会主义现代化国家提供有力法治保障》(2020年11月16日),载《习近平谈治国理政》(第4卷),外文出版社2022年版,第292页。

[69] 习近平:《在中共十八届四中全会第二次全体会议上的讲话》(2014年10月23日),载《习近平关于全面依法治国论述摘编》,中央文献出版社2015年版,第12页。

[70] 习近平:《社会主义市场经济就是信用经济、法治经济》(2013年4月—2020年7月),载习近平:《论坚持全面依法治国》,中央文献出版社2020年版,第29页。

[71] 葛洪义主编:《法理学》(第3版),中国政法大学出版社2017年版,第108页。

[72] 张文显主编:《法理学》(第5版),高等教育出版社2018年版,第9页。

的,它能迅速反映经济的发展要求,并作出相应调整。一旦政治任务发生变化,法律的任务和内容也就将随之发生变化。例如,随着我国社会主要矛盾的变化,法也就从阶级斗争的工具转变为调整各种经济关系、促进经济发展的工具。

总之,法是统治阶级意志的体现,任何一个社会的法都不是"超政治"的。"法治当中有政治,没有脱离政治的法治。西方法学家也认为公法只是一种复杂的政治话语形态,公法领域内的争论只是政治争论的延伸。每一种法治形态背后都有一套政治理论,每一种法治模式当中都有一种政治逻辑,每一条法治道路底下都有一种政治立场。"[73]

(二)法对政治的制约作用

孟德斯鸠有言:"一切有权力的人都容易滥用权力,这是万古不易的一条经验。"[74]政治权力是所有权力类型当中对人和事的支配范围最大、影响程度最深、引发后果最严重的。"纵观人类政治文明史,权力是一把双刃剑,在法治轨道上行使可以造福人民,在法律之外行使则必然祸害国家和人民。"[75]在现代民主法治社会中,法对政治起着制约作用。

第一,政治权力的划分和运行必须有法律依据。狭义的法治观认为法治意指"政府受法律的统治并尊重它","法治意味着所有政府行为都要有法律根据,并且经法律授权"。[76] 立法权、执法权、司法权等公权力的行使必须遵守法定权限和法定程序。尤其是,"依法行政"要求各级政府坚持法定职责必须为、法无授权不可为,健全依法决策机制,完善执法程序,严格执法责任,做到严格规范公正文明执法。

第二,各政党必须在宪法和法律的范围内活动。政党是阶级的政治代言人,"党和法的关系是政治和法治关系的集中反映"[77]。我国宪法规定:"一切国家机关和武装力量、各政党和各社会团体、各企业事业组织都必须遵守宪法和法律。"[78]任何政党都没有超越法律、凌驾于法律之上的特权。

于此要特别强调的是,对于中国特色社会主义法治来说,"党大还是法大"是一个伪命题。"党的领导和依法治国不是对立的,而是统一的。我国法律充分体现了党和人民意志,我们党依法办事,这个关系是相互统一的关系"[79],当然,这是"把党作为一个执政整体、就党的执政地位和领导地位而言的,具体到每个党政组织、每个领导干部,就必须服从和遵守宪法法律"[80]。"依法执政"要求以法治思维和法治方式改进党的领导方式和执政方式,推进依法执政制度化、规范化、程序化。

第三,政治权力受到公民权利的制约。法治以限制权力、保障权利为天职。"权力的绝对

---

[73] 习近平:《在省部级主要领导干部学习贯彻党的十八届四中全会精神全面推进依法治国专题研讨班上的讲话》(2015年2月2日),载《习近平关于全面依法治国论述摘编》,中央文献出版社2015年版,第34页。
[74] [法]孟德斯鸠:《论法的精神》(上册),张雁深译,商务印书馆2004年版,第184页。
[75] 习近平:《在省部级主要领导干部学习贯彻党的十八届四中全会精神全面推进依法治国专题研讨班上的讲话》(2015年2月2日),载《习近平关于全面依法治国论述摘编》,中央文献出版社2015年版,第37~38页。
[76] [英]拉兹:《法律的权威:法律与道德论文集》,朱峰译,法律出版社2005年版,第185页。
[77] 习近平:《在省部级主要领导干部学习贯彻党的十八届四中全会精神全面推进依法治国专题研讨班上的讲话》(2015年2月2日),载《习近平关于全面依法治国论述摘编》,中央文献出版社2015年版,第34页。
[78] 《宪法》第5条第4款。
[79] 习近平:《以科学理论为指导,为全面建设社会主义现代化国家提供有力法治保障》(2020年11月16日),载《习近平谈治国理政》(第4卷),外文出版社2022年版,第288页。
[80] 习近平:《以科学理论为指导,为全面建设社会主义现代化国家提供有力法治保障》(2020年11月16日),载《习近平谈治国理政》(第4卷),外文出版社2022年版,第288页。

性应该受到遏制,无论是政党还是政府作为权力主要角色,为了自身的长期执政也应该主动协调权力与权利之间的平衡关系……权力不应该超越法律,更不应该侵蚀权利。"[81] 践踏人的生命、尊严和基本权利的政治迫害在法治国家是绝对不允许的。

（三）法与政策的关系

现代政党影响政治的主要方式是制定政策或提出立法主张。政策是处理国家事务、公共事务,调整各种关系的路线、方针、规范和措施的统称。[82] 根据主体的不同,我国的政策包括党的政策和国家政策,前者主要指中国共产党各级各类组织制定的规范性文件,后者指国家机关制定的不同于法律的规范性文件。[83]

法与政策作为社会调整的两种基本形式,既存在内在的一致性,也有着明显的区别。其一致性在于,它们都产生于并服务于经济基础,都体现着广大人民的意志,在基本指导思想和价值取向上一致,所追求的社会目的一致。甚至,有时在政策与法之间只是政策语言与法律语言的转化。法与党的政策的区别在于以下几个方面：

一是意志属性和表现形式。法是国家和人民意志,表现为国家制定或认可的规范性法律文件,主要由法律规范构成,具有严格的逻辑结构和明确的权利义务内容,需要向全社会公开,具有普遍效力;政策往往是政党意志,表现为决议、决定、通知、规定等规范性文件,有些是原则性规定,常常不具备严格的规范逻辑结构,也达不到法所要求的体系性和公开性,对政党成员具有约束力。

二是实施途径和保障方式。法以国家强制力为后盾,有一整套国家机构来保证实施,专门化程度高;政策主要靠政党纪律、政党成员的忠诚和人民群众的信赖来实现。

三是稳定性和程序化程度。法律制定具有较为严格和复杂的程序,法律具有较高的稳定性,旨在形成稳定的社会预期,不能朝令夕改;政策制定的程序相对简易,政策具有较强的灵活性,旨在灵活应对变化的形势。

正确认识法与政策的关系,要求既不把两者割裂、对立起来,也不把二者简单等同。实践中"要正确处理党的政策和国家法律的关系。我们党的政策和国家法律都是人民根本意志的反映,在本质上是一致的。党的政策是国家法律的先导和指引,是立法的依据和执法司法的重要指导。要善于通过法定程序使党的主张成为国家意志、形成法律,通过法律保障党的政策有效实施"[84]。

三、法与道德

道德是任何人类社群都会形成的调整人们行为的特定规范,这种规则体系的约束力和有效性取决于其能获得人们多大程度上的内心赞同,或者人们多大程度上畏惧因为违反道德而受到的社会的(非国家的)制裁(如孤立、谴责)。[85] 法与道德的关系是古今中外法理学探讨的核心命题。在西方,一直存在着各种形式的自然法与法律实证主义之争,双方的观点可简要归

---

[81] 陈金钊：《用法治思维抑制权力的傲慢》,载《河南财经政法大学学报》2013 年第 2 期。
[82] 沈宗灵：《法理学》（第 3 版）,北京大学出版社 2009 年版,第 179 页。
[83] 陈柏峰主编：《法理学》,法律出版社 2021 年版,第 265 页、第 267 页。
[84] 习近平：《在中央政法工作会议上的讲话》（2014 年 1 月 7 日）,载《习近平关于全面依法治国论述摘编》,中央文献出版社 2015 年版,第 20 页。
[85] [德]魏德士：《法理学》,丁晓春、吴越译,法律出版社 2013 年版,第 178 页。

结为"恶法非法"和"恶法亦法"。自然法理论将法理解为道德的"分支"——法的"根本要素"是其与道德的一致性，而非与命令或威胁的结合。[86] 法律实证主义主张"恶法亦法"，但并非主张不能用道德来评价和批判法律，而只是意味着"法律的存在是一回事，它的优缺点，是另一回事"[87]。这种观点既维护了法律的权威性，又保留了法律批判的立场。在中国，"礼法"之辨也贯穿着整个历史。[88] 作为人类社会中两种主要的行为规范，法与道德既有联系，又有区别。

（一）法与道德的联系

法与道德相互转化。在同一社会中，法与道德享有共同的价值基础，法是由国家强制力保障的"最低限度的道德"或者说"义务的道德"——"如果说愿望的道德是以人类所能达致的最高境界作为出发点的话，那么，义务的道德则是从最低点出发。它确立了使有序社会成为可能或者使有序社会得以达致其特定目标的那些基本规则"[89]。道德经过国家认可后就成为法，法废除后可能成为道德。并且，在不同时空的社会中可以看到，一个社会的道德可能是另一社会的法，一个时代的法也可能是另一时代的道德。

法与道德相互支持。"法律秩序发挥作用的前提是，它必须达到被认为具有约束力的道德规范的最低限度。任何法律秩序都是以道德的价值秩序为基础的。"[90]"一方面，道德是法律的基础，只有那些合乎道德、具有深厚道德基础的法律才能为更多人所自觉遵行。另一方面，法律是道德的保障，可以通过强制性规范人们行为、惩罚违法行为来引领道德风尚。"[91]

法与道德相互制约。法既能剔除道德中不合时宜的部分，如通过法律的形式移风易俗、剔除封建糟粕残留；又能使主流道德得到国家意志的推行，如2018年我国宪法修改增加了倡导社会主义核心价值观的内容。[92]"法律确为道德存立基础之一因素，对于道德之形成及改造，消极的积极的均有决定的作用，尤不否认社会改造之人工的作用。"[93]反过来，道德可以通过对法的评价，推动法的制定、修改和废除，使法与主流道德相一致，如"把社会主义核心价值观的要求体现到宪法法律、法规规章和公共政策之中，转化为具有刚性约束力的法律规定"[94]。

（二）法与道德的区别

法与道德都是社会规范，具有共同的价值基础，"非但法律和道德确实共享一套词汇，以至于同时存在法律上的义务、责任和权利，以及道德上的义务、责任和权利，而且所有国内的法体系都呈现某些基础之道德要求"[95]。然而，它们也有显著的区别。

一是产生方式。道德是人们在长期的社会生产生活实践过程中逐渐演化积累而自发形成的，并没有专门机构来制定；法虽然不能脱离自然规律、社会习惯和道德基础，但它是通过专门

---

[86] [英]哈特：《法律的概念》（第3版），许家馨、李冠宜译，法律出版社2018年版，第56页。
[87] [英]约翰·奥斯丁：《法理学的范围》，刘星译，中国法制出版社2002年版，第147页。
[88] 何勤华：《中国古代"出礼入刑"传统之赓续与创新》，载《政治与法律》2023年第8期。
[89] [美]富勒：《法律的道德性》，商务印书馆2005年版，第8页。
[90] [德]魏德士：《法理学》，丁晓春、吴越译，法律出版社2013年版，第179页。
[91] 习近平：《加快建设社会主义法治国家》（2014年10月23日），载《习近平谈治国理政》（第2卷），外文出版社2017年版，第116页。
[92] 《宪法》第24条。
[93] 蔡枢衡：《中国法理自觉的发展》，清华大学出版社2005年版，第82页。
[94] 中共中央办公厅、国务院办公厅印发《关于进一步把社会主义核心价值观融入法治建设的指导意见》。
[95] [英]哈特：《法律的概念》（第3版），许家馨、李冠宜译，法律出版社2018年版，第56页。

机构、特定程序自觉制定或认可的。

二是表现形式。道德是口口相传、心心相印的,通过人的言行、社会舆论、风俗习惯等表现出来,一般是不成文的,且在内容上较为原则和抽象;法通常是成文的,表现为法典、单行法律法规、判例等规范性文件,内容是明确具体的规则。"法律是成文的道德,道德是内心的法律"[96],正是在这个层面的言说。

三是实现方式。道德主要靠品性教化、舆论谴责、社会评价等方式来实现,约束性和强制性较弱;法由国家机关负责实施,以国家暴力作为后盾,约束性和强制性较强。

四是调整对象。道德的调整对象涵盖社会生活的方方面面,涉及人的外在行为、内在动机;法的调整对象是维护正常社会秩序的基本方面,法须保持谦抑性,不得侵入不适宜用法调整的"法外空间",法调整人的外在行为。

五是评价标准。道德的评价标准是善恶、是非、荣辱、美丑、正当与否、合理与否等,道德的评价标准高;法的评价标准是有效无效、罪与非罪、合法与否等,法的评价标准低。

六是权利义务。"法与道德的根本差别在于,法将人际关系作为对象,而道德将作为个体的人作为对象。因而法律义务总是一个法律主体相对于另一个法律主体的义务,每种法律义务都与一个主观法(权利)相对……道德义务则是纯粹的义务,并没有与之相对的权利人。"[97]

这里还需要对调整对象的区别做一点澄清。一种观点认为法具有"外在性",而道德具有"内在性",即"法调整人们的外部关系,而道德则支配人们的内心生活和动机";"法律不考虑潜在的动机问题,只要求人们从外部行为上服从现行的规则和法规,而道德则诉诸于人的良知";"道德是自律的(产生于人的内心),而法是他律的(从外界强加于人)"[98]。这种观点失之简单。一方面,动机与精神状况于法而言往往是很重要的,"法同样涉及内在行为,例如当它虑及诚实信用时,当它追问故意还是过失时"[99];另一方面,道德并非对行为毫不关注,除了个人内心驱动,道德也通过社会舆论等对个人行为施加压力,停留在个人内心的道德将因无法起到调节社会生活的作用而失去意义。

(三)依法治国与以德治国

"徒善不足以为政,徒法不能以自行"[100],法和道德相辅相成、相得益彰。"法律和道德都具有规范社会行为、维护社会秩序的作用。治理国家、治理社会必须一手抓法治、一手抓德治,既重视发挥法律的规范作用,又重视发挥道德的教化作用,实现法律和道德相辅相成、法治和德治相得益彰。"[101]法治和德治是治国理政不可或缺的重要手段。

"我国历史上有十分丰富的礼法并重、德法合治思想。周公主张'明德慎罚'、'敬德'、'保民'。孔子提出'为政以德',强调'道之以政,齐之以刑,民免而无耻;道之以德,齐之以礼,有耻且格'。荀子主张'化性起伪''隆礼重法';董仲舒提出'阳为德,阴为刑',主张治国要'大德而

---

[96] 习近平:《加快建设社会主义法治国家》(2014年10月23日),载《习近平谈治国理政》(第2卷),外文出版社2017年版,第116页。
[97] [德]拉德布鲁赫:《法哲学导引》,雷磊译,商务印书馆2021年版,第44页。
[98] [美]博登海默:《法理学:法律哲学与法律方法》,邓正来译,中国政法大学出版社1998年版,第388~390页。
[99] [德]拉德布鲁赫:《法哲学导引》,雷磊译,商务印书馆2021年版,第45页。
[100] 《孟子·离娄上》。
[101] 习近平:《加快建设社会主义法治国家》(2014年10月23日),载《习近平谈治国理政》(第2卷),外文出版社2017年版,第116页。

小刑'。尽管先哲对德法(或礼法)的地位和作用的认识不尽相同,但绝大多数都主张德法并用。"[102]"德礼为政教之本,刑罚为政教之用,犹昏晓阳秋相须而成者也。"[103]德法共治或礼法共治是我国优秀传统法律文化的精髓。

全面依法治国、建设社会主义法治国家必须坚持把马克思主义基本原理同中国具体实际相结合、同中华优秀传统文化相结合,促进中华优秀传统法律文化的创造性转化和创新性发展。通过对历史经验的总结和治国理政规律的深刻把握,可以看到中国特色社会主义法治道路的"一个鲜明特点,就是坚持依法治国和以德治国相结合,强调法治和德治两手抓、两手都要硬"[104]。"在新的历史条件下,我们要把依法治国基本方略、依法执政基本方式落实好,把法治中国建设好,必须坚持依法治国和以德治国相结合,使法治和德治在国家治理中相互补充、相互促进、相得益彰,推进国家治理体系和治理能力现代化。"[105]

四、法与科技

科技是"科学技术"的简称。"科学"一般指研究自然现象及其规律的自然科学;"技术"指根据自然科学原理和生产实践经验,为某一实际目的而协同组成的工具、设备和工艺体系。[106]科学侧重理论,技术侧重应用,两者相辅相成。科技是第一生产力,科技通过经济基础与上层建筑相互发生作用。纵观人类历史,科技的重大突破带来了最深刻的社会变革。种植、驯化等技术带来的农业革命使人类从采集社会步入农业社会,催生了私有制;蒸汽机的发明引发了工业革命,引导自然经济迈向商品经济和市场经济,诞生了资本主义社会制度;21世纪的信息技术革命,正在改变传统生产生活方式,开启了知识经济时代。"科技是国之利器,国家赖之以强,企业赖之以赢,人民生活赖之以好。"[107]

(一)科技对法的影响

1. 在法的制定方面

第一,科技发展对传统法律提出挑战。例如,人工授精、试管婴儿、胚胎移植等技术对传统婚姻家庭和继承方面的冲击,生物识别技术运用中个人信息和隐私的法律保护,数字货币、虚拟货币的法律问题,人工智能作品的产权归属,工业机器人的侵权责任,无人驾驶汽车的法律责任,新型网络犯罪(如网络暴力、网络诈骗、深度伪造)的刑法治理等。"以上种种都还只是小巫,真正的大巫是吉尔伽美什计划以及未来创造出超人类的可能,将会为人类的伦理、社会和政治秩序带来巨幅改变。"[108]

---

[102] 习近平:《全面做好法治人才培养工作》(2017年5月3日),载习近平:《论坚持全面依法治国》,中央文献出版社2020年版,第178页。
[103] 《唐律疏议·名例律》。
[104] 习近平:《坚持依法治国和以德治国相结合》(2016年12月9日),载习近平:《论坚持全面依法治国》,中央文献出版社2020年版,第166页。
[105] 习近平:《坚持依法治国和以德治国相结合》(2016年12月9日),载习近平:《论坚持全面依法治国》,中央文献出版社2020年版,第165页。
[106] 张文显主编:《法理学》(第5版),高等教育出版社2018年版,第384页。
[107] 习近平:《建设世界科技强国》(2016年5月30日),载《习近平谈治国理政》(第2卷),外文出版社2017年版,第267页。
[108] [以色列]尤瓦尔·赫拉利:《人类简史:从动物到上帝》,林俊宏译,中信出版社2014年版,第402页。"吉尔伽美什计划"指的是通过研究各种与疾病及老化相关的生理、荷尔蒙和基因系统来打败死亡、追求永生。

第二，科技发展提出了新兴立法领域。科技发展产生新的社会关系，需要法来干预和调整，于是诞生了专利法、计算机法、原子能法、人工智能法、外层空间法、深海资源法等。例如，互联网技术深刻改变着人们的生产生活，产生了不同于现实社会的网络空间，但互联网"这块'新疆域'不是'法外之地'，同样要讲法治"，"网络空间不是'法外之地'"，"要把依法治网作为基础性手段，继续加快制定完善互联网领域法律法规，推动依法管网、依法办网、依法上网，确保互联网在法治轨道上健康运行"。[109]

第三，科学技术为科学立法提供依据。一方面，立法需要尊重科学，将科学规律转变为法律规则。例如，婚姻法基于医学、遗传学和其他生物学原理禁止近亲结婚；又如，采取"脑死亡"作为自然人民事权利能力终止的标准。另一方面，立法也需要将技术规范转化为法律规范。技术规范调整人与自然的关系，规定如何安全有效地运用生产工具、开发自然资源。在机械制造、生产操作、交通安全、环境保护、卫生保健、互联网运行等方面，需要及时将技术规范上升为法律规范，用国家强制力来保障生命安全和公共利益。

2. 在法的实施方面

第一，科技发展提升了执法质效。从世界范围来看，从"物理政府"转向"数字政府"，已成为一种必然趋势，这一过程可以分为电子政府、网络政府、智能政府等不同阶段，通过技术赋能、数据驱动和平台支撑，实现从政府机构到政务服务，再到治理机制的深度变革，实现了执法质效的质的飞跃。[110] 我国明确要求"全面建设数字法治政府"，"坚持运用互联网、大数据、人工智能等技术手段促进依法行政，着力实现政府治理信息化与法治化深度融合，优化革新政府治理流程和方式，大力提升法治政府建设数字化水平"。[111]

第二，科技发展提升了司法效能。一方面，科技发展提升了事实认定水平。事实认定是司法裁判不可或缺的前提，微电子技术、计算机技术、通信技术、生物技术、医学技术、摄影技术、化学技术及物理学方法等大大提升了证据获取能力和司法鉴定水平，许多积案要案正是基于科技的发展和应用才得以成功告破。另一方面，科技辅助系统提升了司法运行效能。各种技术尤其是人工智能技术通过优化信息收集与处理方式提升了司法工作效率。"智慧法院""智慧检务""智慧司法行政"建设将人工智能等新一代科学技术应用于检察监督、司法审判、诉讼服务和司法管理，实现司法业务全流程的数据化、平台化和智能化，从而提高了司法效能。要强调的是，科技在司法形式推理领域有出色的表现，但是在实质推理领域仍有一定的局限性，无法完全取代人的价值判断。

（二）法对科技的作用

科技硬实力是国家综合能力的重要组成部分，在国际竞争中扮演越来越重要的角色，掌握了科技就是掌握了未来，科技活动本身成为一个需要国家支持的系统工程。我国宪法树立了"逐步实现工业、农业、国防和科学技术的现代化"的战略目标，并规定"国家发展自然科学和社会科学事业，普及科学和技术知识，奖励科学研究成果和技术发明创造"。[112] 我国还专门制定

---

[109] 习近平：《确保互联网在法治轨道上健康运行》（2014年2月—2019年1月），载习近平：《论坚持全面依法治国》，中央文献出版社2020年版，第64、66页。
[110] 马长山：《数字法治政府的机制再造》，载《政治与法律》2022年第11期。
[111] 中共中央、国务院印发《法治政府建设实施纲要（2021—2025年）》。
[112] 《宪法》第20条。

《科学技术进步法》,[113]确立了科技创新在国家现代化建设全局中的核心地位,为科技活动提供从基础研究到应用研究到成果转化的创新全链条保障。法是国家组织管理、促进保障、规范引导科技活动的重要手段和方式。

第一,法对科技活动的组织管理作用。现代科技活动需要投入大量人力财力物力,需要众多部门的分工合作,因此需要完善符合科技创新规律的资源配置方式和有效的组织协调机制,需要国家以法律形式明确科技发展的规划、管理部门职责、研发机构和人员的组织形式、科技经费保障、科技项目管理、重大科学技术决策咨询制度、科研诚信制度和科技监督体系、科技活动主体的权利和义务等。

第二,法对科技活动的促进保障作用。一是保护知识产权。为了保护科技工作者的劳动成果,激发人们从事科学研究、发明创造和技术改进的积极性,鼓励科技发明创造,当今世界各国都详略不同地制定了专利法、版权法(著作权法)、商标法等。二是促进科技成果的转化与应用。只有使科技和经济相结合,大力促进科技成果商品化,经济才能高速增长,进而反哺科技发展,形成良性循环。为此,我国专门制定了《促进科技成果转化法》。[114] 三是促进科学技术普及。"科技创新、科学普及是实现创新发展的两翼,要把科学普及放在与科技创新同等重要的位置。没有全民科学素质普遍提高,就难以建立起宏大的高素质创新大军,难以实现科技成果快速转化。"[115]为此,我国专门制定了《科学技术普及法》。[116]

第三,法对科技活动的规范引导作用。科学技术是一把"双刃剑",在极大改善人类生活状况的同时,也带来了严重的风险和危害。例如,原子能技术带来了核战争的风险,核物理学家奥本海默在引爆第一颗原子弹后,引述《薄伽梵歌》说"现在我成了死神,世界的毁灭者";基因技术可能进一步拉开人与人之间的差距,使人类面临异化困境乃至生存危机;互联网技术使人类逃离真实生活,导致精神世界的空虚;人工智能的发展很可能颠覆人类主体与客体的关系;等等。科学技术的失控还可能引发诸如环境污染、生态失衡、资源枯竭等社会公害。"科学并无力决定自己的优先级,也无法决定如何使用其发现。"[117]因此,必须要对科技发展进行伦理和法律上的规制,以"法治的理性、德性和力量引领和规制新一轮科技革命,使之成为促进社会普惠发展的生产力基础",[118]确保科技在良法善治的轨道上发展,实现科技向善的目标。

---

[113] 《科学技术进步法》(1993年7月2日第八届全国人民代表大会常务委员会第二次会议通过;2007年12月29日第十届全国人民代表大会常务委员会第三十一次会议第一次修订;2021年12月24日第十三届全国人民代表大会常务委员会第三十二次会议第二次修订)。

[114] 《促进科技成果转化法》(1996年5月15日第八届全国人民代表大会常务委员会第十九次会议通过;2015年8月29日第十二届全国人民代表大会常务委员会第十六次会议修正)。

[115] 习近平:《建设世界科技强国》(2016年5月30日),载《习近平谈治国理政》(第2卷),外文出版社2017年版,第276页。

[116] 《科学技术普及法》(2002年6月29日第九届全国人民代表大会常务委员会第二十八次会议通过;2024年12月25日第十四届全国人民代表大会常务委员会第十三次会议修订)。

[117] [以色列]尤瓦尔·赫拉利:《人类简史:从动物到上帝》,林俊宏译,中信出版社2014年版,第264页。

[118] 《法理学》编写组:《法理学》(第2版),人民出版社2020年版,第267页。

主要参考文献

1. 《中共中央关于全面推进依法治国若干重大问题的决定》(2014年10月23日中国共产党第十八届中央委员会第四次全体会议通过),载《人民日报》2014年10月29日,第1版。
2. 《中共中央关于进一步全面深化改革 推进中国式现代化的决定》(2024年7月18日中国共产党第二十届中央委员会第三次全体会议通过),载《人民日报》2024年7月22日,第2版。
3. 中共中央文献研究室编:《习近平关于全面依法治国论述摘编》,中央文献出版社2015年版。
4. 习近平:《论坚持全面依法治国》,中央文献出版社2020年版。
5. 《习近平谈治国理政》(第1卷),外文出版社2018年版。
6. 《习近平谈治国理政》(第2卷),外文出版社2017年版。
7. 《习近平谈治国理政》(第3卷),外文出版社2020年版。
8. 《习近平谈治国理政》(第4卷),外文出版社2022年版。
9. 《法理学》编写组:《法理学》(第2版),人民出版社2020年版。
10. 孙国华、朱景文主编:《法理学》(第6版),中国人民大学出版社2023年版。
11. 沈宗灵主编:《法理学》(第3版),北京大学出版社2009年版。
12. 吕世伦、文正邦主编:《法哲学论》,西安交通大学出版社、北京理工大学出版社2023年版。
13. 武步云:《人本法学的哲学探究》,法律出版社2008年版。
14. 张文显主编:《法理学》(第5版),高等教育出版社、北京大学出版社2018年版。
15. 公丕祥主编:《法理学》(第3版),复旦大学出版社2016年版。
16. 卓泽渊:《法学导论》,法律出版社2007年版。
17. 马长山主编:《法理学》,中国人民大学出版社2009年版。
18. 舒国滢主编:《法理学导论》(第3版),北京大学出版社2019年版。
19. 葛洪义主编:《法理学》(第3版),中国政法大学出版社2017年版。
20. 黄文艺主编:《立法学》,高等教育出版社2008年版。
21. 雷磊:《法理学》(第2版),中国政法大学出版社2021年版。

第二章 中国法制史

│内容概要│

中国法制史是研究中国古代法律制度的产生、发展演变及特点的学科。

本章共分为六节。第一节"中国古代法律的产生与发展",介绍了中国古代法律的产生以及夏、商、西周、春秋时期法律从形成到发展的过程;第二节"中国古代立法与法典编纂",介绍了从战国到清朝的立法与法典编纂情况;第三节"中国古代的刑事法律制度",介绍了古代刑罚制度的发展、古代刑法关于犯罪的规定以及古代刑法的适用原则;第四节"中国古代的民事法律制度",介绍了古代的婚姻制度、家庭制度、继承制度以及买卖与借贷制度的基本内容;第五节"中国古代的诉讼审判制度",介绍了古代审判衙门与案件管辖、诉讼的提起、案件的审理、案件的上诉与复审、死刑的核准与会审,以及官吏的断狱责任等基本情况;第六节"清末的法律修订",介绍了清末法律修订的提出、法律修订的主要内容以及法律修订的影响。通过本章的学习,了解古代法律发展的基本脉络,掌握古代法律制度的基本内容,探寻古代法律发展的基本规律。

第一节 中国古代法律的产生与发展

法律的起源与国家、民族的发展密切相关。中国古代法律的产生与发展,既符合马克思主义关于国家和法律起源与发展的一般规律,也具有自身的特点。

一、中国古代法律的产生与夏商法律

(一)古代法律的产生

法律和国家一样,是社会发展到一定阶段的产物。中国也同世界上其他国家和民族一样,经历了漫长的没有阶级、没有国家、没有法律的氏族社会。氏族内部的传统习惯,是氏族成员公认的调整人们行为的规范和准则。古书中关于上古时期"不为刑辟""无制令而民从"的记载,正是这种氏族社会传统习惯的反映。

中国古代法律是什么时候产生的?对于这个问题,目前同样没有一致的、肯定的说法。根据古人的说法,中国最早的法律是由皋陶(yao,音摇,也称咎陶)制定的。在《竹书纪年》中,就有"命咎(皋)陶作刑"的记载。皋陶是传说中尧舜时期的法官,据说是他制定了古代最早的刑法,这就是"皋陶之刑"。此外,汉字中的"法"(灋)字据说也与皋陶有关。《论衡·是应篇》说:"皋陶治狱,其罪疑者,令羊触之,有罪则触,无罪则不触。"这个神羊,就是传说中的神兽獬豸

(廌)。法(灋)字是由水(氵)、去和廌(廌)三部分组成,《说文解字》的解释是:"灋,刑也。平之如水,从水;廌,所以触不直者去之,从去。"从"皋陶作刑"的传说里,我们可以了解到这样一个事实,那就是中国古代的法律在氏族社会末期就已经产生了。

(二)夏商法律

据说夏商时期已经有比较系统的法律制度了。据《左传·昭公六年》:"夏有乱政,而作《禹刑》;商有乱政,而作《汤刑》。"《尚书大传》中也说"夏刑三千"。这一时期的法律主要是以刑法为主的。所谓"夏刑三千",按照汉代大儒郑玄的解释,就是墨、劓、剕、宫、辟五刑的汇编,"夏刑大辟二百,膑辟三百,宫辟五百,劓、墨各千"[1]。商朝刑法在夏刑的基础上有所增减,所谓"殷因于夏,盖有损益"[2]。虽然由于年代久远和史料的缺乏,我们今天已经无法知道夏商法律的具体情况了;但从出土的甲骨卜辞里,可以了解商朝法制的一些内容。

二、西周的礼与刑

(一)西周的法律

《左传·昭公六年》中说:"周有乱政,而作《九刑》。"关于《九刑》的内容,据《左传·文公十八年》记载:"(周公)作誓命曰:毁则为贼,掩则为赃,窃贿为盗,盗器为奸。主藏之名,赖奸之用,为大凶德,有常无赦,在《九刑》不忘。"按照后人解释:"誓命以下,皆《九刑》之书。"[3]此外,在《尚书》《礼记》《周礼》等文献以及文物中,都保存了相当数量的西周时期的法律规定,从中可以了解到西周时期法律制度的大致情况。

在《尚书》中有《吕刑》篇,据说是西周穆王命吕侯所作的一部刑书,其中记载了五刑的具体内容,以及定罪量刑的一些基本原则,此外还规定了司法官吏的责任等。在其他一些文献中,也记载了一些相关内容,如《尚书·康诰》中就有关于量刑时要区分故意和过失的规定:"人有小罪,非眚(不是因为过失),乃惟终(屡教不改),自作不典,式尔,有厥罪小,乃不可不杀;乃有大罪,非终(并非屡教不改),乃惟眚灾(而是由于过失和意外事件),适尔,既道极其辜,时乃不可杀。"在《礼记·曲礼》中,也有关于"矜老恤幼"刑罚原则的记载:"八十、九十曰耄,七年曰悼。悼与耄,虽有罪,不加刑焉。"此外,在《尚书·酒诰》中,专门有关于禁止"群饮"的规定,这大概是世界上最早的禁酒令了。

(二)西周的礼

礼起源于原始习俗,最早只是祭祀祖先的一种仪式。这种仪式是按照家族内部的长幼尊卑关系为顺序的,因此,逐步成为划分家族内部尊卑等级关系的准则。随着国家的建立,礼也由家族规范演变成为调整国家和社会秩序的规范。西周初年在周公的主持下,对传统的礼进行了整理,形成了一套典章制度,这就是古代文献记载的"周公制礼"。

礼的内容极为丰富和庞杂,但贯穿于其中的是两个基本内容与原则:一是"亲亲",二是"尊尊"。"亲亲"是以家庭血缘关系为中心的伦理原则,要求父慈、子孝、兄友、弟恭,核心是"孝";"尊尊"是由伦理原则衍生出来的社会等级原则,以尊君为中心,其核心是"忠"。孝是基础,忠是目的,两者的结合,构成了礼仪和法律制度的基本准则与核心内容。

---

[1] 《周礼·秋官·司刑》郑玄注。
[2] 《魏书·刑罚志》。
[3] (清)库勒纳等:《日讲春秋解义》卷二六。

(三) 礼与刑的关系

礼与刑的结合，是西周法律制度的基本特点。从礼的性质看，本身就具有道德与法律的双重属性。违礼行为，从某种意义上说同时也是违法行为，要受到刑罚的制裁，这就是"出礼入刑"。因此，礼与刑在根本上是一致的，但在具体运用上，又有所区别。具体表现在：

1. 从作用上看，礼重预防，刑重惩罚。通过循礼守法，达到预防犯罪的目的；而刑罚通过对各种违反礼法的行为的制裁，达到制止犯罪的目的。

2. 从关系上看，礼为本，刑为治，礼主刑辅。古人说的"明刑弼教"，说的也正是这一点。

3. 从适用对象上看，是"礼不下庶人，刑不上大夫"，承认法律适用的不平等。

西周的礼与刑的这种关系，成为后世礼法结合与以"德主刑辅"为核心的正统法律思想的基础。

三、春秋时期的成文法公布

虽然在夏、商、周三代都有成文法律，但这些成文法律是藏于官府，由少数贵族官员掌握，并不向百姓公开。百姓犯了罪，应当判处什么样的刑罚，只能由这些贵族官员说了算，法律成了贵族的专利。这种状况，充分体现了"礼不下庶人，刑不上大夫"的礼治原则的要求。但到了春秋时期，社会发生了变化，出现了"礼崩乐坏"的局面。在这种情况下，开始了以公布成文法律为主的法律变革。

在春秋时期各诸侯国中，最早公布成文法的是郑国。公元前536年，郑国的执政者子产将郑国的刑书刻在鼎上，公布于众。子产公布刑书23年后，即公元前513年，晋国也正式公布了成文法。当时晋国的执政者赵鞅用向民间征收来的铁铸造了一个鼎，将范宣子制定的刑书刻在了鼎上，被称为"刑鼎"。[4]

自郑国、晋国相继公布成文法后，成文法的公布成为历史潮流，为战国时期各诸侯国的变法改革奠定了法律基础。

第二节 中国古代立法与法典编纂

一、战国和秦的立法与法典编纂

(一) 战国的变法与《法经》

战国时期，各诸侯国为了自身的生存和发展，先后开展了以富国强兵为内容的变法运动，并制定了成文法律，如齐国有《七法》、韩国有《韩符》、赵国有《国律》等。而其中影响最大的，就是魏国李悝制定的《法经》。

《法经》被后人认为是中国历史上第一部成文法典，它的原文已经失传，从后人有关记载来看，它的内容共有六篇：第一篇是《盗》，主要是有关侵犯财产犯罪的规定；第二篇是《贼》，主要是有关危害人身安全的杀人、伤人等犯罪的规定；第三篇是《囚》(一作《网》)，主要是关于囚禁和审判方面的规定；第四篇是《捕》，主要是有关追捕罪犯的规定；第五篇是《杂》，是其他方面各

---

[4]《左传·昭公二十九年》："遂赋晋国一鼓铁，以铸刑鼎，著范宣子所为刑书焉。"

种犯罪的规定,如赌博、行贿受贿、扰乱社会治安等方面的规定;第六篇是《具》,是有关法律适用原则等方面的规定,相当于后世刑法的"总则"部分。《法经》在编纂体例上已经初具规模,成为后世法典编纂的蓝本。

(二)商鞅变法与秦代立法

继李悝变法之后,各诸侯国也相继实行变法。其中最为著名的,就是秦国的商鞅变法。商鞅根据《法经》制定了秦国的法律,用严刑峻法来推行政治经济和法制改革,在当时取得了巨大的成功,使秦国由一个落后的国家一跃而成为一个强大的国家。尽管商鞅后来被杀,但他的改革措施却被秦国的统治者所继续奉行,为秦始皇统一中国奠定了坚实的基础。

秦代法律是在商鞅变法时确立的法律制度基础上发展起来的,特别是秦始皇统一中国后,"法令由一统",进行了大规模的立法活动。由于文献的散佚,我们已无法了解秦代法律的具体情况。所幸的是,1975年12月,在湖北云梦县睡虎地的秦代墓葬中发掘出土1100余枚竹简,其中大部分是与法律有关的。除云梦秦简外,近年来各地又相继出土了一些秦简,如湘西里耶秦简、岳麓书院藏秦简等。这些秦简的内容虽然残缺不全,不能体现秦代法律的全貌,但它从一个侧面反映了秦代法律的一些情况,为我们了解秦代法律提供了第一手资料。

二、汉代立法与法典编纂

"汉承秦制",汉朝法律是在秦朝法律的基础上发展起来的。就在秦末农民大起义所燃起的反秦烽火正旺之际,刘邦率军西进,秦王朝灭亡。刘邦为了稳定民心,与关中百姓"约法三章":杀人者死,伤人及盗抵罪,除此之外,秦王朝的所有法律都予以废除。虽然这只是一种权宜之计,却深受关中百姓的拥护,对刘邦后来取得楚汉战争的胜利起到了重要作用。

汉王朝建立后,百废待兴,简单的三章之法是远远不能适应治理国家的要求的。在这种情况下,汉王朝开始在秦朝法律的基础上,进行立法活动,编纂了统一的法典,颁布了一些法律法令,并逐步形成了以律、令、科、比为表现形式的法律体系。

(一)律

律是指国家制定和颁布的比较稳定与普遍适用的法律规范。汉朝的第一部律,是由相国萧何主持编纂的《九章律》。《九章律》分为盗律、贼律、囚律、捕律、杂律、具律、户律、兴律、厩律九篇。除了《九章律》外,还有叔孙通主持编纂的《傍章》18篇,张汤主持编纂的《越宫律》27篇和赵禹主持编纂的《朝律》6篇。它们与《九章律》一起,被后人合称为"汉律六十篇",构成了汉朝"律"的主体部分。此外,还颁布了许多单行的律,如关于考核地方官吏的《上计律》,关于田租口赋的《田租税律》,关于收藏禁书的《挟书律》等,数量、内容比汉初的律都大大增加了。

汉代的律已经失传,除了史籍中保存的个别条文外,具体内容已不可知。1983年以来,在湖北江陵市张家山的西汉前期墓葬中,发现了大量的汉律竹简,其后各地也相继出土了一些汉简,成为我们了解汉律的第一手资料。

(二)令

令是指皇帝发布的诏令,它可以变更、取消甚至代替律的规定。从适用范围来看,令的范围比律更广,凡是律没有规定的内容,都可以令的形式加以调整,或者以令的形式补充、变更律的规定。从颁布的时间来看,律一般是前朝君主颁布的,具有一定的稳定性;而令则是根据当时的具体情况随时、随事发布的,具有相当的灵活性。也正因为如此,汉朝对令的汇编,也成为一项重要的立法活动。从汉令汇编的情况来看,主要有两种方式:一是按发布时间的先后进行汇编,分为《令甲》《令乙》《令丙》等;二是根据内容进行汇编,如关于审判程序的《廷尉挈令》,关于监狱管理的《狱令》,关于租税和土地管理的《田令》等。据记载,当时的令共有300余篇,成为一种主要的法律形式。

(三) 科

科是规定犯罪与刑罚的单行法规,它源于皇帝所发布的诏令,是针对一事一罪而专门规定的,具有很强的针对性和实用性。如《首匿之科》就是关于为首窝藏罪犯的行为所应当承担的刑事责任的专门规定。因此,制定、颁布科条也是当时的一项重要的立法活动。但是科的数量、种类也不断增多,以至于出现了"科条无限"的情形,反而影响了法律的正常实施。

(四) 比

比就是比附,当律令没有明文规定的时候,可以比照类似的规定以及先前的判例作为审判的依据。由于比具有较大的随意性,因此汉朝初年对比的适用有一定的限制。但是,由于适用比附灵活方便,加上汉武帝以后,律令繁多,司法官吏查找不便,这也使对比附的适用日益普遍。为了防止随意援引比附,在法律上对可以被援引为比附的判例进行了汇编,有关审判的比称为"决事比",有关诉讼的比称为"辞讼比"。因此汇编比也成为一项经常性的立法活动。

此外,在汉朝适用的比中,还有一种特殊的比附方式,那就是"春秋决狱",有关这方面的判例汇编又称为"春秋决事比"。它是以儒家的经书,特别是《春秋》一书中的精神和事例作为审判案件的依据。"春秋决狱"是汉代儒学大师董仲舒等人提倡的,它有两项重要的审判原则,一是阐发《春秋》经义的"尊王室,诛乱臣贼子"的所谓"微言大义",并根据经书的内容对法律穿凿附会,随意解释。二是提倡"原心论罪",即根据行为人的主观动机对他的行为进行判断:主观动机好的,做了违法的事情可以原谅;主观动机不好的,即使没有做错事也要受到惩罚,这就叫作"君子诛心"。而判断主观动机好坏的标准,就是《春秋》等儒家经书。"春秋决狱"的方式在事实上赋予了儒家经书以法律效力,成为比附的依据。就这一点而言,它将儒家经书所主张的一些精神和原则直接运用到审判中,对当时及后世的儒家思想法律化及"以礼入律"产生了重要影响。其中的一些重要主张,也成为后世立法及司法的基本原则。也正因为如此,"春秋决狱"成了两汉及魏晋南北朝时期盛行不衰的审判方式。

三、魏晋南北朝时期的立法与法典编纂

魏晋南北朝时期是中国历史上继秦末之后再度陷于分裂和战乱的时期。其间除了西晋一度有过短暂的统一外,其余时期长期处于分裂割据状态,政权不断更迭。然而,由于这一时期各民族的不断融合,加上各统治集团为了自身的生存与发展,都重视以法律手段维护和巩固统治,因此,法律在这一时期得到了一定程度的发展。尤其是随着儒家思想的法律化,儒家所倡导的礼教与法律的逐步结合,这一时期成为古代立法走向成熟的重要过渡时期。

(一) 曹魏的《新律》

三国时期最主要的立法活动,就是曹魏王朝在汉律基础上制定的《新律》(又称《曹魏律》)。魏明帝时,由陈群、刘劭等人主持,对汉朝原有的法律进行了较大规模的整理、归并和删减,制定了《新律》18篇。与原来沿用的汉律相比,主要有以下几个方面的变化:

1. 增加了篇章

《新律》在《九章律》的基础上,融合了其他律令规范,另增加了《劫略律》《诈伪律》《毁亡律》《告劾律》《系讯律》《断狱律》《请赇律》《惊事律》《偿赃律》等9篇。

2. 调整了内容

《新律》在增加篇章的同时,对原有律令科比等规范的内容进行了调整和归并,删除不适用的以及重复的条文和内容,使律文的内容更加整齐划一。

3. 改变了体例

《新律》将《九章律》中的《具律》改为《刑名律》,并放在了首篇,改变了原来《具律》"既不在始,又不在终"的体例,使之更好地起到统率全篇的总则作用。这一体例自《新律》后,一直被后世法典所沿用。

(二)西晋的《泰始律》

曹魏末年,晋王司马昭为取代曹魏政权做准备,以魏《新律》的内容繁杂严密为理由,命贾充、杜预等人负责对《新律》进行修订。这项工作直到西晋建立后的泰始三年(267年)才完成,并于次年颁布,因此后人称其为《泰始律》。《泰始律》共20篇,620条。其具体篇名是:《刑名律》《法例律》《盗律》《贼律》《诈伪律》《请赇律》《告劾律》《捕律》《系讯律》《断狱律》《杂律》《户律》《擅兴律》《毁亡律》《卫宫律》《水火律》《厩律》《关市律》《违制律》《诸侯律》。从篇章内容看,它是以《九章律》和《新律》为基础,并在三个方面作了重要修改:一是调整了篇目,并将原《刑名律》分为《刑名律》和《法例律》两篇;二是明确区分了律令,将有关定罪量刑方面的规定纳入"律"的内容,而有关国家制度的规定纳入"令"的内容,解决了汉代以来律令混杂的问题,在法典编纂体例上,也开创了律典与令典分别编纂的做法;三是法律解释与律文并行,《泰始律》颁布后,又由当时的律学家张斐、杜预等人先后编写了法律解释,法律解释经批准后公开颁布,与律文具有同样的法律效力。后人又将律文与张、杜所作的解释合编在一起,称为"张杜律"。

(三)南朝的梁律与陈律

东晋灭亡后,中国南方先后建立了宋、齐、梁、陈四个王朝,总称为南朝。南朝的宋、齐两朝除颁布过一些法令外,基本上是沿用《泰始律》。齐永明年间,由王植根据张斐、杜预等人的律注编纂了《永明律》20卷,1530条,但并没有颁布施行。

梁武帝时,鉴于当时律令不统一的状况,由蔡法度等人主持,以齐《永明律》为蓝本,编纂了律20卷,2529条。其内容现已失传,从篇目上看,是将《盗律》改为《盗劫律》,《贼律》改为《贼叛律》,《请赇律》改为《受赇律》,《捕律》改为《讨捕律》,删去了《诸侯律》,另增《仓库律》,其余篇名与顺序都与《泰始律》相同。

陈武帝即位后,认为梁律"纲目滋繁,剖属乱离,宪章遗紊"[5],命由范泉等人主持,重新修订律令,编纂了律30卷,内容上仍以梁律为基础,史称其"采酌前代,条流冗杂,纲目虽多,博而非要"[6]。从总体上看,梁、陈两朝的法律依然是沿袭晋代法律,没有太大的变化。

(四)北魏的律典

与南朝对峙的北魏王朝虽然是一个少数民族政权,但十分重视对汉民族法律文化的吸收,通过借鉴汉族法律,改变部族习惯。北魏太武帝时命崔浩等人以汉魏律为基础,结合了本民族的习惯,改定律典,至孝文帝太和十六年(492年)完成并颁布了北魏律20篇,833章(条)。

北魏律也已失传,篇名保存的也只有15篇,即《刑名律》《法例律》《宫卫律》《违制律》《户

---

[5] 《隋书·刑法志》。
[6] 《隋书·刑法志》。

律》《厩牧律》《擅兴律》《贼律》《盗律》《斗律》《系讯律》《诈伪律》《杂律》《捕亡律》《断狱律》。据后人推测,其余5篇可能是《请赇律》《告劾律》《关市律》《水火律》《婚姻律》。[7] 从篇名看,与晋《泰始律》大体相同,由此也可见《泰始律》对北魏立法的影响。

北魏分裂为东魏和西魏后,东魏制定了《麟趾格》作为基本法律(因在麟趾殿起草而得名),西魏则制定了《大统式》。在这一时期,"格"与"式"作为基本法律形式开始形成了。

(五)北周的《大律》

北周取代西魏后,在政治制度方面,带有浓厚的复古色彩,照搬《周礼》中的某些制度设计,在法律编纂方面同样也是如此。北周在前朝法律基础上,制定了《大律》25篇,共1537条。篇章体例虽然是沿袭了魏晋律,但"烦而不要"[8]。史称《大律》的内容模仿《周礼》,显得泥古不化。因此后人对这部法律的评价是"大略滋章,条流苛密"[9]。

(六)简而不失的北齐律

北齐取代东魏后,在北魏律的基础上,编纂了北齐律12篇,共949条。与前代的律典相比,它有两个重要变化:一是在体例上,将原来作为律典总则部分的《刑名律》与《法例律》两篇合而为一,称为《名例律》。这一体例确立后,一直为后世历朝律典所沿用,直到清末时的法律修订,才改《名例律》为"总则"。二是在内容上,在参照前朝律典的基础上作了较大的删修增损,由20篇归并为12篇,具有"法令明审,科条简要"的特点,[10] 在中国法典编纂史上具有重要地位。

(七)魏晋南北朝时期的"以礼入律"

魏晋南北朝在中国法律发展史上是一个承前启后、继往开来的发展时期。这一时期在法律内容上的主要变化,就是一些儒家的思想主张逐步演变为法律原则,将礼教的规范逐步融合到法律条文之中,成为古代法律儒家化的重要过渡时期。

法律儒家化的主要表现,就是将儒家礼教所主张的"亲亲""尊尊"和由此衍生出的"贵贵"原则渗透到法律中,指导立法和司法活动,这也就是"以礼入律"的过程。首先,把反映家族血缘关系的"亲亲"原则作为司法审判的依据。晋《泰始律》不仅规定了"准五服以制罪"的原则,而且允许父母对违反教令的不孝子女可以自行处置,甚至处死。其次,根据儒家经书中的"刑不上大夫"的主张,在法律中公开肯定了体现礼教"贵贵"精神的贵族官员的等级特权。曹魏时,在法律上规定了维护司法特权的"八议"制度,其后南陈与北魏的法律也都规定了"官当"制度。此外,北齐律将违反礼教"亲亲""尊尊"要求,严重侵犯皇权和纲常礼教的犯罪归纳为"重罪十条"。这些规定,基本上都被隋唐的法律所继承,成为法律的基本原则和主要内容。

四、隋唐时期的立法与法典编纂

隋唐时期是中国古代法律发展的一个重要时期。在这一时期,不论是法典的体例还是内容都基本成形,并成为后世法典编纂的楷模。

(一)隋朝的《开皇律》

隋文帝开皇三年(583年),由苏威等主持重修法典,参照了魏晋以来的历代法典,尤其是

---

[7] 程树德:《九朝律考·后魏律考》,中华书局1988年版,第352页。
[8] 《唐六典》卷六。
[9] 《隋书·刑法志》。
[10] 《隋书·刑法志》。

北齐律,进行了较大规模的修订,定为 12 篇,即《名例律》、《卫禁律》、《职制律》、《户婚律》、《厩库律》、《擅兴律》、《盗贼律》(一作《贼盗律》)、《斗讼律》、《诈伪律》、《杂律》、《捕亡律》、《断狱律》,共 500 条,这就是后人所说的《开皇律》。《隋书·刑法志》称其"刑网简要,疏而不失"。它在编纂体例和内容方面总结了前人的立法成果,并为古代法典的完善奠定了基础,在中国古代法律编纂史上居于承前启后的重要地位。

(二)《唐律》和《唐律疏议》

唐朝建立之初,在对《开皇律》进行修订的基础上,制定了法律,史称《武德律》。唐太宗即位后,又由长孙无忌等人主持,仍以《开皇律》为蓝本,进行了较大规模的法律修订,这项工作历时十年才完成,史称《贞观律》。《贞观律》虽然在体例上仍然沿袭了《开皇律》与《武德律》,但内容上却作了较大的改动。唐高宗即位后,仍由长孙无忌等人主持,对《贞观律》进行了修订,于永徽二年(651 年)颁布,是为《永徽律》。同时,为了解决每年法律考试时律文解释的标准问题,又由长孙无忌等人主持,根据儒家的经书以及通行的令、格、式等规范,对律文进行了逐条逐句的解释,附于律文之后,于永徽四年(653 年)颁布,称为《律疏》,元朝以后改称为《唐律疏议》。《唐律疏议》吸收了魏晋以来法律解释的成果,用儒家的经书去阐释、补充律文,作为立法和司法的依据。它通过律、疏结合,在法律中完整地将儒家思想肯定下来,完成了以礼入律的历史进程。

唐玄宗开元年间,又由李林甫等人主持,对律典进行了修订,刊定《开元律》12 卷,《开元律疏》30 卷。在内容上,除对《永徽律》和《律疏》的个别文字及条目的更改外,其他方面似乎没有多大的变动。

《唐律》虽有多部,但通常说的《唐律》,是指《永徽律》及《唐律疏议》。《唐律》共 12 篇、500 条,连同《疏议》部分,共分为 30 卷。具体篇目是:

1.《名例律》,是全篇的总纲。名,是指刑罚适用的名称与等级;例,是指刑罚适用的体例原则等。其中具体规定了五刑、十恶、八议以及自首、同居、相隐等内容和一些专门的法律用语的解释,是《唐律》指导思想和基本原则的集中体现,相当于后世刑法的"总则"部分。

2.《卫禁律》,是关于皇宫警卫以及关津要塞保卫等方面犯罪的规定,包括两部分内容,一是侵犯宫殿庙社的犯罪,二是侵犯关津及边塞保卫的犯罪。

3.《职制律》,是关于官吏职务方面犯罪及有关行政公务方面犯罪的规定。主要内容有:一是关于职务方面的犯罪,二是违反驿传制度的犯罪,三是官吏贪赃枉法的犯罪。

4.《户婚律》,是有关妨碍和破坏户籍、土地、赋税管理等行为以及婚姻家庭、继承等方面违法犯罪的规定。

5.《厩库律》,是关于官府的牲畜管理和仓库管理两方面犯罪的规定。

6.《擅兴律》,是关于军队的征调、行军出征,以及工程兴建等方面犯罪的规定。

7.《贼盗律》,是关于严重危害统治秩序和财产制度犯罪的规定,主要内容有:一是危害皇权和统治秩序的犯罪,二是危害人身安全的犯罪,三是侵犯官私财产的犯罪。

8.《斗讼律》,分为"斗殴"和"告讼"两个部分,前者是关于斗殴、伤害等方面犯罪的规定,后者是有关诉讼方面犯罪的规定。

9.《诈伪律》,是有关诈骗和伪造犯罪的规定。

10.《杂律》,是将上述几篇所没有包括的规定汇编在一起,内容很广泛,主要有以下几方面:一是违反社会治安管理的犯罪,二是买卖、借贷方面的违法犯罪,三是违反市场管理的违法犯罪,四是犯奸罪,五是毁坏官私财物的犯罪。

11.《捕亡律》,是关于追捕犯人过程中的违法犯罪,以及各种逃亡犯罪的规定。

12.《断狱律》,是关于司法审判以及监狱管理等方面违法犯罪的规定,主要内容包括官吏违反监狱管理的犯罪,非法刑讯以及其他各种违法审判的犯罪。

(三)唐朝的法律形式

唐朝的法律形式分为律、令、格、式四种。

律以"正刑定罪",即规定犯罪与刑罚的刑事法律。唐朝先后制定有《武德律》《贞观律》《永徽律》《开元律》。

令以"设范立制",是国家行政制度方面的规章的汇编,唐朝前期的各个帝王基本上都对令典进行过编纂,其中较有代表性的是《开元令》,共27篇,30卷1500余条,内容非常庞杂。

格以"禁违正邪",是以皇帝名义发布的敕令的汇编,按照官署进行编纂,如"刑部格""户部格"等。其中有关指导国家机关内部活动、在官署内部施行的称为"留司格";颁行各州县,由地方官府共同适用的称为"散颁格"。

式以"轨物程事",是国家机关的办事细则和公文程式方面的规定汇编。唐朝先后制定有《武德式》14卷、《垂拱式》20卷、《开元式》20卷等。式也是按照官署进行编纂的。

唐朝的律、令、格、式四种法律形式是并行为用、相互补充的。一般来说,令、格、式是从积极的方面规定国家的各项制度;律则是从消极的方面对违反令、格、式的行为及其他各种犯罪行为进行制裁。例如:"市令"是关于集市管理的规定,"狱官令"是关于监狱管理的规定,如果有违反并构成犯罪的,就要按照《杂律》及《断狱律》中的相关规定进行处罚。因此,四者作用尽管不同,但目的却是一致的。

(四)《唐律》和《唐律疏议》的影响

《唐律》及《唐律疏议》集古代立法之大成,在中国法律发展史上具有深远影响。它总结了以往各朝的立法与司法经验,成为后世法律立法的楷模。唐以后各朝代的法典编纂基本上都是以《唐律》和《唐律疏议》为蓝本。同时,《唐律》和《唐律疏议》对古代东亚及南亚各国,特别是日本、朝鲜等国的法律,也产生了直接影响,成为"中华法系"的代表。

五、宋元明清的立法与法典编纂

(一)宋朝的《宋刑统》

唐朝中期以后,在法典编纂体例及名称上的一个重要变化,就是以律为主、统编令格式和敕条的"刑律统类"(以下简称"刑统")作为主要的法典形式,其中最具代表性的,就是后周显德年间颁布的《大周刑统》(又称《显德刑统》)。宋朝初年的法典编纂沿用了这一体例,以后周的《显德刑统》为蓝本,将《唐律疏议》全文收录,补入敕条15条,删除109条,另文增加"起请"32条,共31卷(包括目录1卷),分为213门,其中律文502条,令格式敕条177条,起请32条,共711条,于建隆四年(963年)刊印颁行,因此称为《建隆重定刑统》,通称《宋刑统》,这也是中国历史上第一部雕版印行的法典。

《宋刑统》颁布后,作为宋朝的基本法典,一直被沿用。而为了适应需要,在实践中以君主敕令的形式,对《宋刑统》中的相关规定进行变更。这些敕令有些是临时性的,有些则具有普遍的规范意义,可供后世沿用。于是从宋太宗时起,"编敕"成为此后主要的法典编纂形式。

除了"编敕"外,宋朝编例也是一项重要的立法形式。例原是一些临时性的决定和判例,编例是将例加以汇编,上升为具有普遍适用意义的规范,如《熙宁法寺断例》《绍兴刑名疑难断例》等。此外,南宋时为适用法律方便,将律令格式和敕条等分门别类加以汇编,名为"条法事类"。现仅存《庆元条法事类》残本。

(二)辽、金、西夏、元等少数民族政权的法律

自唐末五代以来,在中国的北部和西部地区,先后出现了契丹(辽)、金、西夏,以及后来的蒙古(元朝)等少数民族的政权。它们在向中原地区扩展的过程中,不断吸收汉族文化,并在此基础上,结合本民族的习惯,借鉴了汉族王朝的立法,颁布了自己的法律,形成了具有民族特色的法律制度。

(三)明朝的《大明律》

明朝的法典编纂自朱元璋称吴王之后就开始了,至洪武三十年(1397年)完成,颁布了《大明律》。《大明律》基本沿袭了《唐律》的内容,但体例上作了变化,共分为《名例律》《吏律》《户律》《礼律》《兵律》《刑律》《工律》七篇,共30卷,460条,成为明朝的基本法典。明孝宗时,又对前代的条例进行了系统的整理、汇编,删定为297条,编为《问刑条例》,于弘治十三年(1500年)颁布,与《大明律》一同施行。明神宗万历十三年(1585年)重修《问刑条例》时,将修订后的382条条例附在相关律文之后,从而正式确立了律例合编的法典编纂体例。这一编纂体例被后来清朝的立法所直接继承。

(四)清朝的《大清律例》

清朝入关后,以《大明律》为蓝本,制定了《大清律集解附例》,于顺治四年(1647年)颁布,这是清朝第一部法典,但内容基本上是照抄《大明律》,其后多次进行修订。乾隆五年(1740年),对原有的律文和条例逐条考订,或删、或留、或增补,并将律例合编,条例附于律文之后,律文的体例和内容基本照抄《大明律》,共30门,436条,附例1042条,称为《大清律例》。清朝的法典经过近百年的修订,至此最终完成。此后,编修条例成为主要的立法活动,而律文不再改动。直到清朝末年的法律修订,《大清律例》才被废止。

第三节　中国古代的刑事法律制度

一、古代刑罚制度的发展

(一)夏商周三代的"五刑"

中国古代以"五刑"为核心的刑罚体系,是夏商时期逐步确立并被后世沿袭的。据古代文献及出土甲骨卜辞等记载,夏商周时期的五刑是:墨刑,又称黥刑,是用刀刻划罪犯面部并涂以墨色的刑罚;劓刑,割去罪犯鼻子的刑罚;剕刑,又称刖刑,是用刀锯砍去罪犯腿脚的刑罚;宫刑,又称椓刑,是破坏罪犯生殖机能的刑罚;大辟,即死刑,从甲骨文及出土实物看,死刑执行方式主要是砍头。

从这五刑的内容来看,除大辟外,其余四种刑罚都是对人的肉体的残害,所以称为"肉刑"。

(二)秦汉以来刑罚制度的变化

秦王朝时,随着法制的初步确立,在沿用西周五刑的基础上,对刑罚制度作了一定的改革,

增加了一些身体刑,大量使用流刑,并在采取肉刑与徒刑并施做法的同时,逐步以髡(剃去犯人头发的刑罚)、耐(仅剃去鬓须而保留头发)来代替肉刑,建立了生命刑、肉刑、自由刑、身体刑和财产刑相结合的庞杂的刑罚体系。汉初全盘继承了秦王朝的刑罚制度,汉文帝、汉景帝时,两度进行改革,以徒刑、笞刑和死刑取代肉刑,肉刑在刑罚体系中被废除。

魏晋以来,随着法律制度的发展,刑罚体系也相应发生了变化。曹魏在汉代刑罚改革的基础上,"更依古义制为五刑",将主刑规定为死刑、髡刑、完刑、作刑、赎刑五种,髡刑与完刑除剃去头发与鬓须外,还要服一定时间的苦役,作刑则不剃须发,服役时间也较短,由此确立了生命刑、自由刑、财产刑的刑罚体系。至南北朝时,逐步以徒刑取代了髡、完、作刑,并以笞、杖等身体刑为主要刑种。在北齐律中,将主刑规定为死、流、耐、鞭、杖五等,体系已很明晰。北周律进一步规范化,主刑发展成为杖、鞭、徒、流、死五刑。

(三)隋唐五刑的确立

隋王朝建立后,在废除前期法外酷刑的基础上,正式确立了笞、杖、徒、流、死的五刑制度。《唐律》从内容上进一步完善了五刑体系:

1. 笞刑:这是五刑中最轻的刑罚,《唐律疏议·名例律》"笞刑"条:"言人有小愆,法须惩戒,故加捶挞以耻之。"通过笞责,使犯人改过自新,以合古人"扑作教刑"之义。笞刑分为五等,由笞十至笞五十,每等加笞十。

2. 杖刑:杖刑是从鞭刑发展而来,分为五等,由杖六十至杖一百,每等加杖十。

3. 徒刑:徒刑分为五等,徒一年至徒三年,每等递增徒半年。《唐律疏议·名例律》"徒刑"条"徒者,奴也,盖奴辱之",即在一定时期内剥夺罪犯的人身自由,并强迫其服劳役的刑罚。《唐律》以三年为徒刑的上限,从理论上看,显然是受到了《周礼》中的"上罪三年而舍"的说法的影响;但实际上,自汉代以来形成的大赦制度,无疑是影响徒刑年限的一个重要原因。

4. 流刑:《唐律疏议·名例律》"流刑"条"谓不忍刑杀,宥之于远也",即将犯人遣送到一定距离以外的地方,并强迫其服一定期限的劳役。流刑分为三等,流二千里至流三千里,每等递加流五百里,通称为"三流"。按唐朝时的说法,二千里为近流,二千五百里为中流,三千里为长流,均服一年劳役。此外,还有所谓"五流",即(1)加役流(服役期为三年,属减死之刑);(2)反逆缘坐流(因家人犯谋反、谋大逆而连坐处以流刑的);(3)子孙犯过失杀流(子孙因过失杀伤祖父母、父母而被处以流刑的);(4)不孝流(子孙因犯不孝而处以流刑);(5)会赦减死流(本应判处死刑,因遇大赦,减死处以流刑)。五流在性质与情节上要较三流为重。

5. 死刑:死刑分为绞、斩两等,通称为"二死"。《唐律疏议·名例律》"死刑"条"绞、斩之坐,刑之极也",所以又称为极刑。

五刑体系的确立,从理论上说,显然深受阴阳五行学说的影响。《白虎通·五刑》中说:"五刑者,五常之鞭策也。刑所以五何?法五行也。"并认为古代五刑就是仿效五行而设的:"大辟,法水之灭火;宫者,法土之壅水;膑者,法金之刻木;劓者,法木之穿土;墨者,法火之胜金。"《唐律疏议》也援引《孝经·援神契》中"圣人制五刑,以法五行"的说法,作为五刑的理论依据。《唐律》中,不仅"五刑"与"五行"相符,而且笞刑、杖刑、徒刑各分为五等,三流二死加起来也是五等。同时,五为天地之中数,五刑体系也体现了传统法律思想中刑罚适中的观念。此外,笞、杖、徒、流的等级均为奇数,奇数为阳,阳为生,以表示生刑之义;死刑(二死)则为偶数,偶数为阴,阴为死,《唐律疏议·名例律》"死刑"条说:"二者,法阴数也,阴主杀伐,因而则之,即古大辟之刑也。"因此,阴阳五行学说对五刑体系的影响,是显而易见的。

五刑除"十恶"罪外,均允许以铜赎罪,赎金的数额根据刑罚的轻重依次递增。笞刑五等,赎铜一斤至五斤;杖刑五等,赎铜六至十斤;徒刑五等,赎铜二十至六十斤;流刑三等,赎铜八十至一百斤;死刑(绞、斩)赎铜一百二十斤。但死刑一般只在过失的情况下才允许赎铜,一些情节较恶劣的流刑与徒刑犯罪也不许赎铜。

唐律确立的五刑制度,成为以后刑罚体系的定制。其间宋朝曾实行"折杖法",以杖刑代替死刑以外的刑罚的执行,并广泛适用"刺配"之刑,而且辽宋及元、明、清各朝刑法又以凌迟作为绞、斩之上的法定死刑执行方法。但从刑罚体系而言,直至清末变法,始终没有脱离"五刑"的范畴。

二、古代刑法关于犯罪的规定

中国古代的法典编纂,是以规定犯罪与刑罚的刑法为主要内容的。第一部成文法典《法经》"所著六篇而已,然皆罪名之制也"[11]。这一传统也被后世法典所沿袭。从古代法典规定的犯罪来看,最主要的有以下几类。

(一)十恶:违反纲常的重罪

十恶是指十类严重侵犯皇权和违背伦理纲常的犯罪。十恶的罪名在隋朝的《开皇律》中正式形成,并被以后历代法典所继承。其具体罪名是:谋反、谋大逆、谋叛、恶逆、不道、大不敬、不孝、不睦、不义和内乱。

1. 十恶的形成与发展

十恶中的很多罪名,是起源于汉朝,经魏晋南北朝的发展逐步形成的。北朝的北齐在前朝立法的基础上,将有关危害皇权和伦理纲常的严重犯罪归纳为"重罪十条":"一曰反逆,二曰大逆,三曰叛,四曰降,五曰恶逆,六曰不道,七曰不敬,八曰不孝,九曰不义,十曰内乱。其犯此十者,不在八议论赎之限。"[12]隋朝的《开皇律》在"重罪十条"的基础上,"置十恶之条,多采后齐之制,而颇有损益。一曰谋反,二曰谋大逆,三曰谋叛,四曰恶逆,五曰不道,六曰大不敬,七曰不孝,八曰不睦,九曰不义,十曰内乱。犯十恶及故杀人狱成者,虽会赦,犹除名"[13]。《唐律》沿用了"十恶",并作了具体规定。至此,"十恶"作为法定罪名,至明清一直相沿不改,直到清末修订法律时,才删去了"十恶"的罪名。

2. 十恶的内容

《唐律疏议·名例律》"十恶"条说:"五刑之中,十恶尤切,亏损名教,毁裂冠冕,特标篇首,以为明诫。其数甚恶者,事类有十,故称十恶。"十恶的具体内容是:

(1)谋反:即图谋危害君主及统治政权的行为。由于谋反是所有犯罪行为中危害性最大、最严重的犯罪,所以量刑也最重。

(2)谋大逆:即图谋毁坏皇帝的宗庙、祖墓及宫殿等行为。由于这些建筑都是皇权的象征物,对它们的毁坏同时也意味着对皇权的一种直接侵犯,所以在量刑上,对谋大逆的行为同样要给予严厉处罚。

(3)谋叛:即图谋叛国的行为。

---

[11] 《晋书·刑法志》。
[12] 《隋书·刑法志》。
[13] 《隋书·刑法志》。

(4) 恶逆：即殴打、谋杀及杀死尊亲属，以及妻子杀死丈夫等行为，这是严重侵犯家庭伦常关系的犯罪。

(5) 不道：即用极不人道的手段杀他人的行为，包括杀死一家三人以上，用蛊毒、厌魅的方法置人于死以及杀人分尸等。

(6) 大不敬：即各种对皇帝及皇权象征物的不尊不敬的行为，包括盗取皇帝用品、伪造皇帝印玺等。

(7) 不孝：不孝的内容很多，包括控告、咒骂尊长，对父母供养有缺，诈称祖父母、父母死，以及擅自分家、自立门户等。

(8) 不睦：即对旁系亲属特别是尊亲属的伤害行为。

(9) 不义：包括两个方面内容，一是部下谋害长官的行为，二是妻子对丈夫的"不义"行为，如闻夫丧不举哀及擅自改嫁等。

(10) 内乱：即亲属之间不正当的性行为。

3. 十恶的处理

从十恶的内容来看，根据所侵害的客体及对象，大体可以分为三种情形：一是危害统治政权及皇帝尊严和人身安全的行为，如谋反、谋大逆、谋叛及大不敬等；二是破坏家庭伦理纲常的行为，如恶逆、不孝、不睦、不义和内乱等；三是严重危害人身安全的恶性犯罪，如不道等。由于十恶是最严重的犯罪行为，因此，除了在量刑上比一般犯罪要加重以外，还有以下一些特点：第一，十恶中的一些罪名，只要有预谋即可构成犯罪，并不要求具体实施犯罪，如谋反，只要有"谋"，即予处斩；还有一些罪名，以预谋为构成犯罪的前提，而以具体实施犯罪作为加重处罚的条件，如谋大逆，谋而未行，处绞刑；若逆事已行，则要处斩。第二，十恶中的一些罪名，不仅要处罚罪犯本人，还要连坐其家属，有的还要并处"没官"的附加刑。第三，十恶为"常赦所不原"，而且犯十恶的，"不在八议、论赎之限"[14]。

(二) "七杀"：侵害人身安全的犯罪

中国古代刑法中的"七杀"，是指七种杀人行为，即杀人罪的总称。自《法经》起，历代法典对各种杀人犯罪都作了明确规定。元人徐元瑞编纂的《吏学指南》一书，将各种杀人犯罪归纳为"七杀"，即谋杀、故杀、劫杀、斗杀、误杀、戏杀、过失杀等七种杀人行为。

1. 谋杀：即二人或二人以上，事先有所准备，共同谋划的杀人行为。对谋杀行为，按照预谋、已杀伤及杀死等不同后果，分别量刑。

2. 故杀：即无预谋（临时起意）的故意杀人行为，类似于今天所说的"激情杀人"。故杀与谋杀的区别在于谋杀是在产生杀人故意之前，经过（一般是两人以上的）有计划的预谋，才着手实施犯罪，故杀则是在产生杀人故意之后，立即着手实施的杀人行为，而且故杀只需一人就可以实施。

3. 劫杀：即劫囚杀人的行为。

4. 斗杀：即因斗殴杀人的行为。斗杀与故杀人的主要区别，就在于斗杀者本无杀人故意；而故杀则是临时产生杀人故意（这一点又区别于谋杀）。

5. 误杀：即斗殴时误杀旁人的行为。误杀与斗杀的不同，在于打击的对象。

6. 戏杀：即在嬉戏时杀伤他人的行为。由于这类犯罪在主观上并无杀人与伤人的故意，因

---

[14] 《唐六典》卷六。

此处罚较其他杀人行为轻。

7. 过失杀：即在缺乏高度注意或异常疏忽的情况下发生的杀伤行为。由于这类行为主观上无杀人故意，只是因为意想不到的情况才发生了杀人的结果，因此，在诸类杀人行为（七杀）中，属于最轻的。

中国古代刑法中对"七杀"罪，还有一项特殊的规定，即因身份关系而发生的杀伤行为，在量刑上是不同的，如尊长与卑幼之间相互杀伤的行为，不论属于哪一种杀伤形态，在处罚和量刑上都有很大的差异，这也是"准五服以制罪"原则在量刑上的具体运用。

（三）"六赃"：涉及金钱财物的犯罪

中国古代的"六赃"，也称赃罪、犯赃，是指与金钱和财物有关的各种犯罪的总称。晋代张斐的《律注》中说："货财之利谓之赃"，意即以非法手段取得官私财物的行为，都叫作赃罪。六赃之名，最早见于《唐律疏议》。《唐律疏议》在总结前人立法经验的基础上，对赃罪在法律上作了综合归纳，分为六类，称之为"六赃"。《唐律疏议·名例律》"以赃入罪"条："在律，正赃唯有六色：强盗、窃盗、（受财）枉法、（受财）不枉法、受所监临及坐赃。自外诸条，皆约此六赃为罪。"《杂律》"坐赃致罪"条亦说："赃罪正名，其数有六，谓受财枉法、（受财）不枉法、受所监临、强盗、窃盗并坐赃。"唐以后的历代法典基本沿袭了"六赃"的规定，但具体内容有所变化。

中国古代刑法对"六赃"的处罚，均采取"计赃为罪"的原则，又称"以赃定罪""以赃论罪"，即根据犯罪所得赃物的多少和价值的贵贱来决定刑罚的轻重。《唐律疏议·名例律》"平赃及平功庸"条："赃，谓罪人所取之赃，皆平其价值。"这种做法，仅仅注意赃物的数量和价值，忽略了其他有关情节和行为的危害程度，在实际处理中难免有失公正。因此，有不少人对此提出了批评。北宋时的曾布就指出："盗情有轻重，赃有多少，今以赃论罪，则劫贫家情虽重而以赃少减免；劫富室情虽轻而以赃重论死，是盗之生死系于主之贫富也。"因而他主张应当根据实际的危害程度对赃罪量刑。[15] 但这一主张并未得到实行。直至清末变法，《大清新刑律》的颁布，始删去"以赃定罪"的规定。

（四）公罪与私罪

古代的公罪，也称"公坐"，是指官吏因公事而致罪的行为，即官吏在行政方面的错失行为；私罪，也称"私坐"是指官吏不因公事所犯，或虽因公事但意涉阿曲、假公济私的犯罪行为。

在汉代，就已有了公罪与私罪的区分。至西晋时，在法律上将区分公罪与私罪作为一项基本原则确立下来。张斐的律注中就有"犯罪为公为私"的划分。《唐律疏议》在总结前代立法经验的基础上，对公罪和罪的划分及处理作了明确的规定。

《名例律》"官当"条"若犯公罪者"注："公罪，谓缘公事致罪而无私曲者。"《疏议》指出"公事与夺，情无私、曲，虽违法式，是为公坐"，即官吏因执行公务时发生的错失行为和违法行为，官吏在主观上本无错失及违法的故意，也无追求私利的意图；"私罪，谓不缘公事，私自犯者"，或"虽缘公事，意涉阿曲，亦同私罪"，即官吏所犯与其职务无关的罪，或是利用职权，贪赃枉法，谋取私利的行为，尽管与其职务或公事有关，但因主观上是为谋取私利，故而仍以私罪论处。由于公罪在主观上无犯罪故意，纯系职务公事上的失错，而私罪则系利用职权或与公事无关的故意犯罪行为，因而在处罚上，采取公罪比照私罪从轻或减轻处罚的原则。

后世法律对公罪和私罪的划分，基本上继承了唐律的规定，但内容更为具体。古代法律对

---

[15]《宋史·刑法志》。

公罪与私罪的划分,是对官吏犯罪的特殊规定,它将官吏因公务而发生的错失行为与假公私济、利用职权徇私枉法的行为在量刑上作了区分,对于保护官吏执行公务时的积极性与主动性,加强国家机关的效能,有着一定的作用。

（五）不应得为

不应得为是中国古代刑法中的一项概括性罪名,它是指法律没有明文规定,但按"理"不应当做的行为。

汉代法律有"不当得为",指的是按情理与法律不应当做的行为,虽然法律没有明文规定,但依法还是应当禁止的。《唐律》将"不当得为"改称为"不应得为"。《唐律疏议·杂律》"不应得为"条注:"谓律、令无条,理不可为者。"《疏议》:"杂犯轻罪,触类弘多,金科玉条,包罗难尽。其在律在令无有正条,若不轻重相明,无文可以比附。临时处断,量情为罪,庶补遗阙,故立此条。"根据这一解释,只有在没有律令正条可以比附而于理又不合的情况下,才可以适用"不应得为"的规定。对于"不应得为"的行为,情节一般的,处以"笞四十";事理重者,"杖八十"。

宋以后的法律沿袭了"不应得为"的规定。《明律集解纂注》:"凡理之所不可为者谓之不应为,从而为之,是亦罪也。"《大清律例·刑律·杂犯》"不应为"条注:"律无罪名,所犯事有轻重,各量情而坐之。"

从古代法律对"不应得为"规定的内容来看,所处罚的是法律没有明文规定、依法也不能适用比附,亦即事实上并没有构成犯罪、但于道义和礼教而言所不允许的行为。从立法意图而言,它充分体现了《唐律疏议》所说的"铨量轻重,依义制律"的指导思想。但在事实上,"不应得为"的规定扩大了刑事处罚的范围,开启了擅断的弊端。

三、古代刑法的适用原则

古代刑法在长期的发展过程中,逐步形成了一系列的适用原则。特别是从汉朝起,随着儒家思想法律化的发展,一些礼教及儒家经书所倡导的主张在刑法上逐步得到确立,成为指导刑法适用的基本原则。

（一）维护贵族官员在刑法上的特权

等级特权是中国古代刑法的基本特征。西周时期就提出了"刑不上大夫",儒家经典《周礼》中也规定了"八辟"之法。西汉初年在法律上明文规定了确认官吏特权的"上请"制度。至魏晋南北朝时,随着儒家思想法律化的发展,有关官吏特权的法律规定也不断增加。曹魏时,正式将由《周礼》中的"八辟"之法演化而来的"八议"制度写进了法律。至南陈与北魏的法律中,还出现了"官当"的制度。

《唐律》及《唐律疏议》在"一准于礼"的原则下,对官吏的特权在法律上作了具体规定。

1. 议（八议）

八议是指议亲（皇亲国戚）、议故（皇帝的故旧朋友）、议贤（有大德行的贤人君子）、议能（有大才艺者）、议功（有大功勋者）、议贵（职事官三品以上、散官二品以上及爵一品以上的达官贵人）、议勤（有大勤劳者）、议宾（前朝君王的后代）。这八种人犯死罪的,司法官吏不能直接处理,而是将他们的罪状及应议的理由（即符合"八议"中的哪一类）上奏皇帝,由皇帝交由大臣讨论后,再由皇帝作出处理决定。犯流罪以下的,先减一等,再以赎论。但如果所犯之罪为"十恶"的,则不适用这一特权。

2. 请

"请"即通过"上请"的程序减轻刑罚。适用"请"的对象主要有三类:一是皇太子妃的亲属,二是"八议"对象的直系亲属,三是有五品以上官爵的人。这三种人犯死罪,由司法官吏将其罪状连同应上请的理由,以及应处以何种刑罚一同上皇奏帝,由皇帝裁决,一般也可以减轻刑罚;犯流罪以下的,减一等。但如果是犯"十恶"及杀人、受财枉法等严重犯罪的,也不能适用这一特权。

3. 减

"减"即有一定品级的官员及亲属犯罪,可以享受减罪一等的优待,但仅限于流罪以下。减的对象主要是两类:一是六品、七品官员,二是官爵得请者的亲属。

4. 赎

"赎"即凡是议、请、减的对象及九品以上官,以及官爵得减者的亲属,犯流罪以下的,都可以用铜来赎罪。

5. 当(官当)

"当"即以官品抵罪、减免刑罚。凡官员犯流以下私罪的,五品以上官,一官可以折抵徒刑二年,九品以上官,一官可以折抵徒刑一年,若是犯公罪的,各增加一年。如果身兼数职的,可以按照职事官、散官、勋官的顺序,先后折抵。而且,如果罪轻官品高,官品所抵罪多于实际所犯罪的,可以留官收赎,即保留官品,用铜钱赎罪;罪重官品低,用官抵罪后尚有余罪,则用钱赎余罪。因官当而失官的,一年以后仍可降原官品一等叙用。因此,所有官员,不论其品位高卑,只要不犯死罪,都可以逃避实际的刑罚制裁。

唐以后各朝法律基本上沿袭了这一原则。值得注意的是,中国古代刑法中关于官吏犯罪的特权优待,不仅适用于各级官员,而且他们的家人也可以享受相应的优待。此外,在对官吏犯罪设置各种优待的同时,还有一项特殊的规定,即凡犯有严重危害统治秩序和皇权的罪行的,一概不得适用任何优待。这一规定,反映了当官吏特权与统治阶级根本利益发生冲突时,法律对官吏特权是不予保护的。

(二)准五服以制罪

准五服以制罪是古代刑法适用的一项重要原则,也是家族主义在刑法中的具体体现。所谓"五服"是宗法制度下形成的一种丧服制度,在此范围内的直系和旁系亲属,都称为"有服亲"。这种丧服制度根据亲属之间关系,将丧服质量和丧期的长短分为五等,称为"五服",具体是:(1)斩衰三年,用极粗生麻布为丧服,不缝衣边,守孝三年,这是子女为父母、媳为公婆、妻为夫所服的丧服;(2)齐衰,用次等粗生麻布为丧服,缝住衣边。齐衰又分为齐衰三年、齐衰杖期(持杖一年)、齐衰不杖期(不持杖,一年)、齐衰五月、齐衰三月等,主要是为祖父母、叔伯父母、兄弟以及夫为妻所服的丧服;(3)大功九月,用粗熟布为丧服,主要是为堂兄弟姐妹所服的丧服;(4)小功五月,用稍粗熟布为丧服,主要是为叔伯祖父母、兄弟之妻、夫之兄弟等所服的丧服;(5)缌麻三月,用细熟布为丧服,是最亲的一等服制,用于上述之外的九族内的远房亲戚。五服之外的亲属便是无服亲,称为"袒免"。

由于"五服"明确划分了亲属间的范围和亲等,反映了亲属内部的亲疏尊卑关系,因而成为判定家族成员之间关系的依据。在古代法律"以礼入律"的过程中,西晋的《泰始律》正式确立了这一原则,并被以后历代法律所继承。根据这一原则,亲属之间相互侵害的行为,如果是以卑犯尊的,血缘关系越近,处罚越重;如果是以尊犯卑的,血缘关系越近,处罚越轻,甚至不予处罚。正如元朝的龚端在《五服图解》中所说："欲正刑名,先明服纪,服纪正则刑罚正,服纪不正则刑罚不中。"明清时期的律典前面都附有"五服图",作为适用法律时的参考。

(三)老幼犯罪减免刑罚

在《礼记·曲礼》中,就已提出了矜老恤幼的法律原则:"七十曰老,八十、九十曰耄,七年曰悼。悼与耄,虽有罪,不加刑。"而正式在法律上确立这一原则的是汉朝。汉惠帝即位时就曾下令:"民年七十以上,若不满七岁,有罪当刑者,皆完之。"[16]汉宣帝时进一步规定:"诸年八十以上,非诬告杀伤人,它皆不坐。"汉成帝时,令"年未满七岁,贼斗杀人及犯殊死者,上请廷尉以闻,得减死"。此外,在汉律中还有"年未满八岁,八十以上,非手杀人,他皆不坐"的规定。[17]这一原则也被魏晋南北朝时期的法律所沿袭。

《唐律》在前代法律发展的基础上,进一步确立了老幼犯罪减免刑罚的原则,并作了具体规定。《名例律》"老小及疾有犯"条将老幼犯罪按年龄范围三个阶段,分别予以减免:(1)70岁以上、15岁以下,犯流罪以下,收赎。(2)80岁以上、10岁以下,犯谋反大逆及杀人应死者,上请;盗及伤人者,亦收赎,其余犯罪一概不予处罚。(3)90岁以上、7岁以下,即使犯有死罪,也不追究刑事责任。

《唐律》关于老幼犯罪减免刑罚的规定,也被后世的法律所沿袭,成为刑法适用的一项基本原则。

(四)比附

中国古代刑法中的"比附",是指在法律没有明文规定或是法律规定不明确的情况下,可以比照最相类似的条款或是先前判决的案例来定罪量刑的制度,类似于现代刑法中的类推。

比附作为一项刑法的适用原则,在中国古代很早就出现了。《尚书·吕刑》中,就有"上下比罪"的记载。在社会关系简单、立法经验不足的情况下,大多是就一事一罪制定一条法律,比如《法经》中的"杀人者诛""拾遗者刖"等规定,就是如此。随着社会的发展,犯罪行为的复杂化,以一事一罪为特征的法律条文已不能适应制裁犯罪的需要。于是,比照同类犯罪中最相类似的规定来定罪量刑的办法,在古代刑法中的适用就逐步广泛。战国末年荀子所说的"有法者以法行,无法者以类举"[18],就是对这种制度在理论上的表述。

秦王朝早期的刑事立法中,就已采用了比附的制度。汉承秦制,在刑法中广泛适用比附的原则。在汉代,"已行故事曰比",将比附上升为一种固定的法律形式。《唐律疏议·名例律》在总结前代适用比附经验的基础上,对比附的原则和方法作了明确规定:"诸断罪而无正条,其应出罪者,则举重以明轻,其应入罪者,则举轻以明重。"

首先,根据这一规定,适用比附的前提条件,必须是"断罪而无正条",即某种行为已明显构成了犯罪,但律文中没有规定相应的罪名与刑罚,或者某种行为看似犯罪,但可以减轻或免除刑罚,而律文中又无相应规定。

其次,在适用比附时,必须依照以下两项原则:(1)"其应出罪者,举重以明轻",即某种行为可以减轻或免除刑罚,而律文又没有规定的,就应当在类似的条文中,举重罪,以证明该行为罪轻或无罪。例如,对主人杀伤夜间无故入室者的行为,应如何处理,法律无明文规定,但《贼

---

[16]《汉书·惠帝纪》。
[17]《汉书·刑法志》、《周礼·秋官·司刺》郑司农注引律令。
[18]《荀子·王制》。

盗律》中规定："诸夜无故入人家者,笞四十。主人登时杀死者,勿论。"比照这一规定,主人杀伤夜间无故入室者的行为,显然较杀死为轻,杀死尚且不论,杀伤当然无罪。这就是"举重以明轻"的应用。(2)"其应入罪者,举轻以明重",即某种行为确已构成犯罪,而律文又没有规定的,则在相应的条文中举出轻罪,以证明该行为罪重。例如,杀死或杀伤父母的行为该得何罪,法律无明文规定,但《贼盗律》中规定："谋杀期亲尊长者,皆斩。"比照这一规定,谋杀尚得死罪,则已伤、已杀就不言而喻了。这就是"举轻以明重"。这两项原则使比附的适用进一步规范化。

明清时期对比附没有沿用《唐律》的规定,而是将比附适用的批准权和决定权交给了皇帝。《大明律》和《大清律例》的《名例律》"断罪无正条"条规定："若断罪无正条者,引律比附,应加应减,定拟罪名,议定奏闻。若辄决断,致罪有出入,以故失论。"

(五)先自告除其罪

自告,即自首之意。中国古代刑法中的"先自告除其罪",就是指在犯罪以后向官府自首的,可以减轻或免除其刑罚的原则。

中国古代早在《尚书》中,就已有类似犯罪自首减刑的记载。汉代在法律上首次规定了"先自告除其罪"的原则,对于犯罪未发而自首的行为,可免除其罪刑。从汉代刑法有关规定看,自首免罪原则的适用也是有条件的。首先,对于共同犯罪中的"首恶"及"造意"者,不适用自告免罪原则。所谓"本非造意,皆得悔过自出",造意首恶者即使自告自出,仍然要依律处罚。其次,对犯罪自首不实不尽的,如一人犯数罪,只自首其中一个罪,那么,对未自首的罪行,仍然要依律处罚。自汉代以后,自首免罪作为一项刑法适用的基本原则,在法律上确定下来。

《唐律》及《唐律疏议》继承了自首减免刑罚的原则,并将自首分为"自首"与"自觉举"两种形式。

1. 自首

《名例律》"犯罪未发自首"条："诸犯罪未发而自首者,原其罪。"即犯罪以后能自首的,原则上可以免除其所应承担的罪刑。根据这一原则,对自首作了如下具体规定:

首先,在原则上,一般犯罪自首的,均可以免罪,或是轻罪虽被发觉,但能够自首重罪的,则可以免除其重罪的刑事责任,但对轻罪仍然要依法处罚。

其次,自首的方法,除了本人投案自首,遣人代首同样具有法律效力(但本人若是拒不到官府投案的,则不能算是自首),而且,属于法律所允许的亲属相容隐范围的人互相告发的,被告者亦按自首处理。例如,卑幼控告直系尊长、奴婢控告主人犯罪的,被告者一律按自首处理,即使知道别人要去官府告发而自首的,同样也可以减罪二等。

再次,自首必须彻底,如果自首不实不尽,如因强盗所得之赃,自首时说成因窃盗所得,这就是"不实",枉法受财十五匹,自首时说成十四匹,这就是"不尽",在处理时,就要按照不实不尽的罪情处罚。如受财枉法赃十五匹,自首十四匹,在量刑时,就按受财枉法赃一匹,处以徒一年。

最后,并不是所有犯罪均能适用自首免罪的原则。有些犯罪即使自首,仍然要依律科以相应的刑罚,一是"常赦所不原"的重大犯罪,如犯谋反大逆、恶逆等罪,虽自首仍不能减免;二是对一些已经造成实际的危害后果的犯罪,如斗殴伤人、强奸等犯罪,也不得适用自首减刑,但对一些牵连犯,如因盗而杀伤他人而自首的,盗罪可免,仅以殴伤罪量刑。

2. 自觉举

自觉举是有关"公罪"的自首,是官吏因职务关系犯罪的一种特殊的自首方式。《名例律》

"公事失错自觉举"条规定:"诸公事失错,自觉举者,原其罪;应连坐者,一人自觉举,令人亦原之。"即因公事失错而自首(自觉举)的,可以免除其罪责;属于职务连坐的,一人自觉举,其他连坐者一同赦免。但是,如果这类错失行为已经执行并完成的,如误判死罪及笞、杖罪已经执行的,错判徒、流罪已经执行完毕的,就不能适用免罪的原则,即使自觉举的,仍要依律科断。

唐以后的历代法律对于自首问题,基本上仍是继承了《唐律》的原则与规定,没有很大的变动。

(六)亲属相为容隐

亲属相为容隐,又称亲亲相隐、同居相为隐,是指亲属成员之间对犯罪行为可以相互包庇和隐瞒,不应向官府告发或作证,而且这种包庇和隐瞒行为依法不承担刑事责任。这也是礼教所倡导的"亲亲"原则在刑法适用上的具体体现。

亲属相为容隐源于《论语·子路》篇中孔子所说的"父为子隐,子为父隐,直在其中矣"。汉代奉行以"孝"治天下,汉宣帝时,正式确立了"亲亲得相首匿",规定"自今子首匿父母,妻匿夫,孙匿大父母,皆勿坐。其父母匿子,夫匿妻,大父母匿孙,罪殊死,皆上请廷尉以闻"[19]。

《唐律》根据这一原则,在《名例律》中对"同居相为隐"专条作了规定:首先,相隐的范围是"同居",即共同生活的亲属。其次,凡属于相隐范围的人,不但包庇、隐匿罪犯不构成犯罪,而且为罪犯通风报信、令其隐蔽逃亡的,也不负刑事责任。最后,如果违反容隐的规定,举报控告同居亲属的,则反而要受到法律的追究;举告尊亲属的,关系越近处罚越重;若是告祖父母、父母的,属于"十恶"中的"不孝",应当处以绞刑;反之举告卑亲属的,关系越近处罚越轻,甚至不构成犯罪。当然,适用这一原则时有一个例外,那就是所犯罪行如果是"十恶"中的谋反、谋大逆及谋叛的,则不能适用这一原则,亲属不得相隐,违者要依法论处。

唐以后的各朝法律沿袭了这一原则,《大明律》和《大清律例》改为"亲属相为容隐",至清末法律修订时,才废除了这一原则。

第四节 中国古代的民事法律制度

中国古代法典编纂以刑法为主要内容,所以又称为律典。而对婚姻、家庭、财产继承以及买卖借贷等民事法律关系的调整,主要是以礼仪规范和习惯为主,另有一些规范则散见于律典中,形成了后人所说的重刑轻民的特点。

一、婚姻制度

《礼记·昏义》说:"婚姻者,合二姓之好,上以事宗庙,下以继后世也。"可见中国古代婚姻的目的,在于祖先的祭祀和宗族的延续,婚姻是子孙后代对祖先所应尽的一种义务。因此,为保证宗族血统的纯正,法律上严格实行一夫一妻制。《唐律·户婚律》"有妻更娶"条规定:"诸有妻更娶妻者,徒一年。"《唐律疏议》对此的解释是:"一夫一妇,不刊之制。有妻更娶,本不成妻。"此外,还严厉禁止以妾为妻或以妻为妾的行为,这些都体现了宗法家族秩序的要求。

---

[19]《汉书·宣帝纪》。

中国古代也正是基于宗法家族的要求,规定了婚姻制度的基本内容。

(一)婚姻的成立

1. 结婚的实质要件

婚姻的成立,必须符合法定的条件,这些法定条件构成了结婚的实质要件。从古代法律规定来看,结婚的实质要件主要是:

(1)父母之命

婚姻关系的缔结,必须以尊长(父母)的同意为必要条件。《诗经·南山》里说:"娶妻如之何?必告父母。"婚姻由父母或尊长主婚。即便成年之后在外做官或经商,也要经尊长同意。《唐律·户婚律》"卑幼自娶妻"条规定:"诸卑幼在外,尊长后为订婚,而卑幼自娶妻,已成者,婚如法;未成者,从尊长。违者杖一百。"

(2)同姓不婚

婚姻的目的在于"合二姓之好",所以礼教与法律都禁止同姓为婚。《礼记·曲礼》记载:"娶妻不娶同姓。"《礼记·郊特牲》也记载:"取于异姓,所以附远厚别也。"从伦理角度而言,同姓也可能会造成近亲通婚,所以《白虎通·嫁娶》中说:"不娶同姓者,重人伦,防淫佚,耻与禽兽同也。"

因此,历代法律也明确禁止同姓为婚。《唐律·户婚律》"同姓为婚"条规定:"诸同姓为婚者,各徒二年;缌麻以上,以奸论。"后世法律对同姓为婚的处罚虽然减轻,但都明确规定要强制解除婚姻关系。

(3)良贱不婚

由于婚姻关系到家族血统的纯正,所以法律严格禁止良贱通婚。《唐律疏议·户婚律》"奴娶良人为妻"条对此的解释是:"人各有耦,色类须同。良贱既殊,何宜配合。"特别是对贱民和奴仆娶良民女子为妻的,要处以杖一百至徒二年,并强制解除其婚姻关系。

2. 结婚的形式要件

根据传统礼仪、习惯和法律,婚姻关系的缔结,还应当具备一些形式上的要件。这些要件主要有:

(1)媒妁之言

媒妁之言是结婚的首要形式要件。《诗经·伐柯》说:"娶妻如之何?匪媒不得。"《礼记·曲礼》中也说:"男女非有行媒,不相知名。"《唐律疏议·名例律》"略和诱人等赦后故蔽匿"条也有"嫁娶有媒,买卖有保"的记载。《唐律疏议·户婚律》"为婚妄冒"条也说:"为婚之法,必有行媒。"如果嫁娶违律的,媒人也要承担连带责任。

(2)婚书与聘礼

由于婚姻是男女双方家庭的行为,因此其代表行为就是要订立婚书及下聘礼。婚书是男女双方家庭订立婚姻的书面协议。《唐律疏议·户婚律》"许嫁女辄悔"条对此的解释是:"谓男家致书礼请,女氏答书许讫。"聘礼则是缔结婚姻关系的信物,聘礼不在财物的多少,而在于它的象征意义。因此《晋律》就规定:"崇嫁娶之要,一以下聘为正。"《唐律疏议·户婚律》"许嫁女辄悔"条的解释是:"婚礼先以聘财为信,故《礼》云:聘则为妻。但受聘财亦是。《注》云:聘财无多少之限。即受一尺以上,并不得悔。"如果订立婚书、接受聘礼后悔婚的,要承担法律责任。按照《唐律·户婚律》的规定,要处以杖六十。如果另许配他人的,要处以杖一百;已成婚的,徒一年半。女子判归前夫。

(3) 六礼

六礼是婚礼的六道程序,也是婚姻关系成立的形式上的重要环节,《仪礼·士昏礼》中说:"六礼备,谓之聘;六礼不备,谓之奔。"这六礼包括:纳采(送礼求亲);问名(问女方的姓名及出生年月);纳吉(备礼通知女方,准备缔结婚姻);纳征(下聘礼);请期(选定完婚吉日,征求女方同意);亲迎(迎娶完婚)。《唐律疏议·户婚律》"以妻为妾"条的解释说:"妻者,传家事,承祭祀,既具六礼,取则二仪。"六礼的目的,就是通过这种程序"明媒正娶",表明婚姻的合法性。

南宋时朱熹在《朱子家礼》中,将六礼简化为纳采、纳币(即纳征)、亲迎三礼。清代则将婚礼分为"品官婚礼"和"庶人婚礼",品官要按照六礼,而庶人则可量力而行。

(二) 婚姻的解除

根据古代礼教与法律的规定,婚姻解除的情形主要有以下几种。

1. "七出"和"三不去"

"七出"是指丈夫单方面休弃妻子的七条理由,即:无子(妻年过五十仍未生子),淫佚(妻犯奸淫),不事舅姑(不孝顺公婆),口舌(搬弄是非),盗窃(妻私藏私窃家财),妒忌,恶疾。妻子犯有其中任何一项,丈夫就可以提出离婚(休妻),但"七出"在礼法上受到"三不去"的限制。"三不去"是指三种不得休妻的情形,即:有所取无所归(休弃时无娘家可归),与更三年丧(已经为公婆守孝三年),先贫贱后富贵(嫁时夫贫,后来富贵)。妻有"三不去"之一的,虽犯"七出",丈夫也不得休弃。《唐律·户婚律》"妻无七出而出之"条规定:"诸妻无七出及义绝之状,而出之者,徒一年半;虽犯七出,有三不去,而出之者,杖一百,追还合。"但如果"犯恶疾及奸者,不用此律"。

2. 义绝

义绝即夫妻恩义断绝,是指夫妻对对方一定范围内的亲属犯有杀、殴、奸等罪行,必须强制解除婚姻关系。因为婚姻的目的是"合二姓之好",所以两家发生交恶,婚姻关系自然也就失去了存在的意义。《唐律·户婚律》"义绝离之"条规定:"诸犯义绝者离之,违者徒一年。"《唐律疏议》对此的解释是:"夫妻义合,义绝则离。违而不离,合得一年徒罪。"

3. 和离

虽然"夫有出妻之理,妻无弃夫之条"[20],但在夫妻双方都愿意离异的情况下,还是允许的,这在法律上称为"和离"。《唐律·户婚律》"义绝离之"条规定:"若夫妻不相安谐而和离者,不坐。"《唐律疏议》对此的解释是:"谓彼此情不相得,两愿离者。"

4. 违律为婚

违律为婚是指各种违反法律规定的结婚行为。《唐律疏议·户婚律》"违律为婚离正"条的解释是:"违律为婚,谓依律不合作婚而故违者。"比如良贱为婚就属于违律为婚的行为。《唐律》对各种违律为婚的行为不仅规定了相应的处罚,而且还要求强制解除婚姻关系(离之、正之)。

二、家庭制度

中国古代的家庭是父权家长制家庭。家庭既是社会生产的经济单位,也是社会组织的基础。历代统治政权都把维护家庭秩序作为维护国家和社会秩序的重要环节,在"父为子纲、夫

---

[20] 《名公书判清明集》卷九,"妻以夫家贫而仳离"判。

为妻纲"的礼教原则的指导下,构建了以父权和夫权为中心的家庭制度。

(一)以父权为中心的家长权

古代的家与族都是血缘亲族团体,家是族的细胞,族是家的放大。因此家长权也有两重含义,一是指同居家族的家长权,也称族权;二是指同居家庭的家长权,或称父权。根据《说文解字》的解释:"父,矩也,家长率教者,从又举杖。"因此,父字本身就有统治和权力的含义,父权体现了礼教"三纲"中的"父为子纲"原则。从古代礼教和法律的规定来看,以父权为中心的家长权主要体现在以下几方面。

1. 教令权

教令权是家长教诫子孙的权力。子孙违反家长的教令,家长可以直接予以惩戒。晋代法律中就有规定:子女"违反教令,敬恭有亏,父母欲杀者皆许之"[21]。《唐律·斗讼律》"子孙违反教令"条也规定:子孙违反教令的,徒二年。而尊长杀死违反教令的子孙,处罚也很轻,《唐律》规定徒一年半,明清法律则规定杖一百,而且如果是子孙"违反教令,而依法决罚,邂逅致死,及过失杀者,各勿论"[22]。

2. 财产权

保护同居家长对家庭(家族)财产的支配权,是古代家族制度的基本要求,也是礼教的一贯主张。《礼记·坊记》中就说:"父母在,不敢有其身,不敢私其财,示民有上下也。"古代法律对家长的财产权也予以保护,主要体现在两个方面:

(1)禁止卑幼私自动用及处分家财。《唐律·户婚律》"同居卑幼私辄用财"条规定:"诸同居卑幼,私辄用财者,十匹笞十,十匹加一等,罪止杖一百。"《唐律疏议》的解释是:"凡是同居之内,必有尊长。尊长既在,子孙无所自专。"宋以后的法律中,也有未经尊长同意,不得将牲畜田宅出卖典押的规定。

(2)禁止尊长在而子孙别籍异财。别籍异财是指子孙别立户籍、分异家产的行为。《唐律·户婚律》"子孙别籍异财"条规定:"诸祖父母、父母在,而子孙别籍异财者,徒三年。"而且别籍异财的行为被纳入"十恶"中的"不孝"。

3. 主婚权

家长的意志是子女婚姻成立或撤销的基本要件。《礼记·内则》中说:"子甚宜其妻,父母不说(悦),出;子不宜其妻,父母曰:是善事我,子行夫妇之道焉,身没不衰。"可见对家长的主婚权,子女不得违抗。《大清律例·户律·婚姻》"男女婚姻"条的《条例》就明文规定:"嫁娶皆由祖父母、父母主婚。"

(二)以夫权为中心的夫妻关系

以夫权为中心的夫妻关系,体现了礼教"三纲"中的"夫为妻纲"。《礼记·杂记》说:"妇人从人者也,幼从父兄,嫁从夫,夫死从子。"妻子在家庭中对外无独立地位。《唐律疏议·户婚律》"义绝离之"条也说:"妇人从夫,无自专之道。"从古代礼教与法律的规定来看,这种夫权主要体现在以下几方面。

1. 尊长权

夫妻关系在法律上等同于尊长同卑幼的关系。夫妻相互控告,如果是妻告夫,比照卑幼告

---

[21] 《宋书·何承天传》。
[22] 《大明律》及《大清律例》之《刑律·斗殴》"殴祖父母父母"条。

尊长治罪,按《唐律》的规定要处以徒二年;明清则属于"干名犯义",处罚更重。反过来,夫告妻则比照尊长告卑幼处理。《唐律疏议·斗讼律》"告缌麻以上卑幼"条对此说得很明白:"妻虽非卑幼,义与期亲卑幼同。"

2. 财产权

夫妻财产名义上为夫妻共有,但处分权与支配权属于丈夫,而且妻子陪嫁的财产也要由丈夫作主支配。宋代法律就规定:"妇人财产,并同夫为主。"[23]如果妻子私藏或是动用家财,就有可能构成"七出"中的"盗窃",成为丈夫休弃妻子的理由。

3. 监护权

在夫妻关系中,妻子没有法律上独立的人格,丈夫拥有对妻子的监护权。《大明律》及《大清律例》的《刑律·断狱》都规定:"凡妇人犯罪,除犯奸及死罪收禁外,其余杂犯,责付本夫收管。"

三、继承制度

中国古代继承制度,主要有身份继承和财产继承两类。此外,对女子的继承权法律也有规定。

(一)身份继承

身份继承是对家族血统和爵位的继承,包括宗祧继承和爵位继承。

1. 宗祧继承

宗祧继承是对家族血统的继承,又称"承继",源于宗法制下的嫡长继承制。按照这一制度,宗祧继承的关键是"立嫡",因为只有嫡长子才有宗祧继承权。《唐律疏议·户婚律》"立嫡违法"条指出:"立嫡者,本拟承袭,嫡妻之长子为嫡子。"按照《唐令》规定:"无嫡子及有罪疾,立嫡孙;无嫡孙,以次立嫡子同母弟;无母弟,立庶子;无庶子,立嫡孙同母弟;无母弟,立庶孙。"依次类推。如果以上几种继承人都没有,便是无后了,法律上称为"户绝"。

在户绝的情况下,为了使死者"不断香火""血食永享",就需要为死者立嗣,作为继承人,以延续香火。嗣子从同宗中辈分相当的侄子中选择,可以是被继承人生前立嗣,也可以是死后由其妻子或族人代为立嗣。这种被继承人死后立嗣的方式,宋以后分为"立继"和"命继"。立继是寡妇替亡夫立嗣,命继则是夫妻俱亡(或寡妇改嫁)而由族人立嗣。

2. 爵位继承

历代法律都规定爵位必须由嫡长子继承,按唐《封爵令》的规定,继承的顺序与立嫡相同。《大明律》和《大清律例》的《吏律·职制》"官员袭荫"条规定:"凡文武官员合袭荫职事,并令嫡长子孙袭荫。如嫡长子孙有故,嫡次子孙袭荫。若无嫡次子孙,方许庶长子孙袭荫。"以此类推。如果庶出子孙等不依次序袭荫,则要处以杖一百、徒三年。

(二)财产继承

中国古代财产继承与身份继承的原则和顺序是不同的,但两者又有一定的内在联系。身份继承采取的是嫡长子继承的原则,只有嫡长子一人才有继承权;而财产继承则不同,可以说是人人有份。从礼教习惯与法律规定来看,财产继承的原则与方式主要有以下几种。

1. 法定继承

古代法定继承采取的是诸子均分、子承父分的原则。唐《户令》规定:"应分田宅及财物者,

---

[23]《名公书判清明集》卷五,"妻财置业不系分"判。

兄弟均分。……兄弟亡者,子承父分。"违反这一规定的,属于"同居应分,不均平"的行为,依法比照"坐赃"减三等论处。[24]《大清律例·户律·户役》"立嫡子违法"条《条例》规定:如果立嗣后又生子的,那么家产也应同嗣子均分。

2. 遗嘱继承

遗嘱又称遗言、遗命,是被继承人生前对家庭财产所作的处分。从古代法律规定来看,遗嘱是特指在"户绝"的情况下对财产所作的特殊处分,不同于一般所说的生前"分家",而且遗嘱必须得到官府公证认可才有效。目前能见到的最早关于遗嘱的规定是《宋刑统·户婚律》"户绝资产"门引唐《丧葬令》的规定,该规定是对户绝资产的处理,但明确指出:"若亡人在日,自有遗嘱处分,证验分明者,不用此令。"宋代法律也规定:"诸财产无承分人,愿遗嘱与内外缌麻以上亲,听自陈,官给公凭。"[25]

(三)女子的继承权

根据古代习惯和法律,家庭财产只有男性成员才享有继承权,女子对家庭财产没有继承权,而且女儿在出嫁时已得到了一份嫁妆。因此,只有在"户绝"的情况下,才会产生女儿继承权的问题。而寡妇继承家产的前提则是"守节"。

1. 女儿的继承权

唐开元年间的《户令》规定:没有出嫁的女儿,可以得到男子聘财一半的份额,作为以后的陪嫁。[26] 另根据《丧葬令》,在"户绝"的情况下,家庭财产扣除办丧事等必要的开支后,"余财并与女"。[27]《大明令·户令》规定:"凡户绝财产果无同宗应继者,所生亲女承分。"《大清律例》将这一规定作为条例写入《户律·户役》"卑幼私擅用财"条。

2. 寡妇的继承权

古代法律规定,寡妇只有在守节的前提下,才能获得亡夫的遗产;如果改嫁,则失去继承权。唐《户令》规定:"寡妻无男者,承夫分。"(若改适,其见在部曲、奴婢、田宅不得费用,皆应分人均分。)[28]因此,无子的寡妻在夫家守寡(守节)的情况下,可以继承或代位继承亡夫的财产。但明清法律规定寡妇必须以"立继"的方式指定财产继承人。《大明令·户令》及《大清律例·户律·户役》"立嫡子违法"条条例都规定:"妇人夫亡无子守志者,合承夫分,须凭族长择昭穆相当之人继嗣。"

四、买卖与借贷制度

(一)买卖

买卖涉及财产所有权的转移,因此法律对此一般都有明确的规定。

1. 买卖标的

古代买卖标的分为产业与财物(资财)两类。产业包括田地、房屋之类的不动产,财物包括牲畜、钱财之类的动产。此外,奴婢也视同为财物,作为买卖的标的之一。《周礼·地官·质

---

[24]《唐律疏议·户婚律》"同居卑幼私辄用财"条。
[25]《名公书判清明集》卷九,"鼓诱寡妇盗卖夫家业"判。
[26]《宋刑统·户婚律》"卑幼私用财"门引唐《户令》,令见[日]仁井田升:《唐令拾遗》,长春出版社1989年版,第155页。
[27]《宋刑统·户婚律》"户绝资产"门引唐《丧葬令》。
[28]《宋刑统·户婚律》"卑幼私用财"门引唐《户令》。

人》中就有人口买卖的记载;《汉书·王莽传》称秦代"又置奴婢之市,与牛马同栏";《隋书·食货志》也记载"晋自过江,凡货卖奴婢马牛田宅,有文券",而且还要交税,"率钱一万,输估四百入官,卖者三百,买者一百"。

2. 买卖契约

在《周礼·地官·质人》中就规定:"凡买卖者必质剂焉。"买卖契约称为"质"和"剂"。"质"是一种长券,用于奴隶、牛马之类的大物件买卖;"剂"是一种短券,用于兵器、珍宝之类的小物件买卖,这两种券(契约)都是由官府制发的。汉代市场买卖也要有"券书",作为买卖成立的依据,发生争讼时,各以券书为证。《唐律·杂律》"买奴婢牛马不立券"条规定:买卖奴婢、牲畜等成交后,必须到市场管理部门去立"市券",超过三天不立的,买主笞三十,卖主笞二十。成交后发现有旧病的,三日之内可以"听悔",撤销买卖交易。

3. 买卖市场的管理

《周礼》就有主管买卖市场管理的机构和官员"司市",下设"质人""廛人"等,"质人"负责平定市场物价,监督商品质量,受理因商品质量等问题而引起的纠纷;"廛人"负责市场的税收。唐朝不仅设有"市司"作为专门的市场管理机构,而且在《唐律·杂律》中,对强买强卖、以次充好以及哄抬物价等各种违反市场管理的行为规定了相应的处罚。

(二)典卖

1. 典卖的内容

典卖是将田宅等不动产作抵押,以借得一定数量的银钱,并到期可以赎回的一种典质方式。它与"绝卖"不同,绝卖是业主把田宅的所有权完全转移给出钱购买的人,不能再赎回。明代法律上对典与卖作了明确的区分:"以田宅质人而取其财,曰典;以田宅与人而易其财,曰卖。典可赎也,而卖不可赎也。"[29]

2. 典卖的要求

自宋代以后,对田宅的典卖作了具体的规定,如宋朝法律就规定了典卖田宅"先问亲邻"的制度:"应典卖、倚当物业,先问房亲,房亲不要,次问四邻,四邻不要,他人并得交易。"[30]并对典卖程序作了规定,要经过立契、税契及过割。立契就是订立契约,也称为合同契,要注明典卖的时间、出典人与典主的姓名、田宅大小范围、赎回期限等。立契之后,要向官府税契,也称"输钱印契",由官府验契收税,加盖官印。过割即过户割粮,在田宅过户的同时,应承担的租税也过户到典主名下,由典主承担。《大明律》和《大清律例》的《户律·田宅》"典卖田宅"条对违反税契、过割的行为都规定了明确的处罚。

(三)借贷

1. 借贷契约

借贷关系成立的要件,是订立契约。《周礼·天官·小宰》有"听称责(债)以傅别"的记载,"傅别"是借贷契约,傅是书写,别是中分,借贷双方各执一半。后世法律对借贷契约的订立都有相应的规定。

2. 借贷标的

唐代根据借贷标的的不同,将借贷分为"欠负"与"负债"两类。"欠负"的标的有衣服、器

---

[29]《明律集解附例·户婚·田宅》"典卖田宅"条。
[30]《宋刑统·户婚》"典卖指当论竞物业"门"起请"。

玩、牛马、车船等,这些东西使用后应原物归还;"负债"的标的为货币和粮食等实物,这些东西消费后,应归还与原物等值的货币或实物。

3. 借贷的利息

收取利息的债务称为"出举"。唐代《杂令》规定"每月取利不得过六分,积日虽多,不得过一倍"[31]。南宋《庆元条法事类·杂门》"出举债负"条引《关市令》则规定:"诸以财物出举者,每月取利不得过四厘;积日虽多,不得过一倍。"《大明律》和《大清律例》的《户律·钱债》专门规定了"违禁取利":"凡私放钱债及典当财物,每月取利并不得过三分;年月虽多,不过一本一利,违者笞四十。以余利计赃重者,坐赃论,罪止杖一百。"

4. 欠债不偿的处罚

凡不能按契约规定偿还债务的,要承担法律责任。《唐律·杂律》规定要处以笞二十至徒一年的处罚,并责令偿还。对于不能偿还债务的,债权人可以向官府申请对债务人的财物进行扣押,称为"牵掣"。

第五节 中国古代的诉讼审判制度

诉讼审判制度是古代法律制度的重要内容。法律的规定,大都是要通过具体的诉讼审判活动来实现的。中国古代在长期的诉讼审判活动中,逐步形成了一套比较完整的诉讼审判制度。

一、审判衙门与案件管辖

古代的审判衙门分为中央与地方两级。一般来说,中央的审判衙门分工比较明确,并有专门的职责;而地方衙门的司法职能与行政职能是合一的,审判案件是地方各级衙门的主要职能之一。

(一)地方衙门的司法职能

诉讼活动一般都是从地方衙门开始的,案件审理是各级地方衙门长官的职责之一。在地方衙门里,司法与行政的职能是合一的,民事案件与刑事案件的审理也是合一的,并没有严格的分工和专门的审判机关。

秦汉时期,地方衙门分为郡、县两级,郡有郡守,县有县令,分别负责一郡一县的行政与司法事务。在他们下面,还设有一些帮助长官审理案件的佐官。地方衙门掌握着很大的审判权。汉代的县令甚至可以直接对死刑案件作出判决,这种状况一直延续到南北朝时期。

隋唐时期确立了州、县两级的地方诉讼审判体系,并规定了两级诉讼审判体系的组织与权限。州有司法参军负责刑事案件的审理,司户参军负责民事案件的审理;县也有司法、司户等佐吏。但案件的最后判决必须由州县长官作出。从案件的管辖来看,对民事案件,一般是先向县衙提出,对县衙的判决不服的,可以向州衙上诉。州衙对民事案件一般可作出终审判决,当然这不排除当事人继续申诉的权利。刑事案件的初审州县衙门都有权进行,杖罪以下的案件

---

[31] 《宋刑统·杂律》"受寄财物辄费用"门引唐《杂令》。

县衙可以直接判决,徒罪以下的案件州衙有权直接判决;流罪以上的案件,州县衙门只能在初审后提出判决意见,由中央司法机关进行审理判决。

宋朝虽然地方衙门也分州、县两级,但州衙的审判权很大,对笞刑至死刑的案件都有权直接作出判决,但死刑案件需要经过中央司法机关的核准之后才能执行。对疑难案件也需报请中央司法机关审理。宋朝在州之上设"路",作为中央在地方的派出机构,对州县的司法审判活动进行监督,后又设"提点刑狱司"和"提点刑狱使"(以下简称提刑使或提刑),作为一路专门负责司法审判监督的机构和官员。

明朝在宋、元两朝制度的基础上,将地方衙门分为省、府、州县三级,省以提刑按察司为专门负责审判的衙门,设提刑按察使主管一省的司法审判;府、县(州)则由知府、知县(知州)负责府、县(州)衙门的审判。刑事案件的预审由州县衙门负责,然后层层上报;死刑案件则需中央核准之后才能执行。清朝虽然沿袭了明朝的制度,但在具体操作上更复杂,并确立了"转审"制度,凡刑事案件都由州县衙门初审,然后由府审转解送提刑按察司,提刑按察司审理后再报送省的最高衙门——(总)督(巡)抚衙门。此外,明清在地方上还设"道"作为省在各地的派出机构,该派出机构也有权受理各府上诉案件和转审案件。

(二)中央司法机关

据说,中国古代在夏朝就建立了专门的中央司法机关,称为"大理",后世的"大理寺"就是由此而来的。大理的法官称为"士"。商和周的中央司法机关及其长官都称为"司寇"。秦汉时期的中央司法机关及其长官都称为"廷尉",属"九卿"之一。

中国古代中央司法机关在魏晋南北朝时期得到了较大的发展,至隋唐时正式形成了大理寺、刑部和御史台三个专门的司法机关。大理寺是专门的审判的机关,负责审理京城百官犯罪及京畿地区徒刑以上的案件,对刑部移送的地方重大案件和疑难案件也有复审的权力。大理寺判决的流刑以下的案件须交刑部复核,死刑案件则由中书、门下复核。刑部是负责司法行政及案件复核的机关,参与重大案件的审理,并对大理寺判决的流刑以下的案件和地方衙门判决的徒刑以上的案件进行复核,若发现有疑问的,流刑以下案件发回地方衙门重审或直接改判。御史台是监察机关,负责监督大理寺和刑部的司法活动,对于大案、要案,则由大理寺、刑部和御史台的长官会同审理,称为"三司推事"。

明清时期,以刑部、大理寺和都察院(即原来的御史台)为中央司法机关,以刑部主管审判,都察院详议平允,再由大理寺复核。刑部按省设十三清吏司(清朝增设为十七清吏司),分管各省的审判。对重大或疑难案件,由刑部、大理寺、都察院会同审理后奏报皇帝裁决,称为"三法司会审"。

需要指出的是,中国古代在中央虽然设有专门的审判机关,但实际上只是行政权控制下的事务性机构,并没有对案件的终审权,尤其是一些重要案件,需要由百官会审后奏请皇帝才能作出裁决。

二、诉讼的提起

中国古代不论是刑事诉讼还是民事诉讼,一般是先向地方衙门提起的。但刑事诉讼与民事诉讼在提起的方式等方面,还是略有差异的。

(一)刑事诉讼的提起

1.诉讼提起的方式

(1)基层组织举发。这是刑事诉讼提起的主要方式之一。在古代社会,大多数的刑事案件,都是由乡里、保甲等基层组织向上级官府举发的。秦汉时规定,基层组织的游徼、亭长等小吏,负有维持当地治安、追捕盗贼的职责。一旦发现罪犯,必须及时向县衙报告并将罪犯缉拿归案。唐代的乡、里等基层组织也负有举发罪犯的责任。

(2)被害人或家属向衙门控告。在古代的刑事诉讼中,这也是最常见的诉讼提起方式。古代法律还规定,亲属被人杀害,而家人不告、受财私下和解的,要承担相应的法律责任。

(3)邻里进行检举。秦代法律规定,邻里之间发现犯罪行为的,有互相检举控告的义务,否则要连坐受罚。《唐律·斗讼律》"监临知犯法不举劾"条规定:同伍保的邻里对犯罪行为知而不纠举的,死罪案件处徒一年,流罪案件处杖一百,徒罪案件杖七十。宋朝王安石变法时制定的《保甲法》也专门规定,同保中有犯强盗、杀人、放火、强奸等犯罪,知而不向官府举告的,要视情节给予处罚。

(4)主管衙门及官员的纠问。有管辖权的衙门及官员(法律上称"监临主司")对所管辖范围内发生的刑事案件,负有进行追查、将罪犯逮捕法办的责任,这也是地方衙门的主要职责之一。反之,如果发现犯罪行为而不主动纠举并将其逮捕法办的,就是失职行为,依法要受到处罚。汉代有"监临部主见知故纵"之法,凡地方衙门及主管官司发现罪犯而不纠问的,与犯人同罪。《唐律·斗讼律》"监临知犯法不举劾"条也规定,监临主司知所部有犯法而不举劾的,减罪犯所犯之罪三等论处。

2.控告权的限制

古代法律虽然对举告罪犯的责任作了明确规定,但根据礼教"亲亲""尊尊"的要求,对某些特殊的身份关系,其控告权在法律上是受到某些限制的。这些限制主要有:

(1)血亲关系的限制。根据儒家"亲亲相隐"的要求,亲属之间对犯罪行为可以相互包庇而不构成犯罪;同样也不能相互举告(父母告子女除外),否则依照法律要受到相应的处罚。《唐律·斗讼律》规定,控告尊长的即使属实,也要给予处罚;《断狱律》也规定,官员在办理案件时,不能要求同居亲属对相互之间的犯罪行为作证,违者要予以处罚。

(2)主奴关系的限制。法律上禁止奴婢控告主人。在秦代法律中,就有奴告主不受理,而且告者有罪的规定。《唐律·斗讼律》规定,奴婢控告主人的,要处以绞刑。但如果主人犯谋反大逆等罪的,则不受这一限制。

(3)生理上的限制。对于一些限制刑事责任能力和无刑事责任能力的人,如老人、小孩、残疾人等,法律明确规定了对他们的控告权的限制,即除谋反等重大犯罪以及与他们自身利益有直接关系的犯罪外,对其他犯罪没有控告的权利。

(4)囚徒的限制。北齐时,曾作出一项规定:罪犯在被囚禁时,不得控告他人。《唐律·斗讼律》"囚不得告举他事"条规定,除了三种情形,"诸被禁囚,不得举告他事",这三种情形是:遭到狱官的虐待;知别人有谋反、谋大逆、谋叛等罪刑的;同居亲属被人侵犯的。明清法律也有同样规定。

3.对控告不实的处罚

古代法律对于控告不实的,规定了相应的处罚。秦代法律将其分为"诬人"(诬告)、"告不审"(控告不实)以及"告盗加赃"(所告盗罪属实,但故意增加金钱数额)等几种情形,并区别情节,科以不同的刑罚。曹魏时则明确规定了诬告反坐的原则。在《唐律·斗讼律》中,对诬告行为及处罚也作了具体规定。唐律的这些规定,也成为后世法律处理诬告行为的基本规则。

(二)民事诉讼的提起

古代的民事诉讼采取的是不告不理的原则,只有在当事人提出控告的情况下,衙门才予以受理。控告的方式主要有两种,一是"入词",即向衙门提出口头控告;二是"入状",即向衙门递交诉状。一般来说,以"入状"的方式为主。诉状的书写必须按照一定的格式要求。

三、案件的审理

(一)刑事案件的审理

1. 罪犯的羁押与囚禁

罪犯被逮捕后,要将其羁押候审。古代监狱的主要功能就是羁押、囚禁罪犯(主要是嫌疑犯)。夏朝的监狱称为"圜土",即用土筑成圜形的围墙,将犯人集中关押。西周时除"圜土"外,还有"囹圄",这些都成为后世监狱的俗称。秦汉以后,随着监狱制度的日趋严密,对监狱管理的法律规定也逐步具体。

2. 对罪犯的审讯与刑讯

在古代司法审判中,罪犯的口供是最主要的证据,审讯的目的也是取得口供。在这种情况下,刑讯无疑是取得口供最好的办法了。"重刑之下,何求不得",古代法律不仅肯定了刑讯的合法性,而且对刑讯的适用也作了具体规定。

(1)适用刑讯的条件。根据历代法律的规定,适用刑讯的条件主要是两个:一是证据明白但犯人拒不招供的。秦代法律规定,凡在审讯时犯人理屈词穷,但仍然拒不招供的,就可以适用刑讯。以后各朝法律都有类似规定,如唐《狱官令》规定,"察狱之官,先备五听,又验诸证信,事状疑似,犹不首实者,然后拷掠"。二是对于一些重大犯罪,即使证据不足甚至没有证据,也可以用刑讯逼供。

(2)刑讯的方法。历代法定的刑讯方法,主要是讯囚杖,又称为讯杖,也称"箠""掠""掠笞""捶楚"等,俗称"打板子"。汉朝曾制定《箠令》,至隋唐法律明确规定,刑讯所用的杖称为"讯囚杖",用竹或荆条制作而成,削去节、疤,长三尺五寸,大头径三分二厘,小头径二分二厘,比执行杖刑时所用的"常行杖"的分量重。清代刑讯改用竹板,长五尺五寸,大头径二寸,小头径一寸半。此外,明清时期还以"夹棍""拶指"作为法定的刑讯方法。

(3)刑讯的施行。南北朝的南梁有"测囚法",至南陈时发展为"立测法"。《唐律·断狱律》中,对刑讯的施行作了具体规定,并要求适用刑讯应当有官员共同签署,"立案同判"。对于违法适用刑讯的,也规定了明确的处罚。

(4)禁止刑讯的对象。古代法律对禁止刑讯的对象一般也有规定,如《唐律·断狱律》明确规定了三种禁止刑讯的对象:第一,属于享受八议、上请、减等特权优待的官员;第二,老幼废疾,及70岁以上、15岁以下以及残疾人;第三,孕妇及产后未满百日的。

3. 案件的初步判决

刑事案件审讯结束后,就要对罪犯进行判决。判决书要当堂向罪犯宣布,汉代称之为"读鞫",即宣读判决书。《唐律·断狱律》规定:"诸狱结竟,徒以上,各呼囚及其家属,具告罪名,仍取囚服辩。若不服者,听其自理,更为详审。"

(二)民事案件的审理

1. 诉讼时间的规定

由于民事诉讼的牵涉面较广,因此,为了防止因民事诉讼耽误农时,影响农业生产,一般只有在农闲时衙门才受理民事诉讼。唐朝的《杂令》规定:"诉田宅婚姻负债,起十月一日,至三月三十日检校,以外不合。若先有文案交相侵夺者,不在此例。"宋朝的《宋刑统》则明确规定了民事诉讼的"务限":每年秋收之后的十月一日为"务开",即衙门开始受理民事诉讼;次年三月三十一日为"入务",衙门停止受理各种民事诉讼。当然,城市中的民事诉讼可以不受"务限"的限制。

明清法律虽然取消了"务限",但规定民事诉讼只能在"放告日"才予受理。"放告日"又称"词讼日",一般是三五日放告一次。

2. 审理与判决

民事案件的判决与刑事案件一样,也必须当堂宣布,称为"结绝"。根据宋朝的法律规定,在结绝时,要将案件审理的大致情形及判决的结果、适用的法律等记录在案,称为"断由",双方当事人各给一本。不服判决的,可以凭断由上诉,否则上级衙门不予受理。为了防止对案件拖延审理,对案件结绝的期限一般也有规定。

3. 民事案件的调解息讼

由于儒家"无讼"思想的影响,古代对民事案件的处理,大都采取调解息讼的做法,尽可能使双方当事人和解,而不是由衙门进行判决,以达到从根本上化解纠纷的目的。

调解一般是由乡里基层组织进行的。早在先秦时期,调解民间纠纷就已成为乡里基层组织的基本职责。秦汉时期,乡里基层组织有"啬夫"一职,它的主要任务之一便是调处民间纠纷。唐代乡里有关争讼之事,一般也都是先由基层组织的坊正、村正、里正等进行调解。宋朝的乡里基层组织不仅负有调解纠纷的责任,而且有些民间纠纷,可以直接按照"乡约"进行裁决,不必再经官府审理。明清时乡里调解日趋完备。明朝各乡都订有乡规民约,并在各乡设立"申明亭",对田土户婚等民事纠纷由乡里的耆老里长等在"申明亭"中进行调解。而地方衙门在对民事案件审理过程中,一般也都进行调解。

四、案件的上诉与复审

当事人或罪犯对衙门作出的判决不服的,可以提出上诉,要求复审。上诉必须按照法定程序。

(一)上诉的程序

唐朝法律规定,上诉必须向原审衙门的上级衙门提出;如果上级衙门维持原判的,要给"不理状",上诉人再凭"不理状"到京城上告。清朝的法律也规定,当事人对判决不服的,可以按照府、道、司(按察司)、院(巡抚)的程序逐级上诉,凡违反上诉程序的,即为"越诉"。《唐律·斗讼律》"越诉"条规定:凡是诸越诉及受理越诉案件的官员,要"各笞四十";对于上诉案件应当受理而故意不予受理的官员,要"笞五十"。明朝对越诉案件的处罚加重,特别是明朝中期以后,对于越诉者"不问虚实,皆发口外充军"[32]。

(二)案件的复审

上级衙门对上诉案件,有权予以复审。复审的情形主要有两种,一是下级衙门对重大案件审理后,必须报上级衙门层层复审;二是上级衙门对当事人提出的上诉的复审。

汉朝法律对复审已有规定。犯人对判决不服,要求复审的,称为"乞鞫"。复审的程序,是

---

[32] 《明史·刑法志》。

县报郡,郡报廷尉,廷尉再奏报皇帝交大臣杂议,最后由皇帝裁决。南朝时的法律也规定,县的案件由郡复审,不能决断的,再上报廷尉。唐朝对复审的程序也作了明确规定:凡笞、杖罪的案件,县衙可以直接作出判决,徒罪以上的案件判决后要报州衙复审;州衙对徒罪以下的案件可以直接作出判决,流罪以上的案件要报刑部复审。疑难案件也要上报大理寺复审。

从宋朝起,增加了"路"一级的机构,对州县的司法审判活动进行监督,元朝改路为省,并设提刑按察司作为专门的案件复审机构。明清法律对徒以上的案件规定了逐级复审的"转审"制度。

值得一提的是,宋朝在继承唐代复审制度的基础上,创立了"翻异别勘"的复审制度。所谓"翻异别勘",是指在案件审判结束后,州府长官当堂宣布判决,如果犯人不服判决或当堂翻供的,称为"翻异"。在犯人翻异的情况下,需要将案件交另一机构去复审或重审,称为"别勘"。宋朝的别勘分为"移司别勘"与"差官别勘"两种,移司别勘是将案件移送另一机构复审;差官别勘则是另派官员复审。在别勘时,所有原审官员一概回避。这一制度也被以后各朝所继承。

(三)直诉制度

所谓直诉,就是直接向皇帝陈述冤屈、以求平反的制度。这是在按照正常的上诉程序仍得不到平反的情况下所采取的一种补救措施。古代直诉制度源于《周礼》一书中记载的"路鼓"及"肺石"。所谓"路鼓",是指在君主的宫殿外设置的大鼓,凡有冤而无处可告的都可敲击此鼓,并由有关官员将情况汇报给君主,由君主来处理。所谓"肺石",是指若有冤屈而有关官员不予处理的,可以在朝堂外的肺石上站三天,官员将情况汇报给君主,由君主责令有关官员去处理。《周礼》中的路鼓与肺石制度是否真正实行过,现在还不能肯定,但它对后来直诉制度的确立,在理论上产生了直接影响。

中国古代的直诉作为一项制度,正式确立于南北朝时期,在唐朝法律中作了明确规定。从唐朝及以后历代法律规定来看,直诉的方式主要有三种:(1)登闻鼓,即由路鼓演变而来,始于晋代,是将鼓悬于朝堂之外,有欲申冤屈者,可以击鼓诉冤。(2)邀车驾,即在皇帝出巡时,拦驾喊冤。(3)上表,即直接向朝廷或皇帝上书,陈述冤屈。

由于直诉是上诉程序之外的一种非常性的补救措施,因而在法律上规定了严格的限制。《唐律·斗讼律》"邀车驾挝鼓诉事不实"条规定:"诸邀车驾及挝登闻鼓,若上表,以身事自理诉,而不实者,杖八十;自毁伤者,杖一百。虽得实,而自毁伤者,笞五十。即亲属相为诉者,以自诉同。"

五、死刑的核准与会审

(一)死刑案件的核准

死刑案件在经过复审后,还要经过中央司法机关的核准。汉朝地方衙门对死刑案件有权直接判处,但重大的或是涉及官员犯罪的案件,则必须由中央司法机关核准后才能执行。北魏太武帝时规定:"诸州国之大辟,皆先谳报,乃施行。"[33]自隋唐时起,正式在法律上确立了死刑核准制度,死刑案件必须由刑部核准,并报请皇帝批准之后,才能执行。

明清时期死刑分为立即执行与秋后执行两种,清朝称前者为"斩立决"和"绞立决";后者为"斩监候"和"绞监候"。这两种案件都必须经过三法司的核准。立决案件奏报皇帝批准后执

---

[33] 《魏书·刑罚志》。

行,监候案件待会审之后再定。

(二)死刑的复奏

死刑的复奏,是指死刑案件终审判决后,在执行之前,必须再次奏请皇帝批准才能执行的制度,这也是中国古代皇权干预司法的突出表现。死刑复奏始于北魏,隋朝规定"死罪者,三奏而后决"[34]。至唐朝正式形成了死刑案件"三复奏"的制度。唐以后各朝基本上都沿袭了死刑复奏制度,但具体内容有所变化。北宋中期以后改为京城死刑案件一复奏,地方死刑案件不复奏。明朝恢复了三复奏。清朝关于死刑复奏的规定前后有过几次变化,至乾隆年间正式确定为朝审案件三复奏,秋审案件一复奏。

(三)死刑及疑难案件的会审制度

会审是指由几个中央司法机关或者是司法机关的官员与其他中央机关官员一起会同审理重大的或疑难案件的制度。在《礼记·王制》里,就有"大司寇以狱之成告于王,王命三公听之,三公以狱之成告于王,王又三,然后制刑"的记载。汉朝重大案件都要由三公九卿等高级官员会同审理,称为"杂治"。唐朝对于大案、要案,则由大理寺、刑部和御史台的长官会同审理,称为"三司推事"。对于一些高级官员犯罪的要案,如"八议"对象犯罪的案件,也要由百官会同审理,提出处理意见。此外,对于一些上诉和声冤案件的复审,由门下给事中、中书舍人和侍御史组成"小三司"会同审理。宋朝对于疑难案件,先由翰林学士和知制诰(合称"两制")会同审理,不能决断的,由宰相、枢密使等高级官员会同复审,称为"杂议",最后由皇帝作出裁决。

明朝的会审制度在唐宋的基础上有较大的发展,从种类来看主要有以下几种:(1)三法司会审,即对重大或疑难案件,由刑部、大理寺、都察院的长官会同审理。(2)圆审,即对特别重大的案件,由六部尚书会同大理寺卿、左都御史以及通政使共同审理。(3)朝审,即由三法司会同公、侯、伯等于秋后共同审理秋后处决的死刑案件,并根据不同情况作出处理。(4)大审,即由司礼监太监代表皇帝会同三法司长官于大理寺审讯囚犯。

清朝基本上沿袭了除"大审"外的会审方式。在程序上将三法司会审分为"会小法"与"会大法"。死罪犯人已有口供的,大理寺委派寺丞或评事、都察院委派御史到刑部承审可复审,称为"会小法";会小法之后,将结果上报,由大理寺卿或少卿、都察院左都御史或左副都御史带领所属官赴刑部会审,称为"会大法"。经会审之后判处"立决"(立即执行)的案件,奏报皇帝批准后即可押赴刑场执行死刑;判处"监候"的案件,则待"朝审"或"秋审"后另行决断。同时,还将明朝的"圆审"改称为"九卿会审"。

清朝在会审制度上的一个重要发展,就是在明朝"朝审"的基础上,形成了"秋审"与"朝审"制度。凡各省判处死刑"监候"的案件,于每年八月上旬,由刑部会同九卿及科道御史进行审理,称为"秋审";刑部判决的京师及京畿地区的死刑"监候"案件,于每年霜降之后,由刑部会同九卿及科道御史进行审理,称为"朝审"。"秋审"案件在数量上比"朝审"案件多,因而也显得更为重要。

由于秋审案件是全国各地的,所以在程序上又分为地方秋审与刑部秋审。地方秋审是秋审的先期准备,由各省将本省犯人的案卷(称为"招册")整理好,将犯人解往省城,由总督、巡抚率按察使、道员等会同审理,并将会审结论作出"勘语",上报刑部。至此,地方秋审程序结束。

---

[34] 《隋书·刑法志》。

接下去是刑部主持的秋审,由刑部的"秋审处"负责,先将有关材料及各省总督、巡抚的勘语刊印成册,分送参加秋审的官员。同时,刑部还要进行"司议"和"堂议"。司议由秋审处的提调、坐办主持,拟定审判意见;堂议由刑部满汉尚书、侍郎主持,对司议提出的审判意见进行审议,并确定判决意见。然后就正式举行"秋谳大典"。大典的地点在天安门外、金水桥西,参加秋审的官员,上自内阁大学士,下至科道、翰林,主要是对刑部拟定的判决意见进行审议,并作出最终判决。

秋审处理结果有四种:(1)情实,即罪情属实,量刑无误,应予处决。(2)缓决,即暂缓处决,待下一年秋审或朝审时再定。一般连续三次定缓决的,即可减刑。(3)可矜,即有可以宽宥的情节,可以减刑。(4)留养承祀,即罪犯家中无人奉养父母和继承宗祧,可以免死。除了情实的由皇帝勾决后便可以执行,其余都可以获减刑处理。

朝审除了对象与秋审不同、时间上晚于秋审,其他程序与秋审大体相似。

清朝统治者对秋审非常重视,但事实上,秋审与朝审的对象,本来就是一些罪行相对较轻的死刑"监候"案件,对这些人减轻处罚既不会危害根本利益,又可以表达"慎刑"之意。至于那些真正严重的罪犯,则是"决不待时",不会再等到秋后的。

六、官吏的断狱责任

官吏是法律的具体执行者。官吏审判案件的活动,直接影响到法律的贯彻实施。所以,官吏在办理案件的过程中如果发生差错,就要承担相应的法律责任。

早在西周的《吕刑》中,就已有官吏断狱责任的规定了。秦代法律将官吏断狱责任分为"不直""纵囚""失刑"三种情况,凡断狱时故意从重或从轻判刑的,称为"不直";应当判有罪而故意不判,或故意减轻案情,使之够不上判刑标准的,称为"纵囚";因过失而出入人罪的,称为"失刑"。汉代法律将断狱责任分为"故纵"与"故不直"两种,出罪为故纵,入罪为故不直,对于故纵死刑犯的,也要反坐处以死刑。

《唐律·断狱律》对官吏的断狱责任规定了反坐处理,其主要内容是:(1)故意出入人罪,全出全入的(即无罪判为有罪、有罪判为无罪),以全罪论。(2)故意从轻入重,或从重入轻的,以所增减罪论处。例如:应判徒一年而故意判徒三年,或应判徒三年而故意只判徒一年的,对官吏要处以徒二年的刑罚。(3)因过失而出入人罪,即"失出失入"的,比照故意出入减轻处罚:失于入的,各减三等;失于出的,各减五等。(4)因错判而没有执行,如入死罪而未决、出罪而未放的,或已执行而后果不严重,如已放而又捕回等,各减罪一等处罚。(5)凡应绞而斩、应斩而绞,或应斩、绞而令自尽的,对官吏要处徒一年。(6)断狱有差误的除了追究主管官吏(称为"主典")的责任外,还要根据职务连坐的原则,分别追究应连署同判官吏的责任。根据《唐律·名例律》"同职犯公坐"条规定:"诸同职犯公坐者,长官为一等,通判官为一等,判官为一等,主典为一等,各以所由为首;若同职有私,连坐之官不知情者,以失论。"

古代法律关于官吏断狱责任的规定,对于减少和防止错案的发生,维护法律的严肃性,无疑是有积极作用的。但是,由于官吏犯罪可以适用减、赎、官当等来逃避实际的处罚,加上官场之上的官官相护,使这些规定很难真正得到有效的贯彻执行。

第六节　清末的法律修订

鸦片战争后,西方列强在对中国进行军事侵略和经济掠夺的同时,也带来了西方的民主思想和法律制度。在西方文化的冲击之下,清朝以"法律修订"为开端,开始了法制现代化的进程。

一、法律修订的提出

法律修订是清末"新政"的一项重要内容。1901年,清政府宣布实行"新政"伊始,两江总督刘坤一、湖广总督张之洞就提出改革法制、修订法律的建议。同时,西方列强也表示赞同和支持清政府实行法律改良和修订,这在客观上也推动了法制改革和法律修订的进行。

1902年,清政府任命刑部左侍郎沈家本、出使美国大臣伍廷芳等人为修订法律大臣,负责法律修订工作。而法律修订的主要任务,就是参考西方各国和日本的法律,对以《大清律例》为主的现行法律进行修订,使之能够"中外通行"。1903年,正式成立了"修订法律馆",着手进行法律修订工作。在沈家本的主持下,修订法律馆组织人员翻译了德、法、日、俄等国的法典数十部,并聘请了日本法学家为修律顾问,正式着手起草新的法律。

二、法律修订的主要内容

沈家本主持的修订法律馆自1904年至1911年,起草了大量的法律法规,其中最主要的是刑律、民律、商律、刑事民事诉讼律及法院编制法等。

(一)刑律的修订

清政府宣布修订法律之后,首先对《大清律例》作了一些局部的修订,删除了一些不合适的内容。自1906年起,修订法律馆即着手起草《新刑律》。这项工作分为两步:第一步,先在《大清律例》的基础上,编订《现行刑律》,作为《新刑律》的基础;第二步,在《现行刑律》的基础上,制定《新刑律》。

《大清现行刑律》于1910年完成,并于同年5月5日颁布。这只是一部过渡性的刑律,共30篇,389条,附例1327条。在体例上,删去了原《大清律例》的吏、户、礼、兵、刑、工六律的总目;在内容上,改革了刑罚,废除了旧的五刑制度,并对有关婚姻、田宅、钱债等纯属民事方面的规定不再处以刑罚;此外,还增加了一些新的罪名。但从总体上看,《大清现行刑律》还是沿袭了《大清律例》的主要内容。

《大清新刑律》(全名《钦定大清刑律》)于1906年开始起草,次年完成草案,交各衙门讨论。由于遭到了种种非难,不得不又进行修改。1910年,修正稿正式完成,送交资政院讨论时,又引起了激烈争论,一时意见无法统一。由于原定公布《新刑律》的期限已到,所以只得先行公布,但又在后面附了《暂行章程》5条。

《大清新刑律》分为总则与分则两编,总则17章,分则36章,共53章,411条,另附《暂行章程》5条。它以传统法律为基础,同时吸收了各国立法经验,成为近代中国第一部专门的刑法典。从体例和内容来看,它参考了西方大陆法系国家的法典体例,引进了西方国家刑法的基本原则,废除了传统法律的"十恶""八议""亲亲相隐"等原则和制度。条文内容与西方国家刑法的规定也基本相同。

（二）民律的起草

由于清末的法律修订是以修订《大清律例》为主的,因此民律直到 1907 年才列入修律计划,至 1911 年完成《大清民律草案》,共分总则、债权、物权、亲属、继承 5 编,33 章,1569 条,基本上是照搬了日本、德国等国的民法典,同时也沿袭了某些礼教规范。《大清民律草案》完成后,还没有来得及公布,清朝便灭亡了。

（三）商律的起草

商律是 1908 年开始起草的,于 1910 年完成,分为总则、商行为、公司法、海船法、票据法 5 编,共 59 章,1008 条,基本上是照搬日本商法。后又由农工商部对一、三两编进行了修改,也未能颁布。

（四）刑事民事诉讼法的起草

1906 年,沈家本、伍廷芳等参考日本、德国等国的诉讼法典,起草了《刑事民事诉讼法草案》,大量采用西方国家的诉讼法原则,但在交付讨论时,因遭到各省总督、巡抚的反对而被搁置。1908 年,修订法律馆又分别起草了民事诉讼律与刑事诉讼律,至 1911 年完成,但也未来得及公布。

（五）法院组织法的制定

清末"新政"的一项重要内容,就是官制改革。1906 年,制定并颁布了《大理院审判编制法》。1910 年,修订法律馆又制定并颁布了《法院编制法》,共 16 章,164 条,内容上也大量仿照日本的《裁判所构成法》。

三、法律修订的影响

清末法律修订时制定的大量法律法规,在体例和内容上都突破了古代中国固有的法律体系和法律传统,引进了西方国家的法律原则。虽然绝大多数都没有能够得到公布实施,但其成果基本上被民国初年的立法所继承。因此,清末的法律修订在事实上宣告了中国古代法律的终结和法律现代化的开始。

主要参考文献

1. 《历代刑法志》。
2. 《唐律疏议》。
3. 马克思主义理论研究和建设工程重点教材:《中国法制史》(第 2 版),高等教育出版社 2023 年版。
4. 郭建、殷啸虎等:《中华文化通志·法律志》,上海人民出版社 1998 年版。
5. 殷啸虎:《秦镜高悬:中国古代的法律与社会》,北京大学出版社 2015 年版。

第三章 宪　　法

> **内容概要**
>
> 宪法是国家的根本法，它在整个法律体系中具有极其重要的地位。了解、学习自己国家的宪法，严格遵守宪法，自觉维护宪法的权威和尊严，是作为一个公民的最基本的素质。
>
> 本章内容共分五节。第一节为"宪法的基本理论"，主要介绍与宪法相关的基本理论知识；第二节是"宪法的基本制度"，主要介绍宪法规定的我国的国家性质、我国的政权组织形式以及我国的国家结构形式等；第三节是"公民的基本权利与义务"，主要介绍公民基本权利和义务的相关内容；第四节是"国家机构"，主要介绍我国中央和地方各级国家机构的性质、组成和基本职权等内容；第五节是"宪法的运行"，主要介绍宪法制定、宪法修改、宪法解释以及宪法实施与监督等宪法运行中的核心问题。
>
> 通过本章学习，了解宪法学的相关基础理论和历史发展的基本知识，熟悉宪法关于国家制度的有关规定，着重把握有关公民权利保障的基本理论，以及宪法关于公民权利与义务的具体内容，并通过宪法运行的基本理论知识的学习，了解和掌握宪法运行的基本程序和内容。

第一节　宪法的基本理论

宪法是国家的根本法，是治国安邦的总章程，具有最高的法律地位、法律权威、法律效力，具有根本性、全局性、稳定性、长期性。习近平总书记指出："党领导人民制定宪法法律，领导人民实施宪法法律，党自身要在宪法法律范围内活动。全国各族人民、一切国家机关和武装力量、各政党和各社会团体、各企业事业组织，都必须以宪法为根本的活动准则，都负有维护宪法尊严、保证宪法实施的职责。"[1]坚持全面依法治国，必须了解宪法，学习宪法，增强宪法意识，贯彻实施宪法，树立宪法权威，维护宪法尊严。

一、宪法的概念与特征

宪法学是研究宪法这一特殊社会现象的法律学科，因此，要了解、学习宪法学，首先必须了解什么是宪法，认识宪法概念的基本内涵，并在此基础上，准确把握宪法产生、发展的基本规律。

---

[1] 习近平：《以科学理论指导全面依法治国各项工作》（2020年11月16日），载习近平：《论坚持全面依法治国》，中央文献出版社2020年版，第3页。

(一) 宪法的概念

宪法作为一种客观的社会存在,必然也有某些共同的、规律性的东西,这些共同的、规律性的东西,构成了宪法的本质属性。宪法的概念,是对这种本质属性的科学概括。只要我们能够准确把握宪法的本质属性,就可以对宪法下一个一般性的定义。

首先,从宪法的内容看。宪法有两个属性:第一,宪法是法,它具有法的一般属性。法是一定社会关系的调整者,制定法的目的,是通过法来调整各方面的社会关系。而法对于社会关系的调整,是通过规定人们在一定关系中的权利与义务来实现的,宪法同样不例外。就这个意义而言,宪法具有法的一般属性和特征,即宪法作为法的表现形式之一,在性质、内容及作用等方面具有法的基本特征。第二,宪法是根本法。与其他普通法律不同,宪法所规定的,都是国家最根本、最重要的问题,涉及国家制度、社会制度,公民的基本权利和义务,国家机构的组织、权限等问题。更主要的是,宪法所调整的,是法所调整的各种社会关系中,最重要、最根本的社会关系,即国家权力与公民权利之间的关系,包括国家在行使权力活动过程中与公民形成的权力或权利义务关系、国家机关相互之间在实现国家职能的过程中所发生的关系等。而这种社会关系又是由国家的性质和根本制度所决定的,并体现了调整国家权力与公民权利的根本的价值理念和制度安排。它的终极价值目标,就在于通过对国家权力的规范,达到保障公民权利的目的。这也是宪法学所要研究的核心问题。

其次,从宪法的性质看。宪法无论在形式上还是在实质上,都是与民主政治密切联系的。宪法实际上表达了统治阶级对国家和社会生活各方面进行民主管理的愿望、原则和途径,反映了通过对这些愿望、原则和途径的贯彻落实所要实现的目的。也就是说,宪法是以民主精神为指导,以民主事实为基础,集中表现统治阶级建立民主制国家的意志和利益。

当然,要给宪法作一个科学的定义,除了准确把握宪法的本质属性,还必须考虑的是宪法概念所应当包含的基本因素,这些基本因素包括:宪法作为法律规范所调整的特殊的社会关系;宪法的基本作用;宪法的实质;宪法的基本内容和特征等。综合上述各方面的基本因素,我们考虑是否可以给宪法下这样一个定义:宪法是确认民主事实,集中反映一国政治力量对比关系,规范国家权力和保障公民基本权利的具有最高法律效力的国家根本法。

(二) 宪法的特征

从有关宪法概念的表述中,我们可以看出,宪法作为法的一个部门,它必然与其他法律一样,具有法的基本特征,即它们都是掌握国家政权的统治阶级的意志和根本利益的体现,都是具有国家强制力的行为规范等。这是我们理解宪法的时候所必须把握的一个重要方面。从宪法和法律的共性中理解宪法,有助于我们更好地认识和理解宪法的本质和属性。然而,宪法又不同于普通法律,具有与其他法律部门不同的特征。这些特征主要表现在以下几方面:

1. 在内容方面,宪法比普通法律更为全面、广泛和重大。宪法作为国家的根本法,它所调整的是国家最根本的社会关系,规定的是国家的根本制度和根本任务等根本性的问题,是国家和公民活动的法律基础。而各个部门法(普通法律)则是根据宪法的内容,为实现和保障宪法所规定的根本任务而制定的具体规定,所涉及的只是国家和社会生活中某一特定方面的问题,相对于宪法而言,只是局部性的社会现象和社会关系。

2. 在效力方面,宪法与普通法律相比,具有最高的法律效力。法律效力是指法律借助于国家权力所具有的强制性和约束力。由于宪法所规定的内容,是国家生活中那些带有根本性的问题,是国家立法活动的基础,所以它在整个国家的法律体系中具有最高的法律地位和法律效力。这也是宪法作为根本法的一个重要特征。宪法的这一特征,主要表现在以下几方面:首先,宪法是其他普通法律的立法依据。不仅宪法所确认的原则是普通法律的立法基础和立法依据,而且普通法律的内容一般也都是宪法所规定的各项原则的延伸和具体化。宪法与普通法律的这种关系,通常被称为"母法"与"子法"的关系,即宪法为母法,其他普通法律为子法。其次,宪法与普通法律相比,具有最高的法律效力。一切法律的制定都必须以宪法为根据,其内容和精神不得与宪法的原则和规定相抵触、相违背,否则就会因违宪而无效。最后,宪法是一切国家机关、政党、社会团体和公民的最高活动准则,是国家机关、政党、社会团体和公民进行各项活动的依据和基础。

3. 在制定和修改程序上,宪法比普通法律更为严格、复杂。由于宪法所规定的是国家的根本问题,具有最高的法律效力,这也就决定了宪法的制定和修改程序不同于普通法律,一般需要经过比普通法律更为严格、复杂的特定程序。如我国《宪法》第 64 条规定:"宪法的修改,由全国人民代表大会常务委员会或者五分之一以上的全国人民代表大会代表提议,并由全国人民代表大会以全体代表的三分之二以上的多数通过。"

宪法的上述三个方面的特征,表明了它在国家法律体系中的"根本法"的地位以及与普通法律的区别。当然,应当指出的是,并不是所有的宪法都同时具有上述三个方面的基本特征,例如那些不成文宪法,虽然内容是有关国家根本制度,但在效力和修改程序等方面却与普通法律基本相同。因此在宪法学上就有所谓"实质意义上的宪法"与"形式意义上的宪法"之分。凡是只具有根本法内容上之属性的宪法,称为实质意义上的宪法,又称广义宪法;凡是同时具有根本法形式上之属性,即规定有最高法律效力、有严格的制定或修改程序的宪法,称为形式意义上的宪法,又称狭义宪法。

(三)宪法的分类

宪法的分类,是指从宪法学研究的角度,依据一定的标准,对宪法进行的划分和归类。由于分类标准的不同,宪法的分类的方法也是多种多样的。但从总体上说,最为典型的,是形式上的分类和实质上的分类两种方法。

1. 宪法的形式分类

宪法的形式分类,是指按照宪法形式方面的特点对宪法进行的归类与划分。这种分类方法是对宪法的外在形态和宪法形成的程序与过程综合归纳形成的。根据这种分类方法,可以将宪法分为以下几种类型。

(1)成文宪法与不成文宪法

这是根据宪法的外在表现形式所作的分类。这种分类方法所依据的标准是宪法是否具有统一的法典形式。凡是用统一的、特定的书面文件的形式(通常表现为宪法典的形式)来规定国家根本制度的,叫作成文宪法,也称文书宪法或制定宪法。现在世界上绝大多数国家的宪法都是成文宪法。

不成文宪法则不具有统一的法典形式,作为规定国家根本制度的宪法,是由散见于各个不同时期颁布的法律文件或者形成的宪法惯例组成的。不成文宪法的最为显著的特征在于,虽然各种法律文件并未冠以宪法之名,但在实际生活中依然发挥着宪法的作用。英国宪法是典型的不成文宪法。

(2)刚性宪法和柔性宪法

凡是由特定的制宪机关制定且修改程序严于普通法律的宪法,称为刚性宪法。一般来说,成文宪法基本上为刚性宪法;而凡是制定、修改程序与普通法律相同的宪法,称为柔性宪法,不成文宪法一般都是柔性宪法。

刚性宪法和柔性宪法各有特点,亦各有不足。刚性宪法的特点在于它的稳定性,可以维护宪法作为国家根本法的尊严;但缺点在于缺乏适应性,不能及时适应社会变化的需要。柔性宪法的特点在于弹性大,适应性强;但缺点在于缺乏稳定性。

(3)钦定宪法、民定宪法与协定宪法

这是根据制定宪法主体的不同所进行的分类。凡是以君主的名义制定的宪法,称为钦定宪法;凡是由国民代表机关、制宪机关或者公民直接投票制定或通过的宪法,称为民定宪法;协定宪法则是指君主与人民双方进行协商而制定的宪法,是君主与国民势力或政党相互妥协的产物。

2.宪法的实质分类

宪法的实质分类,是指根据宪法所赖以建立的经济基础的性质和国家类型、国家的阶级属性对宪法所作的分类。这是马克思主义宪法学者运用阶级分析的方法对宪法进行的分类,因而又称为马克思主义宪法学的分类。这种分类方法以宪法的阶级本质为标准,将宪法分为资本主义类型的宪法和社会主义类型的宪法这两大类。这种分类方法能够揭示出宪法的阶级属性及其基本特点。以社会经济制度和国家性质为标准,把宪法分为资本主义类型宪法和社会主义类型宪法,不仅反映了宪法的阶级属性,反映了宪法的阶级本质,而且揭示了宪法发展的基本规律,对于我们正确认识、研究宪法具有重要意义。

二、当代中国宪法的产生与发展

(一)《共同纲领》

1949年9月21日,中国人民政治协商会议第一届全体会议正式开幕,会议通过了《中国人民政治协商会议共同纲领》(以下简称《共同纲领》)。《共同纲领》是一部具有根本大法性质的临时宪法,共7章、60条,它总结了我国人民一百多年来反对帝国主义、封建主义和官僚资本主义斗争的历史经验,体现了中国共产党在新民主主义革命时期的最低纲领,体现了各民主党派长期为之奋斗的目标,体现了全国人民的愿望和要求。《共同纲领》是中国宪法史上第一部由代表全国各民族、各民主党派、各人民团体和各阶层民主人士在充分民主协商的基础上共同制定的大宪章,它集中体现了全国人民的意志和利益,确立了新中国的各项制度,规划了民主政治的发展方向,对新中国民主宪法制度的建立和完善产生了重要影响。

(二)1954年《宪法》

1954年9月15日,中华人民共和国第一届全国人民代表大会第一次会议在北京隆重开幕。会上,刘少奇作了《关于中华人民共和国宪法草案的报告》。9月20日,大会一致通过了《中华人民共和国宪法》。新中国的第一部宪法正式诞生。

1954年《宪法》是中国宪法史上第一部社会主义类型的宪法,由序言及4章、106条组成。它总结了近百年来中国宪法发展的历史经验,吸收了《共同纲领》的重要内容,并借鉴了当时苏联等社会主义国家的立宪经验,用根本法的形式把社会主义原则和人民民主原则确认下来,奠定了中华人民共和国宪法的基本框架,确定了新中国宪法体制的基本模式,规划了社会主义民主政治的基本格局,从而使新中国的民主政治进入了一个新的发展时期。

(三)1975年《宪法》与1978年《宪法》

1975年1月8日,党的十届二中全会在北京举行。全会讨论了第四届全国人民代表大会的准备工作,决定将《中华人民共和国宪法草案》和《关于修改宪法的报告》等文件提请全国人民代表大会讨论。就在党的十届二中全会闭幕的第二天,第四届全国人民代表大会第一次会议召开。会议通过了修改后的《中华人民共和国宪法》,这就是1975年《宪法》。

1975年《宪法》由序言和4章、30条组成。它是在"文化大革命"这样一个特定历史条件下的产物。因此,它的体例、内容等都深深地刻着时代的烙印。"文化大革命"结束后,我国进入了拨乱反正的新的历史时期。为了适应新时期政治经济形势的需要,必须重新修改宪法,恢复正常的国家和社会秩序。为此,于1978年3月1日召开了第五届全国人民代表大会第一次会议,会上,叶剑英作了《关于修改宪法的报告》。3月5日,会议通过了修改后的《宪法》,即1978年《宪法》。

1978年《宪法》由序言和4章、60条组成。从总体上看,它是1954年《宪法》的继承和发展,它基本上恢复和坚持了1954年《宪法》的原则和制度,用宪法的形式确定了国家在结束"文化大革命"以后新的历史时期的总任务,为实现"四个现代化"确定了宪法基础。因此,在当时历史条件下具有相当重要的意义。

但是,由于1978年《宪法》是在"文化大革命"刚刚结束不久这个特定的历史条件下制定的,因此,它同样也不可避免地带有明显的局限性。因此,对宪法进行全面修改,也就势在必行了。

(四)现行《宪法》(1982年《宪法》)及其五次修改

1. 现行《宪法》的产生

1980年9月10日,第五届全国人民代表大会第三次会议接受了中共中央关于修改宪法的建议,通过了《关于修改宪法和成立宪法修改委员会的决议》。宪法修改委员会成立后,经过广泛征集和认真研究各地方、各部门、各方面的意见,于1982年2月提出了宪法修改草案讨论稿。经宪法修改委员会认真讨论、修改,并在广泛征求意见的基础上,形成了宪法修改草案,由全国人民代表大会常务委员会公布,交付全民讨论。在此基础上又进行修改后,于11月23日最后通过了正式的宪法修改草案,提交第五届全国人民代表大会第五次会议审议。

1982年11月26日,第五届全国人民代表大会第五次会议召开。会上,彭真作了《关于中华人民共和国宪法修改草案的报告》。全国人民代表大会代表们对宪法修改草案进行了认真的审议。12月4日,大会以无记名投票方式,通过了修改后的《宪法》,这就是1982年《宪法》,亦即现行《宪法》。1982年《宪法》由序言和总纲,公民的基本权利和义务,国家机构及国旗、国徽、首都等4章组成,共138条。这是一部有中国特色的社会主义类型的宪法。它从中国的国情出发,将马列主义的国家学说同中国的具体实际相结合,具有鲜明的时代特色。

1982年《宪法》颁布后,对于促进我国的政治体制改革和经济体制改革,推动我国社会主义现代化建设和改革开放事业的顺利进行,建立健全社会主义民主法制等都发挥了重要作用。但是,由于1982年《宪法》是在改革开放初期颁布的,随着政治经济形势的不断发展变化,其中有些规定已不能适应时代发展的要求。因此,宪法修改问题再次被提上议程。

2. 1988年《宪法修正案》

根据中共中央的建议,第七届全国人民代表大会第一次会议于1988年4月12日通过了《宪法修正案》。这个《宪法修正案》主要作了两个方面的修改:一是第11条增加规定"国家允许私营经济在法律规定的范围内存在和发展。私营经济是社会主义公有制经济的补充。国家保护私营经济的合法的权利和利益,对私营经济实行引导、监督和管理。"在宪法上确认了私营经济的合法地位。二是删去了第10条第4款中不得出租土地的规定,增加规定"土地的使用权可以依照法律的规定转让"。

3. 1993年《宪法修正案》

1993年2月14日,中共中央向全国人民代表大会常务委员会提出了修宪的建议。根据中共中央的建议,全国人民代表大会常务委员会于3月14日向第八届全国人民代表大会第一次会议提出《宪法修正案(草案)》。经过全体代表的认真讨论,于3月29日通过了新的《宪法修正案》。这个《宪法修正案》共9条,主要内容包括:明确提出"我国正处于社会主义初级阶段","国家实行社会主义市场经济";增加了"中国共产党领导的多党合作和政治协商制度将长期存在和发展"等内容。

4. 1999年《宪法修正案》

1999年1月22日,中共中央向全国人民代表大会常务委员会提出了修改中华人民共和国宪法部分内容的建议。根据中共中央的建议,第九届全国人民代表大会第二次会议于1999年3月15日审议通过了《宪法修正案》。这次的《宪法修正案》共6条,主要内容是:在《宪法》第七自然段,增加"邓小平理论"的内容;明确提出"中华人民共和国实行依法治国,建设社会主义法治国家";对国家在社会主义初级阶段的经济制度作了新的表述,规定了"国家在社会主义初级阶段,坚持公有制为主体、多种所有制经济共同发展的基本经济制度,坚持按劳分配为主体、多种分配方式并存的分配制度","在法律规定范围内的个体经济、私营经济等非公有制经济,是社会主义市场经济的重要组成部分"等。

5. 2004年《宪法修正案》

2003年10月,党的十六届三中全会在京召开。全会通过了《中共中央关于修改宪法部分内容的建议》,并决定向第十届全国人民代表大会常务委员会提出。2004年3月14日,第十届全国人民代表大会二次会议表决通过了《宪法修正案》。

这次《宪法修正案》共14条,主要内容有:(1)关于指导思想和根本任务方面,确立"三个代表"重要思想在国家政治和社会生活中的指导地位,增加推动物质文明、政治文明和精神文明协调发展的内容等。(2)关于公民权利保障方面,增加了"国家尊重和保障人权"的规定,明确"公民的合法的私有财产不受侵犯","国家依照法律规定保护公民的私有财产权和继承权"。"国家为了公共利益的需要,可以依照法律规定对公民的私有财产实行征收或者征用并给予补偿"。(3)完善土地征用制度的规定,"国家为了公共利益的需要,可以依照法律规定对土地实行征收或者征用并给予补偿"。(4)完善国家制度的相关内容,包括全国人民代表大会的组成、关于国家主席职权的规定以及关于紧急状态的规定等。

6. 2018年《宪法修正案》

党的十八大以来,以习近平同志为核心的党中央形成了一系列治国理政的新理念和新思想,提出了一系列重大的政治论断,确立了新的奋斗目标。为了将这些新理念、新思想和新论断确立下来,引领中国特色社会主义建设事业的发展,2018年1月26日,中共中央向全国人民代表大会常务委员会提出了关于修改《宪法》部分内容的建议。2018年3月11日,第十三届全国人民代表大会一次会议通过了《宪法修正案》,共21条。主要内容有:(1)确立科学发展观、习近平新时代中国特色社会主义思想在国家政治和社会生活中的指导地位;(2)关于国家机构方面的修改,如修改国家主席任职方面的有关规定,增加设区的市制定地方性法规的规定,增加有关监察委员会的各项规定等;(3)一些重要的政策内容及文字表述方面的修改。

2018年《宪法修正案》在第三章"国家机构"中增加一节,作为第七节"监察委员会",增加5条。这样宪法也由原来的138条增加为143条。

第二节　宪法的基本制度

一、国家性质

马克思主义国家理论认为,国家性质实质上是指国家的阶级本质,通常又称为"国体"。我国《宪法》第1条规定:"中华人民共和国是工人阶级领导的、以工农联盟为基础的人民民主专政的社会主义国家。"这一规定,揭示了我国的国家性质——人民民主专政。

(一)人民民主专政的实质

我国《宪法》序言指出:"工人阶级领导的、以工农联盟为基础的人民民主专政,实质上即无产阶级专政。"[2]

首先,从领导权来看,人民民主专政与无产阶级专政一样,都是以工人阶级为领导的国家政权。无产阶级专政的根本标志是工人阶级独掌国家领导权。而工人阶级对国家的领导,是通过它的政党组织——中国共产党实现的。

其次,从阶级基础来看,无产阶级专政的最高原则是无产阶级同农民阶级结成牢固的联盟。我国的人民民主专政就是以工农联盟为基础的,并且在长期的革命、建设和改革实践中,结成了最广泛的统一战线。

再次,从国家职能来看,人民民主专政和无产阶级专政都担负着保障人民当家作主的权利,组织社会主义的物质文明、政治文明、精神文明、社会文明和生态文明等建设,镇压敌对势力的反抗、保卫祖国抵御外来侵略的职能。

最后,从历史使命来看,人民民主专政与无产阶级专政所担负的历史使命都是要消灭私有制、消灭剥削和阶级差别,高度发展生产力,达到全人类的解放,最终实现共产主义。

(二)人民民主专政的阶级结构

1. 以工人阶级为国家的领导阶级

工人阶级(通过它的政党——中国共产党)对国家的领导是我国人民民主专政的根本标志。工人阶级是我国政权的领导阶级,这是由无产阶级专政的历史任务和工人阶级的本质所决定的。工人阶级同现代化大工业紧紧联系在一起,有严格的组织性、纪律性,富有革命的坚定性和彻底性,能够以解放全人类为己任,代表先进生产力和生产关系,代表全体人民的根本利益。工人阶级的这种历史地位和作用,是任何别的阶级都无法取代的。

2. 以工农联盟为国家的阶级基础

在无产阶级专政的国家政权中,工人阶级掌握国家领导权,绝不等于工人阶级不需要任何同盟军,相反,工人阶级担负的历史重任,要求它必须同农民阶级结成坚固的联盟。《宪法》明确规定工农联盟是我们国家的基础。同时,在我国人民民主专政的阶级结构中,知识分子是作

---

[2]　邓小平曾指出,人民民主专政"实质上也就是无产阶级专政,但人民民主专政的提法更适合于我们的国情"。参见《邓小平文选》(第2卷),人民出版社1994年版,第372页。

为工人阶级的组成部分,是国家建设的依靠力量。在建设社会主义的事业中,工人、农民、知识分子是一支基本的社会力量。

3. 以广泛的爱国统一战线为社会基础

爱国统一战线是由中国共产党领导的,各民主党派和各人民团体参加的,包括全体社会主义劳动者、社会主义事业的建设者、拥护社会主义的爱国者、拥护祖国统一和致力于中华民族伟大复兴的爱国者所组成的政治联盟。爱国统一战线的任务是:第一,为社会主义现代化建设事业服务;第二,为实现祖国统一大业服务;第三,为维护国际团结,世界和平服务。

(三)人民民主专政的特征

从我国人民民主专政的构成来看,具有两个基本特征,一是其政治属性方面的特征,即人民民主;二是其社会属性方面的特征,即社会主义。

1. 人民民主

宪法是国家的根本法,是民主政治的制度化与法律化。宪法关于我国国家性质的规定,明确了我国人民民主的阶级基础和社会基础。以人民代表大会制度作为我国的根本政治制度,能够便利人民行使自己的权力,便利人民群众通过这样的政治组织参加国家的管理,从而得以充分发挥人民群众的积极性和创造性。同时,宪法对中华人民共和国公民的各项民主权利也做了具体规定,充分体现和反映了我国国家制度和政治制度的实质——人民民主。

2. 社会主义

社会主义制度是我国的根本制度。我国《宪法》第1条明确规定:"社会主义制度是中华人民共和国的根本制度。中国共产党领导是中国特色社会主义最本质的特征。禁止任何组织或者个人破坏社会主义制度。"1993年《宪法修正案》第3条在《宪法》序言部分增加规定:"我国正处于社会主义初级阶段。国家的根本任务是,根据建设有中国特色社会主义的理论,集中力量进行社会主义现代化建设。"1999年《宪法修正案》第12条修改为"我国将长期处于社会主义初级阶段。国家的根本任务是,沿着建设有中国特色社会主义的道路,集中力量进行社会主义现代化建设"。2004年《宪法修正案》第18条进一步修改为"我国将长期处于社会主义初级阶段。国家的根本任务是,沿着中国特色社会主义道路,集中力量进行社会主义现代化建设"。2018年《宪法修正案》第36条则明确规定:"中国共产党领导是中国特色社会主义最本质的特征。"

二、政权组织形式

我国《宪法》第2条规定:"中华人民共和国的一切权力属于人民。人民行使国家权力的机关是全国人民代表大会和地方各级人民代表大会。"这一规定,明确了我国的政权组织形式——人民代表大会制度。

(一)人民代表大会制度的概念

根据我国宪法规定,人民行使权力的方式是直接或间接选举各级人民代表大会代表,并由他们组成各级国家权力机关,代表人民行使国家权力,这就是我国的人民代表大会制度。人民代表大会制度是我国人民在中国共产党的领导下,总结长期革命斗争中政权建设的历史经验而创立的具有中国特色的政权组织形式。它是指我国的一切权力属于人民;人民在普选的基础上选派代表,按照民主集中制的原则,组成全国人民代表大会和地方各级人民代表大会并集中统一行使国家权力;其他国家机关由人民代表大会产生,受人民代表大会监督,对人民代表大会负责;人民代表大会常务委员会向本级人民代表大会负责,人民代表大会向人民负责,并最终实现人民当家作主的一项根本政治制度。

（二）人民代表大会的制度构造

人民代表大会制度作为我国政权组织形式,其制度构造主要体现在以下方面:

1. 通过民主程序,选举人民代表组成各级人民代表大会,集中行使国家权力。由民主选举产生人民代表,组成各级人民代表大会,是人民代表大会制度构造的逻辑起点。

2. 作为整个国家机关体系的核心和基础,组织全部国家机构。人民代表大会统一掌握并行使国家权力,其他国家机关的权力来自人民代表大会的授权。在人民代表大会与其他国家机关的关系上,其他国家机关(行政机关、监察机关、审判机关、检察机关)都由人民代表大会产生,对它负责,受它监督。

3. 以常务委员会作为常设机构,处理人民代表大会的日常事务。在全国和地方县级以上人民代表大会中设立常务委员会作为常设机构,在闭会期间行使人民代表大会的权力,处理人民代表大会的日常事务。各级人民代表大会常务委员会向同级人民代表大会负责,受其监督,保证了全国人民代表大会及各级地方人民代表大会能够经常地、迅速地发挥作用。

（三）人民代表大会制度设计的特点

人民代表大会制度集中反映了人民民主专政的性质和特点,体现了国家一切权力属于人民的政治原则。就人民代表大会的制度设计而言,主要体现了以下几方面的特点:

1. 人民代表大会制度体现了我国一切权力属于人民的本质要求。在我国的政治实践中,其表现在两个方面:一是全国人民代表大会和地方各级人民代表大会的代表构成能够最全面最准确地表明社会各阶级、阶层在国家生活中的地位;二是人民代表大会制度的组织和活动能够确保人民当家作主统一行使国家权力。

2. 人民代表大会制度决定国家的其他制度和政治生活的其他方面,并反映了我国政治生活的全貌。我国国家管理范围内的一切制度,都是以人民代表大会制度为基础建立起来的。我国有许多制度,如选举制度、财政制度、税收制度、公务员制度、军事制度、教育制度等,只能表示我国政治生活的一个方面。而只有人民代表大会制度在我国的政治生活中处于首要的地位,是我国的根本政治制度。相对而言,其他政治制度都是非根本性的,不能与它并列,更不能取而代之。

3. 人民代表大会制度是人民行使国家权力、实现社会主义民主的最好途径和方式。人民实现当家作主的权利,实现社会主义民主的途径和方式是多种多样的,但对广大人民群众而言,最重要的还是掌握国家政权、行使国家权力。人民代表大会制度代表了最广大人民群众的利益,是实现社会主义民主的重要途径和最高形式。

三、国家结构形式

国家结构形式是指表现一国的整体与组成部分之间,中央政权与地方政权之间相互关系的一种形式,它所表现的是一种职权划分关系。国家依据这种关系确定行政区划,设立行政单位。

（一）我国的国家结构形式

我国是统一的多民族国家,我国的国家结构形式是单一制。所谓单一制,就是由若干普通的行政区域或自治区域构成统一主权国家的国家结构形式。我国单一制国家结构形式是基于我国国情建立的,符合我国国家的实际情况,同时也体现了我国的特点。

(二)我国的行政区划

行政区划是宪法所确认的一种国家制度,是国家结构形式的一项重要内容,它是指一个国家按照一定的原则和程序,将其所管辖的领土划分成若干大小不同、层次不同的区域,设置相应的地方国家机关进行分层管理,以实现国家职能的制度。一个国家只有进行了合理的领土划分,才能实施有效的管理,实现国家的目的。

根据《宪法》第 30 条、第 31 条的规定,我国现行行政区划大体上可以分为以下三类。

1. 一般行政区域单位

原则上分为省(含直辖市);县(含市);乡(含镇)三级。但由于直辖市和设区的市实际上包括了市、区(县)两级政权组织,因此,在事实上存在着省(含直辖市),设区的市,县(含不设区的市),乡(含镇)四级行政区划的现象。

2. 民族自治地方

民族自治地方是我国根据民族区域自治制度而建立的、在少数民族聚居区设立的特别行政区划。我国《宪法》第 4 条第 3 款规定:"各少数民族聚居的地方实行区域自治,设立自治机关,行使自治权。各民族自治地方都是中华人民共和国不可分离的部分。"民族自治地方包括自治区、自治州、自治县三级。

值得一提的是,根据《民族区域自治法》第 12 条第 2 款关于"民族自治地方内其他少数民族聚居的地方,建立相应的自治地方或者民族乡"的规定,在县、自治县下还有民族乡的设置。民族乡是在少数民族聚居的地方建立的乡级行政区域,它属于独立的行政区划,但不是自治地方,不能行使自治权。当然,根据《宪法》第 4 条关于国家保障各少数民族的合法权利和利益的规定的精神,民族乡在政权机关的设置上,也充分体现尊重本民族特点的精神。

3. 特别行政区

这是为了实现祖国统一大业,根据"一国两制"方针,按照宪法和法律的规定而专门设立的具有特殊法律地位、实行特殊社会制度和政治体制的特别行政区域。特别行政区是中央人民政府领导下的一级地方行政单位,它和省、自治区、直辖市属于同一等级。随着 1997 年 7 月 1 日香港回归和 1999 年 12 月 20 日澳门回归,我国目前有香港和澳门两个特别行政区。

第三节 公民的基本权利与义务

公民的基本权利与义务是宪法的核心问题之一。国家通过宪法保护公民的基本权利,而公民基本权利的享有和行使,又是与承担相应的义务密切联系的。通过权利义务的平衡协调,切实保障了公民基本权利的实现。

一、公民的基本权利概述

(一)公民

公民是指具有一个国家国籍的自然人。凡具有一个国家国籍的人就是这个国家的公民。我国《宪法》第 33 条第 1 款明确规定:"凡具有中华人民共和国国籍的人都是中华人民共和国公民。"公民作为一个特定的法律术语,同样具有特定的内涵,这个内涵就是法律上的权利与义务。也就是说,公民一词在法律上说,是与具体的权利和义务密切联系的。因此,公民概念的完整表述应当是:公民是指具有一个国家国籍,并根据该国宪法和法律享受权利、承担义务的自然人。

(二)公民权利

公民权利是指宪法和法律所保障的公民实现某种愿望、获得某种利益的可能性。享有权利的公民,有权作出或者不作出某种行为,并要求他人相应地去为或不为某种行为。如果他的权利受到侵犯,国家有义务予以保护。因此,从公民权利这一概念的内涵来看,包含了以下几方面要素:

1.公民权利反映了主体之间的一种对等的法律关系。在权利关系中,主体的一方和他方是独立对等的,不存在凭借某种外在的力量而制御对方的情形,否则即可能构成"权力"而非"权利"。这种主体之间的对等性,决定了在特定的权利对象上,主体一方享有某种权利,即意味着他方必须相应地承担某种义务。

2.公民权利是由法律规范所认可的。权利固然反映了主体自身对某种特定利益的要求,但这仅仅只是一种"主观的权利",它并不具有法律上的正当性和有效性。只有通过法律规范的确认,成为"客观的权利",才能获得法律上的正当性和有效性,成为真正意义上的公民权利。

3.公民权利是一种法律上的资格,是一种通过法律规范确认的权利主体自身作为或不作为,以及要求他方作出或不作出某种行为的资格。

(三)公民的基本权利

公民的基本权利,又称"宪法权利",它是指宪法所确认的、公民所享有的最重要的权利,也是其他法律所规定的普通权利的基础和依据。关于宪法权利,在各国宪法学上有不同的用语。一般而言,英美学者倾向于将其称为"人权"(human rights);德国的宪法学者则习惯称为"基本权利"或"基本权";日本学者则将其称为"基本人权"。而我国宪法学者则根据宪法典的用语,称为"公民的基本权利"。

二、我国公民基本权利的内容

我国宪法规定的公民基本权利,包括公民的平等权、政治权利和自由、人身自由、宗教信仰自由、社会经济权利与文化权利,以及特定人群权利的保护等。

(一)平等权

1.平等权的概念与特征

平等权是公民的一项基本权利,也是公民实现其他权利的基础。公民在法律面前一律平等是我国社会主义法治的一项基本原则,它是指公民依法平等地享有权利,不受任何差别对待,并要求国家给予同等的保护。我国《宪法》第33条第2款规定:"中华人民共和国公民在法律面前一律平等。"这一规定,包含了以下几方面的含义:第一,公民不分民族、种族、性别、职业、家庭出身、宗教信仰、教育程度、财产状况、居住期限,都一律平等地享有宪法和法律规定的权利,平等地履行宪法和法律规定的义务;第二,国家对所有人的合法权利都给予平等保护,对违法行为平等地予以追究;第三,不允许任何人有超越宪法和法律的特权,任何人不得强制公民承担法律以外的义务,不得使公民受到法律以外的处罚。公民的平等权既包括公民在适用法律上的平等,也包括公民在守法上的平等。

因此，公民平等权的基本含义是公民在法律面前的平等，亦即公民在法律上享有平等的权利。因此这种平等具有以下特征：

(1) 公民的平等权指的是相对平等，而非绝对平等。因为"人生而自由平等"所描述的只是一种理想状态，而非一种事实。否定人的先天及后天的各种差异，而追求绝对平等，这种观念虽然从理论上说有一定的合理性，但事实上却是不可能的，相反倒有可能导致对现实法律秩序的破坏和全盘否定。因此，公民的平等权实质上只能是一种相对的平等，即承认人在本质上平等，在法律上受到平等的待遇，但同时承认人的差异的存在。法律在承认差异的前提下，将差异控制在合理的范围内，并尽可能逐步缩小这种差异。

(2) 公民的平等权指的是比例平等，而非机械平等。所谓机械平等，是指无视个人在事实上的差异，要求一律绝对平等对待。从某种意义上说，机械平等也就是一种绝对平等。如前所述，由于公民权利的实现在客观上存在各种事实上的不平等，因此，完全一律的平等事实上是不存在的。权利的实现，只能根据具体情况，综合各种因素，以求得最大可能的"衡平"，而不是"无所差别"。

(3) 公民的平等权指的是权利平等，而非事实平等。法律保证公民享有平等的权利，但并不保证公民在任何方面都是完全平等的。事实上，对于某些合理的差异，法律不仅承认，而且予以保护，包括对某些特殊群体（如老、幼、妇女和残疾人等）的特殊保护等。

(4) 公民的平等权指的是机会平等、过程平等，而非结果平等。近代宪法所确认的平等权强调的是人们享有平等的参加社会生活、参加自由竞争的机会，即人们在参加社会生活的起点和过程上是完全平等的。但由于个人所处的环境以及把握机会的能力等方面的差异，又决定了结果是不可能完全一样的，而法律仅仅只是保证每个人有平等的机会，而不保证每个人的结果完全平等。反之，如果追求结果的平等而无视机会平等、过程平等，只能是一种绝对平均主义，并最终导致对平等权的否定，并产生了新的不平等。

2. 如何正确理解"法律面前一律平等"

如前所述，公民的平等权是指权利平等、法律适用上的平等，是一种相对平等，而不是事实上完全平等的绝对平等。"法律面前一律平等"是对这种平等权的宪法确认。因此，正确理解这一原则，对于公民平等权的行使和保障都有着极其重要的意义。从我国的现实出发，对于这一原则，应当把握以下几方面的含义：

(1) 要正确区分"平等"与"平均主义"。公民的平等权与平均主义是完全不同的两个概念。公民的平等权是以法律为衡量尺度的。法律面前的平等是指法律赋予公民权利能力的平等，即在同等条件下公民具有获得相同权利的资格。按照宪法和法律的规定，公民在社会上处于同等地位，在政治、经济、文化等各方面都依法享有同等权利。但由于每一个人都有自身的特点，其能力、思想意识及所处环境等方面必然会形成差别，而这种差别必然会在不同程度上影响到权利的实现。但我们必须承认，这种差别是客观存在的。宪法和法律所保障的，是以这种差别的存在为前提的法律面前的平等，而不是完全平均的绝对平均主义。平均主义表面上是要抹杀一切差别，在各方面实行绝对的均等，而抹杀差别的结果，又只能造成更大的差别和新的、更加严重的不平等。因此，承认差别是为了更好地保障公民平等权的实现。

(2) 要正确区分"法律平等"与"事实平等"。宪法确认的公民的平等权，是宪法和法律规定范围内的平等，而不是事实上的平等。在我国，现阶段还存在着各种不平等，如男女之间、民族之间存在的历史和文化传统所遗留的不平等现象；城乡之间、工农之间、落后地区与发达地区之间等各方面也存在着事实上的不平等现象。要消除这些事实存在的不平等,仅仅依靠宪法和法律的规定是远远不够的,根本的途径只能是发展社会生产力。只有集中精力进行社会主义经济和文化建设,提高人民生活水平,促进社会的全面繁荣和进步,才能逐步消除各种事实上的不平等,从而真正保证公民平等权的完全实现。

(3)要正确处理平等与"合理的差别"的关系。公民平等权的保障是建立在承认差别的前提之上的,但这种差别本身又有不合理的差别与合理的差别之分。对不合理的差别,要逐步消除;而对于合理的差别,则应当在现有的基础上予以肯定并加以确认,这本身也是公民平等权保障的应有之义。当然,值得指出的是,合理的差别除了需要合理的依据,还必须限定于合理的程度之内。没有合理依据的差别即属于不合理的差别,而超过合理程度的差别同样会造成平等权原则所不能允许的不平等形态,从而产生新的不平等。

(二)政治权利和自由

政治权利和自由是指宪法和法律规定公民作为国家政治主体而享有的参与政治生活的权利和在政治上享有表达个人意见和见解的自由。政治权利和自由就其性质而言,基本上涵盖了通常我们所说的公民的民主权利。

1. 选举权和被选举权

选举权和被选举权是公民参与国家管理实现当家作主的基本手段。我国《宪法》第34条规定:"中华人民共和国年满十八周岁的公民,不分民族、种族、性别、职业、家庭出身、宗教信仰、教育程度、财产状况、居住期限,都有选举权和被选举权;但是依照法律被剥夺政治权利的人除外。"

2. 政治自由

政治自由是公民参与国家政治生活,并自由地发表意见、表达自己对政治问题的见解和愿望的民主权利和自由。由于它主要是通过言论、出版、集会、结社、游行、示威等表达自己意愿的方式来行使的,所以在学理上又被称为"表达自由"。我国《宪法》第35条规定:"中华人民共和国公民有言论、出版、集会、结社、游行、示威的自由。"这六项自由即为我国公民政治自由的基本内容。

3. 监督权与获得赔偿权

公民的监督权在学理上又被称为诉愿权,它是指公民通过批评、建议、检举、控告等方式和途径,对国家机关及其工作人员进行监督的权利。同时,为了保证公民监督权的行使,因为国家机关及其工作人员的行为而使公民的合法权利遭到侵犯时,公民有要求国家赔偿的权利,这一权利又被称为国家赔偿请求权或获得赔偿权。

(三)人身自由

人身自由是指公民个人的身体和行为以及相关方面不受非法侵害和限制的自由,是公民参加各种社会活动和实际享受其他权利的前提,也是保持和发展公民个性的必要条件。人身自由有广义和狭义两方面。狭义的人身自由主要是指公民的身体自由不受非法侵犯,广义的人身自由则还包括与狭义人身自由相关联的人格尊严、住宅安全权、通信自由等与公民个人私生活有关的权利和自由。

1. 身体自由

公民的身体自由不受侵犯是指公民的肉体和精神不受非法侵犯,即不受非法的限制、搜查、拘留和逮捕,亦即狭义的人身自由。身体自由是人作为人的一项最根本、最重要、最基本的自由权利。公民如果没有身体自由,其他自由权利也就无从谈起。为此,我国《宪法》第 37 条规定:"中华人民共和国公民的人身自由不受侵犯。""任何公民,非经人民检察院批准或者决定或者人民法院决定,并由公安机关执行,不受逮捕。""禁止非法拘禁和以其他方法非法剥夺或者限制公民的人身自由,禁止非法搜查公民的身体。"

2. 人格尊严

人格是人作为人所必须具有的资格,公民的人格权则是指公民作为权利和义务的主体所必须具备的一种法律上的资格。公民的人格尊严不受侵犯,是公民的一项基本权利。如果一个人丧失了人格尊严,也就丧失了作为人的基本要件。我国《宪法》第 38 条规定:"中华人民共和国公民的人格尊严不受侵犯。禁止用任何方法对公民进行侮辱、诽谤和诬告陷害。"

3. 住宅不受侵犯

住宅不受侵犯亦即公民的住宅权或住宅安全权,它是指公民居住和生活的场所不受非法侵入和搜查,任何机关、团体或者个人,未经法律许可或未经户主等居住者的同意,不得随意进入、搜查或查封公民的住宅。住宅是公民日常生活、工作、学习、养育子女、保有个人隐私、获得休息以及人身和财产安全的地点,它构成了公民赖以生存的基本条件。保护了公民的住宅不受侵犯,就是保护了公民的居住安全和生活安定,也就是进一步保护了人身自由和财产权利。因此,住宅权是与公民的人身权、隐私权、财产权和休息权等权利密切相关的一项公民基本权利,是这些自由权的自然延伸。我国《宪法》第 39 条规定:"中华人民共和国公民的住宅不受侵犯。禁止非法搜查或者非法侵入公民的住宅。"

4. 通信自由和通信秘密

通信自由是指公民通过书信、电话、电信及网络等其他通信手段,根据自己的意愿自由进行通信而不受他人干涉的自由。我国《宪法》第 40 条规定:"中华人民共和国公民的通信自由和通信秘密受法律的保护……"

(四)宗教信仰自由

宗教信仰自由是公民享有的确信某一超自然力量的存在并以一定方式对其表示崇拜的自由,是公民的一种精神自由。它具体是指公民既有信仰宗教的自由,也有不信仰宗教的自由;有信仰这种宗教的自由,也有信仰那种宗教的自由;在同一宗教里,有信仰这个教派的自由,也有信仰那个教派的自由;有过去信教而现在不信教的自由,也有过去不信教而现在信教的自由;有按宗教信仰参加或不参加宗教仪式的自由。

我国《宪法》第 36 条规定:"中华人民共和国公民有宗教信仰自由。任何国家机关、社会团体和个人不得强制公民信仰宗教或者不信仰宗教,不得歧视信仰宗教的公民和不信仰宗教的公民。国家保护正常的宗教活动……"

(五)社会经济与文化教育权利

社会经济权利是指公民根据宪法规定享有的具有物质经济利益的权利,是公民实现其基本权利的物质保障,主要包括公民的财产权、劳动权、休息权、生活保障权和获得物质帮助的权利等;文化教育权利主要是指公民根据宪法规定,在文化教育领域享有的权利和自由,主要包括受教育权以及从事文化活动的权利和自由等。

1. 财产权

公民的财产权是指公民对其合法财产享有的所有权和使用权,即公民有通过劳动或其他合法方式取得财产和享有占有、使用、处分财产的权利。由于历史的原因,我国宪法关于公民私有财产权的保护,仅仅只是作为一项基本原则规定在总纲之中,而没有将其作为一项公民的基本权利规定在"公民的基本权利和义务"一章中。同时,在表达上,也用"所有权"取代"财产权",如1982年《宪法》第13条规定:"国家保护公民的合法的收入、储蓄、房屋和其他合法财产的所有权。"随着社会主义市场经济体制的建立和发展,人们越来越认识到财产权的重要性,特别是财产权应该受到平等的对待和保护的意识愈益深入人心,在客观上必然对私有财产权的宪法保障提出新的要求。为此,2004年《宪法修正案》第22条对《宪法》第13条关于财产权的内容作了修改,规定"公民的合法的私有财产不受侵犯""国家依照法律规定保护公民的私有财产权和继承权""国家为了公共利益的需要,可以依照法律规定对公民的私有财产实行征收或者征用并给予补偿"。明确将私有财产权作为一项基本权利写入宪法,扩大了私有财产的保护范围。同时,用"财产权"取代原来的"所有权",在权利表达的意义上也更加全面、准确。

2. 劳动权

劳动权是指有劳动能力的公民获得工作并按照劳动的数量和质量取得相应报酬的权利。我国《宪法》第42条第1款规定:"中华人民共和国公民有劳动的权利和义务。"具体包括:

(1)就业权。公民有依法就业的权利,有依法获得就业训练的权利。在劳动就业问题上,公民既可以通过国家、集体来安排就业,也可以通过其他途径自谋职业。同时,国家负有提供更多就业机会的宪法义务。

(2)取得报酬权。公民在提供劳动后,有依照其提供的劳动数量和质量获取工资及其他社会福利等物质报酬的权利。这既是公民生存的需要,也是公民发展的需要。国家在不同的特定时期,应当确立公民的最低劳动报酬和不断提高劳动报酬的制度。

(3)自由择业权。公民有选择劳动岗位的自由,禁止强制劳动者劳动,保障劳动者获得自由选择职业的机会。这就要求国家提供各种条件,帮助劳动者进行就业培训和指导,同时通过各种途径,创造各种条件,尽可能多地给劳动者提供可供选择的劳动岗位。

(4)劳动安全权。公民在劳动过程中,享有安全和卫生的工作条件的权利。国家和企业应当采取各种措施,保障劳动者在劳动过程中的安全和健康。

3. 休息权

休息权是指劳动者在法律规定的工作时间内劳动或工作后,为了保护身体健康,而享有休息和休养的权利。休息权和劳动权是密切相关的,休息权是劳动权的必要补充。我国《宪法》第43条规定:"中华人民共和国劳动者有休息的权利。国家发展劳动者休息和休养的设施,规定职工的工作时间和休假制度。"

4. 生活保障与获得物质帮助的权利

生活保障与获得物质帮助的权利是指公民因特定原因不能通过正当途径获得必要的物质生活资料时,从国家和社会获得生活保障、享受社会福利的一种权利。生活保障权作为一种权利体系,主要由退休保障权、老年保障权、疾病保障权、伤残保障权、失业保障权等权利所组成。由生活保障所提供的物质帮助形式也有多种多样,如退休金(养老金)、生活费、救济费、抚恤金、补助费、医疗费等。我国《宪法》第44条规定:"国家依照法律规定实行企业事业组织的职工和国家机关工作人员的退休制度。退休人员的生活受到国家和社会的保障。"第45条规定:"中华人民共和国公民在年老、疾病或者丧失劳动能力的情况下,有从国家和社会获得物质帮助的权利。国家发展为公民享受这些权利所需要的社会保险、社会救济和医疗卫生事业。""国家和社会保障残废军人的生活,抚恤烈士家属,优待军人家属。""国家和社会帮助安排盲、聋、哑和其他有残疾的公民的劳动、生活和教育。"同时,我国将社会保障作为一项基本国策,在《宪法》第14条第4款明确规定"国家建立健全同经济发展水平相适应的社会保障制度"。

5. 受教育权

受教育权是指公民有在国家和社会创办的各类学校和机构中学习科学文化知识的权利。其主要形式有学校教育、社会教育、成人教育、自学等。教育的阶段和内容包括学龄前教育、初等教育、中等教育、高等教育和职业教育等。《宪法》第46条第1款规定:"中华人民共和国公民有受教育的权利和义务。"

6. 从事文化活动的权利和自由

文化活动的自由主要是指公民从事科学研究、文学艺术创作以及从事其他文化活动的自由。文化活动的自由主要包括三个方面:(1)科学研究的权利与自由;(2)文艺创作的权利与自由;(3)从事其他文化活动的权利与自由。我国《宪法》第47条规定:"中华人民共和国公民有进行科学研究、文学艺术创作和其他文化活动的自由。国家对于从事教育、科学、技术、文学、艺术和其他文化事业的公民的有益于人民的创造性工作,给以鼓励和帮助。"

(六)特定人群权利的保护

宪法除了对公民所应普遍享有的权利和自由作出全面的规定,还对具有特定情况的特定人群设置专条,给予特殊保护。特定人群包括妇女、老年人、未成年人、残疾人和华侨、归侨、侨眷等。此外,我国宪法总纲中还对外国人在华的权益和外国人的受庇护权作了规定。

1. 妇女权利的保护

我国《宪法》第48条规定:"中华人民共和国妇女在政治的、经济的、文化的、社会的和家庭的生活等各方面享有同男子平等的权利。""国家保护妇女的权利和利益,实行男女同工同酬,培养和选拔妇女干部。"男女平等是公民平等权的一项重要内容,宪法把保护妇女的权益单独列为一条加以规定,说明国家对妇女权利和利益的特别保护。

2. 老年人和未成年人权利的保护

(1)老年人权利的保护

我国《宪法》第45条第1款规定:"中华人民共和国公民在年老、疾病或者丧失劳动能力的情况下,有从国家和社会获得物质帮助的权利……"第49条第4款也明确规定"禁止虐待老人"。为我国老年人基本权利的实现提供了宪法保障。

(2)未成年人权利的保护

我国《宪法》第46条第2款规定:"国家培养青年、少年、儿童在品德、智力、体质等方面全面发展。"第49条也明确规定儿童受国家的保护,父母有抚养教育未成年子女的义务和禁止虐待儿童等内容。

3. 残疾人权利的保护

残疾人是指在心理、生理、人体结构上,某种组织功能丧失或者不正常,全部或者部分丧失以正常方式从事某种活动的能力的人。我国《宪法》第45条第3款规定:"国家和社会帮助安排盲、聋、哑和其他有残疾的公民的劳动、生活和教育。"

4. 华侨、归侨和侨眷正当权利的保护

华侨是居住在国外的中国公民;归侨是指回国定居的华侨;侨眷是指华侨、归侨在国内的眷属。宪法保护华侨的正当的权利和利益。所谓正当的权利和利益,是指根据国际法和国际惯例,一国公民旅居他国时所应享有的一切权利和利益。所谓合法权益,是指法律规定他们享有的一切权利和利益。华侨、归侨和侨眷都是我国的公民,是我国法律上权利和义务的主体。我国《宪法》第 50 条规定:"中华人民共和国保护华侨的正当的权利和利益,保护归侨和侨眷的合法的权利和利益。"

5. 境内外国人合法权利的保护

我国宪法对在我国境内外国人合法权益的保护主要体现在两方面:一是明确对在我国境内外国人合法权益予以保护的原则。《宪法》第 32 条第 1 款规定:"中华人民共和国保护在中国境内的外国人的合法权利和利益,在中国境内的外国人必须遵守中华人民共和国的法律。"二是对要求政治避难的外国人给予受庇护的权利。《宪法》第 32 条第 2 款规定:"中华人民共和国对于因为政治原因要求避难的外国人,可以给予受庇护的权利。"受庇护的权利亦称"政治避难权""居留权",它是指一国公民因为政治原因请求另一国准予其进入该国居留,或已进入该国请求准予其在该国居留,经该国政府批准而享有受庇护的权利。享有受庇护权的外国人,在所在国的保护下不被引渡或驱逐。

(七)公民基本权利和自由的界限

公民的基本权利受宪法和法律的保护,因此,宪法和法律对于公民基本权利的范围、内容以及行使等都规定了明确和严格的界限,一旦超越了这个界限,就有可能失去存在的合法性基础,从而不能得到宪法和法律的保障。规定基本权利和自由的界限,目的是更好地保障公民享有这些权利和自由。因此,公民基本权利和自由的界限与公民基本权利和自由的保障实际上是一个问题的两个方面。对此,各国宪法和宪法实践都将不得妨碍他人的权利和自由作为公民基本权利和自由的最低界限。我国《宪法》第 51 条也明确规定:"中华人民共和国公民在行使自由和权利的时候,不得损害国家的、社会的、集体的利益和其他公民的合法的自由和权利。"

三、公民义务与公民的基本义务

(一)公民义务

公民义务是指宪法和法律规定的公民必须履行的责任,表现为国家要求公民必须为某种行为或禁止公民为某种行为,如果公民不履行这一义务,国家要强制其履行,对违反者还要追究相应的法律责任。公民的义务与权利是一对基本的法律概念。权利和义务的根本区别在于:权利可以放弃,而义务必须履行。

从公民义务的这一概念看,主要具有以下特征:

1. 公民义务的法定性。与公民权利一样,公民义务是由宪法和法律设定的,它产生与存在的前提是宪法和法律的规定,也就是说,只有法定的义务才是公民必须履行的义务。

2. 公民义务的强制性。公民义务与公民权利的一个重要区别,就在于公民权利具有可选择性,即公民权利可以行使,也可以放弃;而公民义务则不具有可选择性,必须履行、不能放弃。如果公民拒绝履行义务,那么就应当由国家机关按照法律规定,强制其履行。也就是说,凡是不履行法律规定的义务的,要依法承担相应的法律责任。

3. 公民义务的约束性。公民义务从本质而言,是对义务主体的一种约束。这种约束主要表现在以下几方面:一是对宪法和法律设定的义务,必须以作为或者不作为的方式,对自身行为进行约束,以履行这种义务;二是通过对自身行为的约束,以保证他人权利的实现。当然,这种约束的目的,是为了保证能够切实有效地实现公民权利,即公民义务的约束性,本身包含了权利与自由价值的实现。

(二)我国公民的基本义务

我国宪法在规定了公民基本权利的同时,也规定了公民的基本义务。《宪法》第33条规定:"任何公民享有宪法和法律规定的权利,同时必须履行宪法和法律规定的义务。"享有权利和承担义务是有机的、内在的联系。根据宪法的规定,公民的基本义务主要包括以下内容:

1. 维护国家统一和民族团结。《宪法》第52条规定:"中华人民共和国公民有维护国家统一和全国各民族团结的义务。"

2. 遵纪守法,尊重社会公德。《宪法》第53条规定:"中华人民共和国公民必须遵守宪法和法律,保守国家秘密,爱护公共财产,遵守劳动纪律,遵守公共秩序,尊重社会公德。"

3. 维护祖国安全、荣誉和利益。《宪法》第54条规定:"中华人民共和国公民有维护祖国的安全、荣誉和利益的义务,不得有危害祖国的安全、荣誉和利益的行为。"

4. 依法服兵役。依法服兵役的义务是指,我国公民不分民族、种族、职业、家庭出身、宗教信仰和教育程度,凡年满18周岁的,都有义务依法服兵役。有义务服兵役而拒绝、逃避兵役登记的,应征公民拒绝、逃避征集的,预备役人员拒绝、逃避军事训练的,经教育不改,基层人民政府应当强制其履行服兵役义务。不履行服兵役义务的要承担相应的法律责任。《宪法》第55条规定:"保卫祖国、抵抗侵略是中华人民共和国每一个公民的神圣职责。依照法律服兵役和参加民兵组织是中华人民共和国公民的光荣义务。"

5. 依法纳税。纳税义务是指纳税人依法向税收部门按一定比例缴纳税款的义务。《宪法》第56条规定:"中华人民共和国公民有依照法律纳税的义务。"

6. 其他方面的义务。除了以上的基本义务,宪法还规定了公民的4项基本义务,包括劳动的义务、受教育的义务、计划生育的义务、父母和子女的抚养与赡养义务。

第四节 国 家 机 构

国家机构是统治阶级为实现其国家职能而建立的国家机关的总称,是国家权力的物质形式,它包括全部中央国家机关和地方国家机关,是实现国家权力、执行国家职能、进行国家日常活动的组织体系。国家机关指的是一个国家的各个具体的国家权力部门,国家机构则是由各个国家机关按照一定的结构形式组成,各个国家机关相互之间存在有机的联系,共同组成一个实行国家统治的统一的整体,这个整体就是国家机构。要规范国家权力的运作,首先要规范国家机构的活动。我国宪法对国家机构的规定,对于规范各个国家机关依法行使权力,实现国家职能具有积极的作用。

一、全国人民代表大会及其常务委员会

(一)全国人民代表大会

我国《宪法》第2条第1款规定:"中华人民共和国的一切权力属于人民。"第2条第2款规定:"人民行使国家权力的机关是全国人民代表大会和地方各级人民代表大会。"全国人民代表大会是最高国家权力机关,行使国家立法权。

1. 全国人民代表大会的组成和任期

全国人民代表大会由省、自治区、直辖市的人民代表大会以及特别行政区和军队选出的代表组成。各民族、各阶层、各党派、各地方，包括妇女、归侨、各少数民族在全国人民代表大会都应有适当的代表。人口特少的民族，至少应有代表1人。代表名额不超过3000人。

全国人民代表大会每届任期5年。每届全国人民代表大会任期届满的2个月以前，全国人民代表大会常务委员会必须完成下届全国人民代表大会代表的选举。

2. 全国人民代表大会的职权

(1) 修改宪法，监督宪法实施。宪法的修改由全国人民代表大会常务委员会或者1/5以上的全国人民代表大会代表提议，并由全国人民代表大会以全体代表的2/3以上的多数通过。全国人民代表大会行使监督宪法实施的职权。

(2) 制定和修改基本法律。基本法律是以宪法为根据、由全国人民代表大会制定的最为重要的法律，包括刑法、民法、刑事诉讼法、民事诉讼法、全国人民代表大会组织法、国务院组织法、民族区域自治法，特别行政区基本法，等等。

(3) 选举、决定和罢免国家机关的重要领导人。全国人民代表大会选举并有权罢免全国人民代表大会常务委员会委员长、副委员长、秘书长和委员；选举并有权罢免中华人民共和国主席和副主席；根据国家主席的提名，决定国务院总理的人选；根据国务院总理的提名，决定国务院副总理、国务委员、各部部长、各委员会主任、审计长、秘书长的人选，并有权罢免国务院总理和国务院其他组成人员；选举中央军事委员会主席，根据中央军事委员会主席的提名，决定中央军事委员会副主席和委员的人选，并有权罢免中央军事委员会主席和中央军事委员会其他组成人员；选举并有权罢免国家监察委员会主任；选举并有权罢免最高人民法院院长和最高人民检察院检察长。

(4) 决定国家重大事项。审查和批准国民经济和社会发展计划和计划执行情况的报告；审查和批准国家预算和预算执行情况的报告；批准省、自治区、直辖市的建置；决定特别行政区的设立及其制度；决定战争与和平问题。

(5) 最高监督权。听取工作报告和汇报；提出质询和询问；有权改变或者撤销全国人民代表大会常务委员会不适当的决定和法律等。

(6) 其他应当由全国人民代表大会行使的职权。

(二) 全国人民代表大会常务委员会

全国人民代表大会常务委员会是全国人民代表大会的常设机关，也是行使国家立法权的机关，是全国人民代表大会日常事务处理机关，是最高国家权力机关的组成部分。它受全国人民代表大会的领导和监督，对全国人民代表大会负责并报告工作。同时，全国人民代表大会闭会期间，国务院、中央军事委员会、国家监察委员会、最高人民法院、最高人民检察院都要向全国人民代表大会常务委员会负责，接受其监督。全国人民代表大会常务委员会通过的决议，制定的法律，其他国家机关和全国人民都必须遵守和执行。

1. 全国人民代表大会常务委员会的组成和任期

全国人民代表大会常务委员会由全国人民代表大会选举委员长1人，副委员长若干人，秘书长1人和委员若干人组成。在上述组成人员中，应当有适当名额的少数民族代表。全国人民代表大会常务委员会的组成人员在每届全国人民代表大会第一次会议时从代表中选举产生。全国人民代表大会常务委员会的组成人员不得担任国家行政机关、监察机关、审判机关和检察机关的职务。

全国人民代表大会常务委员会的任期与全国人民代表大会相同,即每届5年。全国人民代表大会常务委员会委员长,副委员长连续任职不得超过两届。

2. 全国人民代表大会常务委员会的职权

根据《宪法》第67条和有关法律的规定,全国人民代表大会常务委员会的职权主要有:(1)解释宪法。(2)制定除全国人民代表大会制定的基本法律以外的其他法律。(3)解释法律。(4)监督权。监督宪法和法律的实施,有权撤销国务院制定的同宪法和法律相抵触的行政法规、决定和命令;撤销省、自治区、直辖市国家权力机关制定的同宪法、法律和行政法规相抵触的地方性法规和决议;审查自治区人民代表大会制定的自治条例和单行条例是否符合宪法等。对国家机关的工作进行监督。(5)任免权。在全国人民代表大会闭会期间,根据国务院总理的提名,决定部长、委员会主任、审计长、秘书长的人选;根据中央军事委员会主席的提名,决定中央军事委员会其他组成人员的人选;根据国家监察委员会主任的提名,任免国家监察委员会副主任和委员;根据最高人民法院院长的提名,任免最高人民法院副院长、审判员、审判委员会委员和军事法院院长;根据最高人民检察院检察长的提名,任免最高人民检察院副检察长、检察员、检察委员会委员和军事检察院检察长,并且批准省、自治区、直辖市人民检察院检察长的任免;决定驻外全权代表的任免。(6)国家重大事项决定权。在全国人民代表大会闭会期间,审查和批准国民经济和社会发展计划;国家预算在执行过程中所必须作的部分调整方案;决定同外国缔结的条约和重要协定的批准或废除;规定军人和外交人员的衔级制度和其他专门衔级制度;规定和决定授予国家勋章和荣誉称号;决定特赦;在全国人民代表大会闭会期间,如果遇到国家遭受武装侵犯或者必须履行国际共同防止侵略的条约的情况,决定战争状态的宣布;决定全国总动员或局部动员;决定全国或者个别省、自治区、直辖市进入紧急状态。(7)全国人民代表大会授予的其他职权。

二、中华人民共和国主席

国家主席是一个独立的国家机关,国家主席作为我国的国家元首,对内对外代表国家,依法行使宪法规定的职权。

(一)国家主席的产生

国家主席、副主席由全国人民代表大会选举产生。《宪法》第79条第2款规定:"有选举权和被选举权的年满四十五周岁的中华人民共和国公民可以被选为中华人民共和国主席、副主席。"

(二)国家主席的任期

国家主席、副主席每届任期都是5年。国家主席职位出现空缺时,由国家副主席继任国家主席职位。副主席缺位时,由全国人民代表大会补选。国家主席、副主席都缺位时,由全国人民代表大会补选;在补选之前,由全国人民代表大会常务委员会委员长暂时代理主席职位。

(三)国家主席的职权

根据《宪法》第80条、第81条的规定,国家主席主要行使以下职权:

1. 公布法律、发布命令。根据全国人民代表大会及其常务委员会的决定,公布法律,发布特赦令,宣布进入紧急状态,宣布战争状态,发布动员令。

2. 任免权。提名国务院总理的人选,根据全国人民代表大会及其常务委员会的决定,任免国务院总理、副总理、国务委员、各部部长,各委员会主任,审计长、秘书长。

3. 外事权。代表国家进行国事活动,接受外国使节;根据全国人民代表大会常务委员会的决定,派遣和召回驻外全权代表,批准和废除同外国缔结的条约和重要协定。

4. 授予荣誉权。根据全国人民代表大会常务委员会的决定,授予国家的勋章和荣誉称号。

三、国务院

我国的国务院即中央人民政府,是最高国家权力机关的执行机关,是最高国家行政机关。

(一)国务院的组成和任期

国务院由总理、副总理若干人、国务委员若干人、各部部长、各委员会主任、审计长、秘书长组成。国务院的任期与全国人民代表大会相同,每届5年,总理、副总理、国务委员连续任职不得超过两届。

(二)国务院的职权和领导体制

根据《宪法》第89条规定,国务院的职权主要有:(1)根据宪法和法律,规定行政措施,制定行政法规,发布决定和命令。(2)向全国人民代表大会及其常务委员会提出议案。(3)规定各部和各委员会的任务和职责,统一领导各部和各委员会的工作,并且领导不属于各部和各委员会的全国性的行政工作;统一领导全国地方各级国家行政机关的工作。(4)领导和管理国家经济、文化等各方面的工作;领导和管理民族事务。(5)改变或者撤销各部、各委员会发布的不适当的命令、指示和规章;改变或者撤销地方各级国家行政机关的不适当的决定和命令。(6)宪法和法律规定的其他职权。

《宪法》第86条第2款规定:"国务院实行总理负责制。各部、各委员会实行部长、主任负责制。"总理负责制是指总理领导国务院的全部工作,并就国务院的全部工作向最高国家权力机关负责。

四、中央军事委员会

中央军事委员会是国家最高军事指挥机关,领导全国武装力量。

(一)中央军事委员会的组成和任期

中央军事委员会由主席1人、副主席若干人和委员若干人组成。中央军事委员会主席由全国人民代表大会选举产生,其他组成人员的人选,根据中央军事委员会主席的提名,由全国人民代表大会决定。在全国人民代表大会闭会期间,根据中央军事委员会主席的提名,由全国人民代表大会常务委员会决定。全国人民代表大会有权罢免中央军事委员会主席和其他组成人员。

中央军事委员会每届任期与全国人民代表大会每届任期相同,也是5年。

(二)中央军事委员会的职责和领导体制

中央军事委员会是国家军事的领导、决策和指挥机关,它领导全国武装力量,履行巩固国防、抵抗侵略、保卫祖国的职责。

中央军事委员会实行主席负责制。中央军事委员会其他组成人员由主席提名,全国人民代表大会或全国人民代表大会常务委员会决定。中央军事委员会主席领导中央军事委员会的工作。

五、地方各级人民代表大会和地方各级人民政府

（一）地方各级人民代表大会

1. 地方各级人民代表大会的组成和任期

地方各级人民代表大会是由选举产生的代表组成的。省、自治区、直辖市、设区的市、自治州的人民代表大会代表，由下一级人民代表大会选举代表组成；县、自治县、不设区的市、市辖区、乡、民族乡、镇的人民代表大会代表，由选民直接选出。

地方各级人民代表大会每届任期5年。

2. 县级以上地方各级人民代表大会的职权

根据《宪法》和《地方各级人民代表大会和地方各级人民政府组织法》的规定，县级以上地方各级人民代表大会的职权主要有以下几个方面：

(1) 保证宪法和法律的实施。在本行政区域内，保证宪法、法律、行政法规和上级人民代表大会及其常务委员会决议的遵守和执行，保证国家计划和国家预算的执行。

(2) 决定本地方的重大事项。审查和批准本行政区域内的国民经济和社会发展计划、预算以及它们执行情况的报告；讨论、决定本行政区域内的政治、经济、教育、科学、文化、卫生、环境和资源保护、民政、民族等工作的重大事项。民族乡的人民代表大会还可以依照法律规定的权限采取适合民族特点的具体措施。

(3) 人事任免权。分别选举并有权罢免本级人民代表大会常务委员会的组成人员，本级人民政府的正副职领导，本级监察委员会主任，本级人民法院院长和人民检察院检察长（选出或罢免的人民检察院检察长，须报经上一级人民检察院检察长提请该级人民代表大会常务委员会批准）。

(4) 监督权。听取和审查本级人民代表大会常务委员会的工作报告；听取和审查本级人民政府、监察委员会和人民法院、人民检察院的工作报告；改变或者撤销本级人民代表大会常务委员会的不适当的决议；撤销本级人民政府的不适当的决定和命令。

(5) 制定地方性法规。地方性法规是地方国家权力机关依照法定职权和程序制定的规范性文件。省、自治区、直辖市的人民代表大会根据本行政区域的具体情况和实际需要，在不同宪法、法律、行政法规相抵触的前提下，可以制定和颁布地方性法规，报全国人民代表大会常务委员会和国务院备案。设区的市的人民代表大会和它的常务委员会在不同宪法、法律、行政法规和本省、自治区的地方性法规相抵触的前提下，可以制定地方性法规，报本省、自治区人民代表大会常务委员会批准后施行。

(6) 其他方面的职权。《地方各级人民代表大会和地方各级人民政府组织法》对乡、民族乡、镇的人民代表大会的职权，也作了明确规定。

（二）县以上地方各级人民代表大会常务委员会

县级以上地方各级人民代表大会常务委员会是本级人民代表大会的常设机关，是本级地方国家权力机关的组成部分。它对本级人民代表大会负责并报告工作，在本级人民代表大会闭会期间，行使作为地方国家权力机关常设机关的职权。本级人民代表大会有权罢免本级人民代表大会常务委员会的组成人员。

1. 组成和任期

省、自治区、直辖市、自治州、设区的市的人民代表大会常务委员会由本级人民代表大会在代表中选举主任、副主任若干人、秘书长、委员若干人组成。县、自治县、不设区的市、市辖区的

人民代表大会常务委员会由本级人民代表大会在代表中选举主任、副主任若干人和委员若干人组成。常务委员会的组成人员不得担任国家行政机关、监察机关、审判机关和检察机关的职务;如果担任上述职务,必须向常务委员会辞去常务委员会的职务。

县级以上地方各级人民代表大会常务委员会每届任期同本级人民代表大会每届任期相同。

2. 职权

县级以上地方各级人民代表大会常务委员会的职权主要有以下几个方面:(1)保证宪法和法律的实施。(2)制定地方性法规。(3)人事任免权。在本级人民代表大会闭会期间,决定本级人民政府个别副职领导的任免;根据本级人民政府正职领导的提名,决定本级人民政府秘书长、厅长、局长、委员会主任的任免,报上一级人民政府备案;根据监察委员会主任的提请,任免本级监察委员会副主任、委员;任免本级人民法院副院长、庭长、副庭长、审判委员会委员、审判员;任免本级人民检察院副检察长、检察委员会委员、检察员,批准任免下一级人民检察院检察长。(4)决定本地方的重大事项权。(5)监督本级人民政府、监察委员会、人民法院和人民检察院的工作,撤销本级人民政府制定的不适当的决定、命令和规章,以及下一级人民代表大会及其常务委员会的不适当的决议。(6)特定问题调查权。

(三)地方各级人民政府

地方各级人民政府是地方各级人民代表大会的执行机关,是地方各级国家行政机关。作为地方各级人民代表大会的执行机关,地方各级人民政府都对本级人民代表大会负责并报告工作;县级以上地方各级人民政府在本级人民代表大会闭会期间,对本级人民代表大会常务委员会负责并报告工作。作为地方各级国家行政机关,地方各级人民政府都对上一级国家行政机关负责并报告工作,并接受和服从国务院的统一领导。

1. 地方各级人民政府的组成和任期

省、直辖市、自治州、设区的市的人民政府分别由省长、副省长,自治区主席、副主席,市长、副市长,州长、副州长和秘书长、厅长、局长、委员会主任等组成。县、自治县、不设区的市、市辖区的人民政府分别由县长、副县长,市长、副市长,区长、副区长和局长等组成。

乡、民族乡、镇人民政府,分别由乡长、副乡长,镇长、副镇长组成。

地方各级人民政府实行行政首长负责制,主持地方各级人民政府的工作。地方各级人民政府的任期与本级人民代表大会相同,每届任期5年。

2. 地方各级人民政府的职权

县级以上地方各级人民政府行使以下职权:(1)执行本级人民代表大会及其常务委员会的决议,以及上级国家行政机关的决定和命令;执行国民经济和社会发展计划、预算。(2)规定行政措施,发布决定和命令。(3)省、自治区、直辖市的人民政府和设区的市、自治州的人民政府,可以根据法律、行政法规和本省、自治区、直辖市的地方性法规,制定规章。没有法律、行政法规、地方性法规的依据,地方政府规章不得设定减损公民、法人和其他组织权利或增加其义务的规范。(4)领导和监督所属各工作部门和下级人民政府的工作,改变或者撤销所属工作部门的不适当的命令、指示和下级人民政府的不适当的决定、命令。依照法律的规定任免、培训、考核和奖惩国家行政机关工作人员。(5)执行国民经济和社会发展计划及预算方案,管理本行政区域内的各项事业和行政工作。完成上级政府交办的事项。(6)依法保护和保障国家、集体及公民个人等各方面的权益和权利,维护社会秩序。

乡、民族乡、镇的人民政府依法行使相应职权。

六、民族自治地方的自治机关

（一）民族自治地方

民族自治地方是依照宪法和法律的规定，在少数民族聚居地区建立的民族区域自治的法定行政区域。我国的民族自治地方分为自治区、自治州和自治县三级。自治区相当于省级行政区划；自治州相当于"设区的市"一级；自治县相当于县一级。

民族乡是我国在少数民族较多的民族散居区域设立的乡级政权，在性质上和行政级别上等同于一般的乡。民族乡不是一级民族自治地方，但宪法和法律规定要照顾民族特色，民族乡的乡长要由建立民族乡的少数民族的公民担任，民族乡的人民代表大会可以按照法律规定的权限采取适合民族特点的措施。

（二）民族自治地方的自治机关

《宪法》第112条规定："民族自治地方的自治机关是自治区、自治州、自治县的人民代表大会和人民政府。"自治机关是国家的地方政权机关。民族自治地方的人民代表大会是各民族自治地方的国家权力机关，民族自治地方的人民政府是本级人民代表大会的执行机关，各级自治地方人民政府都是国务院统一领导下的国家行政机关，都服从国务院。

民族自治地方的人民法院和人民检察院是按照统一的国家法律行使审判权和检察权的机关，它们不属于自治机关的范畴，不存在民族自治地方人民法院和人民检察院的自治问题。

民族自治地方的自治机关的产生、任期和职能与同级普通地方国家机关一致，它的组成人员要体现少数民族实行区域自治和民族平等、民族团结的原则。民族自治地方的人民代表大会中，除实行区域自治的民族代表外，其他居住在本行政区域内的民族也应当有适当比例的代表；民族自治地方的人民代表大会常务委员会应当由实行区域自治的民族的公民担任主任或者副主任。自治区主席、自治州州长、自治县县长由实行区域自治的民族的公民担任；民族自治地方人民政府的其他组成人员以及自治机关工作部门的干部中，要尽量配备实行区域自治的民族和其他少数民族的人员。民族自治地方的人民法院和人民检察院的领导成员和工作人员，应当有实行区域自治的民族的人员。

七、特别行政区的国家机关

特别行政区是指在我国的版图内，根据宪法和特别行政区基本法而设立的、具有特殊法律地位、实行特别的政治、经济制度的行政区域。《宪法》第31条规定："国家在必要时得设立特别行政区。在特别行政区内实行的制度按照具体情况由全国人民代表大会以法律规定。"

特别行政区实行以行政为主导的政治体制。特别行政区行政长官既是特别行政区的首长，又是特别行政区政府的首长，对中央人民政府和特别行政区负责。特别行政区的立法机关是立法会，司法机关是各级法院。

八、监察委员会

（一）监察委员会的性质和任务

监察委员会是国家监察机关，是行使国家监察职能的专责机关，依法对所有行使公权力的公职人员进行监察,调查职务违法和职务犯罪,开展廉政建设和反腐败工作,维护宪法和法律的尊严。

(二)监察委员会的组成

《宪法》第124条第1款规定:"中华人民共和国设立国家监察委员会和地方各级监察委员会。"

国家监察委员会是国家最高监察机关,由全国人民代表大会产生,负责全国监察工作。地方各级监察委员会由本级人民代表大会产生,负责本行政区域内的监察工作。

国家和地方各级监察委员会由主任、副主任若干人、委员若干人组成,主任由人民代表大会选举产生,副主任、委员由监察委员会主任提请人民代表大会常务委员会任免。监察委员会主任的任期同本级人民代表大会任期相同,国家监察委员会主任连续任职不得超过两届。

(三)监察委员会的领导体制

国家监察委员会对全国人民代表大会及其常务委员会负责,并接受其监督;地方各级监察委员会对本级人民代表大会及其常务委员会和上一级监察委员会负责,并接受其监督。

监察委员会实行国家监察委员会领导地方各级监察委员会、上级监察委员会领导下级监察委员会的领导体制。

(四)监察委员会的职责

根据《监察法》第11条规定,监察委员会履行监督、调查、处置职责:(1)对公职人员开展廉政教育,对其依法履职、秉公用权、廉洁从政从业以及道德操守情况进行监督检查;(2)对涉嫌贪污贿赂、滥用职权、玩忽职守、权力寻租、利益输送、徇私舞弊以及浪费国家资财等职务违法和职务犯罪进行调查;(3)对违法的公职人员依法作出政务处分决定;对履行职责不力、失职失责的领导人员进行问责;对涉嫌职务犯罪的,将调查结果移送人民检察院依法审查、提起公诉;向监察对象所在单位提出监察建议。

(五)监察委员会的工作原则

根据《监察法》第2条、第4条、第5条规定,监察委员会的工作原则主要是:(1)坚持中国共产党对国家监察工作的领导,依法行使监察职能。(2)依照法律规定独立行使监察权,不受行政机关、社会团体和个人的干涉。(3)监察机关办理职务违法和职务犯罪案件,应当与审判机关、检察机关、执法部门互相配合,互相制约。(4)严格遵照宪法和法律,以事实为根据,以法律为准绳;在适用法律上一律平等,保障当事人的合法权益;权责对等,严格监督;惩戒与教育相结合,宽严相济。

九、人民法院

(一)人民法院的性质和任务

人民法院是国家的审判机关。人民法院由同级国家权力机关产生,对国家权力机关负责,向国家权力机关报告工作,受国家权力机关监督。

人民法院的任务是:通过审判各类案件,惩罚犯罪,保障无罪的人不受刑事追究,解决各类纠纷,保护个人和组织的合法权益,监督行政机关依法行使职权,维护国家安全和社会秩序,维护社会公平正义,维护国家法制统一、尊严和权威,保障中国特色社会主义建设的顺利进行。

(二)人民法院的组织体系

根据《宪法》和《人民法院组织法》的规定,我国的人民法院组织体系是最高人民法院、地方各级人民法院和专门人民法院以及应司法改革而生的跨行政区划法院、互联网法院等,并依法行使属于各自管辖范围内的审判权。

1. 最高人民法院

最高人民法院是我国最高审判机关,由最高人民法院审理的案件包括:法律规定由它管辖的和它认为应当由自己审判的第一审案件;对高级人民法院、专门人民法院判决和裁定不服的上诉案件和抗诉案件;最高人民检察院按照审判监督程序提出的抗诉案件。

2. 地方各级人民法院

地方各级人民法院分为高级人民法院(包括省、自治区、直辖市的人民法院)、中级人民法院(包括在省、自治区内按地区设立的中级人民法院,在直辖市内设立的中级人民法院,省、自治区、直辖市的中级人民法院,自治州的中级人民法院)和基层人民法院(包括县、自治县、市、市辖区的人民法院)。

3. 专门人民法院

专门人民法院是指在特定部门设立的对特定案件进行审理的人民法院,包括军事法院、铁路运输法院、海事法院、知识产权法院、金融法院等。

(三)人民法院的组成、任期和领导体制

1. 人民法院的组成

各级人民法院由院长1人,副院长和审判员等法官若干人组成。最高人民法院院长由全国人民代表大会选举和罢免,副院长、审判委员会委员、庭长、副庭长和审判员由最高人民法院院长提请全国人民代表大会常务委员会任免。

地方各级人民法院院长由本级人民代表大会选举和罢免,副院长、审判委员会委员、庭长、副庭长和审判员由院长提请本级人民代表大会常务委员会任免。在省、自治区内按地区设立的和在直辖市内设立的中级人民法院院长,由省、自治区、直辖市人民代表大会常务委员会任免,副院长、审判委员会委员、庭长、副庭长和审判员由高级人民法院院长提请省、自治区、直辖市的人民代表大会常务委员会任免。

2. 人民法院院长的任期

各级人民法院院长的任期与本级人民代表大会每届任期相同,都为5年。最高人民法院院长连续任职不得超过两届。

3. 人民法院的领导体制

最高人民法院对全国人民代表大会和全国人民代表大会常务委员会负责并报告工作。地方各级人民法院对本级人民代表大会及其常务委员会负责并报告工作。下级人民法院的审判工作受上级人民法院监督。

(四)人民法院的工作原则

人民法院的工作原则如下:

1. 公民在适用法律上一律平等。人民法院审判案件,对于一切公民,不分民族、种族、性别、职业、家庭出身、宗教信仰、教育程度、财产状况、居住期限,在适用法律上一律平等,不允许有任何特权。

2. 依法独立行使审判权。人民法院依照法律规定独立行使审判权,不受行政机关、社会团体和个人的干涉。

3. 公开审判。人民法院审理案件,除涉及国家机密、个人隐私和未成年人犯罪等案件外,一律公开进行。
　　4. 司法责任制。人民法院实行司法责任制,建立健全统一的司法权力运行机制。
　　5. 使用本民族语言、文字进行诉讼。各民族公民都有用本民族语言文字进行诉讼的权利。人民法院对于不通晓当地通用语言文字的当事人,应当为他们翻译。在少数民族聚居或者多民族共同居住的地区,应当用当地通用的语言进行审理,判决书、布告和其他文书应当根据实际需要使用当地通用的一种或者几种文字。

十、人民检察院

(一)人民检察院的性质和任务

　　人民检察院是国家的法律监督机关。人民检察院由同级国家权力机关产生,对国家权力机关负责,向国家权力机关报告工作,受国家权力机关监督,依法独立行使检察权。

　　人民检察院的基本任务是:通过行使检察权,追诉犯罪,维护国家安全和社会秩序,维护个人和组织的合法权益,维护国家利益和社会公共利益,保障法律正确实施,维护社会公平正义,维护国家法制统一、尊严和权威,保障中国特色社会主义建设的顺利进行。

(二)人民检察院的组织体系

　　人民检察院的组织体系包括最高人民检察院、地方各级人民检察院和专门人民检察院。地方各级人民检察院又分为省级人民检察院,包括省、自治区、直辖市人民检察院;设区的市级人民检察院,包括省、自治区、直辖市人民检察院,自治州人民检察院,省、自治区、直辖市人民检察院分院;基层人民检察院,包括县、自治县、不设区的市、市辖区人民检察院。

　　省一级人民检察院和设区的市一级人民检察院根据工作需要,经最高人民检察院和省级有关部门同意,并提请本级人民代表大会常务委员会批准,可以在辖区内特定区域设立人民检察院,作为派出机构。

　　专门人民检察院是根据检察工作需要,在特定组织系统内部设置的,具有专属管辖性质的检察机关。我国目前设置的专门检察院有军事检察院、铁路运输检察院等。

　　此外,经全国人民代表大会常务委员会决定,可以设立跨行政区划人民检察院,办理跨地区案件。

(三)人民检察院的组成、任期和领导体制

　　1. 人民检察院的组成

　　各级人民检察院由检察长1人,副检察长和检察员等检察官若干人组成。最高人民检察院检察长由全国人民代表大会选举和罢免,副检察长、检察委员会委员、检察员和军事检察院检察长由最高人民检察院检察长提请全国人民代表大会常务委员会任免。

　　地方各级人民检察院检察长由地方各级人民代表大会选举和罢免,副检察长、检察委员会委员和检察员由本院检察长提请本级人民代表大会常务委员会任免。

　　地方各级人民检察院检察长的任免,须报上一级人民检察院检察长提请该级人民代表大会常务委员会批准。

　　在省、自治区内按地区设立的和在直辖市内设立的人民检察院分院检察长、副检察长、检察委员会委员和检察员由省、自治区、直辖市人民检察院检察长提请本级人民代表大会常务委员会任免。

2. 人民检察院检察长的任期

各级人民检察院检察长的任期与本级人民代表大会每届任期相同,都为 5 年。最高人民检察院检察长连续任职不得超过两届。

3. 人民检察院的领导体制

人民检察院实行双重领导原则,即既要对同级国家权力机关负责,又要对上级人民检察院和最高人民检察院负责。最高人民检察院领导地方各级人民检察院和专门人民检察院的工作;上级人民检察院领导下级人民检察院的工作。

(四)人民检察院的工作原则

人民检察院的工作原则如下:

1. 依法独立行使检察权。人民检察院依照法律规定独立行使检察权,不受行政机关、社会团体和个人的干涉。

2. 平等适用法律。人民检察院行使检察权在适用法律上一律平等,不允许任何组织和个人有超越法律的特权,禁止任何形式的歧视。

3. 司法公正。人民检察院坚持司法公正,以事实为根据,以法律为准绳,遵守法定程序,尊重和保障人权。

4. 检务公开。人民检察院实行检务公开,法律另有规定的除外。

5. 司法责任制。人民检察院实行司法责任制,建立健全权责统一的司法权力运行机制。

6. 使用本民族语言、文字进行诉讼。人民检察院对于不通晓当地通用语言文字的当事人,应当为他们翻译。在少数民族聚居或者多民族共同居住的地区,应当用当地通用的语言进行审理,起诉书、布告和其他文书应当根据实际需要使用当地通用的一种或者几种文字。

第五节 宪法的运行

宪法的运行,是指宪法从制定到实施的整个过程,包括宪法制定与修改,宪法解释,以及宪法实施与监督等。在此过程中所形成并确立的一系列相关制度,构成了宪法运行制度。

一、宪法制定与修改

(一)宪法制定

宪法制定又称制宪或者立宪。就一般意义而言,宪法制定是指制宪主体根据一定的原则和程序并通过特定的制宪机关创制宪法的行为。宪法制定有广义和狭义之分。广义的宪法制定指整个宪法创制的过程,包括宪法制定与宪法修改;狭义的宪法制定则仅指宪法的原始创立,不包括宪法修改。本书所说的宪法制定,是就后者而言的。

由于宪法制定的目的,在于通过宪法制定这一行为,将国家的民主制度法律化、条文化,以确定和规范国家政权以及社会成员所享有的各项基本权利。因此,它具有以下特点:

1. 宪法制定具有原创性,即制宪行为是一种原始的创制行为,通过制宪活动,制定规范的宪法文本,确立一套国家的民主政治制度,这也是宪法制定与宪法修改的主要区别所在。

2. 宪法制定具有终局性,即通过制宪活动,最终确立国家的根本制度。这在成文宪法国家,主要表现为制定宪法典的行为。宪法典一经制定,除非国家政治发生根本性变革,否则不能被废除。从这个意义上说,制定宪法的行为不能轻易地重复。这也是宪法制定与其他创制宪法规范的行为,如制定宪法性法律、创立宪法惯例、解释宪法等行为的主要区别所在。

3. 宪法制定具有历史性,即制宪活动不可避免地要受到本国的历史和文化传统等方面因素的制约,也就是说,一个国家不可能一开始就制定一部完美无缺的宪法,任何宪法都有其历史局限性,但这并不能成为否认宪法制定的正当性的理由,而同样,这也是宪法修改的必要性的原因。

(二)宪法修改

宪法应当适应社会发展的需要,这是保证宪法生命力的前提。当宪法不能适应社会发展的要求,甚至阻碍社会发展的时候,就必须及时对宪法规定作出相应的变更,这就产生了宪法修改的问题。尤其是在当代中国,宪法修改不仅是宪法学的一个重要的理论问题,更是宪法发展完善中的一个重要的现实问题。

1. 宪法修改的方式

(1)全面修改

全面修改是在原有宪法的基础上对其进行全面更新。这种修改不同于宪法的重新制定,它在不改变原有宪法的精神和基本原则的前提下,对宪法的体系、内容进行较大的调整和更新。一般而言,导致宪法全面修改的原因往往是一个国家的政治经济形势发生了重大的变化,或者是治国方针、路线与政策发生了重要转向。在新中国宪法史上,自 1954 年《宪法》颁布至今已经全面修改了 3 次,分别是 1975 年、1978 年和 1982 年的修宪。

(2)部分修改

部分修改即通过宪法修正案或修宪决议的方式,对宪法的部分条款进行的修改。部分修改的方式主要有两种:一种方式是在不触动宪法原文的情况下,将以特定程序通过的修改内容按前后顺序以修正案的形式附于原文之后,作为宪法的当然组成部分。美国宪法的修改即采取这种方式。另一种方式是直接对宪法的条文进行修改,并且以修正案的形式予以公布。我国宪法的修改即采取这种方式。

(3)无形修改

除了上述正式的、以文字形式表现出来的宪法修改,有些学者认为,宪法修改还应该包括非正式的、不变动宪法文字而实际上变更宪法内容的方式,即无形修改。这主要是指成文宪法已经无法适应社会现实的变化而又不能或不希望修改宪法的情况下,通过宪法解释或者宪法惯例等方式,实际上改变了宪法的内容。

2. 宪法修改的程序

(1)修宪建议的提出

根据我国的政治实践,宪法修改的建议,一般都是由作为执政党的中国共产党向全国人民代表大会常务委员会提出的。这也是宪法中关于坚持中国共产党领导的原则的具体体现。1982 年《宪法》的全面修改及以后的五次部分修改,都是由中共中央向全国人民代表大会常务委员会提出建议的。

(2)宪法修改议案的提出

《宪法》第 64 条第 1 款规定:"宪法的修改,由全国人民代表大会常务委员会或者五分之一以上的全国人民代表大会代表提议……"因此,有权提出宪法修改议案的法定主体是两个,一是全国人民代表大会常务委员会，另一个是 1/5 以上的全国人民代表大会代表。从我国的修宪实践来看，基本上都是由全国人民代表大会常务委员会接受了中共中央的修宪建议，然后再以自己的名义，向全国人民代表大会提出的。唯一的一次例外，是 1993 年《宪法修正案》补充建议的提出，采取了由 1/5 以上代表提出宪法修改议案的方式。

(3) 宪法修正案的审议与通过

《宪法》第 64 条第 1 款规定，宪法的修改，要由全国人民代表大会以全体代表的 2/3 以上多数通过。因此，宪法的修改，最终由全国人民代表大会代表进行审议，并投票表决通过。

(4) 宪法修正案的公布

宪法对宪法修正案通过之后的生效时间及由谁公布的问题没有作专门规定。从我国的修宪实践来看，一般都是自宪法修正案公布之日起生效，并且以全国人民代表大会公告的形式公布施行。

二、宪法解释

宪法解释，是指为了保证宪法含义明确、准确和完整，便于宪法的有效实施，而对宪法规范的内涵和外延以及词语用意，依据立法精神原则及意图加以诠释或说明。

(一) 宪法解释的分类

同法律解释一样，基于不同的分类标准，可以把宪法解释分成不同的类型。

1. 根据解释的主体不同，把宪法解释分为法定解释和学理解释。法定解释也称正式解释、有权解释，是指有权解释的法定机关所作的具有法律效力的解释；学理解释也称非正式解释，是指学术团体、专家学者等对宪法所作的解释。

2. 根据宪法解释的机关不同，可以把宪法解释分为立法机关解释、司法机关解释、专门机关解释等。立法机关解释宪法，就是国家的最高立法机关担负解释宪法的职责；司法机关解释宪法，就是以普通法院为解释宪法的机关，其特点是普通法院在审理案件的过程中，对涉及宪法的问题作出解释；专门机关解释宪法，就是在立法机关和普通法院系统之外设立专门的机关，以负责解释宪法，一般有两种机关，一是由宪法法院解释宪法，二是由宪法委员会解释宪法。

3. 根据解释的目的不同，可以把宪法解释分为补充解释和违宪解释。补充解释是指宪法解释机关为了使宪法条文便于在社会生活的实践中贯彻执行，而对宪法规范作出的必要的说明和补充。违宪解释是指有权机关对法律、法规和特定的行为主体是否违背宪法而作的解释。这两种解释都是有权解释，具有法律效力。

4. 根据宪法在制定和实施的实践过程中的不同，可以把宪法解释分为立宪解释、行宪解释、合宪性审查解释。

(二) 我国的宪法解释

1. 宪法解释机关

《宪法》第 67 条规定，全国人民代表大会常务委员会行使解释宪法的职权。因此，宪法解释机关是全国人民代表大会常务委员会。这一做法有以下优点：首先，解释宪法权最终掌握在全国人民代表大会常务委员会手中，可以保证宪法解释真正符合人民的意志和要求，有助于宪法解释的合理性与科学性，保证宪法解释的统一性和权威性。其次，全国人民代表大会常务委员会作为参与制宪和修宪的机关，对宪法的含义有清楚的认识，由其解释宪法，可以保证宪法解释符合宪法的本来含义,保证宪法监督的质量。最后,全国人民代表大会常务委员会在解释宪法时有专门委员会作为辅助机构,这就使宪法解释建立在科学的基础上,保证了宪法解释的准确性,能够反映时代的要求。

2. 宪法解释的形式

从我国宪法解释的实践看,解释宪法大体上有以下几种形式:

(1)宪法起草委员会向全国人民代表大会所作的关于宪法草案的报告和宪法修改委员会向全国人民代表大会所作的宪法修改草案的说明、报告。例如,1954年9月,刘少奇代表宪法起草委员会向第一届全国人民代表大会第一次会议所作的《关于中华人民共和国宪法草案的报告》,就是对宪法的一次制宪解释。

(2)全国人民代表大会常务委员会通过决议、决定的形式解释宪法。全国人民代表大会常务委员会经常作出一些决定、决议等规范性的文件,其中有一些就是直接解释宪法。如1983年9月2日第六届全国人民代表大会常务委员会二次会议通过的《关于国家安全机关行使公安机关的侦查、拘留、预审和执行逮捕的职权的决定》,因为1982年《宪法》制定时国家安全机关还未建立,所以宪法中未规定安全机关的有关职权,1983年国家安全机关设立后,全国人民代表大会常务委员会就通过上述决定赋予了安全机关的相关职权。这个决定实际上是对《宪法》第37条、第40条关于公安机关职权规定的补充解释。

三、宪法实施与监督

一个国家的宪法要实现其价值和功能,必须使宪法得到切实有效的实施;而宪法要得到切实有效的贯彻实施,首先必须有一套完善的宪法监督制度。因为宪法的实施主要是通过对国家机关权力运行的监督来实现的。从这个意义上说,宪法监督构成了宪法实施的重要方面。宪法监督制度是确立宪法权威的关键。

(一)宪法实施

宪法实施是指宪法规范在实际生活中的具体运用和贯彻落实,即将宪法文字上的、抽象的权利义务关系转化为现实生活中生动的、具体的权利义务关系,并进而将宪法规范所体现的人民意志转化为具体社会关系中的人的行为。宪法实施反映着宪法制定颁布后的实际运行状态,是宪法调整特定社会关系(宪法关系)的基本形式。从这个意义上看,宪法实施的主体也就是宪法关系的主体,包括国家机关、各政党、各社会团体和公民个人;宪法实施的客体,主要是适用宪法、遵守宪法的行为。一部完善的宪法只有在实践中运行,才能真正体现并且实现其价值。宪法是国家的根本法,但这种根本法地位并不仅仅是以宪法文本的形式得以确立的,而是通过它在国家和社会中的具体实施来体现的。同样,宪法作为根本法的权威作用的发挥,关键也在于宪法是否能够得到有效的实施。因此,从某种意义上说,宪法实施就是宪法运行的整个过程,是宪法实现的过程中的一个非常重要的环节。

(二)宪法监督

1. 宪法监督的含义

宪法监督是宪法实施与宪法保障的重要方面。宪法要得到切实有效的贯彻实施,必须有一系列的保障措施,而在所有的保障措施中,最重要、同时也是最有效的保障措施,就是由特定的国家机关根据宪法和法律的规定,监督宪法的实施,并对违宪行为予以制裁,这就是宪法监督所要解决的问题。因此,从一般意义上说,宪法监督就是拥有监督权的国家机关根据一定的方式和程序,对特定的事项进行合宪性审查,撤销违宪行为、追究违宪责任,以保障宪法实施的制度。从这一概念来看,宪法监督的含义主要包括以下几方面:

(1)宪法监督的主体,只能是拥有宪法监督权的国家机关,因为宪法监督是一种具有法律效力的监督行为,因此,它只能由宪法授权的主体行使这一权力。

(2)宪法监督的对象,是特定的义务主体。我国宪法序言规定:"全国各族人民、一切国家机关和武装力量、各政党和各社会团体、各企业事业组织,都必须以宪法为根本的活动准则,并且负有维护宪法尊严、保证宪法实施的职责。"这一规定,明确了特定的义务主体的范围。

(3)宪法监督的内容:一是对抽象行为的监督,即国家机关制定的法律、法规和其他规范性文件是否违反宪法的原则和精神。此外,还应当包括对其他政党和社会组织的规范性文件的合宪性审查。二是对具体行为的监督,即对国家机关及其工作人员行使职权的行为的合宪性进行监督。

(4)宪法监督的作用,主要是借助于对违宪行为进行制裁,以维护宪法的权威,保证宪法的实施。因此,宪法监督关注的焦点集中在有关的行为是否合乎宪法、有无违反宪法的行为发生和对违反宪法的行为应给予何种制裁的问题上,而不是如何去遵守宪法的问题。

(5)宪法监督的措施,主要是对于违宪行为采取专门的制裁手段。一般说来,这些制裁性措施主要有:直接改变或撤销违宪的规范性文件;罢免实施违宪行为的国家公职人员的职务;取缔违宪的政党或社会组织等。这些措施是宪法监督机关专用的手段和方式。宪法监督机关所采取的制裁措施依据的是国家的宪法,是宪法作为法律的强制性的体现和要求,国家设立宪法监督机关的目的,就是要通过这类机关采取强制性措施保障宪法的实施。

2.宪法监督的类型

从当今世界各国宪法监督的实践来看,根据行使监督权的机关的不同,宪法监督大体上可以分为以下几种类型:

(1)立法机关(或权力机关)监督宪法实施。立法机关监督宪法的模式又被称为议会型或代表机关监督模式,即由立法机关来行使宪法监督权。这种模式起源于英国。立法机关监督模式最大的优点是权威性和有效性,监督的直接性和快捷性。立法机关是人民意志和利益的集中体现者,最了解宪法的意图和精神实质,而且立法机关可以利用其极高的地位来保障宪法的贯彻实施。

(2)司法机关(普通法院)监督宪法的实施。司法机关监督宪法的模式是指普通法院在审理具体案件的过程中,对该案件所适用的法律的合宪性进行审查,因此这种模式又称为违宪的司法审查。这种模式起源于美国,由美国联邦最高法院大法官马歇尔通过著名的1803年"马伯里诉麦迪逊案"创立的。在美国,联邦最高法院享有的违宪审查权,用以对联邦法律、州宪法及法律的合宪性进行审查。各州法院享有的违宪审查权,用以对各州法律的合宪性进行审查。

(3)专门机关监督宪法实施。专门机关监督宪法是指由宪法所规定的专门机关对宪法争议事项进行合宪性审查并依照宪法作出裁决的一种宪法监督模式。专门机关监督宪法的类型有两种:以德国为代表的宪法法院和以法国为代表的宪法委员会。

3.宪法监督的方式

(1)事先审查和事后审查

事先审查又称预防性审查,是指在法律文件公布之前对其进行的合宪性审查,如果发现其违宪,立即予以纠正。通过事先审查,可以有效防止违宪的法律文件公布实施所造成危害后果的发生,维护宪法和法律的权威。

事后审查是指对已经公布实施的法律文件进行合宪性审查。一般来说,事后审查都是由特定的机关或者个人的申请而进行的,并由普通法院或宪法法院根据宪法就法律的合宪性进行裁决。事后审查可以提高合宪性审查的准确性,从而更好地维护宪法权威。

(2)具体审查和抽象审查

具体审查又称附带性审查,是指司法机关在审理具体案件的过程中,就所适用的法律是否合宪所进行的审查。这种审查结果只适用于具体案件,一般不具有普遍的约束力。也就是说,在理论上不排除在以后或者别的案件中继续适用这项被确认为违宪的法律。具体审查一般均为事后审查的方式。

抽象性审查是指宪法监督机关对法律文件是否合宪所进行的一般性审查,它可以是由于在法律适用中的具体争议所引起的,也可以是在没有法律争议的情况下,由宪法监督机关就法律文件的合宪性进行一般性的审查。因此,它可以是事先审查,也可以是事后审查。

(3)主动审查和被动审查

主动审查是宪法监督机关在没有接到申请的情况下,自己主动对法律文件是否合宪进行审查。例如,法国在法律制定以后、实施以前,由宪法委员会进行一般的合宪性审查,并作出相应的裁决,就是主动审查。主动审查为事先审查的方式。

被动审查是宪法监督机关只有在接到申请的情况下,才对有争议的法律文件进行审查。例如,在以普通法院为宪法监督机关的国家,法院只有在案件审理过程中,才能对所适用的法律是否违宪进行审查,就属于被动审查。另外,在以宪法法院为宪法监督机关的国家,因公民向宪法法院提出对法律进行抽象审查的请求(即通常所说的"宪法诉愿")而进行的审查,也属于被动审查。被动审查属于事后审查的方式。

(三)我国的宪法监督制度

1. 宪法监督的原则和对象

我国《宪法》序言规定:"本宪法以法律形式确认了中国各族人民奋斗的成果,规定了国家的根本制度和根本任务,是国家的根本法,具有最高的法律效力。全国各族人民、一切国家机关和武装力量、各政党和各社会团体、各企业事业组织,都必须以宪法为根本的活动准则,并且负有维护宪法尊严、保证宪法实施的职责。"这一规定,明确了宪法监督的原则和对象,即宪法是国家最根本的活动准则,具有最高的法律效力,任何违反宪法的行为都是不允许的。宪法监督的最终目的,就在于维护宪法权威,保证宪法的实施。

2. 宪法监督的主体

《宪法》第62条规定:"全国人民代表大会行使下列职权:……(二)监督宪法的实施……"第67条也规定:"全国人民代表大会常务委员会行使下列职权:(一)解释宪法,监督宪法的实施……"由此可见,宪法监督的主体是全国人民代表大会及其常务委员会。同时,全国人民代表大会宪法和法律委员会作为全国人民代表大会的专门委员会,是协助全国人民代表大会及其常委会进行合宪性审查的主要机构。

3. 宪法监督的内容

为了保证宪法的实施,根据《宪法》和《立法法》、《地方各级人民代表大会和地方各级人民政府组织法》、《各级人民代表大会常务委员会监督法》等法律的规定,确立了一整套宪法和法律监督体系,明确规定宪法具有最高的法律效力,一切法律、行政法规、地方性法规、自治条例和单行条例、规章都不得同宪法相抵触。并对改变或者撤销法律、行政法规、地方性法规、自治条例和单行条例、规章的权限,以及行政法规、地方性法规、自治条例和单行条例、规章的备案审查等,都作了明确的规定。

习近平总书记指出,"宪法的生命在于实施,宪法的权威也在于实施""全国人大及其常委会和国家有关监督机关要担负起宪法和法律监督职责,加强对宪法和法律实施情况的监督检查,健全监督机制和程序,坚决纠正违宪违法行为"[3]。全面贯彻实施宪法,是建设社会主义法治国家的一项基础性工作,也是全面依法治国的基本要求。应当不断完善宪法监督制度,推进宪法实施,切实将宪法的各项规定落到实处,保证改革开放和社会主义现代化建设不断向前发展,保证最广大人民的根本利益不断得到实现,保证国家安全和社会稳定,实现国家的长治久安。

主要参考文献

1. 马克思主义理论研究和建设工程重点教材:《宪法学》(第 2 版),高等教育出版社、人民出版社 2020 年版。
2. 殷啸虎:《宪法》,清华大学出版社 2012 年版。

---

[3] 习近平:《在首都各界纪念现行宪法公布施行 30 周年大会上的讲话(2012 年 12 月 4 日)》,人民出版社 2012 年版,第 6、9 页。

第四章 行政法与行政诉讼法

| 内容概要 |

　　行政法是有关行政的主体及职权、行为及程序、违法及责任和救济关系等的法律规范的总称。依法行政原则、合理行政原则、效能责任原则等是行政法的基本原则。行政主体是指享有行政权，能以自己名义实施行政行为，并能独立承担该行为所产生的法律效果的社会组织。行政行为是指行政主体实施的对外产生行政法律效果的行为，其合法要件是主体合法、权限合法、内容合法、程序合法和形式合法。行政处罚、行政许可、行政强制、行政立法、行政协议、行政规划等是行政行为的常见类型。行政程序包括调查、说明理由、告知、时效、听证等。行政赔偿是指行政主体在行使行政职权过程中侵犯行政相对人的合法权益并造成损害时，国家对此承担赔偿责任。国家赔偿以支付赔偿金为主要方式。行政复议是指行政复议机关对公民、法人或者其他组织认为侵犯其合法权益的行政行为，基于申请而予以受理，审理并作出相应决定的活动。行政诉讼是公民、法人或者其他组织对行政主体所作的行政行为不服，依法向法院起诉，法院予以受理、审理并作出裁判的活动。行政机关在行政诉讼中对其作出的行政行为负有举证责任。人民法院可以依法作出驳回诉讼请求、履行、撤销、变更、确认等判决。

第一节　行政法概述

一、行政法的概念

　　行政法上的行政是国家通过一定组织为实现国家或社会职能而进行的公共管理活动。行政具有公益性、法定性、过程性、效率性、受监督性等特征。[1] 行政的目的是保护和增进公共利益，如维护公共安全、维持社会秩序，保护公民权益、提高人民生活水平等。在现代法治国家，行政必须依法进行，建设法治政府。行政是一个过程，按照顺序、时限等分步骤展开。面对公民或者组织的申请，一方面，行政机关应当尽快作出决定；另一方面，行政机关要积极行使职权，高效地实现政策目标，促进经济社会发展。行政权受监督是法治国家的要求。行政受到立法、司法、监察、审计等多机关的监督。作为我国三大诉讼之一的行政诉讼具有保护公民、组织合法权益的价值，也发挥着监督行政机关依法行使职权的功能。

　　行政法是有关行政的主体及职权、行为及程序、违法及责任和救济关系等的法律规范的总

---

[1] 应松年主编：《行政法与行政诉讼法学》（第2版），高等教育出版社2018年版，第7~8页。

称。[2] 其一,行政法是有关行政的法。行政权的行使以及由此形成的种种社会关系属于行政法的调整范围。这与调整平等民事主体间关系的民法、规定犯罪与刑罚的刑法等法律部门相区别。其二,行政法的内容很丰富。行政法主要由行政主体、行政行为、行政救济等三大部分组成,每一部分都有很多法律文本、丰富的制度和规范,由此来应对复杂的行政实践。其三,行政法是一个行政法律规范体系。行政法由无数的行政法规范构成,存在于宪法、法律、法规、规章等中,形成一个体系。行政法是实体法与程序法的综合、责任法与救济法的统一。

二、行政法的渊源

行政法的渊源是指特定国家在某一特定阶段的行政法的表现形式或行政法的存在形式。[3] 一般而言,大陆法系国家的行政法以成文法为主要渊源,而英美法系国家则以判例法为主,制定法为辅。在我国现阶段,只有成文法是行政法的渊源,习惯、判例、法理等不是行政法的渊源。宪法、法律、行政法规、地方性法规、行政规章、法律解释等都是我国行政法的渊源。

宪法是我国的根本大法,具有最高的法律效力,其所规定的法治国家理念、基本原则、国家机构、行政职权等条款都是行政法的渊源。全国人民代表大会及其常务委员会制定的法律是极为重要的行政法渊源,其效力仅次于宪法,在行政实践中被广泛实施。代表性法律有《行政诉讼法》《行政处罚法》《行政许可法》《治安管理处罚法》等。作为以国务院令公布实施的规范性法律文件,行政法规具有很高的法律效力,其地位虽低于宪法和法律,但高于地方性法规、规章等,发挥着承上启下的重要作用。为实施全国人大常委会制定的《道路交通安全法》,国务院出台了行政法规《道路交通安全法实施条例》,公安部门等再依据它们,出台更多的规章、规范性文件等。行政规章由国务院部门或者地方政府依据《立法法》《规章制定程序条例》等制定实施,其数量庞大,在实践中发挥着重要作用。立法机关、国务院及其部门、司法机关等可以依法对宪法、法律、法规等已有规范作出解释,由此形成的解释性规范是行政法的渊源。

三、行政法的基本原则

行政法的基本原则是指导行政法制定、执行、遵守以及解决行政争议的基本准则,贯穿于行政立法、行政执法、行政司法和行政法制监督的各个环节之中,[4]体现行政法的价值和精神。关于哪些是行政法的基本原则,学界未形成共识,一般而言,依法行政原则、合理行政原则、效能责任原则等包含其中。

依法行政原则要求行政机关及其工作人员必须依法行使行政权,依法从事公共管理活动,法无明文规定不得任意行政。其具体包括职权法定原则、法律优先原则、法律保留原则等内容。[5] 职权法定原则要求行政机关的职权必须有明确的法律依据,行政机关及其工作人员必须在法律范围内行使职权,否则承担法律责任。法律优先原则要求行政活动不得与立法机关制定的法律相抵触,即法律优于行政,如法律优于行政机关制定的行政法规、规章等。根据《宪法》《立法法》等,国家机构的组织和职权、犯罪和刑罚、对非国有财产的征收和征用、诉讼和仲

---

[2] 应松年主编:《行政法与行政诉讼法学》(第2版),高等教育出版社2018年版,第8页。
[3] 应松年主编:《行政法与行政诉讼法学》(第2版),高等教育出版社2018年版,第18页。
[4] 应松年主编:《行政法学新论》,中国方正出版社1998年版,第37页。
[5] 应松年主编:《行政法与行政诉讼法学》(第2版),高等教育出版社2018年版,第28页;叶必丰:《行政法与行政诉讼法》,高等教育出版社2015年版,第34页;周佑勇:《行政法原论》,北京大学出版社2024年版,第74页。

裁制度、税收基本制度、民事基本制度等只能由法律加以规定，即为法律所保留。法律保留原则要求行政机关不得对上述事项进行规定。但是，上述事项尚未制定法律时，全国人大及其常委会可以授权国务院根据实际需要，对其中的部分事项先制定行政法规。

合理行政原则要求行政机关及其工作人员在行使职权时遵循正当程序，权衡各种利益关系，合理作出判断，实现法的实质正义。该原则注重程序要求和对行政裁量权的控制。其包含正当程序原则、比例原则、禁止严重不合理原则等。其一，正当程序原则要求行政权必须按照法定的步骤、顺序、时限、形式等来行使。正当程序是行政法进步的重要标志，"二战"后，许多国家都制定了行政程序法。我国在《行政处罚法》《行政许可法》《行政强制法》等众多法律中都将程序制度置于重要地位。其二，比例原则是指行政权虽有法律上的依据，但必须选择使相对人损害最小的方式来行使，具体包括适当性、必要性、均衡性等要求。[6] 适当性要求行政手段必须能实现行政目的；必要性要求选择使相对人损害最小的方式来行政，也就是说，行政机关在面对各种能达成行政目的的手段时，应当选择有利于最大限度保护相对人权益的措施；均衡性要求行政机关在行政中对相对人造成的损失不得超过行政目的所追求的公共利益，即应保持公共利益与个人利益的均衡。其三，禁止严重不合理原则是指行政裁量的不合理性不得达到令正常人难以容忍的程度。其可以适用于比例原则所不能覆盖的场合，如行政目的的确定、手段的选择、不确定法律概念的解释、事实认定等。[7]

效能责任原则要求行政机关及其工作人员负责任、有效能地行政。行政机关代表公共利益，促进大多数人的利益，理应追求效能，用低成本获得高收益。《宪法》（第27条）、《行政许可法》（第6条）、《行政复议法》（第3条）等已明确了效能要求。行政过程中，行政机关及其工作人员面对公民、法人或者其他组织，应当诚实信用，敢于承担责任，不得朝令夕改、提供虚假信息、恣意妄为、"钓鱼执法"等，对相对人造成损害损失的，应当承担赔偿补偿责任。效能责任原则在鼓励行政机关积极作为的同时，敦促行政机关负责任行动和救济相对人。

第二节 行政主体

一、行政主体的概念

行政主体是指享有行政权，能以自己名义实施行政行为，并能独立承担该行为所产生的法律效果的社会组织。[8] 国家机构、政党组织、企事业单位等都是社会组织，各有其性质和目的，只有在符合法定条件下才能成为行政主体。

行政主体可分为职权行政主体和授权行政主体。前者是自组织成立时就从宪法、组织法自然取得行政职权，如各级各类行政机关。后者是未从宪法、组织法自然取得行政职权，而是被有权机关以法律、法规、规章等形式授予行政职权。根据《行政诉讼法》第2条第2款，行政行为包括法律、法规、规章授权的组织作出的行政行为。《行政处罚法》第19条规定："法律、法

---

[6] 叶必丰：《行政法与行政诉讼法》，高等教育出版社2015年版，第40页。
[7] 叶必丰：《行政法与行政诉讼法》，高等教育出版社2015年版，第42页。
[8] 叶必丰：《行政法与行政诉讼法》，高等教育出版社2015年版，第55页。

规授权的具有管理公共事务职能的组织可以在法定授权范围内实施行政处罚。"

实践中存在行政委托现象,即社会组织受行政机关委托从事公共管理活动。该受委托组织区别于授权行政主体,其虽然从事公共管理活动,但不以自己的名义而以委托机关的名义开展活动,也不以自己的名义承担相关责任,其不是行政主体。

二、行政组织法

行政主体主要由行政机关构成,行政组织法规范行政机关,是行政法体系的重要组成部分。1954年《宪法》制定后,全国人大同年制定了《国务院组织法》《地方各级人民代表大会和地方各级人民委员会组织法》等。改革开放后,立法机关重新制定了《国务院组织法》、《地方各级人民代表大会和地方各级人民政府组织法》(以下简称《地方组织法》),国务院颁布了《国务院行政机构设置和编制管理条例》《地方各级人民政府机构设置和编制管理条例》等。行政体制改革是国家改革的重要组成部分,每次行政体制改革都有行政机构的重大调整,行政组织法在国家改革中不断发展。

行政组织法的内容主要包括行政机关的性质和地位、设置和权限、相互关系、基本工作制度等。[9] 其一,《宪法》第85条规定的"中央人民政府""最高国家权力机关的执行机关""最高国家行政机关"等清晰确立了国务院的性质和地位。其二,行政机关的设置和权限是组织法的核心内容。组织法对设置的标准、规模、程序等作出规定。根据《国务院组织法》《国务院行政机构设置和编制管理条例》,国务院部门的设置由总理提请全国人大决定,国务院各部门内部司局级机关的设置由国务院决定。根据《地方组织法》第76条,乡镇人民政府的职权有:"(一)执行本级人民代表大会的决议和上级国家行政机关的决定和命令,发布决定和命令;(二)执行本行政区域内的经济和社会发展计划、预算,管理本行政区域内的经济、教育、科学、文化、卫生、体育等事业和生态环境保护、财政、民政、社会保障、公安、司法行政、人口与计划生育等行政工作;(三)保护社会主义的全民所有的财产和劳动群众集体所有的财产,保护公民私人所有的合法财产,维护社会秩序,保障公民的人身权利、民主权利和其他权利;(四)保护各种经济组织的合法权益;(五)铸牢中华民族共同体意识,促进各民族广泛交往交流交融,保障少数民族的合法权利和利益,保障少数民族保持或者改革自己的风俗习惯的自由;(六)保障宪法和法律赋予妇女的男女平等、同工同酬和婚姻自由等各项权利;(七)办理上级人民政府交办的其他事项。"其三,行政机关间关系包括纵向关系和横向关系。纵向关系是指中央与地方的关系、上级政府与下级政府的关系,如国务院与上海市人民政府间关系、上海市人民政府与上海市黄浦区人民政府间关系。在我国,领导与被领导关系是纵向关系的基础关系。横向关系是指无隶属关系的行政机关间关系,呈现合作、竞争、帮扶等关系样态。[10] 其四,行政机关的基本工作制度有民主集中制、首长负责制、会议制度等。省长、市长、县长等召集和主持本级人民政府全体会议和常务会议,政府工作中的重大问题必须经政府常务会议或者全体会议讨论决定。

---

[9] 周佑勇:《行政法原论》,北京大学出版社2024年版,第149~154页。
[10] 应松年主编:《行政法与行政诉讼法学》(第2版),高等教育出版社2018年版,第53页。

第三节　行政行为概述

一、行政行为的概念与分类

行政行为是行政法的核心概念。学界对行政行为有多种不同的界定,形成行为主体说、行政作用说、公法行为说、行政处分说等学说。[11] 本书认为,行政行为是指行政主体实施的对外产生行政法律效果的行为。其一,行政行为的实施者是行政主体,如行政机关、法律法规授权的社会组织。其二,产生行政法律效果,即设定、变更、消灭、确定某种行政法上的权利义务关系。其三,对外产生效果。行政机关对公民给予行政处罚,是对外关系,该处罚决定是行政行为。行政机关对公务员给予行政处分,是对内关系,该处分决定不是行政行为。

基于不同的标准,可以对行政行为进行不同的分类。其一,基于行政行为的作出是否以当事人申请为前提条件,可将行政行为分为依职权行政行为与依申请行政行为。前者不需要当事人申请,行政机关可主动对当事人依法行使职权。后者则是在当事人提出申请后,行政机关才能行使职权,如市场监管部门在收到公民或者组织的申请后,向其颁发营业执照。其二,以行政行为的对象是否特定为标准,可将行政行为分为抽象行政行为与具体行政行为。前者是针对不特定多数人实施的行为,如行政机关制定发布规范性文件。后者是针对特定具体人,如公安机关向某公民给予罚款处罚。其三,以行政行为对相对人有利还是不利为标准,行政行为可分为授益行政行为与负担行政行为。前者对相对人有利,如民政部门向公民发放抚恤金;后者对相对人不利,如城管部门扣押小商小贩的人力车。其四,基于行政行为是否需要行政主体与相对人合意,可以将行政行为分为单方行政行为与双方行政行为。单方行政行为不需要相对人的同意,完全由行政机关一方作出决定即可,这是实践常态。双方行政行为则是行政主体与相对人双方合意的结果,如签订征收补偿协议。

二、行政行为的合法要件

行政行为的合法要件是指行政行为合法需要满足的条件。其包括五个方面:一是主体合法,行政行为的作出者必须是行政主体,如行政机关、法律法规授权的社会组织。二是权限合法,行政主体必须在自己权限范围内作出行政行为。三是内容合法,行政行为必须有事实根据、适用法律法规正确。四是程序合法,行政行为必须符合法定步骤、顺序、时限,必须说明理由、回避、听证等。五是形式合法,行政行为的作出必须具备法定形式。只有同时具备上述五方面要件的行政行为才是合法有效的行政行为。

三、行政行为的模式

行政行为的模式,即行政行为的形态、模型或类型,在行政法学上表现为行政行为的概念或范畴,指在理论或实务上对行政行为的内容和程序都已形成固定的、共同的典型特征的行为

---

[11]　周佑勇:《行政法原论》,北京大学出版社2024年版,第204~206页。

体系。[12] 其一,行政行为的模式在形式上表现为概念,如行政处罚、行政许可、行政强制等。其二,行政行为的模式是基于内容和程序上的共同特征而形成的。行政处罚是因对违法行为予以惩戒这一特征而被视为一种模式。其三,行政行为概念发展是其模式化过程,不断有新的行政行为模式形成和被学界、实务界所接受,形成一个持续发展的行为体系或者模式体系。当前,行政行为模式主要有行政立法、行政许可、行政给付、行政征收、行政处罚、行政强制、行政裁决、行政赔偿、行政复议、行政协议、行政规划等。行政行为的模式化有利于人们深入解析行政法现象和问题,有利于立法工作。正是有行政处罚、行政许可、行政强制等模式的不断发展,我国才有《行政处罚法》《行政许可法》《行政强制法》等重要行政法的制定与实施。

第四节 行政处罚与行政许可

一、行政处罚

行政处罚是指行政机关依法对违反行政管理秩序的公民、法人或者其他组织,以减损权益或者增加义务的方式予以惩戒的行为。其一,行政处罚针对的是行政违法行为,即公民、法人或者其他组织违反行政管理秩序但尚未构成犯罪的行为。其二,行政处罚是惩戒行为,以减损行政相对人权益或者增加行政相对人义务的方式实现惩戒。1996年《行政处罚法》颁布实施,成为我国规范行政行为的第一个基本行政法律。该法在经历2009年和2017年两次修正后,于2021年得到全面修订,行政处罚法治不断发展完善。

行政处罚可分为申诫罚、财产罚、能力罚、人身罚等。申诫罚是在一定范围内予以训诫、谴责,使其在精神上产生某种压力,不再重犯的行政处罚,也称精神罚、声誉罚,如警告、通报批评等。财产罚是强迫违法者交纳一定数额财物的行政处罚,如罚款、没收违法所得、没收非法财物等。能力罚是限制、剥夺违法者某种资格,或者限制、剥夺违法者从事某种行为的行政处罚,如暂扣许可证件、降低资质等级、吊销许可证件、限制开展生产经营活动、责令停产停业、责令关闭、限制从业等。人身罚是限制违法者人身自由的行政处罚,又称自由罚,如行政拘留。人身罚是一种重罚,根据《治安管理处罚法》《国家安全法》,只有公安机关、国家安全机关能实施拘留。

在行政处罚实施主体或者行政处罚权行使方面,《行政处罚法》创设了"相对集中行政处罚权"制度。第18条第1款、第2款规定:"国家在城市管理、市场监管、生态环境、文化市场、交通运输、应急管理、农业等领域推行建立综合行政执法制度,相对集中行政处罚权。国务院或者省、自治区、直辖市人民政府可以决定一个行政机关行使有关行政机关的行政处罚权。"据此,城管部门集市容卫生、市场监管、城乡规划、道路交通等部门的相关处罚权于一身,对城市街面进行管理。

行政处罚必须遵循法定程序。行政处罚程序分简易程序和普通程序。简易程序又称当场处罚程序,当违法事实确凿并有法定依据,对公民处以200元以下、对法人或者其他组织处以3000元以下罚款或者警告时,可以当场作出处罚决定。执法人员当场作出处罚决定的,应当向

---

[12] 叶必丰:《行政法与行政诉讼法》,高等教育出版社2015年版,第136页。

当事人出示执法证件,填写预定格式、编有号码的行政处罚决定书,并当场交付当事人。普通程序是适用更广泛的程序,大体分立案、调查取证、审查决定等步骤。告知并听取意见是普通程序中的重要环节。在作出行政处罚决定之前,行政机关应当告知当事人拟作出的行政处罚内容及事实、理由、依据,并告知当事人依法享有陈述、申辩、要求听证等权利。当事人有权进行陈述和申辩,行政机关必须充分听取当事人意见,不得因当事人陈述、申辩而给予更重的处罚。

《行政处罚法》是首次设置听证程序的基本行政法律。听证程序是一般程序中的一个特别程序,是通过举行专门听证会的形式听取当事人意见。对较重的行政处罚(《行政处罚法》第63条),当事人要求听证的,行政机关应当组织听证。听证由本案非调查人员主持,听证中调查人员提出当事人违法的事实、证据和行政处罚建议,当事人进行申辩和质证。听证应当制作笔录,行政机关应当根据听证笔录作出决定。

二、行政许可

行政许可是指行政机关根据公民、法人或者其他组织的申请,经依法审查,准予其从事特定活动的行为。其一,行政许可是应申请行政行为,相对人提出申请是前提。其二,行政机关要依法对申请进行审查。其三,许可的内容或者结果是准予申请人从事特定活动,如生产经营许可证可以让组织从事生产经营活动、律师证可以让公民从事律师服务工作。2003年以前,我国的行政许可立法采用的是分散制,其后果是许可项目过多过滥,部门利益滋长,法规相互"打架"严重,2003年制定统一的《行政许可法》后,我国的行政许可立法走向成熟。[13]

行政许可的设定是行政许可法的重要内容。公民、法人或者其他组织能够自主决定的;市场竞争机制能够有效调节的;行业组织或者中介机构能够自律管理的;行政机关采用事后监督等其他行政管理方式能够解决的,可以不设定行政许可。相反,下列事项可以设定行政许可:直接涉及国家安全、公共安全、经济宏观调控、生态环境保护以及直接关系人身健康、生命财产安全等特定活动,需要按照法定条件予以批准的事项;有限自然资源开发利用、公共资源配置以及直接关系公共利益的特定行业的市场准入等,需要赋予特定权利的事项;提供公共服务并且直接关系公共利益的职业、行业,需要确定具备特殊信誉、特定条件或者特殊技能等资格、资质的事项;直接关系公共安全、人身健康、生命财产安全的重要设备、设施、产品、物品,需要按照技术标准、技术规范,通过检验、检测、检疫等方式进行审定的事项;企业或者其他组织的设立等,需要确定主体资格的事项。对上述事项,法律可以设定行政许可;尚未制定法律的,行政法规可以设定行政许可;尚未制定法律、行政法规的,地方性法规可以设定行政许可。上述有关行政许可设定的规定有利于建设国内统一大市场、健全社会主义市场经济、促进经济社会全面发展。

行政许可的实施程序由申请、受理、审查、决定等步骤构成。行政机关应当将行政许可的事项、依据、条件、数量、程序、期限以及需要提交的全部材料的目录和申请书示范文本等在办公场所公示。申请人要求行政机关对公示内容予以说明、解释的,行政机关应当说明、解释,提供准确、可靠的信息。申请人应当如实向行政机关提交有关材料和反映真实情况,并对其申请材料实质内容的真实性负责。申请人提交的申请材料齐全、符合法定形式,行政机关能够当场

---

[13] 应松年主编:《行政法与行政诉讼法学》(第2版),高等教育出版社2018年版,第127页。

作出决定,应当当场作出书面的行政许可决定,不能当场作出决定的,应当在法定期限内按照规定程序作出决定。作出不予许可决定的,应当说明理由,并告知复议和诉讼的权利。

《行政许可法》也规定了听证这一特别程序。法律、法规、规章规定实施行政许可应当听证的事项,或者行政机关认为需要听证的其他涉及公共利益的重大行政许可事项,行政机关应当向社会公告,并举行听证。行政许可直接涉及申请人与他人之间重大利益关系的,行政机关在作出许可决定前,应当告知申请人、利害关系人享有要求听证的权利,申请人、利害关系人提出听证申请的,行政机关应当组织听证。听证应当制作笔录,行政机关应当根据听证笔录,作出行政许可决定。

第五节 行政强制与行政立法

一、行政强制

行政强制是指行政机关依法对相对人的人身或财产予以强行处置的行为。[14] 强制,即强迫、压制(的力量或状态),强制性长期被视为法律的属性和特征,我国法学界倾向认为法律是由国家强制力保证实施的行为规范。行政强制是法强制性属性更为具体、更为现实的体现。早在1989年,"行政强制措施"一词就出现在《行政诉讼法》中,2011年制定的《行政强制法》规定,行政强制包括行政强制措施和行政强制执行。

行政强制措施是指行政机关在行政管理过程中,为制止违法行为、防止证据损毁、避免危害发生、控制危险扩大等,依法对公民的人身自由实施暂时性限制,或者对公民、法人或者其他组织的财物实施暂时性控制的行为。其一,行政强制措施具有限权性,如限制人身自由,控制财物。其二,行政强制措施具有暂时性,是暂时限制人身自由、控制财物,经过一定时间,人身自由、财物会得到恢复。其三,行政强制措施具有从属性,从属于制止违法行为、防止证据毁损等目的,有时还从属于后续行政行为,如行政强制措施防止了证据毁损,行政机关根据这些证据作出行政处罚,此情形中行政强制措施就服务于该行政处罚。行政强制措施的种类有限制公民人身自由,查封场所、设施或者财物,扣押财物,冻结存款、汇款,等等。

行政强制执行是指行政机关或者行政机关申请人民法院,对不履行行政决定的公民、法人或者其他组织,依法强制履行义务的行为。其一,行政强制执行是对行政决定的执行,即落实行政决定的内容。其二,行政强制执行主体方面有两种情形,一种是行政机关执行,另一种是行政机关申请人民法院执行。其三,公民、法人或者其他组织不履行已生效行政决定是行政强制执行的原因。行政强制执行的方式有加处罚款或者滞纳金,划拨存款、汇款,拍卖或者依法处理查封、扣押的场所、设施或者财物,排除妨碍、恢复原状,代履行,等等。行政强制执行由法律设定。法律没有规定行政机关强制执行的,作出行政决定的行政机关应当申请人民法院强制执行。

由于行政强制是强行处置,对相对人影响很大,所以对行政强制的实施总体要保持谨慎态度。为此,《行政强制法》确立权利保障原则、法定原则、适当原则、教育与强制相结合原则等。

---

[14] 周佑勇:《行政法原论》,北京大学出版社2024年版,第356页。

"保护公民、法人和其他组织的合法权益"是《行政强制法》的宗旨。行政强制的设定和实施应当依照法定的权限、范围、条件和程序,应当适当;采用非强制手段可以达到行政管理目的的,不得设定和实施行政强制。行政机关不得在夜间或者法定节假日实施行政强制执行;不得对居民生活采取停止供水、供电、供热、供燃气等方式迫使当事人履行相关行政决定。实施行政强制执行时,行政机关可以在不损害公共利益和他人合法权益的情况下,与当事人达成执行协议。

二、行政立法

行政立法是指国家行政机关依据法定权限和程序制定行政法规和规章。其一,行政立法的主体是行政机关,不是立法机关。事实上,实践中有在全国人大及其常委会制定行政法律这一意义上使用行政立法概念的情况,但本章不这样使用。其二,行政立法仅限于行政法规和规章,不包括行政机关制定的其他规范性文件。其三,行政立法要依据法定权限和程序。《宪法》《立法法》《行政法规制定程序条例》《规章制定程序条例》等对行政立法权限、程序等有规定,行政机关必须以这些规定为依据。行政机关是法律的执行机关,不是真正的立法机关,所以行政立法被视为从属性立法行为,或者准立法行为。

行政立法可分为职权立法和授权立法。职权立法是指行政机关根据《宪法》、《立法法》和组织法赋予的行政立法权所进行的立法。授权立法是指行政机关根据单行法律法规或者授权决议所授予的立法权而进行的立法。根据单行法律法规所进行的授权立法一般被称为普通授权立法,根据全国人大专门的授权决议所进行的授权立法被称为特别授权立法。[15]《体育法》第19条第2款规定:"社会体育指导员管理办法由国务院体育行政部门规定。"据此,国家体育总局制定了《社会体育指导员管理办法》,这是普通授权立法。2021年全国人大常委会通过《关于授权国务院在部分地区开展房地产税改革试点工作的决定》,国务院及其工作部门据此决议而制定行政法规、规章就是特别授权立法。

行政立法一般经过立项、起草、听取意见、审查、决定、公布等程序步骤。《立法法》第74条第1款规定,行政法规在起草过程中,应当广泛听取有关机关、组织、人大代表和社会公众的意见。听取意见可以采取座谈会、论证会、听证会等多种形式。行政法规草案由国务院常务会议审议,或者由国务院审批。行政法规由总理签署国务院令公布。部门规章由部务会议或委员会会议审议决定,地方政府规章由地方人民政府常务会议或全体会议审议决定。规章由首长签署命令予以公布。

第六节 行政协议与行政规划

一、行政协议

行政协议是指行政机关为实现行政管理或者公共服务目标,与公民、法人或者其他组织协商订立的具有行政法上权利义务内容的协议。行政协议是行政机关与个人、组织协商合意的

---

[15] 叶必丰:《行政法与行政诉讼法》,高等教育出版社2015年版,第88页。

结果,是双方行政行为,这与其他行政行为类型有显著区别。长久以来,行政合同、政府合同、行政契约、公法契约、行政协议等概念在含义上基本相同,使用度上也差不多。随着2014年《行政诉讼法》修改,"协议"一词进入该法中,行政协议概念取得了更显著的法律地位。根据《行政诉讼法》第12条,法院受理公民、法人或者其他组织"认为行政机关不依法履行、未按照约定履行或者违法变更、解除政府特许经营协议、土地房屋征收补偿协议等协议"而提起的诉讼。

根据行政协议的司法解释,行政协议主要有政府特许经营协议、土地房屋等征收征用补偿协议、矿业权等国有自然资源使用权出让协议、政府投资的保障性住房的租赁买卖等协议、政府与社会资本合作协议等。政府与社会资本合作协议是指政府为了特定的社会公益目的,通过引入社会资本共同投资建设而与相对人签订的合作协议。根据国家法律和政策,政府与社会资本合作的具体实施方式有建设—运营—移交(BOT)、转让—运营—移交(TOT)、改建—运营—移交(ROT)、建设—拥有—运营—移交(BOOT)、设计—建设—融资—运营—移交(DBFOT)等。

二、行政规划

行政规划是指国家、各级政府及部门对经济社会发展、地域或领域、重大工程或事项等作出部署与安排。规划会形成由文字、图表等构成的文本。宏观的、期限长的规划所呈现的是蓝图,具体的、期限短的规划主要是具体的目标及实施计划,更像施工图。1984年国务院颁布了《城市规划条例》(已失效)。1989年全国人大制定了《城市规划法》(已失效)。2007年《城乡规划法》颁布实施至今。在法治国家建设进程中,行政规划立法不断进步。值得注意的是,当前我国规划事业正处于深度变革期,规划体系、制度与立法也面临着重大调整。

根据中共中央、国务院《关于统一规划体系更好发挥国家发展规划战略导向作用的意见》(中发〔2018〕44号),规划体系由经济社会发展规划、国土空间规划、区域规划、专项规划这四类构成。国家发展规划,即中华人民共和国国民经济和社会发展五年规划纲要,是社会主义现代化战略在规划期内的阶段性部署和安排。国家级空间规划以空间治理和空间结构优化为主要内容,是实施国土空间用途管制和生态保护修复的重要依据。国家级区域规划是指导特定区域发展和制定相关政策的重要依据。国家级专项规划是指导特定领域发展、布局重大工程项目、合理配置公共资源、引导社会资本投向、制定相关政策的重要依据。在规划体系中,经济社会发展规划居于最上位并发挥统领作用,空间规划发挥基础作用,专项规划和区域规划发挥支撑作用。根据中共中央、国务院《关于建立国土空间规划体系并监督实施的若干意见》(中发〔2019〕18号),国土空间规划是对一定区域国土空间开发保护在空间和时间上作出的安排,包括总体规划、详细规划和相关专项规划;国土空间总体规划是详细规划的依据、相关专项规划的基础;相关专项规划要相互协同,并与详细规划做好衔接。

规划可否被提起行政诉讼,学界讨论已久。与多数行政行为不同,规划(文本)所面向的是不特定多数人,即相对人不明确,加之规划的法律效果有时也不太确定,故否定说成主流。我国的《行政诉讼法》也没有明确将规划纳入行政诉讼受案范围。但是,规划种类多,规划(文本)内容也丰富。事实上,有些规划,如国土空间详细规划(文本),存在内容很具体的情况,其可诉性强。另外,与规划相关的许可等,如房地产开发商向规划部门申请获得的规划许可证,是可诉的,并存在第三人(受房地产开发项目影响的邻近居民)可以起诉的情形。

第七节 行政程序

一、概述

行政程序是指行政主体实施行政行为时所遵循的步骤、次序和时限。它包含空间和时间两个方面。行政行为的实施方法、形式等是行政程序的空间表现形式,如作出一个行政行为,需要进行调查、听取当事人陈述、告知当事人、说明理由等。次序和时限则是行政程序的时间表现形式,如先调查、再听取陈述、再告知、再说明理由等,呈现出先后次序。行政机关在 7 日内将处罚决定书送达当事人等则体现行政程序的时限要求。

在现代法治国家背景下,行政程序呈现出一个显著的特点或内在要求:行政程序法定。行政主体只有依照法定的程序,即法定的方法、形式、次序和时限实施行政行为,行政行为才能得到法律的保护。为了实现更高程度的行政法治,行政法学要研究出更科学、更完备的行政程序;国家要制定出更科学、更完备的行政程序法。

行政程序法基本制度是体现行政程序法的基本精神,对整个行政程序具有重要影响的法律制度。一般认为,回避制度、调查制度、告知制度、听证制度、公开制度、时效制度、说明理由制度等属于行政程序法基本制度。《行政处罚法》《行政许可法》等重要法律都将"听证"置于重要地位,国务院颁布实施了专门的《政府信息公开条例》,强化政务公开。

二、调查与说明理由

(一)调查

调查是行政主体为查明事实而收集证据的过程。任何行政行为都必须建立在调查取证的基础上,要以客观证据来说明有关事实的真相,防止主观臆断,这是行政主体在行政行为过程中的基础性义务。《行政处罚法》第 54 条第 1 款规定"行政机关发现公民、法人或者其他组织有依法应当给予行政处罚的行为的,必须全面、客观、公正地调查,收集有关证据;必要时,依照法律、法规的规定,可以进行检查"。

调查遵循下列原则:第一,合法性原则。在依法行政的背景下,调查需要法律依据。行政机关及其工作人员在没有法律授权的情形下,不能简单以执行公务为名对公民或组织进行调查;在有法律授权的情况下,必须按照授权的范围、方式、次序等进行调查。第二,职权主义原则。行政机关依据自己的职权进行调查,在法律规定的范围内,决定调查的方法、对象、范围、顺序等;启动调查不以当事人的申请为前提;调查中不受当事人相关意见、行为等的左右。德国《联邦行政程序法》第 24 条规定,官署应依职权调查事实,调查的种类与范围,由官署定之,不受当事人提出的证据与请求调查的证据的拘束。第三,全面调查原则。行政机关调查时,与行政行为的作出相关的一切信息、资料、物件等都必须全面收集。只有这样,行政机关才能考虑一切相关因素,从而提高行政行为的准确性与合法性。第四,效率原则。调查应当用最小的成本取得最大的成果。这不仅要求人、财、物方面花费尽量少,也要求调查速度尽量快。调查是行政程序中耗时耗力的步骤,在其中落实效率原则,有利于提高行政机关行为的效能。

调查的方法包括:询问和记录当事人、证人的陈述、申辩;向有关单位或个人调取书证、物证或视听资料;勘验;抽查取样;举行正式或非正式的听证;指定或委托法定的鉴定机构或鉴定人出具鉴定意见;录音、录像;固定或收集电子数据等。

调查一般都有步骤。不同方式的调查有不同的步骤。但几乎所有调查(须秘密调查情形除外)都有一个步骤:表明身份,即行政机关工作人员开始调查时主动向相对人出示有效身份证明(工作证件、授权证书、公务标志等),以证明自己享有进行调查的合法资格和职权。表明身份步骤不仅可以防止假冒、诈骗,还可以防止调查人员超越职权、滥用职权。

(二)说明理由

说明理由是指行政主体在作出对行政相对人的合法权益产生不利影响的行政行为时,必须向行政相对人说明作该行为的事实因素、法律依据以及自由裁量时所考虑的因素,包括合法性理由和合理性理由。我国有不少关于说明理由的法律规定。《行政处罚法》第44条规定,"行政机关在作出行政处罚决定之前,应当告知当事人拟作出的行政处罚内容及事实、理由、依据,并告知当事人依法享有的陈述、申辩、要求听证等权利"。《行政许可法》第38条第2款规定,"行政机关依法作出不予行政许可的书面决定的,应当说明理由"。

说明理由制度经历了一个逐步发展的过程。英国的自然正义原则最初并未派生出说明理由规则,法国传统的行政惯例也没要求行政主体实施行政行为时需要说明理由。"二战"后,公民的参与权、知情权的发展突飞猛进,说明理由制度也随之逐步确立。在英国,人们发现公共机构不负说明理由义务严重阻碍了英国行政法的发展。丹宁勋爵在判例中认为,无论何时,只要公平原则要求说明理由,行政机关就必须对其所作的决定说明理由。1946年美国《联邦行政程序法》规定,所有行政裁决都应当包括"根据案卷中所记载的所有实质性的事实问题、法律问题、自由裁量权等问题所作的裁定和结论及其理由或根据"。美国联邦法院判例更进一步指出,行政机关必须说明裁决理由,这是行政法的基本原则。1979年法国公布了《行政行为说明理由和改善行政机关与公民关系法》。1997年德国《联邦行政程序法》第39条规定:"书面或由书面证实的行政行为须以书面说明理由。其中,须说明行政机关在作行政决定时所考虑的重要事实和法律理由。属裁量决定的,应说明行政机关行使其裁量权时依据的出发点。"此外,日本、葡萄牙等许多国家有的从宪法高度,有的通过一般法律,有的通过判例确立了说明理由制度。

说明理由呈现如下特征:第一,附属性。说明理由附属于行政行为。它不是行政行为的成立要件,但影响行政行为的合法性。它是行政行为的附属部分,不具有独立性,离开了行政行为,说明理由没有意义。所以,日本等国的学者将其表述为"附记理由",我们也称附带说明理由。第二,论理性。这是说明理由的内容特征,即论理是说明理由制度的内容,旨在提高行政相对人对行政行为的可接受程度,体现以理服人的新时代法律精神。行政行为要论理,源于三个基础性客观原因,一是个案的差异性:严格讲,每一个行政行为针对的都是前所未有的情况,对这些情况作出处理,法律的机械适用只有附加针对性的论理,才有可能说服行政相对人;二是法律的模糊性:论理能够稀释该模糊性,使不确定法律概念在个案中相对确定;三是法律的有限性、滞后性:对有些现象,法律没有或者没来得及规范,对有些现象,法律虽有规范,但明显不符合时代要求。在这种状态中,论理成为行政主体解决实际问题的"利剑"。

三、告知与时效

(一)告知

告知是指行政主体在作行政行为的过程中,将行政行为的内容、救济途径与期限、当事人申辩、行政行为的理由等通过一定形式告诉行政相对人。在行政行为的成立要件中,"意思表示"是其中之一,而告知是意思表示最重要、最常见的形式,合法的告知带来最令人认可的合法意思表示。告知不是唯一的意思表示,意思表示也不是告知的唯一目的和内容。

现代的告知制度有着广泛的内容。告知制度随着时代的发展而不断发展。最初的告知只限于行政行为的内容。诉讼等救济思想和制度的高扬和确立使救济途径与期限逐渐纳入告知范围。民主思想的深入及公众参与的提高让行政行为的理由、当事人申辩成为告知范围。随着民主进程不断推进,法律对行政主体的告知义务会越来越多。例如,告知对象不仅限于行政相对人,还可能包括法律上的利害关系人,甚至没有该利害关系的普通大众,告知事项也更加多样、细微。《行政许可法》第45条规定:"行政机关作出行政许可决定,依法需要听证、招标、拍卖、检验、检测、检疫、鉴定和专家评审的,所需时间不计算在本节规定的期限内。行政机关应当将所需时间书面告知申请人。"

告知的主要内容包括:

1. 行政行为的内容。设定、变更、消灭行政相对人的权利、义务是行政行为的内容。行政主体必须将这个内容表示给行政相对人,行政行为才算成立。如前所述,告知是该表示的最重要、最常见的形式。同时,行政行为的内容也是告知最初、最基本的内容。《行政许可法》第44条规定:"行政机关作出准予行政许可的决定,应当自作出决定之日起十日内向申请人颁发、送达行政许可证件,或者加贴标签、加盖检验、检测、检疫印章。"

2. 救济途径与期限。行政机关众多,各行政机关权限错综复杂,法律有关救济的规定也各不一样。清晰把握救济途径与期限对一般公民而言有难度。相反,不论从专业,还是从财力、人力等条件看,行政主体很容易能够清晰把握救济途径与期限。这种实际状况和民主精神要求将救济途径与期限作为行政主体告知的主要内容。《行政处罚法》规定,行政机关的行政处罚决定书应当载明的事项之一是"申请行政复议、提起行政诉讼的途径和期限以及行政机关名称"。最高人民法院的《行政诉讼法解释》规定,未告知公民、法人或者其他组织诉权或起诉期限的,起诉期限从公民、法人或者组织知道或者应当知道诉权或者起诉期限之日起计算。因为救济权利是现代公民的重要权利,必须着重保护,所以有些国家或地区在此方面对行政主体提出了更高的要求。在我国的台湾地区,若行政主体告知的救济期限短于法律规定的期限,则从法律规定的期限;若告知的救济期限长于法律的规定,则从告知的期限。

3. 当事人申辩权。现代正当法律程序精神要求行政主体在作出行政行为的过程中给予当事人申辩的途径和机会。各种形式的听证是最主要的申辩途径。基于此,行政主体告知当事人有申辩的机会、如何参与类似听证这样的申辩途径成为必然要求。根据《行政处罚法》第63条,行政机关拟作出较重行政处罚决定之前,应当告知当事人有要求举行听证的权利。

告知主要有送达、公告、口头告知等方式。随着科学技术的发展,许多国家在立法上确立了电话、传真、电子邮件等告知方式。送达包括直接送达、邮寄送达和留置送达。

(二)时效

时效制度是指行政法律关系主体要在一定的时间或期限内行使权利,履行义务,否则将承担不利后果的法律制度。在行政法上,行政主体和行政相对人都有时间或期限的限制,即不仅有约束行政主体的时效,还有约束行政相对人的时效。对行政相对人的时效约束主要发生在应申请行政行为中。例如,《行政许可法》第50条规定:"被许可人需要延续依法取得的行政许可的有效期的,应当在该行政许可有效期届满三十日前向作出行政许可决定的行政机关提出申请。"

行政时效制度对提高行政效率,简化行政程序,明确权、责、利具有重要意义。时效受到世界贸易组织规则的重视,从 WTO 的有关规则来看,时效制度有两种:法律明确规定的法定时效和企业与政府机关商定后的约定时效。[16] 绝大多数情况下,法律对时间或期限有着十分明确的规定。这种"明确"在形式上表现为"数字 + 年、月、日"。例如,《行政处罚法》第 36 条第 1 款规定:"违法行为在二年内未被发现的,不再给予行政处罚;涉及公民生命健康安全、金融安全且有危害后果的,上述期限延长至五年。法律另有规定的除外。"法律文本的这种表达形式最易被人理解。

四、听证

(一)概念与分类

听证,属于源自英美的"舶来品",其英文为"hearing",意指"听取对方意见"。听证制度要求,作决定者在作决定之前要通过一定的方式听取受决定影响者的意见。在现代社会,听证广泛应用于立法、司法、行政等公权力运行的领域。行政听证制度是运用于行政领域的听证制度,它要求行政主体在作出行政行为的过程中听取行政相对人的申辩、意见等。在制定法上,听证制度最早可以追溯到英国 1215 年的《自由大宪章》。"二战"后,1946 年美国《联邦行政程序法》第一次确立听证在行政程序中的核心地位。而后,西班牙、意大利、德国、日本等国家都进行了行政听证的立法。自 20 世纪 90 年代起,我国先后在行政处罚法、价格法、行政许可法等法律中确立了行政听证制度。

听证可作如下分类:

1. 根据听证规则的严格程度,可以将行政听证分为行政正式听证与行政非正式听证。一般认为,以"审判式""准司法式"的听证为行政正式听证,即借鉴司法审判程序中原告被告对抗、法院居中裁判的等腰三角形结构,按照在此结构上形成的程序要求,实施行政听证,除此之外的行政听证都可视为行政非正式听证。行政听证的目的是最大限度地维护行政相对人的合法权益,实现行政公正。在此,正式行政听证表现得尤为明显,与此同时,行政成本的花费也是明显的。所以,各国基本上都采取行政非正式听证为主,行政正式听证为辅的原则,在法律中严格限定行政正式听证的适用范围。

2. 根据当事人表达意见的方式,可以将行政听证分为行政口头听证、行政书面听证和行政会谈听证。行政口头听证是指只通过口头向行政主体简单表达意见;行政书面听证是指只通过书面材料向行政主体陈述意见;行政会谈听证是指通过会谈向行政主体详细阐述意见。

3. 根据行政机关行为的性质,可以将行政听证分为行政决策听证与行政决定听证。前者适用于对重大问题进行决断的行为,如公共服务价格的升降、重大工程的建设与否等;后者适用于实施一般行政措施的行为,如行政处罚、行政许可等。一般而言,在形式上行政决策听证涉及的人很多,有时人数不确定,而行政决定听证涉及人数确定,一般人数很少。所以,行政决策听证要慎重于行政决定听证,应该采用正式听证和会谈听证。

(二)行政正式听证

1. 适用范围

各国的行政法对行政正式听证的适用范围有着不同的规定方式。归纳起来,大致有两种

---

[16] 叶必丰:《行政法学》(修订版),武汉大学出版社 2003 年版,第 216 页。

模式。其一,行政程序法详细规定;其二,行政程序法提及,但由单行法具体规定。日本法是第一种模式的代表。日本《行政程序法》规定,行政机关将实施不利处分时,有下列各项之一者,举行行政正式听证,(1)拟实施撤销许认可等不利处分时;(2)除(1)外,将实施直接剥夺相对人资格或地位的不利处分时;(3)相对人为法人的,命其解任职员的不利处分,命其解任从事相对人业务者的不利处分,或者命其将会员除名的不利处分时;(4)除上述三种情形外,行政机关认为相当时。采取第二种模式的国家较多。德国《联邦行政程序法》第 63 条第 1 款规定:"法规有规定时,始得依本法规定进行正式听证程序。"美国《联邦行政程序法》规定,正式听证只有在法律规定根据听证记录作决定时才予适用。这种模式下的行政程序法只为行政(正式)听证提供了行为模式,而没有提供条件模式。之所以如此,是因为适用范围易随着时代的发展而发生变化,为维护行政程序法的稳定性,维护行政程序法作为行政基本法的权威,应该不要规定易变化的适用范围。

从上述一般法的规定来看,行政正式听证主要适用于对相对人权利有重大影响的事项,如日本《行政程序法》规定的撤销许认可、直接剥夺相对人资格和地位等。在美国,剥夺公民自由、财产权等必须举行正式听证,后来法院通过判例确定:终止公民福利津贴、驱逐已居留美国的外国人出境、撤销缓刑或假释、收容监护精神病人、没有设立标准而排斥公民参与签订行政合同、因违反纪律开除或勒令公立学校学生退学等都是正式听证的事项。我国没有行政程序法典,单行法规定了正式听证的适用事项,归纳起来,大致有以下几类:(1)价格决策。1998 年实施的《价格法》确立了价格决策听证的法律制度。(2)行政处罚。1996 年颁布的《行政处罚法》是我国第一部确立行政正式听证制度的法律。(3)行政许可。2004 年实施的《行政许可法》在第 4 章第 4 节规定了行政正式听证,要求行政机关根据听证笔录作出行政许可决定。(4)农村土地征收补偿安置与城市房屋拆迁。这是现实中严重侵害行政相对人人身权、财产权的社会焦点问题。原国土资源部 2001 年颁布的《征用土地公告办法》(已失效)规定,被征地农民集体经济组织、农村村民或者其他权利人对征地补偿、安置方案有不同意见的,可以要求举行听证会。建设部 2003 年颁布的《城市房屋拆迁行政裁决操作规程》也规定了行政正式听证制度。(5)外贸领域的商务事项。这些事项主要有倾销与反倾销调查、保障措施调查、产业损害调查等。商务部的《反倾销和反补贴调查听证会规则》《保障措施调查听证会暂行规则》等确立了行政正式听证制度。

2. 听证主体

行政正式听证有三方主体:居中的听证主持人,对抗关系中的行政机关调查人员和行政相对人。由谁来主持听证?对此主要有两种做法:一是由行政机关首长或其指定人员担任听证主持人;二是由行政法官担任听证主持人。世界大多数国家采取的是第一种做法。我国《行政处罚法》规定听证由行政机关指定的非本案调查人员主持;《行政许可法》规定行政机关应当指定审查该行政许可申请的工作人员以外的人员为听证主持人。韩国法律规定听证由行政机关从所属职员或依总统令从具备资格者中选定人员主持。第二种做法主要发生在美国。行政法官是行政机关内专门主持听证的官员,一定程度上独立于所在的行政机关,在生活和编制上是属于工作机关的职员,但在任命、工资、任职等方面不受工作机关的控制,而是听命于文官事务委员会。根据美国《联邦行政程序法》的规定,通常正式听证由行政法官主持,但其他法律明文规定由其他人员主持的,则由其他人员主持。行政正式听证中的主持人就像法庭审判中的法官。主持人有多大权力,各国法律规定不同,大体呈现两种形态。第一种是有控制权而无决定权,即整个听证过程由主持人控制,但无权在听证的基础上作出最后的决定。日本《行政程序法》规定,主持人在听证结束后,必须向行政机关递交载明其认为当事人主张有无理由的意见的报告书;行政机关在作不利处分时应该充分斟酌报告书中主持人的意见。第二种是不仅有控制权,还有初步决定权或建议性决定权。美国《联邦行政程序法》规定,行政法官有"作出初步决定或建议性决定"的权力。即如果行政法官作出了初步决定,在规章规定的期限内无人提出复议的,该初步决定无须经过其他程序即可成为机关的决定。主持人有控制听证的权力,该控制权有哪些内容,各国法律规定有详有略。在我国,不论是《行政处罚法》,还是《行政许可法》,都没有对主持人的权力作具体规定。

各国行政程序法在听证部分对行政调查人员规定得很少。我国《行政处罚法》和《行政许可法》只分别规定"举行听证时,调查人员提出当事人违法的事实、证据和行政处罚建议";"举行听证时,审查该行政许可申请的工作人员应当提供审查意见的证据、理由"。

行政相对人要参加听证,利害关系人也应该参加听证。在我国《行政处罚法》和《行政许可法》的听证程序中,行政相对人所具有的权利主要有申请听证的权利、申请主持人回避的权利、获得听证通知的权利、亲自参加听证或委托代理人参加听证的权利、申辩和质证的权利、审核听证笔录的权利等。

3. 实施

听证的实施主要分通知和举行两步。

通知形式包括口头通知、书面通知和公告通知。听证有两个阶段的通知。第一个阶段是行政机关向行政相对人告知行政相对人有听证权的通知。其内容一般是:在多少日内向哪个单位提出听证申请。第二阶段是行政机关向行政相对人告知听证的时间、地点等的通知。一般有通知书,通知书中记载听证的时间和地点、听证涉及的事实问题和法律问题、拟作出的行政行为的内容、听证时的权利。

虽然我国法律层面没有谈及听证的详细步骤,但从部门规章、地方性法规和实践做法来看,听证一般是如下进程:主持人宣布听证开始,宣读听证纪律,核对听证参加人身份,宣布案由,宣布听证主持人、记录人员名单;告知听证参加人的权利和义务,询问申请人、利害关系人是否申请回避;承办的工作人员提出事实、证据、理由;申请人、利害关系人进行申辩,提交证据材料;主持人询问参加人、证人等;听证参加人进行辩论;申请人、利害关系人最后陈述;主持人宣布听证结束。《行政许可法》第 48 条规定,"举行听证时,审查该行政许可申请的工作人员应当提供审查意见的证据、理由,申请人、利害关系人可以提出证据,并进行申辩和质证"。

行政正式听证中,关于笔录主要有两个问题。一是笔录的内容。从各国的情况看,一般记录出席人的基本情况、听证的时间与地点、当事人的陈述、提交的文书证据等。德国《联邦行政程序法》规定,听证应制作记录,记录应明记:听证的时间与地点;主持人、出席的当事人、证人、鉴定人的姓名;讨论的题目与提出的申请;证人与鉴定人陈述的主要内容;勘验结果;文书证明作为附件附加在笔录内,并予以注明。我国的《行政处罚法》和《行政许可法》关于笔录共同规定:听证应当制作笔录;笔录应当交当事人审核无误后签字或者盖章。二是笔录的约束力。对此有两种做法:一种是案卷排他主义,或曰完全约束力;另一种是一定约束力。案卷排他主义要求:行政机关的决定必须根据案卷作出,不能在案卷外,将当事人不知道、没有论证的事实作为根据,否则所作的决定无效。案卷排他主义的目的在于切实维护行政正式听证的公正性和有效性,同时也能从侧面促使行政机关不至于在没有事实和证据的基础上随意作出决定。对案卷排他主义,我国《行政许可法》有所借鉴,《行政许可法》第48条第2款规定"行政机关应当根据听证笔录,作出行政许可决定"。笔录具有一定的约束力是指行政决定不是必须以听证记录作为根据。德国、日本等国家采用了这种做法。日本《行政程序法》规定,行政机关作不利处分时,应当充分斟酌笔录内容和报告书中主持人的意见。

第八节 行政赔偿

一、行政赔偿的概念与范围

(一)概念

行政赔偿,是指行政主体在行使行政职权过程中侵犯行政相对人的合法权益并造成损害时,国家对此承担赔偿责任。行政赔偿的起因是行政相对人遭受了损害,其损害为行政主体行使职权所致,而该损害责任的承担主体是国家。

行政赔偿是一种国家赔偿责任。侵权行为的实施主体虽是行政主体,但该侵权行为所产生的赔偿责任并不由其承担,而是由国家承担;国家通过从国库支付赔偿金等方式来履行该赔偿责任。行政赔偿随着国家赔偿责任在法律中的确立而确立。国家赔偿责任概念是人类社会长期发展的产物。即使进入了资本主义社会,受英美法系的"国王不能为非"原则、大陆法系的公务豁免理论的深刻影响,国家赔偿责任也长期未能确立。直到19世纪末20世纪初,尤其是第二次世界大战之后,随着人权保障理念的深入,法治主义、平等思想的发展,以及人们对战争的深刻反省,国家赔偿责任才逐渐得到认可,相关法律制度也逐步建立起来。我国《宪法》第41条第3款规定,"由于国家机关和国家工作人员侵犯公民权利而受到损失的人,有依照法律规定取得赔偿的权利"。1986年制定的《民法通则》(已失效)将国家赔偿纳入民事赔偿之中,之后于1994年制定了单独的《国家赔偿法》,这标志着国家赔偿制度在我国完全确立,而该法首要规范的是行政赔偿。

行政赔偿不同于刑事赔偿。刑事赔偿是公安机关、检察机关、审判机关、监察机关、狱政机关在刑事案件的侦查、逮捕、公诉、审判和监狱管理中侵犯当事人合法权益并造成损失时由国家承担的赔偿责任。虽然同处于《国家赔偿法》之中,但正如该法规范所体现的那样,两者存在许多差异。行政赔偿不同于民事赔偿。民事赔偿是一种民事侵权责任或违约责任。两者在责任主体、前提条件、归责原则、赔偿范围、赔偿途径等方面存在很多不同。

(二)范围

行政赔偿范围是指国家对哪些行政职权行为及其损害承担赔偿责任。《国家赔偿法》对行政赔偿情形有具体的规定,第3~5条等将行政赔偿的范围限定在有限的情形中。人权保障观念、经济实力、政治体制、法学理论等都是立法中制约行政赔偿范围的因素。《国家赔偿法》规定了承担赔偿责任的情形和不承担赔偿责任的情形。行政机关及其工作人员在行使行政职权过程中侵犯行政相对人人身权、财产权的,受害人有取得赔偿的权利。

侵犯人身权的情形有:"(一)违法拘留或者违法采取限制公民人身自由的行政强制措施的;(二)非法拘禁或者以其他方法非法剥夺公民人身自由的;(三)以殴打、虐待等行为或者唆使、放纵他人以殴打、虐待等行为造成公民身体伤害或者死亡的;(四)违法使用武器、警械造成公民身体伤害或者死亡的;(五)造成公民身体伤害或者死亡的其他违法行为。"所谓人身权是指人作为自然人存在所具有的、与人的身体紧密关联的权利,包括人格权和身份权,而人格权包括生命健康权、人身自由权、姓名权、肖像权、名誉权、荣誉权等,身份权包括亲权、监护权、著作权等。第3条只规定了人身权中的生命健康权和人身自由权。第1项、第2项规定的是人身自由权,其中,第1项规定的是与行政处罚和行政强制措施有关的人身自由权,第2项规定的是与行政事实行为有关的人身自由权。第3~5项规定的是与行政事实行为有关的生命健康权。另外,本条规定的情形都是违法行为,侵犯人身权的合法行为不在此列。

侵犯财产权的情形有:"(一)违法实施罚款、吊销许可证和执照、责令停产停业、没收财物等行政处罚的;(二)违法对财产采取查封、扣押、冻结等行政强制措施的;(三)违法征收、征用财产的;(四)造成财产损害的其他违法行为。"所谓财产权是指以经济利益为内容的权利,如物权、债权、继承权、经营自主权等。关于财产权的外延,如劳动权、受教育权等能否视为这里的财产权,法学理论观点不一,司法实践的判断也不尽相同。

不承担赔偿责任的情形有:"(一)行政机关工作人员与行使职权无关的个人行为;(二)因公民、法人和其他组织自己的行为致使损害发生的;(三)法律规定的其他情形。"首先,与行使职权无关的个人行为。行政机关的工作人员具有双重身份:公务员与公民。在行使职权以外的场合是公民。作为公民时的工作人员实施行为是出于私人目的,属于个人行为,与行使职权无关,此时所产生的损害不会导致行政赔偿。其次,自己致害行为。"谁致害,谁赔偿"是常理,受害人自己致害当然不能由国家来赔偿。行政过程中相对人自己致害行为多数情况下简单明了,多表现为行政职权行为与损害没有因果关系。但也存在一些特殊情形,值得注意。例如,原告建起违法建筑,行政机关用违法行为将其拆除,该过程中原告的损失该如何处理?法院判决认为这属于自己致害行为,国家不承担赔偿责任。[17]

二、行政赔偿的主体与程序

(一)赔偿请求人和赔偿义务机关

行政赔偿请求人是指依法有权请求行政赔偿的公民、法人和其他组织。赔偿义务机关是指代表国家处理行政赔偿请求、参加行政赔偿诉讼等的行政机关。《国家赔偿法》规定,受害的公民、法人和其他组织有权要求赔偿;受害的公民死亡,其继承人和其他有扶养关系的亲属有权要求赔偿;受害的法人或者其他组织终止的,其权利承受人有权要求赔偿。

根据《国家赔偿法》,行政机关及其工作人员行使行政职权侵犯公民、法人和其他组织的合法权益造成损害的,该行政机关为赔偿义务机关;两个以上行政机关共同行使行政职权时侵犯公民、法人和其他组织的合法权益造成损害的,共同行使行政职权的行政机关为共同赔偿义务机关;法律、法规授权的组织在行使授予的行政权力时侵犯公民、法人和其他组织的合法权益造成损害的,被授权的组织为赔偿义务机关;经复议机关复议的,最初造成侵权行为的行政机关为赔偿义务机关,但复议机关的复议决定加重损害的,复议机关对加重的部分履行赔偿义务;受行政机关委托的组织或者个人在行使受委托的行政权力时侵犯公民、法人和其他组织的合法权益造成损害的,委托的行政机关为赔偿义务机关。相反,若受委托组织或个人的致害行为与受委托的职权无关,则国家不承担赔偿责任,受害人可追究受委托组织或个人的民事侵权

---

[17] 最高人民法院中国应用法学研究所编:《人民法院案例选——行政卷(上)》,中国法制出版社2000年版,第861页。

责任。

(二) 程序

《国家赔偿法》第 9 条第 2 款规定"赔偿请求人要求赔偿,应当先向赔偿义务机关提出,也可以在申请行政复议或者提起行政诉讼时一并提出"。据此,当行政相对人(行政赔偿请求人)对行政行为提起行政复议或行政诉讼时,可以一并提出赔偿请求。此外,行政赔偿请求人可以向赔偿义务机关直接提出赔偿请求,而当赔偿义务机关对此不作为或者赔偿请求人对赔偿决定有异议时,可以提起行政赔偿诉讼。

通过直接请求赔偿义务机关来获得赔偿有个前提条件,即行政职权行为被确定为违法。该违法确认的主体有很多,不仅限于赔偿义务机关,如赔偿义务机关的上级机关、法院等,但实践中常见的还是赔偿义务机关的确认。行政赔偿的诉讼存在两种情形,一种是"一并提出",另一种是"单独提出"。《国家赔偿法》第 14 条第 2 款规定"赔偿请求人可以自赔偿义务机关作出赔偿或者不予赔偿决定之日起三个月内,向人民法院提起诉讼"。除国家赔偿法的一些特别规定外,总体上可以按照行政诉讼法的规定处理行政赔偿诉讼。

行政诉讼法中被告负举证责任,与此不同,国家赔偿法总体上是"谁主张,谁举证"。《国家赔偿法》第 15 条第 1 款规定:"人民法院审理行政赔偿案件,赔偿请求人和赔偿义务机关对自己提出的主张,应当提供证据。"但值得注意的是,第 15 条第 2 款还规定了一种例外,即"赔偿义务机关采取行政拘留或者限制人身自由的强制措施期间,被限制人身自由的人死亡或者丧失行为能力的,赔偿义务机关的行为与被限制人身自由的人的死亡或者丧失行为能力是否存在因果关系,赔偿义务机关应当提供证据"。

法院审理行政赔偿案件时,在坚持合法、自愿的前提下可以就赔偿范围、赔偿方式和赔偿数额进行调解;调解成立的,应当制作行政赔偿调解书。被告在一审判决前同原告达成赔偿协议,原告申请撤诉时,法院应当依法予以审查并裁定是否准许。法院对赔偿请求人因赔偿义务机关不作为而直接提起行政赔偿诉讼的案件,在判决时应当对赔偿义务机关致害行为是否违法予以确认。对单独提起行政赔偿案件作出判决的法律文书的名称为行政赔偿判决书、行政赔偿裁定书或者行政赔偿调解书。

三、行政赔偿的方式与计算标准

行政赔偿方式是指国家承担行政赔偿责任的方式。它是行政赔偿责任的外在表现,是国家承担责任的客观形式。行政赔偿计算标准是指行政赔偿的数额基准与计算方法。它是行政赔偿责任具体量化的方法,多以数字表现最终结果。行政赔偿方式和计算标准相结合能客观、有效地表达出行政赔偿责任。

(一) 方式

《国家赔偿法》第 32 条规定:"国家赔偿以支付赔偿金为主要方式。能够返还财产或者恢复原状的,予以返还财产或者恢复原状。"第 35 条规定"致人精神损害的,应当在侵权行为影响的范围内,为受害人消除影响,恢复名誉,赔礼道歉;造成严重后果的,应当支付相应的精神损害抚慰金"。可见,《国家赔偿法》在赔偿方式上采取了"以支付赔偿金为主,返还财产、恢复原状、消除影响、恢复名誉、赔礼道歉、支付抚慰金为辅"的原则。

将支付赔偿金作为主要赔偿方式是许多国家的立法例。这种方式有适用面广、简便易行的特点。支付赔偿金方式能够高效率地处理行政赔偿问题,有利于受害人迅速获得赔偿,也让赔偿义务机关免于烦琐赔偿之累。返还财产是指国家将从受害人处取得的财产返还给受害人。《国家赔偿法》第 36 条第 1 项规定"处罚款、罚金、追缴、没收财产或者违法征收、征用财产的，返还财产"。返还财产时一般是返还原物，而当原物灭失时，若受害人同意，也可以返还种类物，若不同意，则支付赔偿金。返还财产也是一种效率高，易被双方接受的方式，尤其是受害人的原物还存在时。恢复原状是指国家将行政相对人受侵害的财产恢复到受侵害前的状态。第 36 条第 2 项、第 3 项规定"查封、扣押、冻结财产的，解除对财产的查封、扣押、冻结"；"应当返还的财产损坏的，能够恢复原状的恢复原状，不能恢复原状的，按照损害程度给付相应的赔偿金"。

（二）计算标准

《国家赔偿法》规定了人身权损害赔偿时和财产权损害赔偿时支付赔偿金方式的计算标准。人身权的损害包括侵犯人身自由权和生命健康权两类，具体包括限制和剥夺人身自由、损害人格、损害健康致伤致残致死亡等。侵犯公民人身自由的，每日赔偿金按照国家上年度职工日平均工资计算。人格受损时一般适用消除影响、恢复名誉、赔礼道歉等方式，但后果严重时应当支付精神损害抚慰金。该抚慰金数额如何计算，《国家赔偿法》没有规定，可以参照民法。造成身体伤害的，应当支付医疗费、护理费以及赔偿因误工减少的收入。减少的收入每日的赔偿金按照国家上年度职工日平均工资计算，最高额为国家上年度职工年平均工资的 5 倍。造成部分或者全部丧失劳动能力的，应当支付医疗费、护理费、残疾生活辅助具费、康复费等因残疾而增加的必要支出和继续治疗所必需的费用，以及残疾赔偿金。残疾赔偿金根据丧失劳动能力的程度，按照国家规定的伤残等级确定，最高不超过国家上年度职工年平均工资的 20 倍。造成全部丧失劳动能力的，对其扶养的无劳动能力的人，还应当支付生活费。造成死亡的，应当支付死亡赔偿金、丧葬费，总额为国家上年度职工年平均工资的 20 倍。对死者生前扶养的无劳动能力的人，还应当支付生活费。生活费的发放标准参照当地最低生活保障标准执行。被扶养的人是未成年人的，生活费给付至 18 周岁止；其他无劳动能力的人，生活费给付至死亡时止。

在财产权损害赔偿中，财产能返还的适用返还财产方式，财产能恢复原状的适用恢复原状方式。此外，适用支付赔偿金方式。解除查封、扣押、冻结财产，返还财产时，财产损失或者灭失的，按照损害程度给付相应的赔偿金。财产已经拍卖或者变卖的，给付拍卖或者变卖所得的价款；变卖的价款明显低于财产价值的，应当支付相应的赔偿金。吊销许可证和执照、责令停产停业的，赔偿停产停业期间必要的经常性费用开支。返还执行的罚款或者罚金、追缴或者没收的金钱，解除冻结的存款或者汇款的，应当支付银行同期存款利息。对财产权造成其他损害的，按照直接损失给予赔偿。

第九节 行政复议

一、行政复议的概念与范围

行政复议是指行政复议机关对公民、法人或者其他组织认为侵犯其合法权益的行政行为，基于申请而予以受理，审理并作出相应决定的活动。行政复议有四个特点：其一，行政复议的内容是解决行政争议;其二,行政复议的主体是法定的行政复议机关;其三,行政复议的程序是准司法程序;其四,行政复议的性质是一种行政救济机制,是通过纠正违法或者不当的行政行为,监督行政机关依法行使职权,有效化解行政争议,从而为相对人提供一种维护和保障其合法权益的救济机制。[18]

行政机关的哪些行为可以成为行政复议的对象,这是行政复议范围的问题。《行政复议法》从正反两方面作了规定。《行政复议法》第11条规定,可以申请行政复议的情形有,对行政处罚决定不服;对行政强制措施、行政强制执行决定不服;申请行政许可,行政机关拒绝或者在法定期限内不予答复,或者对行政机关作出的有关行政许可的其他决定不服;对确认自然资源所有权或者使用权的决定不服;对征收征用决定及其补偿决定不服;对行政赔偿决定或者不予赔偿决定不服;对不予受理工伤认定申请的决定或者工伤认定结论不服;认为行政机关侵犯其经营自主权或者农村土地承包经营权、农村土地经营权;认为行政机关滥用行政权力排除或者限制竞争;认为行政机关违法集资、摊派费用或者违法要求履行其他义务;申请行政机关履行保护人身权利、财产权利、受教育权利等合法权益的法定职责,行政机关拒绝履行、未依法履行或者不予答复;申请行政机关依法给付抚恤金、社会保险待遇或者最低生活保障等社会保障,行政机关没有依法给付;认为行政机关不依法订立、不依法履行、未按照约定履行或者违法变更、解除政府特许经营协议、土地房屋征收补偿协议等行政协议;认为行政机关在政府信息公开工作中侵犯其合法权益。《行政复议法》第12条规定,不属于行政复议范围的事项有国防、外交等国家行为;行政法规、规章或者行政机关制定、发布的具有普遍约束力的决定、命令等规范性文件;行政机关对行政机关工作人员的奖惩、任免等决定;行政机关对民事纠纷作出的调解。

二、行政复议的管辖与程序

行政复议管辖是复议机关受理复议申请的权限分工。2023年《行政复议法》修改,对管辖作出了很大调整,基本取消了地方人民政府工作部门的行政复议职责,形成县级以上地方各级人民政府统一行使行政复议职责的总体态势。行政复议管辖分为一般管辖和特殊管辖。一般管辖分三种情况:一是县级以上地方各级人民政府管辖。其管辖对本级人民政府工作部门、对下一级政府、对本级人民政府依法设立的派出机关、对本级人民政府或者其工作部门管理的法律法规规章授权的组织作出的行政行为不服的复议案件。二是上一级主管部门的垂直管辖。对海关、金融、外汇管理等实行垂直领导的行政机关、税务和国家安全机关的行政行为不服的,向上一级主管部门申请行政复议。三是省、自治区、直辖市人民政府以及国务院部门自我管辖。特殊管辖针对的是以司法行政部门、派出机构为被申请人的情况。对履行行政复议机构职责的地方人民政府司法行政部门的行政行为不服的,可以向本级人民政府申请复议,也可以向上一级司法行政部门申请行政复议。对县级以上地方各级人民政府工作部门依法设立的派出机构依照法律法规规章的规定,以派出机构的名义作出的行政行为不服的行政复议案件,由本级人民政府管辖;其中,对直辖市、设区的市人民政府工作部门按照行政区划设立的派出机构作出的行政行为不服的,也可以由其所在地的人民政府管辖。

行政复议程序分普通程序和简易程序。在普通程序中,行政复议机构应当当面或者通过

---

[18] 周佑勇:《行政法原论》,北京大学出版社2024年版,第436~437页。

互联网、电话等方式听取当事人意见,并将听取的意见记录在案。因当事人原因不能听取意见的,可以书面审理。重大、疑难、复杂的案件,行政复议机构应当组织听证。对案情重大、疑难、复杂,或者专业性、技术性强,或者省、自治区、直辖市人民政府自我管辖的案件,行政复议机构应当提请行政复议委员会提出咨询意见。对事实清楚、权利义务关系明确、争议不大的下列行政复议案件可以适用简易程序,一是被申请行政复议的行政行为是当场作出的;二是被申请行政复议的行政行为是警告或者通报批评;三是案件涉及金额三千元以下;四是属于政府信息公开案件。另外,当事人各方同意适用简易程序的,可以适用简易程序。适用简易程序审理的行政复议案件可以书面审理。

三、行政复议的决定

行政复议机构对行政行为进行审查,提出意见,经复议机关的负责人同意或者集体讨论通过后,以复议机关的名义作出复议决定。经普通程序审理的复议案件,复议机关应当自受理申请之日起60日内作出复议决定。经简易程序审理的复议案件,应当自受理申请之日起30日内作出复议决定。

复议决定有如下类型:变更、撤销、履行、维持、驳回申请、确认违法、确认无效等。变更决定适用于下列情形,一是事实清楚、证据确凿,适用依据正确、程序合法,但内容不适当;二是事实清楚,证据确凿,程序合法,但未正确适用依据;三是事实不清、证据不足,经复议机关查清事实和证据。行政行为有下列情形之一的,适用撤销决定,一是主要事实不清、证据不足;二是违反法定程序;三是适用的依据不合法;四是超越职权或者滥用职权。被申请人不履行法定职责的,复议机关决定被申请人在一定期限内履行。行政行为认定事实清楚,证据确凿,适用依据正确,程序合法,内容适当的,复议机关决定维持该行政行为。在复议申请人认为行政机关不作为的案件中,复议机关发现被申请人没有相应法定职责或者在受理前已经履行法定职责的,决定驳回申请人的复议请求。《行政复议法》第65条、第67条、第71条等规定了确认决定以及有关行政协议的复议决定。

复议机关应当制作复议决定书,并加盖复议机关印章,决定书一经送达,即发生法律效力。公民、法人或者其他组织对复议决定不服的,可以依照《行政诉讼法》的规定向人民法院提起行政诉讼,但法律规定复议决定为最终裁决的除外。也就是说,对终局裁决性复议决定不得提起行政诉讼,包括两种情形:一是对国务院部门或者省、自治区、直辖市人民政府的具体行政行为不服,向国务院申请裁决,国务院依据《行政复议法》作出裁决。二是全国人大及其常委会制定的法律专门规定复议决定为终局裁决。

第十节　行政诉讼概述

一、行政诉讼的概念与意义

行政诉讼是公民、法人或者其他组织对行政主体所作的行政行为不服,依法向法院起诉,法院予以受理、审理并作出裁判的活动。其一,行政诉讼是一种法律程序活动,是处理行政案件的活动。其二,行政诉讼的任务是解决行政纠纷,提供公正的法律补救,这与行政复议相同。

其三,行政诉讼的被告总是行政主体,被告具有恒定性。其四,行政诉讼是由法院解决行政纠纷的活动,法院处于主导地位。[19]

《行政诉讼法》第 1 条规定:"为保证人民法院公正、及时审理行政案件,解决行政争议,保护公民、法人和其他组织的合法权益,监督行政机关依法行使职权,根据宪法,制定本法。"从这一立法宗旨的表述中看到了行政诉讼的意义。其一,解决行政争议。随着中国经济社会的快速发展,社会矛盾频发,行政纠纷大量存在,严重影响社会稳定,而行政诉讼是处理这些行政纠纷的权威方式。为此,2014 年修改《行政诉讼法》时,将"解决行政争议"增加到立法宗旨条款中。其二,保护公民、法人或者其他组织的合法权益。《宪法》规定尊重和保障人权,《宪法》还规定公民对国家机关及其工作人员的违法失职行为,有权向有关国家机关申诉。保护行政相对人的合法权益是行政诉讼最重要和最根本的任务。[20] 其三,监督行政机关依法行使职权。通过对行政不作为案件的审理,敦促行政机关依法履职;通过对适用法律法规案件的审理,培养了行政主体尊重法律的意识;通过对行政裁量案件的审理,促进了行政主体建立旨在自我约束的裁量基准制度。[21] 行政诉讼成为行政自律的重大推力,为依法行政、法治政府建设作出了重要贡献。

二、行政诉讼的历史发展

1989 年制定《行政诉讼法》,标志着我国行政诉讼制度全面建立。事实上,在《行政诉讼法》颁布之前,行政诉讼制度已经确立。根据 1980 年的《中外合资经营企业所得税法》(已失效)和 1981 年的《外国企业所得税法》(已失效),合营企业和外国企业在纳税问题上与税务机关发生争议时可以向法院提起诉讼。当时类似的法律、行政法规有 130 多部。1982 年的《民事诉讼法(试行)》(已失效)规定"法律规定由人民法院审理的行政案件,适用本法规定",这是法院审理行政案件最重要的程序依据。1986 年,由江平、罗豪才、应松年等组成的"行政立法研究组"成立。1987 年 2 月,该小组开始起草《行政诉讼法》,并于 1988 年 8 月完成《行政诉讼法(试拟稿)》,提交到全国人大常委会法工委。10 月,七届人大常委会四次会议开始审议《行政诉讼法(草案)》。11 月 9 日《人民日报》全文刊登该草案,广泛征求意见。1989 年 4 月,《行政诉讼法》在七届人大二次会议上获得通过,从 1990 年 10 月 1 日起实施。之后,《行政诉讼法》于 2014 年进行了一次较大程度的修改,于 2017 年进行了一次小改。《行政诉讼法》制定和修改后,最高人民法院先后于 1991 年、2000 年、2015 年和 2018 年制定实施了 4 个关于《行政诉讼法》的全面解释,另外还制定了关于行政诉讼证据、行政诉讼撤诉、行政诉讼管辖、行政许可案件、政府信息公开案件、农村集体土地案件、公益诉讼案件等的专门解释。随着《行政诉讼法》及其司法解释的实施,行政纠纷得到了更好的解决,行政法治取得了明显进步。

三、行政诉讼的原则

《行政诉讼法》总则部分对原则有全面的规定。这些原则有的是一般原则,对民事诉讼等其他诉讼程序也适用,如人民法院依法独立行使审判权;以事实为根据,以法律为准绳;实行合

---

[19] 叶必丰:《行政法与行政诉讼法》,高等教育出版社 2015 年版,第 183~184 页。
[20] 应松年主编:《行政法与行政诉讼法学》(第 2 版),高等教育出版社 2018 年版,第 325 页。
[21] 叶必丰:《行政法与行政诉讼法》,高等教育出版社 2015 年版,第 184 页。

议、回避、公开审判和两审终审制度;当事人在诉讼中法律地位平等;当事人在诉讼中有权进行辩论;人民检察院对诉讼实行法律监督等。在行政诉讼中有特殊地位、显现特色的原则主要有两个:一是行政合法性审查原则。《行政诉讼法》第6条规定:"人民法院审理行政案件,对行政行为是否合法进行审查。"这意味着法院原则上只对行政行为主要证据是否充分、适用法律法规是否正确、是否违反法定程序、是否超越职权、是否滥用职权、是否明显不当,以及行政机关是否履行了法定职责进行审理。二是行政诉权保障原则。"人民法院应当保障公民、法人和其他组织的起诉权利,对应当受理的行政案件依法受理。行政机关及其工作人员不得干预、阻碍人民法院受理行政案件。被诉行政机关负责人应当出庭应诉。不能出庭的,应当委托行政机关相应的工作人员出庭。"

第十一节 行政诉讼受案范围与管辖

一、行政诉讼的受案范围

行政诉讼的受案范围是指哪些案件可以进入行政诉讼之中,或者法院会受理怎样的行政案件,这是行政诉讼的起点。《行政诉讼法》采用"正面列举+反面排除"的方法对受案范围进行了规定。

法院可以受理的行政案件有:(1)行政处罚案件。(2)行政强制案件。(3)行政许可案件。(4)自然资源权属确认案件。即对行政机关作出的关于确认土地、矿藏、水流、森林、山岭、草原、荒地、滩涂、海域等自然资源的所有权或者使用权的决定不服的案件。(5)征收征用及补偿案件。(6)申请行政机关履行保护人身权、财产权等合法权益的法定职责,行政机关拒绝履行或者不予答复的案件。(7)认为行政机关侵犯其经营自主权或者农村土地承包经营权、农村土地经营权的案件。(8)认为行政机关滥用行政权力排除或者限制竞争的案件。(9)认为行政机关违法集资、摊派费用或者违法要求履行其他义务的案件。(10)认为行政机关没有依法支付抚恤金、最低生活保障待遇或者社会保险待遇的案件。(11)认为行政机关不依法履行、未按照约定履行或者违法变更、解除政府特许经营协议、土地房屋征收补偿协议等协议的案件。(12)认为行政机关侵犯其他人身权、财产权等合法权益的案件。另外,人民法院受理法律、法规规定可以提起诉讼的其他行政案件。

法院不予受理的事项有:(1)国防、外交等国家行为。(2)行政法规、规章或者行政机关制定、发布的具有普遍约束力的决定、命令。(3)行政机关对行政机关工作人员的奖惩、任免等决定。(4)法律规定由行政机关最终裁决的行政行为。

《行政诉讼法》上述关于受案范围的规定虽已较为清楚,但实践情况复杂,为指导法官更好地判案,最高人民法院《关于适用〈中华人民共和国行政诉讼法〉的解释》(以下简称《行政诉讼法解释》)对受案范围作了进一步的规定。法院不予受理的情形还包括:(1)公安、国家安全等机关依照刑事诉讼法的明确授权实施的行为。(2)调解行为以及法律规定的仲裁行为。(3)行政指导行为。(4)驳回当事人对行政行为提起申诉的重复处置行为。(5)行政机关作出的不产生外部法律效力的行为。(6)行政机关为作出行政行为而实施的准备、论证、研究、层报、咨询等过程性行为。(7)行政机关根据人民法院的生效裁判、协助执行通知书作出的执行行为,但行政机关扩大执行范围或者采取违法方式实施的除外。(8)上级行政机关基于内部层级监督关系对下级行政机关作出的听取报告、执法检查、督促履职等行为。(9)行政机关针对信访事项作出的登记、受理、交办、转送、复查、复核意见等行为。(10)对公民、法人或者其他组织权利义务不产生实际影响的行为。

二、行政诉讼的管辖

行政诉讼的管辖是法院之间受理第一审行政案件的职权分工,确定行政案件属于哪个法院管辖。对行政相对人来说,管辖意味着应该向哪个法院起诉。行政诉讼的管辖有级别管辖、地域管辖和裁定管辖。

级别管辖是指按照法院的组织系统划分上下级法院之间受理第一审行政案件的分工。《行政诉讼法》第14条规定,"基层人民法院管辖第一审行政案件"。这是司法实践最常见的管辖情况。中级人民法院管辖的第一审行政案件有:对国务院各部门或者县级以上人民政府所作行政行为提起诉讼;海关处理的案件;本辖区内重大、复杂的案件;其他法律规定由中级人民法院管辖的案件。高级人民法院管辖本辖区内重大、复杂的第一审行政案件。最高人民法院管辖全国范围内重大、复杂的第一审行政案件。

地域管辖是在级别管辖的基础上确定同级人民法院之间受理第一审行政案件的权限分工。分一般地域管辖、特殊地域管辖。一般地域管辖主要是根据诉讼当事人的住所来划分管辖法院。行政诉讼以被告所在地来确定一般地域管辖。值得注意的是,经过复议的案件,也可以由复议机关所在地人民法院管辖。而且,经最高人民法院批准,高级人民法院可以根据审判工作的实际情况,确定若干人民法院跨行政区域管辖行政案件。特殊地域管辖有两种情况:一是对限制人身自由的行政强制措施不服而提起的诉讼,由被告所在地或者原告所在地人民法院管辖。二是因不动产提起的行政诉讼,由不动产所在地人民法院管辖。上述案件适用特殊地域管辖,便于人民法院调查、勘验、收集证据和对案件作出公正、及时的处理,也便于生效的判决、裁定的执行。《行政诉讼法》第21条规定,两个以上人民法院都有管辖权的案件,原告可以选择其中一个人民法院提起诉讼;原告向两个以上有管辖权的人民法院提起诉讼的,由最先立案的人民法院管辖。

裁定管辖是指由人民法院作出裁定或者决定来确定行政案件的管辖,分移送管辖、指定管辖和管辖权转移。法院对已受理的案件经审查发现不属于本院管辖时,将案件移送给有管辖权的法院管辖。有管辖权的法院由于特殊原因不能行使管辖权时,由上级法院指定管辖。管辖权转移有两种情况:一是上级法院有权审理下级法院管辖的一审案件;二是下级法院对其管辖的一审案件,认为需要由上级法院审理或者指定管辖的,可以报请上级法院决定。

第十二节 行政诉讼参加人与证据

一、行政诉讼的参加人

行政诉讼参加人是指依法参加行政诉讼活动,享有诉讼权利,承担诉讼义务,并与诉讼案件或诉讼结果有利害关系的人,包括原告、被告、第三人、诉讼代理人、共同诉讼人等。

（一）原告

原告是指认为行政主体及其工作人员的具体行政行为侵犯其合法权益，而向人民法院提起诉讼的个人或者组织。个人主要指公民，也包括外国人和无国籍人。组织包括法人和非法人组织。非法人组织主要是指经有关部门认可，准许其成立和进行某种业务活动，但不具备法人条件，没有取得法人资格的社会团体或经济组织。《行政诉讼法》第98条规定，"外国人、无国籍人、外国组织在中华人民共和国进行行政诉讼，适用本法。法律另有规定的除外"。

是否有权向法院提起行政诉讼是行政诉讼原告的核心指标，这是原告适格问题，有权向法院起诉者，则原告适格。《行政诉讼法》第25条规定，"行政行为的相对人以及其他与行政行为有利害关系的公民、法人或者其他组织，有权提出诉讼"。由此，行政诉讼的原告存在两种情形：一种是行政行为的相对人。这在实践中很常见，也很容易识别，如行政处罚决定书上载明的受处罚人。另一种是与行政行为有利害关系者。这存在不确定性，在实践中引发了不少关于原告是否适格的问题。对此，最高人民法院司法解释列举了几类"与行政行为有利害关系"的情形：(1) 被诉的行政行为涉及其相邻权或者公平竞争权的。(2) 在行政复议等行政程序中被追加为第三人的。(3) 要求行政机关依法追究加害人法律责任的。(4) 撤销或者变更行政行为涉及其合法权益的。(5) 为维护自身合法权益向行政机关投诉，具有处理投诉职责的行政机关作出或者未作出处理的。

实践中还存在原告看似不模糊，但仍需要确认的情形。对这些情形的原告，《行政诉讼法解释》予以了确认。(1) 合伙和个体工商户。"合伙企业向人民法院提起诉讼的，应当以核准登记的字号为原告。未依法登记领取营业执照的个人合伙的全体合伙人为共同原告""个体工商户向人民法院提起诉讼的，以营业执照上登记的经营者为原告。有字号的，以营业执照上登记的字号为原告"。(2) 企业。"股份制企业的股东大会、股东会、董事会等认为行政机关作出的行政行为侵犯企业经营自主权的，可以企业名义提起诉讼。联营企业、中外合资或者合作企业的联营、合资、合作各方，认为联营、合资、合作企业权益或者自己一方合法权益受行政行为侵害的，可以自己的名义提起诉讼。非国有企业被行政机关注销、撤销、合并、强令兼并、出售、分立或者改变企业隶属关系的，该企业或者其法定代表人可以提起诉讼"。(3) 非营利法人。"事业单位、社会团体、基金会、社会服务机构等非营利法人的出资人、设立人认为行政行为损害法人合法权益的，可以自己的名义提起诉讼"。(4) 业主及业主委员会。"业主委员会对于行政机关作出的涉及业主共有利益的行政行为，可以自己的名义提起诉讼。业主委员会不起诉的，专有部分占建筑物总面积过半数或者占总户数过半数的业主可以提起诉讼"。另外，实践中还存在债权人为实现债权而关涉行政行为后的原告适格问题，对此，司法解释规定"债权人以行政机关对债务人所作的行政行为损害债权实现为由提起行政诉讼的，人民法院应当告知其就民事争议提起民事诉讼，但行政机关作出行政行为时依法应予保护或者应予考虑的除外"。

2017年《行政诉讼法》进行了一次小修改，旨在确立行政公益诉讼制度。其第25条第4款规定，"人民检察院在履行职责中发现生态环境和资源保护、食品药品安全、国有财产保护、国有土地使用权出让等领域负有监督管理职责的行政机关违法行使职权或者不作为，致使国家利益或者社会公共利益受到侵害的，应当向行政机关提出检察建议，督促其依法履行职责。行政机关不依法履行职责的，人民检察院依法向人民法院提起诉讼"。据此，检察机关成为公益诉讼起诉人，这是行政诉讼原告制度中的特殊情况。

(二) 被告

行政诉讼的被告是指被公民、法人或者其他组织指控所作行政行为影响其合法权益,由法院通知应诉的行政主体。《行政诉讼法》第26条规定,"公民、法人或者其他组织直接向人民法院提起诉讼的,作出行政行为的行政机关是被告。经复议的案件,复议机关决定维持原行政行为的,作出原行政行为的行政机关和复议机关是共同被告;复议机关改变原行政行为的,复议机关是被告。复议机关在法定期限内未作出复议决定,公民、法人或者其他组织起诉原行政行为的,作出原行政行为的行政机关是被告;起诉复议机关不作为的,复议机关是被告。两个以上行政机关作出同一行政行为的,共同作出行政行为的行政机关是共同被告。行政机关委托的组织所作的行政行为,委托的行政机关是被告。行政机关被撤销或者职权变更的,继续行使其职权的行政机关是被告"。

实践中,行政诉讼的被告如前述原告那样,也存在需要确认的情形。对此,《行政诉讼法解释》作出了规定。(1)经上级批准的行政行为。"当事人不服经上级行政机关批准的行政行为,向人民法院提起诉讼的,以在对外发生法律效力的文书上署名的机关为被告"。(2)组建机构、内设机构和派出机构。"行政机关组建并赋予行政管理职能但不具有独立承担法律责任能力的机构,以自己的名义作出行政行为,当事人不服提起诉讼的,应当以组建该机构的行政机关为被告。法律、法规或者规章授权行使行政职权的行政机关内设机构、派出机构或者其他组织,超出法定授权范围实施行政行为,当事人不服提起诉讼的,应当以实施该行为的机构或者组织为被告。没有法律、法规或者规章规定,行政机关授权其内设机构、派出机构或者其他组织行使行政职权的,属于行政诉讼法第二十六条规定的委托。当事人不服提起诉讼的,应当以该行政机关为被告"。(3)开发区管理机构。"当事人对由国务院、省级人民政府批准设立的开发区管理机构作出的行政行为不服提起诉讼的,以该开发区管理机构为被告;对由国务院、省级人民政府批准设立的开发区管理机构所属职能部门作出的行政行为不服提起诉讼的,以其职能部门为被告;对其他开发区管理机构所属职能部门作出的行政行为不服提起诉讼的,以开发区管理机构为被告;开发区管理机构没有行政主体资格的,以设立该机构的地方人民政府为被告"。(4)村(居)委会、事业单位和行业协会。"当事人对村民委员会或者居民委员会依据法律、法规、规章的授权履行行政管理职责的行为不服提起诉讼的,以村民委员会或者居民委员会为被告。当事人对村民委员会、居民委员会受行政机关委托作出的行为不服提起诉讼的,以委托的行政机关为被告。当事人对高等学校等事业单位以及律师协会、注册会计师协会等行业协会依据法律、法规、规章的授权实施的行政行为不服提起诉讼的,以该事业单位、行业协会为被告。当事人对高等学校等事业单位以及律师协会、注册会计师协会等行业协会受行政机关委托作出的行为不服提起诉讼的,以委托的行政机关为被告"。(5)房屋征收部门。"市、县级人民政府确定的房屋征收部门组织实施房屋征收与补偿工作过程中作出行政行为,被征收人不服提起诉讼的,以房屋征收部门为被告。征收实施单位受房屋征收部门委托,在委托范围内从事的行为,被征收人不服提起诉讼的,应当以房屋征收部门为被告"。

(三) 第三人

行政诉讼第三人是指除原告、被告外,同提起行政诉讼的行政行为有利害关系,为维护自己的合法权益而参加诉讼,与当事人具有相同地位的个人或组织。《行政诉讼法》第29条第1款规定,"公民、法人或者其他组织同被诉行政行为有利害关系但没有提起诉讼,或者同案件处理结果有利害关系的,可以作为第三人申请参加诉讼,或者由人民法院通知参加诉讼"。《行政诉讼法解释》补充规定,"应当追加被告而原告不同意追加的,人民法院应当通知其以第三人的身份参加诉讼";"行政机关的同一行政行为涉及两个以上利害关系人,其中一部分利害关系人对行政行为不服提起诉讼,人民法院应当通知没有起诉的其他利害关系人作为第三人参加诉讼"。

二、行政诉讼的证据

证据制度是诉讼程序的核心。行政诉讼证据是行政诉讼中用来证明待证案件事实是否客观存在的一切事实。[22] 在内容上,证据是在证明案件事实;在形态上,证据是证明案件事实的相关事实材料;在结果上,证据是认定案件事实的根据。2018年《行政诉讼法解释》要求"能够反映案件真实情况、与待证事实相关联、来源和形式符合法律规定的证据,应当作为认定案件事实的根据"。证据包括书证、物证、视听资料、电子数据、证人证言、当事人陈述、鉴定意见、勘验笔录和现场笔录。

(一)举证责任

行政诉讼的举证责任是指由法律预先规定,在行政案件的真实情况难以确定的情况下,由一方当事人提供证据予以证明,如果提供不出证明相应事实情况的证据则承担败诉风险及不利后果的制度。《行政诉讼法》第34条第1款规定"被告对作出的行政行为负有举证责任,应当提供作出该行政行为的证据和所依据的规范性文件",即被告承担行政诉讼的举证责任。这有利于保护原告的诉权,有利于发挥行政机关的举证优势,有利于促进行政机关依法行政。根据《行政诉讼法解释》,被告应当在收到起诉状副本之日起10日内,提供据以作出被诉行政行为的全部证据和所依据的规范性文件,被告不提供或者无正当理由逾期提供证据的,视为被诉行政行为没有相应的证据。

(二)证据规则

1. 证据提供规则

第一,法院有权要求当事人提供或者补充证据。第二,各类证据有各自的提供规则。如书证应当符合下列要求:提供书证的原件,原本、正本和副本均属于书证的原件,提供原件确有困难的,可以提供与原件核对无误的复印件、照片、节录本;提供由有关部门保管的书证原件的复制件、影印件或者抄录件的,应当注明出处,经该部门核对无异后加盖其印章;提供报表、图纸、会计账册、专业技术资料、科技文献等书证的,应当附有说明材料;被告提供的被诉行政行为所依据的询问、陈述、谈话类笔录,应当由行政执法人员、被询问人、陈述人、谈话人签名或者盖章。计算机数据或者录音、录像等视听资料应当符合下列要求:提供有关资料的原始载体,提供原始载体确有困难的,可以提供复制件;注明制作方法、制作时间、制作人和证明对象等;声音资料应当附有该声音内容的文字记录。现场笔录应当载明时间、地点和事件等内容,并由执法人员和当事人签名,当事人拒绝签名或者不能签名的,应当注明原因,有其他人在现场的,可由其他人签名。当事人向法院提供在中华人民共和国领域外形成的证据,应当说明来源,经所在国公证机关证明,并经中华人民共和国驻该国使领馆认证,或者履行中华人民共和国与证据所在国订立的有关条约中规定的证明手续。向法院提供外文书证或者外国语视听资料时,应当附有由具有翻译资质的机构翻译的或者其他翻译准确的中文译本,由翻译机构盖章或者翻

---

[22] 应松年主编:《行政法与行政诉讼法学》(第2版),高等教育出版社2018年版,第371页。

译人员签名。

2. 证据调取规则

法院向有关行政机关以及其他组织、公民调取证据的情形有：涉及国家利益、公共利益或者他人合法权益的事实认定的；涉及依职权追加当事人、中止诉讼、终结诉讼、回避等程序性事项的。需要调取的证据在异地的，可以书面委托证据所在地法院调取。原告或者第三人不能自行收集，但能够提供确切线索的，可以申请法院调取下列证据材料：由国家有关部门保存的证据材料；涉及国家秘密、商业秘密、个人隐私的证据材料；确因客观原因不能自行收集的其他证据材料。法院不得为证明被诉行政行为的合法性，调取被告在作出行政行为时未收集的证据。

3. 出庭作证规则

凡知道案件事实的人都有出庭作证的义务。证人出庭作证时，应当出示证明其身份的证件。法庭应当告知其诚实作证的法律义务和作伪证的法律责任。出庭作证的证人不得旁听案件的审理。法庭询问证人时，其他证人不得在场，但组织证人对质的除外。证人应当陈述其亲历的具体事实。证人根据其经历所作的判断、推测或者评论，不能作为定案的依据。有下列情形时，原告或者第三人可以要求相关行政执法人员作为证人出庭作证：对现场笔录的合法性或者真实性有异议的；对扣押财产的品种或者数量有异议的；对检验的物品取样或者保管有异议的；对行政执法人员的身份的合法性有异议的。当事人申请证人出庭作证的，应当在举证期限届满前提出，并经法院许可。法院准许证人出庭作证的，应当在开庭审理前通知证人出庭作证。当事人在庭审过程中要求证人出庭作证的，法庭可以根据审理案件的具体情况，决定是否准许以及是否延期审理。不能正确表达意志的人不能作证。根据当事人申请，法院可以就证人能否正确表达意志进行审查或者交由有关部门鉴定，必要时，法院也可依职权交由有关部门鉴定。

4. 认证规则

认证是指在举证、质证的基础上，经过对证据的审查核实，对证据的证明效力以及是否作为定案根据进行认定。证据应当在法庭上出示，并经庭审质证，未经庭审质证的证据，不能作为定案的依据。法庭应当对经过庭审质证的证据和无须质证的证据进行逐一审查，对全部证据进行综合审查，遵循法官职业道德，运用逻辑推理和生活经验，进行全面、客观和公正的分析判断，确定证据材料与案件事实之间的证明关系，排除不具有关联性的证据材料，准确认定案件事实。

认证主要包括证据审查和证据认定两个环节。法庭应当根据案件的具体情况，从以下方面审查证据的合法性：证据是否符合法定形式；证据的取得是否符合法律、法规、司法解释和规章的要求。法庭应当根据案件的具体情况，从以下方面审查证据的真实性：证据形成的原因；发现证据时的客观环境；证据是否为原件、原物，复制件、复制品与原件、原物是否相符；提供证据的人或者证人与当事人是否具有利害关系。

以违反法律禁止性规定或者侵犯他人合法权益的方法取得的证据，不能作为认定案件事实的依据。不能作为认定案件事实的依据的情形主要有：严重违反法定程序收集的证据材料；以偷拍、偷录、窃听等手段获取侵害他人合法权益的证据材料；以利诱、欺诈、胁迫、暴力等不正当手段获取的证据材料；当事人无正当事由超出举证期限提供的证据材料；在中华人民共和国领域以外或者在中华人民共和国香港特别行政区、澳门特别行政区和台湾地区形成的未办理法定证明手续的证据材料;当事人无正当理由拒不提供原件、原物,又无其他证据印证,且对方当事人不予认可的证据的复制件或者复制品;被当事人或者他人进行技术处理而无法辨明真伪的证据材料;不能正确表达意志的证人提供的证言。下列证据不能作为认定被诉行政行为合法的依据:被告及其诉讼代理人在作出具体行政行为后或者在诉讼程序中自行收集的证据;被告在行政程序中非法剥夺公民、法人或者其他组织依法享有的陈述、申辩或者听证权利所采用的证据;原告或者第三人在诉讼程序中提供的、被告在行政程序中未作为具体行政行为依据的证据。复议机关在复议程序中收集和补充的证据,或者作出原行政行为的行政机关在复议程序中未向复议机关提交的证据,不能作为人民法院认定原行政行为合法的依据。

有时需要认定证明效力(等级)。证明同一事实的数个证据,其证明效力一般可以按照下列情形分别认定:国家机关以及其他职能部门依职权制作的公文文书优于其他书证;鉴定意见、现场笔录、勘验笔录、档案材料以及经过公证或者登记的书证优于其他书证、视听资料和证人证言;原件、原物优于复件件、复制品;法定鉴定部门的鉴定结论优于其他鉴定部门的鉴定结论;法庭主持勘验所制作的勘验笔录优于其他部门主持勘验所制作的勘验笔录;原始证据优于传来证据;其他证人证言优于与当事人有亲属关系或者其他密切关系的证人提供的对该当事人有利的证言;出庭作证的证人证言优于未出庭作证的证人证言;数个种类不同、内容一致的证据优于一个孤立的证据。

以有形载体固定或者显示的电子数据交换、电子邮件以及其他数据资料,其制作情况和真实性经对方当事人确认,或者以公证等其他有效方式予以证明的,与原件具有同等的证明效力。在庭审中一方当事人或者其代理人在代理权限范围内对另一方当事人陈述的案件事实明确表示认可的,法院可以对该事实予以认定,但有相反证据足以推翻的除外。下列证据不能单独作为定案依据:未成年人所作的与其年龄和智力状况不相适应的证言;与一方当事人有亲属关系或者其他密切关系的证人所作的对该当事人有利的证言,或者与一方当事人有不利关系的证人所作的对该当事人不利的证言;应当出庭作证而无正当理由不出庭作证的证人的证言;难以识别是否经过修改的视听资料;无法与原件、原物核对的复制件或者复制品;经一方当事人或者他人改动,对方当事人不予认可的证据材料。

法庭发现当庭认定的证据有误,可以按照下列方式纠正:庭审结束前发现错误的,应当重新进行认定;庭审结束后宣判前发现错误的,在裁判文书中予以更正并说明理由,也可以再次开庭予以认定;有新的证据材料可能推翻已认定的证据的,应当再次开庭予以认定。

第十三节 行政诉讼程序与裁判

一、行政诉讼的程序

《行政诉讼法》规定了一审、二审以及再审的程序。再审程序是审判监督程序,实践运用少。一审、二审程序是常见的行政诉讼程序,一般按起诉、受理、审理、判决的顺序进行。

（一）一审程序

行政行为的相对人以及其他与行政行为有利害关系的公民或组织认为行政行为侵犯其合

法权益时,可依法向人民法院提起行政诉讼。起诉要满足以下条件:一是原告适格,二是有明确的被告,三是有具体的诉讼请求和事实根据,四是属于法院受案范围和受诉法院管辖,五是在诉讼时效内。公民、法人或者其他组织直接向人民法院提起诉讼的,应当自知道或者应当知道作出行政行为之日起6个月内提出,法律另有规定的除外;不服复议决定的,可以在收到复议决定书之日起15日内向人民法院提起诉讼,复议机关逾期不作决定的,可以在复议期满之日起15日内向人民法院提起诉讼,法律另有规定的除外。另外,公民、法人或者其他组织申请行政机关履行保护其人身权、财产权等合法权益的法定职责,行政机关自接到申请之日起2个月内不履行的,公民、法人或者其他组织可以向人民法院提起诉讼。

法院在接到起诉状时对符合起诉条件的,应当登记立案。对当场不能判定是否符合起诉条件的,应当接收起诉状,出具注明收到日期的书面凭证,并在7日内决定是否立案;不符合起诉条件的,作出不予立案的裁定,裁定书应当载明不予立案的理由。原告对裁定不服的,可以提起上诉。法院既不立案,又不作出不予立案裁定的,当事人可以向上一级法院起诉,上一级法院认为符合起诉条件的,应当立案、审理,也可以指定其他下级人民法院立案、审理。

法院应当在立案之日起5日内将起诉状副本发送被告,被告应当在收到起诉状副本之日起15日内向法院提交证据和所依据的规范性文件,并提交答辩状。法院在收到答辩状之日起5日内,将答辩状副本发送原告。法院依法组成合议庭,认真查阅案卷。法院参照民事诉讼法开庭审理程序,按照庭前准备、宣布开庭、法庭调查、法庭辩论、合议庭评议和宣判的顺序展开行政案件开庭审理。法院应当在立案之日起6个月内作出一审判决。

一审案件依法可以适用简易程序。法院在审理被诉行政行为依法当场作出案件、涉及金额2000元以下案件、政府信息公开案件时,认为事实清楚、权利义务关系明确、争议不大的,可以适用简易程序。另外,当事人各方同意适用简易程序的,可以适用简易程序。简易程序由审判员一人独任审理,在立案之日起45日内审结。

(二)二审程序

当事人不服法院第一审判决的,有权在判决书送达之日起15日内向上一级法院提起上诉。当事人不服法院第一审裁定的,有权在裁定书送达之日起10日内向上一级法院提起上诉。对上诉案件,法院应当组成合议庭,开庭审理。经过阅卷、调查和询问当事人,对没有提出新的事实、证据或者理由,合议庭认为不需要开庭审理的,也可以不开庭审理。法院审理上诉案件,应当对原审法院的判决、裁定和被诉行政行为进行全面审查,在收到上诉状之日起3个月内作出终审判决。

(三)再审程序

当事人对已经发生法律效力的判决、裁定,认为确有错误的,可以向上一级人民法院申请再审。应当再审的情形是:不予立案或者驳回起诉确有错误的;有新的证据,足以推翻原判决、裁定的;原判决、裁定认定事实的主要证据不足、未经质证或者系伪造的;原判决、裁定适用法律、法规确有错误的;违反法律规定的诉讼程序,可能影响公正审判的;原判决、裁定遗漏诉讼请求的;据以作出原判决、裁定的法律文书被撤销或者变更的;审判人员在审理该案件时有贪污受贿、徇私舞弊、枉法裁判行为的。各级检察院对同级法院已经发生法律效力的判决、裁定,发现有上述情形,或者发现调解书损害国家利益、社会公共利益的,可以向同级法院提出检察建议,并报上级检察院备案;也可以提请上级检察院向同级法院提出抗诉。

二、行政诉讼的裁判

行政诉讼裁判是指法院在审理行政案件的过程中,为有效行使审判权,根据已经查明的事实和有关法律规定,对行政案件的实体性问题和程序性问题,作出具有强制力的结论性判定。[23] 法院的裁判分判决、裁定和决定三种形式。

（一）判决

判决是面对当事人的诉讼请求,对行政案件的实体问题作出结论性判定。《行政诉讼法》规定了驳回诉讼请求、履行、撤销、变更、确认等判决类型。行政行为证据确凿,适用法律、法规正确,符合法定程序的,或者原告申请被告履行法定职责或者给付义务理由不成立的,法院判决驳回原告的诉讼请求。法院经过审理,查明被告不履行法定职责的,判决被告在一定期限内履行；查明被告依法负有给付义务的,判决被告履行给付义务。

行政行为有下列情形之一的,法院判决撤销或者部分撤销行政行为,并可以判决被告重新作出行政行为：主要证据不足的；适用法律、法规错误的；违反法定程序的；超越职权的；滥用职权的；明显不当的。在审判实践中,滥用职权和明显不当都是对行政裁量权的监督,一般而言,滥用职权主要是从主观上来说,如目的不当、考虑不周等,而明显不当主要是从客观上、结果上来说,如比例分寸没把握好、没有遵循先例、同事不同罚等。[24] 法院判决被告重新作出行政行为的,被告不得以同一的事实和理由作出与原行政行为基本相同的行政行为。

变更判决在学理上有一定的争议。反对者基于职能分工,认为行政活动有专业性、政策性,行政职权应由行政机关行使。赞成者基于行政便宜,认为法院的变更可避免重复行政,也可避免行政机关的成见,实现公正。《行政诉讼法》制定时采取了折中观点,当时考虑到行政处罚一般不需要专门知识,法官的生活经验足以判断行政处罚是否公正,且处罚案件是行政诉讼的主要案件,主要矛盾所在,所以确立行政处罚"显失公正"为变更的条件和标准。2014年《行政诉讼法》修改时,对扩大适用变更判决非常谨慎,最终只增加一种情况,第77条第1款规定"其他行政行为涉及对款额的确定、认定确有错误的"。原来的"行政处罚显失公正"改为"行政处罚明显不当",与撤销判决中的"明显不当"用语保持一致。变更原则上不得对原告不利。《行政诉讼法》第77条第2款规定"人民法院判决变更,不得加重原告的义务或者减损原告的权益。但利害关系人同为原告,且诉讼请求相反的除外"。

确认判决是法院对被诉行政行为的合法性、效力作出确认的判决。行政行为有下列情形之一的,法院判决确认违法,但不撤销行政行为：行政行为依法应当撤销,但撤销会给国家利益、社会公共利益造成重大损害的；行政行为程序轻微违法,但对原告权利不产生实际影响的。行政行为有下列情形之一,不需要撤销或者判决履行的,人民法院判决确认违法：行政行为违法,但不具有可撤销内容的；被告改变原违法行政行为,原告仍要求确认原行政行为违法的；被告不履行或者拖延履行法定职责,判决履行没有意义的。行政行为存在实施主体不具备行政主体资格或者没有依据等重大且明显违法情形,原告申请确认行政行为无效的,法院判决确认无效。法院判决确认违法或者无效的,可以同时判决责令被告采取补救措施；给原告造成损失的,依法判决被告承担赔偿责任。

---

[23] 应松年主编：《行政法与行政诉讼法学》（第2版）,高等教育出版社2018年版,第425页。
[24] 应松年主编：《行政法与行政诉讼法学》（第2版）,高等教育出版社2018年版,第426页。

（二）裁定和决定

行政诉讼裁定是指法院在审理行政案件过程中,为有效行使审判权,解决行政审判过程中的程序性问题所作出的带有强制性的判定。决定是指法院在审理行政案件过程中,为保证行政诉讼活动顺利进行,就行政诉讼中发生的某些特定事项所作的判定。[25] 裁定适用的范围是：不予立案；驳回起诉；管辖异议；终结诉讼；中止诉讼；移送或者指定管辖；诉讼期间停止行政行为的执行或者驳回停止执行的申请；财产保全；先予执行；准许或者不准许撤诉；补正裁判文书中的笔误；中止或者终结执行；提审、指令再审或者发回重审；准许或者不准许执行行政机关的行政行为。对前三项裁定,当事人可以上诉。行政诉讼中法院主要就如下特定事项作出决定：关于诉讼期限问题；关于回避问题；关于妨害行政诉讼的强制措施；关于法院审判组织内部工作等。

主要参考文献

1. 应松年主编：《行政法与行政诉讼法学》（第2版），高等教育出版社2018年版。
2. 叶必丰：《行政法与行政诉讼法》，高等教育出版社2015年版。
3. 叶必丰：《行政法学》，武汉大学出版社2003年版。
4. 周佑勇：《行政法原论》，北京大学出版社2024年版。
5. 应松年主编：《当代中国行政法》，中国方正出版社2005年版。
6. 最高人民法院中国应用法学研究所编：《人民法院案例选——行政卷（上）》，中国法制出版社2000年版。

---

[25] 应松年主编：《行政法与行政诉讼法学》（第2版），高等教育出版社2018年版，第429~430页。

第五章 刑 法

> **|内容概要|**
>
> 刑法是规定犯罪、刑事责任和刑罚的法律,其通过合理地配置刑罚来打击犯罪,以实现保障公民自由、保护社会秩序的基本功能。同时,刑法还是其他部门法的保护法,是其他部门法得以贯彻实施的重要保证,因此,刑法在我国法律体系中具有极其重要的地位。
>
> 本章内容共分为四节。第一节"刑法概述",主要介绍刑法的基本理论知识,如刑法的概念、渊源、解释、效力和基本原则等。本节的学习可以使我们对刑法学的相关基础理论有一个基本的了解。第二节"犯罪",主要介绍犯罪的成立理论,包括犯罪构成、正当化行为、共同犯罪以及罪数形态等。本节的学习可以使我们对具体的行为在什么情况下构成犯罪、什么情况下不构成犯罪有准确的把握。第三节"刑罚",主要介绍对犯罪行为的惩罚机制。本节的学习可以使我们掌握我国刑罚的体系、种类和刑罚的裁量问题。第四节"刑法分则",主要介绍具体的犯罪及其刑事责任。本节的学习可以使我们了解我国刑法对犯罪的基本分类和各类犯罪的主要特征,对行为具体构成什么样的犯罪有准确的把握。

第一节 刑法概述

一、刑法的概念

一般来说,刑法是掌握政权的阶级即统治阶级,为了维护本阶级政治上的统治和经济上的利益,根据自己的意志,以国家名义制定、颁布的,规定犯罪、刑事责任及其法律后果(主要是刑罚)的法律。刑法有广义和狭义之分。广义刑法的内容包括刑法典、单行刑法、刑法修正案以及非刑事法律中的刑事责任条款。狭义的刑法专指刑法典,即《刑法》。

从刑法的概念我们可以发现刑法具有如下基本特征:

1. 规定内容的特定性。刑法是规定犯罪、刑事责任及其法律后果的法律规范,而其他法律规定的都是一般违法行为及其法律后果。

2. 保护社会关系范围的广泛性。刑法所调整和保护的社会关系相当广泛,而一般部门法都只是调整和保护某一方面的社会关系。

3. 强制方法的严厉性。刑法的法律后果最为严厉,可以剥夺犯罪人的生命、自由、财产等,而一般部门法的法律后果相对轻缓。

4. 谦抑性。刑法不应将一切违法行为都当作处罚对象,仅应以具有刑罚处罚必要性之危害行为为处罚对象。其具体表现为刑法的不完整性、补充性与宽容性。

5. 其他法律的保障法。其他法律所调整的社会关系和保护的合法权益,都需要借助于刑法的调整和保护。

刑法对社会生活的调整是通过刑法的功能实现的,刑法的功能,是指刑法在其适用过程中所具有的功能和固有的作用。一般来说,刑法具有三大机能:行为规制机能、法益保护机能、人权保障机能。

1. 行为规制机能。刑法将一定的行为规定为犯罪并给予处罚,表明该行为是被法律禁止的、不被允许的,从而指引人们不实施这种犯罪行为,防止犯罪发生。

2. 法益保护机能。犯罪是侵害或威胁法益的行为,刑法禁止和惩罚犯罪,是为了保护法益。

3. 人权保障机能。刑法不仅通过依法惩罚犯罪来维护社会正常秩序,保护守法公民免受犯罪侵害,也保障无罪的人不受刑罚处罚,防止惩罚权的滥用。在惩罚犯罪时,还维护犯罪人的应有权益,使其所受惩罚与其犯罪行为和刑事责任相适应,保证其不受不公正之惩罚,并通过刑罚的执行来感化和改造犯罪人,促使其重新回归社会。因此,刑法既是"善良人的大宪章",又是"犯罪人的大宪章"。

二、刑法的渊源

广义的刑法是一切刑事法律规范的总称,它包括:(1)刑法典;(2)单行刑事法规,如全国人大常委会1998年12月通过的《关于惩治骗购外汇、逃汇和非法买卖外汇犯罪的决定》;(3)附属刑法规范,即非刑事法律文件中有关具体犯罪、刑事责任及刑罚的法律规范。狭义的刑法专指刑法典。即1997年3月14日第八届全国人大五次会议修订通过的,1997年10月1日实施的《刑法》。本书所讲的刑法是广义的刑法。

（一）刑法典

我国现行的刑法典是1979年颁布实施、1997年修订并经多次修正的《刑法》(以下简称现行刑法典)。现行刑法典包括总则、分则、附则三部分,共15章。其立足本国国情,适当借鉴外国先进经验,实现了刑法的统一性和完备性,贯彻了刑事法治原则,加强了刑法保障功能,从而大大推动了我国刑事法制建设的进程。

（二）单行刑法

单行刑法是专门规定某种犯罪及其刑事责任、刑罚的法律文件。这是刑法典的重要补充形式。1979年《刑法》颁布之后、1997年《刑法》修订之前,立法机关一共颁布过23个单行刑法。[1] 1997年《刑法》实施之后,由全国人大常委会通过的《关于惩治骗购外汇、逃汇和非法买卖外汇犯罪的决定》也是单行刑法。

（三）附属刑法

附属刑法是民法、行政法、经济法等非刑事法律文件中有关具体犯罪、刑事责任及刑罚的法律规范。这是刑法的辅助形式。如《价格法》第46条规定,价格工作人员泄露国家秘密、商业秘密以及滥用职权、徇私舞弊、玩忽职守、索贿受贿,构成犯罪的,应依法追究刑事责任。《价格法》属于行政法,但由于第46条涉及追究刑事责任的条款,作为附属刑法规范,便属于广义刑法的范畴。1979年《刑法》适用期间,立法机关在100余部非刑事法律中设置了大量的附属

---

[1] 《刑法学》编写组:《刑法学(上册·总论)》(第2版),高等教育出版社2023年版,第50页。

刑法条文。1997年《刑法》生效后,这些附属刑法条文均已被吸收到刑法典之中。与国外的附属刑法不同,我国目前的附属刑法只是重申刑法典的内容,而没有对刑法典进行补充,没有独立的实际意义。因此也有观点认为,我国并无严格意义上的附属刑法。

三、刑法的解释

刑法的解释,就是对刑法规范含义的阐释与说明。其可以根据不同的标准进行分类,常见的分类有三种。

(一)立法解释、司法解释、学理解释

以解释的主体为依据,可以将刑法解释分为立法解释、司法解释与学理解释。

立法解释是由立法机关对刑法的含义所作的解释。立法机关具有立法权,当然也有权对法律加以解释,这种解释具有与立法相同的法律效力。刑事立法解释对于弥补刑法规范中的漏洞,使刑法规范有效适用于复杂多变的犯罪活动,维护刑法规范的稳定性,具有重要作用。我国立法解释的主体是全国人民代表大会及其常委会。

司法解释是由司法机关对刑法的含义所作的解释。在刑法适用中,经常会出现一些疑难问题,需要通过司法解释加以明确。因此,司法解释对于刑法的正确适用具有重要意义。我国司法解释的主体是最高人民法院和最高人民检察院。

学理解释是未经国家授权的机关、团体、社会组织、专家学者等从学理上对刑法含义所作的解释。如刑法教科书、专著、论文、案例分析以及对刑法典的注释等,都属于学理解释。学理解释在法律上没有约束力,但是,正确的学理解释,有助于准确理解刑法规范的含义,不仅对司法实践、立法工作具有重要参考价值,也对提高广大干部和群众的法学水平和法律意识、促进刑法学科的健康发展,具有积极作用。

(二)文理解释、论理解释

以解释理由为依据,可将刑法解释分为文理解释和论理解释。

文理解释是对刑法条文的字义,包括单词、概念、术语从文理上所作的解释。例如,最高人民法院于2000年4月20日通过的《关于审理伪造货币等案件具体应用法律若干问题的解释》第7条第1款规定,本解释所称"货币"是指可在国内市场流通或者兑换的人民币和境外货币。该规定就属于文理解释。

论理解释就是按照立法精神,联系有关情况,对刑法条文从逻辑上所作的解释。论理解释又分为体系解释、当然解释、目的解释、历史解释、比较解释等。

(三)平义解释、扩张解释、限制解释

以解释技巧[2]为依据,可以将刑法解释分为平义解释、扩张解释和限制解释。平义解释,指按照该用语通常的字义加以解释,不扩张其含义,也不限缩其含义;扩张解释,又称为扩大解释,指对用语作出比其通常字面含义宽泛的解释,亦即扩张字面含义的解释,如将信用卡解释为包括借记卡;限制解释,又称为缩小解释,指对用语作出比其通常字面含义狭窄的解释,亦即限缩字面含义的解释,如将《刑法》第111条中的"情报"解释为"关系国家安全和利益、尚未公

---

[2] 亦有理论将解释技巧包含在论理解释中。

开或者依照有关规定不应公开的事项"。[3]

四、刑法的效力

刑法的效力,指一国的刑法在什么地方、对什么人和在什么时间内可以有效适用。刑法的效力问题主要包括两个部分,一是刑法的空间效力;二是刑法的时间效力。

(一)刑法的空间效力

刑法的空间效力,是指刑法在什么地方和对什么人具有效力,涉及刑法管辖权的问题。世界各国在刑法的空间效力问题上,大致遵循以下原则:

1. 属地原则。该原则以犯罪发生地为标准确定刑法的空间效力,凡在本国领域内犯罪的,都适用本国刑法;凡不在本国领域内犯罪的,一律不适用本国刑法。

2. 属人原则。该原则以行为人的国籍为标准确定刑法的空间效力,凡是本国人犯罪的,不管犯罪行为发生在本国领域内还是本国领域外,一律适用本国刑法;凡是外国人犯罪的,不管犯罪地在本国领域内还是本国领域外,一律不适用本国刑法。

3. 保护原则。该原则以保护本国利益为标准确定刑法的空间效力。只要行为人实施了危害本国国家或者本国公民利益的犯罪,不论行为人是否具有本国国籍,也不论行为发生在何处,都适用本国的刑法。

4. 普遍管辖原则。该原则是指当一个国家既不是犯罪行为的发生地,也不是行为人的国籍国,甚至不是犯罪行为的受害国时,该国仅基于行为人所犯的罪是严重的国际罪行,进而根据对"绝对实质正义"的追求而对该案件具有刑事管辖权。普遍管辖原则的前提一般在于,对于特定的行为,有相关的国际条约规定其为犯罪。

5. 折中原则。上述各原则都既有优点,又有缺点,于是就产生了折中原则。折中原则是以属地原则为基础,以属人原则、保护原则和普遍管辖原则为补充的原则。现代多数国家都采用折中原则,我国也是如此。

(二)刑法的时间效力

刑法的时间效力,是指刑法的生效时间、失效时间以及对刑法生效前所发生的行为是否具有溯及力的问题。世界各国在刑法的时间效力问题上,一般遵循下列原则:

1. 刑法的生效。一般有两种方式:一是公布之日起生效,在1997年《刑法》实施之前,我国颁布的所有单行刑法都采用这种方式。二是公布之后经过一段时间才开始生效。

2. 刑法的失效。刑法的失效时间基本上也有两种方式。一是由国家立法机关明确宣布某些法律失效。二是自然失效,即新法施行后代替了同类内容的旧法,或者由于原来特殊的立法条件已经消失,旧法自行废止。

3. 刑法的溯及力。刑法的溯及力,是指新的刑事法律生效后,对于其生效以前未经审判或者判决尚未确定的行为是否适用的问题。各国在实践中一般有以下几种模式:(1)从旧原则。即按照行为时的旧法处理,新法没有溯及力。(2)从新原则。即按照新法处理,新法有溯及力。(3)从新兼从轻原则。即新法原则上有溯及力,但当适用旧法对被告人有利时,适用旧法。(4)从旧兼从轻原则。即新法原则上没有溯及力,但当适用新法对被告人有利时,适用新法。

---

[3] 《最高人民法院关于审理为境外窃取、刺探、收买、非法提供国家秘密、情报案件具体应用法律若干问题的解释》第1条。

我国刑法采用的是从旧兼从轻的处理原则。

五、刑法的基本原则

刑法的基本原则是指贯穿于全部刑法规范,具有指导和制约全部刑事立法和刑事司法意义的,并体现我国刑事法制的基本性质与基本精神的准则。我国《刑法》在第3条、第4条、第5条中明确规定了刑法的三项基本原则,即罪刑法定原则、适用刑法人人平等原则、罪责刑相适应原则。

（一）罪刑法定原则

我国《刑法》第3条明确规定:"法律明文规定为犯罪行为的,依照法律定罪处刑;法律没有明文规定为犯罪行为的,不得定罪处刑。"这便是我国刑法中的罪刑法定原则。简单概括就是"法无明文规定不为罪,法无明文规定不处罚",就是一个人的行为是否构成犯罪,以及如果构成犯罪应当加以何种刑罚处罚,都必须有法律的明文规定。

罪刑法定原则在法治国家中可以说是关于定罪、处罚的最重要的一个原则。罪刑法定原则阻却了刑罚的任意行使,因而使得公民能有所依据地规范自己的行为,可以无所恐惧地开展其生活。从公民的角度来看,这是对公民权利的伸张和保护;而从社会的角度来看,罪刑法定原则还因为法律的引导作用而起到了预防犯罪的作用。

罪刑法定原则是从根本上强调法治的,所以,推行罪刑法定原则完全适应现代中国社会对法治发展的需要。罪刑法定原则在我国刑法中的确立,具有划时代的意义。它不仅标志着我国民主与法治原则的发展与加强,而且也顺应了当代社会发展的趋势,符合世界各国和地区刑事法律的发展方向。尤其是在对我国的刑事立法与刑事司法的发展完善以及更新我们的刑法观念方面,罪刑法定原则具有极其重要的作用。

罪刑法定原则意味着,只要制定法未予规定,便不存在犯罪和刑罚。而由这个原则派生的要求,通常指如下四点:(1)刑法的渊源排斥习惯法;(2)禁止有罪类推;(3)禁止重法溯及既往;(4)排斥绝对不定期刑。[4]

（二）适用刑法人人平等原则

我国《刑法》第4条明确规定:"对任何人犯罪,在适用法律上一律平等。不允许任何人有超越法律的特权。"这就将宪法确立的法律面前人人平等原则,结合刑法的特殊内容,具体化为适用刑法人人平等这样一项刑法基本原则。其意思是任何人犯罪,不论犯罪人的民族身份、家庭出身、社会地位、职业性质、财产状况、政治面貌、才能业绩如何,都应追究刑事责任,一律平等地适用刑法,依法定罪、量刑和行刑,不允许任何人有超越法律的特权。

适用刑法人人平等原则包括以下几个方面的内容:(1)定罪上一律平等;(2)量刑上一律平等;(3)行刑上一律平等。

（三）罪责刑相适应原则

我国《刑法》第5条明确规定:"刑罚的轻重,应当与犯罪分子所犯罪行和承担的刑事责任相适应。"这条规定的就是罪责刑相适应原则。简言之,犯多大的罪,就应承担多大的刑事责任,根据犯罪的轻重和负刑事责任的大小决定应当受刑罚处罚的轻重,重罪重罚、轻罪轻罚、一罪一罚、数罪数罚、罪刑相称、罚当其罪,反对重罪轻判、轻罪重判、畸轻畸重、罚不当罪的现象。

---

[4]《刑法学》编写组:《刑法学(上册·总论)》(第2版),高等教育出版社2023年版,第73页。

按照罪责刑相适应的原则,法院对犯罪分子适用刑罚时,一方面要依据其所犯罪行及其危害后果的轻重,另一方面又要依据犯罪分子实施犯罪行为时及其犯罪前后所具备的主观罪责的轻重,主客观相统一地裁量和确定刑罚,从而兼顾惩罚已然之罪和预防未然之罪的综合需要。罪责刑相适应原则对于刑事法治的科学、合理、文明和效益,具有广泛而重要的意义,能够有力地促进刑法的人权保障机能的实现。

第二节 犯 罪

犯罪是刑事责任的前提,没有犯罪,就没有刑事责任和刑事处罚。因此,犯罪论在刑法学中占有重要地位。刑法中犯罪的概念,是刑法分则所规定的各种具体犯罪特性的高度概括,分为形式定义和实质定义。犯罪的形式定义,是仅基于法律特征而给犯罪下定义,至于法律为何将某类行为规定为犯罪则不予涉及。也即,只是从犯罪的法律特征上去阐述"犯罪是什么"。犯罪的实质定义,则是从犯罪现象的本质上给犯罪下定义,借此揭示一种行为被刑法规定为犯罪的内在原因。

我国刑法坚持犯罪的实质内容与法律形式的统一。《刑法》第 13 条明确规定了我国犯罪的基本概念:"一切危害国家主权、领土完整和安全,分裂国家、颠覆人民民主专政的政权和推翻社会主义制度,破坏社会秩序和经济秩序,侵犯国有财产或者劳动群众集体所有的财产,侵犯公民的人身权利、民主权利和其他权利,以及其他危害社会的行为,依照法律应当受刑罚处罚的,都是犯罪,但是情节显著轻微危害不大的,不认为是犯罪。"这一定义是犯罪的实质定义和形式定义相统一的结果,揭示了犯罪的三个基本特征:社会危害性、刑事违法性和应受刑罚惩罚性。

一、犯罪构成

犯罪构成是我国刑法规定的、决定某一具体行为的社会危害性及其程度而为该行为构成犯罪所必需的一切客观要件和主观要件的总和。[5] 我国的犯罪构成理论脱胎于 20 世纪 50 年代初从苏联引进的耦合式犯罪构成理论,经过数十年的研讨、创造和发展,已基本形成了具有中国特色的犯罪构成理论,并且在我国刑法理论中占有十分重要的地位。根据我国的犯罪构成理论,成立犯罪必须具备四个方面的构成要件,即犯罪客体、犯罪客观方面、犯罪主体、犯罪主观方面。

(一)犯罪客体

1. 犯罪客体的概念

犯罪客体是指我国刑法所保护的,而被犯罪行为所侵犯的社会关系。根据对于犯罪客体的定义,其具有以下三个主要特征:(1)犯罪客体是一种社会关系;(2)犯罪客体是我国刑法所保护的社会关系;(3)犯罪客体是犯罪行为所侵犯的社会关系。

---

[5] 高铭暄、马克昌主编:《刑法学》(第 10 版),北京大学出版社、高等教育出版社 2022 年版,第 47~48 页。

2. 犯罪客体的分类

刑法理论根据犯罪行为侵犯的社会关系的范围,将犯罪客体分为一般客体、同类客体和直接客体。

(1)犯罪的一般客体

犯罪的一般客体是指一切犯罪所共同侵犯的客体,也就是我国刑法所保护的社会关系的整体。根据《刑法》第2条、第13条规定,其包括国家主权、领土完整和安全,人民民主专政制度,社会主义建设事业,社会秩序和经济秩序,国有财产、劳动群众集体所有的财产,公民私人所有的财产,公民的人身权利、民主权利和其他权利。一般客体揭示了一切犯罪的本质。是否存在犯罪的一般客体,是区分罪与非罪的重要标准。

(2)犯罪的同类客体

犯罪的同类客体是指某一类犯罪所共同侵犯的客体,也就是刑法所保护的社会关系的某一部分或某一方面。在刑事立法中,对各种具体犯罪进行归纳、分类和编排,能够构建起一个以同类客体原理为指导,以犯罪社会危害性程度为基础的刑法法则体系。根据我国刑法的规定,立法上的同类客体被分为十类。

(3)犯罪的直接客体

犯罪的直接客体是指某一犯罪行为所直接侵害的具体的社会关系。例如,故意杀人罪直接侵犯的是他人生命权利。犯罪的直接客体是决定犯罪性质的最重要因素。一种行为之所以被认定为这种犯罪或者那种犯罪,归根结底是由犯罪的直接客体决定的。犯罪的直接客体揭示了具体犯罪所侵害社会关系的性质以及该犯罪的社会危害性程度。因此,犯罪的直接客体是区分罪与非罪、此罪与彼罪界限的关键。根据犯罪行为侵犯直接客体的数量,可以将其区分为简单客体与复杂客体。以具体犯罪侵害的社会关系是否具有物质性为标准,可将直接客体分为物质性犯罪客体和非物质性犯罪客体。

(二)犯罪客观方面

犯罪客观方面,是指刑法规定的,说明行为对刑法所保护的社会关系(或法益)造成侵害而成立犯罪所必需的客观事实特征。其具有如下特征:(1)犯罪客观方面是由刑法规定的;(2)犯罪客观方面是行为对客体的侵犯;(3)犯罪客观方面是犯罪主观方面的客观外在表现;(4)犯罪客观方面在犯罪构成的四个要件中居于关键地位。研究和把握犯罪客观方面有助于区分罪与非罪、此罪与彼罪,有助于正确分析和认定罪过以及正确量刑。

犯罪客观方面包括危害行为、危害结果、危害行为与危害结果之间的因果关系、犯罪的方法、时间、地点等。在这些要件中,危害行为是一切犯罪在客观方面都必须具备的要件,是一切犯罪构成的核心要件;危害结果是大多数犯罪的构成要件;犯罪的方法、时间、地点则只是一部分犯罪的构成要件。

1. 危害行为

危害行为,是指表现人的意志自由、客观上危害社会并为刑法所禁止的身体动静。刑法中危害行为的表现形式多种多样,从行为的客观外在特征看,危害行为可分为作为、不作为。

(1)作为

作为是指行为人以积极的身体活动所实施的刑法禁止实施的危害行为。作为违反的是刑法中的禁止性规范,即"不当为而为"。比如,用刀杀人而构成的故意杀人罪,行为人的作为就是直接违反了刑法中"不得杀人"的禁止性规范。

（2）不作为

不作为是指行为人在负有实施某种特定积极行为的法律义务的情况下，能够履行而没有履行该义务的行为。不作为违反的是刑法中的命令性规范，即"当为而不为"。比如，负有抚养义务的行为人对不具有独立生活能力的人拒绝抚养，而情节恶劣的，就是一种典型的不作为。从实践来看，行为人的特定法律义务来源于法律明文规定的义务、职务或业务上要求的义务、法律行为引起的义务、先行行为引起的义务以及公共秩序和社会公德要求承担的义务。

不作为犯可以划分为纯正的不作为犯和不纯正的不作为犯。只能由不作为方式构成的犯罪为纯正的不作为犯；不纯正的不作为犯是指以不作为的手段来实现通常由作为方式实施的犯罪。

2. 危害结果

危害结果有广义与狭义之分。广义的危害结果指犯罪行为对刑法所保护的社会关系所造成的损害，包括构成要件结果和非构成要件结果、物质性结果和非物质性结果、直接结果和间接结果等，它存在于一切犯罪之中。狭义的危害结果又称构成要件结果，是由犯罪的实行行为造成的、根据刑法分则的规定对成立犯罪或者犯罪既遂具有决定意义的危害结果，它只存在于过失犯罪、间接故意犯罪和结果犯的既遂犯中。

危害结果具有客观性、法定性、因果性的特征。根据行为对象受到作用和影响后遭受的损害形态，可以将危害结果分为实害结果和危险结果；根据危害结果能否为人直观感知和测量，可以将危害结果分为物质性结果和非物质性结果；根据危害结果是否为犯罪成立所必备或是否能影响犯罪形态，可以将危害结果分为构成要件的结果和非构成要件的结果。

3. 因果关系

刑法中的因果关系是指人的危害行为合乎规律地引起某种危害结果的内在联系。研究因果关系的目的在于确定现实中业已发生的危害结果是由哪个（或哪些）行为所引起的，进而决定能否将该危害结果归咎于行为人，为定罪量刑提供客观依据。因果关系具有客观性、相对性、时间序列性、条件性和具体性、复杂性以及必然性和偶然性的特征。

4. 行为的时间

所谓行为的时间，是指犯罪行为实施的时间。在一般情况下，该时间并非犯罪成立所必需。但是，在法律明文规定把特定时间作为某罪构成要件时，特定时间对于危害行为是否为罪、构成何罪，则起着决定性的作用。比如，《刑法》第340条就把"禁渔期"规定为构成非法捕捞水产品罪的必备要件，因而实施的捕捞水产品行为是否在"禁渔期"这一时间范围内，就成为非法捕捞水产品罪成立与否的重要条件。

5. 行为的地点

所谓行为的地点，一般是指犯罪行为实施的场所或地理位置，即危害行为发生的空间区域。在一般情况下，犯罪行为的地点并非犯罪构成要件，不影响犯罪的成立。但是，在法律明文规定把特定地点作为某罪构成要件时，地点对于该行为是否为罪就具有决定性作用，如非法狩猎罪中的"禁猎区"、非法采矿罪中的"国家规划矿区、对国民经济具有重要价值的矿区和他人矿区"等。

6. 行为的方法

所谓行为的方法，是指实施犯罪行为所采用的具体方式。在一般情况下，犯罪人用何种方法实施危害行为，对于构成犯罪并没有影响。但是，对于某些犯罪而言，刑法也将特定的方法规定为犯罪构成的必要条件。如暴力干涉婚姻自由罪中"以暴力",组织、利用会道门、邪教组织、利用迷信破坏法律实施罪中的"组织、利用会道门、邪教组织、利用迷信"等。

7. 犯罪对象

犯罪对象,是指刑法分则条文规定的犯罪行为所直接作用的客观存在的具体人或者物。犯罪对象具有客观性和可知性的特征,其与犯罪客体的区别在于:作为犯罪对象的具体物是作为犯罪客体的具体社会关系的物质表现;作为犯罪对象的具体人是作为犯罪客体的具体社会关系的承担者。通常来说,犯罪客体总是通过一定的犯罪对象表现它的存在,也即行为人是通过犯罪对象即具体物或者具体人来侵害一定的社会关系的。

(三)犯罪主体

犯罪主体是指实施危害社会行为、具有刑事责任能力的自然人或单位。根据我国刑法,自然人是具有普遍意义的犯罪主体,而单位只有在法律明文规定有单位犯罪的情况下,才能成为犯罪主体。

1. 自然人

自然人成为犯罪主体必须具备刑事责任能力,这是自然人成为犯罪主体的关键,刑事责任能力是指行为人具备的刑法意义上辨认和控制自己行为的能力,包括辨认能力和控制能力两项内容。所谓辨认能力是指行为人具备的对自己的行为在刑法上的意义、性质、后果的分辨认识能力。所谓控制能力是行为人具备的决定自己是否触犯刑法的能力。行为人只有同时具备辨认和控制能力,才具备刑事责任能力。

行为人的年龄、精神状态、生理功能等因素不同,其辨认能力和控制能力也是不同的。

我国对刑事责任年龄的划分采用三分法,未满12周岁的人实施任何犯罪行为,都不需承担刑事责任。因此,未满12周岁是完全不负刑事责任年龄。已满12周岁不满14周岁的人,犯故意杀人、故意伤害罪,致人死亡或者以特别残忍手段致人重伤造成严重残疾,情节恶劣,经最高人民检察院核准追诉的,应当负刑事责任。已满14周岁不满16周岁的人,犯故意杀人、故意伤害致人重伤或死亡、强奸、抢劫、贩卖毒品、放火、爆炸、投毒罪的,应当负刑事责任。因此,这个年龄阶段是限制刑事责任能力阶段。已满16周岁的人犯罪的,应当负刑事责任。因此,已满16周岁的人应当对自己的行为负责,如其实施刑法禁止的行为,就应当承担完全刑事责任。

精神障碍是所有精神疾病的总称。我国《刑法》第18条对精神病人的刑事责任作了专门规定,根据精神病人发病时丧失辨认能力和控制能力的程度将精神病人分为完全无刑事责任能力的精神病人、完全刑事责任能力的精神病人、限制刑事责任能力的精神病人三类。

人只有通过自己感觉器官的正常活动,才能获取对外在客观世界的感性认识,并在这些感性认识材料的基础上进行能动的意志选择、加工和自我控制活动。人的听觉器官、发音器官、视觉器官一旦发生功能性障碍,必然影响人对客观事物的认识和判断,影响人与人之间的正常交往和思想交流,从而影响人刑法意义上的辨认或控制行为能力。因此,我国《刑法》第19条规定,"又聋又哑的人或者盲人犯罪,可以从轻、减轻或者免除处罚"。

2. 单位犯罪

单位犯罪,是指由公司、企业、事业单位、机关、团体实施的依法应当承担刑事责任的危害社会的行为。我国《刑法》第30条规定:"公司、企业、事业单位、机关、团体实施的危害社会的行为,法律规定为单位犯罪的,应当负刑事责任。"

单位犯罪具有以下特点:(1)单位犯罪的主体只能是单位,包括公司、企业、事业单位、机关、团体。个人为进行违法犯罪活动而设立公司、企业、事业单位实施犯罪的,或者公司、企业、事业单位设立后,以实施犯罪为主要活动内容的,不以单位犯罪论处。(2)单位犯罪以刑法明文规定为前提,因此只有刑法分则明文规定单位可以成为犯罪主体的犯罪行为,才存在单位承担刑事责任的问题。(3)犯罪行为须体现单位意志。单位犯罪是单位的决策机构,为本单位谋求非法利益,按照单位的决策程序,借助单位成员来实施的犯罪行为。单位成员实施的犯罪行为并非单纯出于个人的意志,而是体现了单位的意志。

我国在原则上对单位犯罪采取双罚制,即对单位处以罚金,同时对单位直接负责的主管人员和其他直接责任人员处以刑罚。

(四)犯罪主观方面

犯罪主观方面是指犯罪主体对其实施的行为必然或可能引起的危害社会的结果所持的心理态度,其包括罪过(犯罪故意和犯罪过失)、犯罪目的、犯罪动机等因素。此外,认识错误问题也是犯罪主观方面需要探讨的内容,因为它的出现有可能改变行为的罪过形式及犯罪形态,从而对刑事责任产生影响。

1. 犯罪故意

犯罪故意,是指行为人明知自己的行为会发生危害社会的结果,并且希望或者放任这种结果发生的主观心理态度。犯罪故意包括两个方面的内容,一是认识因素,即明知自己的行为会发生危害社会的结果;二是意志因素,是指在明知这一认识因素的基础之上,行为人对自己行为所要导致的危害结果的发生所持的希望或放任的心理态度。根据认识因素和意志因素的不同,犯罪故意分为直接故意和间接故意两种。

(1)直接故意

犯罪的直接故意是指行为人明知自己的行为会发生危害社会的结果,并且希望这种结果发生的心理态度。这里的希望是行为人积极追求犯罪结果的发生,犯罪结果正是行为人实施犯罪行为所要达到的目的。

(2)间接故意

犯罪的间接故意是指行为人明知自己的行为可能发生危害社会的结果,并且放任这种结果发生的心理态度。所谓"放任",是指行为人对于危害结果的发生,采取听之任之、满不在乎、无所谓的态度:结果未发生的,行为人并不感到遗憾;结果发生了,也不违背其本意。如果行为人对可能发生的危害结果没有放任其发生,而是设法加以制止,即使发生了危害结果,也不属于间接故意。

2. 犯罪过失

犯罪过失是指行为人应当预见自己的行为可能发生危害社会的结果,因为疏忽大意而没有预见,或者已经预见而轻信能够避免,以致发生这种结果的心理态度。犯罪过失由认识因素和意志因素构成。根据认识因素和意志因素的不同,犯罪过失可分为疏忽大意的过失和过于自信的过失两类。

(1)疏忽大意的过失

疏忽大意的过失,指行为人应当预见自己的行为可能发生危害社会的结果,因为疏忽大意而没有预见,以致发生这种结果的心理态度。

(2)过于自信的过失

过于自信的过失,是指行为人已经预见自己的行为可能发生危害社会的结果,但是轻信能够避免,以致发生这种结果的心理态度。

3. 犯罪目的

所谓犯罪目的,是指行为人通过实施犯罪行为希望达到某种犯罪结果的心理态度,也就是犯罪行为所预期的结果在行为人大脑中的反映。犯罪目的反映了行为人的主观恶性,也是刑法规定的某些犯罪构成的必备要件。

4. 犯罪动机

所谓犯罪动机,是指引起和推动行为人实施犯罪行为,以满足某种需要的内心起因。例如,对直接故意杀人来讲,非法剥夺他人生命是其犯罪目的,而促使行为人确定这种犯罪目的的内心起因即犯罪动机,可以是贪财、奸情、仇恨、报复或者极端嫉妒心理等。犯罪动机侧重影响量刑,在以情节严重、情节恶劣为犯罪构成的犯罪中可能影响定罪。

5. 认识错误

认识错误是指行为人对于自己行为的法律性质或事实情况的认识发生错误。在我国刑法理论中,通常把认识错误分为法律认识错误与事实认识错误两类。

(1)法律认识错误

法律认识错误,又称违法性错误,指行为人对自己的行为在法律上是否构成犯罪、构成何种犯罪或者应当受到何种处罚的错误认识。法律认识错误大致分为假想犯罪、假想无罪、对罪名与罪刑轻重的误解三种。在假想无罪的情况下,如果行为人的法律认识错误是不可避免的,则不宜认定行为人的行为构成犯罪并追究刑事责任。

(2)事实认识错误

事实认识错误,是指行为人主观上对决定其行为性质及刑事责任的有关事实情况存在不正确的理解。其中,行为人认识的事实虽然与实际发生的事实不一致,但没有超出同一犯罪构成的范围的,属于具体的事实认识错误;行为人认识的事实与实际发生的事实不一致,且已经超出同一犯罪构成的范围的,称为抽象的事实认识错误。事实认识错误主要有以下几种:对象错误、工具错误、客体错误、因果关系错误、行为性质错误、打击错误。事实错误比较复杂,常常影响对罪与非罪、此罪与彼罪的认定。

6. 不可抗力

不可抗力是指行为在客观上虽然造成了危害结果,但不是出于行为人的故意或者过失,而是由于不能抗拒的原因所引起的。不可抗力有三个特征:一是行为人的行为在客观上造成了损害结果;二是行为人对自己的行为所造成的损害结果既无故意也无过失;三是损害结果是由不能抗拒的原因所引起的。所谓"不能抗拒",是指行为人虽然认识到自己的行为会发生损害后果,但由于当时主客观条件的限制,无力排除或阻止损害结果的发生。不可抗力的具体来源多种多样,如动物受惊、自然灾害,等等。

7. 意外事件

意外事件是指行为在客观上虽然造成了损害结果,但不是出于行为人的故意或者过失,而是由于不能预见的原因所引起的。意外事件也有三个特征:一是行为人的行为在客观上造成了损害结果;二是行为人对自己的行为所造成的损害结果既无故意也无过失;三是损害结果是由不能预见的原因所引起的。所谓"不能预见",是指行为人对其行为所导致的损害结果不但没有预见,而且根据行为人的实际认识能力和当时的客观情况,也根本不可能预见。

二、正当行为

正当行为,在我国刑法理论中又称为排除犯罪性行为,是指客观上造成一定的损害结果,形式上符合刑法对某种犯罪规定的客观要件,但实质上既不具备社会危害性,也不具备刑事违法性的行为。[6]

我国刑法明文规定的正当行为有正当防卫和紧急避险两类。除此之外,刑法理论上认为自救行为、依照法令的行为、正当业务行为、基于权利人承诺或自愿的损害行为也是正当行为。

(一)正当防卫

刑法中的正当防卫,是指为了使国家、公共利益、本人或者他人的人身、财产和其他权利免受正在进行的不法侵害,而采取的制止不法侵害的行为。正当防卫的成立需要具备如下条件。

1. 目的条件

正当防卫必须是为了保护合法的权益才能实施,这是正当防卫的目的条件。这一条件表明如果行为人实施的反击行为不是为了保护合法权益,而是为了保护非法利益,则不能认定为正当防卫。所谓合法权益,是指受法律保护的国家利益、社会公共利益、本人或他人的各种合法利益。因此,对非法利益的保护、防卫挑拨、互殴行为,都不属于正当防卫。

2. 起因条件

正当防卫的起因条件是发生和存在不法侵害行为。这一条件表明没有不法侵害行为的存在,就没有正当防卫的存在根据。因此,"假想防卫"不属于正当防卫。所谓不法侵害,是指能够危害到国家、公共利益、本人或者他人合法权益的各种违法犯罪行为,其既可以包括犯罪行为,也可以包括违法行为。

3. 时间条件

只有针对正在进行的不法侵害行为才能实施正当防卫,这是正当防卫的时间性条件。所谓正在进行的不法侵害,是指不法侵害不但是实际存在的,而且正处在已经着手进行、尚未结束的过程中。对于尚未着手进行或已经结束的不法侵害实行所谓的"正当防卫",在刑法理论上称为"防卫不适时",不构成正当防卫。

4. 对象条件

只有针对不法侵害人本人才能实施正当防卫,这是正当防卫的对象性条件。所谓不法侵害人本人,是指不法侵害的实施者及其共犯。

5. 限度条件

正当防卫不能明显超过必要限度而对不法侵害人造成重大损害,这是正当防卫的限度条件。防卫是否"明显超过必要限度",应当综合不法侵害的性质、手段、强度、危害程度和防卫的时机、手段、强度、损害后果等情节,考虑双方力量对比,立足防卫人防卫时所处情境,结合社会公众的一般认知作出判断。但是,既然以制止不法侵害所必需为标准,就不能简单地将正当防卫所造成的损害与不法侵害人所造成的损害进行量上的比较。

正当防卫明显超过必要限度造成重大损害的,属于"防卫过当",可能构成新的犯罪。对于防卫过当,应当根据防卫人的主观过错,认定为故意犯罪或者过失犯罪。防卫人虽然负刑事责任,但是应当减轻或者免除处罚。另外,《刑法》第 20 条第 3 款明确规定,对正在进行行凶、杀人、抢劫、强奸、绑架以及其他严重危及人身安全的暴力犯罪,采取防卫行为,造成不法侵害人

---

[6] 高铭暄、马克昌主编:《刑法学》(第 10 版),北京大学出版社、高等教育出版社 2022 年版,第 123 页。

伤亡的,不属于防卫过当,不负刑事责任。这一规定说明,在这些特定的暴力犯罪前面,不存在防卫过当的问题。对此刑法理论上也称之为无限防卫、无过当防卫或者特殊防卫。

(二)紧急避险

刑法中的紧急避险,是指为了使国家、公共利益、本人或他人的人身、财产和其他权利免受正在发生的危险,不得已损害另一较小合法权益的行为。紧急避险的成立需要具备以下条件。

1. 起因条件——有现实的危险存在

紧急避险只有在合法权益遭受危险的情况下才能实施。所谓危险,是指客观现实中存在的足以使各种合法权益遭受严重损害的紧急情况。与正当防卫仅仅面对不法侵害不同,紧急避险的危险来源要广泛得多。从司法实践中看,主要有人的不法侵害行为、自然灾害、动物的侵袭、人的生理、疾患等。实际并不存在危险而误认为危险存在的,属于"假想避险",不构成紧急避险。

2. 时间条件——必须危险正在发生

紧急避险的时间条件是危险正在发生,对合法权益形成了紧迫的、直接的危险。所谓危险正在发生,是指足以损害合法利益的危险情况已经出现,尚处在继续之中而未结束的情形。在危险的出现之前或者在危险已经结束之后进行所谓的避险行为,不能成立紧急避险,而是"避险不适时",不构成紧急避险。

3. 目的条件——为了使合法权益免受正在发生的危险

行为人必须具备正当的避险意图,即其认识到正在发生的危险只能通过损害另一个较小的合法权益的方式来排除,并具备为了使国家、公共利益、本人或他人的人身、财产和其他权利免受正在发生的危险的目的。

4. 对象条件——避险行为损害的是无辜第三者的利益

紧急避险行为所指向的对象是除避险人和不法侵害人以外的其他人的合法权益,这是紧急避险和正当防卫最典型的区别之一。第三者合法权益的范围十分广泛,既可以是公共利益,也可以是公民的合法权益,包括财产权利和人身权利等。

5. 主体限制条件——排除职务上、业务上负有特定义务的人

我国《刑法》第21条第3款规定,紧急避险"不适用于职务上、业务上负有特定责任的人",即特殊主体不得紧急避险。

6. 方法限制条件——只能在不得已的情况下实施

成立紧急避险,要求行为人必须是在别无他法、"不得已"时才能实施紧急避险行为。所谓"不得已",是指在危险正在发生的紧急情况下,除进行紧急避险外,任何其他方法都无法排除危险,而不得不采取损害另一个较小权益的方式来保全较大的权益。之所以对紧急避险的方法做出严格限制,是因为紧急避险行为一经实施,必然会给另一方合法权益造成损害,因而不得不严格限制。

7. 限度条件——不能超过必要限度造成不必要的损害

避险行为不得超过必要限度造成不应有的损害,这是紧急避险的限度条件。该条件要求对紧急避险所侵犯和所保护的利益进行衡量,只有当紧急避险所造成的损害小于所避免的损害,也即所保护的利益重于所侵犯的利益时,才属于紧急避险。

紧急避险超过必要限度造成不应有的损害的,属于"避险过当",避险过当,根据紧急避险人主观罪过的不同,分别构成故意犯罪或者过失犯罪,应当负刑事责任,但是应当减轻或者免

(三) 紧急避险与正当防卫的区别

1. 起因条件不同。紧急避险的起因条件除了人的侵害行为，还包括自然现象、动物攻击、人的生理疾患等对合法利益构成危险的因素；而正当防卫的起因条件只限于人的不法侵害。

2. 限制条件不同。在紧急避险的场合，实施避险行为必须是在不得已的情况下实施；而在正当防卫的场合，只要是面对正在进行的不法侵害就可以实施正当防卫行为。

3. 限度条件不同。紧急避险所造成的损害必须小于所要避免的损害，大于或者等于所要避免的损害属于避险过当；而正当防卫对不法侵害者所造成的损害，只要是为制止不法侵害所必需，并且没有明显超过必要限度、不属于重大损害，就被认为是在必要限度内。因此，所造成的损害与所避免的损害相等，甚至超过所要避免的损害，也是被允许的。

4. 对象条件不同。紧急避险往往通过损害与引发危险无关的无辜第三人的合法权益来达到避险目的；而正当防卫行为的对象只能是不法侵害者本人。紧急避险是两个合法权益之间的冲突，表现的是一种"正对正"的关系，而正当防卫则是合法权益与不法侵害之间的矛盾，表现的是一种"正对不正"的关系。

5. 行为主体的要求不同。紧急避险的相关规定对某些职务上、业务上负有特定责任的人不能适用；在正当防卫的场合，对于造成不法侵害的行为，任何人都能进行正当防卫。

三、故意犯罪停止形态

故意犯罪的形态，是指部分故意犯罪在实施过程中，因主客观原因停止后而呈现的各种具体状态，包括犯罪预备、犯罪未遂、犯罪中止和犯罪既遂。其中，犯罪预备、犯罪未遂、犯罪中止属于故意犯罪的未完成形态，只存在于故意犯罪中。犯罪既遂属于完成形态。

(一) 犯罪预备

犯罪预备是指行为人为了实行犯罪而准备工具、制造条件，但因为行为人意志以外的原因而未能着手实施犯罪，停止在犯罪预备阶段的形态。[7] 犯罪预备具有如下三个特征：

1. 行为人主观上是为了实行犯罪。要成立犯罪预备形态，首先行为人主观上必须具有犯罪意图，主观犯罪意图是犯罪预备形态与一般日常生活行为的根本区别，也是刑法处罚预备犯的主要根据。

2. 客观上实施了犯罪预备行为。这种准备行为的表现形式在法律上被概括为准备工具和制造条件两种，其中准备工具是指为了实行犯罪而制造、改装、购买、租借或者通过其他方式获取犯罪工具的行为；制造条件是指除准备工具外，为保证实行犯罪而进行的各种准备活动。这两个特征是犯罪预备和犯意表示的区别。

3. 行为停止在犯罪预备阶段。如果在着手实行犯罪后才停止，则不再是犯罪预备，而可能构成犯罪未遂。这一特征是犯罪预备与犯罪未遂相区别的标志。

4. 行为系基于行为人意志以外的原因而停止下来。这一特征是犯罪预备与犯罪中止相区别的标志。

我国《刑法》第22条第2款规定："对于预备犯，可以比照既遂犯从轻、减轻处罚或者免除处罚。"

---

[7] 陈兴良：《规范刑法学》(上)(第5版)，中国人民大学出版社2023年版，第294页。

(二)犯罪未遂

犯罪未遂是指行为人已经着手实行犯罪,由于犯罪分子意志以外的原因而未得逞的情形。[8] 犯罪未遂犯具有如下三个特征:

1. 已经着手实行犯罪。着手是指行为人决意实施刑法分则规定的具有实现犯罪构成所要求的结果可能性的行为。简言之,着手实行犯罪就是着手实施实行行为。是否已经"着手"实行犯罪是区别犯罪未遂与犯罪预备的标志。

2. 犯罪未得逞。未得逞是指犯罪行为没有完整地具备刑法分则规定的某一犯罪构成的所有要件。这一特征是犯罪未遂与犯罪既遂相区别的显著标志。

3. 犯罪未得逞是由于犯罪分子意志以外的原因。所谓意志以外的原因,是指违背犯罪人本意的客观情况阻止了犯罪行为达到既遂,或者使犯罪人认为不能既遂从而停止犯罪。"意志以外的原因"这一特征是犯罪未遂与犯罪中止相区别的标志。

在刑法理论上,根据不同标准,主要将未遂犯划分为:实行终了未遂和未实行终了未遂;能犯未遂和不能犯未遂。

我国《刑法》第23条第2款对未遂犯的处罚原则作出如下规定:"对于未遂犯,可以比照既遂犯从轻或者减轻处罚。"

(三)犯罪中止

犯罪中止是指在犯罪过程中,行为人自动放弃犯罪或者自动有效地防止犯罪结果发生,而未完成犯罪的一种故意犯罪停止形态。[9] 犯罪中止可以分为自动停止的犯罪中止和自动有效地防止犯罪结果发生的犯罪中止。

1. 自动停止的犯罪中止

自动停止的犯罪中止,是指在犯罪过程中,行为人自动放弃犯罪行为的实施,从而避免犯罪结果发生的一种犯罪停止形态。它具有以下特征:(1)时间性。即必须在犯罪过程中停止并放弃犯罪。这一"犯罪过程",一般认为包括犯罪预备阶段和犯罪实行阶段。(2)客观性。即客观上存在放弃犯罪的中止行为。所谓放弃犯罪,是指在犯罪过程中停止实施犯罪,因而犯罪构成所规定的危害结果不会发生的情形。(3)自动性。即行为人放弃犯罪是基于自己意愿的自动为之。(4)彻底性。即行为人主观上彻底放弃犯罪,而不是暂时停下来等待犯罪时机成熟之后再继续犯罪。

2. 自动有效地防止犯罪结果发生的犯罪中止

结果防止型中止犯,是指在着手实行犯罪之后,行为人已实施的犯罪行为可能造成但尚未造成构成要件所规定结果的情况下,行为人采取措施有效地阻止该危害结果发生的一种故意犯罪停止形态。结果防止型中止犯具备如下四个特征:(1)时间性。行为发生在实行阶段并有发生既遂之危害结果的可能性。(2)客观性。行为人客观上实施了防止犯罪结果发生的中止行为。(3)自动性。行为人自动中止犯罪,因而自动有效地防止犯罪结果的发生。(4)有效性。没有发生行为人之前所追求的、由行为性质决定的危害结果,而不是说没有发生任何危害结果。

我国《刑法》第24条第2款规定:"对于中止犯,没有造成损害的,应当免除处罚;造成损害

---

[8] 张明楷:《刑法学》(上)(第6版),法律出版社2021年版,第436页。
[9] 高铭暄、马克昌主编:《刑法学》(第10版),北京大学出版社、高等教育出版社2022年版,第156页。

的,应当减轻处罚。"

(四)犯罪既遂

犯罪既遂,即故意犯罪的完成形态,是指实行直接故意犯罪之后具备了犯罪构成要件之全部要素的故意犯罪形态。[10]

根据我国刑法分则对各种具体犯罪构成要件的不同规定,犯罪既遂的形态可以分为以下类型:

1. 结果犯。结果犯的既遂,除了实施刑法分则所规定的某种犯罪行为以外,还必须发生法定的犯罪结果。如故意杀人罪,行为人对被害人着手实施杀害行为后,导致被害人死亡结果发生的,为故意杀人罪既遂;未造成被害人死亡结果的,则为故意杀人罪未遂。

2. 行为犯。行为犯是以完成刑法分则所规定的某种犯罪行为作为既遂标志的犯罪。如诬告陷害罪,行为人只要实施了诬告行为,即为犯罪既遂,至于被诬陷者受到刑事追诉或处罚的结果是否实际发生,则在所不问。

3. 危险犯。危险犯是以行为人的行为造成了刑法分则所规定的发生某种危害结果的危险状态作为既遂标志的犯罪。例如,《刑法》第114条规定的放火罪等,这类犯罪行为,一旦足以威胁到不特定多数人的生命、健康安全和重大公私财产安全,即以犯罪既遂论处。

4. 举动犯。举动犯是指按照法律规定,行为人一经着手实行即成立既遂的犯罪。举动犯一般包括两种情况:一种是有组织犯罪的组织形成行为,另一种是煽动类犯罪。[11]

刑法分则规定的各种犯罪的法定刑,均以犯罪既遂为标准。

四、共同犯罪

共同犯罪是指二人以上共同故意犯罪。

(一)共同犯罪的成立条件

1. 二人以上

这是共同犯罪的主体要件。共同犯罪的犯罪主体必须是"二人以上"。"二人"是成立共同犯罪对犯罪主体数量的下限要求。这里的"人",应作广义的理解,既包括自然人,也包括拟制的人——单位。因此,自然人与法人或两个以上的单位共同实施的犯罪,也可以构成共同犯罪。

2. 共同的犯罪行为

这是共同犯罪的客观要件。其要求各共同犯罪人必须具有共同行为,即各行为人的行为在共同故意的支配下都指向同一犯罪,相互配合、相互协调、相互补充,形成一个整体。各共同犯罪人的行为作为一个整体与危害结果之间具有因果关系。

3. 共同的犯罪故意

这是共同犯罪的主观要件。共同犯罪必须是"共同故意"犯罪。所谓共同犯罪故意,是指各行为人通过意思的传递、反馈而形成的,明知自己是和他人配合共同实施犯罪,并且明知共同的犯罪行为会发生某种危害社会的结果,而希望或者放任这种结果发生的心理态度。

---

[10] 高铭暄、马克昌主编:《刑法学》(第10版),北京大学出版社、高等教育出版社2022年版,第146页。
[11] 《刑法学》编写组:《刑法学(上册·总论)》(第2版),高等教育出版社2023年版,第221页。

(二)共同犯罪的形式

共同犯罪的形式,是共同犯罪的形成形式、结构形式和共同犯罪人的结合形式的总称。其中,形成形式是指共同犯罪是如何形成的;结构形式是指共同犯罪内部有无分工;结合形式是指共同犯罪是否具有组织形式。根据不同的标准,可以将共同犯罪分为如下类型。

1. 任意的共同犯罪和必要的共同犯罪

以共同犯罪是否能够任意形成为标准,可以将共同犯罪分为任意的共同犯罪和必要的共同犯罪。所谓任意的共同犯罪,是指刑法分则规定的一个人能够单独实施的犯罪,由两人以上共同实施而构成共同犯罪的情形。所谓必要的共同犯罪,是指刑法分则所规定的只能由两人以上的共同行为才能构成的共同犯罪。

2. 事前通谋的共同犯罪与事前无通谋的共同犯罪

这是以共同犯罪故意形成的时间为标准进行划分的。事前通谋的共同犯罪,是指共同犯罪人着手实行犯罪以前形成共同犯罪故意的共同犯罪。事前无通谋的共同犯罪,是指共同犯罪人在着手实行犯罪之际或者实行犯罪过程中形成共同犯罪故意的共同犯罪。

3. 简单的共同犯罪与复杂的共同犯罪

这种分类是以共同犯罪人之间有无分工为标准进行划分的。简单的共同犯罪,指的是二人都直接实行某一具体犯罪构成客观要件行为的共同犯罪。复杂的共同犯罪,指各个共同犯罪人之间存在分工的共同犯罪。

4. 一般的共同犯罪和有组织的共同犯罪

这种划分方式是以共同犯罪人之间有无组织形式为标准进行划分的。一般的共同犯罪,是指各共同犯罪人为实施特定犯罪而事前或临时结合的、无特殊组织形式的共同犯罪。有组织的共同犯罪即集团犯罪。

(三)共同犯罪人的刑事责任

由于各个共同犯罪人在共同犯罪中的地位和作用不同,对各共同犯罪人处理时需要区别对待,因而有必要对共同犯罪人进行分类。正由如此,在世界各国关于共同犯罪的立法中,除了少数国家外,绝大多数国家刑法均对共同犯罪人的种类加以划分。对共同犯罪人的分类主要有分工分类法和作用分类法。我国刑法综合两种分类方法,将共同犯罪人分为主犯、从犯、胁从犯、教唆犯。

1. 主犯

主犯是指组织、领导犯罪集团进行犯罪活动的或者在共同犯罪中起主要作用的共同犯罪人。主犯分为两种:

(1)组织、领导犯罪集团进行犯罪活动的犯罪分子,亦即犯罪集团的首要分子。这种主犯只有在犯罪集团这种特殊的共同犯罪中才存在。组织,指纠集、串联他人建立犯罪集团。领导,指率领犯罪集团成员进行犯罪活动,为犯罪集团的犯罪活动出谋划策、作出决定,指使、安排、调配犯罪集团成员的分工和活动等。此类主犯是犯罪集团的核心,没有这种主犯,也就没有犯罪集团,所以这种主犯具有更大的社会危害性,是我国刑法打击的重点。

(2)在共同犯罪中起主要作用的犯罪分子,即犯罪集团首要分子以外的在共同犯罪中起主要作用的犯罪分子,包括:一是在犯罪集团中虽不起组织、指挥作用,但是积极参与犯罪集团的犯罪活动的人,即犯罪集团的骨干分子;二是聚众共同犯罪中的首要分子或其他在聚众共同犯罪中起主要作用的犯罪分子;三是在聚众共同犯罪以外的一般共同犯罪中起主要作用的犯罪分子。

《刑法》第 26 条第 3 款规定:"对组织、领导犯罪集团的首要分子,按照集团所犯的全部罪行处罚。"第 26 条第 4 款规定:"对于第三款规定以外的主犯,应当按照其所参与的或者组织、指挥的全部犯罪处罚。"

2. 从犯

从犯是指在共同犯罪中起次要作用或者辅助作用的共同犯罪人。从犯可以分为以下两种:(1)在共同犯罪中起次要作用的犯罪分子,即次要的实行犯。这种从犯直接实施了具体犯罪构成的客观要件的行为,但在整个犯罪活动过程中较主犯所起的作用小。(2)在共同犯罪中起辅助作用的犯罪分子,即帮助犯。这种从犯不直接实施实行行为。

我国《刑法》第 27 条第 2 款规定:"对于从犯,应当从轻、减轻处罚或者免除处罚。"

3. 胁从犯

胁从犯是指被胁迫参加犯罪的共同犯罪人。胁从犯具有以下特征:(1)胁从犯是因为被他人胁迫而参加犯罪;(2)胁从犯在客观上实施了犯罪行为;(3)胁从犯在主观上明知自己实施的行为是犯罪行为,在可以选择不实施犯罪的情况下,虽不愿意但仍实施了犯罪行为。

对于被胁迫参加犯罪的,应当按照他的犯罪情节减轻处罚或者免除处罚。

4. 教唆犯

教唆犯是故意唆使他人犯罪的犯罪分子。我国刑法对共同犯罪人的分类基本上是以犯罪分子在共同犯罪中的作用为标准的,但教唆犯是以犯罪分子在共同犯罪中的分工为标准对共同犯罪人进行分类的结果。构成教唆犯,需要具备如下条件:

(1)从客观方面看,必须有教唆他人犯罪的行为。也即,用授意、劝说、请求、命令、挑拨、刺激、收买、引诱等方法,唆使他人实施某一具体犯罪。教唆行为的形式,可以是口头的,也可以是书面的;可以是一人单独教唆,也可以是数人共同教唆。无论采用哪种形式,都只能以作为方式出现,不作为不可能成立教唆犯。

(2)从主观方面看,必须有教唆他人犯罪的故意。成立教唆犯必须要有教唆的故意,这里的故意既包括直接故意,也包括间接故意。故意的内容包括:认识到他人尚无犯罪决意,预见到自己的教唆行为将引起被教唆者产生犯罪决意,并希望或者放任教唆行为所产生的结果。

教唆他人犯罪的,应当按照他在共同犯罪中所起的作用处罚。教唆不满 18 周岁的人犯罪的,应当从重处罚。如果被教唆的人没有犯被教唆的罪,对于教唆犯,可以从轻或者减轻处罚。

五、罪数形态

罪数形态在刑法理论上是指一罪与数罪的区别。[12] 行为人的行为是一罪还是数罪,和刑法适用、管辖、追诉时效以及刑法赦免、民事赔偿等密切相关,因此,罪数形态是刑法中一个很重要的问题。

学界围绕罪数形态的认定标准存在不同的观点。行为标准说认为,应以行为的单复数作为区别犯罪单复数的标准。法益标准说认为,应以所侵害法益的单复数作为区别犯罪单复数的标准。意思标准说认为,应把犯意的单复数作为决定罪数的标准。构成要件标准说认为,应

---

[12] 《刑法学》编写组:《刑法学(上册·总论)》(第 2 版),高等教育出版社 2023 年版,第 261 页。

以构成要件为标准。[13] 我国刑法学界的通说主张以犯罪构成作为区分一罪与数罪的标准。

根据行为符合犯罪构成的个数,罪数形态可以分为一罪和数罪。数罪被分为同种数罪和异种数罪、并罚数罪和非并罚数罪、判决宣告以前的数罪和刑罚执行期间的数罪。一罪被分为以下三类:(1)实质的一罪,包括继续犯、结果加重犯、想象竞合犯;(2)法定的一罪,包括结合犯、集合犯;(3)处断的一罪,包括牵连犯、连续犯、吸收犯。

（一）实质的一罪

1. 继续犯

继续犯也叫持续犯,是指犯罪行为及其所引起的不法状态同时处于持续过程中的犯罪形态。例如,《刑法》第238条规定的非法拘禁罪,从行为人非法地把他人拘禁起来的时候开始,一直到恢复他人的人身自由的时候为止,这一非法拘禁的行为处于持续不断的状态。

继续犯的基本特征如下:(1)必须是基于一个犯罪故意实施一个危害行为的犯罪。(2)是持续地侵犯同一客体或相同直接客体的犯罪。(3)是犯罪行为及其所引发的不法状态同时处于持续过程中的犯罪。(4)犯罪行为必须持续一定时间或以一定时间的持续性为成立条件。这是继续犯最显著的特征之一,也是它区别于其他犯罪形态的重要标志之一。

对于继续犯,不论其持续时间长短,均应以一罪定罪处罚。

2. 结果加重犯

结果加重犯,又叫加重结果犯,是指实施基本犯罪构成要件行为,由于发生了刑法规定的基本犯罪构成要件以外的重结果,刑法对其规定加重法定刑的犯罪形态。例如,我国《刑法》第234条的故意伤害罪,一般处3年以下有期徒刑或者拘役,但若伤害致他人死亡的,就要处10年以上有期徒刑或无期徒刑或者死刑。

结果加重犯的基本特征如下:

(1)行为人所实施的基本犯罪构成要件的行为必须客观地引发了基本犯罪构成要件以外的重结果,即符合基本犯罪构成要件的行为与加重结果之间具有因果联系。(2)基本犯罪构成要件以外的重结果或者加重结果,必须通过刑法明文规定的方式,成为依附于基本犯罪构成要件而存在的特定犯罪的有机组成部分。(3)行为人对其实施的基本犯罪构成要件的行为及其所引起的加重结果均有犯意。

由于刑法对结果加重犯规定了比基本犯罪加重的法定刑,所以,对结果加重犯应当依照刑法的规定,在加重的法定刑幅度内量刑。

3. 想象竞合犯

想象竞合犯也称观念的竞合、想象的数罪,是指行为人基于数个不同的具体罪过,实施一个危害社会行为,而触犯数个异种罪名的犯罪形态。如行为人甲欲杀死乙,却以枪击误击中旁边的丙,致丙重伤,其行为构成故意杀人罪(未遂)与过失致人重伤罪(既遂)的竞合。

想象竞合犯具有以下特征:(1)行为人必须基于数个不同的具体罪过实施犯罪行为;(2)行为人只实施一个危害社会行为;(3)行为人实施的一个危害社会行为必须侵犯数个不同的直接客体;(4)行为人实施的一个危害社会行为必须同时触犯数个罪名。

我国刑法理论认为,对想象竞合犯,应采取"从一重罪处断"的原则,即按照其犯罪行为所触犯的数罪中最重的犯罪论处。

---

[13] 张明楷:《外国刑法纲要》(第3版),法律出版社2020年版,第309~310页。

(二)法定的一罪

1. 结合犯

结合犯,是指数个原本独立的犯罪行为,根据刑法的明文规定,结合为另一个独立新罪的情况。日本刑法第241条规定的强盗强奸罪,就是典型的结合犯,我国刑法中还没有典型的结合犯。

结合犯具有以下特征:(1)所结合的数罪,必须是刑法上有明文规定的独立犯罪行为。(2)由数个原罪结合而成的新罪,必须含有与原罪相对应且彼此相对独立的数个犯罪的构成要件;数罪结合成为一罪,一般表现为以下两种形式:一是甲罪+乙罪=甲乙罪,如日本刑法中的强盗强奸罪,就是由强盗罪和强奸罪这两个罪名结合在一起而构成的结合犯。二是甲罪+乙罪=丙罪,这种方式在结合犯中比较少见。(3)数个原罪必须基于一定程度的客观联系,并基于刑法的明文规定结合成一个独立的新罪。(4)必须以数个性质各异且足以单独构成犯罪的危害行为触犯由原罪结合而成的新罪。

结合犯由于是将原来的数罪结合成一个新罪,所以,应该按照新罪的法定刑处罚。

2. 集合犯

集合犯,是指行为人基于实施多次同种犯罪行为的意图而实际实施的数个同种犯罪行为,被刑法规定为一罪的犯罪形态。其中,以一定的行为为常业的犯罪是常业犯;以营利为目的,意图反复实施一定的行为为业的犯罪是营业犯。

集合犯具有以下基本特征:(1)集合犯是行为人以实施多次或者不定次数的同种犯罪行为为目的;(2)集合犯通常实施了数个同种的犯罪行为;(3)集合犯必须是刑法将可能实施的数个同种犯罪行为规定为一罪,即集合犯是法律规定的一罪。

集合犯属于法定的一罪,刑法分则中明文规定对其以一罪论处。

(三)处断的一罪

1. 牵连犯

牵连犯,是指出于一个最终的犯罪目的,实施数个犯罪行为,数个行为之间存在手段与目的或者原因与结果的牵连关系,分别触犯数个罪名的犯罪状态。

牵连犯具有以下特征:(1)数罪必须出于一个最终犯罪目的。(2)必须实施了两个以上相对独立的犯罪行为。(3)数个危害社会行为之间必须具有牵连关系;牵连关系是指行为人所实施的数个犯罪行为之间具有方法与目的或原因与结果的密切联系。(4)牵连犯的数个行为必须触犯不同的罪名。

凡刑法分则条款对特定犯罪的牵连犯明确规定相应处断原则的,均应当按照刑法分则条款的规定,对特定犯罪的牵连犯予以处断;凡刑法分则未明确规定处断原则的,则应"从一重处断",即按照数罪中最重的一个罪所规定的刑罚处理。

2. 连续犯

连续犯,是指行为人基于数个同一的犯罪故意,连续多次实施了数个性质相同的犯罪行为,触犯同一罪名的犯罪形态。

连续犯具有以下特征:(1)连续犯须基于连续意图支配下的数个同一的犯罪;(2)连续犯必须实施数个足以构成犯罪的危害行为;(3)所实施的数个独立的行为之间必须具有连续性;(4)连续犯的数个独立行为须触犯同一罪名。

我国刑法理论和司法实践认为,对连续犯应当按照一罪从重处罚,不适用数罪并罚的原则。

3. 吸收犯

吸收犯,是指行为人实施数个性质不同的行为,因其所符合的犯罪构成之间存在特定的依附与被依附的关系,从而导致一个犯罪行为吸收另一个犯罪行为,对行为人仅以吸收之罪定罪,对被吸收之罪置之不论的犯罪形态。

吸收犯具有以下特征:(1)行为人实施了数个均符合构成要件且基本性质一致的危害行为;(2)数行为之间有吸收关系,即一行为是另一行为的必经阶段,或者一行为是另一行为的必然结果;(3)行为人实施的数个犯罪行为必须侵犯同一或相同的直接客体,并且指向同一的具体犯罪对象;(4)行为人必须基于一个犯意,为了实现一个具体的犯罪目的而实施数个犯罪行为。

我国刑法理论通说认为,对于吸收犯,应按照吸收行为所构成的犯罪处罚,不实行数罪并罚。

第三节 刑 罚

一、主刑

主刑只能独立适用,不能附加适用。一个罪只能适用一个主刑,不能同时适用两个以上的主刑。我国刑法中规定的主刑,按其轻重顺序排列有如下五种:管制、拘役、有期徒刑、无期徒刑、死刑。

(一)管制

管制,是对犯罪分子不予关押,只限制其一定自由,交由社区矫正、改造的刑罚方法。管制是我国刑法规定的五种主刑中最轻的一种刑罚。

管制具有以下特点:(1)对犯罪分子不予关押,不剥夺人身自由,只是限制其一定自由。(2)犯罪分子的劳动生产、工作和其他活动要受相关社区、单位的管束和群众监督。(3)管制必须由人民法院依法判处,其他任何机关、单位、团体和个人都无权决定。

根据《刑法》第38条第3款的规定,对判处管制的犯罪分子,依法实行社区矫正。因而,对犯罪分子的管制的执行由司法行政机关的社区矫正机构负责。社区矫正机构在管制期限内负责对被判处管制的犯罪分子进行监督考察,主要涉及以下内容:(1)被判处管制的犯罪分子遵守《刑法》第39条规定的情况。根据第39条的规定,犯罪分子在管制执行期间,必须遵守下列规定:遵守法律、行政法规,服从监督;未经执行机关批准,不得行使言论、出版、集会、结社、游行、示威自由的权利;按照执行机关规定报告自己的活动情况;遵守执行机关关于会客的规定;离开所居住的市、县或者迁居,应当报经执行机关批准。(2)被判处管制的犯罪分子遵守人民法院对其发布的禁止令的情况。(3)被判处管制的犯罪分子遵守社区矫正机构依法要求其遵守的有关规定的情况。

刑法规定,管制的期限为3个月以上2年以下,数罪并罚时最高不能超过3年。管制的刑期,从判决执行之日起计算;判决执行以前先行羁押的,羁押1日折抵刑期2日。管制期满,执行机关应即向本人和其所在单位或者居住地的群众宣布解除管制。

如果判处管制,又需要剥夺政治权利的,应当按照刑法的有关规定附加剥夺政治权利,剥夺政治权利的期限与管制的期限相等,同时执行。解除管制的同时应当宣布恢复政治权利。

(二)拘役

拘役是短期剥夺犯罪分子的自由,并就近强制实行劳动改造的刑罚方法。拘役为我国刑法规定的五种主刑之一,是介于管制与有期徒刑之间的一种较轻的刑罚。

拘役主要具有以下特点:(1)拘役是一种短期剥夺犯罪分子自由的刑罚方法;(2)拘役是一种由公安机关就近执行的刑罚方法;(3)拘役在执行方法上具有特殊性。《刑法》第43条第2款规定:"在执行期间,被判处拘役的犯罪分子每月可以回家一天至两天;参加劳动的,可以酌量发给报酬。"

根据《刑法》的规定,拘役的期限,为1个月以上6个月以下,数罪并罚时不能超过1年。拘役的刑期,从判决执行之日起计算;判决执行以前先行羁押的,羁押1日折抵刑期1日。

(三)有期徒刑

有期徒刑,是剥夺犯罪分子一定期限的人身自由,实行强制劳动改造的刑罚方法。由于有期徒刑的刑期跨度大,可适用于绝大多数罪行轻重不等的犯罪,故成为司法实践中使用最为广泛的一种刑罚。

有期徒刑具有以下主要特点:(1)有期徒刑是剥夺犯罪分子人身自由的刑罚,属于自由刑,表现为将犯罪分子关押于监狱或其他执行场所。(2)有期徒刑具有一定期限,并且有期徒刑的期限幅度较大,上接无期徒刑,下连拘役;这是有期徒刑和无期徒刑相区别的主要特征。(3)有期徒刑是在执行场所对犯罪分子实行劳动改造。通过劳动改造促使犯罪分子矫正恶习,养成劳动习惯,学会生产技能,转变成为自食其力、遵纪守法的公民。

有期徒刑的期限,为6个月以上15年以下。判处死刑缓期执行的罪犯,在死刑缓期执行期间,如果确有重大立功表现,2年期满以后,可以减为25年有期徒刑。数罪并罚时,有期徒刑总和刑期不满35年的,最高不能超过20年;总和刑期在35年以上的,最高不能超过25年。有期徒刑的刑期,从判决执行之日起计算;判决执行以前先行羁押的,羁押1日折抵刑期1日。

我国《刑法》第46条规定:"被判处有期徒刑、无期徒刑的犯罪分子,在监狱或者其他执行场所执行;凡有劳动能力的,都应当参加劳动,接受教育和改造。"

(四)无期徒刑

无期徒刑,是剥夺犯罪分子终身自由,实行强制劳动改造的刑罚方法。无期徒刑为我国刑法规定的五种主刑之一,是仅次于死刑的一种严厉刑罚。无期徒刑是同严重犯罪作斗争的有力武器。我国刑法规定这一刑种,旨在缩小死刑的适用面,贯彻少杀政策。

无期徒刑具有以下主要特点:(1)无期徒刑是剥夺犯罪分子终身自由的刑罚,属于最严厉的一种自由刑;(2)将犯罪分子终身关押于监狱或其他执行场所,实行劳动改造。

(五)死刑

死刑,即剥夺犯罪分子生命的刑罚方法,是刑罚体系中最为严厉的一种刑罚。

我国刑法中的死刑具有如下特点:(1)死刑只适用于罪行极其严重的犯罪分子。所谓"罪行极其严重",不仅是指犯罪性质极其严重,而且是指犯罪的情节和犯罪分子的人身危险性极其严重。(2)我国刑法中的死刑包括死刑立即执行和死刑缓期执行。(3)在适用对象上有严格的限制。犯罪的时候不满18周岁的人和审判的时候怀孕的妇女,不适用死刑;审判的时候已满75周岁的人,不适用死刑,但以特别残忍手段致人死亡的除外。(4)在核准程序上有严格限制。死刑除依法由最高人民法院判决的外,都应当报请最高人民法院核准。死刑缓期执行的,可以由高级人民法院判决或者核准。

死刑缓期执行,简称"死缓",是我国刑法独创的死刑制度。其基本内容是:对于应当判处死刑的犯罪分子,如果不是必须立即执行的,可以判处死刑同时宣告缓期2年执行,实行劳动改造,以观后效。缓期2年期满,犯罪分子没有故意犯罪,减为无期徒刑。

宣告死刑缓期执行有两个条件:一个是罪该处死;另一个是不须立即执行。罪该处死,是指所犯罪行客观上对国家和人民利益造成的危害极其严重、情节特别恶劣。不须立即执行,是指从行为人的主观恶性和人身危险性的角度来看,尚有改造的余地,可以不立即执行死刑。

对于被判处死刑缓期2年执行的罪犯,由公安机关依法将该罪犯送交监狱执行刑罚。死刑缓期2年期满以后的处理方法有四种:(1)在死刑缓期执行期间,如果没有故意犯罪,2年期满以后,减为无期徒刑;(2)在死刑缓期执行期间,如果确有重大立功表现,2年期满以后,减为25年有期徒刑;(3)在死刑缓期执行期间,如果故意犯罪,情节恶劣的,由最高人民法院核准,执行死刑;(4)在死刑缓期执行期间,如果故意犯罪但未被执行死刑的,死刑缓期执行的期间重新计算,并报最高人民法院备案。

对判处死刑缓期执行的累犯以及因故意杀人、强奸、抢劫、绑架、放火、爆炸、投放危险物质或者有组织的暴力性犯罪被判处死刑缓期执行的犯罪分子,人民法院依据犯罪情节等情况可以同时决定对其限制减刑。被限制减刑的死刑缓期执行的犯罪分子,缓期执行期满后依法减为无期徒刑的,不能少于25年;缓期执行期满后依法减为25年有期徒刑的,不能少于20年。

死刑缓期执行的期间,从判决确定之日起计算。死刑缓期执行减为有期徒刑的刑期,从死刑缓期执行期满之日起计算。

二、附加刑

我国刑法规定的附加刑有四种,即罚金、剥夺政治权利、没收财产、驱逐出境。我国刑法中的附加刑,既可以附加于主刑适用,也可以独立适用。

(一)罚金

罚金,是人民法院判处犯罪分子向国家缴纳一定数额金钱的刑罚方法。能否适用罚金,要看这一犯罪的法定刑中是否有罚金,刑法分则条文对该罪的法定刑没有规定罚金的,就不能判处罚金。我国刑法对罚金的适用有四种不同的规定:第一种是选处罚金;第二种是并处罚金;第三种是并处或者单处罚金;第四种是单处罚金。单处罚金,一般只适用于犯罪情节较轻且有悔罪表现的犯罪分子。

我国刑法分则对罚金数额的确定,有以下几种形式:(1)无上限罚金制;(2)限额罚金制;(3)比例罚金制;(4)倍数罚金制;(5)倍比罚金制。根据刑法规定,我国罚金刑的执行有以下四种情况:(1)一次或者分期缴纳;(2)强制缴纳;(3)随时缴纳;(4)延期、减少或者免除缴纳。[14]

(二)剥夺政治权利

剥夺政治权利,是剥夺犯罪分子参加管理国家和政治活动的权利的刑罚方法。

剥夺政治权利的内容,是指剥夺下列权利:(1)选举权和被选举权;(2)言论、出版、集会、结社、游行、示威自由的权利;(3)担任国家机关职务的权利;(4)担任国有公司、企业、事业单位和人民团体领导职务的权利。剥夺政治权利是同时全部剥夺上述四项权利,而不是剥夺其中一

---

[14]《刑法学》编写组:《刑法学(上册·总论)》(第2版),高等教育出版社2023年版,第320页。

项或数项。

剥夺政治权利,既可以独立适用,也可以附加适用。独立适用剥夺政治权利的对象,是罪行较轻,不宜判处主刑的犯罪分子。附加适用指的是以下三种情况:(1)对于危害国家安全的犯罪分子应当附加剥夺政治权利;(2)对于故意杀人、强奸、放火、爆炸、投毒、抢劫等严重破坏社会秩序的犯罪分子,可以附加剥夺政治权利;(3)对判处死刑、无期徒刑的犯罪分子,应当剥夺政治权利终身。

附加剥夺政治权利的期限,依所附加的主刑不同而有所不同:(1)判处死刑、无期徒刑的,剥夺政治权利终身;(2)判处有期徒刑、拘役而附加适用剥夺政治权利和单独适用剥夺政治权利的期限为1年以上5年以下;(3)判处管制附加剥夺政治权利的期限和管制的期限相等;(4)在死刑缓期执行减为有期徒刑或者无期徒刑减为有期徒刑的时候,应当把附加剥夺政治权利的期限改为3年以上10年以下。

单独剥夺政治权利的刑期,从判决确定之日起计算。

(三)没收财产

没收财产,是指将犯罪分子个人所有财产的一部或者全部强制无偿地收归国有的刑罚方法。

没收财产是附加刑,既可以附加适用,也可以独立适用,但其适用必须以刑法分则条文的明文规定为依据。凡分则条文中没有规定没收财产的,一律不能适用没收财产。没收财产是没收犯罪分子个人所有财产的一部分或者全部。没收全部财产的,应当为犯罪分子个人及其扶养的家属保留必需的生活费用。在判处没收财产的时候,不得没收属于犯罪分子家属所有或者应有的财产。

(四)驱逐出境

驱逐出境是指强迫犯罪的外国人离开中国国(边)境的处罚方法。对于犯罪的外国人,可以独立适用或者附加适用驱逐出境。

驱逐出境的执行,依独立适用或者附加适用而不同。驱逐出境独立适用的,从判决确定之日执行;驱逐出境附加适用的,从主刑执行完毕之日起执行。

三、非刑罚处罚措施

非刑罚处罚措施,是指对犯罪分子所适用的不具有刑罚性质的处罚措施。非刑罚处罚措施的种类包括:(1)赔偿经济损失;(2)责令赔偿损失;(3)训诫;(4)责令具结悔过;(5)责令赔礼道歉;(6)行政处罚;(7)行政处分。

四、从业禁止

从业禁止,是指对于实施了与职业相关犯罪的犯罪分子,限制其在特定时间段内从事相关职业的资格。对于从业禁止的性质,学界一般将其归为"保安处分"措施。

从业禁止制度内容如下:(1)因利用职业便利实施犯罪,或者实施违背职业要求的特定义务的犯罪被判处刑罚;(2)由法院根据犯罪情况和预防再犯罪的需要而定;(3)禁止犯罪人自刑罚执行完毕之日或者假释之日起从事相关职业,期限3年至5年;(4)违反从业禁止规定的,必须承担一定的后果。

五、刑罚的裁量

刑罚的裁量,又称量刑,是指人民法院在依法认定行为人的行为构成犯罪的基础上,依据行为人的犯罪事实、各种量刑情节与规则,依法决定对行为人是否判处刑罚、判处什么刑罚以及如何执行刑罚的刑事审判活动。

刑罚裁量的权力专属于人民法院。我国《刑法》第 5 条规定:"刑罚的轻重,应当与犯罪分子所犯罪行和承担的刑事责任相适应。"第 61 条规定:"对于犯罪分子决定刑罚的时候,应当根据犯罪的事实、犯罪的性质、情节和对于社会的危害程度,依照本法的有关规定判处",这些规定体现了我国刑罚裁量的基本原则就是"以犯罪事实为依据,以刑事法律为准绳"。

(一)累犯

累犯,是指因犯罪被判处一定的刑罚,在刑罚执行完毕或者赦免以后的法定期限内,又犯一定之罪的犯罪人。现代各国刑法一般都有累犯的规定,并且都对累犯持从严处罚的态度。根据我国刑法的规定,累犯分为普通累犯和特别累犯两种,两者具有各自不同的构成条件。

1. 普通累犯

普通累犯,又称一般累犯,指因故意犯罪被判处有期徒刑以上刑罚,在刑罚执行完毕或者赦免以后 5 年内又犯应当判处有期徒刑以上刑罚的故意犯罪的犯罪分子。

普通累犯的构成条件是:(1)行为人犯前罪时已满 18 周岁。(2)前罪与后罪都必须是故意犯罪。(3)前罪与后罪所判处的刑罚都必须在有期徒刑以上。(4)后罪必须是在前罪的刑罚执行完毕或者赦免以后的一定期限内所犯的。"一定期限"指为 5 年,所谓"刑罚执行完毕",是指所判主刑执行完毕。

2. 特别累犯

我国《刑法》第 66 条规定:"危害国家安全犯罪、恐怖活动犯罪、黑社会性质的组织犯罪的犯罪分子,在刑罚执行完毕或者赦免以后,在任何时候再犯上述任一类罪的,都以累犯论处。"

特别累犯的构成条件是:(1)前罪与后罪必须是危害国家安全犯罪、恐怖活动犯罪和黑社会性质的组织犯罪中的任一类罪;(2)前罪被判处的刑罚与后罪应判处的刑罚的种类及其轻重不受限制;(3)后罪必须发生在前罪的刑罚执行完毕或者赦免以后,但在其后多长时间内再犯,则不受时间限制。

3. 累犯的处罚原则

累犯和一般犯罪人有所不同,它是在犯罪已经被判处刑罚后的再次故意犯罪,表明犯罪人具有较为严重的人身危险性。因此,我国《刑法》第 65 条、第 66 条规定对累犯从重处罚。

(二)自首

自首,是指犯罪嫌疑人犯罪以后自动投案,如实供述自己的罪行,或者被采取强制措施的犯罪嫌疑人、被告人和正在服刑的罪犯,如实供述司法机关还未掌握的本人其他罪行的行为。自首分为一般自首和准自首。

1. 一般自首

一般自首,是指犯罪嫌疑人在犯罪之后,自动投案,如实供述自己的罪行的行为。

一般自首的成立,必须具备"自动投案"和"如实供述自己的罪行"两个条件。(1)自动投案,是指犯罪事实或者犯罪嫌疑人尚未被司法机关发觉,或者虽被发觉,但犯罪嫌疑人尚未受到讯问、未被采取强制措施时,主动向公安机关、人民检察院或者人民法院投案。(2)如实供述自己的罪行,是指犯罪嫌疑人自动投案后,如实交代自己的主要犯罪事实。这是成立自首的必备条件,也是自首的本质特征。

2. 准自首

准自首,又叫特别自首,是指被采取强制措施的犯罪嫌疑人、被告人和正在服刑的罪犯,如实供述司法机关还未掌握的本人其他罪行的行为。

特别自首的成立要件是:(1)成立准自首的主体,必须是被采取强制措施的犯罪嫌疑人、被告人和正在服刑的罪犯。这在自首发生的时间、场合上显然与一般自首不同。(2)如实供述的内容,必须是司法机关还未掌握的本人其他罪行。这是成立特别自首的关键性条件,也是区别于一般自首的一个显著特征。

3. 自首犯的处罚原则

我国《刑法》第64条第1款规定:"犯罪以后自动投案,如实供述自己的罪行的,是自首。对于自首的犯罪分子,可以从轻或者减轻处罚。其中,犯罪较轻的,可以免除处罚。"

(三)立功

立功,是指犯罪分子在到案后至判决确定之前,实施揭发他人犯罪行为并经查证属实,或者提供重要线索,从而使其他案件得以侦破等有利于国家和社会的行为,其可以分为一般立功和重大立功。

构成立功必须符合以下要件:

(1)立功者必须是犯罪分子;(2)立功行为必须在犯罪分子到案后至判决确定前的期间内实行;(3)犯罪分子必须具有有利于国家和社会的表现。

具有重大贡献的,构成重大立功。

根据《刑法》第68条规定,对具有立功表现的犯罪分子,可以从轻或者减轻处罚;有重大立功表现的,可以减轻或者免除处罚。这一规定表明,我国刑法对立功采取的是相对从宽处罚原则。

(四)数罪并罚

数罪并罚,是指人民法院对同一行为人在法定时间界限内所犯数罪(判决宣告前犯数罪的;判决宣告后发现有漏罪的;判决宣告后,刑罚执行过程中又犯新罪的;在缓刑、假释考验期内发现漏罪或者又犯新罪的)分别定罪量刑后,按照法定的并罚原则及刑期计算方法,决定其应执行的刑罚的制度。

1. 数罪并罚的原则

数罪并罚的原则,是指对一人所犯数罪合并处罚所依据的原则。简单地说,就是对数罪如何实行并罚。综观世界各国立法例,数罪并罚的原则归纳起来主要有以下几种:

(1)并科原则,又称相加原则,是指对一人所犯数罪分别宣告刑罚,将其绝对相加,合并执行各罪刑罚总和的合并处罚原则。

(2)吸收原则,是指在对数罪分别宣告的刑罚中,以其中法定刑最重的罪吸收其他较轻的罪,或者由最重的宣告刑吸收其他较轻的宣告刑,仅以最重的宣告刑或者已宣告的最重刑罚作为执行刑罚的合并处罚规则。

(3)限制加重原则,即采用以一人所犯数罪中法定或已判处的最重刑罚为基础,再在一定限度之内予以加重的方法确定执行刑罚的合并处罚规则。

(4)综合原则,又称为折中原则,即根据法定的刑罚性质及特点兼采吸收、并科或者限制加重等不同的原则,来确定最终应执行的刑罚。

2. 数罪并罚的具体适用

适用数罪并罚有以下几种情况:

(1)判决宣告以前一人犯数罪的数罪并罚。《刑法》第 69 条规定,判决宣告以前一人犯数罪的,除判处死刑和无期徒刑外,应当在总和刑期以下、数刑中最高刑期以上,酌情决定执行的刑期。但是管制最高不能超过 3 年;拘役最高不能超过 1 年;有期徒刑总和刑期不满 35 年的,最高不能超过 20 年;有期徒刑总和刑期在 35 年以上的,最高不能超过 25 年。如果数罪中有判处附加刑的,附加刑仍须执行。

(2)判决宣告后发现漏罪的并罚。《刑法》第 70 条规定,判决宣告以后,刑罚执行完毕以前,发现被判刑的犯罪分子在判决宣告以前还有其他罪没有判的,应当对新发现的罪作出判决,把前后两个判决所判处的刑罚,依照该法第 69 条的规定,决定执行的刑罚。已经执行的刑期,应当计算在新判决决定的刑期以内。即"先并后减"。

(3)判决宣告后刑罚执行过程中又犯新罪的并罚。《刑法》第 71 条规定,判决宣告以后,刑罚执行完毕以前,被判刑的犯罪分子又犯罪的,应当对新犯的罪作出判决,把前罪没有执行的刑罚和后罪所判处的刑罚,依照该法第 69 条的规定,决定执行的刑罚。此种计算刑期的方法称为"先减后并"。

(4)缓刑和假释考验期内中发生的数罪并罚。根据《刑法》第 77 条第 1 款的规定,犯罪分子在缓刑考验期内又犯新罪的或者发现漏罪的,均应撤销缓刑并对新罪或者漏罪定罪判刑,然后按照判决宣告前的数罪并罚原则和方法,确定执行的刑期。

(五)缓刑

缓刑,是指对触犯刑律,经法定程序确认已构成犯罪、应受刑罚处罚的行为人,先行宣告定罪,暂不执行所判处的刑罚,由特定的考察机构在一定的考验期限内对罪犯进行考察,并根据罪犯在考验期间内的表现,依法决定是否适用原判刑罚的一种制度。缓刑可以分为一般缓刑和战时缓刑。

适用缓刑必须同时具备三个要件:(1)犯罪分子被判处拘役或 3 年以下有期徒刑;(2)犯罪分子不是累犯和犯罪集团的首要分子;(3)犯罪情节较轻,有悔罪表现,没有再犯罪的危险,宣告缓刑对所居住社区没有重大不良影响。

被宣告缓刑的犯罪分子,应当遵守下列规定:(1)遵守法律、行政法规,服从监督;(2)按照考察机关的规定报告自己的活动情况;(3)遵守考察机关关于会客的规定;(4)离开所居住的市、县或者迁居,应当报经考察机关批准。

被宣告缓刑的犯罪分子,在缓刑考验期限内犯新罪或者发现判决宣告以前还有其他罪没有判决的,应当撤销缓刑,对新犯的罪或者新发现的罪做出判决,把前罪和后罪所判处的刑罚,依照《刑法》第 69 条的规定,决定执行的刑罚。被宣告缓刑的犯罪分子,在缓刑考验期限内,违反法律、行政法规或者国务院有关部门关于缓刑的监督管理规定,或者违反人民法院判决中的禁止令,情节严重的,应当撤销缓刑,执行原判刑罚。

六、刑罚的执行

刑罚执行,是指有行刑权的司法机关将人民法院生效的判决所确定的刑罚付诸实施的刑事司法活动。刑罚执行的依据必须是人民法院发生法律效力的刑事判决书和裁定书所确定的刑罚。执行的主体机关是国家有权行刑的司法机关,其中,监狱负责执行有期徒刑、无期徒刑、死刑缓期2年执行刑罚的执行;公安机关负责执行被判处管制、拘役、剥夺政治权利、缓刑、假释、监外执行等刑罚的执行;人民法院负责执行罚金、没收财产、死刑的执行。

(一)减刑

减刑是指根据罪犯的服刑表现减轻刑种或者减短刑期的制度。

根据我国《刑法》第78条,适用减刑必须同时具备以下三个要件:(1)必须是被判处管制、拘役、有期徒刑、无期徒刑的犯罪分子;(2)必须是在刑罚执行期间;(3)必须是确有悔改表现或者有立功表现的。

对于符合上述要件的犯罪分子适用减刑时,应由执行机关向中级以上人民法院提出减刑建议书。人民法院应当组成合议庭进行审理,对确有悔改或者立功事实的,裁定予以减刑。非经法定程序不得减刑。

适用减刑的次数,并不限于一次,即根据罪犯的悔改表现,可以连续几次减刑。根据《刑法》第78条第2款的规定:"减刑以后实际执行的刑期不能少于下列期限:(一)判处管制、拘役、有期徒刑的,不能少于原判刑期的二分之一;(二)判处无期徒刑的,不能少于十三年;(三)人民法院依照本法第五十条第二款规定限制减刑的死刑缓期执行的犯罪分子,缓期执行期满后依法减为无期徒刑的,不能少于二十五年,缓期执行期满后依法减为二十五年有期徒刑的,不能少于二十年。"

减刑的法律效果体现在减轻实际执行的刑罚,所减去的刑期,无须再予执行,其效果如同原判刑罚的部分免除执行,提前释放。这与缓刑期满"原判刑罚不再执行"、假释期满"认为原判刑罚执行完毕"的效果各不相同。减刑不影响原判决的效力,并未使原判决失效。

(二)假释

被判处有期徒刑或无期徒刑的犯罪分子,在执行一定刑期之后,因其认真遵守监规,接受教育改造,确有悔改表现,没有再犯罪的危险,而附条件将其提前释放,在假释考验期内若不出现法定的情形,就认为原判刑罚已经执行完毕的制度。

适用假释必须同时具备以下三个要件:(1)假释的对象是被判处有期徒刑或者无期徒刑的犯罪分子。但是,对累犯、因故意杀人、强奸、抢劫、绑架、放火、爆炸、投放危险物质或者有组织的暴力性犯罪被判处10年以上有期徒刑、无期徒刑的犯罪分子,因犯贪污罪、受贿罪被判处死缓,同时决定在其死缓期满减为无期徒刑后终身监禁的罪犯,对于生效裁判中有财产性判项,确有履行能力而不履行或者不全部履行的罪犯,《刑罚修正案(九)》施行后,依照分则第八章贪污贿赂罪判处刑罚的原具有国家工作人员身份的罪犯,拒不认罪悔罪的罪犯,不得假释。(2)假释的对象必须是已经执行一定刑期者。被判处有期徒刑的犯罪分子,执行原判刑期1/2以上,被判处无期徒刑的犯罪分子,实际执行13年以上。(3)须是认真遵守监规,接受教育改造,确有悔改表现,没有再犯罪的危险,假释后对其所居住的社区没有重大不良影响的罪犯。

服刑的罪犯具备上述条件应予假释时,由执行机关向中级以上人民法院提出假释建议书。由人民法院组成合议庭进行审理,对确实具备假释条件的,裁定予以假释。非经法定程序不得假释。

被宣告假释的犯罪分子,应当遵守下列规定:(1)遵守法律、行政法规,服从监督;(2)按照监督机关的规定报告自己的活动情况;(3)遵守监督机关关于会客的规定;(4)离开所居住的市、县或者迁居,应当报经监督机关批准。

对假释的犯罪分子,在假释考验期限内,依法实行社区矫正。

被假释的犯罪分子,在假释考验期限内犯新罪,应当撤销假释,依照《刑法》第71条的规定实行数罪并罚。

七、刑罚的消灭

刑罚消灭,是指基于法定事由,国家对犯罪人(某犯罪行为)的刑罚权归于消灭。刑罚请求权消灭的事由包括:(1)罪犯死亡(法人注销或消失);(2)大赦;(3)追诉期限已过。刑罚执行权消灭的事由包括:(1)罪犯死亡(法人注销或消失);(2)刑罚执行完毕;(3)赦免;(4)假释考验期满;(5)缓刑考验期满;(6)行刑期间已过。

(一)追诉

刑事法律上的时效,是指刑事法律规定的国家对犯罪人行使刑罚请求权或刑罚执行权的有效期限。超过刑法规定的一定期限,国家不行使刑罚请求权或刑罚执行权的,该权力即归于消灭。

刑法上的时效分为追诉时效和行刑时效两种。追诉时效是指刑法规定的对犯罪人追究刑事责任的有效期限。在追诉时效期限内,国家有权追诉犯罪人的刑事责任;超过追诉时效期限,国家便丧失了追诉犯罪人刑事责任的权力。行刑时效是指刑法规定的对被判处刑罚的犯罪人执行刑罚的有效期限。在行刑时效期限内,国家有权对被判处刑罚的犯罪人执行刑罚;超过行刑时效期限,国家便丧失执行刑罚的权力,即不得再执行犯罪人所被判处的刑罚。我国刑法中仅规定追诉时效,而未规定行刑时效。

1. 追诉时效期限

根据我国《刑法》第87条的规定,犯罪经过下列期限不再追诉:(1)法定最高刑为不满5年有期徒刑的,经过5年;(2)法定最高刑为5年以上不满10年有期徒刑的,经过10年;(3)法定最高刑为10年以上有期徒刑的,经过15年;(4)法定最高刑为无期徒刑、死刑的,经过20年。如果20年以后认为必须追诉的,须报请最高人民检察院核准。

这一规定表明,我国对犯罪的追诉期限由短到长分别为5年、10年、15年、20年。罪行越重,法定刑越高,追诉期限越长。

2. 追诉期限的计算

根据我国《刑法》第89条的规定,追诉期限的计算分为两种情况:(1)一般犯罪追诉期限的起算。一般犯罪追诉期限"从犯罪之日起计算。"这里所讲的一般犯罪是指没有连续与继续状态的犯罪,犯罪之日应指犯罪成立之日,即行为符合犯罪构成之日。(2)连续犯和继续犯追诉期限的起算。连续犯和继续犯追诉期限从犯罪行为终了之日起计算。

3. 追诉时效的中断

在追诉期限内又犯罪的,前罪追诉的期限从犯后罪之日起计算。

4. 追诉时效的延长

追诉时效的延长,是指由于发生了法律规定的事由,追诉期限无限延伸的制度。追诉时效的延长实质上是追诉时效计算的例外情形。我国刑法规定了两种追诉时效延长情况:(1)在人民检察院、公安机关、国家安全机关立案侦查或者在人民法院受理案件以后,逃避侦查或者审判的,不受追诉期限的限制。(2)被害人在追诉期限内提出控告,人民法院、人民检察院、公安机关应当立案而不予立案的,不受追诉期限的限制。

（二）赦免

赦免是国家对犯罪分子宣告免予追诉或者免除全部或者部分应执行刑罚的法律制度。

赦免制度在我国古已有之,在近现代,世界各国的法律中也均规定了赦免制度。但是现代赦免制度与古代赦免制度有根本的不同。古代的赦免是君王的一种恩赐制度。现代赦免制度通常由一国的宪法加以规定,赦免的具体时间和对象则由国家元首或最高权力机关以命令形式颁布,并由最高司法机关执行。

从赦免的内容来看,可以分为罪之赦免与刑之赦免。罪之赦免是指在判决确定之前,对犯罪人免予追诉,免除犯罪人的罪责。刑之赦免是在判决确定之后,免除犯罪人应执行刑罚的全部或一部分。从赦免的具体表现形式来看,可以分为大赦与特赦。大赦是指国家对某一时期犯有一定罪行的不特定的犯罪人免予追诉或免除其刑罚执行的制度。特赦是指国家对受罪刑宣告的特定的犯罪人免予追诉或免除其刑罚执行的制度。

自中华人民共和国成立以来,我国实行过9次特赦。

第四节　刑　法　分　则

一、刑法分则概述

我国刑法典是由刑法总则和刑法分则两大有机联系的部分组成,刑法总则主要规定了犯罪和刑罚的基本理论,而刑法分则主要规定了各种具体犯罪,确定其构成要件的内容和应科刑罚的种类及范围。刑法总则与刑法分则相辅相成,刑法总则引导出刑法分论,刑法分论以刑法总则为前提。没有总则的指导将无法对分则进行科学研究;而刑法分则对于具体犯罪的认定和处罚,能够加深对总则的理解,同时也能够积极研究总结不断出现的新问题,最终对于丰富和完善总则内容具有积极的意义。

刑法分则的体系,是指刑法分则对各种犯罪进行科学的分类,并按照一定的次序排列而形成的有机体。刑法分则体系的建立依赖于犯罪类型的确立,进而按照一定的标准和原则对各类犯罪进行合理排列。我国刑法分则将具体犯罪分为十类,以十章规定,按排列顺序依次为：危害国家安全罪,危害公共安全罪,破坏社会主义市场经济秩序罪,侵犯公民人身权利、民主权利罪,侵犯财产罪,妨害社会管理秩序罪,危害国防利益罪,贪污贿赂罪,渎职罪,军人违反职责罪。

我国刑法分则体系设置具有三个特点：(1)在分类上,我国刑法分则原则上以犯罪的同类客体为标准进行分类。(2)在排列上,我国刑法分则大体上依据犯罪的社会危害程度大小以及犯罪之间的内在联系对各类罪中的具体犯罪由重到轻依次排列,将最严重的个罪放在首位。(3)在归类上,我国刑法分则基本上以犯罪侵犯的主要客体为依据。

刑法分则的条文构成一般包括两部分,一是罪状,二是法定刑。罪状是指刑法分则条文对具体犯罪的构成特征的描述。其一般可以分为基本罪状和加重、减轻罪状。刑法分则对任何犯罪都规定了基本罪状,但并非任何犯罪都有加重、减轻罪状。基本罪状是指对基本犯罪构成特征的描述,根据其表述方式又可以分为简单罪状、叙明罪状、引证罪状、空白罪状。法定刑,是指刑法分则条文所确定的适用于具体犯罪的刑罚种类和幅度。在刑事立法和刑法理论中，法定刑一般分为：绝对确定的法定刑、绝对不确定的法定刑、相对确定的法定刑。

刑法分则经常会出现法条竞合问题。法条竞合，又称法规竞合、规范竞合、法律竞合，指一种犯罪行为因刑事立法对法条的错综规定，导致数个法条规定的犯罪构成要件在内容上发生重合或交叉的情形。法条竞合具有以下特点：(1)行为人基于一个故意实施了一个犯罪行为。(2)行为人的一个行为同时触犯了数个犯罪条文。(3)行为人一个行为所触犯的数个条文之间具有重合或交叉关系。(4)对行为人的行为只能以数法条中的一罪定罪处罚，排斥其他法条的适用。

法条竞合形态下，一行为触犯数法条，如何选择适用其中一条法条而排斥其他法条的适用，应遵循以下原则：(1)特殊法优于一般法原则。一般法是指在一般场合适用的法律，而特殊法是立法者为了对一般法中规定的某种情况作出特殊规定而分离形成的。典型的一般法与特殊法如《刑法》第266条的普通诈骗罪和第三章第五节的八种金融诈骗罪。由于特别法已经体现了法律的特别要求和特定评价，因此当两者发生竞合的时候，适用特别法完全符合立法者的意图。(2)重法优于轻法原则。一般情况下应适用特殊法优于一般法的原则，但是当法律有特别规定的时候，可以适用重法优于轻法原则。例如，《刑法》第149条第2款规定，生产、销售该节第141条至第148条所列产品，构成各该条规定的犯罪，同时又构成该节第140条规定之罪的，依照处罚较重的规定定罪处罚。

一般认为，特殊法优于普通法原则是一般原则，重法优于轻法原则仅仅在法律有明文规定的情况下才予以适用，只能是相对于一般原则的例外。

二、危害国家安全罪

（一）危害国家安全罪概述

危害国家安全罪，是指故意危害中华人民共和国主权和领土的完整与安全，颠覆国家政权，推翻社会主义制度的行为。[15]

在我国刑法中，危害国家安全罪位列各类犯罪之首，显示了国家对该类犯罪的严厉打击。这种严厉体现在两个方面：一是打击面大，在客观方面，不但打击叛国的实行行为，而且打击相关的阴谋、预备、未遂行为；在主体方面，不但打击行为实施者本人，而且打击实施包庇、教唆、帮助行为者。二是法定刑十分严厉，不仅设置的法定刑起点高，而且在整个刑法分则中危害国家安全罪一章规定有死刑的条文最为集中。

本类犯罪在客观方面表现为危害中华人民共和国国家安全的行为。这类犯罪属于行为犯，即只要实施了《刑法》第102条至第112条所规定的各种行为，无论是否造成严重后果，都构成犯罪既遂。危害国家安全罪必须以法律明确规定的行为类型为标准，不能任意扩大打击对象，要把危害国家安全的行为与持不同政见者合法的意愿表达行为区别开来，对于刑法没有规定的，不能单纯以犯意表示认定为危害国家安全罪，以免伤害国民参与国家政治生活的积极性。

本类犯罪侵犯的客体是中华人民共和国的国家安全。所谓"国家安全"，是指国家政权、主权、统一和领土完整、人民福祉、经济社会可持续发展和国家其他重大利益相对处于没有危险

---

[15] 周光权：《刑法各论》（第4版），中国人民大学出版社2021年版，第606页。

和不受内外威胁的状态,以及保障持续安全状态的能力。

本类犯罪的主体多数是一般主体,即达到刑事责任年龄、具有刑事责任能力者。少数是特殊主体,如背叛国家罪、投敌叛变罪等,该罪的主体只能是具有中华人民共和国国籍的人才能实施。

本类犯罪的主观方面只能是故意,包括直接故意和间接故意。

(二)危害国家安全罪的罪名与法条

1. 背叛国家罪(《刑法》第102条);
2. 分裂国家罪(《刑法》第103条第1款);
3. 煽动分裂国家罪(《刑法》第103条第2款);
4. 武装叛乱、暴乱罪(《刑法》第104条);
5. 颠覆国家政权罪(《刑法》第105条第1款);
6. 煽动颠覆国家政权罪(《刑法》第105条第2款);
7. 资助危害国家安全犯罪活动罪(《刑法》第107条);
8. 投敌叛变罪(《刑法》第108条);
9. 叛逃罪(《刑法》第109条);
10. 间谍罪(《刑法》第110条);
11. 为境外窃取、刺探、收买、非法提供国家秘密、情报罪(《刑法》第111条);
12. 资敌罪(《刑法》第112条)。

三、危害公共安全罪

(一)危害公共安全罪概述

危害公共安全罪,是指行为人基于故意或者过失的主观心理状态,实施危害不特定多数人的生命、健康,或者重大公私财产安全的犯罪行为。[16]

本类犯罪侵犯的客体是社会的公共安全,即不特定多数人的生命、健康或者重大公私财产安全。所谓"不特定多数人",指犯罪行为可能危害的对象不是某个、某几个特定的人或者某项特定的财产。

本类犯罪的客观方面表现为实施危害公共安全,已经造成严重后果或者足以造成严重后果的行为。危害公共安全的行为既可以表现为作为,也可以表现为不作为。危害公共安全的行为,包括已经造成实际损害结果的行为,也包括虽未造成实际损害结果,但具有公共危险性的行为。危害公共安全的行为表现形式是多种多样的,可以是放火、决水、投放危险物质、爆炸等形式,也可以是破坏公用工具或设施,或者实施恐怖活动,或是违反枪支、弹药、爆炸物或危险物质管理规定,或者违反安全规定造成重大事故。

危害公共安全罪的主观方面可以是故意,也可以是过失。过失犯罪在危害公共安全罪中占有很大的比重,如失火罪、过失决水罪、过失爆炸罪、交通肇事,等等。具体而言,危害公共安全罪的罪过形式有三种:第一种只能由故意构成,过失不构成本罪,如组织、领导、参加恐怖组织罪,劫持船只、汽车罪,非法制造、买卖、运输枪支、弹药罪,等等;第二种只能由过失构成,故意不构成本罪,如交通肇事罪、危险物品肇事罪、铁路运营安全事故罪等;第三种属于特别情

---

[16] 张军主编:《刑法分则及配套规定新释新解》(第9版),人民法院出版社2016年版,第62页。

形,例如,根据《刑法》第 128 条第 3 款的规定,"依法配置枪支的人员,非法出租、出借枪支,造成严重后果的"方可构成犯罪。依照该款之规定,"造成严重后果"为客观要件,但不以对结果有故意(明知)为要件。

本罪的主体多数是一般主体,如非法持有、私藏枪支、弹药罪的主体就没有其他身份上的限制,而少数是特殊主体,需要一定的身份,例如,重大飞行事故罪的主体只能由航空人员构成,非法出租、出借枪支罪的主体只能是依法配备公务用枪或依法配置枪支的人员。危害公共安全罪的主体包括自然人和单位,如工程重大安全事故罪的主体就是建设单位、设计单位、施工单位、工程监理单位。危害公共安全罪的自然人主体的刑事责任年龄分为两种,对大部分危害公共安全罪的自然人主体而言,必须年满 16 周岁才承担刑事责任,而对于放火罪、爆炸罪和投放危险物质罪的主体,其刑事责任年龄则为已满 14 周岁即可。

(二)危害公共安全罪的罪名与法条

1. 放火罪(《刑法》第 114 条、第 115 条第 1 款);
2. 决水罪(同上);
3. 爆炸罪(同上);
4. 投放危险物质罪(同上);
5. 以危险方法危害公共安全罪(同上);
6. 失火罪(《刑法》第 115 条第 2 款);
7. 过失决水罪(同上);
8. 过失爆炸罪(同上);
9. 过失投放危险物质罪(同上);
10. 过失以危险方法危害公共安全罪(同上);
11. 破坏交通工具罪(《刑法》第 116 条、第 119 条第 1 款);
12. 破坏交通设施罪(《刑法》第 117 条、第 119 条第 1 款);
13. 破坏电力设备罪(《刑法》第 118 条、第 119 条第 1 款);
14. 破坏易燃易爆设备罪(同上);
15. 过失损坏交通工具罪(《刑法》第 119 条第 2 款);
16. 过失损坏交通设施罪(同上);
17. 过失损坏电力设备罪(同上);
18. 过失损坏易燃易爆设备罪(同上);
19. 组织、领导、参加恐怖组织罪(《刑法》第 120 条);
20. 帮助恐怖活动罪(《刑法》第 120 条之一);
21. 准备实施恐怖活动罪(《刑法》第 120 条之二);
22. 宣扬恐怖主义、极端主义、煽动实施恐怖活动罪(《刑法》第 120 条之三);
23. 利用极端主义破坏法律实施罪(《刑法》第 120 条之四);
24. 强制穿戴宣扬恐怖主义、极端主义服饰、标志罪(《刑法》第 120 条之五);
25. 非法持有宣扬恐怖主义、极端主义物品罪(《刑法》第 120 条之六);
26. 劫持航空器罪(《刑法》第 121 条);
27. 劫持船只、汽车罪(《刑法》第 122 条);
28. 暴力危及飞行安全罪(《刑法》第 123 条);

29. 破坏广播电视设施、公用电信设施罪(《刑法》第 124 条第 1 款);
30. 过失损坏广播电视设施、公用电信设施罪(《刑法》第 124 条第 2 款);
31. 非法制造、买卖、运输、邮寄、储存枪支、弹药、爆炸物罪(《刑法》第 125 条第 1 款);
32. 非法制造、买卖、运输、储存危险物质罪(《刑法》第 125 条第 2 款);
33. 违规制造、销售枪支罪(《刑法》第 126 条);
34. 盗窃、抢夺枪支、弹药、爆炸物、危险物质罪(《刑法》第 127 条第 1 款);
35. 抢劫枪支、弹药、爆炸物、危险物质罪(《刑法》第 127 条第 2 款);
36. 非法持有、私藏枪支、弹药罪(《刑法》第 128 条第 1 款);
37. 非法出租、出借枪支罪(《刑法》第 128 条第 2 款、第 3 款);
38. 丢失枪支不报罪(《刑法》第 129 条);
39. 非法携带枪支、弹药、管制刀具、危险物品危及公共安全罪(《刑法》第 130 条);
40. 重大飞行事故罪(《刑法》第 131 条);
41. 铁路运营安全事故罪(《刑法》第 132 条);
42. 交通肇事罪(《刑法》第 133 条);
43. 危险驾驶罪(《刑法》第 133 条之一);
44. 妨害安全驾驶罪(《刑法》第 133 条之二);
45. 重大责任事故罪(《刑法》第 134 条第 1 款);
46. 强令、组织他人违章冒险作业罪(《刑法》第 134 条第 2 款);
47. 危险作业罪(《刑法》第 134 条之一);
48. 重大劳动安全事故罪(《刑法》第 135 条);
49. 大型群众性活动重大安全事故罪(《刑法》第 135 条之一);
50. 危险物品肇事罪(《刑法》第 136 条);
51. 工程重大安全事故罪(《刑法》第 137 条);
52. 教育设施重大安全事故罪(《刑法》第 138 条);
53. 消防责任事故罪(《刑法》第 139 条);
54. 不报、谎报安全事故罪(《刑法》第 139 条之一)。

四、破坏社会主义市场经济秩序罪

(一)破坏社会主义市场经济秩序罪概述

破坏社会主义市场经济秩序罪,是指违反我国市场经济管理法规,破坏和扰乱社会主义市场经济秩序,妨害国民经济正常发展的行为。[17]

本类犯罪侵犯的主要客体是我国的市场经济秩序和市场主体的经济利益,一些特定的犯罪还侵犯了广大人民群众的身体健康。根据《刑法》分则第三章"破坏社会主义市场经济秩序罪"的排列和分布,本类犯罪侵犯的客体主要包括:国家对产品质量的管理制度,国家的海关监管制度,公司、企业的管理秩序,国家税收征收管理秩序,国家的知识产权管理秩序以及市场交易、管理秩序。

本类犯罪的客观方面表现为违反国家法律法规,破坏和扰乱市场经济秩序,严重危害市场

---

[17] 高铭暄、马克昌主编:《刑法学》(第 10 版),北京大学出版社、高等教育出版社 2022 年版,第 371 页。

秩序的行为。其具有以下特征:(1)本类犯罪违反了国家有关法律法规;(2)本类犯罪表现为行为人实施了破坏和扰乱市场经济秩序的行为;(3)本类犯罪的犯罪行为造成了严重的社会危害性。

本类犯罪的主体包括自然人和单位。本类犯罪中大多数犯罪既可以由自然人构成,也可以由单位构成,少数犯罪的主体只能由单位构成。本类犯罪的犯罪主体资格,多数为一般主体,少数犯罪只能由特殊主体资格才能构成。

本罪的主观方面多数表现为故意,个别可以是过失。其中很多犯罪的主观方面要求具有非法营利或牟取非法利益的目的。

(二)破坏社会主义市场经济秩序罪的罪名与法条

1. 生产销售伪劣商品罪

(1)生产、销售伪劣产品罪(《刑法》第140条);
(2)生产、销售、提供假药罪(《刑法》第141条);
(3)生产、销售、提供劣药罪(《刑法》第142条);
(4)妨害药品管理罪(《刑法》第142条之一);
(5)生产、销售不符合安全标准的食品罪(《刑法》第143条);
(6)生产、销售有毒、有害食品罪(《刑法》第144条);
(7)生产、销售不符合标准的医用器材罪(《刑法》第145条);
(8)生产、销售不符合安全标准的产品罪(《刑法》第146条);
(9)生产、销售伪劣农药、兽药、化肥、种子罪(《刑法》第147条);
(10)生产、销售不符合卫生标准的化妆品罪(《刑法》第148条)。

2. 走私罪

(1)走私武器、弹药罪(《刑法》第151条第1款);
(2)走私核材料罪(同上);
(3)走私假币罪(同上);
(4)走私文物罪(《刑法》第151条第2款);
(5)走私贵重金属罪(同上);
(6)走私珍贵动物、珍贵动物制品罪(同上);
(7)走私国家禁止进出口的货物、物品罪(《刑法》第151条第3款);
(8)走私淫秽物品罪(《刑法》第152条第1款);
(9)走私废物罪(《刑法》第152条第2款);
(10)走私普通货物、物品罪(《刑法》第153条);
(11)特殊形式的走私普通货物、物品罪(《刑法》第154条)。

3. 妨害对公司、企业的管理秩序罪

(1)虚报注册资本罪(《刑法》第158条);
(2)虚假出资、抽逃出资罪(《刑法》第159条);
(3)欺诈发行证券罪(《刑法》第160条);
(4)违规披露、不披露重要信息罪(《刑法》第161条);
(5)妨害清算罪(《刑法》第162条);
(6)隐匿、故意销毁会计凭证、会计账簿、财务会计报告罪(《刑法》第162条之一);

(7)虚假破产罪(《刑法》第162条之二);
(8)非国家工作人员受贿罪(《刑法》第163条);
(9)对非国家工作人员行贿罪(《刑法》第164条第1款);
(10)对外国公职人员、国际公共组织官员行贿罪(《刑法》第164条第2款);
(11)非法经营同类营业罪(《刑法》第165条);
(12)为亲友非法牟利罪(《刑法》第166条);
(13)签订、履行合同失职被骗罪(《刑法》第167条);
(14)国有公司、企业、事业单位人员失职罪(《刑法》第168条);
(15)国有公司、企业、事业单位人员滥用职权罪(同上);
(16)徇私舞弊低价折股、出售公司、企业资产罪(《刑法》第169条);
(17)背信损害上市公司利益罪(《刑法》第169条之一)。

4. 破坏金融管理秩序罪
(1)伪造货币罪(《刑法》第170条);
(2)出售、购买、运输假币罪(《刑法》第171条第1款);
(3)金融工作人员购买假币、以假币换取货币罪(《刑法》第171条第2款);
(4)持有、使用假币罪(《刑法》第172条);
(5)变造货币罪(《刑法》第173条);
(6)擅自设立金融机构罪(《刑法》第174条第1款);
(7)伪造、变造、转让金融机构经营许可证、批准文件罪(《刑法》第174条第2款);
(8)高利转贷罪(《刑法》第175条);
(9)骗取贷款、票据承兑、金融票证罪(《刑法》第175条之一);
(10)非法吸收公众存款罪(《刑法》第176条);
(11)伪造、变造金融票证罪(《刑法》第177条);
(12)妨害信用卡管理罪(《刑法》第177条之一第1款);
(13)窃取、收买、非法提供信用卡信息罪(《刑法》第177条之一第2款);
(14)伪造、变造国家有价证券罪(《刑法》第178条第1款);
(15)伪造、变造股票、公司、企业债券罪(《刑法》第178条第2款);
(16)擅自发行股票、公司、企业债券罪(《刑法》第179条);
(17)内幕交易、泄露内幕信息罪(《刑法》第180条第1款);
(18)利用未公开信息交易罪(《刑法》第180条第4款);
(19)编造并传播证券、期货交易虚假信息罪(《刑法》第181条第1款);
(20)诱骗投资者买卖证券、期货合约罪(《刑法》第181条第2款);
(21)操纵证券、期货市场罪(《刑法》第182条);
(22)职务侵占罪(《刑法》第183条第1款);
(23)非国家工作人员受贿罪(《刑法》第184条第1款);
(24)挪用资金罪(《刑法》第185条第1款);
(25)背信运用受托财产罪(《刑法》第185条之一第1款);
(26)违法运用资金罪(《刑法》第185条之一第2款);
(27)违法发放贷款罪(《刑法》第186条);

(28)吸收客户资金不入账罪(《刑法》第187条);
(29)违规出具金融票证罪(《刑法》第188条);
(30)对违法票据承兑、付款、保证罪(《刑法》第189条);
(31)逃汇罪(《刑法》第190条);
(32)洗钱罪(《刑法》第191条)。

5. 金融诈骗罪
(1)集资诈骗罪(《刑法》第192条);
(2)贷款诈骗罪(《刑法》第193条);
(3)票据诈骗罪(《刑法》第194条第1款);
(4)金融凭证诈骗罪(《刑法》第194条第2款);
(5)信用证诈骗罪(《刑法》第195条);
(6)信用卡诈骗罪(《刑法》第196条);
(7)有价证券诈骗罪(《刑法》第197条);
(8)保险诈骗罪(《刑法》第198条)。

6. 危害税收征管罪
(1)逃税罪(《刑法》第201条);
(2)抗税罪(《刑法》第202条);
(3)逃避追缴欠税罪(《刑法》第203条);
(4)骗取出口退税罪(《刑法》第204条第1款);
(5)虚开增值税专用发票、用于骗取出口退税、抵扣税款发票罪(《刑法》第205条);
(6)虚开发票罪(《刑法》第205条之一);
(7)伪造、出售伪造的增值税专用发票罪(《刑法》第206条);
(8)非法出售增值税专用发票罪(《刑法》第207条);
(9)非法购买增值税专用发票、购买伪造的增值税专用发票罪(《刑法》第208条第1款);
(10)非法制造、出售非法制造的用于骗取出口退税、抵扣税款发票罪(《刑法》第209条第1款);
(11)非法制造、出售非法制造的发票罪(《刑法》第209条第2款);
(12)非法出售用于骗取出口退税、抵扣税款发票罪(《刑法》第209条第3款);
(13)非法出售发票罪(《刑法》第209条第4款);
(14)持有伪造的发票罪(《刑法》第210条之一)。

7. 侵犯知识产权犯罪
(1)假冒注册商标罪(《刑法》第213条);
(2)销售假冒注册商标的商品罪(《刑法》第214条);
(3)非法制造、销售非法制造的注册商标标识罪(《刑法》第215条);
(4)假冒专利罪(《刑法》第216条);
(5)侵犯著作权罪(《刑法》第217条);
(6)销售侵权复制品罪(《刑法》第218条);
(7)侵犯商业秘密罪(《刑法》第219条);
(8)为境外窃取、刺探、收买、非法提供商业秘密罪(《刑法》第219条之一)。

8. 扰乱市场秩序罪

(1)损害商业信誉、商品声誉罪(《刑法》第 221 条);

(2)虚假广告罪(《刑法》第 222 条);

(3)串通投标罪(《刑法》第 223 条);

(4)合同诈骗罪(《刑法》第 224 条);

(5)组织、领导传销活动罪(《刑法》第 224 条之一);

(6)非法经营罪(《刑法》第 225 条);

(7)强迫交易罪(《刑法》第 226 条);

(8)伪造、倒卖伪造的有价票证罪(《刑法》第 227 条第 1 款);

(9)倒卖车票、船票罪(《刑法》第 227 条第 2 款);

(10)非法转让、倒卖土地使用权罪(《刑法》第 228 条);

(11)提供虚假证明文件罪(《刑法》第 229 条第 1 款、第 2 款);

(12)出具证明文件重大失实罪(《刑法》第 229 条第 3 款);

(13)逃避商检罪(《刑法》第 230 条)。

五、侵犯公民人身权利、民主权利罪

(一)侵犯公民人身权利、民主权利罪概述

侵犯公民人身权利、民主权利罪,是指故意或者过失地侵犯公民的人身权利、民主权利以及与人身有直接关系的其他权利的行为。

本类犯罪侵犯的客体是公民的人身权利、民主权利以及其他与公民人身有直接关系的权利。公民的人身权利,是指公民依法享有的与其人身不可分离的、不涉及财产内容的权利,具体包括生命权、健康权、性的自决权、人身自由和人格尊严权等。公民的民主权利,是指公民依法享有的参与国家事务管理、参加政治活动等各项权利和自由,主要包括选举权和被选举权、宗教信仰自由等。其他与公民的人身有直接关系的权利即婚姻家庭权,具体包括婚姻自由权、一夫一妻制、家庭成员平等权和家庭成员相互扶养权等。

本类犯罪在客观方面表现为各种侵犯公民人身权利、其他与公民人身直接有关的权利以及民主权利的行为。在方式上,"侵犯"包括剥夺、限制、损害、破坏、阻碍等行为;在表现形式上,多数犯罪只能是作为,如强奸罪,强制猥亵、侮辱妇女罪,绑架罪,拐卖妇女、儿童罪,侮辱罪、破坏选举罪等。少数几种犯罪既可表现为作为,也可表现为不作为,如故意杀人罪、故意伤害罪、非法拘禁罪等。

本类犯罪的主体多数只能是自然人,少数既可以是自然人,也可以是单位。在以自然人为主体的犯罪中,多数为一般主体,少数为特殊主体,如刑讯逼供罪只能由司法工作人员构成。

本类犯罪在主观方面,除了过失致人死亡罪和过失致人重伤罪由过失构成,其他罪均由故意构成。在具体故意犯罪中,有的只能由直接故意构成,如强奸罪、绑架罪;有的既可以由直接故意构成也可以由间接故意构成,如故意杀人罪、故意伤害罪等。

(二)侵犯公民人身权利、民主权利罪的罪名与法条

1. 故意杀人罪(《刑法》第 232 条);

2. 过失致人死亡罪(《刑法》第 233 条);

3. 故意伤害罪(《刑法》第 234 条);

4. 组织出卖人体器官罪(《刑法》第 234 条之一第 1 款);

5. 过失致人重伤罪(《刑法》第 235 条);

6. 强奸罪(《刑法》第 236 条);

7. 负有照护职责人员性侵罪(《刑法》第 236 条之一);

8. 强制猥亵、侮辱罪(《刑法》第 237 条第 1 款);

9. 猥亵儿童罪(《刑法》第 237 条第 3 款);

10. 非法拘禁罪(《刑法》第 238 条);

11. 绑架罪(《刑法》第 239 条);

12. 拐卖妇女、儿童罪(《刑法》第 240 条);

13. 收买被拐卖的妇女、儿童罪(《刑法》第 241 条);

14. 聚众阻碍解救被收买的妇女、儿童罪(《刑法》第 242 条第 2 款);

15. 诬告陷害罪(《刑法》第 243 条);

16. 强迫劳动罪(《刑法》第 244 条);

17. 雇用童工从事危重劳动罪(《刑法》第 244 条之一);

18. 非法搜查罪(《刑法》第 245 条);

19. 非法侵入住宅罪(同上);

20. 侮辱罪(《刑法》第 246 条);

21. 诽谤罪(同上);

22. 刑讯逼供罪(《刑法》第 247 条);

23. 暴力取证罪(同上);

24. 虐待被监管人罪(《刑法》第 248 条);

25. 煽动民族仇恨、民族歧视罪(《刑法》第 249 条);

26. 出版歧视、侮辱少数民族作品罪(《刑法》第 250 条);

27. 非法剥夺公民宗教信仰自由罪(《刑法》第 251 条);

28. 侵犯少数民族风俗习惯罪(同上);

29. 侵犯通信自由罪(《刑法》第 252 条);

30. 私自开拆、隐匿、毁弃邮件、电报罪(《刑法》第 253 条第 1 款);

31. 侵犯公民个人信息罪(《刑法》第 253 条之一);

32. 报复陷害罪(《刑法》第 254 条);

33. 打击报复会计、统计人员罪(《刑法》第 255 条);

34. 破坏选举罪(《刑法》第 256 条);

35. 暴力干涉婚姻自由罪(《刑法》第 257 条);

36. 重婚罪(《刑法》第 258 条);

37. 破坏军婚罪(《刑法》第 259 条第 1 款);

38. 虐待罪(《刑法》第 260 条);

39. 虐待被监护、看护人罪(《刑法》第 260 条之一);

40. 遗弃罪(《刑法》第 261 条);

41. 拐骗儿童罪(《刑法》第 262 条);

42. 组织残疾人、儿童乞讨罪(《刑法》第 262 条之一);

43. 组织未成年人进行违反治安管理活动罪(《刑法》第 262 条之二)。

六、侵犯财产罪

(一)侵犯财产罪概述

侵犯财产罪,是指故意非法占有、挪用、损毁公私财物的行为。

侵犯财产罪的客体是公私财产所有权。[18] 财产所有权包括占有、使用、收益、处分四项权能。它们既相对独立,又相互联系,共同构成了财产所有权的全部内容。多数侵犯财产罪是对财产所有权中的全部权能的侵犯,但由于财产所有权能与所有权整体之间存在部分与整体的关系,故对财产所有权中任一权能的侵犯都是对财产所有权整体的侵犯。

本类犯罪的对象是公私财产所有权的物质表现,即公共财产和公民私人所有的财产。我国法律对于违禁品是不予保护的,但它却可以成为侵犯财产罪的犯罪对象。如抢劫赌场上的赌资、盗窃他人贪污所得的赃款等行为,构成犯罪的同样要定罪判刑。

本类犯罪在客观上表现为行为人实施了各种侵犯公私财产的行为。从我国刑法的规定来看,这些行为大致可以分为三种类型:一是占有行为,包括强制占有行为和非强制占有行为;二是挪用行为,即以使用为目的,利用职务上的便利将单位资金或特定款物暂时非法占有或使用;三是毁坏行为,既包括直接使财产丧失或者减少使用价值的行为,也包括通过使生产资料的使用价值丧失或者减少来破坏生产经营行为。

侵犯财产罪的主观方面只能是故意。犯罪的动机多数是出于贪财图利,也有的是出于报复、泄愤、嫉妒、陷害或其他个人动机。动机的不同反映了行为人不同的主观恶性,但对行为是否构成犯罪没有影响。

侵犯财产罪的主体大多数为一般主体,少数是特殊主体。一般主体为刑事责任年龄已满 16 周岁、具有刑事责任能力的人。对于尚未完全丧失辨认或者控制自己行为能力的精神病人犯侵犯财产罪的,应该负刑事责任,但可以从轻或者减轻处罚。抢劫罪中承担刑事责任的刑事责任年龄为 14 周岁。职务侵占罪、挪用资金罪、挪用特定款物罪等的主体为具有一定职务的人。

(二)侵犯财产罪的罪名与法条

1. 抢劫罪(《刑法》第 263 条);
2. 盗窃罪(《刑法》第 264 条、第 265 条);
3. 诈骗罪(《刑法》第 266 条);
4. 抢夺罪(《刑法》第 267 条第 1 款);
5. 聚众哄抢罪(《刑法》第 268 条);
6. 侵占罪(《刑法》第 270 条);
7. 职务侵占罪(《刑法》第 271 条);
8. 挪用资金罪(《刑法》第 272 条);
9. 挪用特定款物罪(《刑法》第 273 条);
10. 敲诈勒索罪(《刑法》第 274 条);
11. 故意毁坏财物罪(《刑法》第 275 条);

---

[18] 《刑法学》编写组:《刑法学(下册·各论)》(第 2 版),高等教育出版社 2023 年版,第 162 页。

12. 破坏生产经营罪(《刑法》第276条);
13. 拒不支付劳动报酬罪(《刑法》第276条之一)。

七、妨害社会管理秩序罪

(一)妨害社会管理秩序罪概述

妨害社会管理秩序罪,是指故意妨害国家对社会的管理活动,破坏正常的社会秩序,情节严重的行为。

本类犯罪侵犯的客体是社会管理秩序,即国家依法对社会进行管理而形成的正常的社会秩序。从广义上讲,一切犯罪都侵害了国家的社会管理秩序。这也是我国刑法中妨害社会管理秩序罪一章内容如此丰富、涵盖面如此广泛的原因。不过,由于侵害或者破坏国家安全、社会公共安全、市场经济、人身权利、家庭婚姻、公私财产、国防利益等社会秩序的行为已在刑法分则的其他章节作了详细的规定,因此,本章犯罪所侵犯的社会管理秩序,是指除政治秩序、公共安全、经济秩序、公民权利、财产关系、职务行为的廉洁性、国防利益、国家机关正常活动、军事利益以外的其他社会管理秩序,因此是一种狭义的社会管理秩序,或称为日常的社会管理秩序。

妨害社会管理秩序罪的客观方面表现为行为人违反国家的相关管理法规,妨害国家对社会的管理活动,破坏社会管理秩序,情节严重的行为。本章规定的犯罪,大多数以违反国家社会管理法规为前提。因此,本类犯罪除少数犯罪如妨害社会风尚的犯罪具有伦理可责性外,多为法定犯,即行为没有直接、明显地违反社会伦理,但出于行政取缔的目的而根据法律认定其为犯罪。此处的法律,主要是指具有较强的行业或部门针对性的社会管理性规范文件,包括国家立法机关制定的法律、国务院颁布的行政法规以及经国务院批准的各国家行政主管部门制定的实施办法、细则等。

由于相关法律所涉及的社会管理秩序的范围十分广泛,故本类犯罪所涉及的妨害社会管理秩序的具体内容也多种多样,包括以下九类:(1)扰乱公共秩序;(2)妨害司法活动;(3)妨害国(边)境管理;(4)妨害文物管理;(5)危害公共卫生;(6)破坏环境资源保护;(7)走私、贩卖、运输、制造毒品;(8)组织、强迫、引诱、容留、介绍卖淫;(9)制作、贩卖、传播淫秽物品。这九类犯罪的行为要件也各不一样,大多数属于作为犯罪,少数也可由不作为构成。妨害社会管理秩序罪还要求破坏社会秩序的行为达到情节严重的程度,这是划分妨害社会秩序的一般违法行为与犯罪行为的标准。如果没有达到情节严重的标准,就应依照《治安管理处罚法》的规定以一般违法行为处理。

妨害社会管理秩序罪主观方面绝大多数表现为故意,也有少数犯罪表现为过失。在故意犯罪中,还有个别犯罪要求具有特定的犯罪目的。

妨害社会管理秩序罪的主体多数为一般主体,少数是特殊主体;多数犯罪的主体仅限于自然人,也有少部分犯罪既可由自然人构成,也可由单位构成;在单位犯罪主体中少数犯罪要求是特殊单位。另外,非法出售、私赠文物藏品罪和采集、供应血液、制作、供应血液制品事故罪只能由单位构成。

(二)妨害社会管理秩序罪的罪名与法条

1. 扰乱公共秩序罪

(1)妨害公务罪(《刑法》第277条);

(2)煽动暴力抗拒法律实施罪(《刑法》第 278 条);

(3)招摇撞骗罪(《刑法》第 279 条);

(4)伪造、变造、买卖国家机关公文、证件、印章罪(《刑法》第 280 条第 1 款);

(5)盗窃、抢夺、毁灭国家机关公文、证件、印章罪(同上);

(6)伪造公司、企业、事业单位、人民团体印章罪(《刑法》第 280 条第 2 款);

(7)伪造、变造、买卖身份证件罪(《刑法》第 280 条第 3 款);

(8)使用虚假身份证件、盗用身份证件罪(《刑法》第 280 条之一);

(9)冒名顶替罪(《刑法》第 280 条之二);

(10)非法生产、买卖警用装备罪(《刑法》第 281 条);

(11)非法获取国家秘密罪(《刑法》第 282 条第 1 款);

(12)非法持有国家绝密、机密文件、资料、物品罪(《刑法》第 282 条第 2 款);

(13)非法生产、销售专用间谍器材、窃听、窃照专用器材罪(《刑法》第 283 条);

(14)非法使用窃听、窃照专用器材罪(《刑法》第 284 条);

(15)组织考试作弊罪(《刑法》第 284 条之一);

(16)非法侵入计算机信息系统罪(《刑法》第 285 条第 1 款);

(17)非法获取计算机信息系统数据、非法控制计算机信息系统罪(《刑法》第 285 条第 2 款);

(18)提供侵入、非法控制计算机信息系统程序、工具罪(《刑法》第 285 条第 3 款);

(19)破坏计算机信息系统罪(《刑法》第 286 条);

(20)拒不履行信息网络安全管理义务罪(《刑法》第 286 条之一);

(21)非法利用信息网络罪(《刑法》第 287 条之一);

(22)帮助信息网络犯罪活动罪(《刑法》第 287 条之二);

(23)扰乱无线电通讯管理秩序罪(《刑法》第 288 条);

(24)聚众扰乱社会秩序罪(《刑法》第 290 条第 1 款);

(25)聚众冲击国家机关罪(《刑法》第 290 条第 2 款);

(26)扰乱国家机关工作秩序罪(《刑法》第 290 条第 3 款);

(27)组织、资助非法聚集罪(《刑法》第 290 条第 4 款);

(28)聚众扰乱公共场所秩序、交通秩序罪(《刑法》第 291 条);

(29)投放虚假危险物质罪(《刑法》第 291 条之一第 1 款);

(30)编造、故意传播虚假恐怖信息罪(同上);

(31)编造、故意传播虚假信息罪(《刑法》第 291 条之一第 2 款);

(32)高空抛物罪(《刑法》第 291 条之二);

(33)聚众斗殴罪(《刑法》第 292 条第 1 款);

(34)寻衅滋事罪(《刑法》第 293 条);

(35)催收非法债务罪(《刑法》第 293 条之一);

(36)组织、领导、参加黑社会性质组织罪(《刑法》第 294 条第 1 款);

(37)入境发展黑社会组织罪(《刑法》第 294 条第 2 款);

(38)包庇、纵容黑社会性质组织罪(《刑法》第 294 条第 3 款);

(39)传授犯罪方法罪(《刑法》第 295 条);

(40)非法集会、游行、示威罪(《刑法》第 296 条);
(41)非法携带武器、管制刀具、爆炸物参加集会、游行、示威罪(《刑法》第 297 条);
(42)破坏集会、游行、示威罪(《刑法》第 298 条);
(43)侮辱国旗、国徽、国歌罪(《刑法》第 299 条);
(44)侵害英雄烈士名誉、荣誉罪(《刑法》第 299 条之一);
(45)组织、利用会道门、邪教组织、利用迷信破坏法律实施罪(《刑法》第 300 条第 1 款);
(46)组织、利用会道门、邪教组织、利用迷信致人重伤、死亡罪(《刑法》第 300 条第 2 款);
(47)聚众淫乱罪(《刑法》第 301 条第 1 款);
(48)引诱未成年人聚众淫乱罪(《刑法》第 301 条第 2 款);
(49)盗窃、侮辱、故意毁坏尸体、尸骨、骨灰罪(《刑法》第 302 条);
(50)赌博罪(《刑法》第 303 条第 1 款);
(51)开设赌场罪(《刑法》第 303 条第 2 款);
(52)组织参与国(境)外赌博罪(《刑法》第 303 条第 3 款);
(53)故意延误投递邮件罪(《刑法》第 304 条)。

2. 妨害司法罪
(1)伪证罪(《刑法》第 305 条);
(2)辩护人、诉讼代理人毁灭证据、伪造证据、妨害作证罪(《刑法》第 306 条);
(3)妨害作证罪(《刑法》第 307 条第 1 款);
(4)帮助毁灭、伪造证据罪(《刑法》第 307 条第 2 款);
(5)虚假诉讼罪(《刑法》第 307 条之一);
(6)打击报复证人罪(《刑法》第 308 条);
(7)泄露不应公开的案件信息罪(《刑法》第 308 条之一第 1 款);
(8)披露、报道不应公开的案件信息罪(《刑法》第 308 条之一第 3 款);
(9)扰乱法庭秩序罪(《刑法》第 309 条);
(10)窝藏、包庇罪(《刑法》第 310 条);
(11)拒绝提供间谍犯罪、恐怖主义犯罪、极端主义犯罪证据罪(《刑法》第 311 条);
(12)掩饰、隐瞒犯罪所得、犯罪所得收益罪(《刑法》第 312 条);
(13)拒不执行判决、裁定罪(《刑法》第 313 条);
(14)非法处置查封、扣押、冻结的财产罪(《刑法》第 314 条);
(15)破坏监管秩序罪(《刑法》第 315 条);
(16)脱逃罪(《刑法》第 316 条第 1 款);
(17)劫夺被押解人员罪(《刑法》第 316 条第 2 款);
(18)组织越狱罪(《刑法》第 317 条第 1 款);
(19)暴动越狱罪(《刑法》第 317 条第 2 款);
(20)聚众持械劫狱罪(同上)。

3. 妨害国(边)境管理罪
(1)组织他人偷越国(边)境罪(《刑法》第 318 条);
(2)骗取出境证件罪(《刑法》第 319 条);
(3)提供伪造、变造的出入境证件罪(《刑法》第 320 条);

(4)出售出入境证件罪(同上);

(5)运送他人偷越国(边)境罪(《刑法》第321条);

(6)偷越国(边)境罪(《刑法》第322条);

(7)破坏界碑、界桩罪(《刑法》第323条);

(8)破坏永久性测量标志罪(同上)。

4.妨害文物管理罪

(1)故意损毁文物罪(《刑法》第324条第1款);

(2)故意损毁名胜古迹罪(《刑法》第324条第2款);

(3)过失损毁文物罪(《刑法》第324条第3款);

(4)非法向外国人出售、赠送珍贵文物罪(《刑法》第325条);

(5)倒卖文物罪(《刑法》第326条);

(6)非法出售、私赠文物藏品罪(《刑法》第327条);

(7)盗掘古文化遗址、古墓葬罪(《刑法》第328条第1款);

(8)盗掘古人类化石、古脊椎动物化石罪(《刑法》第328条第2款);

(9)抢夺、窃取国有档案罪(《刑法》第329条第1款);

(10)擅自出卖、转让国有档案罪(《刑法》第329条第2款)。

5.危害公共卫生罪

(1)妨害传染病防治罪(《刑法》第330条);

(2)传染病菌种、毒种扩散罪(《刑法》第331条);

(3)妨害国境卫生检疫罪(《刑法》第332条);

(4)非法组织卖血罪(《刑法》第333条第1款);

(5)强迫卖血罪(同上);

(6)非法采集、供应血液、制作、供应血液制品罪(《刑法》第334条第1款);

(7)采集、供应血液、制作、供应血液制品事故罪(《刑法》第334条第2款);

(8)非法采集人类遗传资源、走私人类遗传资源材料罪(《刑法》第334条之一);

(9)医疗事故罪(《刑法》第335条);

(10)非法行医罪(《刑法》第336条第1款);

(11)非法进行节育手术罪(《刑法》第336条第2款);

(12)妨害动植物防疫、检疫罪(《刑法》第337条)。

6.破坏环境资源保护罪

(1)污染环境罪(《刑法》第338条);

(2)非法处置进口的固体废物罪(《刑法》第339条第1款);

(3)擅自进口固体废物罪(《刑法》第339条第2款);

(4)非法捕捞水产品罪(《刑法》第340条);

(5)危害珍贵、濒危野生动物罪(《刑法》第341条第1款);

(6)非法狩猎罪(《刑法》第341条第2款);

(7)非法猎捕、收购、运输、出售陆生野生动物罪(《刑法》第341条第3款);

(8)非法占用农用地罪(《刑法》第342条);

(9)破坏自然保护地罪(《刑法》第342条之一);

(10)非法采矿罪(《刑法》第343条第1款);
(11)破坏性采矿罪(《刑法》第343条第2款);
(12)危害国家重点保护植物罪(《刑法》第344条);
(13)非法引进、释放、丢弃外来入侵物种罪(《刑法》第344条之一);
(14)盗伐林木罪(《刑法》第345条第1款);
(15)滥伐林木罪(《刑法》第345条第2款);
(16)非法收购、运输盗伐、滥伐的林木罪(《刑法》第345条第3款)。

7. 走私、贩卖、运输、制造毒品罪
(1)走私、贩卖、运输、制造毒品罪(《刑法》第347条);
(2)非法持有毒品罪(《刑法》第348条);
(3)包庇毒品犯罪分子罪(《刑法》第349条第1款、第2款);
(4)窝藏、转移、隐瞒毒品、毒赃罪(《刑法》第349条第1款);
(5)非法生产、买卖、运输制毒物品、走私制毒物品罪(《刑法》第350条);
(6)非法种植毒品原植物罪(《刑法》第351条);
(7)非法买卖、运输、携带、持有毒品原植物种子、幼苗罪(《刑法》第352条);
(8)引诱、教唆、欺骗他人吸毒罪(《刑法》第353条第1款);
(9)强迫他人吸毒罪(《刑法》第353条第2款);
(10)容留他人吸毒罪(《刑法》第354条);
(11)非法提供麻醉药品、精神药品罪(《刑法》第355条);
(12)妨害兴奋剂管理罪(《刑法》第355条之一)。

8. 组织、强迫、引诱、容留、介绍卖淫罪
(1)组织卖淫罪(《刑法》第358条第1款);
(2)强迫卖淫罪(同上);
(3)协助组织卖淫罪(《刑法》第358条第4款);
(4)引诱、容留、介绍卖淫罪(《刑法》第359条第1款);
(5)引诱幼女卖淫罪(《刑法》第359条第2款);
(6)传播性病罪(《刑法》第360条)。

9. 制作、贩卖、传播淫秽物品罪
(1)制作、复制、出版、贩卖、传播淫秽物品牟利罪(《刑法》第363条第1款);
(2)为他人提供书号出版淫秽书刊罪(《刑法》第363条第2款);
(3)传播淫秽物品罪(《刑法》第364条第1款);
(4)组织播放淫秽音像制品罪(《刑法》第364条第2款);
(5)组织淫秽表演罪(《刑法》第365条)。

八、危害国防利益罪

(一)危害国防利益罪概述

危害国防利益罪,是指违反国防法律规定,拒绝或者逃避国防义务,危害作战和军事行动,妨害国防管理秩序,或者以其他形式危害国防利益,依法应受刑罚处罚的行为。

本类犯罪的客体是国防利益。根据《国防法》第2条的规定,"国防"是指国家为防备和抵

抗侵略,制止武装颠覆和分裂,保卫国家主权、统一、领土完整、安全和发展利益所进行的军事活动,以及与军事有关的政治、经济、外交、科技、教育等方面的活动。任何危害国防建设的行为都是对国防利益的侵害,同时是一种严重威胁国家安全的行为。

本类犯罪的客观方面表现为违反国防法律法规,拒绝或者逃避法律法规规定的国防义务,严重危害国防利益的行为。我国有关国防方面的义务规定在《宪法》《国防法》《兵役法》《军事设施保护法》《预备役军官法》《现役军官服役条例》《征兵工作条例》《民兵工作条例》等法律法规中。如我国《宪法》《兵役法》《预备役军官法》《征兵工作条例》等都规定中华人民共和国公民有服兵役和随时准备参军参战的义务;《军事设施保护法》第4条第1款规定,"中华人民共和国的组织和公民都有保护军事设施的义务"等。如果违反国防法律规定,拒不履行国防义务,必然危害国防利益。危害国防利益罪区别于刑法中其他类罪的显著之处是有战时与平时之分,如战时拒绝、逃避服役罪,战时造谣扰乱军心罪,战时拒绝军事征收、征用罪等罪名只适用于战时,而平时行为人即使实施同样行为也不构成犯罪。

本类犯罪的主观方面多数是直接故意,也有部分可以是间接故意,如聚众扰乱军事管理区秩序罪。少数犯罪只能由过失构成,如过失损坏武器装备、军事设施、军事通信罪,过失提供不合格武器装备、军事设施罪。有的犯罪还要求行为人有谋取非法利益的目的,如冒充军人招摇撞骗罪,若行为人谋取的不是非法利益,则不构成犯罪。

本类犯罪的主体大多为一般主体,也有少数犯罪只能由特殊主体构成。如接送不合格兵员罪的主体只能是那些在征兵工作中负有征兵职责的征兵工作人员,战时拒绝、逃避征召、军事训练罪的主体是预备役人员,一个非预备役人员不会成为战时拒绝、逃避服役罪的犯罪主体。本罪主体一般为自然人,即年满16周岁、具有刑事责任能力的自然人,而且一般为非军人,也有部分犯罪的主体可以为单位。

(二)危害国防利益罪的罪名与法条

1. 阻碍军人执行职务罪(《刑法》第368条第1款);
2. 阻碍军事行动罪(《刑法》第368条第2款);
3. 破坏武器装备、军事设施、军事通信罪(《刑法》第369条第1款);
4. 过失损坏武器装备、军事设施、军事通信罪(《刑法》第369条第2款);
5. 故意提供不合格武器装备、军事设施罪(《刑法》第370条第1款);
6. 过失提供不合格武器装备、军事设施罪(《刑法》第370条第2款);
7. 聚众冲击军事禁区罪(《刑法》第371条第1款);
8. 聚众扰乱军事管理区秩序罪(《刑法》第371条第2款);
9. 冒充军人招摇撞骗罪(《刑法》第372条);
10. 煽动军人逃离部队罪(《刑法》第373条);
11. 雇用逃离部队军人罪(同上);
12. 接送不合格兵员罪(《刑法》第374条);
13. 伪造、变造、买卖武装部队公文、证件、印章罪(《刑法》第375条第1款);
14. 盗窃、抢夺武装部队公文、证件、印章罪(同上);
15. 非法生产、买卖武装部队制式服装罪(《刑法》第375条第2款);
16. 伪造、盗窃、买卖、非法提供、非法使用武装部队专用标志罪(《刑法》第375条第3款);
17. 战时拒绝、逃避征召、军事训练罪(《刑法》第376条第1款);

18. 战时拒绝、逃避服役罪(《刑法》第 376 条第 2 款);
19. 战时故意提供虚假敌情罪(《刑法》第 377 条);
20. 战时造谣扰乱军心罪(《刑法》第 378 条);
21. 战时窝藏逃离部队军人罪(《刑法》第 379 条);
22. 战时拒绝、故意延误军事订货罪(《刑法》第 380 条);
23. 战时拒绝军事征收、征用罪(《刑法》第 381 条)。

九、贪污贿赂罪

(一)贪污贿赂罪概述

贪污贿赂罪,是指国家工作人员实施的贪污、受贿,或者国有单位实施的受贿、私分国有资产等侵犯国家廉政建设制度,以及其他人员或单位实施的与受贿具有对向性的情节严重的行为。

本类犯罪侵犯的客体是以国家工作人员的职务廉洁性为核心的国家廉政建设制度和公共财产所有权。国家的廉政建设制度是以恪尽职守、廉洁奉公、吏治清明、反对腐败为其主要内容的。贪污、贿赂罪不仅严重地侵犯了公共财产的所有权,而且严重地侵蚀了党和国家的健康的机体,损害了党和政府在人民心目中的形象,妨害了国家的廉政建设制度。

本类犯罪在客观方面表现为破坏国家廉政制度情节严重的行为。其中,一类是国家工作人员利用职务上的便利贪污、受贿或者不能说明与合法收入差额巨大的财产或者支出的确切来源,或者私分国有资产或者罚没财物的行为。另一类是国家工作人员之外的人员或者单位行贿、向单位行贿、介绍贿赂的行为。

本类犯罪的主体包括两类,一类是自然人,另一类是单位。就自然人来说,大多数是特殊主体,即国家工作人员。少数犯罪的主体为一般主体,如行贿罪、介绍贿赂罪等。就单位来说,既有纯正的单位犯罪,如私分国有资产罪、私分罚没财物罪,也有不纯正的单位犯罪,如对单位行贿罪。

本类犯罪的主观方面均由故意构成,即行为人明知自己的行为会损害国家工作人员职务的廉洁性,并且希望或放任这种结果发生。过失不能构成本类犯罪。

(二)贪污贿赂罪的罪名与法条

1. 贪污罪(《刑法》第 382 条);
2. 挪用公款罪(《刑法》第 384 条);
3. 受贿罪(《刑法》第 385 条);
4. 单位受贿罪(《刑法》第 387 条);
5. 斡旋受贿犯罪(《刑法》第 388 条);
6. 利用影响力受贿罪(《刑法》第 388 条之一);
7. 行贿罪(《刑法》第 389 条);
8. 对有影响力的人行贿罪(《刑法》第 390 条之一);
9. 对单位行贿罪(《刑法》第 391 条);
10. 介绍贿赂罪(《刑法》第 392 条);
11. 单位行贿罪(《刑法》第 393 条);
12. 巨额财产来源不明罪(《刑法》第 395 条第 1 款);

13. 隐瞒境外存款罪(《刑法》第 395 条第 2 款);
14. 私分国有资产罪(《刑法》第 396 条第 1 款);
15. 私分罚没财物罪(《刑法》第 396 条第 2 款)。

十、渎职罪

(一)渎职罪概述

渎职罪,是指国家机关工作人员在公务活动中滥用职权、玩忽职守、徇私舞弊,妨害国家管理活动,致使公共财产或者国家与人民的利益遭受重大损失的行为。国家机关工作人员在职务活动中代表着国家,手中握有国家权力,其一举一动直接影响着国家的形象与声誉,其职务是否得到正确履行,涉及国家职能能否正确发挥以及能否实现社会公正的大事。为了确保国家机关工作人员忠于职守、奉公守法、勤勤恳恳地履行公职,真正成为人民公仆,国家立法机关把那些严重的滥用职权、玩忽职守、徇私舞弊、妨害国家机关正常活动的行为作为犯罪严加惩处是非常必要的。

渎职罪的客体是国家机关的正常管理秩序。所谓国家机关的正常管理秩序,是指各级国家机关依法履行职责、行使职权、实现职能等工作活动的制度和纪律。这里所说的国家机关,是指国家各级各类机关,包括国家的行政机关、权力机关、审判机关、检察机关和军事机关等。渎职罪是国家机关工作人员的严重失职行为,而这种严重的失职行为显然是对国家机关正常管理活动及秩序的严重侵害。

渎职罪的客观方面表现为行为人实施了滥用职权、玩忽职守、徇私舞弊(包括徇私枉法、徇情枉法等)并使公共财产、国家和人民利益遭受重大损失的行为。所谓滥用职权,是指国家机关工作人员不依法行使职权而利用手中的权力胡作非为;玩忽职守,是指国家机关工作人员疏于职守、不按规程或规章行使管理职权;徇私舞弊,则是指国家机关工作人员视神圣公职如儿戏,为了一己之私而徇情枉法。必须指出,一般的滥用职权、玩忽职守和徇私舞弊的行为并不都构成渎职罪,只有那些因为渎职行为而致使公共财产或者国家和人民利益遭受重大损失的行为才构成犯罪。

渎职罪的主体除《刑法》第 398 条规定的故意泄露国家秘密罪和过失泄露国家秘密罪外都是特殊主体,即必须是国家机关工作人员。国家机关工作人员,是指在各级各类国家机关中从事公务的人员。为了明确司法实践中遇到的关于渎职罪的犯罪主体,2002 年 12 月 28 日全国人民代表大会常务委员会颁布的《关于〈中华人民共和国刑法〉第九章渎职罪主体适用问题的解释》明确规定,在依照法律、法规规定行使国家行政管理职权的组织中从事公务的人员,或者在受国家机关委托代表国家机关行使职权的组织中从事公务的人员,或者虽未列入国家机关人员编制但在国家机关中从事公务的人员,在代表国家机关行使职权时,有渎职行为,构成犯罪的,依照刑法关于渎职罪的规定追究刑事责任。根据有关规定,参照国家公务员法进行人事管理的中国共产党各级委员会机关和中国人民政治协商会议各级委员会机关中从事公务的人员,也属于国家机关工作人员。此外,根据 2000 年 5 月 4 日最高人民检察院《关于镇财政所所长是否适用国家机关工作人员的批复》,对于属于行政执法事业单位的镇财政所中按国家机关在编干部管理的工作人员,在履行政府行政公务活动中,滥用职权或玩忽职守构成犯罪的,应以国家机关工作人员论。

渎职罪的主观方面有的只能由故意构成,如滥用职权罪,故意泄露国家秘密罪,徇私枉法罪等;有的只能由过失构成,如玩忽职守罪,过失泄露国家秘密罪,执行判决、裁定失职罪等。

(二)渎职罪的罪名与法条

1. 滥用职权罪(《刑法》第397条);
2. 玩忽职守罪(同上);
3. 故意泄露国家秘密罪(《刑法》第398条);
4. 过失泄露国家秘密罪(同上);
5. 徇私枉法罪(《刑法》第399条第1款);
6. 民事、行政枉法裁判罪(《刑法》第399条第2款);
7. 执行判决、裁定失职罪(《刑法》第399条第3款);
8. 执行判决、裁定滥用职权罪(同上);
9. 枉法仲裁罪(《刑法》第399条之一);
10. 私放在押人员罪(《刑法》第400条第1款);
11. 失职致使在押人员脱逃罪(《刑法》第400条第2款);
12. 徇私舞弊减刑、假释、暂予监外执行罪(《刑法》第401条);
13. 徇私舞弊不移交刑事案件罪(《刑法》第402条);
14. 滥用管理公司、证券职权罪(《刑法》第403条);
15. 徇私舞弊不征、少征税款罪(《刑法》第404条);
16. 徇私舞弊发售发票、抵扣税款、出口退税罪(《刑法》第405条第1款);
17. 违法提供出口退税凭证罪(《刑法》第405条第2款);
18. 国家机关工作人员签订、履行合同失职被骗罪(《刑法》第406条);
19. 违法发放林木采伐许可证罪(《刑法》第407条);
20. 环境监管失职罪(《刑法》第408条);
21. 食品、药品监管渎职罪(《刑法》第408条之一);
22. 传染病防治失职罪(《刑法》第409条);
23. 非法批准征收、征用、占用土地罪(《刑法》第410条);
24. 非法低价出让国有土地使用权罪(同上);
25. 放纵走私罪(《刑法》第411条);
26. 商检徇私舞弊罪(《刑法》第412条第1款);
27. 商检失职罪(《刑法》第412条第2款);
28. 动植物检疫徇私舞弊罪(《刑法》第413条第1款);
29. 动植物检疫失职罪(《刑法》第413条第2款);
30. 放纵制售伪劣商品犯罪行为罪(《刑法》第414条);
31. 办理偷越国(边)境人员出入境证件罪(《刑法》第415条);
32. 放行偷越国(边)境人员罪(同上);
33. 不解救被拐卖、绑架妇女、儿童罪(《刑法》第416条第1款);
34. 阻碍解救被拐卖、绑架妇女、儿童罪(《刑法》第416条第2款);
35. 帮助犯罪分子逃避处罚罪(《刑法》第417条);
36. 招收公务员、学生徇私舞弊罪(《刑法》第418条);
37. 失职造成珍贵文物损毁、流失罪(《刑法》第419条)。

十一、军人违反职责罪

(一)军人违反职责罪概述

军人违反职责罪,是指军人违反职责,危害国家军事利益,依照法律应当受刑罚处罚的行为。

本类犯罪的客体是国家的军事利益。对国家军事利益造成危害,是军人违反职责罪的本质特征,也是区别于刑法分则其他各类犯罪的关键所在。所谓国家的军事利益,是指国家在国防建设、作战行动、军队物质保障、军事机密、军事科学研究等方面的利益。军事利益直接关系着国家的安全与利益,理应受到特殊保护。

本类犯罪的犯罪客观方面表现为违反军人职责,危害国家军事利益的行为。军人职责可分为一般职责与具体职责。前者是任何军人都负有的职责,主要规定在《中国人民解放军内务条令》中;后者是不同军人在执行不同任务时所负有的职责,规定在各种条例、条令中。军人违反职责的行为既包括作为,也包括不作为,其中可以由不作为构成的犯罪较多,这也是军法从严的体现。军人违反职责罪中有些罪必须具有"战时"或者"在战场上"的时间、地点要求。如果不具有这些时间、地点特征,就不能构成此类犯罪。同样对有些军职罪而言,是否在战时发生,对于量刑也有影响。

本类犯罪的主体是特殊主体,限定在一定的人员范围之内。即只能由军人构成,其具体范围,包括中国人民解放军的现役军官、文职干部、士兵及具有军籍的学员和中国人民武装警察部队的现役警官、文职干部、士兵及具有军籍的学员以及执行军事任务的预备役人员和其他人员。军人违反职责罪的主体相对于刑法其他犯罪的主体来说,属于特殊主体。但在军人违反职责罪的主体中也有一般与特殊之分。一般主体是指军队中的所有军人,特殊主体包括军队中的指挥人员、各级首长、值班和值勤人员、医务人员、现役军人等。

本类犯罪中,多数犯罪由故意构成,少数犯罪由过失构成。极个别犯罪既可由故意构成,也可由过失构成。

(二)军人违反职责罪的罪名与法条

1. 战时违抗命令罪(《刑法》第421条);
2. 隐瞒、谎报军情罪(《刑法》第422条);
3. 拒传、假传军令罪(同上);
4. 投降罪(《刑法》第423条);
5. 战时临阵脱逃罪(《刑法》第424条);
6. 擅离、玩忽军事职守罪(《刑法》第425条);
7. 阻碍执行军事职务罪(《刑法》第426条);
8. 指使部属违反职责罪(《刑法》第427条);
9. 违令作战消极罪(《刑法》第428条);
10. 拒不救援友邻部队罪(《刑法》第429条);
11. 军人叛逃罪(《刑法》第430条);
12. 非法获取军事秘密罪(《刑法》第431条第1款);
13. 为境外窃取、刺探、收买、非法提供军事秘密罪(《刑法》第431条第2款);
14. 故意泄露军事秘密罪(《刑法》第432条);
15. 过失泄露军事秘密罪(《刑法》第432条);

16. 战时造谣惑众罪(《刑法》第 433 条);
17. 战时自伤罪(《刑法》第 434 条);
18. 逃离部队罪(《刑法》第 435 条);
19. 武器装备肇事罪(《刑法》第 436 条);
20. 擅自改变武器装备编配用途罪(《刑法》第 437 条);
21. 盗窃、抢夺武器装备、军用物资罪(《刑法》第 438 条);
22. 非法出卖、转让武器装备罪(《刑法》第 439 条);
23. 遗弃武器装备罪(《刑法》第 440 条);
24. 遗失武器装备罪(《刑法》第 441 条);
25. 擅自出卖、转让军队房地产罪(《刑法》第 442 条);
26. 虐待部属罪(《刑法》第 443 条);
27. 遗弃伤病军人罪(《刑法》第 444 条);
28. 战时拒不救治伤病军人罪(《刑法》第 445 条);
29. 战时残害居民、掠夺居民财物罪(《刑法》第 446 条);
30. 私放俘虏罪(《刑法》第 447 条);
31. 虐待俘虏罪(《刑法》第 448 条)。

主要参考文献

1. 张明楷:《刑法学》(第 6 版),法律出版社 2021 年版。
2. 顾肖荣主编:《体系刑法学》,中国法制出版社 2012 年版。
3. 高铭暄、马克昌主编:《刑法学》(第 10 版),北京大学出版社、高等教育出版社 2022 年版。
4. 《刑法学》编写组编:《刑法学》(第 2 版),高等教育出版社 2023 年版。
5. 陈兴良:《规范刑法学》(第 5 版),中国人民大学出版社 2023 年版。
6. 姚建龙主编:《刑法学总论》,北京大学出版社 2016 年版。
7. 姚建龙主编:《刑法学分论》,北京大学出版社 2016 年版。

第六章 民 法

> **内容概要**
>
> 民法是规定并调整平等主体的自然人、法人和非法人组织之间的人身关系和财产关系的法律规范的总称。民事法律的发达程度,在很大程度上反映着一个国家法律发展的总体水平。我国《民法典》是新中国成立以来第一部以"典"命名的法律,它在中国特色社会主义法律体系中具有重要地位,是一部固根本、稳预期、利长远的基础性法律。
>
> 本章依据我国《民法典》的编排结构,结合民法学的基本框架,共设置七节:第一节是民法总论,内容包括民法的渊源、民法的基本原则、民事主体、法律行为、代理、民事责任等;第二节是物权法,内容包括物权、所有权、用益物权、担保物权等;第三节是合同法,内容包括合同的订立、合同的效力、合同的履行、合同的变更和转让及终止、违约责任等;第四节是人格权法,内容包括人格权的概念和特征、生命权和身体权及健康权、姓名权和肖像权、名誉权、隐私权和个人信息权益等;第五节是婚姻家庭法,内容包括亲属、婚姻制度、家庭关系等;第六节是继承法,内容包括继承和继承权、法定继承、遗嘱继承、遗赠和遗赠扶养协议、遗产的处理等;第七节是侵权责任法,内容包括侵权行为、侵权责任、一般侵权责任的构成要件、特殊主体的侵权责任等。

第一节 民法总论

民法是调整平等主体的自然人、法人和非法人组织之间的人身关系和财产关系的法律规范的总称。从公法与私法区分的角度来看,民法是私法,其立法宗旨和主要内容是保护私主体的民事权益,作为其调整对象的民事主体具有平等的法律地位。

一、民法的渊源

民法的渊源,又称民法的法源,是指民事法律规范的来源或者表现形式。

我国民法的渊源主要有以下几类:(1)法律,包括宪法、民事基本法、民事单行法和其他法律中的民法规范;(2)法规,包括行政法规和地方性法规中的民事规范;(3)规章,包括国务院各部门规章和地方政府规章,规章在法律、法规没有具体规定时可以作为处理纠纷的重要参照规范;(4)司法解释,主要指最高人民法院的民事司法解释;(5)国家政策,民事活动在法律法规没有规定时应当遵守国家政策;(6)民事习惯,它是补充性的法源,仅适用法律没有规定的情形,且不得违背公序良俗。此外,国际条约以及国际惯例也可以成为我国民法的渊源。

二、民法的基本原则

民法的基本原则是贯穿于民法始终的根本准则,无论是进行民事立法,还是对民事法律规范进行解释,以及在民事活动和司法实践中适用民法规范,都要遵守民法的基本原则。

(一)平等原则

平等原则是指当事人在民事活动中具有平等的法律地位,它要求社会应当为每一民事主体提供均等的机会保障其平等地参与民事法律关系。平等原则主要体现在以下几个方面:一是民事主体的民事权利能力平等;二是民事主体在具体民事关系中的地位平等;三是民事主体依法平等地享受权利和承担义务;四是民事主体的合法权益平等地受法律保护;五是民事主体平等地承担民事责任。

(二)自愿原则

自愿原则又称意思自治原则,是指当事人完全按照自己的意愿,自主地从事民事活动和参与民事关系并对自己的行为负责。当事人在民事活动中,有充分表达自己真实意志的自由和自主决定是否实施、如何实施民事行为的权利,不受他人的非法干涉。

(三)公平原则

公平原则是指当事人在民事活动中应当以公平、正义观念来指导自己的民事行为,平衡当事人之间的利益关系,合理解决当事人之间的纠纷。如果说平等原则比较侧重于强调机会平等和形式公平的话,公平原则就可以说是更加侧重于强调结果平等和实质公平。

(四)诚实信用原则

诚实信用原则是指当事人在民事活动中应当讲究信用,恪守诺言,诚实不欺,在追求自己利益的同时不损害他人和社会利益,善意地行使权利和履行义务,注重维持当事人各方的利益以及当事人利益与社会利益的平衡。诚实信用原则既是一项古老的原则,也在现代民法中具有重要的地位,被称为民法中的"帝王原则"或"帝王条款"。

(五)守法和公序良俗原则

守法和公序良俗原则是指当事人在民事活动中应当遵守法律规范、社会公共秩序和善良风俗,不得损害社会公德,不得损害社会利益和国家利益。

(六)绿色原则

绿色原则是指民事主体从事民事活动,应当有利于节约资源、保护生态环境。将资源节约和生态环境保护作为民法的基本原则写进《民法典》,这是我国《民法典》的独创,体现了我国民法对绿色发展理念的贯彻。

三、民事主体

民事主体是指依照民事法律规范具有参与民事法律关系的资格并以自己的名义享有民事权利和承担民事义务的自然人、法人和非法人组织。

(一)自然人

民法上的自然人是指基于自然状态出生的、具有民事主体地位的、与法人和非法人组织相对应的、能够享有民事权利和承担民事义务的个人。

1. 自然人的民事权利能力

自然人的民事权利能力是指法律赋予自然人享有民事权利和承担民事义务的能力。自然人的民事权利能力一律平等,它是享有权利资格与负担义务资格的有机统一。自然人的民事权利能力原则上始于出生,终于死亡,民法上的死亡包括自然死亡和拟制死亡两种形态。胎儿尚未出生,本来不应享有民事权利能力,但为了对其民事权益进行必要的保护,有条件地赋予胎儿一定的民事权利能力成为现在世界各国的通行做法。

2. 自然人的民事行为能力

自然人的民事行为能力指自然人能以自己的行为取得民事权利和承担民事义务的能力,是自然人可以独立进行民事活动的能力或者资格。根据自然人的年龄与智力状况,可以将自然人的民事行为能力分为三类。

(1) 完全民事行为能力

完全民事行为能力是指自然人可以完全独立地进行民事活动、以自己的行为取得民事权利和承担民事义务的资格。一方面,完全民事行为能力人应当符合年龄条件的要求。18 周岁以上的成年人具有完全民事行为能力,可以独立进行民事活动,是完全民事行为能力人;16 周岁以上不满 18 周岁的未成年人,如果以自己的劳动收入为主要生活来源,也被视为完全民事行为能力人。另一方面,完全民事行为能力人应当符合精神状况条件的要求,即精神状况健康正常,能够正确理解法律规范和社会生活共同规则,理智地实施民事行为。

(2) 限制民事行为能力

限制民事行为能力是介于完全民事行为能力和无民事行为能力之间的一种情况,因年龄和精神状况的原因而需要对符合条件的某类自然人的民事行为能力予以一定的限制。限制民事行为能力人包括 8 周岁以上的未成年人和不能完全辨认自己行为的成年人。限制民事行为能力人实施民事法律行为,一般应由其法定代理人代理或者经其法定代理人同意、追认。但是,在两种例外情况下,限制民事行为能力人也可以独立实施民事法律行为:一是纯获利益的民事法律行为;二是与其年龄、智力、精神健康状况相适应的民事法律行为。

(3) 无民事行为能力

无民事行为能力是指自然人不具有以自己的行为取得民事权利和承担民事义务的能力。无民事行为能力人包括三类人:一是不满 8 周岁的未成年人;二是不能辨认自己行为的成年人;三是 8 周岁以上不能辨认自己行为的未成年人。

3. 监护

监护是为了保护无民事行为能力人和限制民事行为能力人而由特定的自然人或组织对其人身、财产和其他合法权益予以监督、管理和保护的制度。监护人应当履行监护职责,保护被监护人的人身、财产及其他合法权益,除为被监护人的利益外,不得处理被监护人的财产。监护人不履行监护职责或者侵害被监护人的合法权益时应当承担责任,给被监护人造成财产损失时应当赔偿损失。

法定监护是指监护人根据法律的直接规定而设立的监护。对于未成年人,父母是其法定的监护人。如果未成年人的父母已经死亡或者没有监护能力的,由下列有监护能力的人按顺序担任监护人:一是祖父母、外祖父母;二是兄、姐;三是经未成年人住所地的居民委员会、村民委员会或者民政部门同意的其他愿意担任监护人的个人或者组织。对于无民事行为能力或者限制民事行为能力的成年人,由下列有监护能力的人按顺序担任监护人:一是配偶;二是父母或其成年子女;三是其他近亲属;四是经被监护人住所地的居民委员会、村民委员会或者民政部门同意的其他愿意担任监护人的个人或者组织。

意定监护是指具有完全民事行为能力的成年人可以与其近亲属、其他愿意担任监护人的个人或者组织通过事先协商以书面形式确定自己监护人从而设定的监护。意定监护设立后,当该成年人丧失或者部分丧失民事行为能力时,由协商确定的监护人履行监护职责。意定监护制度弥补了法定监护制度的不足,体现了对民法意思自治原则的最大尊重。

4. 宣告失踪和宣告死亡

宣告失踪是指当自然人下落不明达到一定期间时,为保护其财产利益,经利害关系人申请,由人民法院将其宣告为失踪人并为其设定指定财产代管人的制度。宣告失踪所产生的法律后果是为失踪人指定财产代管人。失踪人的财产由其配偶、成年子女、父母或者其他愿意担任财产代管人的人代管。被宣告失踪的人重新出现或者确知其下落时,经本人或者利害关系人申请,人民法院应当撤销对他的失踪宣告,失踪人有权请求财产代管人及时移交有关财产并报告财产代管情况。

宣告死亡是指当自然人下落不明达一定期限时,经利害关系人申请,由人民法院宣告其死亡的制度。相对于自然死亡而言,宣告死亡是对死亡的推定,是一种拟制死亡,但它与自然死亡产生同样的法律后果。被宣告死亡的人重新出现或者确知其没有死亡时,经本人或者利害关系人申请,人民法院应当撤销对他的死亡宣告。有民事行为能力的人在被宣告死亡期间所实施的民事法律行为有效。被撤销死亡宣告的人有权请求返还财产。

(二)法人

法人是指具有民事权利能力和民事行为能力,依法独立享有民事权利和承担民事义务的组织。

1. 法人的分类

我国《民法典》将法人分为营利法人、非营利法人和特别法人三类。其中,营利法人包括有限责任公司、股份有限公司和其他企业法人等;非营利法人包括事业单位、社会团体、基金会、社会服务机构等;特别法人包括机关法人、农村集体经济组织法人、城镇农村的合作经济组织法人、基层群众性自治组织法人等。

2. 法人的成立要件

法人的成立须具备以下要件:一是依法成立。法人的设立必须合法,其设立目的与宗旨要符合国家和社会公共利益的要求,其组织机构、经营范围、经营方式以及设立程序和设立方式等都要符合国家法律和政策的要求。二是有必要的财产和经费。拥有必要的财产和经费是确保法人独立享有民事权利和承担民事义务的物质基础,因此,营利法人必须有必要的财产,而非营利法人和特别法人也必须有必要的经费。三是有自己的名称、组织机构和场所。法人的名称是法人独立人格的基本标志,它既可以将法人与其他组织以及将法人与法人成员区别开来,也可以将特定法人与其他法人区别开来。法人必须具备一定的组织机构,这是法人实现独立意志并独立享有民事权利和承担民事义务的组织保证。法人场所是法人开展业务活动的必要条件。四是能够独立承担民事责任。法人作为独立的民事主体,必须能够以自己的财产对外独立承担民事责任。

3. 法人的民事权利能力和民事行为能力

(1)法人的民事权利能力

法人的民事权利能力指法人能够以自己的名义独立享有民事权利和承担民事义务的资格。法人的民事权利能力始于成立,终于消灭。与自然人的民事权利能力相比,一方面,法人的民事权利能力受法人自然属性的限制,法人并不享有如生命权、身体权、健康权、隐私权、亲权、配偶权等与自然人属性密切相关的人格权和身份权;另一方面,法人的民事权利能力又受法人宗旨以及法律和行政法规的限制,不同法人在民事权利能力的内容和范围上存在差别,与自然人民事权利能力的平等性不同,法人的权利能力存在差异性。

(2)法人的民事行为能力

法人的民事行为能力指法人以自己的意思独立进行民事活动的能力,即法人通过自己的独立行为取得民事权利和承担民事义务的能力。法人的民事行为能力与其民事权利能力在存续时间上是一致的,始于成立,终于消灭。与自然人的民事行为能力不同,法人作为一个组织无法直接表达意志,其民事行为能力是通过法人机关或者代表人实现和实施的。同时,法人的民事行为能力与其民事权利能力在范围上具有一致性,不同法人的民事行为能力存在一定的差别。

4.法人机关

法人机关指根据法律或者法人章程的规定,以法人的名义对内管理法人事务,对外代表法人进行民事活动的集体或个人。法人机关是法人组织体的核心,它承担着形成法人意思和代表法人活动的重要职能。法人机关通常分为以下几种类型:一是意思机关。意思机关也称权力机关或决策机关,是法人自身意思的形成机关,是决定法人生产经营或者业务管理的重大事项的机关。二是执行机关。执行机关是执行法人权力机关决定的机关,是执行法人意志的机关。三是监督机关。监督机关是为保障法人意志得以顺利实现而对法人执行机关的行为实行监督的机关。四是代表机关。代表机关是代表法人对外从事民事活动和诉讼活动的机关,是法人的意思表示机关。法人的法定代表人是法人的代表机关。

(三)非法人组织

非法人组织,是指不具有法人资格但是能够依法以自己的名义从事民事活动的组织,它是我国《民法典》所规定的与自然人、法人相并列的第三类民事主体。非法人组织包括个人独资企业、合伙企业、不具有法人资格的专业服务机构等。

四、法律行为

法律行为即民事法律行为,是指自然人、法人或非法人组织等民事主体所实施的以设立、变更、终止民事权利和民事义务关系为目的且以意思表示为要素的行为。

(一)法律行为的形式

基于民事主体意思表示方式的不同,可以将法律行为的形式分为明示和默示两大类。

1.明示形式

明示方式是指行为人以口头、书面等方式明确地表达了自己设立、变更、终止民事法律关系的意志和愿望从而构成意思表示的形式。明示方式可细分为:一是口头形式,指民事主体以直接对话方式进行意思表示。以口头形式实施法律行为具有简便易行的特点,一般适用于标的数额较小、能即时清结、法律关系简单的法律行为。二是书面形式,指民事主体以书面文字的方式进行意思表示,包括合同书、信件、电报、电传、传真、电子数据交换和电子邮件等。三是其他形式,指视听资料形式以及公证、登记、审核批准等须经特定手续的形式。

2.默示形式

默示形式是指行为人没有以口头、书面等方式明确表示自己的意志和愿望,但根据法律规定、当事人约定或交易习惯等可以从其作为或不作为的行为中推断其意思的形式。

(二)法律行为的有效要件

法律行为的有效要件包括:

1. 行为人具有相应的民事行为能力。行为人具有相应的民事行为能力是法律行为有效的前提条件。就自然人而言,完全民事行为能力人可以独立实施法律行为;限制行为能力人只能独立实施与其年龄、智力、精神健康状况相适应的法律行为或者纯获利益的法律行为。就法人和非法人组织而言,其只能实施与其行为能力相适应的法律行为。

2. 意思表示真实。行为人只有在自愿基础上作出意思表示且其内在意思与外部表示相一致时,通过该意思表示而实施的法律行为才能具有法律效力。不真实的意思表示包括意思表示不一致和意思表示不自由两种情况,前者是指行为人希望发生法律效力的意思与其表示于外部的意思不相同,如重大误解的意思表示等;后者是指行为人因受到不正当的干预而导致其并非出于自愿情况下作出的意思表示,如受欺诈、受胁迫的意思表示。

3. 不违反法律、行政法规的强制性规定。不违反法律、行政法规的强制性规定,是指法律行为的内容和形式不得与法律、行政法规有关效力性的强行性或禁止性规定相抵触。

4. 不违背公序良俗。公序良俗是我国民法的一项基本原则,违反公序良俗的法律行为无效。

(三)无效法律行为

无效的法律行为是指根本不具备法律行为的有效条件,自始就确定地当然地不能发生法律效力的法律行为。

无效的法律行为一般包括以下种类:一是无民事行为能力人实施的法律行为;二是行为人与相对人以虚假的意思表示实施的法律行为;三是行为人与相对人恶意串通,损害他人合法权益的法律行为;四是违反法律、行政法规的强制性规定的法律行为,但该强制性规定不导致该民事法律行为无效的除外;五是违背公序良俗的法律行为。

无效法律行为是严重欠缺法律行为生效要件的法律行为,其本质特征体现为自始无效、确定无效和当然无效。首先,无效法律行为属自始无效,从成立时起就不发生法律效力;其次,无效法律行为属确定无效,其无效的法律后果是确定不变的,绝不会因为后来某些特定行为的补正而发生效力;最后,无效法律行为属当然无效,不问当事人的意思如何而当然不生效力。无效法律行为可以是全部无效,也可以是部分无效。如果法律行为部分无效且该部分的无效并不影响其他部分的效力,则其他部分仍然有效。

(四)可撤销的法律行为

可撤销的法律行为是指虽然已经成立,但因意思表示有缺陷,当事人可以请求人民法院或者仲裁机构予以撤销的法律行为。可撤销的法律行为一般包括重大误解、显失公平、欺诈、胁迫的法律行为四类。

(五)效力待定的法律行为

效力待定的法律行为,又称效力未定的法律行为,是指法律行为成立时其效力状态是有效还是无效尚不能确定,须经过特定当事人的行为来确定其效力的法律行为。效力待定的法律行为包括无权代理行为和限制民事行为能力人实施的其依法不能独立实施的法律行为两种。

五、代理

代理既是一项民事法律制度,也是一种民事法律行为。作为法律制度,代理是指代理人在代理权限内,以被代理人的名义实施民事法律行为,由被代理人对代理人的代理行为承担民事责任的法律制度;作为法律行为,代理是指代理人在代理权限内以被代理人的名义与第三人所实施的用以设立、变更或终止被代理人和第三人之间民事法律关系的法律行为。

(一)委托代理

委托代理也称授权代理或意定代理,是指以委托人的委托授权为代理权产生依据的代理。委托人授权被委托人代理自己实施法律行为应采用明示的方式,既可以以书面形式,也可以以口头形式。书面委托代理的授权委托书应当载明代理人的姓名或者名称、代理事项、权限和期间,并由委托人签名或者盖章。委托书授权不明的,被代理人应当向第三人承担民事责任,代理人负连带责任。

(二)法定代理

法定代理是指以法律的规定为代理权产生依据的代理。法定代理主要适用于被代理人为无民事行为能力人或者限制民事行为能力人的情况,代理权的产生直接依据法律的规定,而不是依赖于任何授权行为。

(三)对代理行为的限制

设立代理制度的重要目的即是保护被代理人的合法权益,为此需要对代理行为进行一定的限制,这主要体现在:一是禁止自己代理。自己代理是指代理人以被代理人的名义与自己实施代理行为。在自己代理中只有代理人自己的意志,无法体现当事人双方意思表示的一致,存在代理人为自己利益而牺牲被代理人利益的极大危险,因此,除被代理人同意、追认或者是使被代理人纯获利益的情况外,法律不承认自己代理的效力。二是禁止双方代理。双方代理又称同时代理,是指代理人同时代理双方当事人实施同一法律行为。双方代理难以体现当事人双方意思表示的一致,存在可能导致一方被代理人利益被侵害的巨大风险,因此为法律所禁止。三是禁止不当代理。代理人应积极履行代理义务,如果因懈怠等原因不履行职责或者不完全履行职责从而给被代理人造成损害,应当承担民事责任。四是禁止违法代理。代理人知道或者应当知道代理事项违法仍然实施代理行为,以及被代理人知道或者应当知道代理人的代理行为违法而未作反对表示时,被代理人和代理人应当承担连带责任。

(四)表见代理

表见代理是指行为人无代理权而以他人的名义实施民事行为,但由于被代理人存在过失或基于被代理人与无权代理人之间的特殊关系而造成一种行为人具有代理权的表象,使得相对人有理由相信无权代理人享有代理权而与之发生民事法律关系,由此产生与有权代理相同法律后果即由名义上的被代理人对代理行为承担民事责任的法律制度。

表见代理制度设立的根本意义在于保护善意第三人的利益,维护正常的交易秩序。但与此同时,对被代理人合法利益的保护亦不能被轻视,法律制度要在保护二者利益的中间取得平衡。由此,表见代理的构成须具备以下要件:一是行为人无代理权却以他人的名义进行活动;二是行为人与相对人之间的民事行为须符合民事法律行为成立的要件;三是被代理人具有可归责性,体现在被代理人存在过失或被代理人与行为人之间存在特殊关系;四是第三人有理由相信无权代理人享有代理权;五是第三人须为善意且无过失。

（五）无权代理

无权代理是指代理人在欠缺代理权的情况下以代理人的身份实施代理行为。无权代理包括未经授权的代理、代理人超越代理权的代理和代理权被终止后的代理三种情况。对于无权代理，只有经过被代理人的追认，被代理人才承担代理行为的法律后果，否则，代理行为对被代理人不发生效力。对于无权代理人所实施的未经追认的行为所造成的损害，由行为人承担民事责任；相对人知道或者应当知道行为人无权代理的情形时，相对人和行为人按照各自的过错承担责任。

六、民事责任

民事责任是民事法律责任的简称，是指民事主体因违反民事义务所应承担的民事法律后果。民事责任以违反民事义务为基础，这里的民事义务既包括法律法规所直接规定的义务，也包括当事人之间自行约定的义务。民事责任虽然体现为平等的民事主体之间的责任，但它具有国家强制性，以国家强制力作为后盾，由国家通过强制方式来确保民事义务的实现。相对于其他法律责任，民事责任具有优先性，这体现在，一方面，民事主体因同一行为应当承担民事责任、行政责任和刑事责任的，承担行政责任或者刑事责任并不影响承担民事责任；另一方面，当民事主体的财产不足以支付所有法律责任时，优先用于承担民事责任。

（一）民事责任的种类

1. 违约责任、侵权责任和其他民事责任

根据民事责任的产生原因，可以将民事责任分为违约责任、侵权责任和其他民事责任。违约责任即违反合同的民事责任，是指作为民事主体的自然人、法人或非法人组织不履行或不适当履行合同义务所应承担的民事责任。侵权责任是指行为人侵犯其他民事主体的民事权益所应当承担的民事责任。其他责任是指除违约责任和侵权责任外，民事主体违反民事义务所应承担的民事责任，如我国民事法律规范中所规定的当事人对于损害予以适当补偿的责任等。当一方当事人的违约行为同时也给对方当事人的人身权益、财产权益造成损害时，就会产生违约责任和侵权责任的竞合，此时的受损害方有权从更有利于维护自身利益的角度选择请求对方承担违约责任或者侵权责任。

2. 过错责任和无过错责任

根据民事责任的归责原则，可以将民事责任分为过错责任和无过错责任。过错责任是指以行为人的过错作为归责原则的民事责任。无过错责任是不以行为人的过错作为归责原则的民事责任，即只要产生了损害事实，行为人不论主观上是否存在过错，都要根据法律的明确规定承担相应的民事责任。

3. 财产责任和非财产责任

根据民事责任的具体内容，可以将民事责任分为财产责任和非财产责任。财产责任是以财产为内容的责任形式，如返还财产、赔偿损失、支付违约金等；非财产责任是不以财产为内容的责任形式，如赔礼道歉、消除影响、恢复名誉等。

（二）民事责任的抗辩事由

民事责任的抗辩事由是指行为人针对受害人主张由其承担民事责任的要求而提出的主张民事责任不成立或不完全成立的对抗理由。民事责任的抗辩事由一般包括以下几项：

1. 不可抗力。不可抗力是指不能预见、不能避免且不能克服的客观情况。因不可抗力导致不能履行民事义务或者造成他人损害的，除法律另有规定外，行为人不承担民事责任。

2. 正当防卫。正当防卫是指为了使国家、公共利益、本人或者他人的人身、财产和其他权益免受正在进行的不法侵害而采取的制止不法侵害的行为。正当防卫可能会对不法侵害人造成人身或财产的损害,但基于防卫的正当性,防卫人对此不承担民事责任。不过,正当防卫不能因超过必要的限度而造成不应有的损害,否则防卫人应当承担适当的民事责任。

3. 紧急避险。紧急避险是指为了使国家、公共利益、本人或者他人的人身、财产和其他权益免受正在发生的危险,不得已采取的牺牲一个较小利益来保护较大利益的行为。因紧急避险造成损害时,由引起险情的人承担民事责任。因紧急避险采取措施不当或者超过必要的限度而造成不应有的损害时,紧急避险人应当承担适当的民事责任。

4. 紧急救助。紧急救助是民事主体在他人的生命和健康遭受严重威胁的紧急情况下自愿对其实施的挽救生命、恢复健康的帮助行为。因自愿实施紧急救助行为造成受助人损害时,救助人不承担民事责任。

5. 受害人原因。如果损害是由受害人原因所引起,包括受害人同意、受害人故意、受害人过失等情形,加害人均得以此为由进行免除责任或减轻责任的抗辩。

6. 依法履行公务。行为人如果是根据法律法规的授权依法履行公务而给他人造成损害时,不需要承担民事责任。

(三)民事责任的承担方式

民事责任的承担方式主要包括:一是停止侵害;二是排除妨碍;三是消除危险;四是返还财产;五是恢复原状;六是修理、重作、更换;七是继续履行;八是赔偿损失;九是支付违约金;十是消除影响、恢复名誉;十一是赔礼道歉。承担民事责任的方式既可以单独适用,也可以合并适用。

第二节 物 权 法

物权法是调整因物的归属和利用而产生的民事关系的法律规范,其规范的对象是平等主体的自然人、法人和非法人组织之间的财产关系。

一、物权

(一)物权的概念和特征

物权是指民事权利主体对特定的物所依法享有的直接支配并排除他人干涉的权利。根据物权一词的概念可以看出,物权具有以下特征:

1. 物权是支配权、绝对权和对世权。物权是权利人对特定的物依法进行直接支配并排除他人干涉的权利,其义务人为不特定的任何自然人、法人或其他组织。权利人可向任何人主张权利且权利人不须借助义务人的行为就可实现其权利。

2. 物权的客体是特定的物。物权是权利人对物进行直接支配的权利,因此,只有物才能成为物权的客体,其他如行为、智力成果、精神财富等都不能成为物权的客体,这正是物权与知识产权等权利的本质区别。不过,在有法律特别规定的情况下,专利权、商标权、股权等权利也可以成为物权的客体。

3. 物权的内容是对物的直接支配。物权的权利人对物享有直接支配权,这种直接支配具体体现为对物的占有、使用、收益和处分。

(二)物权的种类

1. 自物权和他物权

根据物权的权利主体是否是物的所有权人,可以将物权分为自物权和他物权。自物权也称所有权,是指权利人依法对自己所有的物享有的占有、使用、收益和处分之权;他物权指民事主体对于他人所有的物所依法享有的一定程度的直接支配权。由于他物权的权利人不能像自物权人一样充分行使对物的占有、使用、收益和处分四项权能,而同时他物权的存在对物的所有权人构成一定的限制,因此他物权也被称为限制物权、定限物权或不完全物权。

2. 动产物权、不动产物权和权利物权

根据物权客体种类的不同,可以将物权分为动产物权、不动产物权和权利物权。动产是指能够移动而不会改变其性质、损害其价值的物;动产物权是以动产为客体的物权,如动产所有权、动产质权、留置权等。不动产是指不能移动或者如果移动就会改变性质或损害其价值和用途的物;不动产物权是以不动产为客体的物权,如建设用地使用权、房屋所有权、地役权等。权利物权是指以法律规定的权利为客体的物权,如建设用地使用权抵押权、专利权质权等。

3. 登记物权和非登记物权

根据物权是否需要登记为标准,可以将物权分为登记物权和非登记物权。登记物权是指需要登记的物权,它又可细分为登记生效物权和登记对抗物权。登记生效物权是指物权的设立、变更、转让及终止须经登记机构登记才能产生相应效力的物权,房屋所有权、居住权等不动产物权大多属于登记生效物权。登记对抗物权是指虽然登记不影响物权效力但会产生对抗善意第三人效力的物权,机动车、航空器、船舶等特殊动产的物权即属于这种形式。非登记物权是指登记物权之外的无须登记即可发生变动效力的物权,普通动产物权大多属于非登记物权。

(三)物权的变动

物权的变动,是指物权的设立、变更、转让和消灭。物权的变动,就物权自身而言,是物权的发生、变更和消灭;就物权主体而言,是物权的取得、变更和丧失;就法律关系而言,是权利主体之间对于权利客体的支配和归属关系的变化。

1. 不动产的物权变动

在登记与不动产物权变动效力的关系上,我国《民法典》采用的是登记生效主义的不动产物权变动原则,登记构成不动产物权变动的前提和必备条件,如果未经登记,就不发生物权变动的效力。

2. 动产的物权变动

动产物权的设立和转让自动产交付时发生效力。所谓交付,即动产占有的转移,指动产的原占有人将动产交由相对方所占有。交付既是动产物权变动的公示手段,也构成动产物权变动发生法律效力的前提条件。

3. 非基于法律行为的物权变动

非基于法律行为的物权变动主要包括因法律文书、征收决定、继承、事实行为等原因而导致的物权变动。因人民法院、仲裁机构的法律文书或者人民政府的征收决定等导致物权设立、变更、转让或者消灭的,自法律文书或者征收决定等生效时发生效力;因继承取得物权的,自继承开始时发生效力;因合法建造、拆除房屋以及生产、添附、先占等事实行为设立或者消灭物权的,自事实行为成就时发生效力。

（四）物权请求权

物权请求权又称物上请求权，是指当物权遭受侵害或者存在被不法侵害的危险之时，物权人可以请求加害人通过为一定行为或者不为一定行为而使物权回复圆满状态的权利。物权请求权具体包括三种权利：一是返还原物请求权，权利人可以向无权占有不动产或者动产的相对人请求返还原物；二是排除妨害请求权，权利人可以向妨害物权的相对人请求排除妨害；三是消除危险请求权，权利人可以向可能妨害物权的相对人请求消除危险。

二、所有权

所有权是最基本、最典型的物权，是物权的原型和其他物权的基础。

（一）所有权的概念和内容

所有权是财产所有人在法律规定的范围内对属于他的动产或不动产所享有的占有、使用、收益、处分的权利。

1. 占有权

占有权是权利人对于民法上的物进行实际占领、控制的权利。占有既是一种事实状态，又是一项民事权利。所有人既可以自己占有标的物，也可交给他人予以占有。当所有人将标的物交由他人占有时，所有人并不实际占有标的物，但这并不影响所有人占有权的享有。

2. 使用权

使用权是指权利人依照物的性质和用途对物加以利用以满足其生产或生活需要的权利。使用权的行使是权利人实现物的使用价值的过程。

3. 收益权

收益权是指权利人通过合法途径获取基于物而产生的物质利益的权利。物的收益包括孳息和利润。民法上的孳息是指由原物所产生的额外收益，它分为法定孳息和自然孳息两种。法定孳息指原物依法律规定所产生的利益；自然孳息指原物依自然规律所产生的利益。

4. 处分权

处分权是指权利人在法律允许的范围内对物进行处置以决定该财产命运的权利。物的处分可以分为事实上的处分和法律上的处分两种类型。事实上的处分是指在生产或生活中直接使物的物质形态发生变更或消灭，其法律后果是消灭了原财产的所有权；法律上的处分是指通过某种法律行为改变标的物的权利归属状态。

以上所述所有权的占有、使用、收益、处分这四项权能都属于所有权的积极权能。除此之外，所有权还存在消极权能，它通常体现为两种形式：一是自力救济，动产或不动产的所有权人为了保护自己的财产免遭不法侵害，可以直接实施正当防卫、紧急避险或自助行为；二是物权请求权，当所有权遭受侵害或者存在被不法侵害的危险之时，权利人享有请求加害人返还所有物、消除危险、排除妨害等权利。

（二）所有权的取得

1. 原始取得

原始取得又称最初取得或固有取得，是指民事主体不依赖于他人已有的所有权及意思表示，直接依照法律规定通过一定的方式或行为而取得财产的所有权。原始取得的途径主要包括：（1）先占。先占是指以所有的意思先于他人占有无主的动产从而取得其所有权的法律制度。（2）依取得时效而取得。取得时效制度，是指占有人以所有的意思和平、公然、持续地占有他人财产且占有行为经过法律规定的期间占有人即可依法取得该财产的所有权。(3)国家强制取得。国家可以依法通过没收、接管、赎买、征收、税收、罚款等强制手段将集体或公民个人的财产收归国有。(4)生产创造。劳动者对通过自己的脑力或体力劳动所生产和创造出来的生产资料和生活用品拥有所有权。(5)添附。添附是指行为人将不同所有人的物结合在一起从而形成不可分离的具有新形态或新性质的物。(6)收取孳息。孳息是由原物滋生、增值、繁衍出来的财产，收取孳息当然属于原始取得。

2. 继受取得

继受取得，又称传来取得，是指民事主体根据他人已有的所有权及意思表示，基于一定的法律关系或事实而从财产原所有人处取得该项财产的所有权。继受取得主要通过买受、受赠、互易、继承遗产和接受遗赠等方式取得财产所有权。

3. 善意取得

善意取得，又称即时取得，是指无处分权人将自己并不享有所有权的动产或者不动产转让给第三人时，如果受让人在取得该动产时系出于善意，则受让人取得该物的所有权。此处的"无处分权人"，对于动产而言是指不享有动产所有权的动产占有人，对于不动产而言是指实际并不享有不动产所有权的不动产的名义登记人。此处的"善意"是指受让人对出让人不享有标的物所有权的情形不知道或没有理由知道的主观状态。如果受让人在受让时知道或者应当知道该权利存在瑕疵，则其主观状态为恶意，此种情形不构成善意取得，受让行为不发生所有权变动的法律后果。

善意取得的成立必须具备以下四个要件：一是出让人无权处分；二是受让人受让该不动产或者动产时系出于善意；三是财产须以合理的价格转让；四是转让的财产依照法律规定应当登记的已经登记，不需要登记的已经交付给受让人。

善意取得制度是一项在保护财产所有权与保护交易安全的矛盾中寻求利益平衡的制度。一方面，交易的受让人基于物权公示所产生的公信力，与出让人完成了交易行为，如果轻易否认该交易行为的效力，则使交易变得极不安全，民事主体在交易时不得不采取更加谨慎的行为，这必然导致交易成本提高，交易行为受到阻碍。另一方面，善意取得制度在保护交易安全的同时，并未忽视对财产所有权的保护。善意取得制度设立了严格的适用条件，同时，即便构成善意取得后，原所有权人虽然不能向受让人请求返还财产，但有权向无处分权人请求损害赔偿。

(三)建筑物区分所有权

所谓建筑物区分所有权，是指数个权利主体区分拥有一栋建筑物时，各个主体所享有的对建筑物的专有部分的专有权、对共用部分的共有权和因区分所有权人之间的共有关系所产生的成员权的总称。其中，专有权是指区分所有权人对建筑物的专有部分所单独享有的所有权，专有权人对于专有部分可以完全行使占有、使用、收益和处分的权利。专有权是建筑物区分所有权三项权利中最基本的权利，是共有权和成员权存在的基础。共有权也称共用部分持分权，是指区分所有权人依照法律、合同以及物业管理规约或业主公约而对建筑物的共用部分所共同享有的财产权利。成员权是指建筑物区分所有权人基于区分建筑物的构造、权利归属和使用上不可分离的共同关系而产生的作为建筑物管理团体的成员而享有的权利。成员权的内容包括管理团体的参与权、管理组织的选举权、管理事项的决定权以及对共同利益应得份额的请求权等。

(四)相邻关系

相邻关系即不动产相邻关系,是指两个或两个以上相互毗邻的不动产的所有权人或者使用权人在依法行使不动产的所有权或使用权时因相互之间应提供便利或接受限制而产生的一系列的权利义务关系,主要包括:一是相邻关系人通行权。不动产权利人对因通行等必须利用其土地的相邻权利人应当提供必要的便利。二是用水、排水和流水关系。不动产权利人应当为相邻权利人用水、排水提供必要的便利;对自然流水的利用应当在不动产的相邻权利人之间合理分配,在自然流水的排放上尊重自然流向。三是相邻不动产利用权。不动产权利人因建造、修缮建筑物以及铺设电线、电缆、水管、暖气和燃气管线等必须利用相邻土地、建筑物时,该土地、建筑物的权利人应当提供必要的便利。四是通风、采光和日照权。建造建筑物不得违反国家有关工程建设标准,妨碍相邻建筑物的通风、采光和日照。五是环境保护权。不动产权利人不得违反国家规定弃置固体废物,排放大气污染物、水污染物、噪声、光、电磁波辐射等有害物质。六是安全保障权。不动产权利人挖掘土地、建造建筑物、铺设管线以及安装设备等,不得危及相邻不动产的安全。

三、用益物权

用益物权是指民事主体依法对他人所有的不动产或动产所享有的占有、使用和收益的权利。

(一)土地承包经营权

土地承包经营权是指符合条件的民事主体(一般是承包土地所属的农村集体经济组织的成员)因从事种植、养殖、畜牧等农业生产经营的需要,通过签订承包合同而取得的对集体所有或集体使用的国家所有的农业用地、林地、草地等的占有、使用、收益的权利。土地承包经营权以我国的农村集体经济所有制为基础,是我国农村土地法律制度中的特有概念,充分体现了我国物权法的特色。

(二)建设用地使用权

建设用地使用权是指土地使用权人对国家所有的土地依法享有的占有、使用和收益的权利,包括而不限于利用该土地建造建筑物、构筑物及其附属设施的权利。作为一种典型的不动产用益物权,建设用地使用权的设立应当向登记机构申请登记,建设用地使用权自登记时设立。设立建设用地使用权,可以采取出让或者划拨等方式。建设用地使用权人有权将建设用地使用权转让、互换、出资、赠与或者抵押,但是,基于建设用地与地上不动产的不可分割性,在建设用地使用权的流转之中,要坚持"房地合一"的处分原则。建设用地使用权的出让具有一定的存续期间,居住用地70年,工业用地50年。

(三)宅基地使用权

宅基地使用权是指作为农村集体经济组织成员的村民依法利用集体所有的土地建造住宅及其附属设施从而对该土地所享有的占有和使用的权利。宅基地使用权的权利人原则上只能是集体经济组织的成员,且以"农户"为单位,严格实行"一户只能拥有一处宅基地"的原则。

(四)居住权

居住权是作为民事主体的自然人为满足生活居住的需要而依法对他人的住宅所享有的占有、使用的权利。居住权具有如下特征:首先,居住权的权利主体是自然人。法人和非法人组织虽然能够成为设立居住权的主体,可以在自己所有的住宅上为他人设立居住权,但不能成为居住权的权利主体。其次,居住权的客体是他人的住宅。居住权是一种用益物权,只能在他人所有的不动产上设立。再次,居住权以合同设立为主要方式。我国《民法典》对合同设立居住权规定了严格的条件,如当事人应当采用书面形式订立居住权合同,居住权自有关登记机构登记时设立等。除合同方式外,居住权的设立方式还包括遗嘱设立和法院裁判设立等方式,这些方式中居住权的设立并不必然以登记为基本要件。最后,居住权设立的目的是满足特定自然人生活居住的需要,居住权人不得将享有居住权的住宅出租或从事其他营利性的经营行为。

（五）地役权

地役权是指不动产权利人为了自己利用不动产的便利或是为了提高不动产的使用价值而对他人的土地进行一定程度的利用或者对他人行使土地权利进行一定限制的权利。

四、担保物权

担保物权是以担保债务的履行和债权的实现为目的而在债务人或第三人所有的物或权利之上所设定的当债务人不履行债务或者发生当事人约定的实现担保权的情形时债权人就担保物的价值优先受偿的权利。担保物权最基本的功能就在于确保债权实现,维护交易的安全。

（一）抵押权

1. 抵押权的概念

抵押权是指债权人对于债务人或第三人不转移占有而提供担保的财产,在债务人不履行债务或者发生当事人约定的实现担保权的情形时,依法享有的处分该财产并就其价金优先受偿的权利。

2. 抵押财产的范围

允许抵押的财产主要有三大类:一是不动产,包括建筑物和其他土地附着物;二是动产,包括生产设备、原材料、半成品、产品,正在建造的建筑物、船舶、航空器,交通运输工具等;三是权利,包括建设用地使用权和海域使用权。此外,我国《民法典》在允许抵押财产范围的兜底条款上采取开放式的态度,规定法律、行政法规未禁止抵押的其他财产均属于允许抵押的财产。

禁止抵押的财产主要包括:土地所有权,法律未规定可以抵押的宅基地、自留地、自留山等集体所有土地的使用权,学校、幼儿园、医疗机构等为公益目的成立的非营利法人的教育设施、医疗卫生设施和其他公益设施,所有权、使用权不明或者有争议的财产,依法被查封、扣押、监管的财产,法律、行政法规规定不得抵押的其他财产等。

3. 抵押合同

根据我国《民法典》规定,设定抵押权时,当事人应当采取书面形式订立抵押合同。抵押合同一般包括下列条款:一是被担保债权的种类和数额;二是债务人履行债务的期限;三是抵押财产的名称、数量以及质量、状况、所在地、所有权归属或者使用权归属等情况;四是担保的范围。

4. 抵押登记

在不动产、建设用地使用权、正在建造的建筑物等财产之上设定抵押权时,应当办理抵押登记,抵押权自登记时设立,此时的抵押权设立采用了登记生效主义的原则;在生产设备、原材料、半成品、产品、交通运输工具、正在建造的船舶和航空器以及其他动产等财产之上设定抵押权时,抵押权自抵押合同生效时设立,抵押权是否登记由当事人自愿决定,但未经登记时不得对抗善意第三人,此时的抵押权设立采用了登记对抗主义的原则。

(二)质权

1. 质权的概念

质权是指债权人为了担保债权的实现对于债务人或第三人移交占有的财产,在债务人不履行债务时或者发生当事人约定的实现担保权的情形时,依法享有的处分该财产并就其价金优先受偿的权利。我国《民法典》规定的质权种类包括动产质权和权利质权。

2. 动产质权

动产质权是以动产作为标的物而设定的质权。设立质权,当事人应当采取书面形式订立质押合同。质权自出质人交付质押财产时设立。质权存续期间,质权人有权收取质押财产的孳息。质权人负有妥善保管质押财产的义务,因保管不善致使质押财产毁损、灭失,或者未经出质人同意而擅自使用、处分质押财产或转质而给出质人造成损害时,质权人应当承担赔偿责任。

3. 权利质权

权利质权是以可转让的债权或其他财产权利为标的物而设定的质权。根据我国《民法典》的规定,债务人或者第三人有权处分的下列权利可以出质:一是汇票、本票、支票;二是债券、存款单;三是仓单、提单;四是可以转让的基金份额、股权;五是可以转让的注册商标专用权、专利权、著作权等知识产权中的财产权;六是现有的以及将有的应收账款;七是法律、行政法规规定可以出质的其他财产权利。权利质权的设定应当订立书面合同,质权的设立时间因标的不同而有所不同。以汇票、支票、本票、债券、存款单、仓单、提单出质时,质权自权利凭证交付质权人时设立;没有权利凭证或者以应收账款、基金份额、股权以及以注册商标专用权、专利权、著作权等知识产权中的财产权等其他财产权利出质时,质权自有关部门办理出质登记时设立。

(三)留置权

1. 留置权的概念

留置权是指在债权人合法占有债务人动产的情况下,如果债务人不履行基于该动产而发生的债务,则债权人有权依法留置该财产并就该财产优先受偿的权利。与属于意定担保物权的抵押权和质权不同,留置权属于法定担保物权,其成立并非基于当事人的法律行为而是源于法律的直接规定。

2. 留置权的成立条件

留置权的成立须具备以下条件:一是债权人合法占有债务人的动产,债权人一般是基于保管、运输、承揽、行纪等合同关系而合法占有债务人的财产;二是债权人对债务人的债务已届清偿期且债务人未履行债务;三是除企业之间的留置外,债权人所占有的动产原则上与债权应属于同一法律关系;四是不属于法律规定或者当事人约定不得留置的动产,这一项是留置权成立的消极要件。

3. 留置权的实现

留置行为发生后,留置权人与债务人应当约定留置财产后的债务履行期限。如果当事人之间没有约定或者约定不明确时,除鲜活易腐等不易保管的动产外,留置权人一般应当给予债务人60日以上履行债务的期限。如果债务人逾期仍未履行时,留置权人可以与债务人协议以留置财产折价,也可以就拍卖、变卖留置财产所得的价款优先受偿。

第三节 合同法

民法上的合同,是指平等主体的自然人、法人及非法人组织之间设立、变更、终止民事权利义务关系的协议。合同法是调整民事合同关系的法律规范的总称,主要规定有关民事合同的订立、效力、履行、变更、转让、终止以及违反合同的责任等内容。

一、合同的订立

合同的订立,又称缔约或合同的缔结,是指两个以上当事人交互进行意思表示并达成合意的过程和状态。合同的订立是建立合同关系的第一步,也是形成合同关系的前提和基础,只有依法成立的合同才具有法律约束力。

(一)要约

1. 要约的概念

要约是希望与他人订立合同的意思表示,该意思表示应当符合两个条件:一是内容具体确定;二是表明经受要约人承诺,要约人即受该意思表示约束。

关于要约的法律性质,一般认为,要约是一种意思表示而不是法律行为。要约只有与承诺相结合,才能导致合同的成立,才会引起当事人民事权利义务关系的产生,因此二者的结合才是一种法律行为,而要约本身则只是构成法律行为的要素。

虽然要约不是完整的法律行为,但要约具有一定法律意义,它会产生一定的法律后果,一方面,要约人发出要约后,其行为要受法律规范的制约,要约人不得擅自变更或撤销要约,承诺人一旦在有效期限内作出承诺,合同即宣告成立,要约人须负相应义务;另一方面,如果要约人运用要约不当造成双方损失时,即要承担缔约过失责任。

2. 要约的构成要件

要约的构成要件是判断一个意思表示是否构成要约的标准,它主要包括以下五个方面的内容:一是要约须由特定人发出。要约人必须是特定的自然人、法人或非法人组织,否则受要约人接到要约后将无从承诺。所谓特定人,是指能为外界所客观确定的人,即是具体的人,而非抽象的人;是确定的人,而非不确定的人;是以外部名称或姓名与他人相区别的人,而非描述其他特征来区别的人。二是要约须向相对人发出。此处的相对人可以是一人,也可以是数人,原则上应是特定的人,即要约人希望与之订立合同的对象,这种要约称为特定要约。但特殊情况下,要约人愿意向不特定的相对人发出要约并表明愿意承担法律后果的,法律亦不禁止,这种要约称为公众要约或不特定要约。三是要约须以订立合同为目的。要约应该具有订立合同的主观目的,而且这种目的应该在要约中明确表示出来。四是要约内容必须具体确定。一方面,要约的内容必须具体,即要约的内容必须包含足以使合同成立的主要条件,通常认为至少应包括标的、数量和价格。这种要求,又称为要约的充分性。另一方面,要约的内容必须确定,即要约的内容必须明确,不能是受要约人难以理解的条件,否则无法承诺,这种要求,称为要约的确定性。五是要约必须表明一经承诺即受拘束的意旨。所谓要约人"受拘束的意旨",是指要约人必须向受要约人表明,要约一经受要约人同意,合同即告成立,要约人就要受到拘束。

要约人受拘束的意旨是要约的实质特征,但判断一项意思表示是否具有受拘束的意旨,不应该只局限于对要约文字的机械理解,而应当结合交易性质、交易目的、交易习惯等因素进行综合判断。要约人对受拘束意旨的明示可以有多种方式,例如明确表明其意思表示为要约、明确表示受意思表示约束、约定承诺期限等。

3. 要约邀请

所谓要约邀请,又称要约引诱,是指希望他人向自己发出要约的意思表示行为。要约邀请是当事人订立合同的预备行为,行为人在法律上无须承担责任。因此,要约邀请在性质上是一种事实行为,本身不具有法律意义。判断一项意思表示行为是要约还是要约邀请通常有以下方法:一是根据法律法规的明确规定加以区别。拍卖公告、招标公告、招股说明书、债券募集办法、基金招募说明书、商业广告和宣传(符合要约规定者除外)、寄送的价目表等均为要约邀请。二是根据意思表示的内容加以区别。如果意思表示的内容具体明确,已包含合同成立所需主要内容的,可认定为要约,否则可能仅是要约邀请。三是根据交易习惯及社会的一般观念加以区别。

4. 要约的效力

在要约的生效时间上,我国《民法典》兼采到达主义和了解主义,对不同方式下要约的生效时间进行了类型化区分。即以对话方式发出要约时,受要约人知道其内容时生效;以非对话方式发出要约时,到达受要约人时生效。以非对话方式发出的采用数据电文形式的要约,受要约人指定特定系统接收数据电文的,该数据电文进入该特定系统时生效;未指定特定系统的,受要约人知道或者应当知道该数据电文进入其系统时生效。

要约的效力包括对要约人的拘束力和对受要约人的拘束力两个方面。要约对要约人的拘束力主要体现在,要约生效后,要约人即受要约拘束,不得随意撤销、撤回要约或者对要约加以限制、变更和扩张。要约对受要约人的拘束力主要体现在,要约生效后,受要约人取得承诺的权利,受要约人一旦作出有效承诺,合同即告成立。

5. 要约的撤回与撤销

所谓要约的撤回,是指要约人在要约生效前,使其不发生法律效力的意思表示行为。要约一经撤回,即表明该要约自始至终未发生法律效力。要约可以撤回,但撤回要约的通知应当在要约到达受要约人之前或者与要约同时到达受要约人。

所谓要约的撤销,是指要约人在要约生效后,使其效力归于消灭的意思表示行为。区分要约的撤回与要约的撤销,关键在于,撤回的对象是未生效的要约,而撤销的对象是已生效的要约。要约一经撤销,即不再发生法律效力。

6. 要约的失效

要约的失效又称要约的消灭,是指已生效的要约因某种事由而丧失法律效力,要约对要约人和受要约人均不再具有拘束力。导致要约失效的事由主要包括以下几种情形:一是要约被拒绝。二是要约人依法撤销要约。三是承诺期限届满,受要约人未作出承诺。四是受要约人对要约的内容作出实质性变更。所谓对要约内容的实质性变更,是指对有关合同标的、数量、质量、价款或者报酬、履行期限、履行地点和方式、违约责任和解决争议方法等的变更。受要约人对要约内容作出实质性变更可视为受要约人以提出新要约的形式拒绝了原要约,这实质上也是以明示的方式对原要约的拒绝,因此原要约失效。此外,要约人或受要约人的死亡或消灭在特定条件下也可以成为导致要约失效的原因。

(二)承诺

1. 承诺的概念和构成要件

承诺,也称接价或接盘,是指受要约人同意要约的意思表示,即受要约人同意接受要约的全部条件,并决定以此条件订立合同。

承诺的构成要件是判断一项意思表示是否构成有效承诺的标准,它主要包括以下四个方面的内容:一是承诺须由受要约人作出。要约生效以后,赋予受要约人作出承诺的权利和资格。这项权利或资格是属于受要约人所特有的,受要约人不愿意承诺时,既可以通过作为方式拒绝这种权利和资格,也可以通过不作为方式放弃这种权利和资格,但不可以将它转让给第三方。二是承诺须向要约人作出。承诺只有向要约人作出才能形成意思表示的一致,才能导致合同的成立。三是承诺的内容应与要约的内容一致。承诺是受要约人愿以要约所定条件成立合同的意思表示,因此承诺的内容须和要约的内容一致,否则即是对要约内容的扩张、限制或变更,从而不构成承诺,而应视为通过新要约对原要约的拒绝。四是承诺应在要约有效期内作出。约定有承诺期限的要约,承诺须在规定期间内作出。

2. 承诺的撤回

承诺的撤回,是指承诺人在承诺生效前使其不发生法律效力的意思表示行为。承诺一旦生效,合同即随之成立,要约人和受要约人转化为合同的当事人,要受到合同内容的约束,在这种情况下,当然也不存在承诺的撤回问题。受要约人想要撤回承诺,必须使撤回承诺的通知先于承诺或与承诺同时到达要约人,才能产生阻却承诺效力的法律效果。

3. 承诺的效力

承诺生效时合同成立,可见,承诺的效力就在于与要约相结合,从而成立合同。承诺生效的时间直接决定了合同成立的时间,因此承诺何时生效在合同法中具有重要意义。我国《民法典》对于以通知方式作出的承诺,在承诺的生效时间上与要约的生效时间一样兼采了到达主义和了解主义,即:以对话方式发出承诺时,要约人知道其内容时生效;以非对话方式发出承诺时,到达要约人时生效。而对于不需要通知的承诺,则是根据交易习惯或者要约的要求作出承诺的行为时生效。

(三)合同内容中的格式条款

格式条款是指当事人为了重复使用而预先拟订并在订立合同时未与对方协商的条款。使用格式条款的优点在于简捷、省时、方便、降低交易成本,但弊端在于它往往以形式的平等掩盖了实质的不平等。因此,基于合同正义原则的要求,为保障相对人的合法权益,世界各国在立法上均对格式条款的效力进行一定的限制和规范,以防止格式条款提供方滥用权利。

我国立法上对格式条款的限制和规范主要体现在三个方面:第一,提供格式条款的一方应当遵循公平原则确定当事人之间的权利和义务,并采取合理的方式提示对方注意免除或者减轻其责任等与对方有重大利害关系的条款,按照对方的要求,对该条款予以说明。提供格式条款的一方如果未履行提示或者说明义务,致使对方没有注意或者理解与其有重大利害关系的条款时,对方可以主张该条款不成为合同的内容。第二,除法律有关无效合同的规定外,如果提供格式条款一方不合理地免除或者减轻其责任、加重对方责任、限制对方主要权利或者排除对方主要权利时,该条款无效。第三,对格式条款的理解发生争议时,应当按照通常理解予以解释。对格式条款有两种以上解释时,应当作出不利于提供格式条款一方的解释。格式条款和非格式条款不一致时,应当采用非格式条款。

二、合同的效力

(一) 合同有效的条件

与民事法律行为有效的条件相似,合同有效须具备以下条件:一是合同依法成立,这是合同产生法律拘束力的前提和基础;二是当事人具有相应的民事行为能力;三是当事人意思表示真实;四是不得违反法律、行政法规的强制性规定和违背公序良俗。

(二) 无效合同

无效合同,是指合同虽已成立但因欠缺有效要件因此并不产生法律效力的合同。无效合同主要包括以下几种情形:一是无民事行为能力人订立的合同;二是虚假合同,即通谋虚伪订立的合同,是指行为人与相对人以虚假的意思表示所订立的合同;三是恶意串通的合同,即具有相同恶意的行为人与相对人意图损害国家、集体或者第三人合法利益而订立的合同;四是违反法律、行政法规的强制性规定的合同;五是违背公序良俗的合同。

(三) 可撤销合同

可撤销合同是指虽然已经成立,但因意思表示有缺陷,当事人可以请求人民法院或者仲裁机构予以撤销的合同。可撤销合同一般包括以下四类:一是发生重大误解的合同。所谓重大误解,是指行为人因对行为的性质、对方当事人、标的物的品种、质量、规格和数量等合同重要事项发生错误认识,从而作出与自己真实意思相悖的意思表示。二是显失公平的合同,即一方当事人故意利用他人的急迫需要或危难处境,迫使他方违背真实意思而订立与己不利的合同。三是因受欺诈而订立的合同,此处的欺诈是指通过故意陈述虚假事实或者隐瞒真实情况而意图使他人陷于错误而为意思表示的行为。四是因受胁迫而订立的合同,此处的胁迫是指通过施加威胁、逼迫的方式使相对人在违背真实意思的情况下而为一定意思表示的行为。

(四) 效力待定合同

效力待定合同,是指成立之后因欠缺有效要件因而能否发生法律效力尚未确定的合同。至于效力待定的合同最终能否发生法律效力,则有待于其他行为或事实的确认。效力待定合同主要包括两种情形:一是限制民事行为能力人依法不能独立订立的合同。此类合同的追认权由限制民事行为能力人的法定代理人享有及行使,但限制民事行为能力人取得民事行为能力后,也有权追认合同。二是无权代理人以他人名义订立的合同。对于效力待定合同,有关权利人(限制民事行为能力人的法定代理人、无权代理中的被代理人)享有追认权,相对人享有催告权和撤销权。

(五) 合同被确认无效和被撤销的法律后果

合同被确认无效或被撤销后可能产生的法律后果,在责任形式上主要是过错方承担的缔约过失责任,在财产处理方式上主要是返还财产和赔偿损失。

当事人在订立合同过程中假借订立合同恶意进行磋商,或者故意隐瞒与订立合同有关的重要事实,或者提供虚假情况,或者有其他违背诚信原则的行为时,对因合同被确认无效或被撤销而遭受损失的对方当事人应承担缔约过失责任,赔偿对方当事人因此而遭受的损失。缔约过失责任的存在基础是当事人的先合同义务,先合同义务即缔约过程中的附随义务,是指自缔约当事人因签订合同而相互接触磋商至合同有效成立之前,当事人依诚实信用原则所负有的协助、通知、告知、保护、照管、保密、忠实等义务。

承担缔约过失责任的当事人赔偿的范围是对方信赖利益的损失。所谓信赖利益,是指缔约人信赖合同有效成立,但因法定事由发生,致使合同不成立、无效、不被追认或被撤销等造成的损失。信赖利益的损失同样包括直接损失和间接损失。其直接损失包括缔约费用、准备履行所支出的费用以及支出上述费用所失去的利息;其间接损失为其丧失与第三人另订合同的机会所产生的损失,此项损失以不超过非过错方在合同成立或履行后可能获得的实际利益为准。

三、合同的履行

合同的履行即合同义务的执行,是指合同债务人依照法律规定或者按照合同约定全面而适当地完成其合同义务的行为,它是合同当事人实现合同目的的重要手段和过程。

(一)给付和受领

1. 给付

所谓给付,是指合同关系中的债务人为合同债权的实现而应当实施的行为。作为债的标的,给付是债权债务所共同指向的对象,是合同履行中最基本的环节。给付通常表现为以下基本形态:一是交付财物;二是支付金钱;三是转移权利;四是提供劳务或服务;五是提交工作成果;六是不作为,包括单纯的不作为和容忍。

2. 受领

所谓受领,是指合同关系中的债权人接受债务人给付的行为。对于债权人来说,受领既是一种权利,又是一种义务。就权利而言,债权人有权接受债务人的给付,并可以通过接受给付实现合同债权;就义务而言,债权人有义务以合适的方式接受债务人的给付,并在受领时为债务人的给付提供必要的协助。

(二)合同履行中的抗辩权

1. 同时履行抗辩权

同时履行抗辩权是指在未约定先后履行顺序的双务合同中,一方当事人在对方未为对等给付之前,享有拒绝履行合同义务的权利。即当事人互负债务,但并没有先后履行顺序的要求,此时原则上双方当事人应当同时履行。于此情况下,一方在对方未有履行的实际行动之前有权拒绝其履行请求;一方在对方履行债务不符合约定时,有权拒绝其相应的履行请求。

2. 后履行抗辩权

后履行抗辩权是指在存在先后履行顺序的双务合同中,在负有先履行义务的一方当事人未履行合同义务时,后履行义务的一方当事人享有拒绝履行合同义务的权利。即当事人互负债务且有先后履行的顺序,此时如果负有先履行义务的一方未有履行义务的实际行动,则后履行一方有权拒绝其履行请求;负有先履行义务的一方履行债务不符合约定时,后履行一方有权拒绝其相应的履行请求。

3. 不安抗辩权

不安抗辩权是指在存在先后履行顺序的双务合同中,负有先履行义务的一方当事人有证据证明对方当事人在财产、商业信誉或者与履约能力有关的事项上发生重大变化而导致其丧失或可能丧失履行合同义务的能力时,享有中止履行合同的权利。即应当先履行债务的当事人,有确切证据证明对方经营状况严重恶化,或者转移财产、抽逃资金以逃避债务,或者丧失商业信誉,或者有丧失或者可能丧失履行债务能力的其他情形时,可以中止履行。不安抗辩权的行使以存在确切证据为前提条件,如果当事人没有确切证据而中止履行,则应当承担相应的违约责任。

(三)情势变更原则

所谓情势变更,是指合同成立后,合同的基础条件发生了当事人在订立合同时无法预见的不属于商业风险的重大变化,继续履行合同对于一方当事人明显不公平时,受不利影响的当事人如果在合理期限内与对方协商不成,则可以请求人民法院或者仲裁机构变更或者解除合同。情势变更原则的意义,在于通过司法权力的介入,强行变更合同内容或者撤销合同,重新分配交易双方在交易中应当获得的利益和应当承担的责任,以实现实质上的公平正义。

情势变更原则适用的条件包括:一是客观上必须有情势变更的事实,即合同的基础条件发生了重大变化,且这种重大变化不属于商业风险;二是主观上双方当事人都不存在过错,导致情势变更的事实是当事人在订立合同时所不可预见的;三是结果上如果继续履行合同对于当事人一方构成明显的不公平;四是程序上受不利影响的当事人应当首先与对方重新协商谋求解决问题的办法,只有在合理期限内协商不成时,才可以向人民法院或者仲裁机构提出变更或者解除合同的请求。

(四)合同的保全

合同的保全即债的保全,是指当债务人财产的不当减少危害到债权人债权的实现时,法律所规定的允许债权人通过行使代位权或撤销权来保护其债权的一项民事制度。

1. 代位权

代位权,也称债权人代位权,是指当债务人怠于行使对第三人的到期债权或者与该债权有关的从权利从而影响到债权人到期债权的实现时,债权人为保全其债权,可以向人民法院请求以自己的名义代位行使债务人对相对人的权利。

代位权的行使需要具备以下条件:一是债权人对债务人的债权合法、确定,且原则上应届清偿期;二是债务人怠于行使对第三人的到期债权或者与该债权有关的从权利;三是债务人怠于行使权利的行为已经影响到债权人到期债权的实现;四是债务人的债权不是专属于债务人自身的债权,此项属于消极条件;五是代位权须向人民法院请求。

代位权行使的法律后果体现在,人民法院认定代位权成立后,由债务人的相对人向债权人履行义务,债权人接受履行后,债权人与债务人、债务人与相对人之间相应的权利义务终止。

2. 撤销权

撤销权,也称债权人撤销权,是指当债务人所实施的减少其财产的行为危害债权实现时,债权人为保全其债权,请求人民法院对债务人的财产处分行为予以撤销的权利。

撤销权的行使需要具备以下条件:一是债权人对债务人的债权合法、确定且已届清偿期。二是债务人客观上实施了减少其财产的行为,这样的行为主要包括两类:第一类是无偿处分行为,即债务人以放弃其债权、放弃债权担保、无偿转让财产等方式无偿处分财产权益,或者恶意延长其到期债权的履行期限;第二类是不合理转移财产的行为,即债务人以明显不合理的低价转让财产、以明显不合理的高价受让他人财产或者明显不对等地为他人债务提供担保。三是债务人减少其财产的行为已经影响到债权人的债权实现。四是撤销权必须在法律规定的期限内行使,即撤销权自债权人知道或者应当知道撤销事由之日起1年内行使。债权人自债务人的行为发生之日起5年内没有行使撤销权时,该撤销权归于消灭。五是撤销权须通过人民法院行使。

撤销权行使的法律后果体现在,人民法院确认撤销权后,债务人影响债权人债权实现的行为被撤销,该行为自始没有法律约束力。

四、合同的变更、转让和终止

(一)合同的变更

合同的变更是指合同成立后但尚未履行或尚未履行完毕之前,当事人协商一致对合同内容进行修改或补充,对权利义务关系进行变动的行为。

合同的变更需要符合以下条件:一是要有依法成立的合同。这是合同变更的前提和基础。二是合同处于尚未履行或尚未履行完毕的阶段。如果合同已履行完毕,则不存在合同变更的问题。三是当事人须在合同变更问题上达成合意。任何一方未经协商不得单方面变更合同。四是合同变更只是对原合同的部分内容进行变动。如果对合同标的等实质内容或者对合同的全部内容进行变动,则实际上是消灭了原来的合同关系而订立了一份新合同。五是当事人对合同变更的内容应有明确约定。如果当事人对合同变更的内容约定不明确时,推定为未变更。

(二)合同的转让

合同的转让是指当事人将合同的权利和义务全部或部分转让给第三人的行为。民事主体是合同关系建立的基础和民事权利义务关系的归依,合同主体或权利义务主体的变动对合同关系必将产生重要影响。

1. 合同权利的转让

债权人可以将债权的全部或者部分转让给第三人,但债权人转让权利时应当通知债务人,并应负担因债权转让而增加的履行费用。未经通知,该转让对债务人不发生法律效力。债权人转让债权后,受让人取得与债权有关的从权利,与此相对应,债务人对让与人的抗辩,可以向受让人主张。

2. 合同义务的转移

债务人可以将债务的全部或者部分转移给第三人,但是应当得到债权人的同意。债务人或者第三人可以催告债权人在合理期限内作出是否同意的意思表示,如果债权人未作表示的,则视为不同意。债务人转移债务后,新债务人应当承担与主债务有关的从债务,新债务人可以主张原债务人对债权人的抗辩。

3. 合同权利义务的概括转移

当事人一方经对方同意,可以将自己在合同中的权利和义务一并转让给第三人。

4. 民事主体的合并或分立所引发的合同转让

当事人订立合同后合并的,由合并后的法人或者非法人组织行使合同权利,履行合同义务。当事人订立合同后分立的,除债权人和债务人另有约定外,由分立的法人或者非法人组织对合同的权利和义务享有连带债权,承担连带债务。

(三)合同的终止

合同的终止也称为合同的消灭或债的消灭,是合同因债务履行、合同解除、债务抵销、履行标的物提存、债务免除、合同主体混同以及法律规定或者当事人约定的其他情形等一定法律事实的出现而使既存的债权债务关系客观上不复存在。

1. 合同终止的原因

合同终止的一般原因主要包括:一是清偿。清偿是指债务已得履行。清偿意味着债权人的债权已经实现,设立债的目的已经达到,债的关系自然消灭。二是抵销。抵销是指互相负有债务的双方当事人各以其债权充当其债务的清偿,从而使双方债务在对等数额内相互消灭。三是提存。提存是指因债权人的原因而导致债务人难以履行债务时,债务人将履行标的物提交有关部门保存并由此导致债的消灭。四是免除。免除是指债权人放弃部分或全部债权从而使债务人的部分或全部债务归于消灭。五是混同。混同是指因某一具体之债的债权人与债务人归于一人从而导致债的消灭。六是法律规定或者当事人约定终止的其他情形,例如,基于人身的不可替代性,如果当事人死亡,则具有人身性质的合同之债随之趋于消灭。

2. 后合同义务

所谓后合同义务,是指债权债务终止后合同当事人根据诚实信用原则和交易习惯而仍然应当负有的某种作为或不作为的义务,它主要包括履行通知的义务、协助义务、保密义务、旧物回收义务等。

3. 合同的解除

合同的解除是指合同当事人在一定条件下通过单方行为或双方合意终止合同效力从而使合同权利义务关系归于消灭,因此可以将合同解除列为合同终止的特殊原因,但合同解除并不免除当事人因违反合同义务而产生的违约责任,还涉及解除后多种权利义务关系的清算。

根据解除合同的事由是约定事由还是法定事由,单方解除可以分为约定解除和法定解除。约定解除是指,如果发生了当事人在合同中约定的一方有权解除合同的事由,则解除权人可以解除合同。法定的解除事由主要包括以下几种情形:一是因不可抗力致使不能实现合同目的;二是在履行期限届满前,当事人一方明确表示或者以自己的行为表明不履行主要债务;三是当事人一方迟延履行主要债务,经催告后在合理期限内仍未履行;四是当事人一方迟延履行债务或者有其他违约行为致使不能实现合同目的;五是法律规定的其他情形。

五、违约责任

违约责任也称违反合同义务的民事责任,是指合同当事人因违反合同义务所要承担的民事责任。

(一)违约责任的构成要件

违约责任的构成要件可以简单概括为"一有一无",即有违约行为,无免责事由。前者是构成违约责任的积极要件,后者是构成违约责任的消极要件。

违约行为即合同中的当事人违反合同义务的行为,主要表现为当事人一方不履行合同义务的行为和当事人一方履行合同义务不符合约定的行为。"不履行合同义务的行为"属于拒绝履行行为,既包括在履行期限到来之后当事人实际上的不履行,也包括在履行期限到来之前的预期违约,即当事人一方明确表示或者以自己的行为表明不履行合同义务。"履行合同义务不符合约定的行为"属于不符合约定的履行行为,包括迟延履行行为、部分履行行为、不适当履行行为等。

免责事由即免除债务人责任的理由,是指法定的或合同约定的即使合同得不到履行也将免除债务人责任的条件或事由,主要包括不可抗力、相对人的过错、当事人约定的免责条款等。

(二)违约责任的基本形式

1. 继续履行

继续履行也称实际履行或强制实际履行,是指合同中的债务人未履行合同或履行合同不符合约定时,债权人依法请求其按照合同的约定继续履行。

对于金钱债务的违约,如果当事人一方未支付价款、报酬、租金、利息或者不履行其他金钱债务时,对方可以请求其支付。

对于非金钱债务的违约,债权人可以请求债务人继续履行,但是有下列情形之一的除外:一是法律上或者事实上不能履行;二是债务的标的不适于强制履行或者履行费用过高;三是债权人在合理期限内未请求履行。遇到这三种情形之一致使不能实现合同目的时,人民法院或者仲裁机构可以根据当事人的请求终止合同权利义务关系。

2. 采取补救措施

合同的一方当事人履行合同义务不符合约定时,受损害方根据标的的性质以及损失的大小,可以合理选择请求对方承担修理、重作、更换、退货、减少价款或者报酬等违约责任。

3. 赔偿损失

赔偿损失是指违约方以给付金钱或实物的方式来弥补相对人即被违约人所遭受的财产损失。我国在违约责任的赔偿损失问题上采取了完全赔偿的原则和赔偿可预见损失的原则。一方面,基于完全赔偿的原则,违约方所承担的赔偿责任的范围既包括被违约方的实际损失,即现有财产的减少,也包括被违约方的可得利益。另一方面,基于赔偿可预见损失的原则,违约方的赔偿额不得超过违约一方订立合同时预见到或者应当预见到的因违约可能造成的损失。赔偿可预见损失的原则是对完全赔偿原则的限制和制约。

(三)违约金和定金

1. 违约金

违约金是合同当事人通过协商预先确定的当发生违约时违约方为弥补对方损失而给另一方的金钱给付。基于合同正义、填补损失等原则,当事人约定的违约金过高或过低时要受到一定的限制和调整。如果当事人约定的违约金低于造成的损失时,人民法院或者仲裁机构可以根据当事人的请求予以增加;如果当事人约定的违约金过分高于造成的损失时,人民法院或者仲裁机构可以根据当事人的请求予以适当减少。

2. 定金

定金是指当事人一方在合同未履行之前先行支付对方一定数额的金钱以担保债权实现的担保形式。与预付款不同,定金具有担保功能,交付定金的一方违约时无权要求返还定金,收取定金的一方违约时应双倍返还定金。定金合同属于实践合同,它是以定金的交付作为合同的成立要件,定金合同自实际交付定金时成立,定金数额以实际交付的数额为准。

3. 违约金和定金的竞合

司法实践中经常会遇到合同中既约定了违约金,又约定了定金,这种情况就属于违约金和定金的竞合,于此情形,当一方违约时,对方可以从对自己更加有利的角度出发选择适用合同中的违约金或者定金条款。

第四节 人格权法

一、人格权的概念和特征

人格权是民事主体所依法享有的,以基于人身自由、人格尊严而产生的人格利益为客体,以维护民事主体独立人格为目的而存在的与民事主体不可分割的民事权利。

人格权具有以下特征：第一，人格权是民事主体所依法享有的权利，其他任何人不得随意侵犯和剥夺。第二，人格权以人格利益为客体，其主要内容是人身自由、人格尊严以及基于人身自由和人格尊严而产生的人格权益。人格权一般具有非财产性，不以财产的归属和利用为内容。第三，人格权以维护民事主体独立人格为目的而存在，人格权的缺失将导致民事主体独立人格的不完善。第四，人格权是与民事主体不可分割的民事权利，它一般不能转让、放弃或者继承。此外，部分人格请求权的行使不受诉讼时效的限制，例如，受害人的停止侵害、排除妨碍、消除危险、消除影响、恢复名誉、赔礼道歉请求权等均不适用诉讼时效的规定，这有点类似物权请求权而不同于损害赔偿请求权。

二、生命权、身体权和健康权

生命权、身体权和健康权都是直接依附于自然人的人体并以物质性的人格利益为客体的人格权，这类人格权称为物质性人格权，与姓名权、肖像权、名誉权、隐私权等以精神性人格利益为客体的精神性人格权相对应。

（一）生命权

生命权是自然人所享有的以生命安全和生命尊严为主要内容的具体人格权。生命权是人作为人所必须和必然享有的权利，一个人一旦失去生命，其他权利无从谈起，因此，生命权构成自然人享有的一切权利的前提和基础，它是自然人最重要、最根本的人格权。

（二）身体权

身体权即自然人针对自己的身体所享有的人格利益，是指自然人维护其身体组织器官的完整性并在一定程度上支配其身体组织器官的权利。身体权的内容主要包括以下三项：一是身体完整权。自然人有权保持和维护自己的身体完整，法律禁止任何人以任何非法方式破坏他人身体的完整性。二是行动自由权。自然人依法享有身体活动的自由，不受任何人的非法限制和剥夺。三是对于身体利益在一定程度上的支配权。

（三）健康权

健康权即自然人针对自己的身体健康所享有的人格利益，是指自然人维持其人体生命活动的生理机能正常运作和身体功能完善发挥的权利。健康权的内容主要包括健康享有权、健康维护权和一定程度上的健康利益支配权。

三、姓名权和肖像权

作为姓名权和肖像权客体的姓名和肖像都反映和表明了自然人个体特征，具有人格标识意义，与权利人具有鲜明的一一对应关系，因此这两种人格权又被称为标表型人格权。

（一）姓名权

姓名权是以自然人的姓名利益为客体的民事权利，它是自然人所享有的依法决定、使用、变更或者许可他人使用自己的姓名的权利。从姓名权的定义中可以看出，姓名权主要包括四项内容。

1. 姓名决定权

虽然根据传统习惯，自然人的姓名最初都是由父母或其他监护人所决定的，但这并不意味着对自然人姓名决定权的否定。一方面,自然人成年之后,可以通过姓名变更手续更改自己的姓名,实施姓名决定权;另一方面,自然人自行决定和使用的笔名、艺名、网名、译名、字号、姓名和名称的简称等也是姓名权人实施姓名决定权的体现。

2. 姓名使用权

姓名使用权是姓名权人使用自己姓名的权利,即自然人在社会生活中使用自己姓名以标明身份并区别于他人的权利。

3. 姓名变更权

姓名变更权是姓名权人依法更改自己姓名的权利。由于姓名是自然人的专有标识,它是一个自然人区别于其他自然人的符号,而姓名登记是公安机关的一项行政管理职能,因此,自然人虽然享有姓名变更权,但该权利的行使要受到一定的限制,姓名权人变更姓名应当符合法律规定,不得违反公序良俗,并且必须依法向有关机关办理登记手续。

4. 许可他人使用权

作为人格权的姓名权具有专属性和支配性,不能在整体上进行转让。但由于自然人尤其是名人的姓名之中蕴含着一定的商业价值,因此,除依照法律规定或者根据其性质不得许可外,姓名权人可以将自己的姓名许可他人使用。

(二)肖像权

所谓肖像是指通过影像、雕塑、绘画等方式在一定载体上所反映的特定自然人可以被识别的外部形象。肖像权是以自然人的肖像利益为客体的民事权利,它是自然人所享有的依法制作、使用、公开或者许可他人使用自己的肖像的权利。

我国《民法典》规定了对肖像权的特别保护制度。首先,在图像编辑技术高度发达的互联网时代,为防止深度伪造他人肖像的侵权行为,明确规定任何组织或者个人不得以丑化、污损或者利用信息技术手段伪造等方式侵害他人的肖像权。其次,在肖像权人与肖像作品权利人的利益平衡中,通过对肖像作品权利人的适当限制来保护肖像权人的权益。如果未经肖像权人同意,即使是肖像作品权利人也不得以发表、复制、发行、出租、展览等方式使用或者公开肖像权人的肖像。再次,构建有利于肖像权人的解释规则。在当事人对肖像许可使用合同中关于肖像使用条款的理解有争议时,应当作出有利于肖像权人的解释,这体现了适当倾斜保护肖像权人的立法思路。最后,规定了不定期肖像许可使用合同中的双方任意解除权规则和定期肖像许可使用合同中肖像权人的任意解除权规则。即在当事人对肖像许可使用期限没有约定或者约定不明确时,任何一方当事人可以随时解除肖像许可使用合同,但是应当在合理期限之前通知对方;在当事人对肖像许可使用期限有明确约定时,如果肖像权人有正当理由,仍然可以解除肖像许可使用合同,但是应当在合理期限之前通知对方,并且一般情况下要赔偿因解除合同所造成的对方损失。由此,既强化了对肖像权人的人格尊严的保障,又兼顾了对交易相对方合法利益的维护。

四、名誉权

名誉是对民事主体的品德、声望、才能、信用等的社会评价。名誉权是以名誉利益为客体的人格权,是指自然人、法人或非法人组织依法所享有的保有和维护其名誉利益不受他人侵害的权利。

在对民事主体的名誉权进行保护时,要妥善处理好名誉权与正当的新闻报道和舆论监督之间的关系。媒体为公共利益而实施的新闻报道、舆论监督等行为具有社会正当性，即使该行为不可避免地影响到了他人的名誉，也一般不构成侵害名誉权。但如果媒体在新闻报道中捏造、歪曲事实，或者对他人提供的严重失实的内容未尽到合理核实义务，或者使用侮辱性言辞等贬损他人名誉，则构成对他人名誉权的侵害，从而需要承担相应的民事责任。在判断媒体对他人提供的新闻报道信息是否尽到合理核实义务时，应当着重考虑下列因素：一是内容来源的可信度；二是对明显可能引发争议的内容是否进行了必要的调查；三是内容的时限性；四是内容与公序良俗的关联性；五是受害人名誉受贬损的可能性；六是核实能力和核实成本。报刊、网络等媒体对内容失实的报道应当及时采取更正或者删除等必要措施。

五、隐私权和个人信息权益

（一）隐私权

1. 隐私和隐私权的概念

所谓隐私，是指与公共利益、群体利益或者他人利益无关的，当事人不愿意公开的私人信息或者当事人不愿意被他人打扰的私人领域的生活安宁。

隐私权是以隐私利益为客体的人格权，是指自然人对其私人生活安宁和私密空间、私密活动、私密信息所享有的保有和维护其隐私利益不受他人侵害的权利。

2. 隐私权的特征

隐私权具有如下特征：一是主体的特定性。隐私权只能由自然人享有，法人和非法人组织不能成为隐私权的主体。二是权利的专属性。隐私权由权利主体专属享有并与权利主体伴随终身，民事主体对其隐私权既不能随意抛弃，也不能转让或由他人继承。三是客体的广泛性。隐私权以隐私利益为客体，隐私的内容包括自然人的私人生活安宁和不愿为他人知晓的私密空间、私密活动、私密信息等。四是行使的被动性。隐私权难以主动行使，一般体现为一种在隐私受到侵害或者面临侵害危险时的消极防御性的权利。

3. 侵害隐私权的方式

侵害隐私权的行为主要包括以下类型：一是以电话、短信、即时通信工具、电子邮件、传单等方式侵扰他人的私人生活安宁；二是进入、拍摄、窥视他人的住宅、宾馆房间等私密空间；三是拍摄、窥视、窃听、公开他人的私密活动；四是拍摄、窥视他人身体的私密部位；五是处理他人的私密信息；六是以其他方式侵害他人的隐私权。

（二）个人信息权益

个人信息是以电子或者其他方式记录的能够单独或者与其他信息结合识别特定自然人的各种信息，包括自然人的姓名、出生日期、身份证件号码、生物识别信息、住址、电话号码、电子邮箱、健康信息、行踪信息等。

个人信息权益是指自然人对其个人信息依法所享有的支配并排除他人侵害的权益。个人信息权益主要包括以下内容：一是信息保有权。自然人对其个人信息享有完全由自己保有并排除他人非法占有的权利，信息保有权是个人信息权益的基础和前提。二是信息使用权。自然人对于个人信息是否使用以及如何使用，完全应当由权利人自主决定，他人不得非法干涉。个人信息的权利人既可以自己使用个人信息，也可以许可他人使用自己的个人信息。三是信息知情权。当自然人的个人信息为他人所保有和处理时，权利人享有对该个人信息的知情权，自然人可以依法向信息保有者和处理者请求查阅或者复制其个人信息。四是信息更正和删除权。个人信息的权利人发现信息记载有错误时,有权提出异议并请求及时采取更正等必要措施;自然人发现信息处理者违反法律、行政法规的规定或者双方的约定处理其个人信息时,有权请求信息处理者及时删除该个人信息。

第五节 婚姻家庭法

婚姻家庭关系是基于婚姻、血缘或者法律拟制而形成的特定社会关系,它在本质上是一种身份关系,因此婚姻家庭法是调整民事主体因婚姻家庭而产生的人身关系和财产关系的法律规范的总称,它是规范夫妻关系和家庭关系的基本准则。

一、亲属

民法上的亲属是指由民事法律规范所确认和调整的,基于血缘、婚姻或法律拟制而产生的,具有特定权利和义务关系的人与人之间的社会关系。

亲属的种类主要包括:一是配偶。配偶即夫之妻或妻之夫。配偶关系因婚姻的成立而发生,在亲属关系中居于重要地位,是其他亲属关系赖以发生的基础。二是血亲。法律上的血亲包括自然血亲和拟制血亲两种类型。自然血亲是指出于同一祖先,因出生而形成的有血缘关系的亲属;拟制血亲又称法定血亲,是指本来并不存在血缘联系,但法律确认其与自然血亲具有同等法律地位的亲属。以是否具有直接的血缘关系为标准,可以将血亲分为直系血亲和旁系血亲。直系血亲是指与自己具有直接血缘关系的亲属,即生育自己的和自己所生育的上下各代亲属;旁系血亲是指与自己具有间接血缘关系的亲属,即双方之间无从出关系但与自己同出一源的血亲。三是姻亲。姻亲是指因婚姻而产生的亲属关系。姻亲主要包括血亲的配偶、配偶的血亲、配偶的血亲的配偶、血亲配偶的血亲四类亲属。

二、婚姻制度

婚姻是男女双方以夫妻身份共同生活为目的而建立的为法律制度或社会风俗习惯所认可的社会关系。婚姻是产生家庭的最重要的原因和前提,婚姻制度在婚姻家庭法中居于重要地位。

(一)结婚制度

1. 结婚的概念和特征

结婚,又称婚姻的成立,是指男女双方依照法律规定的条件和程序确立夫妻关系的法律行为。结婚具有以下特征:首先,结婚必须是男女两性的结合,即一男一女的结合,结婚的主体既不能是同性,也不能是超过两个的自然人;其次,结婚是一种法律行为,作为结婚主体的男女双方均要有明确的确立夫妻关系的意思表示;再次,结婚要依照法律规定的条件和程序完成;最后,结婚的法律后果是确立夫妻关系。夫妻关系确立后,相互之间即因存在特定的身份关系从而享有一定权利并承担一定义务,非经法律程序,夫妻关系不能解除。

2. 结婚的要件

结婚的成立须具备以下要件:一是男女双方须有结婚的合意,即结婚出自双方的完全同意和自愿。二是男女双方须达到法定婚龄。我国《民法典》对结婚年龄的规定是,男不得早于22周岁,女不得早于20周岁。三是不属于法律规定的禁止结婚的条件,这是结婚的消极性要件。我国将具有直系血亲或三代以内旁系血亲的亲属关系作为禁止结婚的条件。此外,根据一夫一妻制原则,一方或双方已有配偶当然属于结婚的禁止条件。四是要求结婚的男女双方须亲自到婚姻登记机关进行结婚登记。结婚登记是婚姻成立的形式要件,男女双方办理登记并取得结婚证后始确立夫妻关系即婚姻关系。

3. 无效婚姻

无效婚姻是指因违反婚姻成立要件从而不具有法律效力的婚姻。导致无效婚姻的原因主要有三种:一是重婚,即有配偶者又与他人再行结婚。二是有禁止结婚的亲属关系,即男女双方属直系血亲或三代以内的旁系血亲。三是未到法定婚龄。

4. 可撤销婚姻

可撤销婚姻是指婚姻成立时因欠缺某些结婚要件从而法律赋予当事人撤销婚姻请求权的婚姻。我国《民法典》所规定的可撤销婚姻包括受胁迫结婚和未履行重大疾病如实告知义务的婚姻两种。

(二) 离婚制度

婚姻关系既然能产生,也能因一定的法律事由而消灭,那就是婚姻的终止。导致婚姻终止的主要法律事由有二:一是离婚,二是当事人死亡。对于离婚,我国婚姻家庭法一以贯之的指导思想是:既要保障离婚自由,又要反对轻率离婚,在坚持男女平等的同时,注重照顾妇女和未成年人的利益。

1. 离婚的概念和特征

离婚是指夫妻一方或双方依照法定的条件和程序解除婚姻关系的法律行为。此处的"双方"解除行为主要是指登记离婚,"一方"解除行为主要是指诉讼离婚。离婚具有以下特征:首先,离婚的主体是具有合法夫妻关系的男女。其次,离婚发生在夫妻双方生存期间。如果配偶一方死亡,婚姻关系就会自动解除,而离婚则是人为解除婚姻关系的行为。再次,离婚必须履行法定的程序才能发生法律效力。最后,离婚的主要法律后果是婚姻关系的解除,但同时也不可避免地会引起夫妻财产关系、子女抚养关系、对外债权债务关系的处理等一系列法律后果。

2. 登记离婚

登记离婚也称行政登记离婚,是指婚姻当事人双方达成离婚的合意并经过法定的离婚登记机关解除婚姻关系的法律制度。登记离婚须符合以下条件:一是离婚双方具有完全的民事行为能力。如果婚姻当事人有一方为限制民事行为能力人或者无民事行为能力人,则只能适用诉讼离婚而不能适用登记离婚的形式。二是双方自愿解除夫妻关系,离婚是婚姻当事人双方的共同真实意思。三是婚姻当事人双方对离婚后子女抚养、财产以及债务处理等事项达成一致意见。四是婚姻当事人双方签订有书面离婚协议,离婚协议应载明双方自愿离婚的意思表示和对子女抚养、财产以及债务处理等事项协商一致的意见。五是婚姻当事人双方亲自到婚姻登记机关申请离婚并取得离婚证。

3. 诉讼离婚

诉讼离婚,又称判决离婚或裁判离婚,是指夫妻一方向人民法院提出离婚诉讼要求终止婚姻关系,由法院在审理后判决解除夫妻关系的法律制度。人民法院审理离婚案件,应当进行调解。我国的现行民事立法和婚姻家庭法理论都将"感情破裂"视为诉讼离婚中是否应当判决离婚的标准和理由。判断夫妻感情是否确已破裂，一般从夫妻的感情基础、婚后感情、离婚原因、婚姻现状以及有无和好可能等诸多因素着手进行综合判断。

4. 离婚的法律后果

婚姻当事人自完成离婚登记取得离婚证，或者人民法院的离婚判决书、离婚调解书生效时起，婚姻关系解除，离婚产生相应的法律后果，主要体现在：第一，离婚在人身关系方面的法律后果。离婚使夫妻之间因结婚而形成的夫妻身份关系归于消灭，基于夫妻身份关系所产生的权利义务关系随之终止，夫妻双方的互相抚养关系、家事代理权、相互继承关系、同居关系、姻亲关系等均消灭，男女双方获得再婚的自由。第二，离婚在财产关系方面的法律后果。离婚时，夫妻的共同财产由双方协议处理；协议不成而诉讼离婚时，由人民法院根据财产的具体情况，遵循照顾子女和女方权益的原则判决予以分割。离婚时，夫妻共同债务应当共同偿还。离婚后，夫妻的共同财产和共同债务将随着夫妻关系的解除而不复存在。第三，离婚在父母子女关系方面的法律后果。父母与子女间的关系并不因父母离婚而消除。离婚后子女无论由哪一方直接抚养，都仍然是父母双方的子女，父母双方对于子女都有抚养、教育、保护的权利和义务。对于由一方直接抚养的子女，另一方应负担必要的生活费和教育费的一部或全部，同时享有探望子女的权利。

三、家庭关系

家庭关系是民法上基于血缘、婚姻或法律拟制等特定的法律事实而产生的亲属关系。根据亲属关系主体的不同，可以将家庭关系区分为夫妻关系、亲子关系和其他亲属关系三大类。

（一）夫妻关系

1. 夫妻关系的概念

夫妻关系是指法律规定的男女因结婚而形成的权利义务关系，它在整个家庭关系中处于核心的地位。我国的婚姻家庭制度在夫妻关系中全面贯彻男女平等的原则，夫妻在家庭中地位平等，平等地享受权利和承担义务。

2. 夫妻人身关系

夫妻人身关系是指婚姻关系存续期间的男女之间具有人身属性的、以特定精神利益而非经济利益为内容的权利义务关系。夫妻人身关系主要体现为以下六项内容：一是夫妻姓名权。在男女平等的原则下，夫妻双方都有各自使用自己姓名的权利。二是夫妻人身自由权。夫妻双方都有参加生产、工作、学习和社会活动的自由，一方不得对他方加以限制或干涉。三是互为家庭成员权。登记结婚后，根据男女双方约定，女方可以成为男方家庭的成员，男方可以成为女方家庭的成员。四是夫妻同居的权利和义务。夫妻双方以配偶身份共同生活，这是婚姻关系的重要内容和体现。同居既是一种权利，又是一种义务。五是夫妻日常家事代理权。夫妻日常家事代理权即夫妻在日常家庭事务上互为代理人，互享代理权。夫妻任何一方因家庭日常生活需要而实施的民事法律行为，对夫妻双方发生法律效力，除非夫妻一方与相对人另有约定。六是夫妻忠实和协助义务。夫妻应当互相忠实，这是一夫一妻原则在夫妻关系上的体现和要求，禁止重婚、有配偶者与他人同居、婚外性行为等违反夫妻忠实义务的行为。同时，夫妻双方应互相尊重、关爱和帮助。

3. 夫妻财产关系

夫妻财产关系是指婚姻关系存续期间的男女之间以经济利益为主要内容的权利义务关

系,它主要体现在共同财产关系和共同债务关系之中。此外,在扶养关系上,夫妻之间有互相扶养的义务;在继承关系上,夫妻之间有相互继承遗产的权利。

(1)约定财产制

约定财产制是指夫妻双方以约定的方式决定夫妻财产制形式的法律制度。夫妻可以约定婚姻关系存续期间所得的财产以及婚前财产归各自所有、共同所有或部分各自所有、部分共同所有。约定财产制具有优先于法定财产制适用的效力。夫妻双方关于财产制的约定应当采用书面形式。夫妻之间的财产约定对夫妻双方具有约束力,但并不必然具有对外效力,不能对抗善意第三人。

(2)法定财产制

法定财产制是法律直接规定的夫妻财产制度,指夫妻对其财产没有约定、约定不明确或者约定无效时依法律规定而直接适用的夫妻财产制度。

在法定财产制上,我国实行夫妻共有财产制度,夫妻对共同所有的财产,有平等的处理权。夫妻共同所有财产主要指夫妻在婚姻关系存续期间所得的下列财产:一是工资、奖金和劳务报酬;二是生产、经营、投资的收益;三是知识产权的收益;四是继承或者受赠的财产(属夫妻一方财产的除外);五是其他应当归共同所有的财产。

实行法定财产制即共同财产制的夫妻生活并不排斥属于夫或妻一方的个人财产的存在。属于夫妻一方的个人财产主要包括一方的婚前财产、一方因受到人身损害获得的赔偿或者补偿、遗嘱或者赠与合同中确定只归一方的财产、一方专用的生活用品以及其他应当归一方的财产。

(3)共同债务

共同债务是夫妻双方应连带承担清偿责任的对外债务。夫妻共同债务主要包括以下类型:一是夫妻双方共同签名的债务;二是夫妻一方所欠但另一方事后追认的债务;三是夫妻一方在婚姻关系存续期间以个人名义为家庭日常生活需要所负的债务;四是债权人能够证明是用于夫妻共同生活、共同生产经营或者基于夫妻双方共同意思表示的债务。

(二)亲子关系

亲子关系,即父母子女关系,是指由民事法律规范所调整的父母和子女之间的权利义务关系。父母和子女是血缘关系最近的直系血亲,亲子关系构成家庭关系的核心。亲子关系包括两类:一是自然血亲的亲子关系。父母与婚生子女或非婚生子女均属自然血亲的亲子关系。非婚生子女享有与婚生子女同等的权利,任何人不得加以危害和歧视。二是拟制血亲的亲子关系。养父母与养子女、继父母与受其抚养教育的继子女均属拟制血亲的亲子关系。

亲子关系的内容主要体现为以下权利义务关系:第一,父母对子女有抚养义务。抚养义务既不能放弃,也不能附加条件,不能以离婚未直接抚养子女或未行使探望权为理由拒绝支付抚养费用。如果父母不履行抚养义务时,未成年子女或者不能独立生活的成年子女有要求父母给付抚养费的权利。第二,父母对未成年子女有教育、保护的权利和义务。如果未成年子女造成他人损害,父母应当依法承担民事责任。第三,子女对父母有赡养的义务。赡养义务既不能放弃,也不能附加条件,不能以放弃继承权或者其他理由拒绝支付赡养费用。如果成年子女不履行赡养义务时,缺乏劳动能力或者生活困难的父母有要求成年子女给付赡养费的权利。第四,父母子女有相互继承遗产的权利。第五,父母与子女之间应当相互尊重。

(三)收养

所谓收养,是指自然人依法领养孤儿或他人的子女作为自己的子女,从而使领养人与被领养人之间产生法律拟制的父母子女关系的民事行为。

1. 收养关系的成立

收养人应当同时具备下列条件:一是无子女或者只有一名子女;二是有抚养、教育和保护被收养人的能力;三是未患有在医学上认为不应当收养子女的疾病;四是无不利于被收养人健康成长的违法犯罪记录;五是年满30周岁。同时,有配偶者收养子女时,应当夫妻共同收养;无配偶者收养异性子女时,收养人与被收养人的年龄应当相差40周岁以上;收养8周岁以上未成年人时,应当征得被收养人的同意。此外,收养关系的成立还必须办理登记,自登记之日起收养关系成立。

2. 收养的效力

收养的效力一方面是在养父母与养子女间产生拟制直系血亲关系,在养子女与养父母的近亲亲属间形成拟制亲属关系,另一方面,养子女和生父母间的权利义务关系以及养子女与生父母近亲属之间的权利义务关系因收养关系的成立而消除。

3. 收养关系的解除

收养关系的解除包括协议解除和诉讼解除两种方式。

协议解除适用于以下两种情况:一是对于未成年的被收养人,为了保护未成年人的合法权益,贯彻"儿童最大利益原则",在被收养人成年以前原则上不允许收养人解除收养关系,除非存在送养人且收养人和送养人达成解除收养关系的合意,但此时如果养子女达到8周岁以上时,还应当征得养子女本人的同意。二是对于已成年的被收养人,养父母与成年养子女关系恶化、无法共同生活时,双方可以协议解除收养关系。当事人协议解除收养关系时,应当到民政部门办理解除收养关系登记。

诉讼解除也适用于两种情况:一是对于未成年的被收养人,如果收养人不履行抚养义务,有虐待、遗弃等侵害未成年养子女合法权益行为时,送养人可以向人民法院提起诉讼要求解除收养关系。二是对于已成年的被收养人,如果养父母与成年养子女关系恶化、无法共同生活且双方不能达成协议时,任何一方可以向人民法院提起诉讼要求解除收养关系。

(四)其他亲属关系

1. 祖孙关系

祖孙关系包括祖父母与孙子女的关系和外祖父母与外孙子女的关系。祖孙之间在符合一定条件时具有抚养、赡养的权利义务关系。即有负担能力的祖父母、外祖父母,对于父母已经死亡或父母无力抚养的未成年的孙子女、外孙子女,有抚养的义务;有负担能力的孙子女、外孙子女,对于子女已经死亡或子女无力赡养的祖父母、外祖父母,有赡养的义务。在继承关系上,孙子女、外孙子女可代位继承祖父母、外祖父母的遗产,而祖父母、外祖父母也是孙子女、外孙子女的第二顺序的法定继承人。

2. 兄弟姐妹关系

兄弟姐妹是旁系血亲中关系最为亲密的亲属,兄弟姐妹之间在一定条件下具有扶养关系,即有负担能力的兄、姐,对于父母已经死亡或父母无力抚养的未成年的弟、妹,有扶养的义务;由兄、姐扶养长大的有负担能力的弟、妹,对于缺乏劳动能力又缺乏生活来源的兄、姐,有扶养的义务。在继承关系上,兄弟姐妹之间互为第二顺序的法定继承人。

第六节　继　承　法

继承法对自然人死亡之后的财产归属进行规范,是调整继承关系的法律规范的总称,它以身份关系为基础,以财产关系为基本内容。

一、继承和继承权

(一)继承

继承又称财产继承,是指继承人对死者生前财产上的权利义务的承受。继承具有以下特征:第一,继承因被继承人的死亡而发生,被继承人的死亡是继承发生的法定原因。第二,继承从被继承人死亡时开始。第三,继承在具有特定亲属关系的自然人之间发生。第四,继承的客体是被继承人的遗产,它仅限于被继承人死亡时遗留下来的个人合法财产。第五,继承是对被继承人生前财产权利义务的概括承受。

(二)继承权

1.继承权的概念和特征

继承权是继承人依照法律规定或者根据被继承人的合法遗嘱而享有的承受被继承人遗产的权利。法定继承人直接依照法律规定而享有法定继承权;遗嘱继承人依据被继承人生前立下的合法遗嘱而享有遗嘱继承权。

继承权具有以下特征:第一,继承权的主体即继承人只能是自然人,法人或非法人组织均不能享有继承权;第二,继承权是继承遗产的权利,它以继承人与被继承人所具有的一定的身份关系为基础;第三,继承权具有排他性,是一种绝对权,任何人均不得对继承人的合法权益进行侵害;第四,继承权发生的根据是法律的直接规定或合法有效的遗嘱;第五,继承权的实现以被继承人死亡为前提条件。

2.继承权的放弃

继承权的放弃是继承人放弃自己继承权的意思表示,它属于一种单方的民事法律行为。继承权既然是一种权利,继承权人当然可以依自己意志对自己享有的继承权进行处分,包括对继承权的放弃。但继承人放弃继承权的意思表示应当在遗产处理前以书面形式明确作出,否则视为接受继承。继承人放弃继承权后,其放弃行为的效力追溯到继承开始的时间,该继承人被视为自始没有应继份额。

3.继承权的丧失

继承权的丧失,又称继承权的剥夺,是指继承人因存在特定的犯罪或重大违法行为而被依法取消继承遗产的资格。继承人被剥夺继承权的法定原因主要包括以下五种:一是故意杀害被继承人;二是为争夺遗产而杀害其他继承人;三是遗弃被继承人,或者虐待被继承人情节严重;四是伪造、篡改、隐匿或者销毁遗嘱,情节严重;五是以欺诈、胁迫手段迫使或者妨碍被继承人设立、变更或者撤回遗嘱,情节严重。不过,针对上述五种中的后三种情形,如果继承人确有悔改表现,并且被继承人表示宽恕或者事后在遗嘱中将其列为继承人时,该继承人不丧失继承权。

(三)代位继承

代位继承是指被继承人的特定亲属(如享有继承权的子女或兄弟姐妹)先于被继承人死亡时由该特定亲属的子女或其他晚辈直系血亲代替先死亡的长辈直系血亲继承被继承人遗产的一项法定继承制度,代位继承人对被继承人的继承地位来源于其死去的直系尊亲属本人的继承资格。

二、法定继承

(一)法定继承的概念和适用

法定继承,是指依照法律所直接规定的继承人范围、继承顺序、继承份额等来确定具体继承事宜的继承方式。法定继承的实施以特定身份关系的存在为前提,以法律的直接规定为依据。法定继承是我国最常见、最重要的继承方式。

继承开始后,如果存在合法有效的遗嘱或遗赠扶养协议,就按照遗嘱继承、遗赠或者遗赠扶养协议办理;如果既有遗嘱又有遗赠扶养协议且二者的内容存在抵触,则按照遗赠扶养协议办理。只有在没有遗嘱,也没有遗赠扶养协议,或者虽然有遗嘱和遗赠扶养协议但遗嘱和遗赠扶养协议均无效或不能执行时,才适用法定继承。

(二)法定继承人

1.法定继承人的概念和范围

法定继承人是由法律直接规定的可以依法继承死者遗产的人。我国《民法典》所规定的法定继承人包括以下六类:一是配偶;二是子女,包括婚生子女、非婚生子女、养子女和形成抚养关系的继子女;三是父母,包括生父母、养父母和形成抚养关系的继父母;四是兄弟姐妹,包括同父母的兄弟姐妹、同父异母或者同母异父的兄弟姐妹、养兄弟姐妹、有扶养关系的继兄弟姐妹;五是祖父母、外祖父母;六是对公婆或岳父母尽了主要赡养义务的丧偶儿媳和丧偶女婿。此外,胎儿在遗产继承中具有特殊的法律地位。遗产分割时应当保留胎儿的继承份额,这就是我国继承法上的预留份制度。

2.法定继承人的顺序

我国《民法典》将法定继承人分为两个顺序。第一顺序的法定继承人为配偶、子女、父母;第二顺序的法定继承人为兄弟姐妹、祖父母、外祖父母。对公、婆尽了主要赡养义务的丧偶儿媳和对岳父、岳母尽了主要赡养义务的丧偶女婿,作为第一顺序继承人参与继承。同一顺序继承人继承遗产的份额一般应当均等。继承开始后,由第一顺序继承人继承,第二顺序继承人不继承。只有当不存在第一顺序继承人时,才由第二顺序继承人继承。

3.遗产分配的规则

法定继承中对遗产的分配一般应当遵循以下规则:一是均等规则。同一顺序继承人之间应当均等分配,这是对同一顺序继承人继承权的平等保护。二是照顾弱者规则。遗产分配时,对生活有特殊困难的缺乏劳动能力的继承人,应当予以照顾。对继承人以外的依靠被继承人扶养的缺乏劳动能力又没有生活来源的人,可以分给他们适当的遗产。三是权利义务一致规则。继承人如果对被继承人尽了主要扶养义务或者与被继承人共同生活,则可以在遗产分配时予以多分,相反,继承人如果有扶养能力和有扶养条件却不尽扶养义务,则应当在遗产分配时不分或者少分。四是协商规则。遗产分配的协商规则是民法的意思自治原则在继承法中的贯彻和体现。不过,协商的结果应取得所有继承人的一致同意,不能采取多数决的方式来决定。

三、遗嘱继承

(一)遗嘱的概念和有效要件

遗嘱是指自然人生前按照法律规定的方式对自己的财产在身后如何处分所作出的处理和安排。

有效的遗嘱须具备以下条件:一是遗嘱人在设立遗嘱时须有完全民事行为能力。无行为能力人或者限制行为能力人所立的遗嘱无效。二是遗嘱必须表示遗嘱人的真实意思。受胁迫、被欺骗所立的遗嘱无效;伪造的遗嘱和被篡改的遗嘱因不能表示遗嘱人的真实意思,因此伪造遗嘱无效,遗嘱中被篡改的内容无效。三是遗嘱内容须合法。遗嘱不得剥夺缺乏劳动能力又没有生活来源的继承人的遗产份额,不得违反法律法规的强制性规定,不得违背公序良俗。四是遗嘱必须采用合法形式进行设立。

(二)遗嘱的形式

遗嘱的形式包括自书遗嘱、代书遗嘱、打印遗嘱、录音录像遗嘱、口头遗嘱、公证遗嘱。遗嘱人以相同或不同的形式立有数份内容相抵触的遗嘱时,以最后所立的遗嘱为准,这就是后立遗嘱优于先立遗嘱的规则,因为后立遗嘱代表了遗嘱人最新的意思表示。

(三)遗嘱继承的概念和适用要件

遗嘱继承是指根据被继承人生前所设立的合法有效的遗嘱来确定继承人和继承份额并按照遗嘱指定进行遗产转移的继承方式。

遗嘱继承于以下要件得以满足时适用:一是被继承人所设立的遗嘱合法有效;二是遗嘱指定的继承人没有放弃继承,也不存在丧失继承权的情况;三是遗嘱继承人后于遗嘱人死亡,否则按照法定继承来处理;四是遗嘱指定的财产继受人属于法定继承人的范围,否则属于遗赠;五是不存在遗赠扶养协议,否则优先按照遗赠扶养协议来处理遗产。

四、遗赠和遗赠扶养协议

(一)遗赠

遗赠是自然人以遗嘱的方式将全部或部分遗产赠送给国家、集体组织或者法定继承人以外的自然人,并于遗嘱人死亡后发生法律效力的单方民事法律行为。

遗赠具有以下特征:一是遗赠属于单方民事法律行为,只要求遗赠人单独一方的意思表示即可有效成立;二是遗赠是给予他人财产利益的无偿行为,受遗赠人只承受遗产中的财产权利,而不承受其中的财产义务;三是遗赠属于死因行为,于遗赠人死亡后始发生法律效力;四是受遗赠人的范围非常广泛,包括国家、集体组织或者法定继承人以外的人,但不包括法定继承人,否则就属于遗嘱继承而不是遗赠;五是受遗赠的主体具有不可替代性,受遗赠权只能由本人享有。

遗赠的实现需要符合以下条件和要求:一是遗赠人生前立下了合法有效的遗嘱,这是遗赠产生的基础和遗赠实现的依据。二是遗赠人死亡,这是遗赠发生效力的前提。三是受遗赠人有接受遗赠的意思表示,这是遗赠实现的必要条件。受遗赠人在合理期间内没有表示时,视为放弃受遗赠。四是遗赠的实现不得妨碍清偿遗赠人依法应当缴纳的税款和债务,不得妨碍遗赠人应保留的必留份。当法定继承与遗嘱继承、遗赠并存时,由法定继承人清偿被继承人依法应当缴纳的税款和债务;但如果税款和债务超过了法定继承遗产的实际价值,则超出部分由遗嘱继承人和受遗赠人按比例以所得遗产清偿。五是受遗赠人不存在丧失受遗赠权的情况。

(二)遗赠扶养协议

遗赠扶养协议是指遗赠人(即受扶养人)和扶养人(即受遗赠人)之间订立的,由扶养人承担遗赠人生养死葬的义务并在遗赠人死亡之后取得其全部遗产或约定遗产的协议。遗赠扶养协议在各种继承方式中效力最高,它既优先于法定继承,也优先于遗嘱继承和普通的遗赠继承。遗赠扶养协议对于提倡尊老养老的优良传统、发扬互助精神、切实保障老年人的合法权益、减轻国家和社会的负担、解除扶养人后顾之忧、减少继承纠纷等都具有重要意义。

五、遗产的处理

(一)遗产的概念和特征

遗产是指自然人死亡时遗留的可以依法转移给他人的个人合法财产权益。遗产具有以下特征:一是合法性。遗产必须是自然人生前的合法财产以及财产权利,依照法律规定不得继承的财产及财产权利(如毒品、淫秽物品、枪支弹药、特殊文物、探矿权、采矿权、取水权、捕捞权、居住权等)或者根据其性质不得继承的财产及财产权利(如领取抚恤金、残疾补助金等具有人身属性的财产权利)不能列为遗产。二是时间特定性。遗产必须是被继承人死亡时所遗留的财产。三是财产性。遗产必须是为人所能控制的物质财富,包括现实财产和符合法律规定的虚拟财产。四是概括性。遗产是被继承人生前的财产权利和财产义务的统一体。

(二)遗产管理人

遗产管理人是指在继承开始后由遗嘱指定或者依照法律的规定而产生的对被继承人遗产实施清理、保护、管理、分割、债务处理以及其他管理遗产行为的自然人或组织。遗产管理人主要履行下列职责:一是清理遗产(包括积极遗产和消极遗产即被继承人的债务)并制作遗产清单;二是向继承人报告遗产情况;三是以合理方式保护遗产,采取必要措施防止遗产毁损、灭失,预防和阻止任何组织或者个人对遗产的非法侵吞或者争抢;四是处理被继承人的债权债务;五是按照遗嘱或者依照法律规定分割遗产,在遗产分割时应当有利于生产和生活需要,不损害遗产的效用,对于不宜分割的遗产,可以采取折价、适当补偿或者共有等方法处理;六是实施与管理遗产有关的其他必要行为。

(三)无人继承遗产的处理

无人继承的遗产又称为无人承受的遗产,是指继承开始后既无人继承又无人受遗赠的遗产,即没有法定继承人、遗嘱继承人、受遗赠人承受的遗产。对于无人继承的遗产,根据死者生前身份确定其归属。即死者生前是集体所有制组织成员的,遗产归所在集体所有制组织所有;死者生前不是集体所有制组织成员的,遗产归国家所有,由国家用于公益事业。

第七节 侵权责任法

侵权责任法是调整因侵权行为而产生的侵权责任的法律规范的总称,因此侵权行为和侵权责任是侵权法律制度中的核心概念。

一、侵权行为

侵权行为是指侵害他人的人身或财产权益依法应承担民事责任的违法行为。侵权行为发生后，在侵害人与受害人之间就产生了特定的民事权利义务关系，受害人有权要求侵权人承担赔偿损失等不利的法律后果。

侵权行为具有以下特征：第一，侵权行为是一种违法行为，该行为不为法律所许可或鼓励。第二，侵权行为是一种事实行为，它不以意思表示为其必备要素，其法律后果的发生基于法律的直接规定。第三，侵权行为的表现形式既可以是作为，也可以是不作为，不作为侵权行为以行为人事先存在某种特定的法定义务为前提。第四，侵权行为是侵害他人民事权益的行为，此处的"民事权益"原则上是指绝对性民事权益，包括人格权、物权、知识产权以及监护权、婚姻自主权、继承权等人身和财产权益，一般不包括具有相对性特征的债权。第五，侵权行为应承担损害赔偿等民事责任。

二、侵权责任

（一）侵权责任的概念和特征

侵权责任是侵权人因实施不法侵权行为所应承担的不利的法律后果。

侵权责任具有以下特征：其一，侵权责任是民事主体违反法定一般义务应承担的民事责任；其二，侵权责任是以侵权行为为事实根据的民事责任；其三，侵权责任是依据法律的直接规定而承担的民事责任；其四，侵权责任的承担方式多种多样，不只限于财产责任，也包括消除影响、赔礼道歉、恢复名誉等不具有财产性质的责任；其五，侵权责任具有优先性，即相对于行政责任、刑事责任，侵权责任具有优先实现的效力。

（二）侵权责任的归责原则

归责原则即确定责任归属的原则，是指确定加害人是否需要承担侵权责任的规则和依据。

1. 过错责任原则

过错责任原则，是指将行为人主观上的过错（包括故意和过失）作为令其承担民事责任基本条件的责任确定规则。按过错责任原则，行为人仅在有过错的情况下，才承担民事责任；如果行为人没有过错，就不需要承担民事责任。过错责任原则的确立为民事主体的行为确立了标准，它要求行为人尽到对他人的谨慎和注意义务，尽量避免损害后果的发生，有助于实现法律责任和道德责任的统一，较好地协调和平衡了"个人自由"和"社会安全"两种利益的关系。

2. 过错推定原则

过错推定原则是指当损害结果发生时依照法律规定首先推定造成他人损害的行为人有过错，只要行为人不能证明自己没有过错就要承担民事责任的责任确定规则。过错推定责任适用的前提是必须有法律的明确规定。对于适用过错推定责任的行为，行为人如果能证明自己没有过错就无须承担侵权责任。可见，该原则仍然是将过错作为承担侵权责任的条件，因此，完全可以将其归入过错责任原则的范畴。

3. 无过错责任原则

无过错责任原则，也叫严格责任原则或者危险责任原则，是指不以行为人的过错为承担侵权责任根据的归责原则，当损害结果发生时，不问行为人有没有过错，只要有令其承担责任的相关法律规定,行为人即应依法承担民事责任。执行这一原则时确定责任的依据并非行为人的过错,而是损害事实的客观存在,该侵权责任是一种根据行为人的活动及其所管理的人或物的危险性质与所造成损害后果的因果关系而由法律明确规定的特别责任。

(三)侵权责任的减免事由

侵权责任的减免事由是指行为人针对受害人主张由其承担侵权责任的要求而提出的主张免除或减轻侵权责任的理由。侵权责任的减免事由一般包括以下几项:一是不可抗力。二是正当防卫。三是紧急避险。四是受害人原因。五是第三人原因。如果损害是因第三人造成的,由第三人承担侵权责任。六是自甘风险,即自愿参加具有一定风险的文体活动时因其他参加者的行为受到损害的受害人不得请求其他参加者承担侵权责任。七是自助行为,即当民事主体的合法权益受到侵害,情况紧迫且不能及时获得国家机关保护,不立即采取措施将使其合法权益受到难以弥补的损害时,受害人可以在保护自己合法权益的必要范围内采取扣留侵权人的财物等合理措施。八是依法履行公务。

三、一般侵权责任的构成要件

过错责任原则是我国侵权责任法的一般归责原则,因此一般侵权责任的构成要件即过错侵权责任的构成要件,是指行为人因一般侵权行为而承担民事责任所需要具备的条件和要素。

(一)违法行为

作为侵权行为构成要件的违法行为也称为行为的违法性,是指造成损害后果的行为是违反法律禁止性规定的行为。违法性是侵权责任的重要构成要件。如果行为人的行为合乎法律的规定,那么即使此种行为造成了损害,行为人也不须承担民事责任。

(二)损害事实

损害事实是指某种侵害他人人身权益或财产权益的行为导致受害人财产利益或非财产利益减少或灭失的客观事实。

作为侵权责任构成要件的损害事实具有以下特点:一是损害系合法权益遭受侵害所致;二是损害具有客观确定性,即损害事实是真实发生和客观存在的,同时损害的范围和程度可以确定,即可以通过一定的方式予以衡量;三是损害具有可救济性,即受害人所受损害依法应当得到救济且可以通过一定的方式进行补救。

损害事实包括两大类:一是人身权益遭受损害的事实,包括人格利益的损害和身份权益的损害,其中对精神性人格权和身份权造成的人格利益损害被称为是精神损害,它是一种无形的人格利益损害;二是财产权益遭受损害的事实,包括直接损失和间接损失,后者是受害人可得利益的丧失。

(三)过错

过错是指行为人实施不法行为时主观上的故意或者过失的心理状态。过错包括故意和过失两种形态。故意是指行为人预见到自己行为的后果但仍然希望或者放任该结果发生的主观心理状态;过失是指行为人能够预见或者应当预见到自己行为的后果,但由于疏忽大意没有预见,或者虽然预见但轻信可以避免(结果导致侵害后果发生)的主观心理状态。

(四)因果关系

因果关系是指两个事实或现象之间所存在的一种引起和被引起的联系。作为侵权责任构成要件的因果关系是指违法行为与损害事实之间存在的前者引起后者,即以前者为因、以后者为果的客观联系。

四、侵权责任的特殊形态

(一)共同侵权责任

作为共同侵权行为的结果,共同侵权责任是指两人以上共同实施侵害他人人身或财产权益的侵权行为而依法应承担的民事责任。与单独一人侵权所导致的一人侵权责任不同,共同侵权责任的特点就体现在加害人为数人,由此就会产生数人分担侵权责任时的不同种类的责任形态。

1. 连带责任

连带责任指数个侵权人就其共同造成的侵害后果各负全部赔偿义务的民事责任,即受害人有权向共同侵权人中的任何一人或数人请求赔偿全部损失,而加害人即侵权人中的一人或数人都负有向受害人赔偿全部损失的责任。当侵权人中的一人或数人向受害人赔偿全部损失后,其他侵权人的赔偿责任得以免除,已经承担全部赔偿责任的侵权人可以向其他侵权人就其应当承担的责任份额进行追偿。

2. 按份责任

按份责任是指数个责任人分别按照各自份额向受害人承担赔偿义务的民事责任形态。在按份责任中,每个侵权人都有根据其责任大小而明确确定的应当由其承担责任的份额。对于按份侵权责任人,受害人仅有权要求其按照份额承担相应的赔偿责任;每个侵权人也仅就自己应当承担的责任份额负有赔偿的义务。当侵权人中的一人或数人按照自己的份额向受害人赔偿损失后,其侵权赔偿责任得以免除。按份侵权人各自赔偿份额的清偿不影响其他按份侵权人的赔偿份额和赔偿责任。

3. 先付责任

先付责任是指两个或两个以上的侵权行为人承担损害赔偿责任时,受害人只能依法先向其中的一个或数个侵权人请求赔偿,该侵权人赔偿后有权向其他责任人追偿的共同侵权责任形态。

4. 补充责任

补充责任是指两个或两个以上的侵权行为人对其共同承担的损害赔偿责任有先后赔偿顺序,顺序在前的侵权责任人应当首先就受害人所受侵害承担全部赔偿责任,只有在前一顺序责任人不能承担责任或者不能承担全部责任时,才由顺序在后的侵权责任人承担部分赔偿责任的共同侵权责任形态。

(二)网络侵权责任

网络侵权,是指发生于互联网环境下的侵权行为,它与传统的非互联网侵权行为在本质上并无不同。但由于网络侵权行为发生于互联网空间,因此对于网络用户的侵权行为,网络服务提供者是否要承担责任以及如何承担责任成为网络侵权的核心问题。

1. 网络侵权责任的一般规定

网络用户、网络服务提供者利用网络侵害他人民事权益的,应当承担侵权责任。这就是我国侵权法中关于网络侵权责任的一般规定。

2. 避风港原则中的通知规则

由于网络服务提供者较难对海量的网络信息进行全面、及时、有效的审查,不加区分地令其对其提供服务的网络平台上所发生的网络用户的侵权行为一概承担责任的做法缺乏公平合理性。因此,世界各国均通过设立"通知和移除"规则来对网络服务提供者提供一定的免责情形,这项规则被称为避风港原则。根据避风港原则,网络服务提供者首先有接到权利人通知后采取必要措施有效制止侵权行为的义务。网络服务提供者只要采取了必要措施,即可对采取措施前网络用户的侵权行为免除其相应的法律责任,由此获得特定条件下的免责空间。

3.避风港原则中的反通知规则

网络用户接到网络服务提供者转送的有关权利人的通知后,可以向网络服务提供者提交不存在侵权行为的声明。网络服务提供者接到声明后,应当将该声明转送发出通知的权利人,并告知其可以向有关部门投诉或者向人民法院提起诉讼。网络服务提供者在转送声明到达权利人后的合理期限内,未收到权利人已经投诉或者提起诉讼通知的,应当及时终止所采取的措施。

4.红旗规则

避风港原则为网络服务提供者提供了一定的免责空间,然而,当网络用户在网络平台上实施侵权行为的事实非常明显,像一面鲜艳的红旗在网络服务提供者面前公然飘扬时,网络服务提供者不能对该侵权行为视而不见,此时,仍然要追究网络服务提供者的侵权责任,这就是红旗规则。红旗规则体现在我国《民法典》第1197条所规定的"网络服务提供者知道或者应当知道网络用户利用其网络服务侵害他人民事权益,未采取必要措施的,与该网络用户承担连带责任"。

(三)安全保障责任

安全保障责任即违反了安全保障义务的责任,是指负有安全保障义务的民事主体因没有履行该项义务造成他人人身或财产权益损害从而依法应承担的民事责任。此处的"安全保障义务"是指宾馆、商场、银行、车站、机场、体育场馆、娱乐场所等经营场所、公共场所的经营者、管理者或者群众性活动的组织者应依法承担的对进入相关场所或参加相关活动之人的人身、财产安全予以保障的义务。安全保障义务是一种法定的注意义务。安全保障责任与第三人侵权责任有时会产生竞合,即受害人的损害是由于第三人的不法行为所造成,而同时又存在相关场所的经营者、管理者或者相关活动的组织者未尽到安全保障义务的情况,此时由第三人承担侵权责任,由相关经营者、管理者或者组织者承担相应的补充责任。

主要参考文献

1. 郑云瑞:《民法总论》(第9版),北京大学出版社2021年版。
2. 李永军主编:《民法学教程》,中国政法大学出版社2021年版。
3. 刘保玉:《物权法学》(第2版),中国法制出版社2022年版。
4. 王利明:《合同法通则》,北京大学出版社2022年版。
5. 王利明:《人格权法》,中国人民大学出版社2021年版。
6. 张晓远主编:《婚姻家庭继承法学》,四川大学出版社2022年版。
7. 陈苇主编:《婚姻家庭继承法学》,高等教育出版社2022年版。
8. 杨立新:《侵权法》,中国人民大学出版社2021年版。
9. 孟祥沛、孙大伟:《简明民商法学》,上海三联书店2024年版。

第七章 商 法

> **内容概要**
>
> 商法是调整市场经济关系中商事活动的法律规范,是我国法律体系中不可或缺的部门法。商事法律制度的完善程度,直接体现了一个国家市场经济的成熟度与法治化水平。作为市场经济的基本法,商法在规范市场主体行为、维护交易安全、促进市场繁荣等方面发挥着不可替代的作用,是推动经济高质量发展的重要法治保障。
>
> 本章依据我国商事立法,结合商法学的基本框架,共设置十节:第一节是商法概述,内容包括商法的概念、商法的基本原则等;第二节是商法的立法体例和渊源,内容包括民商分立、民商合一、我国的商事立法及其模式选择等;第三节是商主体,内容包括商主体的分类、商法人、商合伙、商个人、商辅助人等;第四节是商行为,内容包括商行为的特征、具体商行为等;第五节是商号,内容包括商号的选用、商号的登记及其效力、商号的转让等;第六节是公司法,内容包括公司的特征、我国公司法中的公司类型、公司的设立、公司资本制度等;第七节是证券法,内容包括证券概述、证券法的基本原则等;第八节是保险法,内容包括保险的分类、保险法的基本原则等;第九节是票据法,内容包括票据的特征、票据的分类等;第十节是破产法,内容包括破产的概念、破产法的基本情况等。

第一节 商法概述

一、商法的概念

商法,也称商事法(commercial law;business law),是规制商事主体或者商事行为的相关法律规范的总称。所谓形式意义上的商法,是在采纳"民商分立"立法模式的国家中,专门制定的以"商法典"为名称的法律规范集合。形式意义上的商法,其内容往往包含商法一般规则、公司、证券、保险、破产、票据、海商等基础性商事法律制度。在此种立法模式下,各种商事单行法,包括公司法、证券法、保险法、票据法等,均被视为商法的特别法。所谓实质意义上的商法,则是在未制定"商法典"的国家中,虽然未以"商法"命名,但以规制商事主体或者商事行为为目的的法律法规的总称。就现代商业社会而言,一国可以没有形式意义上的商法,但必然拥有实质意义上的商法。我国《民法典》采取"民商合一"模式,这也使我国的商法规范主要存在于《公司法》《证券法》《保险法》《票据法》《海商法》《商业银行法》等商事单行法中,上述商事单行法也构成了我国实质意义上的商法体系。商事法律关系特点如下。

(一)平等性

商事法律关系属于私法法律关系,因而与公法法律关系区别开来。私法调整私人之间的关系,包括财产关系和人身关系。商法是私法的一种,但其仅调整财产关系,人身关系不属于商法的调整范围。商法不调整人身关系的原因在于,商事关系是以营利为目的,但人身关系并不具有营利性。财产关系是通过生产、分配、交换和消费过程形成的经济关系,具有平等性、自愿性和有偿性的特征。所谓平等性,即商事主体地位平等,在商事关系中商事主体之间不存在地位高下,因而在当事人之间也不存在支配或者命令关系。所谓自愿性,即商事主体之间所进行的商事活动是建立在自愿基础上,主体依据自身的判断进行决策并实施相关行为,不受其他干预和影响。所谓有偿性,即商事关系的发生须遵循等价有偿原则,各方基于对自身利益的考量进行交易,不能低价或者无偿获取他人的财产和服务。

(二)持续性

在私人交易关系中,交易往往具有营利性特征,但相当一部分交易活动是偶尔发生的,不具有持续性,因而不能被作为商事法律关系加以对待。例如,私人买卖房产的活动,虽然可能带有营利目的,但由于该买卖仍然是以满足居住需求为其主要目的,且并非经常进行,因而不能被认为是一种商事行为。当商事主体以追求利润为目的且持续地进行经营活动并形成相应财产关系,该经营活动则可被认定为商事行为。持续经营性使商事财产关系与非商事财产关系区分开来。

(三)独立性

商法与民法均属私法,这使商法和民法具有某种共同性。但两者之间也存在不同,民法调整一般性财产关系,而商法调整的是持续经营性财产关系,这使商法具有了独立于民事法律关系的性质。市场经济在客观上追求效率,在商事主体的设立、商事行为的开展等方面,均需兼具可操作性和便捷性的法律规范。商法对于商事关系的调整也采取某些特殊的方法和规则,如无因性、外观主义等。以商法中存在的权利分离现象为例,当投资者将资金或其他财产投入公司后,该资金及财产便成为公司财产的一部分,由公司行使所有权。此种制度设计,目的在于促进财产效用的最大化,使公司以所有人身份管理财产进而获得超越于财产使用权的更大激励。

二、商法的基本原则

商法的基本原则,是指贯穿于商法各个组成部分,统辖商法各项具体规范,反映商法精神的基本准则。商法基本原则具有高度的抽象性和概括性,能够成为商法规范的适用基础。对于商法基本原则的内容为何,虽然学理观点存在一定分歧,但无外乎促进交易效率、维护交易公平和保护交易安全三点。

(一)促进交易效率

在商事活动中,商事主体基于自身判断进行交易,通过简便快捷的交易形式,相对较短的交易周期,可以达到降低交易成本、提升商业利润的效果。基于这一目标,商法须确立促进交易效率之基本原则。

1. 交易自由

商法是调整平等主体之间商事关系的法律规范,因而应当尊重当事人的意思自治,确保主体之间进行自由交易。在商法中,交易自由往往体现在两个方面,即合同自由、企业自治。所谓合同自由,是当事人在订立商事合同时,对于合同是否订立、合同内容、形式以及相对人选择方面可以自行决定,除违背公序良俗或者法律强制性规定外,法律尊重当事人的选择。所谓企业自治,是指在企业的设立、自主经营以及自我管理方面享有的充分自主权,也是经济自由主义在商事组织法领域的集中体现。此外,在一些商事交易中,商法也允许当事人自由选择,如在公司法中可以通过公司章程对公司事务进行自主安排,票据法中规定有票据的任意记载事项,保险法领域当事人对保险价值的自由约定等。

2. 交易定型化

在现代商业社会,交易活动反复进行,如果拘泥固定形式,必将拖慢交易过程,增加交易成本,降低社会整体经济效率。为此,简化交易程序,将可以重复的交易方式、交易规则定型化,则有助于提升商事交易效率。交易定型化通常体现在以下三方面:第一,交易形态定型化,即预先对交易形态进行类型化安排,让任何商事主体通过交易均可获得同样的效果。第二,交易客体定型化,具体表现为交易客体的商品化和证券化。当交易的客体是有形物时,对生产制造的产品进行统一规格和标记,使消费者能够容易地识别商品。交易客体的证券化,可以将无形财产或权利通过证券化的方式加以有形化,从而简化转让程序,促进交易进行。公司法领域的股票和公司债券、票据法领域的各种票据、海商法领域的载货证券等,都是权利证券化的典型形式。经过证券化以后的权利得以定型化,方便辨认和交易。第三,交易方式定型化。在商事交易中,一方当事人往往事先拟定一般交易条款,对方只能对此表示同意或者不同意,如保险公司拟定的保单、公用事业企业所拟定的供应水电气热力的合同等,都采取定型化的形式,以方便交易,提升效率。

3. 时效短期化

所谓时效短期化,就是缩短交易行为所产生的请求权的时效期间,进而使行为的效力能够更加迅速地得以确定。短期化的时效制度,能够激励当事人尽快行使权利,加速交易进行,这适应了频繁的商事交往过程对缩短交易进度的需要,避免"躺在权利上睡觉"的状态。以我国为例,《民法典》规定的普通诉讼时效为 3 年,而在《海商法》中,海上货物运输中向承运人要求赔偿的请求权,海上拖船合同请求权、共同海损请求权,其时效仅为 1 年。

(二) 维护交易公平

商事交易以追求利益最大化为最终目的,在商事主体利己性考量下,难免会产生损人利己、为追求利益而不择手段等现象。商法规范的设定,其重要目的之一就是实现商事交易当事人间的利益均衡,从而维护交易公平。

1. 主体地位平等

商事交易中,交易主体法律地位平等,是维护交易公平的前提条件。如果商事主体的法律地位不平等,则商事交易公平难以实现,该原则具体体现于以下三方面:第一,独立的人格。商事主体须具有独立人格,这是确保商事主体法律地位平等的前提条件。商法的重要作用之一,就是赋予商事主体以独立人格,如承认公司的法人地位,承认公司具有区别于股东的独立人格,因而以公司财产对外承担责任,股东仅需承担有限责任,确保公司可以基于自身的利益开展经营活动,不受股东和其他利益相关者影响。第二,商事主体地位平等。商事主体在交易中地位平等,意味着无论商事主体的经济实力、所有权性质或者所属国家有何不同,其法律地位均应平等。商事交易中一方不得将自己的意志强加于另一方,或者对另一方实施操控或施加不当影响。第三,合法权益平等保护。商事主体的合法权益受平等保护,这意味着商事主体在获得司法救济方面的权利是平等的,无论商事主体之间的财力、主体性质以及国籍等方面是否存在差异,均享有获得法律救济的权利,不得因商事主体身份不同而区别对待。

2. 诚实信用

商事主体在进行商业活动时,应当以善意的方式进行,不应实施欺诈或者其他有悖诚信的行为。诚信原则乃现代民法之"帝王条款",其对商法的影响同样不可忽视。以保险法为例,保险合同即为最大诚信(utmost good faith)合同,《保险法》第5条明确规定,保险活动当事人行使权利、履行义务应当遵循诚实信用原则;在信托法中,诚信原则体现为受托人的受信义务(fiduciary duties),包括处理信托事务的义务、忠诚义务、善良管理人义务、亲自处理信托事务义务、分别管理信托财产义务等。

3. 情势变更

情势变更原则的正式确立是在"一战"后,"经济危机"导致了物价上涨和货币贬值。在这种情况下,法院面对众多无法依照现行法律或者先例加以审判的案件,开始逐步采纳情势变更理论,其本质是赋予法院对合同关系加以干预的"公平裁量权",从而平衡当事人之间的利益冲突,使法律能够适应社会经济形势变化的需要。在理论层面,情势变更原则的新进展体现在,为合同当事人设定"再交涉义务",即赋予合同当事人在缔结合同后重新商议合同内容的义务。我国在原《合同法》中,并未确立"情势变更"规则。在最高人民法院发布的《合同法司法解释(二)》第26条,开始加以规定。《民法典》将这一规则正式纳入合同编,即第533条。由于我国奉行"民商合一"立法模式,因而该规定同样适用商事合同领域。

(三)保护交易安全

商事交易具有频率高、交易标的大、交易程序复杂等特征,这使商事交易具有较大的不确定性,继而加大交易风险。商事法律制度的目的之一,就是要确保商事交易安全,通过一系列交易规则和制度的建立,防范、减少和化解风险,增强商事主体对于交易安全的信心。为保障交易安全,商事法律制度在以下几方面进行了制度构建。

1. 强制主义

所谓强制主义,即通过法律手段对商事组织和商事交易进行规制,是商法公法化的重要体现。

(1)商事主体法定

第一,主体设立法定。由于商事主体及其行为与经济社会发展具有重要关联,因而各国商法均从各个层面、多个角度对商事主体进行较为严格的控制。在市场准入方面,则体现为三个方面:一是类型法定。对于商事主体的类型,商法进行了明确规定,投资者只能按照法律规定的类型设立商事主体,而不能依据自身的意愿创设法律没有规定的商事主体类型。在我国,商事立法对于公司的形式只规定了有限责任公司和股份有限公司两类,这就意味着,我国设立公司只能采取这两种形式;而比较法上的无限公司、两合公司等形式,则不在我国法定公司类型之列,投资者也不能采用这两种形式设立公司。二是设立标准法定。商法对商事主体的设立标准有明确规定,在符合相应标准的情况下,才能够设立商事主体。以设立有限责任公司为例,应当有符合法律规定的股东,在公司法领域,有限责任公司应由1个以上50个以下股东出资设立。三是设定程序法定。通常地,商法对商事主体的设立程序作出规定,而投资者则需要遵守相应的程序性规定,否则无法设立商事主体。

第二,主体内容法定。商事主体的内容,包括其财产关系、组织关系等内容,这些内容由法律明确规定,当事人不能基于自身意思在法律规定以外创设不同的财产和组织关系。

(2)商事行为法定

第一,商事行为内容法定。现代商法较多地通过公法性规范直接对商事行为内容加以调整,例如对不正当竞争行为的禁止、对商业垄断的限制等。

第二,商事行为形式法定。商法也采用强制性规定的形式对商事活动加以调整。如公司法中关于公司章程必须记载事项的规定,票据法上关于票据绝对记载事项的规定,海商法上关于海上货物运输合同及载货证券的规定等。

2. 公示主义

所谓公示主义,是指当事人在商事交易活动中,对于涉及交易利害关系人的营业上事实,经登记或公告才能发生法律效力。公示主义可以增加市场的透明度,从而确保交易当事人或者利害关系人获得准确信息。以商事登记为例,通过商事登记,当事人能够了解相对方的经营情况、资信情况等,此类登记包括企业创设、变更、合并、减资、解散等事项。

3. 外观主义

所谓外观主义,即以交易当事人的行为外观为依据认定该行为的法律效果。基于外观主义,在交易当事人真实意思与表示意思不一致的情况下,应当以表示意思为准。外观主义确立的主要目的,就是赋予行为以外观上的优越性,并使依赖该外观而进行交易的当事人利益得到维护,从而在全社会层面将交易安全置于优先地位。德、日等大陆法系国家使用"外观主义"概念,在英美法系国家则以禁反言(estoppel by representation)替代之。以票据法为例,基于票据的文义性,票据上记载的内容与真实的交易关系存在不一致的情况下,应当严格按照票据上记载的文义确定票据权利义务的内容。

4. 严格责任主义

严格责任主义使交易当事人承担较为严格的责任,是商法在立法上的一种政策考量,并与作为归责原则的"严格责任"区分开来。商事活动具有较强的社会性,因商事交易而产生的后果可能会影响交易安全,因而有必要对部分商事主体及其负责人的行为采取较为严格的责任。以公司法为例,发起人须对设立中公司的债务承担无限连带责任;公司负责人在执行业务过程中,如违反法律、行政法规或者公司章程,造成他人损害的,在公司承担责任后,可依法追究负责人的责任。

第二节 商法的立法体例和渊源

一、民商分立

商业活动的目的是营利,而商事交易则以效率、安全、等价有偿等为其内在追求。在中世纪,随着商业活动尤其是跨国商业活动的不断增加,在地中海沿岸出现了商事习惯和商人法庭,商法作为商人团体的法律逐渐发展起来。此时,商法即商人团体的自治法,其天然地与商人阶层联系在一起。到了近代,商人主体的独立地位已不复存在,但商事活动所具有的区别于民事活动的特殊性则依然存在:就商主体而言,各种商事企业被纳入进来,这使商法具有了公共性特征;就商行为而言,其在具有营利性特征的同时还具有营业性,这也与民事活动显著地区分开来。目前,世界上采纳民商分立体系的国家包括法国、德国、比利时、西班牙、日本、韩国等。在采取民商分立模式的国家,商法作为民法特别法而存在,民法调整平等主体间的财产关系和人身关系,而商法则仅调整财产关系之下的商事关系。

二、民商合一

近代以来,随着商品经济的发展,商人群体的独立性受到冲击,民事主体的普遍商化使商事主体的范围不断扩大。商人特权逐步消失,商人阶层逐步消解,使商法独立于民法的地位受到质疑。此外,随着商事活动中商事关系变得日益复杂化和多样化,商法典独立存在的基础受到破坏,制定单行商事法规的需求越来越强。从法律规范的性质看,民法和商法均为私法规范,也都调整平等主体之间权利义务,民法的基本原则同样适用于商法领域,如意思自治、诚实信用等。世界上第一次尝试采用民商合一模式的是瑞士,瑞士于1881年制定了"债务法",并在1907年制定其民法典时将债务法纳入作为第五编,从而确立了民商合一的立法模式。此后,土耳其、意大利、挪威、丹麦等国先后采纳此种模式。

三、我国的商事立法及其模式选择

我国历史上并不存在现代意义上的商法,真正的商法规范制定开始于清末。1903年,清廷派载振、伍廷芳、袁世凯等官员编定商律,并于1904年公布《公司律》《商人通例》,1906年公布《破产律》,1909年编制《大清商律草案》。但清朝于1911年灭亡,使上述立法大多未能颁行。

民国初年,政府在《大清商律草案》的基础上,于1914年制定并颁布了《中华民国商律》,并采纳民商分立的立法体例。随后,又颁布了《公司条例》和《商人通例》。此后,国民政府一改之前民商分立的立法体例,改采民商合一的立法体例,并于1929年制定了包含商法章节的《中华民国民法典》。这部法典将旧商法总则、商人、经理人、代办商、商事行为、交互计算、行纪、仓库等制度纳入债编,而一些不能纳入的部分,则以单行法形式加以规定。1929年以后,国民政府又相继制定了《票据法》《公司法》《海商法》《保险法》《商事登记法》等,由此构成了民国时期民商合一与单行商法补充的立法模式。

新中国成立后较长一段时间,由于施行计划经济体制,对商法规范的需求较少,因而一直未能确立商法规范体系。改革开放以后,基于市场经济建设的需要,我国开始制定并颁布一系列商事单行法,其中包括《破产法(试行)》(1986年,已失效)、《海商法》(1992年)、《公司法》(1993年,已被修订)、《票据法》(1995年,已被修正)、《保险法》(1995年,已被修正)、《担保法》(1995年,已失效)、《合伙企业法》(1997年,已被修订)。这些商事单行法,在我国市场经济的发展和完善过程中,发挥了重要作用。我国《民法典》于2020年5月28日颁布,法典采纳民商合一模式,将有关商法的一般性规定纳入民法典之中,并将商事单行法作为调整商事活动各个具体领域的规范基础。

第三节 商 主 体

一、商主体的概念

商主体,是指能够以自己的名义实施商行为并独立享有权利且承担义务的人。首先,商主体是可以独立享有民事权利并承担民事义务的人。其次,商主体是能够实施商行为的人,这就意味着商主体应当依法取得商人资格,其所实施的商行为具有营利性,并以实施特定的商行为作为经常性的营业内容。最后,商主体是以自己名义实施特定商行为的人。

二、商主体的分类

（一）商法人、商合伙和商个人

这一分类是依照商主体的组织结构形态和特征所做的分类。第一,商法人,是指按照法定构成要件和程序所设立的,具有相应的法人资格,能够参与商事活动,并能够独立享有权利和承担义务的组织。第二,商合伙,是指两个或者两个以上合伙人,依照法律以及合伙协议的规定,共同出资、共同经营、共担风险、共享收益的商事组织。就商合伙而言,合伙人对合伙经营产生的债务承担无限连带责任。第三,商个人,是指通过法定程序取得商主体资格,能够独立从事商行为,依法享有法律权利并承担义务的自然人或者个体企业。

（二）法定商人、注册商人与任意商人

这一分类是依据法律授权或者法律设定的要件、程序和方式所作的分类。第一,法定商人是指以法律规定的特定商行为为营业内容而无须履行商事注册登记手续的商人。法定商人因其实施特定的商行为而自动取得商人资格,但不排除其具有进行非商事登记意义上的登记义务。第二,注册商人是指经过一般商事登记程序设立的商人。商事登记对于注册商人而言,具有创设商主体的效力。第三,任意商人是指依据种类和范围要求以商人方式进行经营,由其自主决定是否登记注册的商人。

三、商法人

现代商业社会中,商法人是最为重要和普遍的商事主体。商法人制度在我国的确立,实际上是在现代企业制度建立后。我国《民法通则》（已失效）第三章将法人区分为企业法人与机关、事业单位和社会团体法人。《民法典》第三章则将法人区分为营利法人、非营利法人和特别法人。其中,营利法人属于商法人,非营利法人则不是商法人。而在特别法人中,除农村集体经济组织法人属商法人外,包括机关法人、城镇农村合作经济组织法人以及基层群众性自治性组织法人在内的其他类型均不属商法人。在此基础上,可以基于组织形态、所有制性质等因素对商法人加以分类。

（一）公司型商法人与非公司型商法人

依据组织形态的不同,可以将商法人划分为公司型商法人与非公司型商法人。公司型商法人,是依据公司法或者商事特别法设立的、以营利为目的的社团性法人。依照公司法设立属于普通商业公司,而依照特别法设立的则属于特殊公司,例如商业银行、保险公司等。非公司型商法人,是指依据特别法设立的、未采取公司形式的企业法人,如非公司型国有企业、集体企业。

(二)全民所有制企业法人、集体所有制企业法人、私人企业法人、股份制企业法人

依据所有制性质的不同,可以将商法人划分为全民所有制企业法人、集体所有制企业法人、私人企业法人、股份制企业法人。全民所有制企业法人,是指由国家投资设立的企业法人,企业所有权属于国家,而企业对其财产仅享有经营管理权。集体所有制企业法人,是指由集体投资设立的企业法人,集体作为企业的投资人并享有企业的所有权,企业对其财产仅享有经营管理权。私人企业法人,是指由私人投资设立的企业,由企业享有财产所有权,投资者仅享有股权。股份制企业法人,是指投资者依照公司法规定而设立的企业法人,也可能是经过股份制改造而形成的企业法人。对于股份制企业法人,投资者可能有多种类型,国家资本、私人资本均可。股份制企业法人的投资者仅享有股权,其财产属公司所有并由公司进行经营管理。

四、商合伙

(一)商合伙的概念和特征

商合伙,是指两个或两个以上合伙人,基于法律规定和合伙协议共同出资、共同经营、共享收益、共担风险的商事组织。对合伙经营所产生的债务,合伙人承担无限连带责任。商合伙具有如下特征:

1. 合伙不具有法人资格。全体合伙人应当对合伙债务承担无限连带责任,在合伙资产不足以清偿合伙债务时,债权人可以要求任一合伙人清偿全部债务;在合伙关系内部,合伙债务由合伙人按照出资比例或协议约定以各自所有的财产承担责任。但是在有限合伙中,普通合伙人对合伙企业债务承担无限连带责任,有限合伙人则以其所认缴的出资额为限承担责任。

2. 合伙是独立的商事主体。合伙不具有法人资格,但合伙与商自然人存在明显不同。首先,合伙具有独立意思,这种意思是全体合伙人在遵守一定规则和程序下作出的。其次,合伙具有自己的事务执行机关。合伙人可以委托专门的合伙事务执行人,执行人对内执行合伙事务,对外代表合伙企业进行商事活动。最后,合伙财产也具有一定的独立性。合伙财产最终属于合伙人所有,但在合伙存续期间,基于合伙人出资和经营收益会形成具有一定独立性的合伙财产,合伙财产由合伙人共同管理和使用。除非合伙企业进行清算,否则合伙人不得请求分割。

(二)商合伙的分类

就合伙的种类而言,可以分为普通合伙、隐名合伙、有限合伙三类。其中,《民法典》的第27章规定的合伙属于普通合伙,而《合伙企业法》规定的合伙企业则包括普通合伙和有限合伙两类。

1. 普通合伙

普通合伙,是指合伙人共同出资、共同管理,并由全体合伙人承担无限连带责任的合伙。就普通合伙而言,全体合伙人是全部出名的,也就意味着,全体合伙人及其合伙关系是对社会公开的,并为公众知晓。而在财产不足以清偿全部债务时,合伙人应当以自己的财产承担无限连带责任,各合伙人承担债务超出自己应当承担份额的,可以向其他合伙人追偿。

2. 隐名合伙

隐名合伙,是指一部分合伙人作为显名合伙人,出名地参与合伙事务,另一部分合伙人则

作为匿名合伙人,不出名参与合伙事务。此种合伙类型目前并未得到我国法律的承认,但在德国、法国等国家则存在有关隐名合伙的法律规范。

3. 有限合伙

有限合伙,是指一部分合伙人承担无限责任,另一部分合伙人承担有限责任的合伙类型。我国《合伙企业法》规定了有限合伙制度。与普通合伙相比较,有限合伙制度更具资本优势,因而为合伙融资提供了便利。与此同时,有限合伙中的普通合伙人对合伙债务承担无限或无限连带责任,因此,相比于公司,有限合伙具有信用方面的比较优势。

五、商个人

所谓商个人,是指基于法律的规定取得商主体资格的自然人或个体企业,其可依法享有法律上的权利和承担法律上的义务,商个人的创设者须以其全部财产为商个人债务承担连带责任。商个人在法律上具有以下特点:第一,商个人在个人属性方面与自然人之间存在密切联系,自然人的名称、个人属性等对商个人存在重要影响,如果自然人的名称发生变化,则商个人的名称往往也会发生变化。第二,商个人在财产方面与自然人密切联系,商个人在财产方面不具有独立责任能力,因此创设商个人的自然人或者家庭应当以其全部财产为商个人的债务承担连带责任。在我国,商个人主要包括三种类型,即个体工商户,农村承包经营户和个人独资企业。

(一)个体工商户

根据《民法典》第54条的规定,自然人从事工商业登记,经依法登记,为个体工商户,个体工商户可以起字号。个体工商户可以由个人经营,也可以由家庭经营。个体工商户可以在法律允许的范围内,经营工业、手工业、建筑业、交通运输业、服务业、修理业及其他行业。根据《民法典》第56条第1款的规定,个体工商户的债务,个人经营的,以个人财产承担;家庭经营的,以家庭财产承担;无法区分的,以家庭财产承担。个体工商户可以起字号,意味着个体工商户对外以户的名义独立进行商事活动,个体工商户以在工商行政管理机关登记注册的名义进行民事活动,以此取得权利或承担义务。

(二)农村承包经营户

根据《民法典》第55条的规定,农村集体经济组织的成员,依法取得农村土地承包经营权,从事家庭承包经营的,为农村承包经营户。据此,农村承包经营户无须办理工商登记。农村承包经营户所进行的生产活动包括两类:一类属于非以营利为目的的维持基本生活需求的行为,对此不宜认定为经营行为;另一类,当农村承包经营户进行生产经营时,其不是为了满足家庭需求,而是以商品交换为目的,此时应属商主体。根据《民法典》第56条第2款的规定,农村承包经营户的债务,以从事农村土地承包经营的农户财产承担;事实上由农户部分成员经营的,以该部分成员的财产承担。

(三)个人独资企业

所谓个人独资企业,是指依法在中国境内设立,由一个自然人投资,财产为投资人个人所有,投资人以其个人财产对企业债务承担无限责任的经营实体。个人独资企业是由一人出资组织设立,因而不同于合伙企业和公司。个人独资企业虽然可以聘任管理人员,但管理人员的权限源自委托和授权,实质是由业主享有决定企业一切事项的权利。个人独资企业不具有独立的法人人格,其只能以投资人的人格为其人格,而不是以个人独资企业本身的人格和身份进行商事活动。与此同时,个人独资企业可以设置单独的商业账簿,该账簿的作用是使业主或相关主体了解企业的经营和财务状况。最终,个人独资企业是由投资者个人承担营业的一切后果,无论盈利或是亏损,均由投资者自己负责,即由投资者承担无限责任。

六、商辅助人

商辅助人,是指辅助他人从事商事经营活动的人,基于商事辅助人与被辅助者之间的关系不同,可以将其区分为独立辅助人与非独立辅助人两种。独立的商辅助人从事的仍然是经营性行为,但却与直接从事经营活动的商主体在经营方式、权利能力以及责任能力等方面存在显著差异,因而有必要单独确立其主体地位。非独立的商辅助人是指在商事交易中受到商主体的委任或支配,辅助商主体开展经营活动的人。由此,非独立的商辅助人并非商主体,其在经营活动中以商主体的名义实施法律行为,由商主体承担该法律行为的法律后果。

(一)代理商

代理商是受其他主体的委托,在代理权限范围内,以被代理人的名义从事商行为的主体。商事代理人的活动能够为其他商事主体的经营提供诸多便利,这使商事代理制度成为经济活动中重要的组成部分。代理商事经营的主体,其所进行的代理行为是基于被代理人的委托而进行的,代理行为产生的法律后果由被代理人承担。

(二)行纪商

行纪商是指以自己的名义为委托人进行贸易活动,由委托人支付报酬的商事主体。行纪人与第三人订立合同的,行纪人对该合同直接享有权利、承担义务。第三人不履行义务,致使委托人受到损害的,行纪人应当承担赔偿责任。由此,当行纪人按照约定买入委托物时,委托人应当及时受领,经行纪人催告后,委托人无正当理由拒绝受领的,行纪人依法可以提存委托物;委托物不能卖出或者委托人撤回出卖的,经行纪人催告后,委托人不取回或者不处分该物的,行纪人依法可以提存委托物。

(三)居间商

居间商是指向委托人报告订立合同机会或提供订立合同媒介,以此接受报酬的商事主体。居间商是完全商人,其活动完全是基于自身名义开展的,因而与雇佣关系或者代理存在本质不同。

(四)商业银行

商业银行是指依法设立的吸收公众存款、发放贷款、办理结算等业务的企业法人。商业银行以安全性、流动性、效益性为经营原则,依法独立开展业务,并以其全部法人财产独立承担民事责任。商业银行在经营中,遵循自主经营、自担风险、自负盈亏、自我约束的原则。

第四节 商 行 为

一、商行为的概念和特征

商行为是由商事主体所实施,基于特定意思表示以达到预期法律效果的行为。商行为在本质上属法律行为的一种,其目的是实现商事法律关系的设立、变更和终止。商行为概念主要为大陆法系国家所使用,在不同国家,由于商事立法原则不同,商行为概念本身也呈现出不同模式。法国商法采用商行为主义,商行为意指任何主体所从事的营利行为;德国商法则采商主体主义,商行为是指商主体所从事的营利行为。在我国,并不存在商法典或者与之类似的制定法,因而对商行为并没有法律规定。

商行为作为法律行为的下位概念,具有以下特征:

1. 商行为以营利为目的。商行为在本质上具有营利性,即实现利润的最大化。此种以营利为目的,是以行为自身的性质为衡量标准,至于最终是否营利则在所不问。营利性是区分商行为与非商行为的主要标准。由于营利目的是行为人的内心意思,因而只有通过外在的表现才能加以识别,具有一定的复杂性。为简便地辨别商行为,许多国家的法律明确规定,只要是商主体实施的行为,就可以推定其以营利为目的。

2. 商行为具有营业性特征。所谓营业性,是指行为主体以营利为目的持续开展商业活动,即进行职业性的营利行为。与此相对,虽然主体实施的行为以营利为目的,但仅是偶尔为之且非在特定时段内进行的行为,不属于营业。一定程度上,由于营业性活动已被纳入公权力监管范畴,因而往往须进行商业登记,实施商业登记的行为即可推定为商行为。当然,这种推定并非确定。一方面,并不是所有的商主体均须登记,另一方面,主体所实施的商行为也未必均须进行登记。

3. 商行为是具体特定形态的商业活动。商行为是以商事交易为内容的法律行为,其行为具有特定形态,表现为:其一,技术性,商事交易往往有较高的技术门槛,尤其是在票据、保险、海商等领域,相关从业人员需要具备相应的技术水准,其商事活动也需遵守相应的规范;其二,效率性,商行为具有简便、快捷的特征,其目的是实现交易的规模化和快速化,因而商行为往往采取定型化行为模式,并配合以相对于民事活动而言更短的诉讼时效;其三,安全性,由于商行为具有规模化、资金量大以及交易主体广泛的特征,因而确保商行为有序进行具有重要意义,为此,商行为往往采取外观主义,以维护商事交易安全。

二、具体商行为

具体商行为分为商事合同、商事代理、商事行纪、商事居间、商业银行业务、期货交易、证券交易、商事信托等。

(一)商事合同

商事合同是商事主体相互间或者商事主体与非商事主体间以商事交易为目的进行的交易行为。在商事买卖过程中,交易关系大多是通过商事合同完成的。我国的商事合同立法采取民商合一体例,《民法典》将民事合同与商事合同统一规定于"合同编"之中。其中具有商事性质的合同包括买卖合同、供应水电气热力合同、借款合同、租赁合同、融资租赁合同、保理合同、承揽合同、建设工程合同、运输合同、技术合同、保管合同、仓储合同、委托合同、物业服务合同、行纪合同、中介合同等有名合同。当然,民商合一并不意味着商事合同为民事合同所取代,但在大多数情况下,各具体的有名合同仍然反映商事活动的基本特征。

(二)商事代理

商事代理属于基本商行为。商事代理是在商事交易中,代理人在代理权限内,以被代理人名义进行相关活动,其结果由被代理人承担。代理制度为企业的贸易活动提供了便利:首先,企业可以借助代理商的专业知识、商业渠道、运营队伍等资源开展广泛经营;其次,企业可以节省营业成本,不必支付营业场所费用,也无须向特定人员提供职业和社会保障,而只需向代理商支付佣金。在大陆法系国家,代理往往区分为民事代理和商事代理,商事代理是以民事代理制度为基础的,只是在主体、客体和内容方面存在着某种程度的不同。而在英美法系国家,由于不存在民法和商法之间的区分,商事代理往往是通过单独的商事代理法加以调整的。在我国,立法未严格区分民事代理和商事代理。《民法典》第七章对代理作出了规定,基于民商合一立法模式,商事代理也可以直接适用《民法典》相关规定。

(三) 商事行纪

所谓商事行纪,是商事主体以自己的名义为委托人从事经营活动,以此为职业性经营并获得报酬的行为。行纪制度是一种重要的商业活动:第一,委托人可以不显示自己的姓名和名称与他人进行交易,使得委托人能够在保守一定商业秘密的情况下开展经营活动;第二,委托人可以利用行纪商的资产和信用为自身服务,行纪商所具有的市场渠道以及专业知识也可以为委托人的市场拓展提供便利,从而极大地促进商业活动;第三,行纪人以自己的名义与第三人开展交易,这使得行纪商能够以为自己事务负责的方式进行商业活动,从而在经营过程中更好地识别商业机会,灵活采取应对策略,获得更大的经济效果。

(四) 商事居间

商事居间,是指为委托人与第三人订立合同提供缔约机会或者媒介服务,并从委托人处获取一定报酬的商事行为。居间业务根据居间商所受委托内容不同,可以区分为指示居间和媒介居间。指示居间,是指居间商为委托人提供订立合同机会的居间;媒介居间,则是居间商为委托人订立合同提供订约媒介的居间。商事居间活动具有如下特点:第一,商事居间活动的目的是促成委托人与第三人订立合同,居间商以居间活动为其职业,居间活动的领域则包括商品、有价证券的买卖、保险合同、不动产交易、货物运输等。第二,居间商在商事活动中不介入委托人与第三人的交易关系,而是居于中介人地位。居间商以促成合同订立为其任务,但订立合同则是委托人与第三人进行的,与居间商无关,居间商以提供服务并获取报酬为目的,至于合同最终是否订立,则与其没有直接关系。与代理类似,商事居间也以民事居间法律关系为基础,但由于商事居间所具有的营利性特征,使其在行为构成、行为有效性以及行为后果方面都具有区别于民事居间的特殊性。

(五) 商业银行业务

商业银行业务,包括负债业务、资产业务和中介业务三个组成部分。所谓负债业务,是指商业银行通过持有自有资本和吸引外来资金进行的筹集资金来源的业务;所谓资产业务,是指商业银行运用资金以获取利润的业务,包括贷款业务、投资业务和其他资产业务;所谓中介业务,是指不动用自身资金而以获取手续费为目的进行的各项业务,包括结算业务、代收款项、代理买卖等。在我国,商业银行业务包括吸收公众存款、发放贷款、办理结算等。而具体的业务类型,则规定于《商业银行法》第3条,包括吸收公众存款,发放短期、中期和长期贷款,办理国内外结算,办理票据贴现,发行金融债券,代理发行、代理兑付、承销政府债券,买卖政府债券,从事同业拆借,买卖、代理买卖外汇,提供信用证服务及担保,代理收付款项及代理保险业务,提供保管箱服务,经中国人民银行批准的其他业务。在某种意义上,商业银行业务不仅仅是一种商行为,其往往会对经济活动、公共利益乃至社会生活产生广泛的影响,因而法律对商业银行业务也会进行一定的监管,这也使调整此种商行为的规范具有一定公法性质。

(六)期货交易

期货交易,又称期货买卖,是期货交易双方按照期货交易所规定,在交易所内预先签订有关商品、金融商品或期货交易选择权合同,货款支付和货物交割则约定远期进行的一种商行为。期货交易是在现货交易的基础上发展出来的一种更为复杂的商业交易形式,且具有一定的投机性。期货交易通常具有以下特征:第一,期货交易必须在交易所内进行,禁止不通过期货交易所进行的场外期货交易。第二,期货交易当事人不能直接进行交易,交易各方必须委托期货经纪公司与对方进行买卖、结算和交割等相关事宜。第三,期货交易的标的物通常不是商品,而是标准化合约。期货交易在本质上,是通过标准化期货合同买卖,将与实物相关的价格涨跌风险加以转移,从而实现套期保值或者赚取差价的目的。

(七)证券交易

证券交易,是指当事人按照法律规定的证券交易规则,对经发行并交付的证券进行买卖的行为。从证券的权利性质看,可以将其区分为物权证券、债权证券和社员权证券。物权证券是指示一定财产权利的证券,如提单、仓单等;债权证券是指示一定债权的证券,如各种票据和债权;社员权证券,则是指示某一组织成员权利的证券,如股票等。法律依照上述证券性质的不同对其进行分类调整:对于物权证券,主要是通过民法或者与之相关的法律(如海商法中关于提单的规定)进行调整;对于债权证券,主要由票据法进行调整;对于成员权证券(也称资本证券),则由专门的证券法加以调整。

(八)商事信托

所谓信托,是委托人基于对受托人的信任,将其财产权委托给受托人,由受托人按委托人的意愿,并以自己的名义,为受益人的利益或者特定目的,进行管理或者处分。信托可以分为民事信托和商事信托。民事信托以安排个人资产转移等为目的,而商事信托则以获取商事利益为目的。现代经济生活中,商事信托在种类、规模和范围方面,都已超过民事信托。常见的商事信托,包括基金信托、贷款信托、公司股东表决权信托、附担保的公司债信托、雇员受益信托等。

第五节 商 号

一、商号的概念

商号,又称商业名称,是商主体在进行商行为时使用的名称。商号在法律上具有如下特征:第一,商号是商主体所使用的名称。商主体作为法律主体,既可以是商自然人、商合伙,同时也可以是商法人,商号专属于商主体,是商主体之间相互区别的重要标志。第二,商号是商主体在进行商行为时使用的名称。商法人的成立就是为了从事商行为,因而自然需要一个商业名称,其在商事活动中使用该名称以表明其身份。而对商自然人、商合伙来说,如果其不是以商人身份从事经营活动,则只能使用其原有的姓名。第三,商号是商主体表明自己身份的名称。商人在营业活动中需要表明自己的身份,只有将自己与其他的主体区分开来,才使其自身具有可辨识性,也才能在经营活动中积累良好的商誉,以促进其营业范围的扩大。

二、商号的选用

在商号的选用上,往往会遵循特定原则,归纳起来包括真实原则和自由原则两种。所谓真实原则,是指商主体在选用商号时应当与经营者的名称、营业内容和资金状况等一致。凡不一致的,则应当禁止其使用,以防止对公众造成某种模糊和混淆,包括德国、法国、瑞士以及拉美在内的许多国家都采用真实原则。所谓自由原则,是指商主体有选择商业名称的自由,其商业名称的选用与主体的姓名、营业种类和营业范围无关,法律不加限制。当然,自由原则也是相对和有限制的,主体在商业名称选用时须遵守相应的禁止性规定。

三、商号的登记及其效力

商号登记,是指商主体按照法律规定,在登记机构办理注册申请,其选定的商号经审查后商主体便获得该商号的专有使用权。对于商号是否需要进行登记,各国的立法存在差异。在英美法系国家,非公司的商号无强制要求进行登记,通过使用即获得认可。而在多数大陆法系国家,则采用强制登记制度,商号被认为是商业信用的标志,对其进行登记可以防止他人滥用,同时也可以借公示来维护交易秩序和安全。在我国,《企业名称登记管理规定》第4条规定:"企业只能登记一个企业名称,企业名称受法律保护"。可见,我国对商号采取强制登记的态度,并由县级以上人民政府市场监督管理部门负责商号登记管理。

根据登记原因和目的的不同,商号登记可以区分为以下类型:

1. 商号创设登记。商主体在创立时进行的登记,经过登记后,商号成为商主体的名称,商主体可以在商事经营活动中加以使用,产生对外效力。

2. 商号变更登记。商主体在经营存续期间,变更原登记商号的一部分或者全部,应向登记机关办理变更登记,否则便无法对抗善意第三人。

3. 商号转让登记。商号的转让,可以与营业一起转让,或者在营业终止的情况下单独转让。商号的转让只有在登记机关办理转让登记后才生效,否则不得对抗善意第三人。

4. 商号废止登记。商主体终止营业须废止商号,此时应向登记机关办理登记。非经登记,商号的废止不得对抗善意第三人。

5. 商号撤销登记。法定事由发生的情况下,主管机关依职权撤销商主体的营业登记,在这种情况下,商号所依附的载体已不存在,因而应一并撤销,并依法登记。

6. 商号继承登记。在业主死亡的情形下,由其继承人依法继承其营业,此时应依继承事由办理登记。

经过登记,商主体即取得了对商号的专有使用权,并产生如下效力:第一,宣示效力,商号经登记后,其作为商主体的一项重要营业内容,已通过登记程序具有正式声明意义,该登记构成对社会交易中不特定第三人的通知;第二,排他效力,商号经登记后,便具有了在一定区域内排斥他人登记或使用同一商业名称的效力;第三,救济效力,当他人在进行相同的营业时非法使用已经登记的商号或者与之类似的商号,可能侵犯特定商主体的权利,被侵害的商主体有权请求停止侵权行为,并主张损害赔偿。

四、商号的转让

商号具有财产权性质,权利人可以依照意愿,对商号加以转让。各国立法均肯定商号转让的合法性,对于商号转让,则存在两种不同的模式:一种是不可单独转让模式,即商号应当同营业一起转让,而不能同营业相分离,除非发生营业终止的情况,现实中,德国、瑞士、意大利、日本等采取此种立法模式;另一种是可单独转让模式,即商号可以脱离于营业而单独转让,在这种模式下,商主体可以仅转让商号而不转让营业,也能够使多处营业同时使用一个商号,法国采用此种立法模式。

第六节 公 司 法

一、公司的概念

公司是社会经济活动中最重要的主体,是股东依照法律规定、通过出资设立的企业法人,公司以其全部独立法人财产对公司债务承担责任。在不同国家,公司定义存在差异。大陆法系国家的公司立法通常会明确规定公司定义,具体可分为以下三种情形:第一,以法国、日本和韩国为代表,在公司法或商法中对公司做统一定义;第二,以瑞士和意大利为代表,未对公司做统一定义,而采用对各类公司分别定义模式;第三,以德国和葡萄牙为代表,并未对公司进行统一的定义,同时也未对各类公司进行分别定义,而是通过相关法律规定各类公司的性质和设立目的。就英美法系国家而言,由于缺少对法律概念进行严格界定的传统,所以对于公司的概念亦缺少明确的定义。一般地,英国的公司称为"Company",而美国的公司则称作"Corporation"。

二、公司的特征

(一)公司具有营利性

所谓营利性,也就是企业性,即通过经营获取利润。公司是由投资者组成的,投资者进行投资的目的,自然是为了获得投资收益。公司的营利性并不仅指自身的营利,还包括向其成员分配利润。公司从事营利活动所获得的利益,完全是为了向其成员分配利益,这也是营利性法人与公益性法人的区别所在。某些公益性社团法人也进行相应的经济活动并可以取得特定收益,但由此获得的收益并不分配给其成员,而是为了某种社会公益事业或者实现特定的宗旨。例如,福利救济院为了充实救济金而开办工厂,基金会为了扩大其资助规模而将自身财产用于投资经营等,均非营利性行为。我国《公司法》并未就公司的营利性作出明确规定,但其第3条规定公司是企业法人,而我国法学界普遍认为企业即商事企业,以营利为目的,这就意味着《公司法》间接地承认我国公司具有营利性。

公司的营利性具有以下特征:首先,内容的确定性,公司所进行的营业活动,须事先明确规定,该规定的内容即公司的法定营业范围,公司应当在其营业范围内依法开展各项经营活动,公司的经营范围一旦确定,就不能随意更改;其次,营业须具有稳定性与连续性,公司的营业活动需要连续不断地进行,偶尔进行的营利性行为不构成营业,而各种公司连续经营期限的长短,则可由公司章程作出规定。基于营利性这一公司存在的主要目标,传统公司法形成了股东至上原则,即追求利润最大化以满足股东的利润回报要求。在现在公司理论认同公司应当负有社会责任的情况下,公司还需兼顾营利性以及社会责任,此时营利性便具有更为标志性的意义,并以此将商事公司与承担行政和社会职能的非商事企业以及其他组织区分开来。

(二)公司具有法人性

1. 公司具有独立人格,使其与公司股东区分开来,并具有自身的组织机构。完善的组织机构是公司进行正常经营活动的前提条件,也是基于公司法而确立的、符合公司基本运作要求的组织基础。公司组织机构包括管理机构和业务活动机构。公司的管理机构是进行公司决策、管理公司事务以及代表公司进行业务活动的机构;公司的业务活动机构,则是公司开展日常经营活动的组织和分支,如公司的销售机构、内部科室、会计审计等部门。

2. 公司拥有独立财产。独立的财产,既是公司承担责任的物质保障,也是公司进行业务经营的基本条件。公司的财产主要是通过股东出资形成的。此外,公司的营利以及其他途径获得的收益也是形成公司财产的重要来源。公司的股东在对公司履行出资义务后,就不再对这部分财产享有支配权,而仅享有股权。由此,股东在出资后,如果对相关资产进行占有、使用、收益和处分,则构成对公司财产的侵犯。

3. 公司承担独立财产责任。公司责任是其独立人格的重要表现,公司在参与经济活动、享有广泛权利的同时,也应当承担经营过程中可能出现的风险和责任。公司财产责任的独立性体现在以下三方面:第一,公司责任独立于股东责任。股东在履行了缴纳出资的义务之外,对公司债务不再负责,公司必须以自身拥有的财产清偿债务,即使在资不抵债的情况下,也不能以公司以外的股东财产清偿债务。第二,公司责任独立于管理人员责任。公司的经营活动是由其董事、经理等管理人员进行的,管理人员的过错有可能导致公司经营失败,但不能要求公司管理人员对公司债务承担责任,在公司无力清偿债务的情况下,除非存在特殊的理由,不能将公司的董事、经理等作为连带责任人。第三,公司责任独立于其他公司或者法人组织责任。公司作为经济主体,其在经营活动中自然与其他组织和个人发生经济关系,如母公司与子公司之间的关系,关联公司之间的关系等。虽然存在上述关系,但就民事法律地位而言,公司乃独立法人,其财产责任应独自承担,而不应当为其他主体承担财产责任。

(三)公司具有社团性

公司是一种社团法人,即应当由两个以上股东发起设立,此种由多数人构成的法律性质被称为公司的社团性或联合性。基于传统理论,法人一般分为社团法人和财团法人两大类,前者是以人的集合为成立基础,后者则以财产集合为成立基础。社团法人是以社员的结合为基础形成的法人,其目的要么是谋求全体成员的经济利益,要么是谋求成员的非经济利益。财团法人,则是通过财产的设定使其独立取得权利、承担义务的法人,财团法人成立的目的一般是为了社会公益事业,如慈善、教育、文化等。社团性是公司法人的重要特征,现代公司法基本制度都是基于公司的社团性结构设计的,其重点内容是对公司股东之间的利益冲突加以调整。

作为社团法人,公司是以其成员出资组成,并依照约定或者规定的份额或者比例缴纳出资,进而组成的人的联合体。我国公司法在承认公司社团性的同时,也对例外情况加以规定。一方面,公司的社团性有助于集合多数人资本,有助于规模化经营,所以现代社会的大型企业多数均采用公司形式;另一方面,公司的社团性也有助于公司分散投资风险,公司的股东往往人数众多,没有能力对企业进行管理和控制,因此也仅对企业债务承担有限责任,这种有限责任刺激了投资者的投资积极性。就一般的公司而言,有限责任公司由1个以上50个以下股东共同出资设立,而股份有限公司则由1人以上200人以下作为发起人设立。

三、我国公司法中的公司类型

(一) 有限责任公司

有限责任公司,是指由一定人数的股东所组成,股东以其出资为限对公司债务承担责任,公司则以其全部资产对其债务承担责任的企业法人。与股份有限公司相比较,有限责任公司具有以下特征:第一,股东人数有法定限制。根据我国《公司法》第 42 条,有限责任公司由 1 个以上 50 个以下股东出资设立。但当有限责任公司的股东人数超过 50 人时,是否应当变更公司的形式,我国公司法并未作出明确规定。现实中,为满足《公司法》对股东人数的要求,部分公司将持股的员工股东组成持股会,并将持股会作为有限责任公司的一个股东。第二,公司设立程序与组织机构相对简单。有限责任公司的设立方式比较简单,只能通过发起设立,而无募集设立。公司的资本亦由股东全部认缴。有限公司的机关设置也相对简单,《公司法》第 75 条规定,"规模较小或者股东人数较少的有限责任公司,可以不设董事会,设一名董事,行使本法规定的董事会的职权。该董事可以兼任公司经理。"第三,兼具人合性与资合性。不同于股份有限公司的公开性与非人合性特征,有限责任公司既具有人合性又具有资合性。其人合性特征体现在对于股东人数的限制,有限责任公司不得向社会公开募集股份,股权的转让须获得其他股东的同意,公司的经营项目和财务账目无须向社会公开等;其资合性则体现在股东对公司债务只承担有限责任,公司的设立有最低资本要求,股东只能通过货币、实物、知识产权等法律规定的形式出资。

(二) 股份有限公司

股份有限公司,是指公司的全部资本划分为等额股份,股东根据其所认购的公司股份承担有限责任,而公司以其全部财产对债务承担责任的企业法人。相比于有限责任公司,股份有限公司具有以下特征:第一,股东的广泛性。股份有限公司的股票公开发行,投资者只要认购股票即可成为公司股东,根据我国《公司法》第 92 条的规定,除对股份有限公司的发起人人数上限作出规定外,对于股东人数的上限则没有要求,因而体现出股东的广泛性。第二,出资的股份性。股份有限公司的股份,是构成公司资本的最小单位,将公司全部资本划分为等额股份,有助于股东股权的确定,同时也有助于公司向社会公开募集资本。第三,股份的公开性。股份有限公司采取公开募集的方式获取股本,其股份具有较高的流通性且能够自由转让与交易,股份有限公司的股票通过公开发行和自由流通,促进了公司资本的证券化运行,也催生了资本市场,并反向促进了公司股票的流通。第四,经营状况的公开性。股份有限公司的经营状况,不仅要让股东知晓,还要向社会进行公开,使公众了解公司的经营情况,对于上市股份有限公司而言,这种公开的意义则更为突出。上市公司必须将其重要经营事项向社会全面、及时、准确地进行公告。

股份有限公司具有其他公司形式所不具备的优越性,如有利于集资、分散风险、公开透明、管理科学等,但与此同时,也具有一些不足之处,因而需要采取相应的手段加以规制。一方面,股份有限公司容易为少数股东操纵和控制,由于公司股份数量巨大,股东人数多,大股东只要掌握一定比例的股份,就能控制公司的经营与管理,因而有可能损害众多小股东的利益;另一方面,由于股份有限公司的股东分散且流动性比较强,股东往往对于公司缺乏责任感,一旦公司业绩有所波动,就有可能引发股东抛售股票,造成公司股价下降,进而影响到公司的正常经营,甚至使一些有发展潜力的公司失去继续经营的活力。此外,由于股票可以自由交易,因而易于引发股票市场的投机行为,一些人购买企业的股票,不是为了通过合法持股以及合法的股票交易获取利润,而是希望通过内幕交易等非法手段谋取不正当收益,进而有可能破坏合法、诚信的市场环境。

(三)国有独资公司

国家出资公司,是指国家出资的国有独资公司、国有资本控股公司,包括国家出资的有限责任公司、股份有限公司。国家出资公司,由国务院或者地方人民政府分别代表国家依法履行出资人职责,享有出资人权益。国务院或者地方人民政府可以授权国有资产监督管理机构或者其他部门、机构代表本级人民政府对国家出资公司履行出资人职责。

其中,国有独资公司是我国公司法规定的一种特殊公司形态,是在借鉴各国现代公司制度的基础上,以促进国有企业改革为目的而创设的一种公司形态。国有独资公司的投资主体具有特殊性和单一性,其并非由普通公民或法人发起设立,而是由国务院或者地方人民政府授权本级人民政府国有资产监督管理机构履行出资人职责。本质上,国有独资公司属于有限责任公司,因而具有有限责任公司的一些特征,如独立的法人人格,公司股东承担有限责任,而公司则以全部财产对其债务承担责任等。除此之外,国有独资公司也具有一定的特殊性:第一,股东权行使。国有独资公司不设股东会,由履行出资人职责的机构行使股东会职权。履行出资人职责的机构可以授权公司董事会行使股东会的部分职权,但公司章程的制定和修改,公司的合并、分立、解散、申请破产,增加或者减少注册资本,分配利润,应当由履行出资人职责的机构决定。第二,董事会。国有独资公司的董事会,须依照公司法关于有限责任公司董事会的规定行使职权,此外,还需依照公司法关于国有独资公司的规定行使特定的股东会职权。第三,监事会。国有独资公司在董事会中设置由董事组成的审计委员会行使本法规定的监事会职权的,不设监事会或者监事。

四、公司的设立

公司设立,是指设立人以取得公司法人资格为目的,依据公司法规定而实施的组建公司的一系列法律行为的总称。公司设立具有以下特征:第一,设立主体是发起人。发起人在公司设立过程中具有十分重要的作用,其对内执行公司的设立业务,对外则代表设立中的公司。第二,设立行为发生在公司成立之前。公司法对于公司的设立规定了相应的条件和程序,公司设立行为就是依照相应的条件和程序,取得设立行为所应具有的法律效果。但完成了公司设立行为,并不意味着公司一定能够成立,最终结果也有可能是公司设立失败。第三,公司设立行为的目的是取得相应的主体资格。公司设立的最终目标是成立公司,并取得相应主体资格。在现代法律体系中,公司只有通过完成一系列设立行为才能成立。在公司设立过程中,设立人在此阶段所从事的与公司设立无关的活动,应当由设立人自己承担相应的法律责任。

就我国公司法而言,公司设立方面曾长期实行许可设立主义,但许可设立主义导致行政干预过度,复杂的设立程序降低了经济运转效率,其弊端在市场经济体制机制逐步完善的趋势下日益明显。基于我国自身法律实践,在借鉴比较法经验的基础上,我国公司法对公司设立制度进行了改革。当前,我国公司的设立原则是严格的准则设立与许可设立相结合。在一般情况下,设立公司须符合法律规定,经过办理登记注册手续而登记为有限责任公司或者股份有限公司,此时通常适用严格的准则设立。此外,对于涉及国家安全、公共利益以及关系国计民生等特定领域和特定行业,例如,银行、保险、证券等行业设立公司根据相关法律规定需进行专门审批的,则应当进行审批,此时适用的是许可设立。

我国《公司法》针对有限责任公司和股份有限公司的设立规定了不同条件,具体如下:

1. 符合法定人数。公司属于社团法人,因而法律往往对公司股东的人数作出规定。就有限责任公司而言,根据《公司法》第42条的规定,有限责任公司由1个以上50个以下股东出资设立。就股份有限公司而言,由公司特征所决定,法律无法规定股份有限公司的股东人数,但公司法对公司发起人的数量作出了规定,并对发起人住所进行了限定。根据《公司法》第92条的规定,设立股份有限公司,应当由1人以上200人以下为发起人,其中应当有半数以上的发起人在中华人民共和国境内有住所。

2. 符合规定的公司资本。现行《公司法》对于有限责任公司注册资本的缴纳设定了5年期限。此外,根据法律、法规以及国务院决定,对于特殊公司的注册资本最低限额等如另有规定,还需遵守相应规定。对于股份有限公司而言,《公司法》第98条第1款规定,"发起人应当在公司成立前按照其认购的股份全额缴纳股款"。这意味着,现行《公司法》对于股份有限公司采用实缴资本制。

3. 制定公司章程。设立公司应当依法制定公司章程,公司章程对公司、股东、董事、监事、高级管理人员具有约束力。实践中,公司章程通常是由包括律师在内的第三人起草,并由股东共同决议通过。而对于股份有限公司来说,由于股东人数众多,尤其是对于股票公开交易的上市公司而言,其股权具有开放性、流动性,因而公司法对此类公司章程有不同的规定:对于发起设立的股份有限公司,由发起人制定公司章程并共同通过;而在募集设立情形下,则需要由发起人制定章程,并经创立大会通过,后加入股份有限公司的股东则视为接受已通过公司章程的约束。

4. 有公司名称及符合要求的组织机构。公司名称是其在进行营业活动时使用的以表明自身身份的名称。此外,公司也须建立相应的组织机构,组织机构的建立应符合法律的规定。有限责任公司应当设立股东会、董事会和监事会,但结合我国《公司法》相关规定,股东人数较少或者规模较小的有限责任公司,也可以不设董事会或者监事会,只需设立1名执行董事或者1名监事,国有独资公司则不设股东会。

5. 有公司住所。公司住所是设立公司的必备条件之一。根据我国《公司法》第8条的规定,公司以其主要办事机构所在地为住所。

五、公司资本制度

(一)公司资本原则

由于各国的公司法所采用的资本制度不同,各国的资本原则也存在差异。但是,基于公司法所具有的基本目标和规范的相似定位,经过长期发展的公司法仍然形成了为各国所认可与采纳的资本原则。此即公司"资本三原则":资本确定原则、资本维持原则与资本不变原则。

1. 资本确定原则

基于该原则,公司必须在其章程中对公司资本总额作出明确规定,且须全部认缴,此后公司才能够成立;而在公司成立后,如果需要发行股份,则要履行增资程序,经股东会决议并修改公司章程后才能完成。资本确定原则为大陆法系国家所采用,后大陆法系国家多数采折中资本制,但这种资本制仍保留了资本确定原则的基本精神和要求。此外,在实行授权资本制的国家,通常也要求公司章程对资本额加以明确规定,这也是资本确定原则的基本要求。就目的而言,资本确定原则是为了保证公司设立时资本的真实可靠,也确保公司具有稳健的财产基础及财务结构,进而确保交易秩序与交易安全。但该原则亦有其不足之处,即不够灵活,当公司的资本数额较大时,资本不易较快认足会限制公司的设立,而当公司资本数额较少时,又会在其后增加资本时遇到法律程序烦琐带来的障碍。此外,在公司初成立或者业务较少的情况下,缴足资本可能造成资金的闲置和浪费,不利于经济效率的提升。

2. 资本维持原则

资本维持原则,亦称为资本充实原则,即在公司存续过程中,公司财产应当与资本额相当。资本维持原则适用于公司存续期间,公司法就资本制度所确立的多数规则是基于资本维持目的而设计的,其原因在于:公司在成立后,尤其是公司运行期间,其公司财产有可能低于公司的资本,原因是多方面的,如因为经营亏损使得公司财产减少,因固定资产的贬值而导致公司资产的实际价值低于其原有价值,等等。资本维持原则的确立,既防止因资本减少而使债权人利益受损,也防止股东对于公司的利润分配提出不当请求,从而减少公司资产并危害其正常业务开展。

3. 资本不变原则

资本不变原则,是指公司的资本确定后,即不得随意增减,如需改变公司资本,则需要依照法律程序进行。公司资本不变原则的确立,其目的就是保障债权人权益,防止公司资本的不当减少或增加。公司资本的不当减少,会使公司的财产能力降低,难以保护公司债权人的权益;公司资本不必要地增加,则有可能造成资金的浪费,从而使股东的利益受损。资本不变原则与资本维持原则就其制度功能而言,具有相似目的,资本不变原则是资本维持原则的体现之一,资本不变原则能够维持公司资产不低于法定的标准。

(二) 公司资本制度分类

因法律背景、经济社会发展以及现实状况等多种变量的影响,各国的公司资本制度也有不同设计。总体而言,各国公司法的公司资本制度主要有三种模式,即在功能上存在明显差异的法定资本制和授权资本制,以及介于两者之间的折中资本制。

1. 法定资本制

法定资本制,是指公司在成立时,在公司章程中记载注册资本的数额且全部资本须完成认购并缴纳,否则公司便不得成立。大陆法系国家主要采用法定资本制,该制度下公司的资本或者股份采用一次发行的方式。但法定资本制并不排斥分期缴纳,在采取法定资本制的大陆法系国家,一般都允许采取分期缴纳股款的方式,但要求首次缴纳不得低于一定的比率,并对分期缴纳规定有一定的时间限制。

2. 授权资本制

授权资本制,是指在公司成立时,只需在公司章程中载明注册资本总额,股东无须认购并缴纳全部股本,授权董事会在公司成立后根据需要分一次或多次发行或募集。在授权资本制下,资本或股份并非如法定资本制的一次发行、分期缴纳,而是采取分期发行的方式。此时,授权资本与发行资本被区分开来,授权资本是公司章程所规定的资本总额,而发行资本则取决于公司决定发行的资本数额。

3. 折中资本制

所谓折中资本制,是在既有的法定资本制和授权资本制基础上形成的,兼有两种制度特征的公司资本形成制度。与法定资本制不同,折中资本制允许公司设立时只需认足一定比例的注册资本,其余部分可在未来根据经营需要逐步发行。与授权资本制不同,折中资本制对未认足部分资本的发行设定了限制性条件。例如,法律可要求董事会在公司成立后的特定期限内完成发行,且发行总额不得超过公司章程预先规定的限额。在折中资本制下,公司既具备初始资本保障,又能根据实际需求灵活筹集后续资本,平衡了资本确定原则与商业效率的需求。

第七节 证 券 法

一、证券概述

所谓有价证券,是指为了筹措长期资金而向社会公众发放的、可以对一定的收入拥有请求权的投资凭证。资本证券主要包括股票、债券和证券投资基金三种。随着金融创新的发展,证券的品种也越来越多样,出现了各种衍生证券。此外,一些权利证书及凭证,如股款缴纳证书等,也可以被视为证券法上的证券。

(一)股票

股票是由股份有限公司所发行,证明股东依其所持股份而享有权利和承担义务的书面凭证。股票通常具有如下特征:

1. 股票属于要式证券。股票须采取书面形式或者法律规定的形式。根据我国《公司法》的规定,股票采用纸面形式或者国务院证券监督管理机构规定的其他形式。股票应当载明下列主要事项:公司名称;公司成立日期;股票种类、票面金额及代表的股份数;股票的编号。股票由法定代表人签名,公司盖章。发起人的股票,应当标明发起人股票字样。此外,由于科技的不断发展,无纸化股票也由此出现。所谓无纸化股票,即将股票记录保存在存储系统中,并通过电子和通信技术等进行股票的发行、交易、保管、交割、清算、登记等相关活动。

2. 股票属于证权证券。股票是公司签发给股东,用以证明所持股份的权利凭证。基于证券与权利之间的关系进行划分,可以将证券区分为证权证券和设权证券两种。证权证券仅为对既有权利的证明,而设权证券的权利则源自证券发行。股票属于证权证券,属于对股东与公司间投资关系的证明,股票是公司签发的证明股东所持股份的凭证。

3. 股票属于可转让证券。股票的持有者可以转让股票,以克服不能将股票退还公司等抽回资本方面的障碍。基于股票具有的可流通性和可转让性,证券市场得以形成,进而有必要通过证券法对股票的转让和流通进行规制。

4. 股票属于永久性证券。股票自身并没有期限限制,只要发行股票的公司存在,股票的效力也将一直持续。股票持有人只有在公司终止时,才能够要求分配剩余财产。股票的这一特征使其与债券区分开来,债券是有期限的,在期限到来时,债券持有人有权要求债务人还本付息。

(二)债券

债券是发行人依照法定程序发行的,承诺按期向投资者支付利息并偿还本金的债权债务凭证。债券与股票同属证权证券,债券属于债权债务关系的凭证,而股票则是股权凭证。与股票的无期限相比,债券具有期限性。相比于股票,债券的投资风险较小,投资的保障度更高。根据发行主体的不同,可以将债券分为政府债券、金融债券、公司债券和一般企业债券。政府债券,是指中央或者地方政府为筹集资金或者为了特定目的而向投资者发行,承诺在指定日期向债券持有人偿还本金和事先约定利息的债务凭证。公司债券是公司发行的债务凭证,由公司承诺在特定日期向债券持有人偿还本金并按事先约定的利率支付利息。金融债券是由银行或者非银行金融机构发行的债券。金融机构通过发行金融债券,以筹措到稳定且期限可调的资金,进而解决资金利用方面的问题。金融债券的利率通常低于公司债券,但高于政府债券。

(三)证券投资基金

证券投资基金,是指发行人向社会公众发行的,由持有人按照所持基金数量享有相应权利并承担相应义务的书面凭证。证券投资基金是一种利益共享、风险共担的集合证券投资方式,通过发行基金份额集中投资者资金,由基金托管人托管,由基金管理人管理和运用资金,从事股票、债券等金融工具投资。以基金单位是否可增加或赎回为标准,可以分为开放式基金和封闭式基金;以投资风险和收益不同为标准,可以分为成长型投资基金、收入型投资基金和平衡型投资基金;以资本来源不同,可以分为国际基金、国内基金;以投资对象为标准,可以分为股票基金、债券基金、货币基金、期货基金等。证券投资基金具有以下特点:

1. 证券投资基金是一种间接的投资方式。基金投资者购买基金后,是由基金管理人管理和运作基金资产,进行相应的组合投资。与购买股票相比,基金的投资者与上市公司不存在任何关系,其只是间接享有公司利润的分配权。

2. 证券投资基金具有流动性。基金的买卖通常较为方便,以开放式基金为例,投资者在购买基金后,可以随时向基金管理公司赎回基金,也可以委托投资顾问或者代理销售机构等购买或赎回基金。

3. 证券投资基金的运作具有专业性。在证券投资基金的运作和管理过程中,主要是通过专业的基金管理公司进行相应的操作。因此,由专业人理财成为证券投资基金的重要特征。一般投资者在投资经验和管理措施等方面较为薄弱,基金管理公司的专业性在一定程度上确保了投资的专业性和基金投资人的利益。

(四)衍生证券

所谓衍生证券,是从股票、债券中衍生出来的投资工具类型。衍生证券具有的共同特征是采用保证金交易的方式。此种合约在履行过程中,一般采取现金差价结算,在到期日以实物交割的方式履行合约时,买方缴足货款。此种交易特征使衍生证券具有了加杠杆的效用。当保证金越低时,所使用的杠杆越大,相应的风险也随之增加。

二、证券法的基本原则

(一)"三公"原则

公开、公平与公正,是资本市场正常运行的基本条件,也是证券市场得以发展的基本保障。我国《证券法》第3条规定,证券的发行、交易活动,必须遵循公开、公平、公正原则。这一原则也被称为"三公"原则。

1. 公开原则

所谓公开原则,是指证券的发行、交易,上市公司的重组、重大事项等信息须公开,以防止发生内幕交易、证券欺诈等违法行为。

公开的具体内容包括以下三方面:第一,发行信息公开。发行人须就企业财务状况、经营状况以及资产状况等提供准确的信息,使投资者能够了解并掌握真实情况,此类信息包括发行人财务报告、经营情况、前景展望、定价方式以及承销商信息等。第二,交易信息公开。上市公司需要对公司资本构成、股权结构以及股份持有等情况进行持续公开,公开信息包括公开发行股票、债券持有情况,股东持股比例,公司股票和债券的交易情况及价格变动情况等。第三,重大事项信息公开。对于可能影响公司股票价格的重大资产重组以及日常经营的重大事项,上市公司均须及时公开,以减少社会公众投资者的信息不对称。此类信息包括上市公司收购、重大资产重组、主要董事及高管人员的变动、公司经营中的突发事件等。对于上述可能影响公司股价的重大事项,上市公司应当予以全面披露。

2. 公平原则

所谓公平原则,是指各类主体能够以平等的地位参与证券市场的各项活动,进而营造出市场参与者公平竞争的环境。公平原则意味着,证券市场活动的参与者,应当获得平等的市场环境,只要是证券市场的参与者,无论其规模如何,财产多寡,职责轻重,均平等地享有权利,并对其行为的法律后果承担责任。发行人应享有平等的筹资机会,证券经营机构可以进行平等竞争,投资者也享有平等的交易机会。此外,市场主体应当享有完全平等的待遇,做到同股同权,同股同利。不仅如此,对于不同类别的股东,则应享有不同类别的权利并承担相应义务,而非简单的形式平等。

3. 公正原则

所谓公正原则,是指证券监督机构对被监管对象进行公正监管,在发生危害交易安全和交易秩序的行为时,及时依法处理。

公正原则包含以下内容:第一,规则公正,证券监管机构在制定监管规则时,应当以市场运行规律为基础,尽量排除行政权力干扰,从保护投资者利益角度出发制定科学、完善的规则。第二,程序公正。证券监管机构的监管应当符合程序规定,确保监管行为合法合规,在调查和处理违规违法行为时,应当遵循法律规定的程序,确保处理和处罚结果公正。

(二)平等、自愿、有偿和诚信原则

证券发行、交易活动的当事人具有平等的法律地位,应当遵守自愿、有偿、诚实信用的原则。所谓平等,是指参与证券发行与交易活动的当事人具有平等的法律地位,可以进行独立的意思表示,法律平等保护其合法权益。所谓自愿,是指当事人在证券发行和交易活动中,可以自行决定自身的行为,依法独立行使自己的民事权利。所谓有偿,是指当事人在进行证券发行和交易活动中应当进行等价交换,任何人不得无偿或者低价获得他人的证券权益。所谓诚信,即当事人在证券相关活动中应当诚实、守信,不得通过欺诈等手段危害对方利益。

(三)遵守法律、禁止欺诈原则

证券的发行、交易活动,必须遵守法律、行政法规;禁止欺诈、内幕交易和操纵证券市场的行为。据此,在进行证券发行和交易过程中,相关主体须遵守法律,不得进行内幕交易、操纵市场及欺诈客户等违法行为。

(四)分业经营原则

我国证券业与银行业、信托业、保险业实施分业经营。根据这一原则,不仅证券业应当与银行业、信托业、保险业等实现分业经营,而且证券公司与银行、信托、保险机构也应当分别设立。这种较为彻底的分业经营原则,确保了对于金融行业的监管能够有效实施。实行适度的分业经营和分业管理,既是防范金融风险的客观需要,也与我国金融业发展的现状相契合。此外,在坚持分业经营的同时,我国也允许一定程度的混业经营和混业管理,《证券法》第 6 条中的"国家另有规定的除外"为此奠定了法律基础,也使得分业经营原则体现出一定的灵活性。

(五)集中统一监管

证券市场具有自身的复杂性,其交易强度大,涉及的金额高,若不进行有效监管,则可能产生较大风险。我国资本市场采取集中统一监管模式,由国务院证券监督管理机构依法对全国证券市场进行集中统一监管。在此种模式下,能够提高监管效率,亦能使监管措施具备权威性,进而防止出现政出多门、多头负责乃至相互掣肘的管理失衡状态。当然,集中统一监管并非毫无缺点,采取集中统一的行政监管体系,客观上使权力被集中到某一机关,因而为权力寻租提供了空间。同时,完全贯彻集中统一监管机制,在权力过度集中且监管水平未能有效提升的情况下,有可能会制约证券市场的健康发展,抑制市场的生机与活力。正因此,在实施集中统一监管的同时,也应健全监管机关的相关制度,严格从业人员的职业规范,并不断调整和创新管理体制,以促进我国证券市场的健康、稳定与繁荣。

第八节 保 险 法

一、保险的概念

保险是通过分散、化解风险而保障社会经济稳定的重要工具。广义的保险概念包括商业保险、社会保险和相互保险三种,其本质上体现为多数人在面临同类风险的情况下,基于合理数学计算,聚集小额资金形成保险基金,对危险引发的损失予以经济补偿的法律制度。狭义的保险仅指商业保险,即通过保险合同的订立以在当事人之间建立保险法律关系,由保险人在保险事故发生时对被保险人进行补偿。

二、保险的分类

基于不同标准,可以将保险作不同的分类。

(一)强制保险与自愿保险

根据投保行为是否基于当事人自主意愿,可以将保险分为强制保险与自愿保险。所谓强制保险,是指对于涉及社会公共利益或者公共安全领域,国家通过立法形式,规定特定民事主体或者标的必须投保的保险类型。世界各国普遍对汽车第三人责任实施强制保险。强制保险又分为两种形式:一种不仅要求特定民事主体或者标的必须投保,而且必须向指定保险公司投保;另一种则是只对特定范围的民事主体或者标的做出强制投保要求,但不指定保险公司,各保险公司在此类强制保险中依然存在竞争。与强制保险不同,自愿保险是投保人与保险人通过平等协商,以签订保险合同的方式对特定风险进行投保的保险形式。就自愿保险而言,保险人或者其他主体均不能强迫当事人进行投保,当事人享有是否投保以及与哪家保险公司缔结保险合同的自由,与之相对,保险人也享有选择承保对象、决定是否承保以及确定承保数额的自由。

(二)财产保险与人身保险

根据保险标的的不同,可以将保险分为财产保险和人身保险。所谓财产保险,是以财产及其相关利益为保险标的的保险。财产保险又可区分为狭义与广义两种。狭义的保险,是指以有形财产为其标的的保险,包括对企业的厂房、设备、房产以及其他财物等进行的保险。广义的保险,保险标的除有形财产外,还包括无形财产,如租金、利息收益以及民事赔偿责任等。我国保险法上的财产保险指的是广义的财产保险。所谓人身保险,是以人的身体和寿命作为保险标的的保险险种。人身保险包括人寿保险、健康保险和意外伤害保险三种。人寿保险是人身保险的主要组成部分,而健康保险和意外伤害险则通常作为人寿保险的附加险。

（三）原保险与再保险

以承担保险责任的次序为标准,可以将保险划分为原保险与再保险。所谓原保险,是指在保险合同生效且保险事故发生后,保险人根据保险合同的约定向被保险人加以赔偿或者给付保险金的保险类型。原保险存在于投保人与保险公司之间,日常生活中所称的保险通常即指原保险。所谓再保险,也称为分保险,是指保险人将其所承保危险的一部分,分给其他保险人进行保障的保险类型。再保险能够分散保险公司所承保的危险,能够在一定程度上避免保险公司对其所承保的巨额保险赔偿支付不能的风险,从而间接维护保险人的利益。即便如此,再保险具有较强的独立性,这表现在:一方面,原保险的被保险人或受益人,不能向再保险的接受人提出赔偿请求,而再保险的接受人也不得向原保险的投保人主张保险费;另一方面,再保险的分出人,不得以再保险接受人未履行再保险责任为由,拒绝其在原保险中所应承担的赔偿或者支付保险金义务。

（四）定值保险与不定值保险

根据保险价值在投保时是否确定为标准,可以将保险划分为定值保险与不定值保险。定值保险,也称为定额保险,是指保险合同双方当事人通过合同事先确定保险标的价值,以确定保险金最高限额的财产保险类型。实践中,定值保险合同多适用于海上保险、国内货物运输保险、国内船舶保险以及不易确定价值的艺术品为标的的财产保险。定值保险成立后,当发生保险事故时,保险人应当以合同所约定保险价值作为赔偿金额的计算依据,而不再对保险标的进行重新估价;当损失为一部分时,则仅需确定损失比例,并将该比例乘以确定的保险价值作为确定保险赔偿金的依据。与之相对的,是不定值保险,即在合同订立时不预先确定保险标的的价值,在保险事故发生后另行确定保险价值进而认定损失金额的保险类型。实践中,大多数财产保险均采用不定值保险合同的方式订立。不定值保险合同中保险标的的损失额,以保险事故发生时当地市场中同类财产的市场价格来确定。

（五）补偿性保险与给付性保险

以给付保险金的目的为标准,可以将保险区分为补偿性保险与给付性保险。所谓补偿性保险,是保险人以补偿被保险人因保险事故所受实际损害为目的的保险类型。财产保险属于补偿性保险,在保险事故发生后,保险人通过评定实际损失来确定保险金数额,其目的是补偿被保险人的损失。与之相对,给付性保险不以补偿损失为目的。大部分人身保险属于给付性保险:一方面,人身保险中人的生命或健康不能通过金钱进行衡量,因而保险事故发生后的损失亦无法进行价值评价;另一方面,一部分人身保险的保险金给付,仅是为满足被保险人的特殊需要,因而并不以损害的存在为其赔付基础。

（六）单保险与复保险

以保险人的数量为标准可以划分为单保险与复保险。单保险,是指投保人对同一保险标的就同一事故、同一保险期间与一个保险人订立保险合同。复保险,也称重复保险,是指投保人对同一保险标的就同一事故、同一保险期间与多个保险人订立保险合同,且保险金总额超过保险价值的保险。除合同另有约定外,复保险的保险人应按照其所承保的金额占保险金额总和的比例承担赔偿保险金责任;复保险的投保人可以就保险金额总和超过保险价值的部分,请求各个保险人按照比例予以返还。

(七)个别保险、集合保险与总括保险

以保险标的的数量为标准,可以将保险划分为个别保险、集合保险与总括保险。个别保险,是指以一人或者一物为保险标的的保险。集合保险,是对多数性质相似的保险标的订立一个保险的合同,其又分为以多数物为保险标的的保险(集团保险)和以多数人为保险标的的保险(团体保险)。总括保险,是指在没有特定保险标的的情况下,按照一定标准限定可以变动的多数人或者物作为保险标的的保险。总括保险中,保险人只确定一个不变的保险金额,并在保险事故发生后以该保险金额为限承担保险责任。

三、保险法的基本原则

保险法的基本原则,是指为保险法所特有的,对于保险法规范的制定、适用等环节具有指导作用,效力贯穿于整体保险法体系的基本准则。此处选择学界具有较高共识度的四项基本原则加以介绍,即保险利益原则、最大诚信原则、损失补偿原则和近因原则。

(一)保险利益原则

所谓保险利益原则,即投保人、被保险人对保险标的具有保险利益。保险利益可以是投保人对保险标的所具有的经济上利益,也可以是投保人因承担责任、义务而产生的利益关系。在保险事故发生时,具有保险利益的投保人的经济利益受到损害;反之,经济利益不受影响者便不具有保险利益。保险利益原则的确立,对于防止赌博和避免道德风险、限制赔偿范围都具有重要意义。

保险利益具有以下特征:第一,合法性。投保人或者被保险人对于保险标的所享有的利益应当受到法律的确认和保护,而违法获得或者基于损害公共利益而产生的利益均属非法利益,不能作为保险标的。投保人如果为非法利益投保,则会因其保险标的不具有合法性导致保险合同无效。第二,确定性。投保人或者被保险人对于保险标的的利害关系应当具有确定性,这种确定性具有客观性,而非仅凭借主观推断而得到的获利可能性。第三,可计算性。保险利益应当是可以通过货币、股价等加以计量的利益,也是判断财产保险合同是否构成超额保险的重要标准。保险利益的可计算性不仅适用于财产保险领域,在人身保险领域同样适用。虽然从表面上看,人身保险的保险标的是人的身体和生命,因而不具有可以通过金钱衡量的特征;但人身保险的三大险种,却均具有可计算性:就意外伤害险和健康保险而言,是以损失或付出的费用为基础确定保险金,因而具有可计算性;就人寿保险而言,是以保险合同订立时所约定的保险金额为基础确定支付保险金的范围,因而仍然具有可计算性。

1. 人身保险中的保险利益

人身保险中的保险利益,是指投保人对于被保险人所具有的生命或身体上的、为法律所承认的利害关系,包括亲属关系、抚养关系、信赖关系等。基于此种利害关系,保险事故不发生将使投保人得利,而保险事故的发生则会使其遭受损失。人身保险的保险利益存在于保险合同订立之时,而在保险事故发生时是否存在保险利益,则并非法律关注的要点。对此,我国《保险法》第12条第1款规定:"人身保险的投保人在保险合同订立时,对被保险人应当具有保险利益。"由此,保险利益的存在是保险合同订立的必要条件,但在索赔时则并非必要条件,若投保人与被保险人因离异、解除收养关系等原因导致保险利益丧失,亦不影响保险合同的效力。此外,法律对于人身保险中的保险利益,通常采取列举或者列举与概括相结合的方式,而对财产保险利益则通常采取概括方式。

2. 财产保险中的保险利益

所谓财产保险的保险利益,是指投保人或被保险人因保险事故的发生而受到损害或因保险事故不发生受有利益。我国《保险法》第12条第4款规定:"财产保险是以财产及其有关利益为保险标的的保险。"此处的财产及其有关利益,包含三种类型,即现有利益、期待利益和责任利益三类。现有利益,指投保人或者被保险人对保险标的所享有的现存利益,包括所有权利益、占有利益、用益物权利益、担保物权利益等;期待利益,是指在投保人或者保险人对于保险合同订立时尚不存在但将来可能获得的利益;责任利益,是指对法律上应当承担责任所具有的保险利益。财产保险对于保险利益的时间要求与人身保险不同,前者以保险损害发生时投保人或者被保险人存在保险利益为依据,而后者则要求投保时具有保险利益,至于损害发生时是否存在保险利益并非必要。

(二)最大诚信原则

诚实信用是现代商法的基本原则。最大诚信原则在早期是为了约束投保人而出现的,但随着保险制度的发展,为了防止保险人恶意抗辩,这一原则被扩大适用于保险人。一般地,最大诚信原则包括如实告知义务、信守保证义务、条款说明义务及弃权与禁止反言义务。其中,如实告知义务和信守保证义务是针对投保人而言,条款说明义务及弃权与禁止反言义务则是针对保险人。

1. 如实告知义务。所谓如实告知义务,是指投保人在订立保险合同时,应当如实陈述,不得隐瞒或者欺骗保险人。如果投保人故意或者过失未进行如实告知,则可能引发对其不利的法律后果。对此,我国《保险法》第16条第2款规定:"投保人故意或者因重大过失未履行前款规定的如实告知义务,足以影响保险人决定是否同意承保或者提高保险费率的,保险人有权解除合同。"可见,无论是因投保人故意还是过失,只要其足以影响保险人的相关决定,保险人便有权解除合同,但两者区别如下:投保人故意不履行如实告知义务的,保险人对于合同解除前发生的保险事故,不承担赔偿或者给付保险金的责任,并不退还保险费;而当投保人因重大过失未履行如实告知义务,对保险事故的发生有严重影响的,保险人对于合同解除前发生的保险事故,不承担赔偿或者给付保险金的责任,但应当退还保险费。

2. 信守保证义务。所谓保证,是指投保人或者被保险人在保险期间向保险人作出的承诺。保证与告知之间存在显著不同:其一,保证为保险合同的约定内容,属保险合同的重要组成部分,而告知义务则主要源于法律的规定,无须在保险合同中另加约定;其二,保证义务须严格遵守,违反该项义务则保险人可以解除合同,而在违反告知义务的情况下,保险人只有在证明投保人未如实告知保险合同重要事项时才能解除合同。保证通常情况下体现为保单中的保证条款,此即明示保证,仓库保险合同中关于"不堆放危险品"以及人身保险合同中"不参加高度危险活动"的规定即为其著例。此外,也存在默示保证,此种保证主要是基于社会中普遍认可的行为规则或者是法律的强制性规定而产生。如在海上保险领域,默示保证包括以下三项,即适航能力、不改变航道以及运输合法性。

3. 条款说明义务。所谓条款说明义务,通常是指在保险合同订立过程中,保险人对于保险合同的条款负有向投保人进行解释的义务。保险合同是由保险人事先确定的,保险人在确定保险条款时经过慎重考量,并且由于保险领域所具有的专业性和技术性,投保人仅凭自身的理解往往难以充分领会保险合同条款的具体含义。在投保人仅能够通过选择是否投保而无法对保险合同条款进行协商的情况下,其自身利益难以得到保护。为此,各国保险法普遍规定了保险人对于保险条款的说明义务,以维护投保人的权利。我国《保险法》第17条第1款规定:"订立保险合同,采用保险人提供的格式条款的,保险人向投保人提供的投保单应当附格式条款,保险人应当向投保人说明合同的内容。"这使保险人负有向投保人说明格式条款的法定义务。

4. 弃权与禁止反言。弃权,即保险人以明示或者默示的方式,放弃其在保险合同中的权利。通过明示弃权,保险人以法律或者习惯认可的形式表示弃权;而默示弃权,则是从保险人的行为中可以推断出其具有弃权的意思表示。通常情况下,默示弃权包括以下情形:保险人明知存在违反承保条件的情况,仍然接受投保人所交保费;保险事故发生后,保险人明知有拒绝赔付的权利,但仍然要求投保人提出损失证明的;保险人明知投保人损失证明有瑕疵,但仍然无条件接受的;保险人接受投保人、被保险人的保险事故的逾期通知;等等。所谓禁止反言,是指保险人在已经放弃可以主张的权利后,即不得反悔再向对方主张该项权利,例如保险人明知保险合同有违背条件、无效、失效或其他可解除原因而仍然承保并收取保费,则不得主张解除保险合同。若弃权行为是由保险代理人做出,则不论保险人是否知道,其具有与保险人自己之行为相同的法律效果。

(三)损失补偿原则

损失补偿原则,是指当保险事故发生时,保险人在保险合同约定的范围内对被保险人所遭受的实际损失进行赔偿,被保险人不能因保险赔偿获得超过其损失的利益。这也就意味着:其一,被保险人可获得的赔偿以其实际损失为前提,当保险期限内发生保险事故,但该事故并未造成被保险人的损失,则被保险人无权要求获得赔偿;其二,保险人的保险赔偿是以保险责任为依据,对于无保险责任对应的损失,保险人无须进行赔偿;其三,保险人赔偿的保险金额具有限度,保险事故发生后,被保险人获得的保险金及第三者赔偿的总和,原则上不能超过被保险人的实际损失。损失补偿原则作为保险制度体系的核心,能够限制补偿额度,从而避免投保人不当得利,遏制道德风险,促进保险业健康发展。在保险法领域,损失补偿原则适用于财产保险领域,而在人身保险中,其健康保险和意外伤害保险业务存在医疗等实际费用的补偿,因而同样有损失补偿原则的适用。

就财产保险而言,决定保险人进行保险赔偿的基础,即为被保险人根据保险合同条款可以确定的实际损失。此处需要说明的是,对于超额保险而言,当保险金额超过保险标的的实际价值时,被保险人对于超过部分无保险利益,因而应对其加以限制。对此,我国《保险法》第55条第3款规定:"保险金额不得超过保险价值。超过保险价值的,超过部分无效,保险人应当退还相应的保险费。"据此,保险人应当在保险价值范围内,依据被保险人的实际损失进行保险赔偿。

就人身保险而言,主要是指以人的寿命和身体为标的的保险。通常情况下,人身保险中的人寿保险,作为一种给付型保险,并不适用补偿原则;而健康保险和意外伤害保险等短期人身险,则具有明显的补偿性质。这就意味着,当被保险人遭遇疾病或者事故时,其因健康受损或者伤残、死亡而遭受损失可以依据保险合同的约定,由保险人基于其所受到的损害支付保险金。

(四)近因原则

近因原则乃保险人保险责任成立的重要依据,即导致保险事故的近因属于保险责任的承保范围时,保险人才承担保险责任。近因原则的适用,可以使现实当中诸多复杂但非决定性的因素得以排除,以防止过分增加保险人责任,同时避免保险人不当推卸其所应当承担的保险责任。一般情况下,近因的认定标准有三种:一是顺推法,即将各种致损原因按照时间顺序加以排列,并将排序中最后一个作为损害事故的近因;二是逆推法,即从损害事故开始,从后向前推,直至引发事故的最初事件为止,若该最初原因与损害结果之间因果关系没有中断,则该事件即为保险事故的近因;三是直接作用法,即将对损害事故发生具有最直接和决定性作用的原因作为近因,若保险事故是因直接原因所导致的,则保险人应当承担保险责任。目前,上述第三种方法得到保险界实务的普遍认可。

随着近因原则的逐步发展,为更合理地解决保险事故中的原因力问题,理论与实务界诞生了比例因果关系理论,为处理一些因果关系较为复杂的保险案件奠定基础。基于比例因果关系理论,若引起损害的因果关系并非单一而是复数的,则应根据比例来确定损害事故的发生原因,即判断因果关系在具体损害结果中所占的比例,而非采取简单的有或者无的方式对事故原因加以判断。比例因果关系注重基于比例确定保险人应当承担的保险责任,因而能够较好地平衡保险人与被保险人之间的利益。

第九节 票 据 法

一、票据的概念和特征

所谓票据,是出票人签发的、由出票人自身或者委托付款人向持票人或者收款人无条件支付一定金额,并且可依法转让与流通的有价证券。我国《票据法》第2条第2款规定:"本法所称票据,是指汇票、本票和支票。"其中,汇票是出票人委托商业第三人付款的票据,本票则是由出票人自己付款的票据,而支票则是出票人委托银行机构付款的票据。票据对于促进商品经济发展具有重要作用:第一,支付作用,票据本身代表了定额货币,可以起到替代一般等价物进行支付的效果,票据同时具有简化支付和安全支付的特点,因而成为适应现代商业交易的重要支付工具。第二,汇兑作用,票据具有异地兑换和转移货币资金的作用,对于异地商业交往中存在的大量资金需求而言,可以减少现金实际运输的成本和安全风险。第三,信用作用,票据法并不要求出票人在远期票据出票时即向付款人提供现实的支付能力,而是认可出票人的未来信用能力,包括其未来经营性现金能力以及未来筹资性现金能力,由此使当事人的商业交易能力得到提升。第四,融资作用,通过票据的自由流转和贴现,当事人实现了融通资金的效果,其实质是将远期票据的信用力短期贴现为货币资金,远期票据因而成为短期资金市场的重要交易工具,因而起到对社会商业活动的重要支撑作用。

虽然票据存在上述种类上的差异,但不同类型的票据也具有共同的本质属性,因而可以将其归纳如下:

1. **票据是有价证券。** 作为有价证券,票据权利的发生、行使与移转均与票据自身具有不可分割的关系:票据权利依据票据的文义记载的内容产生效力;票据权利的行使以持有票据为基础,没有票据意味着无法行使票据权利;票据权利的移转以票据交付为要件,转移票据占有才能产生转移票据权利的效果。在我国法律体系内,汇票、本票与支票适用《票据法》而不是《证券法》;而在国际经济活动中,则有日内瓦《统一汇票和本票法公约》以及《统一支票法》,用以规范缔约国之间发生的票据法律关系。

2. 票据是文义证券。作为文义证券,票据上的权利义务的内容、票据主体、票据有效期等,均根据票据上记载的文字加以确定,任何单位和个人,均不得以票据文义之外的事由确认或者改变票据法律关系。票据作为文义证券的主要原因,即在于其所具有的设权证券特征:票据的签发为出票人及其委托人设定了支付义务,票据的签发行为与此前的债权债务关系彻底区分开来,票据的持票人因票据的签发而获得了一个全新的金钱债权。由此,票据的文义记载,即为确定出票人意思表示的依据,以此决定票据金额、票据付款人、付款时间、付款地点等。

3. 票据是要式证券。票据必须具备法定格式,若票据记载的事项不符合法定的格式,则不发生票据效力。法律对票据的形式进行严格规定,其主要原因在于票据本身就代表货币,若不规定统一且规范的格式,则必然在现实中出现票据形式难以统一的局面,因而影响票据自身的效力及其流通性。票据为要式证券,意味着票据所记载的事项、票据用纸、书写用具、书写方法等均须符合相关规则,否则即属于票据瑕疵。对于此种具有"瑕疵"的票据,付款人等票据债务人可以行使"对物抗辩权",并得因此拒绝承兑或者拒绝付款。

4. 票据是流通证券。在票据领域,除了票据上有"不可转让"字样,记名式票据以背书和交付票据为转让要件,无记名式票据以交付为转让要件。出让人依照法律的规定实施转让行为后,无须履行其他任何程序,票据权利即实现转移,由此实现票据转移的便利性和迅速性。票据本身作为金钱债权证券,属于民法上的动产,因而具有流通的法律基础。此外,票据亦可作为资金融通的载体,在票据当事人之间作为信用工具,而票据自身转让次数的增加,也可增强其信用度。有鉴于此,票据的适度流通可以促进交易,节约通货,进而促进经济发展。当然,票据流通也应适度,合理的票据流通有利于经济发展,但如果对票据流通不加适当限制或者其流通的规则不适当,也有可能会对经济发展产生负面影响。

5. 票据是无因证券。所谓无因证券,是指作成证券的原因与证券效力完全分离,证券权利的行使不受到证券作成原因的影响。票据作为金钱债权证券,具有较强的流通性,为保障票据的可靠性和有效性,法律将票据的效力与签发票据的原因彻底分开。在票据具有法律规定的有效形式的情况下,即便签发票据的原因不合法或者不存在,也不会影响票据自身的效力;而在票据持有人行使票据权利时,其只要进行提示票据的行为,而无须另行证明票据的真实性以及原因行为的有效性;票据义务人在持票人提示付款时,只须查验票据是否真实合法,并在票据无瑕疵且持票人不属恶意取得时无条件履行支付义务。

二、票据的分类

(一)汇票、本票和支票

根据票据关系的内容,可以将票据分为汇票、本票和支票三种。对于票据种类,各国存在不同认识,主要可以分为"分立主义"和"合并主义"两种。"分立主义"存在于多数大陆法系国家,包括德国、法国、瑞士、意大利、葡萄牙、日本等,这些国家将汇票和本票界定为票据,而支票则属与之不同的其他种类证券。为此,1930年各国在日内瓦制定了《统一汇票和本票法》,之后又于1931年制定了《统一支票法》。与之不同,英美法系国家则采"合并主义",将汇票、本票与支票统一界定为票据,其中,《美国统一商法典》第3~104条将汇票、本票、支票和存款证都视为票据,而《英国票据法》则将汇票与本票视为票据,将支票作为汇票的一种。在我国,根据《票据法》第2条第2款的规定,票据包括汇票、本票与支票,这与英美国家的立法模式相一致,表明我国采纳了"合并主义"的立法模式。

(二)记名票据和不记名票据

根据出票时是否记载收款人的名称,可以将票据分为记名票据与不记名票据。所谓记名票据,是指出票人在出票时需记载收款人姓名或者名称的票据;无记名票据,是指依据法律规定,在出票时可以不记载持票人姓名或者名称的票据。就前者而言,若票据未记载持票人的姓名或名称,则属欠缺必要记载事项,因而不发生票据法上的效力;后者则不以持票人的姓名或名称为必要记载事项,而是推定票据持有人为权利人。就记名票据而言,在转让时应当依据法定方式背书,并将票据交付于受让人才能完成票据权利的移转;就不记名票据而言,不进行背书而仅完成票据交付即可实现票据权利的移转。在我国,根据《票据法》的相关规定,汇票和本票均为记名票据,票据的背书需为完全背书,才能实现票据的移转;而就支票而言,虽然法律规定出票人可不记名,但需由出票人授权补记,在未补记前不得背书转让或提示付款。由此可见,我国票据领域并不承认不记名票据的存在。

(三)即期票据与远期票据

根据票据所记载的付款到期日的不同,可以将票据分为即期票据与远期票据。所谓即期票据,是指由出票人所签发的,以出票日为付款到期日,并由付款人见票即付的票据。远期票据,也称期票,是由出票人签发的,付款人在付款到期日之后付款的票据。即期票据的作用是为交易提供支付工具,而远期票据的主要作用是在出票日与付款到期日之间的时段提供期间信用。一定程度上,远期票据与承兑票据存在内在关联,一些国家的法律规定远期票据同时为承兑票据,原因在于远期票据提供的资金信用期间较长。与之相对,即期票据通常为非承兑汇票。在我国票据法律制度中的银行汇票、本票和支票均为即期票据,只有两种商业汇票是远期票据,且为承兑票据。根据相关法律法规,我国远期票据的付款日由出票人在票据上载明,但自出票日起最长"付款期限"不得超过6个月。

第十节 破 产 法

一、破产的概念

所谓破产,是指在债务人不能清偿到期债务,且资产不足以清偿全部债务或者明显缺乏清偿能力的情况下,由债权人或债务人诉请法院并依照破产程序偿还债务的法律制度。破产的目的是使债务得到公正的清偿:当债务人不足以清偿全部债权人的债权时,只能通过破产程序将债务人的财产按照一定的程序和比例在债权人之间进行分配。由此,破产既涉及实体问题,包括破产债权、取回权、别除权等,也涉及程序规则,包括破产申请、债权人会议、破产清算等。除此之外,破产也可以做狭义与广义区分,狭义的破产仅涉及破产清算制度,而广义的破产制度还将重整与和解制度也纳入破产之中。

二、破产法的功能

我国于1986年通过《企业破产法（试行）》，该法将全民所有制企业的破产作为其规制的对象，而其他类型企业的破产则适用《民事诉讼法》（以下简称《民诉法》）第十九章"企业法人破产还债程序"的规定。2006年，新的《企业破产法》（以下简称《破产法》）通过，此后的2007年，《民诉法》在修改后删除了原第十九章，这也使得我国的企业破产问题开始由《破产法》进行统一调整。

根据《破产法》第1条的规定，我国破产法具有以下制度功能：第一，规范企业破产程序。在债务人的财产不足以清偿全部债务的情况下，如果依照民事救济手段，则可能造成先主张权利并提起诉讼者可以获得债务清偿，而后提起诉讼者只能得到部分清偿或者完全无法得到清偿，因而不利于平等保护债权人利益。第二，公平清理债权债务。破产法确立了由法院主持破产程序的制度，并在债权人之间进行破产财产的公平分配，从而使在实体法上具有相同性质的债权人得到同等对待，而对具有不同性质债权的债权人做差异化对待，这也符合破产法公平保护的基本理念。第三，保护债权人和债务人的合法权益。破产法能够通过对企业财产的清算以及公平分配，使债权人得到清偿，同时也能在破产过程中维护各方的主体之间的利益平衡，此外，破产法还能够通过重整以及和解制度，使符合特定条件的债务人摆脱债务拖累，实现企业经营的重新开展。第四，维护社会主义市场经济秩序。破产法律制度可以发挥市场经济优胜劣汰的竞争机制，及时淘汰资不抵债且丧失经营能力的市场主体，以提高全社会的劳动生产率。此外，通过有效的法律程序合理且稳妥地处理企业破产，也能够减少企业退出给经济和社会带来的负面影响，确保社会经济秩序的稳定。

三、破产法的效力

就破产法的效力而言，可以分为空间效力与对人效力两个维度。

首先，就破产法的空间效力而言，有破产普及主义与属地主义两种。所谓破产普及主义，即破产的效力不仅在一国范围内，其在该国之外具有域外效力，此即"一人一破产"原则。属地主义则将破产的效力限定于破产宣告法域内的财产，对于其他法域并不产生效力，因而可能会使破产人受到二次破产的宣告。根据我国《破产法》第5条的规定，一方面，我国的破产程序对域外的财产发生效力，当然，此种域外效力往往需要在他国立法中存在相关规定，或者该国法院对我国法院的判决加以承认；另一方面，就外国法院作出的生效破产判决、裁定，人民法院依照我国缔结或者参加的国际条约，或者按照互惠原则进行审查，认为不违反我国法律的基本原则，不损害国家主权、安全和社会公共利益，不损害我国领域内债权人的合法权益的，应裁定承认和执行。由此，我国《破产法》具有对外效力，只是此种效力受到法律规定和相关国家法律制度的限制。

其次，就破产法的对人效力而言，通常情况下分为商人破产主义与一般破产主义两种。所谓商人破产主义，即仅对具有商人身份的主体适用破产程序；与之相对，一般破产主义则不区分商人、非商人，一体适用破产程序。现代多数国家适用一般破产主义，这使具有民事权利能力者均可适用破产程序，而适用一般破产主义的国家，其破产法不规定于商法之中。我国破产法所适用的主体范围是企业法人以及企业法人以外的组织，并不适用于自然人。由此，我国破产法并未采用一般破产主义，即便就商人破产主义而言，我国破产法对所涉及的主体范围也做了限定。

主要参考文献

1. 范健、王建文:《商法学》(第5版),法律出版社2021年版。
2. 施天涛:《商法学》,法律出版社2020年版。
3. 覃有土主编:《商法学》(第7版),中国政法大学出版社2019年版。
4. 王欣新主编:《公司法》,中国人民大学出版社2020年版。
5. 冯果主编:《证券法》(第2版),武汉大学出版社2022年版。
6. 李玉泉:《保险法》(第3版),法律出版社2019年版。
7. 刘心稳、张静、刘征峰:《票据法》(第5版),中国政法大学出版社2023年版。
8. 李永军等:《破产法》,中国政法大学出版社2017年版。
9. 孟祥沛、孙大伟:《简明民商法学》,上海三联书店2024年版。

第八章 诉 讼 法

| 内容概要 |

在法治国家,除规定各社会主体权利义务的实体法外,程序法也是法律体系不可分割的一部分。相对于民法、刑法等实体法,程序法是实体法的实施法,也通过自身的结构、原则、制度等规定展现国家法治现状,与实体法构成了形式与内容的关系,是当今社会不可或缺的基本法律。

我国的程序法包括刑事诉讼法、民事诉讼法、行政诉讼法和仲裁法等。本部分侧重于刑事诉讼法和民事诉讼法的介绍,共有四节,重点阐述了两大诉讼法中一些共同的和重要的诉讼原则、诉讼制度、证据规则和诉讼程序等,强调对其中的重要概念、基本理论和基本知识的掌握和了解,又能适当启发读者的学习与思考。

第一节 诉讼基本原则

诉讼基本原则是诉讼活动应当遵循的基本行为准则,一般对诉讼整个过程或主要阶段具有指导意义,是诉讼基本规律和基本理念的体现。结合《刑事诉讼法》《民事诉讼法》的规定,我国诉讼制度中公认且重要的诉讼基本原则如下。

一、刑事诉讼的基本原则

(一)职权原则

《刑事诉讼法》第3~4条规定了该原则。职权原则即刑事诉讼中国家机关的具体职能分工原则,包含以下内容:

1. 刑事诉讼职权行使机关的法定性。在我国,参加刑事诉讼的国家机关主要包括公安机关、检察机关和审判机关。公安机关主要行使侦查权,包括采取具体的侦查措施、强制措施及预审等;逮捕需要经过检察机关的批准或法院决定,但执行由公安机关进行。检察机关主要行使检察权,包括对部分案件的侦查、所有案件犯罪嫌疑人的批准逮捕和提起公诉等。审判权则由法院行使。刑事诉讼涉及公民财产、人身自由乃至生命等基本人权,应当慎重对待;由法律明确规定国家机关及其具体的职权分工,可以防止对公民基本人权的恣意剥夺或限制。考虑到及时查明案件事实与专业化办案等需要,我国行使侦查权的国家机关较多,包括负责一般案件侦查的公安机关、负责危害国家安全刑事案件办理的国家安全机关。此外,《刑事诉讼法》第308条还规定了其他的侦查机关或侦查部门,如军队保卫部门对军队内部发生的刑事案件行使侦查权,中国海警局对海上发生的刑事案件行使侦查权,监狱则负责对监狱内犯罪案件的侦查。

2. 刑事诉讼职权的专属性。诉讼职权机关的法定性决定了这些权力具有专属性,不仅刑事诉讼中的各国家机关之间不能相互替代,代为行使有关权力,其他没有法律规定的国家机关、单位和个人也不能行使其中的有关职权。检察机关行使的权力具有特殊性,特别是其对刑事诉讼全过程的监督使其可能会介入其他国家机关的权力行使过程,但绝不应直接代为行使其他国家机关的职权。

3. 刑事诉讼职权行使的依法性。刑事诉讼发展的过程既是不断完善与保障当事人权利的过程,也是不断约束和规范国家机关的权力的过程。国家机关在行使相关权力时应严格依照有关法律的规定进行,包括实体法和程序法,在没有法律明确规定时也应遵守法律精神进行。违反法律的禁止性规定,应当依法承担责任。

(二) 司法机关依法独立行使司法权原则

《刑事诉讼法》第5条规定了该原则。该原则在《宪法》第131条、《人民法院组织法》第4条和《人民检察院组织法》第4条都有不同形式的反映。

在我国,人民法院和人民检察院都是司法机关,公安机关不是司法机关;相应地,审判权和检察权都是司法权。司法机关依法独立行使司法权原则是司法机关权力行使的核心原则,主要包括以下内容:

1. 司法机关行使司法权的独立性。首先,检察机关、审判机关职权的法定性决定了司法机关行使权力的独立性。其他国家机关没有法律的明确授权,不能行使司法权。其次,不仅其他国家机关不能行使司法权,行政机关、社会团体和个人均不得干涉司法权的行使。最后,司法机关对权力机关负责,司法机关要接受党的领导。坚持党的领导与司法机关独立行使司法权,根据《领导干部干预司法活动、插手具体案件处理的记录、通报和责任追究规定》要求,防止领导干部干预司法活动、插手具体案件处理,确保司法机关依法独立公正行使职权。

2. 司法机关行使司法权的法律性。首先,司法权的相关事项应由法律明确规定。根据《立法法》第11条、第12条,人民法院、检察院的产生、组织和职权,犯罪和刑罚、对公民政治权利的剥夺、限制人身自由的强制措施和处罚,诉讼制度等都只能制定法律;即使没有法律规定,其中的有关犯罪和刑罚、对公民政治权利的剥夺和限制人身自由的强制措施和处罚、司法制度等事项也不得制定行政法规。其次,司法机关独立行使权力应当依照法律进行。检察机关、审判机关独立行使司法权并非任意行使,应当严格依照法律的规定进行。司法机关可以就具体应用法律制定司法解释,司法解释应针对具体的法律条文且符合立法的目的、原则和原意。

3. 司法机关行使司法权的整体性。我国的司法机关独立行使司法权是以各个司法机关为整体的,不是指各个司法工作人员,但司法权的依法独立行使也内含法官、检察官的依法独立行使司法权,这既体现在《法官法》《检察官法》中,也体现在近些年司法系统推行的权力清单制度中。

(三) 依靠群众原则

《刑事诉讼法》第6条规定了该原则。这是党的群众路线在刑事诉讼中的具体体现,也是司法工作的根本路线。

刑事诉讼既实施刑法,打击犯罪、保护人民,自身也体现了民主、公正与法治等价值,都与群众的切身利益密切相关。为此,刑事诉讼的进行需要紧密依靠群众。

一方面,刑事诉讼的进行需要群众的配合,也是群众的义务。刑事诉讼就是发现证据、收集证据、查获犯罪人,进而证实犯罪并对被追诉人予以定罪量刑的过程。无论是故意还是过失犯罪,所有的犯罪行为都发生在人民群众之中,人民群众具有发现犯罪的便利和惩罚犯罪的动机。刑事诉讼中的国家机关及其工作人员应积极走入群众中,深入调查研究,查明犯罪事实;同时也要认真对待群众有关犯罪线索的反映,保证一切与案件有关或了解案情的公民能协助诉讼的进行。立案侦查环节中,人民群众积极报案、举报和控告等提供的材料是案件的重要来源;任何单位和个人发现犯罪事实和犯罪嫌疑人的,都有义务向国家机关报告,进而被纳入刑事诉讼中成为被害人、证人等角色。

另一方面,刑事诉讼的进行需要群众的监督。在人民代表大会制度下,由人民选举产生的人民代表大会行使国家权力,后者则产生行政机关、司法机关等,行政机关、司法机关依法分别行使行政权、司法权等。这些权力的行使受到各级人民代表大会监督,人民群众也有批评建议等权利。刑事诉讼过程中,国家机关之间职权分工,互相配合、互相制约,同时也接受群众的监督,以保障权力的依法行使,如常见的公开审判制度、人民陪审员制度、人民监督员制度等。

随着科学技术的迅速发展,刑事诉讼中的一些传统侦查措施和证据逐渐被技术侦查和视听资料、电子证据等替代,但依靠群众的原则仍以不同的形式在诉讼程序中得以体现,如单位和个人提供的视听资料等。应继续贯彻依靠群众原则。

(四)以事实为根据、以法律为准绳原则

《刑事诉讼法》第6条规定了该原则。该条款既反映了刑事诉讼实事求是的理念,也是依法治国的要求,是对我国刑事司法长期经验的总结。

以事实为根据,即刑事诉讼活动应在查明案件事实的基础上进行。以事实为根据是刑事司法公正的核心和前提,也是程序正义的重要内容。刑事犯罪涉及被追诉人的基本人权,一旦依法启动并作出裁决,将给国家机关、当事人与社会都造成极大的影响,应慎之又慎。因此,国家机关的一切相关活动都应以"事实"为基础。这里的"事实"是有证据查明的事实,是在法庭上被证明的事实,绝不是主观想象、推测或怀疑的事实。

以法律为准绳,即刑事诉讼中国家机关的一切活动都应严格依照法律的规定进行。这里既包括依照实体法进行,也包括依照程序法进行。从程序上看,刑事案件的处理过程中是否立案、是否对被追诉人采取强制措施、是否移送审查起诉、是否提起公诉等都必须严格遵守刑事诉讼法和刑事实体法的规定进行;从实体上看,被追诉人是否被定罪、是否处刑或处于何种刑罚、量刑多少都必须严格依据刑法规定,遵从罪刑法定原则。我国长期存在重实体轻程序的理念,忽视程序正义对实体正义的保障价值;在依法治国的当下,有必要切实提升对程序法的重视。

(五)公民在适用法律上一律平等原则

《刑事诉讼法》第6条规定了公民在适用法律上一律平等原则,公民在适用法律上一律平等原则是《宪法》规定的平等原则在具体法律中的实施与体现。

公民在适用法律上一律平等原则是一项司法执法原则。该原则主要包含两个方面的内容:一是指一切公民,不分民族、种族、性别、职业、职务、社会地位、宗教信仰、家庭出身、教育程度、财产状况等,在适用法律上平等,不享有特权;二是国家机关在刑事诉讼活动应严格依据法律规定进行,给予公民相等的保护,对于犯罪也要依法打击,做到不枉不纵。

(六)分工负责、互相配合、互相制约原则

《刑事诉讼法》第7条规定了该原则,也是对《宪法》第140条的直接援用。该原则主要包括以下方面:

1. 分工负责。公安机关、检察机关和法院在办理刑事案件中的具体职权不同,在分工基础上各负其责、各尽其职。除前述公检法在职能方面的不同外,在具体案件的分工方面,刑事案件的侦查由公安机关负责,法律另有规定的除外;检察机关负责对诉讼活动实行法律监督中发现的司法工作人员利用职权实施的非法拘禁、刑讯逼供、非法搜查等侵犯公民权利、损害司法公正的犯罪,以及需要由检察机关直接受理、并由省级检察机关决定案件的侦查。自诉案件则由法院直接受理。

2. 互相配合。公安机关、检察机关和法院虽职权不同、分工不同,但各自在履职基础上都应查明案件真相,正确适用法律,实现打击犯罪与保障人权的共同目的。互相配合绝不是放弃分工,相互替代,承担其他机关应当承担的职责,如审判机关承担了追诉职责、检察机关承担应由公安机关进行的侦查任务等,而是在依法分工负责基础上的有效沟通、积极协助与依法"补位",如检察机关在审查起诉中退回补充侦查并提供补查提纲、自行补充侦查等。

3. 互相制约。互相制约是公安机关、检察机关和法院按照法定的职权与程序,发现案件真相与推进刑事程序的保障。作为刑事案件办理中公检法权力控制的方式,互相制约建立在职能分工基础上,也是职能分工下的必然产物;这里的互相制约是公检法之间的制约,不同于刑事诉讼中的检察监督模式,检察监督是指由检察机关对其他国家机关的权力行使进行监督。刑事诉讼中较为常见的互相制约,如侦检之间,侦查机关移送案件由检察机关决定是否起诉,检察机关可能会作出起诉决定,或者附条件不起诉、酌定不起诉等决定;对不起诉的决定,侦查机关可以申请复议复核。如检法之间,法院一般应当依法采纳检察院就认罪认罚案件指控的罪名和量刑建议,但对量刑建议明显不当而检察院不调整或调整后仍明显不当的,法院应当依法作出判决;对于法院的裁判有错误的,检察机关可以提出抗诉等。

分工负责、互相配合和互相制约是一个有机联系的整体。分工负责是前提和核心,既是近现代社会专业分工的必然结果,也是刑事司法专业化、现代化与权力控制的必然要求;互相配合、互相制约则是分工负责制度下自然延伸的权力行使要求和主要内容。互相配合是国家机关共同的性质与刑事诉讼的共同任务决定的,是在分工基础上的配合,绝不能为了配合而削弱分工,甚至联合办案。互相制约是职能分工基础上各自依法行使职权的必然结果,也是对互相配合限度的约束。

(七)检察监督原则

《刑事诉讼法》第8条规定了检察监督原则,检察监督原则也是我国《宪法》的检察监督思想与国家权力构架的体现。人民检察院是国家的法律监督机关,对由权力机关产生的同级其他国家机关的依法履职情况进行监督,保证法制统一;刑事诉讼过程涉及公安机关的侦查权、法院的审判权等,这些机关也需要接受检察机关的监督。刑事诉讼中典型的检察监督形式包括立案监督、侦查监督、审判监督与执行监督。

1. 立案监督,主要是指人民检察院对公安机关立案活动的监督。对公安机关应当立案而不立案或不应当立案而立案的,检察机关可以要求公安机关说明理由;认为理由不成立的,可以要求公安机关撤案或立案。公安机关应当执行。

2. 侦查监督,主要是指人民检察院对公安机关侦查活动的监督,包括侦查行为与侦查结果的监督。前者主要是对发现的违法侦查行为提出口头或书面的纠正通知,构成犯罪的,依法追究刑事责任。后者主要体现为对移送案件的审查起诉,并作出是否起诉的决定。

3. 审判监督,是指人民检察院对法院审判过程与结果的监督。审判过程的监督主要是检察机关出庭参与刑事庭审,对法院的审判活动进行监督,如受理是否违反管辖规定、合议庭组成是否合法等;对于发现违法活动,有权要求法院纠正。审判结果的监督主要体现为对未生效裁判的抗诉和生效裁判的再审抗诉,一般以法院的裁判有错误为理由,向相应的法院提出并引发法院的审判。

4. 执行监督,是指人民检察院对刑罚执行活动的监督,涉及法院、公安机关看守所、监狱等执行机关和部门的各种执行行为,一般由检察机关通过派驻检察、巡回检察,实地查看禁闭室、会见室、监区、监舍等有关场所,列席监狱、看守所有关会议,与有关监管民警进行谈话,召开座谈会,开展问卷调查等方式进行。

(八)罪从判定原则

《刑事诉讼法》第 12 条规定了该原则。该原则源于宪法对公民权利义务的规定,是公民基本人权的保障。

该原则与无罪推定原则类似,但也存在不小的区别。该原则主要包含下列内容:

1. 人民法院独享定罪权。基于职权原则,法院的定罪权具有法定性;同时,刑事诉讼中的侦查机关、起诉机关在法院作出裁决前,也会对犯罪嫌疑人作出有关程序性或包含实体性内容的决定,如公安机关作出的立案决定、检察机关的批捕决定和提起公诉决定等,但这些决定都不具有直接的实体性后果,不能确定被追诉人的刑事责任。

2. 法院作出裁判应当依法进行。法院的审理及在此基础上的裁决都应严格依照法律进行,包括实体法和程序法等由全国人大及其常委会制定的各种法律,这是与"以法律为准绳"是一致的。考虑到刑事裁决对公民人身自由、财产,乃至生命的影响,这里的依法进行具有严格性,违反法律可能导致审判行为无效或审判结果被推翻的后果,如非法证据不得作为裁判的依据,违反审判组织要求的应重新审理,证据不足的应作出无罪裁决等。

3. 未作出裁决前的被追诉人不得作为有罪之人。刑事诉讼的不同阶段,被追诉人分别作为犯罪嫌疑人、被告人,但都不是罪犯;由此,在对被追诉人施加必要的限制措施时,如强制措施或对其进行强制性侦查,都需要给予特别的程序性保障,如辩护人的法律帮助、可以提出申诉、自我辩护等,而且对被追诉人采取限制人身自由、财产的措施要符合比例原则,在法律地位上确保控辩法律地位的平等。相比无罪推定原则,后者在作出裁决前将被追诉人视为"无罪的人",我国的规定并没有明确赋予被追诉人的"无罪"地位,由此也难以推导出沉默权、保释权和控诉机关的证明责任。

虽然该原则与无罪推定原则存在一些差异,但我国当前的一些制度也能大体覆盖无罪推定原则的基本内容,如《刑事诉讼法》第 51 条规定检察机关承担证明被告人有罪的责任,第 81 条对取保候审不足以防止社会危险性的强调等。

(九)认罪认罚从宽原则

《刑事诉讼法》第 15 条规定了该原则,这也是宽严相济刑事政策在我国刑事诉讼上的发展和延伸。

长期以来,宽严相济刑事政策一直在刑事实体法中得到不同程度的体现,也在刑事司法过程中得到贯彻。但由于刑事诉讼法中缺少对这一原则的系统性规范,这一政策在刑事司法中的实施效果受到影响。2014 年,全国人大常委会授权最高人民法院、最高人民检察院在部分地方试点速裁程序改革,在当时的刑事普通程序、简易程序外,针对事实清楚、证据确实充分的案件,被追诉人自愿认罪的,案件诉讼程序进一步简化;2016 年,全国人大常委会又授权最高人民法院、最高人民检察院在上述城市展开更为综合性的认罪认罚从宽制度改革试点,明确将速裁程序纳入认罪认罚从宽制度改革。在试点基础上,我国《刑事诉讼法》于 2018 年修改中纳入认罪认罚从宽原则,并构建了相关的具体制度。

认罪认罚从宽原则主要包含下列内容:

1. 认罪认罚从宽既包括实体法内容,也包括程序法内容。实体法上认罪认罚从宽的常见现象为坦白、赔偿、赔礼道歉、退赃退赔等情形下的从轻减轻处理。程序法上认罪认罚从宽主要体现为程序处理的从宽和程序的从简、加快:程序从宽体现为被追诉人认罪认罚,反映在社会危害性的降低或不高,从而在适用强制措施、作出起诉决定、撤销案件、提出从轻处罚量刑建议和程序选择等方面给予轻缓化处理;程序从简则主要体现为速裁程序的入法及相关制度内容更为简化,如速裁程序审理案件,不受《刑事诉讼法》规定的送达期限的限制,一般不进行法庭调查、法庭辩论;程序加快则体现为刑事诉讼时限的缩短,如适用速裁程序审理案件,人民法院应当在受理后 10 日以内审结;对可能判处的有期徒刑 1 年以上的,可以延长至 15 日。

2. 认罪认罚从宽需要同时存在"认罪""认罚"情形。认罪是指被追诉人自愿如实供述自己的罪行,对指控的犯罪事实没有异议;承认主要犯罪事实,仅对个别事实情节提出异议,或仅辩解行为性质但接受司法机关认定意见的,也视为认罪;仅供述数罪中的一罪或部分罪名事实的,全案不认定为认罪。认罚是被追诉人真诚悔罪,愿意接受处罚,主要表现为认可量刑建议,并签署具结书;认罚主要考察被追诉人的悔罪态度与悔罪表现,一般结合退赃退赔、赔偿损失、赔礼道歉等因素综合考量。仅认罪或仅认罚都不符合认罪认罚的适用条件。

3. 从宽处理依法进行。认罪认罚下的从宽是可以从宽,并非一律从宽,主要依据法律规定和政策精神进行;对犯罪性质和危害后果特别严重、犯罪手段特别残忍、社会影响特别恶劣的犯罪嫌疑人、被告人,认罪认罚不足以从轻处罚的,依法不予从宽处罚。认罪认罚下的从宽也有较大的不同,一般区别认罪认罚的不同诉讼阶段、对查明案件事实的价值和意义、是否确有悔罪表现,以及罪行严重程度等,综合考量确定从宽的限度和幅度;主动认罪认罚的从宽优于被动的,早认罪认罚的优于晚的,彻底的认罪认罚优于不彻底的,稳定的认罪认罚优于不稳定的。对于检察机关就认罪认罚案件提出的量刑建议,法院重点审查认罪认罚的自愿性、具结书内容的真实性和合法性,并一般应当采纳指控的罪名和量刑建议。

4. 对于认罪认罚的被追诉人予以特别的权利保障。被追诉人认罪认罚的,公安机关、检察机关和法院应当保障其获得有效的法律帮助,确保其了解认罪认罚的性质和法律后果,自愿认罪认罚。公检法应当与法律援助机构合作,为派驻律师提供必要的场所、设施和便利,告知被追诉人有权约见值班律师,获得法律帮助。

二、民事诉讼的基本原则

(一)平等原则

平等原则,是指当事人在民事诉讼中享有平等的诉讼权利,人民法院审理民事案件应当平等地保障当事人行使诉讼权利,对当事人在适用法律上一律平等。当事人平等原则在民事诉讼法基本原则体系中处于基础性地位,具有重要的作用,体现了民事诉讼法的鲜明特征。该原则具体表现为：

1. 《民事诉讼法》赋予双方当事人相同的诉讼权利。如双方当事人都有委托诉讼代理人、申请回避、收集与提供证据、进行辩论、请求调解或自行和解、提起上诉、申请再审和申诉、申请执行等诉讼权利。

2. 《民事诉讼法》赋予双方当事人对等的诉讼权利。由于双方当事人在诉讼中处于攻击与防御的对立位置，因而双方当事人还享有相互对等的诉讼权利。如一方当事人有提起诉讼的权利，对方当事人则有提起反诉、进行答辩的权利等。

3. 双方当事人依法平等地承担诉讼义务。诉讼权利的平等必然要求诉讼义务的平等。在民事诉讼中，双方当事人都必须依法行使诉讼权利，遵守诉讼秩序，履行生效的法律文书所确定的义务。

（二）辩论原则

辩论原则，是指民事诉讼的当事人就有争议的事实问题和法律问题，在法院主持下陈述各自主张和意见，互相进行反驳和答辩，以维护自己合法权益的原则。辩论原则确立了当事人在民事诉讼中的辩论权。辩论权在民事诉讼中具有重要意义：一方面，当事人通过行使辩论权，表明自己的主张，反驳对方的主张，能够为法院查明案件事实、正确适用法律提供依据；另一方面，当事人的辩论权也是程序正义的内在要求。通过相互辩驳，当事人有充分的机会积极参与到诉讼程序中，并影响最终的裁判结果，真正体现当事人的程序主体地位。

我国民事诉讼法规定的辩论原则包括四个方面的内容：(1)辩论原则贯穿于民事诉讼的全过程；(2)辩论的范围包括程序与实体两方面的内容；(3)辩论可以采用口头和书面两种形式；(4)人民法院应当保障当事人充分行使辩论权。在大陆法系国家，也存在与我国辩论原则类似的辩论主义。辩论主义是大陆法系国家民事诉讼学理上的概念，表明在作为裁判基础的事实与证据的提出层面，当事人与法院的作用分担。辩论主义的内容包括：第一，在要件事实层面，法院不得将当事人没有主张的案件事实作为判决的基础；第二，法院对当事人之间无争议的事实（即自认事实），不必调查其真伪，应直接作为判决的基础；第三，法院对当事人之间争议事实的认定，原则上限于当事人所提出的证据。

（三）处分原则

处分原则，是指民事诉讼当事人有权在法律规定的范围内，自由支配和处置自己依法享有的民事权利和诉讼权利的原则。作为民事诉讼法的特有原则之一，处分原则的确立是由民事权利的性质决定的。民事权利属私权利，通常情况下，它与国家利益和社会公共利益并无直接的关联，国家无须对此进行干预，而应允许平等的民事主体自由支配自己的民事权利。根据处分原则的要求，在法律规定的范围内，民事诉讼当事人对其依法享有的民事权利和诉讼权利有权自由决定是否行使以及如何行使，即当事人享有处分权，法院对此不得干预。

处分原则由四个方面的内容构成：(1)处分权的主体是当事人；(2)处分权的对象是民事权利和诉讼权利；(3)处分原则主要体现为诉讼启动选择权、请求司法保护范围和保护方法的自由确定权、程序终结选择权（如撤诉）、后续程序（上诉、申请再审、申请执行）选择权等；(4)处分权的行使不得违反法律禁止性规定。

（四）诚信原则

诚信原则，也即诚实信用原则，是指法院、当事人以及其他诉讼参与人在审理民事案件和进行民事诉讼时必须公正、诚实和善意。对于当事人而言，诚信原则要求其不得恶意制造诉讼状态、不得实施矛盾行为、不得滥用诉讼权利、不得故意拖延诉讼等;对于法院而言,诚信原则要求其不得滥用自由裁量权、不得实施突袭裁判;对于其他诉讼参与人而言,诚信原则要求证人不得作虚假证言、诉讼代理人不得滥用和超越代理权。

在民事诉讼中,诉讼主体违反诚信原则的,可能产生如下后果:(1)法院对当事人不诚信的诉讼行为作出否定性评价;(2)法院可根据情节轻重予以训诫、罚款、拘留;(3)造成对方当事人诉讼费用增加的,法院可要求当事人承担所增加的诉讼费用;(4)法院违反诚信原则,滥用自由裁量权,造成突袭裁判的,当事人可以提起上诉或者申请再审。

第二节 诉讼制度

诉讼制度是由法律规定的诉讼活动的具体规范体系,相对于诉讼原则具有具体性,受到诉讼原则的指导。

一、共同的制度

(一)管辖制度

诉讼管辖,主要指诉讼中的国家机关在案件受理上的分工以及法院组织体系在第一审案件受理上的权限划分。

1. 主管

(1)刑事诉讼中的主管

刑事诉讼中的主管也称为立案管辖,主要指公安机关、检察机关和法院在案件直接受理上的分工。法律对国家机关管辖的分工,主要是基于国家机关的职能,同时结合案件的性质、严重程度、查办的便利等因素,以实现刑事诉讼的任务。根据我国《刑事诉讼法》第19条的规定,刑事诉讼中的立案管辖分工如下:

人民法院直接管辖的案件。我国法院直接受理三类案件:第一,自诉案件,即依法由被害人及其法定代理人直接向法院提起自诉的案件,包括告诉才处理的案件,如侮辱、诽谤案、暴力干涉婚姻自由案、虐待案、侵占案等;第二,被害人有证据证明的轻微刑事案件,如故意伤害案、侵犯通信自由案、重婚案、遗弃案、生产、销售伪劣商品案、侵犯知识产权案和《刑法》第四章、第五章规定的,可能判处3年有期徒刑以下刑罚的案件等;第三,被害人有证据证明对被告人侵犯自己人身、财产权利的行为应当依法追究刑事责任,且有证据证明曾经提出控告,而公安机关或者人民检察院不予追究被告人刑事责任的案件,一般也称为"公诉转自诉"案件。

检察机关直接受理的案件。人民检察院直接受理的案件主要是对诉讼活动实行法律监督中发现的司法工作人员利用职权实施的犯罪,涉及非法拘禁、刑讯逼供等14个罪名。对于公安机关管辖的国家机关工作人员利用职权实施的重大犯罪案件,经省级以上人民检察院决定,人民检察院也可以直接受理。

公安机关直接受理的案件。除了前述由法院、检察机关直接受理的案件,其他一般都由公安机关直接立案管辖,但监察机关管辖的职务犯罪案件、军队内部发生的刑事案件、海上发生的刑事案件和罪犯在监狱内犯罪的案件除外。

公安机关、检察机关和法院应当在各自管辖范围内分别行使职权。对于存在交叉的，原则上各自管辖。对于被害人有证据证明的轻微刑事案件，公安机关和法院都有权受理，被害人有选择权；即使因证据不足被法院驳回起诉的，被害人也可以向公安机关控告。被追诉人犯数罪，分别属于公安机关与检察机关管辖的，在分工管辖基础上，公安机关与检察机关以主罪所属进行侦查，另一机关予以配合。

（2）民事诉讼中的主管

民事诉讼中的主管也即法院的受案范围，即确定人民法院和其他国家机关、社会团体之间解决民事、经济纠纷的分工和职权范围。

《民事诉讼法》第3条对法院受案范围进行了界定，即"人民法院受理公民之间、法人之间、其他组织之间以及他们相互之间因财产关系和人身关系提起的民事诉讼，适用本法的规定"。按照这一规定，多数学者认为，我国确定民事诉讼受案范围的标准是法律关系的性质，即以发生争议的实体法律关系是否属于民事法律关系标准来确定法院的受案范围。具体又可细化为以下两个方面：第一，主体标准，既指提起民事诉讼的主体是公民、法人或其他组织，包括外国公民、企业、组织和无国籍人，也指主体之间在法律地位上完全平等，不存在行政法上的管理与被管理的关系，各自有表达利益意愿的自由。第二，内容标准，即纠纷内容只能是民事领域的财产关系和人身关系争议，也就是民事法律关系争议。

2. 审判管辖

审判管辖主要是不同级别法院、同一级别的不同地区法院以及专门法院与普通法院之间在受理第一审案件上的权限与分工问题。

（1）刑事审判中的管辖

第一，级别管辖。级别管辖主要是指不同级别法院在第一审刑事案件受理上的权限与分工。根据《刑事诉讼法》第20～23条的规定，我国各级法院的管辖权如下：其一，基层人民法院管辖第一审案件，但依法由上级法院管辖的除外；基层人民法院是第一审刑事案件的主要管辖法院。其二，中级人民法院主要管辖危害国家安全、恐怖活动案件和可能判处无期徒刑、死刑的案件。其三，高级人民法院主要管辖全省（自治区、直辖市）性的重大刑事案件。其四，最高人民法院管辖全国性的重大刑事案件。除级别管辖的一般规定外，符合一定条件的案件可以在不同级别法院之间移送管辖，即在上级法院认为必要时，可以审判下级法院管辖的第一审刑事案件；下级人民法院认为案件重大复杂的、新型疑难或具有适用上的普遍指导意义等，可以请求移送上一级法院审判。

第二，地域管辖。地域管辖是指同级法院关于第一审刑事案件在受理上的权限与分工。根据《刑事诉讼法》第25～26条的规定，刑事案件的地域管辖主要是根据犯罪地确定，被告人居住地法院管辖更为适宜的，也可以由被告人居住地法院管辖。前述的犯罪地包括犯罪行为发生地、犯罪结果发生地。前者包括犯罪行为的实施地以及预备地、开始地、途经地、结束地等与犯罪行为有关的地点；犯罪行为有连续、持续或者继续状态的，犯罪行为连续、持续或者继续实施的地方都属于犯罪行为发生地。后者包括犯罪对象被侵害地、犯罪所得的实际取得地、藏匿地、转移地、使用地、销售地。居住地包括户籍所在地、经常居住地。经常居住地是指公民离开户籍所在地最后连续居住一年以上的地方，但住院就医的除外。由于犯罪地、居住地的复杂性，可能导致多个同级法院都有管辖权，此时原则上由最初受理的法院管辖，必要时可以移送主要犯罪地的人民法院审判。

第三，专门管辖。专门管辖主要是专门人民法院与普通人民法院之间、专门人民法院之间在第一审案件受理权限上的分工。我国的专门法院主要包括铁路运输法院、军事法院、海事法院、知识产权法院、金融法院等，但只有前两者具有刑事案件的管辖权。军事法院主要管辖现役军人和军队在编职工的刑事案件，以及退役军人在服役期间的违反职责等案件。铁路运输法院主要管辖在列车上犯罪且在列车上抓获被告人的案件；不是在列车运行途中抓获的，则由负责乘务的铁路公安机关对应的地方法院或车站所在地的法院管辖。

第四，指定管辖。指定管辖是由上级人民法院指定下级人民法院管辖的形式。相对于一般管辖中的"法定法院"，指定管辖是特殊管辖，不同于由法律预先确定管辖的法院，而是由上级法院根据案件情况临时确定管辖法院。根据《刑事诉讼法》第 27 条的规定，指定管辖主要适用于管辖不明的案件、原有管辖权的人民法院不能或不便行使管辖权的案件。

(2)民事审判中的管辖

依管辖是由法律直接规定还是由当事人协商确定为标准，可以将管辖区分为法定管辖和协议管辖。凡是由法律直接规定的管辖为法定管辖，包括级别管辖和地域管辖；凡是由当事人以约定方式确定的管辖为协议管辖，包括明示协议管辖和默示协议管辖。

第一，法定管辖。法定管辖包括级别管辖和地域管辖两类。我国划分级别管辖主要依据案件的性质、案件的繁简程度、案件的影响范围以及案件争议标的额大小四个标准。地域管辖可被分成一般地域管辖和特殊地域管辖，前者是以诉讼当事人住所地与法院辖区之间联系为标准确定管辖法院，后者是以诉讼标的、诉讼标的物或法律事实与法院辖区之间联系为标准确定管辖法院。特殊地域管辖规则仅适用于合同纠纷、侵权纠纷、公司组织类诉讼、不动产纠纷、港口作业纠纷、继承纠纷，除此以外的案件适用一般地域管辖规则。

第二，协议管辖。又称合意管辖或约定管辖，是指双方当事人在民事纠纷发生之前或之后，以书面方式或者以应诉答辩方式约定中国法院或外国法院审理案件。其中，以书面方式形成的管辖协议的为明示协议管辖，以应诉答辩方式形成管辖协议的为默示协议管辖。管辖协议属于诉讼契约之一种，同时受民法和民事诉讼法的调整，是私权自治和民事诉讼处分原则的体现。协议管辖的具体适用条件包括：一是协议管辖只适用于财产纠纷案件；二是协议管辖仅适用于第一审案件；三是当事人选择协议只能选择被告住所地、合同履行地、合同签订地、原告住所地、标的物所在地等与争议有实际联系地点的法院；四是当事人选择法院时，不得违反有关级别管辖和专属管辖的规定。

(二)回避制度

回避制度，主要指司法工作人员因与案件或案件当事人有某种利害关系等，可能影响案件公正处理的，不得参与案件办理活动的一项制度。

1.回避的理由

根据《刑事诉讼法》第 29～30 条的规定，公安机关、检察机关和法院的人员具有下列情形之一的，应回避：(1)是本案的当事人或者是当事人的近亲属的；(2)本人或者他的近亲属和本案有利害关系的；(3)担任过本案的证人、鉴定人、辩护人、诉讼代理人的；(4)侦查机关、检察机关和审判机关的人员接受当事人及其委托的人的请客送礼，违反规定会见当事人及其委托的人；(5)与本案当事人有其他关系，可能影响公正处理案件的。

根据民事诉讼法的规定，审判人员等有下列情形的，应当回避。(1)是本案的当事人或者当事人、诉讼代理人的近亲属。所谓"近亲属"，包括与审判人员有夫妻、直系血亲、三代以内旁系血亲及近姻亲关系的亲属。(2)与本案有利害关系。所谓与本案有利害关系,是指审判人员等有关人员与案件的处理结果有直接或者间接的经济利益或人身利益。(3)与本案当事人、诉讼代理人有其他关系,可能影响对案件公正审理。这里的其他关系,是指除上述关系以外的其他亲密关系或者恩怨关系,例如同学、师生、同事、战友、邻居关系等。

回避的对象一般包括审判人员、法官助理、书记员、司法技术人员、翻译人员、鉴定人、勘验人、执行员。考虑到侦查人员、检察人员同样负有公正客观义务,我国也将其纳入刑事回避制度的适用对象。

2. 回避的形式

根据刑事诉讼的有关规定,侦查机关、检察机关和审判机关工作人员的回避主要有三种形式:(1)自行回避,指侦查机关、检察机关和审判机关工作人员在诉讼过程中发现有法定回避理由的,应自行退出有关案件的办理;(2)申请回避,指案件当事人及其法定代理人、诉讼代理人、辩护人等认为侦查机关、检察机关和审判机关的工作人员有法定回避理由的,向其所属机关提出申请,要求相关工作人员退出案件办理活动;(3)指令回避,指法定的组织或个人发现侦查机关、检察机关和审判机关的工作人员具有法定回避理由,而其没有自行回避,也没有被申请回避的,应责令相关人员退出案件诉讼活动。民事诉讼的回避形式也是如此。

3. 回避的程序

(1)回避的提出

发现回避理由的,无论是具有申请权的当事人及其法定代理人、诉讼代理人、辩护人,还是法定的组织或个人,都可以在诉讼的任何阶段提出回避申请或责令有关人员回避;侦查机关、检察机关和审判机关的工作人员也可以在刑事诉讼的各个环节主动回避。

申请回避可以口头或书面形式提出,一般应当说明理由或附有理由的证明材料。回避一旦提出,相关人员的诉讼活动应当暂停,但公安机关负责人、侦查人员不得停止对案件的侦查。

(2)回避的决定

具有回避理由的相关人员的回避都由所属机关的行政负责人决定,如法院院长、检察院检察长和公安机关负责人;但公安机关负责人、检察院检察长的回避由检察委员会决定,法院院长的回避则由审判委员会决定。

(3)回避决定的救济

对有关机关作出的驳回申请回避的决定,当事人及其代理人等有申请复议的权利,但对法庭以不属于法定回避理由而直接驳回的,不得申请复议。

(三)法律服务制度

1. 刑事辩护制度

刑事辩护是指针对刑事诉讼中国家机关的追诉及采取的各种措施、被害人的自诉,犯罪嫌疑人、被告人及其辩护人依据事实和法律提出各种证据材料和意见,以维护自己合法权益的申辩或解释行为。

(1)辩护的种类

根据《刑事诉讼法》第33~35条的规定,我国刑事辩护的种类主要包括三种形式:

第一,自行辩护,即针对国家机关的追诉和被害人的自诉,被追诉人依法进行的申辩和解释等诉讼行为。基于罪从判定原则,被追诉人的自我辩护是基本的诉讼权利,也贯穿于刑事诉讼的任一环节。

第二,委托辩护,即被追诉人委托律师或其他公民担任辩护人为其辩护。被追诉人可以自己直接委托辩护人,也可由其监护人、近亲属代为委托。为了便于被追诉人及时委托辩护人,国家机关承担告知委托辩护权的义务。犯罪嫌疑人、被告人在押期间要求委托辩护人的,人民法院、人民检察院和公安机关应当及时转达其要求。被追诉人自被侦查机关第一次讯问或者采取强制措施之日起,有权委托辩护人;在侦查期间,只能委托律师作为辩护人。

第三,指派辩护,即由侦查机关、检察机关和审判机关依法对没有委托辩护人的被追诉人提供法律援助律师进行辩护,包括强制指派辩护和申请指派辩护,前者主要适用于被追诉人是盲、聋、哑人,或者是尚未完全丧失辨认或者控制自己行为能力的精神病人,或者可能被判处无期徒刑、死刑的,此时被追诉人没有委托辩护人的,公检法应当通知法律援助机构指派律师为其提供辩护;或者被追诉人因经济困难或其他原因没有委托辩护人的,经本人或其近亲属申请,法律援助机构审查符合条件的,应指派律师为被追诉人辩护。

法律援助机构也可以在法院、看守所等场所派驻律师,为没有辩护人的被追诉人提供法律帮助,包括提供法律咨询、程序选择建议、申请变更强制措施、对案件处理提出意见等。

(2)辩护人的范围

辩护人是接受被追诉人的委托或有关国家的指派,帮助被追诉人行使辩护权的人。根据《刑事诉讼法》第33条的规定,下列人员都可以作为辩护人:其一,律师,在我国主要指获得律师执业证书,为社会提供法律服务的人员,一般需在律师事务所注册登记。其二,人民团体或者犯罪嫌疑人、被告人所在单位推荐的人。我国律师队伍人数总体数量不足、分布不均,而这些团体或单位与被追诉人具有一定的联系或具有保护被追诉人权益的职责,可以推荐人员担任辩护人。其三,犯罪嫌疑人、被告人的监护人、亲友。被追诉人的监护人和亲友有保护被追诉人权益的责任,或与被追诉人具有较为密切的关系,也能从一定程度上协助被追诉人保护自己的合法权利。

(3)辩护人的权利和义务

第一,辩护人的诉讼权利。为防止辩护人介入可能对诉讼形成干扰,我国对侦查阶段辩护人的权利有较大限制,侦查阶段辩护人的权利主要包括为犯罪嫌疑人提供法律帮助;代理申诉、控告;申请变更强制措施;向侦查机关了解犯罪嫌疑人涉嫌的罪名和案件有关情况,提出意见。

自人民检察院对案件审查起诉之日起,辩护人的权利主要包括阅卷权,查阅、摘抄、复制本案的案卷材料。会见通信权,同在押的犯罪嫌疑人、被告人会见和通信,向犯罪嫌疑人、被告人核实有关证据,且不被监听。调查取证权,申请人民检察院、人民法院调取应提交而未提交的证据;辩护律师经证人或者其他有关单位和个人同意,可以向他们收集与本案有关的材料,也可以申请人民检察院、人民法院收集、调取证据,或者申请人民法院通知证人出庭作证;经人民检察院或者人民法院许可,并且经被害人或者其近亲属、被害人提供的证人同意,辩护律师也可以向他们收集与本案有关的材料。其他诉讼权利,如向国家机关提出辩护意见的权利、出席庭审的权利、质证辩论权、拒绝辩护的权利、保密权、申请变更或解除强制措施权、申请回避权、申请鉴定权、申请排除非法证据权、申诉控告权等。

第二,辩护人的主要义务。刑事诉讼中辩护人主要承担下列义务:不得帮助犯罪嫌疑人、被告人隐匿、毁灭、伪造证据或者串供,不得威胁、引诱证人作伪证以及进行其他干扰司法机关诉讼活动的行为;收集到有关犯罪嫌疑人不在犯罪现场、未达到刑事责任年龄、属于依法不负刑事责任的精神病人的证据,应当及时告知公安机关、人民检察院;对在执业活动中知悉的委托人的有关情况和信息予以保密,但在执业活动中知悉委托人或者其他人,准备或者正在实施危害国家安全、公共安全以及严重危害他人人身安全的犯罪的,应当及时告知司法机关等。

2. 诉讼代理制度

诉讼代理,是指依照代理权,以当事人名义代为实施或接受诉讼行为,从而维护该当事人利益的诉讼制度。刑事诉讼的代理人仅指接受被害人及其法定代理人或近亲属以及附带民事诉讼的当事人及其法定代理人委托的诉讼参加人,民事诉讼的代理人则包括当事人、第三人委托的诉讼参加人。

典型的民事诉讼代理具有如下特征:(1)诉讼代理人须具有诉讼行为能力;(2)诉讼代理人须在代理权限范围内进行诉讼活动;(3)诉讼代理人须以被代理人名义进行诉讼活动;(4)诉讼代理的法律后果直接归属于被代理人;(5)诉讼代理人在同一案件中只能代理一方当事人进行诉讼;(6)诉讼代理人是相对独立的诉讼参加人。在代理权限范围内,诉讼代理人为维护被代理人的利益,可以独立实施或受领意思表示,相对独立地决定诉讼行为的内容和方式。而且,诉讼代理人有其自身的诉讼权利和义务。刑事诉讼中代理也是大致如此。

刑事诉讼代理人参与的阶段和权利具有一定的特殊性。公诉案件自案件移送审查起诉之日起,当事人有权委托诉讼代理人。人民检察院自收到移送审查起诉的案件材料之日起3日以内,应当告知被害人及其法定代理人或者其近亲属、附带民事诉讼的当事人及其法定代理人有权委托诉讼代理人。自诉人及其法定代理人,附带民事诉讼的当事人及其法定代理人,有权随时委托诉讼代理人;为了保障该权利,人民法院自受理自诉案件之日起3日以内,应当告知其有权委托诉讼代理人。诉讼代理人与刑事辩护人享有的权利义务类似,如阅卷权、调查取证权、提出意见权、申诉控告权、出庭权、质证和辩论权等。附带民事诉讼当事人的权利义务则与民事诉讼中的代理人类似,除了前述代理人都享有的调查取证、阅卷权、参与庭审权等,还可以根据授权享有和解权、撤诉权、反诉权、调解权等。

(四)公开审判制度

公开审判制度,是指人民法院对诉讼案件的审理和宣判应当依法公开进行的制度。

公开审判一方面是对司法权的监督,这是公民监督国家权力的体现,以防止权力可能的滥用或腐败;另一方面也可以借此加强当事人与公众对司法权的认可,宣传法治、教育公众,促进司法公信力和权威性。该原则包括以下内容:

1. 审判公开包括审理过程的公开和审判结果的公开。前者是指整个法院的审理过程应当公开,为此法院应在开庭前一定时间内公布案由、当事人姓名、开庭时间和地点等,以便于当事人和参与人的参加,公民的旁听、新闻记者的报道。后者是指法院的宣判应当公开,包括判决书的内容、理由和依据。

2. 审判公开包括对当事人的公开和对社会公众的公开。前者意味着审判的证据材料应当允许当事人查阅、复制;庭审应当公开而非秘密进行,当事人有权参加庭审,所有证据应当在庭审中向当事人公开,并接受质证,否则不得作为裁判的依据。后者意味着公众旁听庭审,除出示有效身份证件和接受安全检查外,不得加以限制;旁听应优先安排当事人的近亲属或其他与案件有利害关系的人,席位不足的应根据先后顺序或抽签、摇号等方式发放旁听证。

3. 公开可以依法限制。审判公开在宣扬法治精神、监督司法权运行的同时,在一定程度上也可能会影响公民隐私、国家秘密等,对特定案件的公开也是有限度的;同时,为保障合议制度下法官的发言权不受影响,审理的部分环节也不予公开。在刑事诉讼法中,有关国家秘密或者个人隐私的案件,当事人申请不公开审理的商业秘密案件,不公开审理,但宣判公开。在民事诉讼中,涉及国家秘密的案件、个人隐私的案件应当不公开审理,离婚案件和涉及商业秘密的案件,当事人申请不公开审理的,可以不公开审理;法院调解,原则上不公开进行。

二、刑事诉讼的强制措施制度

强制措施是指在刑事诉讼过程中,侦查机关、检察机关和审判机关为保障刑事诉讼的顺利进行,依法对被追诉人采取限制或剥夺其人身自由的各种强制性方法。这些措施在适用对象、程序上具有法定性,目的上具有保障性和临时性。根据《刑事诉讼法》第66～100条的规定,我国的强制措施主要包括拘传、取保候审、监视居住、拘留和逮捕。

(一)拘传

拘传是指刑事诉讼过程中,侦查机关、检察机关和审判机关对未被羁押的被追诉人依法予以强制到案接受讯问的强制方法。不同于类似的到案接受侦查的措施,拘传只适用于被追诉人,而传唤可以适用于当事人;拘传具有强制性,而传唤没有;拘传可以直接适用,也可以在经传唤不到案后适用。

拘传的适用程序如下:(1)拘传由县级以上公安机关负责人、人民检察院检察长和人民法院院长批准,签发拘传证。(2)拘传由不少于2名公安司法人员执行,须出示拘传证,并由被拘传人签名、捺印。(3)拘传到案的地点一般为被拘传人所在的市县内。(4)拘传持续的时间不得超过12小时,案情特别重大、复杂,需要采取拘留、逮捕措施的,拘传持续时间不得超过24小时。不得以连续传唤、拘传的形式变相拘禁犯罪嫌疑人。(5)拘传犯罪嫌疑人,应当保证犯罪嫌疑人的饮食和必要的休息时间。

(二)取保候审

取保候审是指侦查机关、检察机关和审判机关责令被追诉人提供保证人或保证金,保证其不逃避侦查或审判,并随传随到的一种强制方法。取保候审的执行只能由公安机关进行,最长期限不得超过12个月。

1. 取保候审的情形

根据《刑事诉讼法》第67条第1款的规定,下列情形的被追诉人可以被取保候审:(1)可能判处管制、拘役或者独立适用附加刑的;(2)可能判处有期徒刑以上刑罚,采取取保候审不致发生社会危险性的;(3)患有严重疾病、生活不能自理,怀孕或者正在哺乳自己婴儿的妇女,采取取保候审不致发生社会危险性的;(4)羁押期限届满,案件尚未办结,需要采取取保候审的。

2. 取保候审的形式

根据《刑事诉讼法》第68条的规定,对被追诉人进行取保候审可以用人保和财保两种形式。

(1)人保,即以保证人保证的形式。保证人必须符合下列条件:与本案无牵连;有能力履行保证义务;享有政治权利,人身自由未受到限制;有固定的住处和收入。同时还要遵守下列义务:监督被保证人遵守法律规定;发现被保证人可能发生或者已经发生违反法律规定的行为的,应当及时向执行机关报告。保证人未履行保证义务的,对保证人处以罚款,构成犯罪的,依法追究刑事责任。

(2)财保,即以保证金保证的形式。保证金的数额一般由决定机关综合考虑保证诉讼活动正常进行的需要、被取保候审人的社会危险性、案件的性质和情节、可能判处刑罚的轻重、被取保候审人的经济状况等情况确定。保证金应存入执行机关指定银行的专门账户。取保候审结束的时候,凭解除取保候审的通知或者有关法律文书到银行领取退还的保证金。

3.被取保候审人的义务

根据《刑事诉讼法》第71条的规定,被取保候审的被追诉人应遵守下列规定:(1)未经执行机关批准不得离开所居住的市、县;(2)住址、工作单位和联系方式发生变动的,在24小时以内向执行机关报告;(3)在传讯的时候及时到案;(4)不得以任何形式干扰证人作证;(5)不得毁灭、伪造证据或者串供。侦查机关、检察机关和审判机关也可以根据情况,责令被取保候审人遵守下列一项或多项规定:(1)不得进入特定的场所;(2)不得与特定的人员会见或者通信;(3)不得从事特定的活动;(4)将护照等出入境证件、驾驶证件交执行机关保存。

被取保候审的犯罪嫌疑人、被告人违反前述规定,已交纳保证金的,没收部分或者全部保证金,并且区别情形,责令犯罪嫌疑人、被告人具结悔过,重新交纳保证金、提出保证人,或者监视居住、予以逮捕。

(三)监视居住

监视居住是指侦查机关、检察机关和审判机关责令被追诉人不得擅自离开住所或居所,对其活动予以监视和控制的一种强制方法。监视居住是逮捕的替代措施,一般是在符合逮捕条件下因特殊原因不能羁押而采取该措施以保障刑事诉讼的顺利进行。

1.监视居住的种类

我国监视居住主要分为一般监视居住和指定居所监视居住。

一般监视居住主要适用于符合逮捕条件但具有下列情形之一的被追诉人:(1)患有严重疾病、生活不能自理的;(2)怀孕或者正在哺乳自己婴儿的妇女;(3)系生活不能自理的人的唯一扶养人;(4)因为案件的特殊情况或者办理案件的需要,采取监视居住措施更为适宜的;(5)羁押期限届满,案件尚未办结,需要采取监视居住措施的。对符合取保候审条件,但犯罪嫌疑人、被告人不能提出保证人,也不交纳保证金的,可以监视居住。一般监视居住在被追诉人的住处执行。

指定居所监视居住主要适用于符合一般监视居住条件,但存在下列情形之一的:(1)无固定住处的,主要指被监视居住人在办案机关所在县市内没有合法住处;(2)涉嫌危害国家安全犯罪、恐怖活动犯罪,在住处执行可能有碍侦查的;这里的有碍侦查主要指可能毁灭、伪造证据,干扰证人作证或者串供的;或可能引起犯罪嫌疑人自残、自杀或者逃跑的;或可能引起同案犯逃避、妨碍侦查的;或犯罪嫌疑人、被告人在住处执行监视居住有人身危险的;或犯罪嫌疑人、被告人的家属或者所在单位人员与犯罪有牵连的;或可能对举报人、控告人、证人及其他人员等实施打击报复的;等等。

2.被监视居住人的义务

根据《刑事诉讼法》第77条的规定,被监视居住人应遵守下列规定:(1)未经执行机关批准不得离开执行监视居住的处所;(2)未经执行机关批准不得会见他人或者通信;(3)在传讯的时候及时到案;(4)不得以任何形式干扰证人作证;(5)不得毁灭、伪造证据或者串供;(6)将护照等出入境证件、身份证件、驾驶证件交执行机关保存。

3.监视居住的执行

侦查机关、检察机关和审判机关都可以决定监视居住,但应由公安机关执行。公安机关对被监视居住的犯罪嫌疑人、被告人,可以采取电子监控、不定期检查等监视方法对其遵守监视居住规定的情况进行监督;在侦查期间,可以对被监视居住的犯罪嫌疑人的通信进行监控。

被监视居住的犯罪嫌疑人、被告人违反前款规定,情节严重的,可以予以逮捕;需要予以逮捕的,可以对犯罪嫌疑人、被告人先行拘留。

监视居住最长期限不得超过6个月,侦查机关、检察机关和审判机关可以在侦查、审查起诉与审判阶段分别作出监视居住决定。指定居所监视居住的期限应当折抵刑期。被判处管制的,监视居住1日折抵刑期1日;被判处拘役、有期徒刑的,监视居住2日折抵刑期1日。

(四)拘留

拘留,一般是指侦查机关、检察机关在遇到法定紧急情况下,依法暂时剥夺现行犯或重大嫌疑分子人身自由的一种强制方法。拘留直接剥夺了犯罪嫌疑人的人身自由,具有较大的影响,但并不是刑事惩罚。拘留期限一般为3~7日;对于流窜作案、多次作案、结伙作案的重大嫌疑分子,拘留的时间可以延长至30日。侦查阶段,检察机关对直接受理案件中犯罪嫌疑人拘留的时间则为14~17日。

1. 拘留适用的情形

根据《刑事诉讼法》第82条的规定,有下列情形之一的,公安机关可以先行拘留:(1)正在预备犯罪、实行犯罪或者在犯罪后即时被发觉的;(2)被害人或者在场亲眼看见的人指认他犯罪的;(3)在身边或者住处发现有犯罪证据的;(4)犯罪后企图自杀、逃跑或者在逃的;(5)有毁灭、伪造证据或者串供可能的;(6)不讲真实姓名、住址,身份不明的;(7)有流窜作案、多次作案、结伙作案重大嫌疑的。检察机关采取拘留措施主要适用于(4)(5)两种情形。

2. 拘留的执行

公安机关执行拘留,应出示拘留证,并责令被拘留人在拘留证上签名、捺印。

拘留后应在24小时内将被拘留人送看守所羁押。除无法通知或者涉嫌危害国家安全犯罪、恐怖活动犯罪通知可能有碍侦查的情形外,应当在拘留后24小时以内通知被拘留人的家属。应在拘留后的24小时以内对被拘留人进行讯问;在发现不应当拘留的时候,必须立即释放,发给释放证明。

(五)逮捕

逮捕,指经过检察机关批准或法院决定,由公安机关对被追诉人予以短期羁押、以剥夺其人身自由的一种强制方法。

1. 逮捕适用的条件

根据《刑事诉讼法》第81条的规定,逮捕一般需要同时符合下列三个条件。

第一,有证据证明有犯罪事实。该项条件又可以分解为三项:有证据证明发生了犯罪事实;有证据证明犯罪事实是犯罪嫌疑人实施的;证明犯罪嫌疑人实施犯罪行为的证据已查证属实。

第二,可能判处徒刑以上刑罚。考虑到逮捕是较长时间对被追诉人人身自由的剥夺,对于罪行本身较轻,可能只判处徒刑以下的刑罚,如管制、拘役,甚至定罪免刑,此时羁押被追诉人显然违背比例原则;当然,在罪行较轻情况下,如被追诉人严重干扰刑事诉讼的进行,也可能会被逮捕,如违反取保候审规定。

犯罪嫌疑人涉嫌的罪行较轻,且没有其他重大犯罪嫌疑,具有下列情形之一的,可以作出不批准逮捕或者不予逮捕的决定:一是属于预备犯、中止犯,或者防卫过当、避险过当的;二是主观恶性较小的初犯,共同犯罪中的从犯、胁从犯,犯罪后自首、有立功表现或者积极退赃、赔偿损失、确有悔罪表现的;三是过失犯罪的犯罪嫌疑人,犯罪后有悔罪表现,有效控制损失或者积极赔偿损失的;四是犯罪嫌疑人与被害人双方根据刑事诉讼法的有关规定达成和解协议,经审查,认为和解系自愿、合法且已经履行或者提供担保的;五是犯罪嫌疑人认罪认罚的;六是犯罪嫌疑人系已满14周岁未满18周岁的未成年人或者在校学生,本人有悔罪表现,其家庭、学校或者所在社区、居民委员会、村民委员会具备监护、帮教条件的;七是犯罪嫌疑人系已满75周岁的人。

第三,逮捕的必要性。对被追诉人采取取保候审不足以防止发生下列社会危险性的:一是可能实施新的犯罪的;二是有危害国家安全、公共安全或者社会秩序的现实危险的;三是可能毁灭、伪造证据,干扰证人作证或者串供的;四是可能对被害人、举报人、控告人实施打击报复的;五是企图自杀或者逃跑的。检察机关批准或者法院决定逮捕,仍应当综合考虑犯罪嫌疑人、被告人涉嫌犯罪的性质、情节、认罪认罚等情况,以作为是否可能发生社会危险性的因素。

与上述条件不同,径行逮捕除"有证据证明有犯罪事实"的事实要件外,刑罚条件为"可能判处10年有期徒刑以上刑罚"或"可能判处徒刑以上刑罚,曾经故意犯罪或者身份不明的",此时不需要再考虑社会危险性因素,应当对被追诉人予以逮捕。

2. 逮捕的审查与执行

我国的逮捕主要由检察机关批准,由公安机关执行。

(1) 检察机关的审查批准

公安机关认为需要逮捕犯罪嫌疑人的,经县级以上公安机关负责人批准,制作提请批准逮捕书,连同相关案件材料、证据移送检察机关审查。必要时,检察机关可以派人参加重大案件的讨论。

检察机关在审查证据基础上,可以讯问犯罪嫌疑人、询问被害人及其他诉讼参与人等以了解案件情况。在对逮捕条件有疑问、侦查活动可能有重大违法或犯罪嫌疑人要求当面陈述等情形下,承办人员必须讯问犯罪嫌疑人;在讯问未被羁押的犯罪嫌疑人时,要征询侦查机关的意见。承办人员可以听取辩护律师的意见,在辩护律师提出要求时则必须听取其意见;在直接听取辩护人、被害人及其诉讼代理人意见有困难时,也可以通过电话、视频或书面等形式获取意见。

对被拘留的犯罪嫌疑人,检察机关应在3~7日内作出是否逮捕的决定;未被拘留的,应在15日内作出决定,重大复杂案件不得超过20日。一般案件的犯罪嫌疑人是否批捕由检察长决定,重大案件则应由检察委员会决定。

(2) 公安机关的执行

逮捕经批准或决定后,应由县级公安机关负责人签发逮捕证,执行逮捕。

逮捕一般由不少于2名侦查人员执行。执行逮捕时,必须出示逮捕证,责令被逮捕人签名、捺印。

逮捕后,侦查机关应进行下列诉讼行为:立即将被逮捕人送到看守所羁押;除不讲真实姓名、住址,身份不明,提供的家属联系方式无法联系,或自然灾害等不可抗力因素导致无法通知外,应在24小时内通知被逮捕人的家属,并告知逮捕原因、地址;应在24小时内进行讯问,发现不应逮捕的,应立即释放并发给释放证明,或依法变更强制措施。

3. 逮捕的救济

根据刑事诉讼法的有关规定，对于逮捕决定可能错误，相关主体可以提出救济。

第一，公安机关认为检察机关不批准逮捕决定错误的，可以要求复议；在被追诉人拘留情况下，应同时立即释放被追诉人。对于复议意见仍不接受的，公安机关可以向上一级检察机关提请复核。上级检察机关应立即复核，并将相关决定通知下级检察机关与公安机关执行。

第二，逮捕后，人民检察院也应对羁押的必要性进行审查，发现不需要继续羁押的，应建议释放或变更强制措施。发现逮捕不当的，应及时撤销或变更。

第三，逮捕后，被追诉人及其法定代理人、近亲属或辩护人都有权申请变更强制措施。侦查机关、检察机关和审判机关收到申请后，应在3日内作出决定。

第三节 诉讼证据

一、诉讼证据概述

（一）证据的概念及属性

证据是诉讼证明的核心，也是诉讼证明理论中最重要的内容。可以用于证明案件事实的材料，都是证据。诉讼证明中所使用的证据必须符合两个条件方能成为定案依据。

1. 证据必须具备证据资格

所谓证据资格，是指证据材料可以成为证据的必备条件，大陆法系称为证据能力，英美法系称为证据的可采性。证据资格是区分诉讼证据与一般社会认知证据的主要特征。一般来说，影响证据资格的因素主要有以下两个方面：

第一，证据的来源是否合法。非法获取的证据不具有证据资格，即通过非法手段获取的证据不能用以证明案件事实。目前世界各国一般对于通过非法手段获取的口供采取绝对排除的做法，而对于非法获取的非言辞类证据是否需要排除则一般交由法官进行自由裁量。非法证据排除规则所针对的都是公权力机关的行为，对于私人以非法方式获取的证据一般不予排除，除非该私人的非法取证行为是有公权力授权或支持的。

非法证据排除规则已经为我国所确认。2010年7月，最高人民法院、最高人民检察院、公安部、国家安全部、司法部共同颁布《关于办理刑事案件非法证据排除若干问题的规定》，为我国司法实践中排除非法证据提供了法律依据。

第二，证据的内容是否合法。传闻证据规则和意见证据规则是在证据内容上对证据资格进行限制的两大规则。所谓传闻证据规则是指陈述人在法庭外所作的陈述或者经由第三人转述的证据应当予以排除。传闻证据存在两种形式：第一种形式为证人在庭外陈述的书面笔录；第二种形式为第三人在法庭上对原始证人陈述内容的一种转述。意见证据规则，是指对于普通证人所作出的具有推论性或者意见性的证词应当予以排除。意见证据只有在以下两种情形下才能成为证据：合理地基于证人感知能力的意见；对于清楚理解证人证言或明确对争议事实有帮助的。

2. 证据必须经过合法程序调查

证据具备证据资格只是其可以成为庭审材料的前提，任何证据成为证明案件事实的依据还必须经过合法的庭审程序进行调查。调查程序主要审查证据的客观性和关联性,从而确定证据的证明力高低。

3. 证据与待证事实之间具有关联性

关联性是证据的重要属性之一,也是决定证据证明力的主要属性。与待证事实之间没有关联的证据不能作为认定案件事实的依据。证据关联性的大小决定了证明力的大小,一般由法官根据案件情况进行自由裁量。[1]

(二)诉讼证据的法定种类

1. 刑事诉讼的证据种类

证据种类是在法律上对证据的分类,其分类依据是证据内容的外部表现形式。《刑事诉讼法》将证据分为 8 类:

(1)物证。物证是以其外部形状、物质特征、存在场所及形式来证明案件事实的证据材料。物证包括实物与痕迹两类。实物是指与案件事实有关的客观实在物,比如作案用的工具、犯罪现场遗留物、赃款赃物等。痕迹是指物体相互作用后所产生的印迹或物体运动所产生的轨迹,如人的脚印、指纹等。

(2)书证。书证是以文字、符号、图形等书面内容来证明案件事实的证据材料。最常见的书证包括信件、合同、欠条、账册、单据等。书证必须以一定的实物为载体,属于广义上物证的范畴,但书证的外在形式不影响其证据属性,而是通过其记载所反映出的思想、含义来证明案件事实,这是书证与物证最大的区别。书证原则上应当使用原件来证明案件事实。只有当取得原件较为困难并且能够保证副本或复制件与原件一致时才能使用副本或复制件。

(3)证人证言。证人以其亲身经历所感知的与案件事实有关的情况向司法机关所做的陈述为证人证言。[2] 我国对证人资格没有做出严格的限制。《刑事诉讼法》第 62 条规定:"凡是知道案件情况的人,都有作证的义务。生理上、精神上有缺陷或者年幼,不能辨别是非、不能正确表达的人,不能作证人。"

(4)被害人陈述。被害人陈述是刑事诉讼中独有的证据种类。被害人陈述是广义的证人证言,但是因为被害人在刑事诉讼中具有特殊的地位,其与一般证人存在较大的区别,因此我国将被害人陈述规定为独立的证据种类。

(5)犯罪嫌疑人、被告人供述和辩解。犯罪嫌疑人、被告人的供述和辩解是指犯罪嫌疑人、被告人就其指控的犯罪事实及案件其他情况向司法机关所作的陈述或反驳,即我们通常所称的口供。口供是刑事诉讼中重要的证据种类,既是司法机关查明案件事实、追究犯罪、防止错判无辜的重要依据,也是决定是否可以对被告人从轻、减轻处罚的条件。

(6)鉴定意见。鉴定意见是指鉴定机构及鉴定人接受司法机关的委托或当事人的申请,利用自身专业能力和知识,对案件中存在的专门性问题进行鉴定后所做出的书面意见或结论。鉴定意见的范围很广泛,包括法医鉴定、精神鉴定、笔迹鉴定、毒化物鉴定等。鉴定意见需要在庭审中接受控辩双方或原被告双方的质证方能成为定案依据。当事人一方对鉴定意见有异议的,可以要求鉴定人出庭接受质证。

(7)笔录。笔录包括刑事诉讼中的勘验、检查、辨认、侦查实验等笔录。勘验、检查和侦查

---

[1] 张建伟:《证据法要义》(第 2 版),北京大学出版社 2014 年版,第 129 页。
[2] 陈朴生:《刑事证据法》,台北,三民书局 1979 年版,第 296 页。

实验笔录是指办案人员对与案件有关的场所、物品、人身、尸体等进行勘验、检查所作的书面记录。勘验、检查和侦查实验的目的在于确定相关场所、物品、人身等的某些特征或状态。笔录的记载形式包括文字、绘图、照片、录像、复制品等。现场笔录是行政机关为具体行政行为时所作的书面记录,用以证明具体行政行为的合法性。辨认笔录是刑事诉讼中记录被害人、证人对犯罪嫌疑人、被告人辨认的书面记录。

(8)视听资料与电子数据。视听资料和电子数据是以录音、录像、计算机存储信息及以其他高科技手段存储的,能够用以证明案件事实的影音、电子资料。

2.民事诉讼的证据种类

(1)当事人陈述。当事人陈述是指当事人就与本案有关的事实情况向法院所作的陈述。从广义上说,在民事诉讼中,当事人向法院所作的陈述,包含着多方面的内容,如关于诉讼请求的陈述、关于支持其诉讼请求或反驳对方诉讼请求所依据的事实的陈述、关于与案件有关的其他事实的陈述、关于书证或物证等证据及其来源的陈述、关于应如何适用法律等法律问题的陈述等。在上述内容中,只有当事人关于案件事实的陈述,才可能归属于诉讼证据的范畴。

(2)书证。书证是指用文字、符号、图案等所记载和表达的思想内容来证明案件事实的证据,如合同书、借据、房产证、建筑图纸等。

(3)物证。物证是指以自己存在的外形、重量、质量、规格、损坏程度等标志和特征来证明待证事实的物品和痕迹,例如,买卖合同中的标的物、所有权存在争议的物品、受到损坏的物品或受到伤害的身体等。

(4)视听资料。视听资料是指以录音、录像等设备所存储的信息证明案件真实情况的资料,包括录音资料和影像资料。对于视听资料这类证据,国外一般将其归入书证的范畴,作为书证的一种特殊表现形式。我国民事诉讼法将其作为一种独立的证据形式加以规定。

(5)电子数据。电子数据是指通过电子邮件、电子数据交换、网上聊天记录、博客、微博、手机短信、电子签名、域名等形成或者存储在电子介质中的信息。

(6)证人证言。证人证言是指证人就其所了解的案件情况,以口头或书面形式向法院所作的陈述。证人是指知晓案件事实并向法院作证的人。

(7)鉴定意见。鉴定意见是指鉴定人运用自己的专门知识和技能,对民事案件的某些专门性问题进行分析、鉴别后所作出的书面意见,如医学鉴定、产品质量鉴定、技术鉴定、文书鉴定、工程质量鉴定、会计鉴定等。

(8)勘验笔录。勘验笔录是指为了查明案件事实,法院对与案件有关的物证或者现场进行勘查、检验后制作的笔录。勘验笔录既是一种独立的证据,也是一种固定和保全证据的方法。

(三)诉讼证据的理论分类

为了更好地研究诉讼证据法学,理论上从不同角度对证据进行分类使学者对证据的研究更加系统化。理论上通用的分类如下。

1.原始证据和传来证据

根据证据来源进行分类,证据可以分为原始证据和传来证据。

原始证据是指直接来源于案件事实,未经转述、复制的证据材料。物证、书证、当事人陈述、被害人陈述、犯罪嫌疑人供述和辩解以及直接目击证人的证词等是常见的原始证据。

传来证据是指间接来源于案件事实,由原始证据派生的证据材料。比如,物证的复制件、照片,书证的副本、影印件,从他人处得知案件事实的证人证言等都是典型的传来证据。

2. 控诉证据和辩护证据

根据证明指向进行分类,可以分为控诉证据和辩护证据。控诉证据也可称为有罪证据,辩护证据又可称为无罪证据。

控诉证据是犯罪嫌疑人、被告人实施了犯罪的证据。

辩护证据是指向没有犯罪行为,犯罪行为不是被告人所为,或者被告人存在从轻、减轻、免除刑事处罚等情节的证据。

控诉证据和辩护证据与提出证据的主体无关。在犯罪嫌疑人、被告人认罪的案件中,犯罪嫌疑人、被告人供述就是重要的控诉证据;如果侦查机关和检察机关在案件办理的过程中发现有利于犯罪嫌疑人、被告人的证据,也属于辩护证据。

3. 言词证据和实物证据

根据证据的表现形式进行分类,可以分为言词证据和实物证据。

言词证据是以人的陈述为形式,通过言词内容传达案件事实信息的一种证据。言词证据主要包括证人证言,当事人陈述,被害人陈述,犯罪嫌疑人和被告人供述和辩解等。言词证据主要以讯问、询问的方式进行。按照世界各国的通行做法,言词证据的调查应当以陈述人在法庭审理过程中当庭口述的形式为原则,以宣读陈述人的书面证言为例外。

实物证据又称为物证,是除言词证据外其他证据的总称。实物证据包括狭义的物证、书证、各种笔录、视听资料和电子证据等。

4. 直接证据和间接证据

根据与待证案件事实关系远近进行分类,可以分为直接证据和间接证据。

直接证据是指能够单独、直接证明案件事实的证据,无须与其他证据配合,也无须通过推理便能直接证明案件事实。比如,当事人陈述、被害人陈述、犯罪嫌疑人、被告人供述、直接目击证人的证言等都是直接证据。

间接证据是指依靠该证据本身无法直接证明案件事实的证据。如犯罪嫌疑人所使用的工具、在现场遗留的痕迹等。间接证据必须依靠与其他证据配合形成完整且闭合的证据链,方能发挥证明案件事实的作用。

5. 本证和反证

根据民事诉讼证据与证明责任的关系,可以将民事诉讼证据分为本证和反证。

本证是指对待证事实负有证明责任的一方当事人提出的、用于证明该事实的证据。

反证是指对待证事实不负证明责任的一方当事人,为证明该事实不存在或不真实而提出的证据。

二、诉讼证明

(一)诉讼证明的概念与特点

诉讼证明是人类主观对客观世界的一种认识活动。在宏观上,诉讼证明也必须遵循辩证唯物主义和历史唯物主义认识论的一般规律。诉讼证明包括以下特点:

首先,诉讼证明的目的是还原历史事实。诉讼所针对的是过去发生的事情,发现事实必须有证据作为基础,因此诉讼证明的本质是发现证据、运用证据的过程。

其次,诉讼证明是一种具有时空限制的认识活动。这种限制体现在两个方面:一是时空的限制。诉讼活动不能无限制地拖延,必须符合诉讼及时原则。所谓诉讼及时原则,是指审前活动和审判活动都应当不拖延地进行。二是手段上的限制。诉讼证明所使用的手段和材料必须符合法律规定。通过非法手段取得的证据不具备证据能力,不能作为证明案件事实的证据使用。

(二)诉讼证明的基础

证据是诉讼证明的主要基础,刑事诉讼法原则上必须通过证据来认定案件事实。证据裁判原则存在两个例外:免证的事实和推定的事实。

1. 免证的事实

最高人民检察院《人民检察院刑事诉讼规则》第401条规定,在法庭审理中,下列事实不必提出证据进行证明:(1)为一般人共同知晓的常识性事实;(2)人民法院生效裁判所确认的并且未依审判监督程序重新审理的事实;(3)法律、法规的内容以及适用等属于审判人员履行职务所应当知晓的事实;(4)在法庭审理中不存在异议的程序事实;(5)法律规定的推定事实;(6)自然规律或者定律。

2. 推定的事实

推定的事实可以分为两种:一种为法律推定的事实,又称为法律推定、立法推定;另一种为经验推定的事实,又称为事实推定、司法推定。法律推定和事实推定都是司法经验和社会经验抽象后的产物,两者的表现形式基本相同。

推定的事实是一种根据经验法则拟制成立的事实,在逻辑上只存在或然性,并不存在必然性。因此,推定的事实可以由相反证据所推翻,具有可反驳性。

诉讼证明中的推定必须是一种对事实的推定,不以事实为对象的推定不能认为是诉讼证明上的推定。无罪推定、过错推定或"以非法占有为目的"的推定并非以特定事实为对象。无罪推定、过错推定属于单纯的诉讼地位和诉讼规则的规定,其本身不存在触发推定的基本事实,只要相关的诉讼活动展开,这一推定结果就已经出现。

3. 证明对象

证明对象,也称待证事实,是指需要证明主体运用证据予以证明的对案件的解决有法律意义的事实。证明对象的确定,可以说是诉讼证明的起点。只有确定了证明对象,诉讼证明活动才有目标与方向,民事诉讼才能有效地进行。同时,只有作为证明对象的事实被依法证明,法院才能以该事实为依据作出裁判。但在具体的诉讼中,并非所有的案件事实都需要作为证明对象,借助证据来认定。

一般而言,成为证明对象须符合以下条件:(1)该事实对于正确处理案件具有法律意义,即该事实应当是对于正确适用民事实体法和民事诉讼法具有意义的案件事实,包括原告提出的作为其诉讼请求的根据的事实、被告提出的作反驳诉讼请求或者反诉根据的事实以及那些具有程序法意义的事实。(2)双方当事人对该事实存在着争议。不存在争议的事实一般不需要证明,除非法官认为该事实涉及国家利益、社会公共利益或第三人的合法权益且存在双方当事人恶意串通之嫌。(3)该事实不属于诉讼上免于证明的事实。法律明确规定不需要证明的事实,无须证据就可认定,因而不需要作证明对象。

(三)证明责任

证明责任的基本要求包括:(1)主张者负有证明义务,否定之人则无;(2)双方对其各自的主张都不能提出足够的证据,负证明责任的一方败诉。

公诉案件的证明责任原则上由检察机关承担,自诉案件的证明责任由自诉人承担。在特定情况下,被告人也要承担一定的证明责任。这主要包括如下情况:(1)涉嫌巨额财产来源不明罪的犯罪嫌疑人和被告人,对其明显超出自己合法收入的来源,应承担证明其财产来源合法的责任。(2)涉嫌非法持有国家绝密、机密文件、资料、物品罪的犯罪嫌疑人和被告人,如果办案机关能够证明其不该持有而持有国家绝密、机密文件、资料、物品那么应当由犯罪嫌疑人、被告人证明其持有机密是合法的,有正当依据的。(3)对于一些程序性申请,如申请回避、改变管辖、延期审理、排除非法证据等问题,犯罪嫌疑人、被告人应承担举证责任。(4)对于一些法定无罪的抗辩事由,如精神不正常、正当防卫、紧急避险、不可抗力、追诉时效已过等,被告方应承担证明责任。

在诉讼实践中,关于民事诉讼证明责任,主要是按双重含义说来理解证明责任的,即证明责任包括行为意义上的证明责任和结果意义上的证明责任这两层含义。前者是指在诉讼进行的各个阶段,当事人为避免败诉危险而承担的向法院提出证据的行为责任;后者是指作为裁判基础的法律要件事实处于真伪不明状态时,负有证实该要件事实存在的当事人一方所承受的法官不利判断的风险。

结果意义上证明责任是证明责任规范的重要内容,证明责任规范作为真伪不明时的裁判规范,让司法三段论变得完整。法官在运用证明责任规范时,必须率先在当事人之间分配证明责任。证明责任的分配所要解决的问题是,当诉讼即将终结时,如果案件事实仍然真伪不明,由谁承担不利的诉讼后果。其基本规则是,每个当事人要为对他有利的法律规范的事实要件承担证明责任。根据民事诉讼法司法解释的规定,主张法律关系存在的当事人,应当对产生该法律关系的基本事实承担证明责任;主张法律关系变更、消灭或者权利受到妨害的当事人,应当对该法律关系变更、消灭或者权利受到妨害的基本事实承担举证证明责任。

(四)证明标准

所谓证明标准,是指运用证据证明待证事项所要达到的程度。证明标准的确立意味着,提出诉讼主张的一方所提供的证据的证明力必须达到特定的标准,从而使其主张的事实得到确认;反之,如果达不到特定的标准,则可能导致待证事实仍处于事实不清、真伪不明的状态。

我国现行《刑事诉讼法》对于侦查终结、审查起诉和审判阶段的证明标准仍然使用同一表述:"案件事实清楚,证据确实、充分"。证据确实、充分,应当符合以下三个条件:一是定罪量刑的事实都有证据证明;二是据以定案的证据均经法定程序查证属实;三是综合全案证据,对所认定的事实已排除合理怀疑。

对于普通民事案件,实行高度盖然性的证明标准。所谓高度盖然性的证明标准,是指法院基于对证明待证事实的证据的审查判断之结果,并结合其他相关事实,认为待证事实的存在具有高度可能性的,即应当依法对该事实予以认定。对于民事欺诈、胁迫、恶意串通、口头遗嘱、赠与的事实的证明,则实行确信该待证事实存在的可能性能够排除合理怀疑的证明标准。此外,对于与诉讼保全、回避等程序事项有关的事实,人民法院应当结合当事人的说明及相关证据,认为有关事实存在的可能性较大的,可以认定该事实存在,即疏明标准。

第四节 诉讼程序

刑事诉讼程序是公安机关、人民检察院和人民法院处理刑事案件应当遵循的程序。刑事诉讼程序主体共分为五个部分：立案程序、侦查程序、起诉程序、审判程序和执行程序。

一、立案程序

当公安、司法机关发现有犯罪事实或者犯罪嫌疑人或接到报案、举报和控告时，认为需要追究刑事责任的，应当立案。立案程序标志着刑事诉讼活动的正式开始。

（一）立案材料的接受

1. 接受机关。公安机关、人民检察院和人民法院发现犯罪事实或犯罪嫌疑人或者接到报案、举报和控告时，无论是否属于自己的管辖范围，都应当接受。公安、司法机关接受案件后，发现不属于自己管辖的应当移送有管辖权的机关处理，并且通知报案人、举报人、控告人或自首的犯罪嫌疑人。对于不属于自己管辖但需要采取紧急措施的，应当先采取紧急措施，防止犯罪嫌疑人逃跑、自杀、毁灭罪证等行为的发生。

2. 接受的方式。报案、控告、举报或者自首可以口头的方式提出，也可以书面的方式提出。接受书面或口头报案、控告、举报或自首的公安、司法工作人员应当制作笔录。笔录应当向报案人、控告人、举报人或自首人宣读，并在确认无误后由其签字。单位报案的，应当加盖单位公章，并由单位负责人签名或盖章。公安、司法机关接受案件后，应当制作接受刑事案件登记表，作为公安、司法机关管理刑事案件的原始材料存档备查。

3. 告知诬告的法律责任。为了防止诬告，保障无罪的人不受刑事追究，保证控告、举报的真实性，公安、司法工作人员在接受控告和举报时应当告知控告人、举报人诬告应负的法律责任，要求其实事求是陈述事实；同时应严格区分诬告与错告，向控告人、举报人说明诬告与错告的区别，免除控告人、举报人的后顾之忧。

4. 保护控告人、举报人。公安、司法机关应当保障报案人、控告人、举报人及其近亲属的安全。报案人、控告人、举报人不愿意公开自己姓名及报案、控告、举报行为的，公安、司法机关应当为其保密。

（二）立案材料的处理

公安、司法机关接受案件后，应当对立案材料进行审查，根据审查后的结果分别作出如下处理。

1. 经过审查，认为有犯罪事实并且需要追究刑事责任的，应当立案，开始侦查活动；人民法院受理自诉案件，经审查认为具备立案条件的，应当在收到自诉状或口头告诉15日内作出立案决定，并书面通知自诉人或代为告诉人。

2. 经审查，发现不具备立案条件或者没有犯罪事实发生，或者虽有犯罪事实发生但不需要追究刑事责任的，应当作出不立案决定并制作不立案通知书，并在7日内送达控告人、举报人。人民检察院作出不立案决定的，应当在15日内将不立案通知书送达控告人、举报人。

（三）立案的监督与救济

控告人、举报人对公安、司法机关作出的不立案决定不服的，可以在接到不立案通知书后10日内申请复议。复议对象是人民检察院的，复议机关应当在30日内作出复议决定；复议对象是公安机关的，复议机关应当在10日内作出复议决定并书面通知控告人、举报人。控告人、举报人对公安机关复议结果不服的，可以向人民检察院提出申诉，要求进行立案监督。

人民检察院认为公安机关对应当立案侦查而不立案的案件，或者被害人认为公安机关对应当立案侦查的案件不立案，向人民检察院提出申诉的，人民检察院应当要求公安机关说明不立案的理由。人民检察院认为公安机关不立案理由不成立的,应当通知公安机关立案。公安机关接到通知后应当立案。

二、侦查程序

(一)侦查的主要措施

1. 讯问犯罪嫌疑人

(1)讯问犯罪嫌疑人必须由2名以上侦查人员进行。

(2)侦查人员对被羁押的犯罪嫌疑人进行讯问,应当在看守所内进行。对于不需要逮捕、拘留的犯罪嫌疑人,可以传唤犯罪嫌疑人到所在的市、县内的指定地点或到其住处进行讯问,但应当出示人民检察院或公安机关的证明文件。对于现场发现的犯罪嫌疑人,经出示工作证件,可以口头传唤,但应当在讯问笔录中注明。

(3)侦查人员讯问犯罪嫌疑人,应当首先讯问其是否有犯罪行为。让其陈述有罪的情节或者无罪的辩解,然后向其提问。对共同犯罪的同案犯罪嫌疑人,侦查人员讯问时应当告知犯罪嫌疑人如实供述自己罪行可以从宽处理的法律规定。严禁刑讯逼供和以威胁、引诱、欺骗以及其他非法方式进行讯问,不得强迫任何人证实自己有罪。

(4)讯问应当制作讯问笔录,交由犯罪嫌疑人核对,对于没有阅读能力的,应当向其宣读。对于记载有遗漏或差错的,犯罪嫌疑人可以提出补充或改正。犯罪嫌疑人承认笔录没有错误后,应当签名或者盖章。犯罪嫌疑人请求自行书写供述的,应当准许。

(5)侦查人员讯问犯罪嫌疑人的时候,可以对讯问过程进行录音录像。对于可能判处无期徒刑、死刑的案件或者其他重大犯罪案件,应当对讯问过程进行全程录音或者录像。

2. 询问证人、被害人

(1)询问证人、被害人可以在现场进行,也可以到证人、被害人所在单位、住处或者证人、被害人提供的地点进行,在必要的时候,可以通知证人、被害人到人民检察院或者公安机关提供证言。现场询问证人、被害人的,应当出示工作证件,到证人、被害人所在单位、住处或者证人、被害人提出的地点询问证人的,应当出示人民检察院或者公安机关的证明文件。

(2)询问证人、被害人应当个别进行。询问证人前,应当告知其作伪证和隐匿罪证的法律后果;询问被害人,应当告知其诬告的法律后果,要求其如实陈述。

(3)询问证人、被害人应当制作询问笔录,并交由证人、被害人核对。具体要求与讯问犯罪嫌疑人相同。侦查人员也可以要求证人、被害人亲笔书写证言。

3. 勘验、检查

这是侦查人员为发现、收集、保全犯罪痕迹和物品,对于犯罪有关的场所、物品、人身、尸体进行现场勘查和检查的侦查措施。勘验、检查的程序和要求如下:

(1)勘验、检查应当由侦查人员进行。侦查人员在执行勘验、检查时必须持有人民检察院或者公安机关的证明文件。现场勘验由县级以上公安机关侦查部门负责。尸体检验应当在侦查人员主持下由法医或医生进行。人身检查必须由侦查人员进行,必要时可以邀请法医或医生参加。检查妇女身体应当由女性工作人员或医师进行。经过公安机关负责人批准,可以进行侦查实验。

(2)勘验、检查应当邀请见证人参加。现场勘验时,应当邀请1~2名与案件无关的见证人在场。在进行物证检验、尸体检验、人身检查和侦查实验时,也可以要求见证人参加。

(3)勘验、检查和侦查实验的情况应当写成笔录,由参加勘验、检查的人和见证人签名或盖章。

4. 搜查

搜查是指侦查人员为了收集犯罪证据,查获犯罪嫌疑人,对有关人身、物品、住处和其他场所进行搜索和检查的侦查措施。搜查的程序和要求如下:

(1)搜查必须由侦查机关负责人批准,签发搜查证。执行搜查的侦查人员不得少于2人。执行逮捕、拘留的时候,遇到紧急情况,没有搜查证也可以进行附带搜查。

(2)搜查时应当有被搜查人或者他的家属、邻居或其他见证人在场。搜查妇女身体应当由女工作人员进行。

(3)搜查应当制作笔录,由侦查人员和被搜查人或其家属、邻居或其他见证人签名或盖章。如果被搜查人或其家属在逃或者拒绝签名、盖章的,应当在笔录上注明。

5. 扣押物证、书证

扣押物证、书证是指侦查机关依法强制扣留和提存在勘验、搜查中发现的与案件有关的物品、资料等的侦查措施。扣押物证、书证的程序和要求如下:

(1)扣押物证、书证必须持有侦查机关的证明文件。扣押须由侦查机关负责人批准。侦查人员认为需要扣押犯罪嫌疑人的邮件、电报的,经侦查机关批准可通知邮电部门检查扣押,不需要继续扣押时,应当及时通知邮电机关。人民检察院、人民法院根据侦查需要,可以依法查询、冻结犯罪嫌疑人的存款、汇款、债券、股票、基金份额等财产。上述财产已经冻结的,不得重复冻结。

(2)对于扣押的物品、资料,侦查人员应当会同在场见证人和被扣押物品人查点清楚,开具清单一式二份,写明扣押物品的情况,由侦查人员、见证人和持有人签名或盖章。

(3)对于扣押的物品及冻结的财产,经查明与案件无关的,应当在3日以内解除查封、扣押、冻结,予以退还。

6. 辨认

辨认是指在侦查人员主持下,由被害人、证人和犯罪嫌疑人对与犯罪有关的物品、文件、尸体、场所或犯罪嫌疑人进行辨认的侦查措施。辨认的程序和要求如下:

(1)辨认应当在侦查人员主持下进行。主持辨认的侦查人员不得少于2人,对犯罪嫌疑人的辨认,应当由侦查机关负责人批准。

(2)辨认应当个别进行。在辨认前应当告知辨认人有意作假辨认的法律后果。

(3)辨认应遵循混杂原则。侦查机关将被辨认对象混杂在其他具有相似特征的人或物品中。侦查机关不得人为制造突出被辨认对象的特征。

(4)辨认应当制作笔录,由参加辨认的相关人员签名或盖章。

7. 技术侦查

对于危害国家安全犯罪、恐怖活动犯罪、黑社会性质组织犯罪、重大毒品犯罪或者其他严重危害社会的犯罪案件,以及人民检察院立案侦查的重大贪污、贿赂案件和利用职权实施的严重侵犯公民人身权利的重大案件,根据侦查需要,可以采取技术侦查措施。技术侦查的程序和要求如下:

(1)技术侦查应当经过严格批准手续。批准决定自签发之日起3个月内有效。期限届满仍然需要采取技术侦查措施的,经过批准可以延长,每次延长不得超过3个月。

(2)侦查人员在技术侦查过程中获悉的国家秘密、商业秘密和个人隐私,应当保密。对与案件无关的材料,必须及时销毁。采取技术侦查获取的材料,只能用于侦查、起诉和审判,不得用于其他用途。

(3)必要时,经公安机关负责人决定,可以实施卧底侦查和诱惑侦查。但是诱惑侦查不得诱使他人犯罪。对涉及给付毒品或其他违禁品的犯罪活动,公安机关根据侦查需要可以实施控制下交付。

8. 通缉

通缉是指公安机关对应当逮捕而在逃的犯罪嫌疑人通令缉拿归案的侦查措施。通缉的程序和要求如下:

(1)通缉的对象是应当逮捕而在逃的犯罪嫌疑人,包括已经被羁押而脱逃的犯罪嫌疑人、被告人。

(2)通缉令由县级以上公安机关向社会和本系统发布。人民检察院在自侦案件中需要通缉的,可作出通缉决定后交由公安机关发布。通缉令应当写明被通缉人的基本情况并附照片。

(3)犯罪嫌疑人被抓获或通缉原因消失的,发布通缉令的公安机关应当及时通知撤销通缉令。

(二)侦查终结的条件及处理

经过侦查后,侦查机关应按不同情况对案件作出处理。

1. 认为犯罪事实清楚,证据确实、充分,相应法律手续完备,依法需要追究刑事责任的,侦查人员应当作出侦查终结报告并制作起诉意见书,连同案卷材料、证据移送人民检察院审查起诉。

2. 对于不构成犯罪或者不应追究刑事责任,以及符合《刑事诉讼法》第15条规定的,应当撤销案件。已经逮捕犯罪嫌疑人的,应当立即释放,发给释放证明,并通知批准逮捕的人民检察院。

(三)侦查羁押期限

犯罪嫌疑人被逮捕后的侦查羁押期限不得超过2个月。案件复杂,期限届满不能终结的案件,经上一级人民检察院批准可以延长1个月。符合下列条件在上述延长期限届满后仍不能侦查终结的,经省、自治区、直辖市人民检察院批准或决定,可以延长2个月:交通十分不便的边远地区的重大复杂案件;重大的犯罪集团案件;流窜作案的重大复杂案件;犯罪涉及面广,取证困难的重大复杂案件。

上述案件如果可能判处10年有期徒刑以上刑罚,在按上述规定延长期限届满仍不能侦查终结的,经省、自治区、直辖市人民检察院批准或决定可以再延长2个月。

因特殊原因在较长时间内不宜交付审判的特别重大复杂的案件,由最高人民检察院报请全国人大常委会批准延期审理。

三、起诉程序

(一)提起公诉的条件

人民检察院经过审查,对符合下列条件的案件可以依审判管辖规定提起公诉,并派员支持公诉:(1)犯罪事实、情节清楚,证据确实、充分,罪名认定准确;(2)没有遗漏罪行和其他应当追究刑事责任人;(3)依法应当追究刑事责任;(4)侦查活动合法。

上述审查,人民检察院应当在1个月内作出决定,重大、复杂的案件,可以延长半个月。人民检察院审查起诉的案件改变管辖的,从改变后的人民检察院收到案件之日起计算审查起诉期限。

人民检察院审查案件,应当讯问犯罪嫌疑人,听取辩护人、被害人及其诉讼代理人的意见,可以要求公安机关提供法庭审判所必需的证据材料。认为可能存在非法方法收集证据的,可以要求公安机关对证据收集的合法性作出说明。

人民检察院认为需要补充侦查的,可以退回公安机关补充侦查,也可自行补充侦查。补充侦查应当在1个月内结束。补充侦查以两次为限。补充侦查完毕后重新移送人民检察院的,人民检察院重新计算审查起诉期限。人民检察院提起公诉的,应当将案卷材料和证据一并移送人民法院。

(二)不起诉

经审查起诉,有下列情况的,人民检察院应当作出不起诉决定:(1)犯罪嫌疑人没有犯罪事实,或者有《刑事诉讼法》第15条规定情形的;(2)犯罪情节轻微,依法不需要判处刑罚或者可以免除刑罚的;(3)经过两次补充侦查,人民检察院仍然认为证据不足的。

公安机关认为人民检察院不起诉决定有错误的,可以要求复议,如果意见不被接受,可以向上一级人民检察院提请复核。被害人对不起诉决定不服的,可以在收到不起诉决定书之日起7日内向上一级人民检察院申诉,请求提起公诉。人民检察院维持决定的,被害人可以向人民法院提起自诉。被害人也可以不经申诉,直接向人民法院起诉。人民法院受理案件后,人民检察院应当向人民法院移送所有证据材料。

犯罪嫌疑人对于因上述第二种情形所作的不起诉决定不服的,可以自收到不起诉决定书之日起7日内向人民检察院申诉。人民检察院应当作出复查决定,通知被不起诉人,并抄送公安机关。

(三)认罪认罚案件

犯罪嫌疑人、被告人自愿如实供述自己的罪行,承认指控的犯罪事实,愿意接受处罚的,可以依法从宽处理。人民检察院审查案件,应当讯问犯罪嫌疑人,听取辩护人或者值班律师、被害人及其诉讼代理人的意见,并记录在案。辩护人或者值班律师、被害人及其诉讼代理人提出书面意见的,应当附卷。

犯罪嫌疑人认罪认罚的,人民检察院应当告知其享有的诉讼权利和认罪认罚的法律规定,听取犯罪嫌疑人、辩护人或者值班律师、被害人及其诉讼代理人对下列事项的意见,并记录在案:(1)涉嫌的犯罪事实、罪名及适用的法律规定;(2)从轻、减轻或者免除处罚等从宽处罚的建议;(3)认罪认罚后案件审理适用的程序;(4)其他需要听取意见的事项。

人民检察院依照规定听取值班律师意见的,应当提前为值班律师了解案件有关情况提供必要的便利。

犯罪嫌疑人自愿认罪,同意量刑建议和程序适用的,应当在辩护人或者值班律师在场的情况下签署认罪认罚具结书。犯罪嫌疑人认罪认罚,有下列情形之一的,不需要签署认罪认罚具结书:(1)犯罪嫌疑人是盲、聋、哑人,或者是尚未完全丧失辨认或者控制自己行为能力的精神病人的;(2)未成年犯罪嫌疑人的法定代理人、辩护人对未成年人认罪认罚有异议的;(3)其他不需要签署认罪认罚具结书的情形。

四、审判程序

（一）审判前的准备

1. 确定审判组织

适用普通程序的案件，由院长或庭长指定审判长，并确定合议庭成员；适用简易程序审理的案件，由庭长指定审判员一人独任审理。人民法院审理的第一审案件，可以邀请人民陪审员，人民陪审员在审理中享有与审判员同等权利。

合议庭成员应当为单数。基层人民法院、中级人民法院审理的一审案件，由3名审判员或人民陪审员组成；高级人民法院、最高人民法院审理的第一审案件，由3~7名审判员或人民陪审员组成。审判长必须为审判员。

2. 送达文书与告知

审判组织应当将人民检察院的起诉书副本至迟在开庭10日以前送达被告人及其辩护人。在开庭以前，审判人员可以召集公诉人、当事人和辩护人、诉讼代理人，就回避、出庭证人名单、非法证据排除等与审判相关的问题，了解情况，听取意见。在开庭3日以前将开庭的时间、地点通知人民检察院；至迟在开庭3日前要求被告人、辩护人提供出庭作证的证人、鉴定人名单及不出庭作证的证人、鉴定人名单和拟宣读、出示的证据复印件、照片；至迟在开庭3日前，传唤当事人和通知辩护人、法定代理人、证人、鉴定人和勘验、检查笔录制作人、翻译人员出庭参加法庭审理。

对于未委托辩护人的被告人，人民法院应当告知其有权委托辩护人。对于符合法律援助条件的，为其指定承担法律援助义务的律师进行辩护。

（二）一审程序

1. 刑事一审程序

第一审程序，亦称初审程序，是指人民法院对人民检察院提起公诉的案件，或者自诉人提出起诉的案件，进行初次审判时必须遵循的步骤、方式和方法。

（1）开庭前告知。审判长首先查明当事人是否到庭，宣布案由；宣布合议庭的组成人员、书记员、公诉人、辩护人、诉讼代理人、鉴定人和翻译人员的名单；告知当事人有权对合议庭组成人员、书记员、公诉人、鉴定人和翻译人员申请回避；告知被告人享有辩护权利。

（2）宣读起诉书。公诉人在法庭上宣读起诉书后，被告人、被害人可以就起诉书指控的犯罪进行陈述，公诉人可以讯问被告人。被害人、附带民事诉讼的原告人和辩护人、诉讼代理人，经审判长许可，可以向被告人发问。审判人员可以讯问被告人。

（3）证人和鉴定人出庭。公诉人、当事人或者辩护人、诉讼代理人对证人证言有异议，且该证人证言对案件定罪量刑有重大影响，人民法院认为证人有必要出庭作证的，证人应当出庭作证。经人民法院通知，证人没有正当理由不出庭作证的，人民法院可以强制其到庭，但是被告人的配偶、父母、子女除外。证人没有正当理由拒绝出庭或者出庭后拒绝作证的，予以训诫，情节严重的，经院长批准，处以10日以下的拘留。被处罚人对拘留决定不服的，可以向上一级人民法院申请复议。复议期间不停止执行。证人作证，审判人员应当告知证人要如实地提供证言和有意作伪证或者隐匿罪证要负的法律责任。公诉人、当事人和辩护人、诉讼代理人经审判长许可，可以对证人、鉴定人发问。公诉人、当事人或者辩护人、诉讼代理人对鉴定意见有异议，人民法院认为鉴定人有必要出庭的，鉴定人应当出庭作证。经人民法院通知，鉴定人拒不出庭作证的，鉴定意见不得作为定案的根据。

(4)出示其他证据。公诉人、辩护人应当向法庭出示物证,让当事人辨认,对未到庭的证人的证言笔录、鉴定人的鉴定意见、勘验笔录和其他作为证据的文书应当当庭宣读。审判人员应当听取公诉人、当事人和辩护人、诉讼代理人的意见。法庭审理过程中,合议庭对证据有疑问的,可以宣布休庭,对证据进行调查核实。人民法院调查核实证据,可以进行勘验、检查、查封、扣押、鉴定和查询、冻结。

(5)法庭辩论。法庭审理过程中,对与定罪、量刑有关的事实、证据都应当进行调查、辩论。经审判长许可,公诉人、当事人和辩护人、诉讼代理人可以对证据和案件情况发表意见并且可以互相辩论。

(6)被告人最后陈述。审判长在宣布辩论终结后,被告人有最后陈述的权利。

自诉案件包括下列案件:告诉才处理的案件;被害人有证据证明的轻微刑事案件;被害人有证据证明对被告人侵犯自己人身、财产权利的行为应当依法追究刑事责任,而公安机关或者人民检察院不予追究被告人刑事责任的案件。

人民法院对自诉案件,可以进行调解;自诉人在宣告判决前,可以同被告人自行和解或者撤回自诉。自诉案件的被告人在诉讼过程中,可以对自诉人提起反诉。反诉适用自诉的相关规定。

2. 民事一审程序

民事诉讼的一审普通程序与刑事诉讼不同。民事诉讼的普通程序是人民法院审理第一审民事案件通常适用的程序,具有程序的完整性与广泛的适用性等特点,是民事审判程序的核心。普通程序包括起诉与受理、审理前的准备、开庭审理以及评议与宣判等阶段,每个阶段与步骤均有严格的程序要求,集中展现了在法院的主持下,双方当事人围绕审理对象展开攻击与防御,由法院生成裁判结果的过程。

(1)起诉与受理

民事诉讼中的起诉,是指自然人、法人或者其他组织认为自己所享有的或者依法由自己管理、支配的民事权益受到侵害或与他人发生争议,以自己的名义请求人民法院通过审判给予司法保护的诉讼行为。

根据民事诉讼法的规定,起诉必须同时符合四个方面的积极条件:其一,原告是与本案有直接利害关系的公民、法人或者其他组织;其二,有明确的被告;其三,有具体的诉讼请求和事实、理由;其四,属于人民法院受理的民事诉讼的范围和受诉人民法院管辖。除此之外,当事人的起诉不得存在诉讼障碍要件,如不属于行政诉讼受案范围、不存在仲裁协议、不属于在一定期限内不得起诉的案件,等等。

民事诉讼中的受理,是指人民法院对起诉进行审查,将符合起诉条件的案件予以立案的审判行为。当事人的起诉只有经法院立案受理后,才真正进入审理程序。案件被法院受理后,会产生如下法律后果:其一,受诉法院取得对该案的专有审判权;其二,确定了争议双方的当事人诉讼地位;其三,双方当事人均不得再就同一诉讼标的向法院起诉,本院和其他法院也不得对此再次受理;其四,诉讼时效中断。

(2)审理前的准备

审理前的准备,是指原告的起诉被受理后,至正式的开庭审理之前,为使庭审顺利进行,审判人员与当事人依法所进行的一系列准备工作的总称。审理前的准备工作主要包括:其一,在法定期间内送达诉讼文书;其二,告知当事人诉讼权利义务与合议庭组成人员;其三,审核诉讼材料,调查收集必要的证据;其四,追加当事人;其五,程序分流;其六,召开庭前会议。

(3)开庭审理

开庭审理,是人民法院于确定的日期在当事人和其他诉讼参与人的参加下,依照法定的程序和形式,在法庭上对民事案件进行实体审理的诉讼活动。开庭审理必须采取法庭审理的形式,应以公开审判为原则,采取言词审理、直接审理的方式。开庭审理必须严格依照法定程序进行。包括开庭准备、法庭调查、合议庭评议以及宣告判决四个诉讼阶段。

(三)简易程序

简易程序是基层人民法院对某些简单、轻微的刑事案件依法适用较普通审判程序简易的一种刑事审判程序。案件范围包括除危害国家安全犯罪、恐怖活动犯罪以及可能判处死刑、无期徒刑案件以外的所有案件。

1. 简易程序的适用条件包括:(1)案件事实清楚、证据充分;(2)被告人承认自己所犯罪行,对指控的犯罪事实没有异议的;(3)被告人对适用简易程序没有异议的。人民法院在提起公诉时可以建议人民法院适用简易程序。

2. 不得适用简易程序的情形如下:(1)被告人是盲、聋、哑人,或者是尚未完全丧失辨认或者控制自己行为能力的精神病人的;(2)有重大社会影响的;(3)共同犯罪案件中部分被告人不认罪或者对适用简易程序有异议的;(4)其他不宜适用简易程序审理的。

适用简易程序的,对可能判处3年有期徒刑以下刑罚的案件,可以组成合议庭审判,也可以由审判员独任审判;可能判处3年以上有期徒刑的,应当组成合议庭审判。人民检察院应当派员出庭。

(四)延期审理、中止审理和终止审理

延期审理,是指在法庭审判过程中,遇到影响进行审判的情形时,法庭决定宣告休庭,将案件的审理活动推迟,顺延时间,待阻碍审理进行的原因消失后继续审理。中止审理,是指人民法院在审判过程中,因出现案件在较长时间内无法继续审理的情形,而作出的暂时停止正在进行的诉讼活动的一种决定,待该障碍情形消除后再恢复诉讼。终止审理,是指人民法院审理案件过程中,遇有法律规定致使审判不应当或者不需要继续进行的情形,终结案件的诉讼活动。

1. 延期审理的情形包括:(1)需要通知新的证人到庭,调取新的物证,重新鉴定或者勘验的;(2)检察人员发现提起公诉的案件需要补充侦查,提出建议的;(3)由于申请回避而不能进行审判的。

2. 中止审理的情形包括:(1)被告人患有严重疾病,无法出庭的;(2)被告人脱逃的;(3)自诉人患有严重疾病,无法出庭,未委托诉讼代理人的;(4)由于不能抗拒的原因。

中止审理原因消失后,应当恢复审理。中止审理期限不计入审理期限。

3. 终止审理的情形包括:(1)犯罪已过追诉时效,并且不是必经追诉或经特赦令免除刑罚的;(2)被告人死亡的;(3)撤回起诉后没有新的事实或证据,不再起诉的。

(五)宣判

人民法院的宣判应当公开进行。人民法院经过审理,根据具体情形,分别作出如下判决:(1)案件事实清楚,证据确实、充分,依法认定被告人有罪的,应当作出有罪判决;(2)依法认定被告人无罪的,应当作出无罪判决;(3)证据不足,不能认定被告人有罪的,应当作出证据不足、指控的犯罪不能成立的无罪判决。

(六)二审程序

1. 刑事二审程序

第二审程序,是指刑事案件一审裁判法院的上一级法院依据有上诉权主体的上诉或者检察机关的抗诉,对一审尚未生效的裁判进行重新审理时所遵循的步骤、规则和方法。

(1)二审程序的启动

被告人、自诉人和他们的法定代理人,不服第一审判决、裁定的,可以向上一级人民法院提出上诉。上诉既可以口头方式也可以书面方式进行。被告人的辩护人和近亲属在征得被告人同意后,可以提出上诉。附带民事诉讼的当事人及其法定代理人可以对一审判决、裁定中的附带民事诉讼部分提出上诉。

被告人、自诉人、附带民事诉讼原告人和被告人通过原审人民法院提出上诉的,原审人民法院应当在3日以内将上诉状连同案卷、证据移送上一级人民法院,同时将上诉状副本送交同级人民检察院和对方当事人;直接向二审人民法院提出上诉的,第二审人民法院应当在3日以内将上诉状交原审人民法院送交同级人民检察院和当事人。

与作出判决的人民法院同级的人民检察院认为判决确有错误的,应当向上一级人民法院提出抗诉。人民检察院通过原审人民法院提出抗诉书,并将抗诉书抄送上一级人民检察院。原审人民法院应当将上诉状连同案卷、证据移送上一级人民法院,同时将上诉状副本送交对方当事人。被害人及其法定代理人不服一审判决的,可以自收到判决书5日内向人民检察院请求抗诉。人民检察院在收到请求后5日内作出是否抗诉的决定并答复请求人。

上级人民检察院如果认为抗诉不当的,可以向同级人民法院撤回抗诉,并通知下级人民检察院。

对判决的上诉和抗诉应在收到判决书第二天起10日内提出;不服裁定的上诉和抗诉,应在收到裁定书第二日起10日内提出。

(2)二审开庭案件的范围

下列案件,二审人民法院应当组成合议庭开庭审理:其一,被告人、自诉人及其法定代理人对第一审认定的事实、证据提出异议,可能影响定罪量刑的上诉案件;其二,被告人被判处死刑的上诉案件;其三,人民检察院抗诉的案件;其四,其他应当开庭审理的案件。

第二审人民法院开庭审理上诉、抗诉案件,可以到案件发生地或原审法院所在地进行。同级人民检察院应当派员出席。

人民法院决定不开庭审理的,应当讯问被告人,听取其他当事人、辩护人、诉讼代理人的意见。

(3)二审的审理期限

人民法院受理上诉、抗诉案件,应当在2个月以内审结。对于可能判处死刑或者附带民事诉讼的案件,以及符合《刑事诉讼法》第158条规定情形之一的,经省、自治区、直辖市高级人民法院批准或者决定,可以延长2个月。因特殊情况需要延长的,报请最高人民法院批准。最高人民法院受理上诉、抗诉案件的审理期限,由最高人民法院决定。

(4)二审的处理结果

第二审人民法院经过审理后,根据不同情况对案件作出处理:其一,原判决认定事实和适用法律正确、量刑适当的,应当裁定驳回上诉或者抗诉,维持原判。其二,原判决认定事实没有错误,但适用法律有错误,或者量刑不当的,应当改判。其三,原判决事实不清或者证据不足的,可以在查清事实后改判;也可以裁定撤销原判,发回原审人民法院重新审判。因这种情况发回重审后再次上诉、抗诉的,第二审人民法院应当依法作出裁判或裁定,不得再次发回重审。对于发回重审的案件,原审人民法院应当另行组成合议庭,依照第一审程序规定进行审判。其四,被告人或其法定代理人、辩护人、近亲属上诉的案件,不得加重被告人的刑罚。第二审人民法院发回重审的案件,除有新的犯罪事实,人民检察院补充起诉外,原审人民法院也不得加重被告人刑罚。其五,第二审的判决、裁定和最高人民法院的判决、裁定都是终审判决、裁定。

2. 民事上诉审程序

上诉审程序,是指当事人不服地方各级法院尚未确定的裁判,在法定期间内向上一级法院声明不服,要求撤销或变更原裁判,上一级法院据此对案件进行审判所适用的程序。

(1) 上诉提起的条件

当事人所提起的上诉必须合法成立,才能由第二审法院依第二审程序对当事人之间争执的权利义务关系作进一步审理。上诉欲合法成立,首先应具备诉之成立的一般要件,如上诉人须具备当事人能力和诉讼行为能力,若无诉讼行为能力,须由法定代理人代为提起上诉等。除一般要件外,提起上诉应具备以下特别的实质要件:上诉人与被上诉人须适格;上诉人须具有上诉利益。提起上诉还应具备以下形式要件:裁判具有可上诉性;上诉须在法定期间内提起;上诉须向一审法院的直接上一级法院提起;上诉须采取书面形式。

(2) 审判组织与审理方式

对于上诉案件,第二审法院原则上应当由审判员组成合议庭审理,但是,对第一审适用简易程序审结或者不服裁定提起上诉的第二审民事案件,事实清楚、权利义务关系明确的,经双方当事人同意,可以由审判员一人独任审理。根据民事诉讼法规定,第二审人民法院对上诉案件应当开庭审理。

(3) 上诉案件的裁判类型

对判决提起上诉的案件的裁判包括:判决驳回上诉,维持原判;依法改判;裁定撤销原判决,发回重审;裁定撤销原判决,驳回起诉;裁定撤销原判决,移送管辖。

对裁定提起上诉的案件的裁判:裁定维持原裁定;裁定撤销或变更原裁定;裁定撤销原裁定、驳回起诉。

(七) 死刑复核程序

死刑复核程序,是指人民法院对判处死刑的案件报请有核准权的人民法院审查核准应遵守的步骤、方式和方法。判处死刑的案件无论是否立即执行,都应遵循以下死刑复核程序:

1. 中级人民法院判处死刑的第一审案件,被告人不上诉的,由高级人民法院复核后,报请最高人民法院核准。中级人民法院判处的死缓案件,由高级人民法院核准。

2. 高级人民法院判处死刑的第一审案件,被告人不上诉的,和判处死刑的第二审案件,应报请最高人民法院核准。

3. 最高人民法院复核死刑案件、高级人民法院复核死刑缓期执行的案件都应由审判员3人组成合议庭进行。核准时应当讯问被告人。辩护律师提出要求的,应当听取辩护律师意见。最高人民检察院可以向最高人民法院提出意见。

4. 最高人民法院复核死刑案件,应当作出核准或者不核准死刑的裁定。对于不核准死刑的,最高人民法院可以发回重审或者予以改判。最高人民法院应当将死刑复核结果通报最高人民检察院。

(八)审判监督程序

审判监督程序,是指司法机关对确有错误的已经发生法律效力的裁判,依法对该案件进行重新审判的程序。

1. 审判监督程序的启动

审判监督程序可以由当事人及其法定代理人、近亲属申诉启动,也可以由人民法院、人民检察院依职权启动。

当事人及其法定代理人、近亲属的申诉符合下列情形的,人民法院应当重新审判:(1)有新的证据证明原判决、裁定认定的事实确有错误,可能影响定罪量刑的;(2)据以定罪量刑的证据不确实、不充分、依法应当予以排除,或者证明案件事实的主要证据之间存在矛盾的;(3)原判决、裁定适用法律确有错误的;(4)违反法律规定的诉讼程序,可能影响公正审判的;(5)审判人员在审理该案件的时候,有贪污受贿、徇私舞弊、枉法裁判行为的。

各级人民法院院长发现本院已经发生法律效力的判决和裁定在认定事实和适用法律上确有错误的,交由审判委员会处理。

最高人民法院发现各级人民法院已经发生效力的判决和裁定及上级人民法院发现下级人民法院已经发生法律效力的判决和裁定确有错误的,有权提审或指令下级人民法院再审。指令再审的,应当由原审人民法院以外的下级人民法院审理;由原审人民法院审理更为适宜的除外。

最高人民检察院认为各级人民法院已经发生法律效力的判决和裁定及上级人民检察院认为下级人民法院已经发生法律效力的判决和裁定确有错误的,有权按照审判监督程序向同级人民法院提起抗诉。接受抗诉的人民法院应当组成合议庭重新审理。对于原判事实不清或证据不足的,接受抗诉的人民法院应当组成合议庭重新审理,但对于原判事实不清或证据不足的案件,应当裁定撤销原判,发回原审人民法院重新审判。

2. 再审程序的审理

原审裁判是一审裁判的,应当按照第一审程序进行裁判。所作裁判可以上诉、抗诉;原审裁判是二审裁判的,或者是上级人民法院提审的案件,按照第二审程序进行审判。

人民法院开庭审理的再审案件,同级人民检察院应当派员出庭。

再审程序应当在作出再审决定之日起3个月内审结,需要延长期限的,不得超过6个月。

人民法院按照审判监督程序审理的案件,可以决定中止原判决、裁定的执行。

(九)民事诉讼再审程序

再审程序,是当事人、检察院和法院对已经发生法律效力的判决、裁定,基于法定的事实和理由认为确有错误,申请、提起和决定对相应案件进行再审,从而由法院对案件进行审理而适用的审判程序制度。

1. 再审发动方式

再审程序有三种发动方式:当事人申请再审、法院依职权决定再审、检察院抗诉发动再审。上述三种再审发动方式之间并不是并列平行的关系,应当奉行当事人申请再审优先原则。

2. 再审事由

我国法律为不同主体规定了不同的再审事由,具体包括:(1)法院依职权提起再审的,再审事由是已经发生法律效力的判决、裁定调解书、确有错误。(2)当事人对裁判文书申请再审的,再审事由包括裁判主体不合法(如审判组织的组成不合法或者依法应当回避的审判人员没有回避的)、裁判根据不合法(如原判决、裁定认定的基本事实缺乏证据证明的)、裁判程序不合法(如违反法律规定,剥夺当事人辩论权利)三类。当事人对生效调解书申请再审的,要以调解违反自愿原则或者调解协议的内容违反法律为再审事由。(3)检察机关抗诉提起再审的事由同当事人申请再审之法定事由。所不同的是,检察机关对生效调解书启动再审,要以调解书损害国家利益、社会公共利益为再审事由。

五、特殊刑事诉讼程序

(一)未成年人刑事案件诉讼程序

对犯罪的未成年人实行教育、感化、挽救的方针,坚持教育为主、惩罚为辅的原则。未成年犯罪嫌疑人、被告人没有委托辩护人的,人民法院、人民检察院和公安机关应当通知法律援助机构指派律师为其提供辩护。

讯问和审判未成年人时,应当通知未成年犯罪嫌疑人、被告人的法定代理人到场。无法通知、法定代理人不能到场或者法定代理人是共犯的,也可以通知未成年人的其他成年亲属,所在学校、单位、居住地基层组织或者未成年人保护组织的代表到场。到场的法定代理人可以代为行使未成年犯罪嫌疑人、被告人的诉讼权利。

讯问女性未成年犯罪嫌疑人,应当有女工作人员在场。

审判时,未成年被告人做最后陈述后,其法定代理人可以进行补充陈述。

犯罪时不满18周岁,被判处5年有期徒刑以下刑罚的,应当对相关犯罪记录予以封存。除司法机关为办案需要或有关单位根据国家规定进行查询外,不得向任何单位和个人提供上述记录。

(二)当事人和解的公诉案件诉讼程序

下列公诉案件,犯罪嫌疑人、被告人真诚悔罪,通过向被害人赔偿损失、赔礼道歉等方式获得被害人谅解,被害人自愿和解的,双方当事人可以和解:(1)涉嫌《刑法》分则第四章、第五章规定的犯罪案件,可能判处3年有期徒刑以下刑罚的;(2)除渎职犯罪以外的可能判处7年有期徒刑以下刑罚的过失犯罪案件。犯罪嫌疑人、被告人在5年以内曾经故意犯罪的,不适用本程序。

双方当事人和解的,公安机关、人民检察院、人民法院应当听取当事人和其他有关人员的意见,对和解的自愿性、合法性进行审查,并主持制作和解协议书。对于达成和解协议的案件,公安机关可以向人民检察院提出从宽处理的建议。人民检察院可以向人民法院提出从宽处罚的建议;对于犯罪情节轻微,不需要判处刑罚的,可以作出不起诉的决定。

(三)缺席审判程序

对于贪污贿赂犯罪案件,以及需要及时进行审判,经最高人民检察院核准的严重危害国家安全犯罪、恐怖活动犯罪案件,犯罪嫌疑人、被告人在境外,监察机关、公安机关移送起诉,人民检察院认为犯罪事实已经查清,证据确实、充分,依法应当追究刑事责任的,可以向人民法院提起公诉。人民法院进行审查后,对于起诉书中有明确的指控犯罪事实,符合缺席审判程序适用条件的,应当决定开庭审判。

人民法院缺席审判案件,被告人有权委托辩护人,被告人的近亲属可以代为委托辩护人。被告人及其近亲属没有委托辩护人的,人民法院应当通知法律援助机构指派律师为其提供辩护。

在审理过程中,被告人自动投案或者被抓获的,人民法院应当重新审理。依照生效判决、裁定对罪犯的财产进行的处理确有错误的,应当予以返还、赔偿。

(四)犯罪嫌疑人、被告人逃匿、死亡案件违法所得没收程序

对于贪污贿赂犯罪、恐怖活动犯罪等重大犯罪案件,犯罪嫌疑人、被告人逃匿,在通缉1年后不能到案,或者犯罪嫌疑人、被告人死亡,依照刑法规定应当追缴其违法所得及其他涉案财产的,人民检察院可以向人民法院提出没收违法所得的申请。

没收违法所得的申请,由犯罪地或者犯罪嫌疑人、被告人居住地的中级人民法院组成合议庭进行审理。人民法院受理没收违法所得的申请后,应当发出公告。公告期间为6个月。犯罪嫌疑人、被告人的近亲属和其他利害关系人有权申请参加诉讼,也可以委托诉讼代理人参加诉讼。人民法院在公告期满后对没收违法所得的申请进行审理。利害关系人参加诉讼的,人民法院应当开庭审理。在审理过程中,在逃的犯罪嫌疑人、被告人自动投案或者被抓获的,人民法院应当终止审理。

(五)依法不负刑事责任的精神病人的强制医疗程序

实施暴力行为,危害公共安全或者严重危害公民人身安全,经法定程序鉴定依法不负刑事责任的精神病人,有继续危害社会可能的,可以予以强制医疗。

公安机关发现精神病人符合强制医疗条件的,应当写出强制医疗意见书,移送人民检察院。对于公安机关移送的或者在审查起诉过程中发现的精神病人符合强制医疗条件的,人民检察院应当向人民法院提出强制医疗的申请。人民法院在审理案件过程中发现被告人符合强制医疗条件的,可以作出强制医疗的决定。对实施暴力行为的精神病人,在人民法院决定强制医疗前,公安机关可以采取临时的保护性约束措施。

人民法院审理强制医疗案件,应当通知被申请人或者被告人的法定代理人到场。被申请人或者被告人没有委托诉讼代理人的,人民法院应当通知法律援助机构指派律师为其提供法律帮助。人民法院经审理,对于被申请人或者被告人符合强制医疗条件的,应当在1个月以内作出强制医疗的决定。被决定强制医疗的人、被害人及其法定代理人、近亲属对强制医疗决定不服的,可以向上一级人民法院申请复议。

强制医疗机构应当定期对被强制医疗的人进行诊断评估。对于已不具有人身危险性,不需要继续强制医疗的,应当及时提出解除意见,报决定强制医疗的人民法院批准。被强制医疗的人及其近亲属有权申请解除强制医疗。

主要参考文献

1.《刑事诉讼法学》编写组:《刑事诉讼法学》(第4版),高等教育出版社2022年版。
2.《民事诉讼法学》编写组:《民事诉讼法学》(第3版),高等教育出版社2022年版。
3. 陈卫东主编:《2018年刑事诉讼法修改条文理解与适用》,中国法制出版社2018年版。
4. 叶青主编:《刑事诉讼法》(第4版),上海人民出版社、北京大学出版社2020年版。
5. 叶青主编:《刑事诉讼法:案例与图表》(第5版),法律出版社2024年版。

第九章 经济法

| 内容概要 |

经济法是现代国家法律体系中的重要组成部分,作为典型的"发展促进法",对于保障和促进经济和社会发展尤为重要。本章共分五节,第一节为经济法总论,是从经济法的各类具体制度中提炼出来的总体上的、具有共通性的理论,主要介绍经济法的产生与发展、概念与基本特征、宗旨与原则、主体与行为、体系与地位等问题。第二至五节为经济法分论,是对经济法各类具体制度相关理论的分别阐释。其中,第二节为宏观调控法律制度,着重介绍财政、税收、规划、产业相关法律制度;第三节为市场规制法律制度,着重介绍营商环境、市场准入、竞争、特别市场相关法律制度;第四节为所有制经济法律制度,着重介绍国有经济、集体经济、民营经济、外资经济相关法律制度;第五节为经济成员权益保护法律制度,着重介绍消费者、劳动者、投资者权益保护相关法律制度。

第一节 经济法总论

一、经济法的产生与发展

(一) 经济法的产生

随着市场经济的不断发展,特别是自由竞争导致的垄断的出现,环境污染等私人成本外在化所导致的负外部性问题凸显,消费的非排他性和不可分割性所导致的公共物品的市场供给不足,以及信息不对称等市场失灵问题的普遍存在,是经济法产生的重要经济基础。同时,从社会的角度看,在现代社会,社会分工的细化,社会成员之间的"互赖与互动"的强化,以及社会公益保护的弱化,导致权利保护从个人本位向社会本位转变,社会公共利益和弱势主体保护问题越来越被强调,为经济法的产生提供了重要的社会基础。

一般认为,现代经济法的形成,肇端于第一次世界大战前后的德国。当时德国颁布了一系列国家干预社会经济的法律,有的直接冠以"经济法"的名称,如1919年颁布的《碳酸钾经济法》《煤炭经济法》等。这些法律都是国家干预社会经济的法律,既不同于民法,也有别于行政法,于是学者们把它们命名为"经济法"。第二次世界大战后,随着社会经济的快速发展、国家依法干预经济理念的形成以及凯恩斯主义的理论影响,经济法日益成为各国促进经济协调发展的重要手段。我国现代意义上的经济法,在1978年党的十一届三中全会后才开始出现,并随着改革开放以来商品经济的发展和社会主义市场经济体制的确立逐步形成。尤其是在1992年党和国家将建立社会主义市场经济体制确定为经济体制改革的目标之后,我国经济法立法步伐大大加快。

(二) 经济法的发展

纵观中外经济法发展史,经济法的发展具有以下基本特点:

1. 从"非常经济法"到"常态经济法"。经济法是在资本主义从自由竞争阶段向垄断阶段的过渡中产生的,起初是各国在市场经济发生病变的"非常情况"下才启动的危机对策法,如"罗斯福新政"时期美国颁布的《证券交易法》(1934年)、《格拉斯—斯蒂格尔法案》(1933年)等。然而,由于经济波动反复出现,形成经济周期,甚至演变为经济危机,人们逐渐认识到经济波动、经济周期、经济危机并非市场经济的偶然病变,而是市场经济的必然现象,自此,各国经济法立法逐渐常态化,成为保持市场经济正常发展所必备、常备的法律。

2. 从"边缘法"到"基干法"。在市场经济的初期和中期,民商法、行政法对市场经济的调整极大地促进了市场经济的发展。但随着市场经济中限制竞争和无序竞争的现象越发频繁,民商法、行政法逐渐力不从心,宏观调控法和市场规制法的介入成为必要,并且,只有在宏观调控法和市场规制法奠定基本经济秩序的前提下,民商法、行政法才有发挥作用的基础和条件。因此,经济法在保障市场经济运行和市场经济秩序方面的基干作用日益凸显,现已受到各国普遍重视。

3. 从"一元体系"到"二元体系"。西方资本主义国家信奉自由市场经济,把市场自由竞争奉为圭臬,其经济法体系主要是以反垄断法为核心和主干的市场规制法,形成了一元性的经济法体系。但随着资本主义经济周期的反复出现和经济危机的频繁爆发,资本主义国家也认识到仅靠市场调节是不够的,还必须由国家依法对市场经济进行宏观调控,于是颁布了许多宏观调控方面的法律。自此,经济法体系中不仅有市场规制法,还有宏观调控法,经济法体系最基本也是最核心的二元结构由此建立。

4. 从"存在差异"走向"互鉴互学"。传统的社会主义国家长期实行计划经济,计划经济异质于市场经济,计划经济所内含和要求的法律不同于市场经济所内含和要求的法律,这导致社会主义国家与资本主义国家在经济法方面的较大差异。后来,原来实行计划经济体制的国家相继向市场经济体制转型,颁布了一系列面向、适应、服务市场经济的经济法。例如,俄罗斯的《关于在商品市场中竞争和限制垄断活动的法律》(1990年)、《反自然垄断法》(1995年)等。发展至今,各国经济法存在诸多共性以及诸多可以互学互鉴的特征。

二、经济法的概念与基本特征

(一) 经济法的概念

学界通常认为调整对象是各个部门法相区别的重要标准,对于调整对象的研究也是整个经济法研究的逻辑起点。

事实上,无论是市场之手还是政府之手,在配置资源方面都可能存在低效或无效的问题,从而带来"两个失灵"的问题。一方面,在市场配置上,市场往往更强调个体的营利性,重视效率价值,但如果由此忽视社会公益、漠视公平价值,则必然会加剧垄断与不正当竞争,侵害消费者权益,进而导致经济运行失序、经济秩序失范、经济生活失真的"市场失灵"问题。另一方面,在政府配置上,如果政府部门只关注本部门、本领域的效率或效益,忽视整体上的经济公平和社会公平,则必然会导致"政府失灵"问题。

为了解决上述"两个失灵"问题,需要现代国家履行两个经济职能:一是宏观调控职能,即国家对国民经济和社会发展运行进行规划、调节和控制;二是市场规制职能,即国家对各类型市场主体的行为予以规制。由此产生的两类社会关系——宏观调控关系和市场规制关系——就是经济法最基本、最核心的调整对象。在此基础上,进一步就可以提炼出经济法的概念,经济法是调整现代国家在进行宏观调控和市场规制过程中发生的社会关系的法律规范的总称。

(二)经济法的基本特征

经济法的基本特征,是经济法区别于其他部门法的特有征象。基于对经济法调整对象所涉及的两种社会关系(即宏观调控关系和市场规制关系)的认识,可以得出经济法具有如下两大基本特征:

1. 经济性。所谓经济法的经济性,即经济法的调整具有节约或降低社会成本,增进总体收益,从而使主体行为及其结果更"经济"的特性。具体体现为:(1)经济法作用于市场经济,直接调整特定的经济关系,且调整的目标是节约交易成本,提高市场运行的效率,其本质上就是使经济活动在总体上更加"经济"的法;(2)经济法必须遵循和反映经济规律,包括价值规律、竞争规律、供求规律等,从而引导市场主体依法从事经济合理的行为,实现提升经济效率和经济效益的调整目标;(3)经济法是经济政策的法律化,以经济政策为立法前提,通过将那些长期适用、行之有效的经济政策上升为法律,更好地保障其得到有效实施;(4)经济法运用的是法律化的经济手段,包括法律化的宏观调控手段和市场规制手段,通过引导人们趋利避害来实现经济法所追求的效益目标;(5)经济法的调整以总体经济效益的提高为直接目标,以社会利益等其他利益的综合保护为间接目标,不仅要降低私人成本,更要降低社会成本,从而实现总体效益的最大化。[1]

2. 规制性。所谓经济法的规制性,是指在调整的目标和手段方面,经济法所具有的将积极的鼓励、促进与消极的限制、禁止相结合的特性。它体现的是一种高层次的综合,并非只是狭义上的"管制"或"监管",因而与"规制经济学"上的狭义理解不尽相同。在经济法领域,需要转变传统法律观念,从广义上理解规制。经济法的规制性贯穿经济法各个具体法律制度。一方面,经济法领域存在着大量的"促进型"规范,如旨在鼓励、促进市场主体发展的各类优惠措施、适用除外制度等,它们与大量的限制、禁止性规范协调并用,使经济法的规制性体现得尤为突出;另一方面,由于调控本身也是一种规制,因此,不仅市场规制法律制度具有突出的规制性,宏观调控法律制度同样具有非常突出的规制性。[2]

三、经济法的宗旨与原则

(一)经济法的宗旨

经济法的宗旨,是指经济法调整一定范围的社会关系所要实现的目标,它集中体现了经济法的本质属性和特征,起着维系、保障经济法制的统一、协调与稳定的作用。主要体现在以下两个方面。

1. 市场机制与政府干预的平衡

在国家调制经济过程中,要坚持市场的优先性原则,对于市场机制能够有效发挥作用的领域,一般不需要干预,市场始终是资源配置的主导力量;如果干预的成本超出市场缺陷所造成

---

[1] 马克思主义理论研究和建设工程重点教材:《经济法学》(第3版),高等教育出版社2022年版,第16~17页。
[2] 马克思主义理论研究和建设工程重点教材:《经济法学》(第3版),高等教育出版社2022年版,第17页。

的损失,一般也不进行干预,因为这种干预是没有效率的。当然,强调市场在资源配置中起决定性作用,并非不重视政府的作用,而是要更好地发挥政府的作用。在经济法的国家调制机制运行过程中,政府要保持宏观经济稳定运行,防止大起大落;在市场运行过程中要当好裁判员而不是运动员;弥补市场在公共服务能力方面的缺位;切实转变政府职能,深化行政体制改革,创新行政管理方式,建设法治政府和服务型政府。通常而言,经济法以协调和促进经济与社会的稳定与发展为最高目标,以非权力手段为主要内容。

2. 个人利益和社会利益的统一

市场经济中的主体以营利性为目的,追求利润最大化。个体的逐利行为可能会给社会公共利益带来不良影响,而社会公共利益则是社会成员不可侵犯的共同利益。因此,必须限制或消除个体营利行为所可能带来的不良影响,对社会公益加以保护,以免各种不当的、非法的逐利行为给社会、国家和国民造成损害。这就要求国家行使其经济职能和社会职能,对市场经济进行调控和规制,以切实保障社会公共利益。经济法侧重于通过宏观调控和协调机制减少经济震荡给社会造成的破坏,并优化经济结构,从而提高经济效率。其所探寻的是一种结果公正、实质公正,其承认市场主体的现实差异,基于不同主体在经济社会中的现实表现给予差别性的权利体系,以构建公正体系。即以权利体系和保护力度上的"不公正"追求真正的、普遍性的公正。例如,在经营者与消费者之间,消费者处于弱势,就要给予消费者一定程度的"相对特权";在经营者之间,具有市场支配地位的经营者处于强势,则要以反垄断或反不正当竞争手段对其不当竞争行为进行遏制。

(二)经济法的原则

经济法的原则包括基本原则和具体原则,其中,经济法基本原则是对经济法的立法、执法、司法和守法具有全局性指导意义和普遍适用价值的基本准则,而经济法具体原则则仅对经济法部门法的运行起具体指导作用,如货币发行原则、复式预算原则、公平竞争原则等。对于具体原则将在经济法各类制度中有所涉及,在此着重介绍经济法基本原则。

1. 有效调制原则

有效调制原则旨在"使市场在资源配置中起决定性作用和更好发挥政府作用",具体包括两类子原则:(1)市场决定性原则。其基本内涵是:第一,在任何经济领域都应当优先发挥市场机制的调节作用,国家调制应局限于市场失灵的边界当中,在不存在市场失灵的场合,不应当有国家对经济的调制。第二,即使是在市场失灵的场合,国家对经济的调制也要恪守谦抑,应优先鼓励内嵌于市场机制的调制措施,从而促进市场机制恢复调节机制,而当某一领域的市场机制已然恢复作用时,国家调制手段就应弱化或退出。第三,在既有经验和理性无法判断某一领域是否出现市场失灵时,应优先假设市场未发生失灵而暂不进行国家调制。(2)调制法定、调制适度和调制绩效三原则。具体来说:第一,调制法定原则是指国家须在经济法授权下对经济生活进行调制,应以合法的机构、职能、权限、程序、责任介入市场。第二,调制适度原则,是指国家调制经济的范围和目的要合理,调制行为要符合客观实际,同时兼顾调制的需要及可能,保障各类主体的基本权利。第三,调制绩效原则是指国家对经济的调制应当追求总量的平衡和社会总福利的增长,从而满足社会整体对效益的追求。在总体上,有效调制原则的两类子原则之间的关系呈现为一种组合结构:市场决定性原则是有效调制原则得以落实的前提,调制法定、调制适度和调制绩效三原则则是有效调制原则的具体内容。

2. 社会利益本位原则

社会利益本位原则要求经济立法及司法实践均应以社会整体利益为出发点,在尊重个体利益的基础上将整体利益作为衡量行为之标准。具体由两个子原则构成:(1)综合效益原则。区别于奉行个人主义的私法体系对微观效益的追求,经济法的综合效益具有更为丰富的内涵体系,它将经济效益、社会效益与环境效益相统一,是近期效益、中期效益和长期效益的有机结合,是宏观整体效益与微观个体效益的兼顾。经济法的综合效益观,是社会整体效益与微观个体效益的有机结合,其所追求的不是一般的经济产出最大化,而是宏观成果、长远利益以及社会福利等诸多因素的整合。(2)实质公正原则。经济法强调结果公正、分配公正和代际公正,旨在剥去人格抽象平等、权利机会平等的"外衣"而对"人"进行真实具体的价值关怀,如强调对消费者、被限制自由竞争的经营者等的具体人格的保护。

3. 经济安全原则

经济安全原则着眼于国家整体经济安全,要求通过设定国家宏观调控和市场规制的权限、条件、方式和内容,调适各种经济关系,实现国家经济主权的独立性、预防和处理危机的有效性、经济发展的可持续性、增强国民经济的国际竞争力、维护基本经济秩序的有序性及强化对经济主体利益的保障性。具体由两个子原则构成:(1)宏观经济安全原则。经济法以宏观经济安全为理念。就新时代中国而言,立足于中华民族伟大复兴战略全局和世界百年未有之大变局,宏观经济安全原则具体作用的领域涉及对外贸易安全、投资安全、金融安全、财政安全、产业安全等。(2)经济发展原则。从系统论的角度看,经济发展原则强调经济的整体发展、协调发展与可持续发展,三者中,经济整体发展是基石,经济协调发展是核心,经济可持续发展则是最终目标。新时代以来,党的十八届五中全会所提出的创新、协调、绿色、开放、共享的新发展理念,又为经济法上的经济发展原则的落实提供了新的思维视野。

四、经济法的主体与行为

(一)经济法的主体

经济法主体是依据经济法享有权利(力)并承担义务的主体。某类主体是否属于经济法主体,应根据其是否参与经济法所调整的社会关系而定。基于对经济法调整对象的认识,一般认为,经济法主体主要包括以下两类:

1. 从事宏观调控和市场规制的主体。一方面,宏观调控涉及宏观全局,关系国计民生,影响国泰民安,其权力行使主体具有法定公权力属性,非私力所能及。宏观调控要求公权力介入、公权力干预,这就决定了宏观调控主体主要是有关国家机构,具体而言是履行宏观调控职责的相关国家机构,如中国人民银行、财政部、国家税务总局、国家发展和改革委员会等。另一方面,为了保障市场规制机构能够切实独立地执行市场规制法,维护市场公平、自由、竞争秩序,必须依法规定市场规制机构是相对独立的专门机关,具体而言主要包括反垄断机构、反不正当竞争机构和其他市场规制机构。

2. 接受宏观调控和市场规制的主体,即以多种形式存在的各类市场主体。如经营者、纳税人、商业银行、证券公司、政府机构等,对于这些主体将在经济法各类具体制度中分别进行介绍。

(二)经济法的行为

根据行为实施主体,经济法的行为可分为两类:一类是宏观调控机构和市场规制机构所实施的宏观调控行为和市场规制行为,可将其合称为"调制行为";另一类是受到宏观调控和市场规制直接影响的经营者所从事的市场行为。因宏观调控行为和市场规制行为具有主导地位，在此着重介绍这两类行为。

1. 宏观调控行为

宏观调控一词中，"调"是指协调、调和，容有一定的自由度和自治性；"控"是指管控、控制，强调必要的强制性和底线性。只有做到既调又控、可调可控、时调时控，才能实现自治与强制、自由与秩序的必要张力和微妙平衡。

虽然学界关于宏观领域的具体范围众说纷纭，但就以下方面已达成基本共识：(1)宏观领域不是私人领域，而是公共领域。凡是私人能够自治的地方，应当尊重私人意思自治，无须也不应进行宏观调控。对于一些私人不能做、做不了或做不好，而只有国家才具有能力和权力做的事情，由国家通过宏观调控来协调个人行为以促成满意的结果。(2)宏观领域是市场机制难以调节的领域。为了使市场经济更加健康有序协调可持续地发展，宏观调控要尽可能减少对市场机制的干扰，让市场机制在资源配置中起决定性作用，一般只有市场失灵的地方才是需要进行宏观调控的领域，宏观调控行为必须立足市场经济、利用市场机制、服务市场经济。(3)宏观领域是关系国计民生、影响国泰民安的领域。具体包括财政调控、规划调控、产业调控等宏观经济分析与政策制定的中心领域，只要国家调控好了上述各个方面，就能够基本实现宏观调控的目标。

此外，虽然宏观调控的具体措施内容丰富，主要包括经济、行政和法律三种手段，但不可对这三种手段等量齐观，现代宏观调控应该以法律手段为主。只有法律化的宏观调控，才是制度化的宏观调控，才能保证国家宏观调控的权力范围和宏观调控行为的规范化、精确化，进而实现宏观调控的法治化。

2. 市场规制行为

市场规制行为以市场特别是市场竞争为规制对象。经营者作为"经济人"，在追求自身利益最大化的原始观念驱动下，可能会实施虚假宣传、侵犯商业秘密、商业贿赂等不正当竞争行为，损害其他经营者和消费者的合法权益，扰乱市场竞争秩序；同时，优胜劣汰作为市场竞争的必然结果，可能会导致生产的不断集中，最终形成垄断，进而引发许多弊端。因此，必须对不正当竞争行为和垄断行为进行规制，以维护市场正常秩序、促进市场公平竞争。

市场规制行为是国家干预行为。市场经济发展史中的数次实践证明，国家是建立市场竞争秩序的根本力量，没有国家的依法干预，就不会有竞争秩序。无论是反不正当竞争、反垄断，还是维护市场竞争秩序，保护消费者合法权益，都不是市场自身所能完全解决的，也不是市场经营者所能自觉修正的，更不是消费者所能自力维护的，而必须由国家进行干预，对市场竞争进行规制。

市场规制行为追求社会公共利益。由于市场竞争是经营者之间的切身利害之争，私人主体往往都在追求个体利益最大化，而不一定会先决地、主动地、自觉地去促进社会公共利益的实现。这就需要国家通过市场规制，缔造和维护自由公平的市场竞争秩序，进而为私人主体实现私人利益创造良好的制度条件，并在市场主体实现其个体利益的同时，促进社会公共利益的实现。

五、经济法的体系与比较

(一)经济法的体系

经济法的体系，是指各类经济法规范所构成的和谐统一的整体。依据一般法理，部门法的体系构成主要取决于其调整对象,经济法的调整对象主要是宏观调控关系和市场规制关系,由此就可得到经济法体系的基本构成为:宏观调控法律制度和市场规制法律制度两大类别。虽然这种"二分法"是一段时间以来学界对经济法体系基本框架的一种"基本"共识。但是,就像整个法律体系需要随着时代的发展而发展一样,经济法体系不可能一成不变,经济立法所涉及的内容也在随着时代的发展而愈加丰富。因此,结合经济法制度运行的基本规律以及中国当代经济法律、法规的具体现状,可以在"二分法"的基础上进行一定的发展。立足我国经济发展实际,除宏观调控法律制度和市场规制法律制度外,在我国经济法体系中,还可以纳入所有制经济法律制度和经济成员权益保护法律制度等法律规范。

在此基础上,根据具体的调整对象,对经济法的法律规范可作具体细分:(1)宏观调控法律制度,主要包括财政、税收、规划、产业等法律制度;(2)市场规制法律制度,主要包括营商环境、市场准入、竞争、特别市场等法律制度;(3)所有制经济法律制度,主要包括国有经济、集体经济、民营经济、外资经济等法律制度;(4)经济成员权益保护法律制度,主要包括消费者、劳动者、投资者权益保护等法律制度。

(二)经济法与其他法律部门的关系

1. 经济法与宪法的关系

在法律体系中,宪法与经济法是母法与子法、上位法与下位法的关系。具体来说:一方面,宪法是经济法的渊源。首先,宪法为经济法提供了规则渊源和理论渊源,宪法所规定的经济制度、经济体制、国家机构、政府职权等都与经济法直接相关,经济法内容源于宪法、合乎宪法,是宪法内容的具体化,经济法中存在许多如国家与公民、中央与地方、政府与市场、权力与权利等宪法性内容。其次,经济法是一套确认和规范国家干预的法律制度,而宪法的核心是分权与制衡,宗旨是限制权力以保护权利。这其中就包括国家与公民、政府与市场之间的分权与制衡,它们之间的合理分权和有效制衡,是一个国家经济发展、政治民主和社会进步的依据和保障所在。另一方面,经济法贯彻实施宪法。宪法所规定的规则及其所内含的理念需要经济法等法律部门去贯彻实施。经济法之于宪法的贯彻实施意义重大,例如,竞争法以促进市场公平自由竞争为圭臬,而市场公平自由竞争正是经济发展、社会进步和人类文明的基本推动力,竞争法律体系是国家治理体系的核心内容,国家组织和规制市场竞争的能力是国家治理能力的核心内容,也是依宪治国的重要方面。

2. 经济法与民商法的关系

经济法与民商法都是调整社会经济关系的基本法律部门。两者的区别在于:(1)调整对象不同。民商法调整的是平等主体之间的人身关系和财产关系,这种社会关系具有平等性、私人性、自治性和微观性;而经济法调整的是宏观调控关系和市场规制关系,这种社会关系具有差异性、公共性、干预性和宏观性。(2)主体性质不同。民商法的主体主要是自然人、法人和非法人组织,本质上都是私人;而经济法的主体是与宏观调控和市场规制有关的当事人,其中的宏观调控机构和市场规制机构本质上是国家机构。(3)权利(力)范畴不同。民商法主要涉及私权利,当事人对其可以自行约定,自由行使,甚至自由放弃或转让;而经济法主要涉及公权力,须依法有序行使,不可放弃或转让。(4)法律属性不同。民商法是典型的私法,以私人为主体,以私权为本位,以意思自治为圭臬,以保护私权为目的,本质上是一种自主调整机制的法;而经济法具有公法的属性,它以公职机构为主体,以宏观整体为本位,以社会协调为宗旨,以促进社会公共利益为目的,本质上是一种社会整体调整机制的法。

两者的联系主要在于：(1)经济法的调整要服务于民商法的调整。发展现代市场经济，需要对市场调节和国家干预进行有机结合，并以市场调节为主、国家干预为辅，这就决定了根源于国家干预的经济法要为根源于市场调节的民商法发挥作用奠定基础和创造条件。(2)民商法的调整要以经济法的调整为条件。经济法通过宏观调控法和市场规制法创立、恢复和维护人们之间的平等、自由，从而为民商法的存在奠定基础。[3]

3. 经济法与行政法的关系

经济法和行政法是法律体系中各自相对独立的重要组成部分。两者的区别在于：(1)调整对象不同。行政法的调整对象主要是行政关系及监督行政关系；而经济法的调整对象是宏观调控关系和市场规制关系，是一种具有普遍性的社会关系，调制主体与调制受体之间不存在行政隶属关系。(2)主体不同。行政法的主体有一方是行政机关和行政人员；而经济法的主体主要是与宏观调控和市场规制有关的当事人，介入其中的国家机构也不尽是行政机关。(3)权力不同。行政法中的行政权是一种主导性权力，它决定、支配其他行政相对人的权利；而经济法领域的权力，主要是宏观调控权和市场规制权，它们作用的社会关系具有普遍性。(4)宗旨不同。行政法关注的核心和规制的重心是政府本身，其宗旨是限制政府权力、管理行政机关，着重于解决政府失灵的问题；而经济法调控的核心和规制的重心是市场秩序和市场运行，其宗旨在于解决市场失灵的问题，以保障市场经济公平、自由、竞争、协调、有序地发展。

两者的联系在于：(1)经济法需要行政法提供基础。只有行政法控制好了政府、管理好了政府、建设好了法治政府，政府才能干预好经济。(2)行政法依存于经济法。不违法、不滥权的政府仅是"无为政府"，而经济社会发展还需要能够有效进行宏观调控和市场规制的"有为政府"，这就要通过经济法来实现。[4]

第二节 宏观调控法律制度

一、宏观调控概述

(一) 宏观调控

宏观调控，是指国家对国民经济总体活动进行调节和控制的行为。其基本目标是实现总量均衡、结构优化、充分就业和国际收支平衡，而由这些基本目标所包含或延伸的目标还包括：收入分配公平、经济持续发展、环境友好和资源能源高效可持续利用等。我国当前宏观调控的主要任务是：保持经济总量平衡，推动重大经济结构战略性调整和生产力布局优化，减缓经济周期波动的影响，防范区域性、系统性风险，稳定市场预期，实现经济持续健康发展。宏观调控手段，是指为实现宏观调控目的所采取的方法、措施，主要包括财政调控、税收调控、规划调控和产业调控等。

(二) 宏观调控法

宏观调控法，是指调整国家对宏观经济运行进行调节和控制过程中发生的经济关系的法

---

[3] 马克思主义理论研究和建设工程重点教材：《经济法学》(第3版)，高等教育出版社2022年版，第52～53页。
[4] 马克思主义理论研究和建设工程重点教材：《经济法学》(第3版)，高等教育出版社2022年版，第56页。

律规范的总称。基于对宏观调控的基本认识,运用"行为—关系—法律规范"的分析范式,遵循逻辑分类同质性的要求,逐层划分。宏观调控关系具体可分为财政调控关系、税收调控关系、规划调控关系和产业调控关系等,相应地,调整这些经济关系的法律规范,分别为财政法律制度、税收法律制度、规划法律制度和产业法律制度等。这就是宏观调控法的体系构成。宏观调控权,是指宏观调控主体依法享有的权力。一个国家的宏观调控权,是由不同国家机关分别享有并协调行使的。为明晰各类宏观调控主体的权力和职责,根据国家机关的性质、职能和地位,赋予各类调控主体以不同类型和层级的宏观调控权,这就是宏观调控权的配置。

二、财政法律制度

(一)基本原理

财政,是指国家为实现其职能,采取一定形式通过收支行为参与社会产品的分配所形成的以国家为主体的分配活动。其基本职能有:(1)资源配置职能。根据政府职能范围确定财政收入规模,在优化财政支出结构基础上,合理安排政府投资的规模和结构,辅之以政策性补贴等措施,促进经济社会发展。(2)收入分配职能。通过财政转移支付,如社会保障支出、救济支出、补贴等,使人们得以维持基本的生活福祉水平。(3)经济稳定职能。若社会需求过旺、经济过热,通过压缩财政支出等方式可调节社会总需求,平衡社会供求关系;反之,若社会需求不足、经济萧条,通过增加财政支出等方式来刺激投资与消费,提高社会总需求。

财政法,是调整财政关系的法律规范的总称。作为财政法的调整对象,财政关系可界定为:以国家为主体的收入和支出活动以及在此过程中形成的各种关系。财政法的基本原则包括:(1)公平与效益相结合原则。其中,财政分配的公平,包括纵向公平和横向公平;财政分配的效益,包括经济效益和社会效益。宏观上,要求财政收支的方式和数量必须有利于促进经济的发展;微观上,要求引导市场主体公平有序竞争。(2)财政收支平衡原则。要求在确定一定时期的财政分配总规模时,考虑政府实现其各项职能所需资金数量与财政承受能力,在兼顾量出为入和量入为出的基础上,科学确定财政分配规模,实现收支平衡。财政法是我国法律体系的重要组成部分,也是执行财政政策和规范我国财政行为的有效保障。根据财政法所调整的具体财政关系,可将我国财政法基本结构划分为财政管理体制法、财政收入法、财政支出法等。

(二)具体法律制度

1.预算法律制度

预算,是国家的基本财政计划,是国家筹措、分配、使用和管理财政资金的主要工具。预算法,是调整在国家进行预算资金的筹集、分配、使用和管理过程中发生的经济关系的法律规范的总称。在财政法体系中,预算法是核心法、骨干法。依据预算从制定到执行的时间节点和基本程序,预算法律制度一般由编制制度、审批制度、执行制度、调整制度、决算制度和监督制度构成。

《预算法》及《预算法实施条例》的颁布、修订、实施,使得我国建立起了稳固、成熟的预算法律制度体系。我国《预算法》以规范政府收支行为,强化预算约束,加强对预算的管理和监督,建立健全全面规范、公开透明的预算制度,保障经济社会的健康发展规范为目的。根据《预算法》规定,全国预算由中央预算和地方预算组成,地方预算由各省、自治区、直辖市总预算组成。政府的全部收入和支出都应当纳入预算,故预算由预算收入和预算支出组成,计算单位为人民币元。预算类型包括一般公共预算、政府性基金预算、国有资本经营预算、社会保险基金预算,不同预算类型应当保持完整、独立。

2. 国债法律制度

国债,即国家公债,是国家为了满足财政支出的需要,以按期还本付息为条件,通过借款或发行有价证券等方式向社会筹集资金所形成的债务。在现代市场经济条件下,发行国债已是满足公共支出需要、弥补财政赤字的重要途径,具有重要的宏观调控功能。一方面,国债通过中央银行公开市场操作,调控基础货币供给量,贯彻实施货币政策,保障金融市场有序运行;另一方面,通过发行国债可以有效调动社会闲散资金,弥补财政赤字,筹集基础设施建设资金,有利于我国经济社会发展。国债法,是调整国债的发行、使用、偿还和管理的过程中发生的经济关系的法律规范的总称。依据国债的运行环节,国债法律制度由发行制度、流通制度和监管制度构成。

我国国债市场的法律规范主要包括:《国库券条例》《国债承销团组建工作管理办法》《记账式国债发行远程招标现场管理与监督办法》《国债跨市场转托管业务管理办法》等。

3. 政府采购法律制度

政府采购,是指各级国家机关、事业单位和团体组织,使用财政性资金采购依法制定的集中采购目录以内的或者采购限额标准以上的货物、工程和服务的行为。政府采购的基本功能是为了满足政府履行职能的需要,但是由于采购的数量大、集中度高,对市场产生了引导作用,从而派生出宏观调控的职能。政府采购法,是对政府采购行为进行管理的一系列法律规范的总称。

我国政府采购法律制度主要包括:《政府采购法》《政府采购法实施条例》《招标投标法》《招标投标法实施条例》等。根据法律规定,政府采购的当事人主要包括:采购人、供应商和采购代理机构。政府采购的方式有:(1)公开招标;(2)邀请招标;(3)竞争性谈判;(4)单一来源采购;(5)询价;(6)国务院政府采购监督管理部门认定的其他采购方式。其中,公开招标是政府采购最主要的方式。

三、税收法律制度

(一)基本原理

税收,或称租税、赋税、捐税等,简称税,是国家为实现其公共职能而凭借其政治权力,依法由政府专门机构向居民和非居民就其财产或特定行为实施的强制、无偿地取得财政收入的一种课征行为或手段。税收具有分配收入、配置资源和保障社会稳定的职能,税收在国家治理中具有基础性、支柱性、保障性作用。

税法是调整在税收活动中发生的社会关系的法律规范的总称。其调整对象包括:(1)税收体制关系,即中央与地方各级政府及其相关国家机关因税收方面的权限划分而发生的社会关系,实质上是一种税权分配关系;(2)税收征纳关系,即在税收征纳过程中发生的社会关系,主要体现为税收征纳双方之间的关系。相应地,税法体系也包括两大部分,即税收体制法和税收征纳法。

税法意义上的课税要素,或称课税要件,是国家对居民或非居民有效征税的必要条件,是确定纳税人及其权利与义务范围的法律依据。一般可分为:一是实体法要素,主要包括税法主体(征税主体和纳税主体)、征税客体、税目与计税依据、税率、税收特别措施等;二是程序法要素,主要是指纳税期限和纳税地点。虽然纳税环节、计税方法等也属于程序法要素,但在总体上仍属于特别要素,不像纳税期限和纳税地点等在形式意义的税法中使用得那样普遍。

税权,是指税法主体依法享有的与税收有关的权力(利)。由于税法主体的多样性,税权的含义和范围在不同的层面上也各不相同。在国内法上,根据税法主体的差别,税权的含义也有广义、狭义之分。广义上的税权,是包括国家税权和具体的纳税人权利在内的权力(利)体系,是一个重要而复杂的权力(利)范畴。狭义上的税权,即国家税权,由国家及其授权的征税机关行使,其类型主要包括税收立法权、税收征管权等。

(二)具体法律制度

1. 商品税法律制度

商品税是指以商品(包括劳务)为征税对象,以依法确定的商品的流转额为计税依据而征收的一类税,由于其以商品流转额为计税依据,人们也称之为流转税,在国际上被通称为"商品与劳务税"。商品流转额,是指在商品生产和经营过程中,由于销售或购进商品而发生的货币金额。商品税法,是指调整商品税收关系的法律规范的总称,属于税收实体法。其通过调整商品税收关系,一方面能够发挥商品税的经济杠杆作用,配合价格机制更好地发挥市场对资源配置的决定性作用;另一方面使国家能够实施有效的鼓励和限制措施,调节生产、消费和经济结构、产业结构,实现生产力布局的优化,保持经济总量平衡,促进宏观经济健康平稳发展,从而达到宏观调控的目标。

在我国,商品税法律制度实行内外统一的税制,外商投资企业等市场主体同样适用我国商品税法律体系。商品税主要包括增值税、消费税、关税和船舶吨税等,因此,商品税法的基本体系相应包括:

(1)增值税法,在实质意义上是指调整增值税征纳关系的法律规范的总称,在形式意义上仅指调整增值税征纳关系的基本法。我国《增值税法》已于2024年12月25日第十四届全国人民代表大会常务委员会第十三次会议通过,自2026年1月1日起施行。除附则外,设有五章:一是"总则",明确增值税的纳税人是在我国境内销售货物、服务、无形资产、不动产(应税交易),以及进口货物的单位和个人(包括个体工商户)。同时对应税交易、视同应税交易、不属于应税交易的情形等作出规定。二是"税率",明确根据不同的应税交易类型,实行13%、9%、6%三档税率,对部分货物、服务出口适用零税率,同时明确简易计税方法的征收率以及进口货物应纳税额的计算方法等。三是"应纳税额",规定了增值税的计税方法,包括销项税额、进项税额及销售额的计算方式。四是"税收优惠",设定了小规模纳税人纳税起征点;列举了法定免税项目,并授权国务院规定具体标准;授权国务院制定增值税专项优惠政策,报全国人大常委会备案。五是"征收管理",明确增值税由税务机关征收,进口货物的增值税由海关代征,并对增值税的纳税义务发生时间、纳税地点、计税期间、扣缴义务人等作了规定。

(2)消费税法,是调整消费税征纳关系的法律规范的总称。消费税,是指税法规定的对特定消费品或特殊消费行为的流转额征收的一种商品税。在我国,消费税属于中央税,由国家税务机关负责征收。形式意义上的消费税法仅指调整消费税征纳关系的《消费税暂行条例》。据其规定:消费税的纳税主体,是指在我国境内生产、委托加工和进口《消费税暂行条例》规定的消费品的单位和个人,以及国务院确定的销售《消费税暂行条例》规定的消费品的其他单位和个人。我国实行的是有选择性的有限型消费税,征税范围主要包括:过度消费会对人类健康、社会秩序、生态环境等方面造成危害的特殊消费品;奢侈品和非生活必需品;高能耗及高档消费品;不可再生和不可替代的消费品。根据具体的税目采用比例税率或固定税额标准征收消费税。

（3）关税法，是调整进出口关税征纳关系的法律规范的总称。关税是对进出关境的货物、物品征收的一种商品税。为了贯彻对外开放政策，促进对外经济贸易和国民经济的发展，我国制定了《进出口关税条例》《海关进出口税则》《进境物品进口税率表》。据其规定：关税的纳税主体是依法负有缴纳关税义务的单位和个人。关税的征税范围包括准许进出我国关境的各类货物和物品。其中，货物是指贸易性的进出口商品，物品则包括非贸易性的下列物品：入境旅客随身携带的行李和物品；个人邮递物品；各种运输工具上的服务人员携带进口的自用物品；馈赠物品以及以其他方式入境的个人物品。

（4）船舶吨税法，是调整船舶吨税征纳关系的法律规范的总称。船舶吨税是针对一国境外港口进入境内港口的船舶设置的一种税，我国现有《船舶吨税法》。据其规定：自中华人民共和国境外港口进入境内港口的船舶（以下简称应税船舶），应当依法缴纳船舶吨税。应税船舶的使用人或其委托的外轮代理公司，都是船舶吨税的纳税人。船籍国（地区）与中华人民共和国签订含有相互给予船舶税费最惠国待遇条款的条约或者协定的应税船舶，适用优惠税率；其他应税船舶，适用普通税率。

2. 所得税法律制度

所得税，是指以收入所得为征税对象，向获取所得的主体征收的一类税。其税基具有广泛性。作为征税对象的所得，可以是来自个人、企业、社会团体等各类纳税主体的所得。征税对象范围广泛，其中包括经营所得、劳务所得、投资所得、资本所得和其他所得。依纳税主体类别不同，国际上通常将所得税分为公司所得税（或法人所得税）和个人所得税两大类。所得税法，是指调整所得税征纳关系的法律规范的总称。其通过规范和调整以所得为征税对象产生的所得税收关系作用于宏观调控目标，具体来说，所得税法可以合理调节税收收入的弹性，有效运用所得税的鼓励和限制措施，调节收入分配格局。

我国的所得税法律制度具体体现为：

（1）《企业所得税法》和《企业所得税法实施条例》。企业所得税的纳税主体是在我国境内的企业和其他取得收入的组织（以下统称企业），具体分为居民企业和非居民企业两种，在征税范围上有所不同。企业所得税的税率有普通税率和优惠税率之分。普通税率有两种情况：一般企业所得税的税率为25%；非居民企业在中国境内未设立机构、场所但有来源于中国境内的所得，或者虽设立机构、场所但获取与其所设机构、场所没有实际联系的所得，名义税率为20%。优惠税率也有两种情况：符合条件的小型微利企业，减按20%的税率征收企业所得税；国家需要重点扶持的高新技术企业，减按15%的税率征收企业所得税。

（2）《个人所得税法》以及其他与之配套的法规、规章规定。纳税主体可分为两类，即居民纳税人和非居民纳税人。其中，凡在我国境内有住所，或者无住所而在境内居住累计满183天的个人，即为居民纳税人；凡在我国境内无住所又不居住，或者无住所而在我国境内居住累计不满183天的个人，为非居民纳税人。在征税范围方面，我国现行的个人所得税法采用的是分类综合所得税制，即将个人取得的各类所得划分为9种，即：工资、薪金所得；劳务报酬所得；稿酬所得；特许权使用费所得；经营所得；利息、股息、红利所得；财产租赁所得；财产转让所得；偶然所得。在税率方面，个人所得税实行超额累进税率与比例税率相结合的税率体系。综合所得，适用3%至45%的超额累进税率；经营所得，适用5%至35%的超额累进税率；利息、股息、红利所得，财产租赁所得，财产转让所得和偶然所得，适用比例税率，税率为20%。

3. 财产税法律制度

财产税是以财产为征税对象所征收的一类税。如房产税、土地增值税、契税等。财产税的历史非常悠久,但在现代各国一般不具有主体税种的地位,通常是地方税收收入的主要来源。

财产税法,是指调整财产税征纳关系的法律规范的总称。其具体作用包括:第一,通过财产税法可以保护和合理利用土地、自然资源,防止资源滥用或开发过度,保持经济的可持续发展。第二,通过财产税法可以调控房地产市场,抑制或消除楼市泡沫,防范经济风险,促进经济结构协调和产业结构优化。第三,通过财产税法可以增加地方财政收入,有利于发展地方经济,减少地方债务风险。第四,通过财产税法可以调节社会成员之间贫富差距,促进社会公平、实现社会和谐与国家稳定。

目前,我国财产税法规范的外在表现形式主要有《车船税法》《资源税法》《契税法》《环境保护税法》《耕地占用税法》《印花税法》等法律;《城镇土地使用税暂行条例》《土地增值税暂行条例》《房产税暂行条例》等国务院制定的行政法规。

四、规划法律制度

(一)基本原理

规划,是指国家或地区的中长期发展计划,是对今后一个较长时期的指导性纲要,而不是具体项目的方案。例如,《国民经济和社会发展第十四个五年规划和2035年远景目标纲要》中提到的就是规划。计划,则多指短期的未来行动方案,如全国人民代表大会每年通过的"国民经济和社会发展计划"。为了表述方便,本节将与"计划""规划"相关的法律制度,统称为"规划法律制度"。规划有战略导向作用,可以对财政、税收和产业等其他宏观调控手段进行协调和支持,鉴于此,规划调控是一种高层次的宏观调控手段。

规划法,是指调整国家制定和实施规划调控过程中发生的社会关系的法律规范总称。规划法的调整对象,具体是指在国家发展规划或计划的编制、审批、下达、执行、调整、检查和监督等各个环节中,在国家机关、企事业单位等主体之间因发展规划或计划行为而形成的社会关系。

(二)具体法律制度

1. 规划实体法律制度

根据正在起草的《国家发展规划法(草案)》,规划实体法律制度主要包括对发展规划机构的法律地位和职责、规划的内容、形式、指标体系作出的规定。国民经济和社会发展规划调控法,是规划实体法律制度的基础和核心。它主要规定国家在经济和社会发展方面的规划调控目标及其实现途径,主要包括以下三方面的内容:

(1)国家规划调控目标制度。从根本上说,规定国家规划调控的目标的主要意义在于,尊重和适应经济和社会发展规律,通过"国家之手"对经济和社会发展进行积极而有效的干预,实现人与自然的和谐发展以及经济与社会的可持续发展。国家规划调控任务制度在国民经济和社会发展规划调控法中处于基础性地位,它不但涉及如何合理确定国民经济和社会发展的战略任务、宏观调控的目标以及产业政策,而且涉及如何搞好经济预测工作与合理规划调控基本经济结构、生产力布局、国土整治和重点项目建设等重大问题。对国家规划调控任务作出法律规定,是实现规划调控功能的必然要求,对其他各项具体规划调控内容的制定和实施具有重要的指导意义。

(2) 国家规划调控体系制度。国家规划调控体系,是指从不同角度表述国家规划调控内容所组成的相互衔接、相互补充的有关国家规划调控的有机结合体。国家规划调控体系可以按照不同的标准进行分类,例如,从国家规划调控的经济、社会内容角度看,国家规划调控体系可分为社会总产品规划、国民收入规划、工业生产规划、农业生产规划、第三产业规划、固定资产投资规划、科学技术规划、综合财政规划、环境保护规划、城乡居民收入和消费水平规划以及人口规划等;从国家规划调控的期限角度看,国家规划调控体系可分为长期规划、中期规划和短期计划。事实上,每种类型的国家规划调控体系均从不同的侧面、按照不同的标准,反映了国民经济和社会发展的规划调控目标以及实现条件等。

(3) 国家规划调控指标体系制度。国家规划调控指标,是国家规划调控的内容、目标和任务的量化结果,是对国家未来经济和社会发展的方向、目标、规模、速度、结构、比例、效益以及效率等总体性活动的特征和状况的数量界定。规划调控的各项指标之间相互联系、相互依存、相互作用,从而构成了一个完整的国家规划调控指标体系。建立科学的国家规划调控指标体系,对有效地、定量地组织和管理国民经济和社会发展具有重要意义。国家规划调控指标体系可以按照不同的标准进行分类,例如,按反映内容可分为数量指标和质量指标;按表现形式可分为实物指标和价值指标;按反映问题的繁简程度可分为综合指标和单项指标;按所起作用可分为考核指标和核算指标;按管理性质可分为指令性规划调控指标和指导性规划调控指标。

2. 规划程序法律制度

规划程序法律制度,是调整围绕编制、审批、实施和监督而产生的规划或计划程序关系的法律规范的总称,包括规划编制与审批制度、规划实施制度、规划监督制度等。

以国民经济和社会发展规划为例,根据我国《宪法》规定,国务院行使编制和执行国民经济和社会发展计划和国家预算的职权。国家发展和改革委员会的主要职责是:拟订并组织实施国民经济和社会发展战略、中长期规划和年度计划;提出国民经济发展和优化重大经济结构的目标和政策;提出运用各种经济手段和政策的建议;国务院委托向全国人大作国民经济和社会发展计划的报告。作为国家最高权力机关的全国人民代表大会行使审查和批准国民经济和社会发展计划和计划执行情况的报告的职权;县级以上的地方各级人民代表大会行使审查和批准本行政区域内的国民经济和社会发展计划和计划执行情况的报告的职权。

五、产业法律制度

(一) 基本原理

产业,是指国民经济内部按照社会分工,由提供同类产品或劳务的企业、事业单位组成的较高层次的部门。三次产业分类法是世界上较为通用的产业结构分类,即根据社会生产活动历史发展的顺序,一般可将产业的结构划分为三次产业:产品直接取自自然界的部门称为第一产业;对初级产品进行再加工的部门称为第二产业;为生产和消费提供各种服务的部门称为第三产业。

产业政策,是指一个国家或地区为实现其一定时期的经济和社会发展目标,而制定的相应的促进、限制产业的目标以及保障这些目标实现的各项政策所组成的政策体系。其实质是国家或政府对经济活动的一种自觉干预,以实现特定的经济、社会目的,干预包括对产业的规划、调整、保护、扶持、限制等。

产业法是国家产业政策的法律化,是指调整基于产业政策调控而发生的社会关系的法律规范的总称。其调整对象包括产业结构关系、产业组织关系、产业技术关系、产业布局关系以及产业政策的制定和实施关系等。其目的在于通过各种经济手段的综合运用,推进国家产业结构的调整,实现产业结构的优化,进而从供给角度促进国民经济总量的平衡。

(二)具体法律制度

1. 产业结构法律制度

产业结构法是产业结构政策的法律化。产业结构政策,是指关于社会生产各部门、各行业之间的结构比例关系的政策。产业结构法"是从动态的角度调整产业之间结构关系的法律,它有着强烈的国家调节意图和鲜明的政策导向"[5],具体"通过保护、促进战略产业,调整、援助衰退产业,推动、支持幼稚产业,实现产业调控的目的"[6]。

在我国,规范或体现相关产业结构调控的法律、法规、规章和其他规范性文件主要有:中共中央、国务院《关于加快发展第三产业的决定》《促进产业结构调整暂行规定》《国家集成电路产业发展推进纲要》等,以及由国家发展和改革委员会制定、公布的《产业结构调整指导目录》。

2. 产业组织法律制度

产业组织法以产业组织理论为指导,是产业组织政策的法律化。其核心问题是解决产业组织过程中所包含的"马歇尔冲突",即处理好规模经济与竞争活力之间的矛盾,既要扩大市场经济的规模效益,又要促进市场竞争的高效公平,并通过协调市场经济规模和市场竞争效率,建立起正常的市场秩序,取得现实的利益。[7]

《中小企业促进法》是我国的一项重要产业组织法律制度。该法第2条第1款将中小企业界定为:"在中华人民共和国境内依法设立的,人员规模、经营规模相对较小的企业,包括中型企业、小型企业和微型企业。"并从财税支持、融资促进、创业扶持、创新支持、市场开拓、服务措施、权益保护七个方面对如何扶持促进中小企业健康发展作出了明确的规定。

3. 产业技术法律制度

产业技术法是产业技术政策的法律化。产业技术政策,是指政府所制定的用以引导和干预产业技术进步的政策。产业技术法是"为了促进产业技术进步,对产业技术发展实施指导、选择、促进与控制而规定产业技术发展目标、途径、措施的法律制度"[8]。具体包括:技术创新制度、技术成果转化制度、技术引进制度、高新技术鼓励制度等。

改革开放以来,我国越来越重视产业技术的发展,并为此制定了大量产业技术政策,主要有:中共中央、国务院《关于加速科学技术进步的决定》《关于加强技术创新、发展高科技、实现产业化的决定》,国务院发布的《国家高新技术产业开发区若干政策的暂行规定》,原国家经济贸易委员会印发的《关于加速实施技术创新工程形成以企业为中心的技术创新体系的意见》,工业和信息化部印发的《国家产业技术政策》,等等。基于此,我国制定、颁布了一系列产业技术法律法规,主要有:《科学技术进步法》《促进科技成果转化法》《农业机械化促进法》《农业技术推广法》《技术进出口管理条例》等。

---

[5] 漆多俊主编,李国海、王健副主编:《经济法学》(第5版),高等教育出版社2023年版,第267页。
[6] 吴弘主编:《宏观调控法学——市场与宏观调控法治化》,北京大学出版社2018年版,第262页。
[7] 漆多俊主编,李国海、王健副主编:《经济法学》(第5版),高等教育出版社2023年版,第270页。
[8] 吴弘主编:《宏观调控法学——市场与宏观调控法治化》,北京大学出版社2018年版,第268~269页。

第三节 市场规制法律制度

一、市场规制概述

(一)市场规制

市场规制,是指国家依法规范市场主体的市场竞争行为的行为。市场竞争,又称商业竞争或经济竞争,是指经济利益互相对立的市场主体实施的所有以获取交易机会为目的的经济行为。正当的竞争,会增进公平,提升效率,促进经济发展;不正当的竞争或限制竞争,会妨碍公平、危害效率,阻碍经济发展、社会进步。因此,有必要发挥国家的职能,通过制定和实施规范市场竞争行为的法律规范,适度介入市场,规制市场竞争。

(二)市场规制法

市场规制法,是指调整在国家规制市场行为过程中所发生的社会关系的法律规范的总称。其初级宗旨是:通过规制垄断行为和不正当竞争行为,调整市场规制关系,恢复和维护公平竞争机制,提高市场配置资源的效率,保护经营者和消费者的权利和利益;终极宗旨是:通过初级宗旨的达成,不断解决个体营利性和社会公益性的矛盾,克服市场失灵,保障社会公益和基本人权,促进经济的稳定增长,实现经济和社会的良性互动和协调发展。市场规制法的体系,是指各类市场规制法规范所构成的和谐统一的整体。不仅包括一般的营商环境法律制度、市场准入法律制度、竞争法律制度,还包括特别市场规制法律制度,如保险市场法律制度、房地产市场法律制度等。

二、营商环境法律制度

(一)基本原理

营商环境的法治化是现代市场经济发展的必然要求,它不仅可以为市场主体提供稳定、公平、透明且可预期的外部条件,还能为促进经济健康持续发展提供重要保障。习近平总书记强调,"法治是最好的营商环境"[9],这一论断科学阐明了法治与营商环境之间的紧密关系,揭示了法治在构建良好营商环境中的核心地位。法治化营商环境建设的目标在于通过立法、执法、司法以及守法四个方面成体系地推进,确保所有市场主体能够在平等的基础上参与市场竞争,获得公正对待,并能有效保护自身合法权益。法治化营商环境强调市场规则的统一性和稳定性,这意味着法律法规应当具备明确性、公开性和连续性,以减少不确定性对企业决策的影响。

(二)优化营商环境条例

《优化营商环境条例》自2020年1月1日起正式施行,标志着中国在优化营商环境方面迈出了具有里程碑意义的一步。这部法规不仅是中国政府深化改革开放、推动高质量发展的具体体现,也是为了持续优化营商环境、不断解放和发展社会生产力、加快建设现代化经济体系而制定的重要文件。《优化营商环境条例》分七章共72条,覆盖了从市场主体保护到政务服务

---

[9] 最早由习近平总书记在2019年2月25日主持召开的中央全面依法治国委员会第二次会议上提出。

等多个方面,旨在通过法治化手段持续优化营商环境,最大限度地激发微观主体创业、创新、创造的活力,有利于把微观主体发展动力更好转化为经济发展的新动能,对于稳定经济增长、促进就业等方面有着深远影响。

首先,《优化营商环境条例》强调了坚持市场化、法治化、国际化的原则,明确了优化营商环境工作的方向和目标。它将营商环境界定为:市场主体在市场经济活动中所涉及的体制机制性因素和条件。同时,指出优化工作应当以市场主体需求为导向,持续深化简政放权、放管结合、优化服务改革,构建以告知承诺为基础的审批制度、以信用为基础的监管机制等,以此来营造一个稳定公平透明且可预期的市场环境。

其次,《优化营商环境条例》特别关注了对市场主体权益的保护和支持。具体包括:第一,各类市场主体依法平等适用国家支持发展的政策,政府及其有关部门在资金安排、土地供应、税费减免等方面应当依法平等对待各类市场主体,不得制定或实施歧视性政策措施;第二,加强对知识产权的保护力度,包括商标注册、专利申请便利化改革等,这不仅是对企业创新能力的认可和支持,也是吸引外资和技术引进的关键因素之一;第三,加强对网络虚拟财产、数据等新兴领域的权益保护;第四,严禁违反法定权限、条件、程序对市场主体财产实施查封、冻结等行政强制措施,并禁止任何形式的摊派行为,确保企业在合法合规的前提下能够自由地进行生产经营活动。通过这些规定,可以为企业打造更加安全可靠的经营环境,减少对其正常经营所不必要的干扰和负担。

再次,《优化营商环境条例》致力于改善政务服务的质量和效率,提出了多项举措以简化办事流程,提高服务效能,例如,地方各级人民政府已设立政务服务大厅的,本行政区域内各类政务服务事项一般应当进驻政务服务大厅统一办理;鼓励各地区创建综合窗口,提供一站式服务。更重要的是,该条例提倡利用信息技术提升政务管理水平,例如,依托一体化在线平台推动政务信息系统整合,优化政务流程,促进跨地区、跨部门、跨层级的数据共享和业务协同。这样的做法不仅可以节省企业和群众的时间成本,也有助于政府部门更好地履行职责,实现精准治理和服务。此外,该条例还规定了法律、法规、规章以及国家有关规定对政务服务事项办理时限有规定的,应当在规定的时限内尽快办结,体现了政府对于提高工作效率的决心。

最后,《优化营商环境条例》还注重加强法治保障,确保所有改革措施能够在法律法规框架内顺利推进。为此,该条例单设了"法治保障"一章,明确规定了权力规制方面的内容,紧紧抓住"政策制定"这个关键问题,从上位法依据、听取市场主体意见等多个角度出发,力求使每一项决策都能够科学合理、合法有效。此外,该条例通过引入公平竞争审查机制,来促进不同所有制企业间的公平竞争;通过建立合法性审核机制,以保证新出台的政策与现行法律法规协调一致避免与现行法律法规的冲突。这些制度设计不仅有助于维护市场的正常秩序,也为未来深化改革预留了空间。

三、市场准入法律制度

(一)基本原理

市场准入法律制度是国家为确保市场经济健康有序发展而设立的一套规则体系,旨在通过法律手段规范市场主体进入市场的条件、程序以及相关限制措施。这一制度的设计不仅反映了政府对经济活动的宏观调控意图,同时也体现了保障公平竞争、维护公共利益和促进经济社会可持续发展的价值取向。

这一制度的核心在于平衡效率与安全之间的关系：一方面，放宽准入门槛可以激发市场活力，吸引更多投资者参与市场竞争，从而提高资源配置效率；另一方面，则需要通过适当的监管来防范潜在风险，保护消费者权益和社会稳定。因此，在构建市场准入制度时，必须考虑到如何在促进经济发展的同时，保证交易的安全性和合法性。为此，我国近年来试图在简化审批流程的同时加强事中事后监管，实现经济效益与交易安全的平衡。

（二）具体制度

1. 市场准入负面清单法律制度

市场准入负面清单制度的核心理念是"非禁即入"，即除明确列出的禁止或限制进入的行业、领域、业务外，所有其他行业、领域、业务都向各类市场主体开放，允许其依法平等进入。其不仅体现了对市场经济规律的尊重，也符合国际通行做法，有助于构建一个更加开放透明、规范有序、平等竞争且权责清晰的市场环境。

自2018年起，中国正式实施了全国统一的市场准入负面清单制度，标志着该制度进入了全面推行的新阶段。随着市场的不断发展变化，负面清单也在持续动态调整中，从最初的151项缩减到了现行版本的117项，减少了34项，显著降低了市场准入门槛，为各类企业提供了更广阔的发展空间。这些调整反映了中国政府深化改革开放的决心，以及对于促进经济高质量发展的承诺。

在具体操作层面，市场准入负面清单分为两类事项：一类是禁止准入事项，另一类是许可准入事项。对于前者，市场主体不得进入，行政机关不予审批、核准，并且不能办理有关手续；而对于后者，则包括了一系列具体的资格要求和技术标准等，由市场主体提出申请后，行政机关依据法律法规作出是否准予进入的决定，或者按照规定的条件和方式合规进入。此外，《市场准入负面清单（2022年版）》还特别强调了清单之外的所有行业、领域、业务均应向各类市场主体开放的原则，确保了政策的一致性和连贯性。

值得注意的是，市场准入负面清单制度不仅仅是一份静态文件，它还是一个不断演进的制度安排。例如，清单在制定过程中充分考虑了不同地区之间的差异性和特殊性，允许地方政府根据实际情况提出本地化的补充建议，从而使清单能够更好地适应地方经济发展需求。同时，针对新出现的技术创新和服务模式，如互联网金融、共享经济等新业态，相关部门也会及时更新和完善相关规则，以保持制度的生命力和适应性。

为了保证市场准入负面清单的有效执行，国家发展改革委与商务部共同负责解释并监督实施情况，定期评估清单的实际效果，及时发现并解决存在的问题。不仅如此，政府还鼓励社会各界积极参与到这项工作中来，通过多种渠道反馈意见和建议，形成全社会共同维护良好市场秩序的良好氛围。总之，市场准入负面清单制度作为一项基础性的经济体制改革举措，正逐步成为推动中国经济转型升级的重要力量之一。

2. 许可准入事项管理法律制度

许可准入事项管理制度，是指对于涉及国家安全、公共安全、生态环保等领域，由于其重要性和敏感性较高，因此需要设定更为严格的市场准入条件。这类行业的特点决定了它们必须经过严格的审批流程才能开展经营活动，以确保这些关键部门的安全稳定运行。在中国现行的市场准入体系中，许可准入事项占据了相当大的比重，涵盖了多个重要行业和地区，构成了整个市场准入框架不可或缺的一部分。

首先，许可准入事项管理制度旨在保护公众利益和社会稳定。例如，在能源、交通、通信等行业中,存在着大量的基础设施建设项目,它们直接关系到国计民生和社会福祉。因此,政府通过对这些项目的投资建设进行严格控制,可以有效避免因盲目扩张而导致资源浪费或环境污染等问题的发生。同样地,在食品医药、金融服务等行业,由于其直接关系消费者的健康权益和财产安全,所以也需要设立较高的准入壁垒,以防止不合格产品流入市场,保障人民群众的生命财产安全。

其次,许可准入事项管理制度有助于维护公平竞争的市场环境。通过制定统一明确的标准和程序,不仅可以防止个别企业利用信息不对称优势获取不当利益,还可以促使所有参与者遵守相同的规则,营造健康的市场竞争氛围。特别是在一些新兴技术领域,如人工智能、大数据分析等,虽然技术创新带来了巨大的发展机遇,但也可能引发新的风险挑战。为此,政府部门会适时出台相应的管理规定,既鼓励创新发展又防范潜在隐患。

再次,许可准入事项管理制度也是提升政府治理效能的重要手段之一。一方面,它明确了各级行政机关在市场准入方面的职责权限,促进了权力运行的规范化和透明化;另一方面,通过建立健全的事前事后监管机制,强化了对企业行为的全程跟踪监督,提高了行政效率和服务质量。例如,《关于完善市场准入制度的意见》指出,要严格落实法律法规赋予的监管责任,按照"谁审批、谁监管,谁主管、谁监管"的原则,夯实监管责任,落实放管结合的要求,坚决纠正"以批代管""不批不管"的现象。

最后,随着时代的发展变迁,许可准入事项管理制度也在不断优化改进之中。一方面,随着简政放权改革的深入推进,许多不必要的前置审批项目已经被取消或简化,大大减轻了企业的负担;另一方面,面对快速变化的技术进步和市场需求,政府也在积极探索更加灵活高效的管理模式,比如推行告知承诺制、加强信用体系建设等,力求在放宽准入的同时实现有效监管。

四、竞争法律制度

(一)基本原理

经济法讨论的"竞争"是指一种与垄断相对应的经济形态,是指商品生产者为争取有利的产销条件而进行的相互博弈,在这种形态中某种特定商品有许多潜在的供应者和消费者,没有任何一方能够决定供给、价格或其他市场因素;而垄断,则只存在一个或者非常有限的买方或卖方,单独占有某一市场。竞争一般被认为是一种理想的资源配给方式,对于消费者来说,竞争也能使其能够以最低的价格获得需要的商品和服务。

竞争法,是指国家规范市场行为,保护和促进自由竞争的法律规范的总称。其目的是通过保障公平的市场竞争,进而保护消费者和竞争者不受非法垄断和不正当竞争行为的侵害。最早的也是最知名的竞争法是美国 1890 年颁布的《反托拉斯法》,即《保护贸易和商业不受非法限制与垄断之害法》,也称《谢尔曼法》。目前,奉行市场经济体制的国家大都制定了保护和促进自由竞争的法律,作为国家干预和规范经济活动的主要手段。

(二)具体制度

1. 反垄断法律制度

垄断,是指经营者或其利益的代表者,滥用已经具备的市场支配地位,或者通过协议、合并或其他方式谋求或谋求并滥用市场支配地位,借以排除或限制竞争,牟取超额利益,依法应予规制的行为。简言之,垄断是指经营者或其利益的代表者排除或限制竞争的违法行为。反垄断法,是指调整在国家规制垄断过程中所发生的社会关系的法律规范的总称。

根据我国《反垄断法》相关规定，我国所禁止的垄断行为类型具体包括：

(1)滥用市场支配地位，是指具有市场支配地位的经营者，没有正当理由，利用其市场支配地位所实施的排除限制竞争、牟取超额利益的违法行为。市场支配地位，是指经营者在相关市场中对其他经营者的较大影响力，例如，经营者在相关市场内具有对商品价格、数量、品质等交易条件的较强的影响力，或者能够排除其他经营者进入相关市场，或者延缓其他经营者在合理时间内进入相关市场等情形。其认定依据以市场份额为主，兼顾市场行为及其他相关因素。具体行为表现有：一是垄断高价或垄断低价；二是掠夺性定价；三是拒绝交易；四是独家交易；五是搭售或附加不合理条件；六是差别待遇。

(2)垄断协议，是指经营者为限制竞争而达成协议、决定或者其他协同一致的行为。学理上，称为"联合限制竞争"，更能反映该概念的内涵和外延。其具体类型包括：一是横向垄断协议，指在产业链上居于同一环节的两个或两个以上经营者所为的垄断协议，因排斥了最具竞争关系的经营者之间的竞争而危害严重，其联合内容具体表现为：固定价格、划分市场、联合抵制、不当技术联合等。二是纵向垄断协议，指处于同一产业链上下环节(有交易关系或供求关系)的两个或两个以上经营者所为的垄断协议行为，实践中以限制转售价格最为常见，此外还包括独家交易、特许协议等行为。

(3)经营者集中，是指"经营者通过合并、持股等方式实现的在规模、控制力上的集中"[10]，提高市场地位的行为。经营者集中的主体是经营者，行为方式属于组织调整行为，包括经营者合并和不形成新经营者的股份或资产收购、委托经营或联营、业务或人事控制等；其目的和后果是迅速集合经济力，提升市场地位；其对市场竞争和经济发展利弊并存。经营者集中具体包括两类：一是经营者合并，是指两个或两个以上经营者合为一个经营者，从而导致经营者集中的行为；二是经营者控制，是指经营者通过收购、委托经营、联营和其他方式获得控制权，从而导致经营者集中的行为。

(4)行政性垄断，是指行政机关和法律、法规授权的具有管理公共事务职能的组织滥用行政权力、违反法律规定实施的限制市场竞争的行为。行政性垄断行为的主体不以行政机关为限，法律、法规授权的具有管理公共事务职能的组织，也应当纳入主体范围。其具体包括：一是行政性强制交易，是指行政机关滥用行政权力，违反法律规定，限定或者变相限定经营者、消费者经营、购买、使用其指定的经营者提供的商品；二是行政性限制市场准入，是指行政机关滥用行政权力，违反法律规定，妨碍商品和服务在地区之间的自由流通，排除或限制市场竞争的行为；三是行政性强制经营者限制竞争，是指行政机关滥用行政权力，违反法律规定，强制经营者从事反垄断法所禁止的排除或者限制市场竞争的行为。

2. 反不正当竞争法律制度

反不正当竞争法，是指为了鼓励和保护公平竞争，制止不正当竞争行为，保护经营者和消费者的合法权益，而由国家制定的调整竞争关系和竞争监管关系的法律规范的总称。我国《反不正当竞争法》对不正当竞争的界定，采取的是一般条款加列举的方式，《反不正当竞争法》第2条第1款、第2款规定："经营者在生产经营活动中，应当遵循自愿、平等、公平、诚信的原则，遵守法律和商业道德。本法所称的不正当竞争行为，是指经营者在生产经营活动中，违反本法规定，扰乱市场竞争秩序，损害其他经营者或者消费者的合法权益的行为。"具体列举的不正当

---

[10] 张守文：《经济法原理》(第2版)，北京大学出版社2020年版，第359页。

竞争行为表现形式包括：

（1）混淆行为，是指经营者通过擅自使用他人具有一定影响的标识等方式，引人误认为其生产、经营的商品是他人商品或者与他人存在特定联系的行为。

（2）商业贿赂行为，是指经营者为了谋取交易机会或者竞争优势而采用财物或者其他手段贿赂可能影响交易的单位或者个人的行为。但是，按照商业惯例赠送小额广告礼品、符合财务制度的礼仪性接待开支等，都不能认定为商业贿赂。

（3）虚假或者引人误解的商业宣传行为，是指经营者为了谋取交易机会或者竞争优势，对商品（含服务）进行虚假或者引人误解的商业宣传，导致或者足以导致购买者对商品产生错误认识的行为，包括经营者通过组织虚假交易等方式，帮助其他经营者进行虚假或者引人误解的商业宣传的行为。

（4）侵犯商业秘密行为。商业秘密，是指不为公众所知悉、具有商业价值并经权利人采取相应保密措施的技术信息、经营信息等商业信息。侵犯商业秘密的行为主要包括：不正当取得、披露、使用或允许他人使用权利人的商业秘密；教唆、引诱、帮助他人侵犯权利人的商业秘密；恶意获取、披露、使用或允许他人使用来自侵权人的商业秘密。

（5）不当有奖销售行为，又称不当附奖赠促销，是指经营者违反诚信和公平竞争的原则，利用物质、金钱或者其他经济利益引诱购买者与之交易，损害竞争对手的公平竞争权的行为。具体包括两类：一是欺骗性有奖销售，即经营者采用欺骗购买者的方式实施有奖销售的行为；二是巨额抽奖式有奖销售，即最高奖的金额超过5万元的有奖销售。

（6）诋毁他人商誉行为，又称商业诽谤行为、商业诋毁行为，是指经营者通过编造、传播虚假信息或者误导性信息，损害竞争对手的商誉，以削弱其竞争力，由此获取不正当利益的行为。

（7）网络不正当竞争行为。包括两类：一类是网络领域的传统不正当竞争行为，即经营者利用网络但未使用网络专业技术手段实施的不正当竞争行为，是上述传统不正当竞争行为在网络领域的延伸；另一类是网络领域特有的不正当竞争行为，即经营者利用网络专业技术手段，通过影响用户选择或者其他方式实施的妨碍、破坏其他经营者合法提供的网络产品或者服务正常运行的行为。

五、特别市场规制法律制度

（一）基本原理

特别市场，是指"在特定领域内，由于其自身的特殊性而需要采取不同于一般市场的规制措施和法律制度的市场。特别市场往往在经济、政治和社会等要素方面具有特殊性，需要国家对市场主体和交易活动设置特别规制规则，如保险、房地产、能源等市场"。[11] 特别市场的存在和发展不仅受到市场经济规律的影响，同时也受到国家政策导向和社会发展目标的制约。特别市场的运作并非完全依赖自由竞争机制，而是更多地体现了政府与市场之间的互动关系。一方面，政府通过制定法律法规来设定准入门槛、规范经营行为、保障消费者权益，确保市场的健康有序发展；另一方面，市场主体在遵循规则的前提下自主决策，追求经济效益的最大化。这种政府干预与市场调节相结合的方式，既保证了特别市场能够满足社会公共需求，又促进了资源的有效配置和技术进步。例如，在涉及国计民生的重要行业，政府可能会通过直接投资或

---

[11] 马克思主义理论研究和建设工程重点教材：《经济法学》（第3版），高等教育出版社2022年版，第366页。

间接补贴的形式支持企业发展,以维持必要的生产能力和服务水平。同时,也会加强对企业经营活动的监管,防止滥用市场支配地位损害其他经营者和消费者的合法权益。

(二)具体市场及其法律规制

1. 保险市场及其法律规制

保险,是指通过多数经济单位的共同集资,以合理计算为依据,对特定危险事故发生所导致的损失予以补偿的经济制度,具有分散风险和信用补充的功能。保险市场是交换保险商品的市场,是现代金融市场的重要组成部分。

在保险市场中,主要参与者包括提供保险产品的保险公司、购买保险产品以寻求风险保障的消费者,以及连接供需双方的保险中介人。保险市场的运行依赖一套复杂的机制,其中包括价值规律、供求规律、竞争规律及三者之间的相互作用。这些机制共同确保了保险费率的合理性和市场的稳定性。例如,保险费率的形成一方面取决于风险发生的频率,另一方面也受到保险商品供求情况的影响。同时,由于保险合同具有射幸性,即支付保费后是否能获得赔偿存在不确定性,因此保险市场的特殊性决定了其具有不同于一般商品市场的运作模式。

为了维护保险市场的健康有序发展,国家制定了相应的法律法规来规范保险活动,保护参与者的合法权益,并加强对保险行业的监督管理。《保险法》作为调整保险关系的基本法律,明确规定了保险合同的订立、履行、变更和终止等规则,同时也对保险公司的设立条件、经营行为、资金运用等方面提出了具体要求。此外,《保险法》还特别强调了对投保人、被保险人和受益人的权益保护,比如规定了最大诚信原则、保险利益原则、损失补偿原则和近因原则等基本原则,确保保险交易过程中的公平公正。

2. 房地产市场及其法律规制

住房问题自古以来就是民生的重大问题,关系千家万户的基本生活保障。房地产市场,是指房地产开发企业开发经营的,带有房地产特征的产品和服务的市场,包括房地产开发市场和房地产经营市场,是社会主义市场经济体系中的一个相对独立并且与民生高度关联、具有明显特征的专门化市场。具体包括:

(1)土地开发市场规制。政府部门通过审批和登记对房地产开发企业的市场准入进行干预,这是规范房地产秩序的有效措施。目前,在我国只要符合规定的条件即可申请注册登记房地产企业。设立房地产开发企业,除应有自己的名称和组织机构、固定的经营场所等公司设立的一般条件外,现行法律及行政法规对房地产企业的最低注册资本及专业技术人员有一定的特殊要求。如注册资本应在人民币 100 万元以上,须有 4 名以上具有法定资格的房地产专业和建筑工程专业的专职技术人员,2 名以上专职会计人员。房地产开发企业注册资本与投资总额的比例应当符合国家规定。

(2)房地产交易市场规制。进入房地产交易市场进行交易的房地产必须是法律规定允许交易的房地产和以出让方式取得土地使用权的房地产,在未获得土地使用权证书并完成法律规定的投资和开发之前,不得进行转让;司法机关和行政机关依法裁定、决定查封或者以其他形式限制房地产权利的房地产,不得转让;依法收回土地使用权的房地产不得转让;共有房地产,未经其他共有人书面同意的,不得转让;权属有争议的,或者未依法登记领取权属证书的房地产以及法律、行政法规规定禁止转让的其他房地产也不得转让。

(3)房地产中介服务市场规制。房地产中介包括房地产估价、房地产经纪、房地产咨询服务等活动。在市场经济条件下,房地产中介服务的社会化促成了房地产中介服务市场的形成,中介服务市场的有序运行,对于消费者的利益保护同样具有十分重要的意义。只有符合法律规定的条件,经登记取得营业执照之后,才能从事房地产中介业务。同时,国家实行房地产价格评估人员资格认证制度,获得房地产评估资格必须参加并通过国家统一举办的房地产估价师资格考试。

第四节 所有制经济法律制度

一、所有制经济概述

（一）生产资料所有制结构

生产资料所有制结构,是指在一定社会中各种不同的生产资料所有制形式所处的地位、作用及其相互关系。生产资料所有制构成一个社会经济制度的基础,是决定社会基本性质和发展变化的根本因素。当前,公有制为主体、多种所有制经济共同发展是我国社会主义初级阶段的所有制结构。

（二）所有制经济及其表现形式

1. 公有制经济及其表现形式

社会主义公有制,是指全体社会成员共同占有生产资料,用来满足人民美好生活需要而结成的经济关系体系,没有占主体地位和发挥主导作用的公有制经济,就不能确保我国社会的社会主义性质,就不能巩固和发展社会主义。建设和完善社会主义经济制度,必须坚持以生产资料公有制为基础。[12] 在现阶段,我国公有制经济具体表现为:(1)国家所有制经济,即国有经济;(2)集体所有制经济,即集体经济。两者的共同点在于:生产资料归劳动群众所有。两者的区别在于:集体经济生产的社会化程度一般比较低,生产资料公有化的范围比较小,生产资料所有权只属于各个集体经济单位的劳动群众。

2. 非公有制经济及其表现形式

非公有制经济是社会主义市场经济的重要组成部分,主要包括:(1)个体经济,是指生产资料归劳动者个人所有并由劳动者个人支配和使用的一种所有制形式;(2)私营经济,是指企业资产属于私人所有、存在雇佣劳动关系的一种非公有制经济形式;(3)外资经济,是指国外投资者和港澳台投资者经中国政府批准,尊重中国主权,接受中国政府监督和监管,以独资、合资、合作等方式在中国境内开办企业而形成的一种非公有制经济形式。

二、国有经济法律制度

（一）基本原理

国有经济是我国国民经济的主导力量。《宪法》第 7 条规定:"国有经济,即社会主义全民所有制经济,是国民经济中的主导力量。国家保障国有经济的巩固和发展。"国有经济起主导作用,主要体现在控制力上,需要其控制的行业和领域主要包括:涉及国家安全的行业、自然垄

---

[12] 马克思主义理论研究和建设工程重点教材:《宪法学》(第 2 版),高等教育出版社 2020 年版,第 136 页。

断的行业、提供重要公共产品和服务的行业、支柱产业和高新技术产业中的重要骨干企业。[13]

在国有经济的历史发展中,1982 年颁布的《宪法》使用的是"国营经济",而 1993 年通过的《宪法修正案》在第 5 条将"国营经济"改为"国有经济",并在第 8 条规定:"国有企业在法律规定的范围内有权自主经营。"此修改体现了国家与全民所有制企业关系上的变化,即全民所有制企业的所有权与经营权分离,国家不再直接干预企业的生产活动,而是由国有资产管理机构授予企业经营自主权。国有企业财产的所有权仍归国家所有,国家以所有者的身份对国有企业进行监督管理,保证国家财产的安全有效使用。[14]

(二)具体法律制度

1. 国有资产管理法律制度

国有资产管理法律制度,是指国家对国有资产管理所做的法律规定,旨在确保国有资产的安全、有效使用和保值增值。这一制度涵盖了国有资产的产权界定、清产核资、产权登记、评估、流转管理、监督以及收益和处分等多个方面。目前,我国已经制定了一系列与国有资产管理相关的法律法规,如《企业国有资产法》《企业国有资产监督管理暂行条例》《企业国有资产交易监督管理办法》等。这些法律法规为我国企业国有资产管理提供了有力的法律保障。

《企业国有资产法》共分为九章,包括:一是"总则",明确了立法目的、适用范围和基本原则。二是"履行出资人职责的机构",规定了国务院和地方人民政府在国有资产管理中的职责和权限。三是"国家出资企业",定义了国家出资企业的范围和类型。四是"国家出资企业管理者的选择与考核",规定了管理者的选拔、考核和任免机制。五是"关系国有资产出资人权益的重大事项",涉及企业改制、与关联方的交易、资产评估、国有资产转让等内容。六是"国有资本经营预算",规定了国有资本经营预算的编制和管理。七是"国有资产监督",明确了监督机制和责任追究制度。八是"法律责任",规定了违法行为的法律责任。九是"附则",其他未尽事宜的解释和补充。

2. 企业国有资产交易法律制度

企业国有资产交易法律制度,是我国为了规范国有企业资产的流转,防止国有资产流失,并确保国有资产在市场中实现最优配置而设立的一套规则体系。这套制度主要由《企业国有资产交易监督管理办法》(国务院国资委、财政部令第 32 号,以下简称 32 号令)及其后续补充文件如《关于企业国有资产交易流转有关事项的通知》(国资发产权规〔2022〕39 号,以下简称 39 号文)等构成。这些法规明确规定了企业国有资产交易应当遵守国家法律法规和政策规定,遵循等价有偿和公开公平公正的原则,在依法设立的产权交易机构中公开进行。

根据 32 号令,企业国有资产交易行为主要包括:(1)履行出资人职责的机构、国有及国有控股企业或实际控制企业转让其对企业各种形式出资所形成的权益;(2)上述主体增加资本的行为(政府以增加资本金方式对国家出资企业的投入除外);(3)重大资产转让行为。32 号令对这三种行为还设定了严格的程序要求,包括但不限于:内部决策流程、资产评估、信息披露以及竞价机制等。

考虑到实际情况中的特殊需求,39 号文进一步细化和完善了相关规则,特别是针对非公开协议转让的情况提供了更加灵活的操作指南。在涉及国家安全、国民经济命脉的重要行业和

---

[13] 马克思主义理论研究和建设工程重点教材:《宪法学》(第 2 版),高等教育出版社 2020 年版,第 137 页。
[14] 马克思主义理论研究和建设工程重点教材:《宪法学》(第 2 版),高等教育出版社 2020 年版,第 138 页。

关键领域内的重组整合,或是同一国家出资企业内部实施的资产重组,可以在满足特定条件下采取非公开协议方式进行。这意味着如果转让双方均为国有独资或全资企业,并且符合一定条件,则可以按照《公司法》及相关章程的规定履行决策程序后直接确定转让价格,无须经过公开挂牌程序。同时,39号文还明确了其他几种特殊情况下的处理办法,如发行基础设施REITs盘活存量资产、国家出资企业及其子企业之间的股权划转等情形。这些调整既保持了原则性又体现了灵活性,有助于更好地适应复杂多变的市场环境,促进国有资产合理流动的同时也维护了国有资产的安全与完整。此外,39号文还强调了对于特定类型的国有资产交易,如金融类、文化类企业以及上市公司国有股份转让,应遵从专门的法律法规。

三、集体经济法律制度

(一)基本原理

集体经济,是指由一定范围内全体成员共同所有的财产组成的经济实体,通常表现为乡镇级、村级或组级的农村集体经济组织。这些组织基于土地集体所有制而建立,实行家庭承包经营为基础、统分结合的双层经营体制,并依法代表成员集体行使所有权。集体所有制与全民所有制具有共同属性,即生产资料归劳动群众所有。但是在集体所有制下,生产资料公有化的范围比较小,生产资料所有权只属于集体经济单位的劳动者所有,归集体占有、支配和使用,集体生产经营的成果在集体范围内分配。

集体经济在推动地方经济发展方面发挥着重要作用,特别是在农村地区,它是农民增收致富的主要途径之一。通过合理开发利用和保护耕地、林地等自然资源,集体经济可以为成员提供稳定的收入来源;同时,集体经济组织还能组织集体财产经营管理和收益分配,支持和发展各类农业产业化项目,带动地方经济繁荣。此外,集体经济对于维护社会稳定同样意义重大:不仅能有效防止土地流转过程中的无序竞争和垄断现象,保障农民的土地权益不受侵害;还能通过建立健全的社会保障体系,如养老、医疗等福利措施,增强农民的安全感和归属感。

(二)具体法律制度

1. 成员确认与权利保障法律制度

根据《农村集体经济组织法》,户籍在或者曾经在农村集体经济组织并与农村集体经济组织形成稳定的权利义务关系,以农村集体经济组织成员集体所有的土地等财产为基本生活保障的居民,为农村集体经济组织成员。该法还详细规定了成员享有的各项权利,如选举权、知情权、监督权等,以及他们应履行的相关义务,比如遵守法律法规和农村集体经济组织章程,执行农村集体经济组织依照法律法规和农村集体经济组织章程作出的决定等。特别值得注意的是,法律强调了妇女享有与男子平等的权利,不得以妇女未婚、结婚、离婚、丧偶、户无男性等为由,侵害妇女在农村集体经济组织中的各项权益。这表明,在推进集体经济的过程中,国家始终关注性别平等,致力于构建一个公平公正的社会环境。

2. 财产经营管理法律制度

农村集体经济组织负责发包农村土地,办理农村宅基地申请、使用事项,合理开发利用和保护耕地、林地、草地等土地资源并进行监督,使用集体经营性建设用地或者通过出让、出租等方式交由单位、个人使用,组织开展集体财产经营、管理,决定集体出资的企业所有权变动,分配、使用集体收益,分配、使用集体土地被征收征用的土地补偿费等。

3. 收益分配法律制度

在收益分配方面,《农村集体经济组织法》强调要坚持按劳分配为主体、多种分配方式并存的原则,确保集体收益能够公平合理地分配给每一位成员。为此,集体经济组织需建立健全财务管理制度,定期公布账目,接受全体成员的监督,保证每一笔收支都透明公开。这样的安排既有利于调动成员的积极性,也有助于提升集体经济组织的整体管理水平。

四、民营经济法律制度

(一)基本原理

民营经济作为社会主义市场经济不可或缺的一部分,自改革开放以来在中国经济和社会发展中扮演了极为重要的角色。它不仅是推动经济增长、促进就业和技术创新的关键力量,也是实现中国式现代化的重要支撑。为了更好地支持和服务于民营经济的发展,《宪法》第11条明确规定将包括民营企业在内的个体经济、私营经济等非公有制经济视为社会主义市场经济的重要组成部分,并依法保护其合法的权利和利益,鼓励、支持和引导非公有制经济的发展。同时,《民营经济促进法》出台,意味着国家进一步从立法层面明确了民营经济的地位,确保其能够享有平等的发展权利,参与公平竞争,使用生产要素,并获得相应的法律保护。这部法律是民营经济发展史上的一个重要里程碑,切实从法律制度上把党中央促进民营经济发展的要求用硬实措施落地生根,发挥法治固根本、稳预期、利长远的保障作用。

(二)具体法律制度

1. 市场准入法律制度

市场准入制度是民营经济健康发展的基石,对于确保民营企业能够公平参与市场竞争至关重要。根据中共中央办公厅、国务院办公厅《关于完善市场准入制度的意见》,国家实行全国统一的市场准入负面清单制度,这一制度明确了哪些行业、领域或业务是禁止或限制投资经营的,而除此之外的所有领域则对各类市场主体开放,允许各类市场主体依法平等进入。

这意味着,除了清单上明确列出的禁止或限制进入的领域,其余行业均对民营经济开放,确保民营经济组织能够依法平等进入。此制度的设计目的在于打破过去存在的隐形门槛,消除不合理限制,让民营企业真正享受到与其他类型企业同等的竞争机会。此外,《关于完善市场准入制度的意见》还强调了落实公平竞争审查制度的重要性,要求各级人民政府及其有关部门定期评估并清理含有妨碍全国统一市场和公平竞争内容的政策措施,以保证政策环境的公正性和透明度。这样的安排有助于预防地方政府可能出现的地方保护行为,避免出现因政策差异而导致的竞争不公平现象,从而构建起一个公平、开放、有序的市场竞争格局。

为了进一步优化市场准入环境,特别是针对新业态新领域的准入规则,《关于完善市场准入制度的意见》提出了一系列创新措施。例如,在航天、航空、生命健康等十个新兴领域,按照标准引领、场景开放、市场推动、产业聚集、体系升级的原则和路径,分领域制定优化市场环境实施方案,推动生产要素创新性配置,提高准入效率。这些新兴领域往往代表着未来科技与产业发展方向,通过提前布局和完善相关准入政策,可以有效促进新技术、新模式的应用和发展,为民营经济创造更多发展机遇。同时,《关于完善市场准入制度的意见》也关注到了传统行业的转型升级需求,如服务业中的教育、卫生、体育等行业,稳妥放宽准入限制,优化养老、托育、助残等行业准入标准,旨在营造"敢投、能投、投得好"的市场准入环境,进一步激发社会资本的投资热情。

2. 公平竞争法律制度

在市场经济条件下,公平竞争是激发市场活力的核心机制之一。为此,《民营经济促进法》第10条强调了市场准入负面清单制度的应用,实行"非禁即入"原则,国务院每年更新发布全国统一市场准入负面清单,明确禁止地方政府变相设置准入壁垒。此外,《民营经济促进法》第11条还提出要全面落实公平竞争刚性约束,建立政策制定机关自我审查与第三方评估双重机制,公民可对妨碍公平竞争的政策提出审查建议,拒不改正的将问责主要负责人,从而维护一个稳定、透明且可预期的竞争环境。这种做法不仅有助于打破行业壁垒,减少不必要的行政干预,而且能够有效防止地方保护主义,促进全国范围内的资源优化配置。同时,为了确保民营经济组织能够在市场上获得公正对待,《民营经济促进法》第60条、第61条还规定实施限制人身自由的强制措施和征收、征用财产应当严格依照法定权限、条件和程序进行;查封、扣押、冻结涉案财物,也应当遵守法定权限、条件和程序。这些规定旨在为民营经济创造一个更加公平、开放的竞争环境,使其能够在健康的市场环境中茁壮成长。

3. 投融资促进法律制度

良好的投融资环境对于民营经济的成长至关重要。针对民营企业面临的"融资难"问题,《民营经济促进法》提出了多项措施来改善这一状况。例如,支持民营经济组织参与国家重大战略项目及工程建设;建立健全融资风险市场化分担机制,降低制度性交易成本;加大对中小微民营经济组织融资增信支持力度等。这些举措意在拓宽民营企业的资金来源渠道,提高金融机构对其信贷投放的积极性,进而缓解企业资金压力,增强其发展后劲。此外,《民营经济促进法》还特别关注科技创新的支持,鼓励民营经济组织积极参与科技攻关活动,牵头承担重大技术攻关任务,以及依法参与标准制定和公共数据资源开发利用等方面的工作。

通过构建完善的法律框架,不仅能够解决民营企业当前遇到的发展难题,而且能为民营经济提供更多的发展机遇和发展空间,最终促进整个国民经济的发展进步。总之,通过一系列有针对性的支持措施,不仅可以激发民营经济的内在活力,还可以吸引更多的外部资源投入,共同推动经济社会全面发展。

五、外资经济法律制度

(一) 基本原理

外资经济在中国经济中扮演着重要角色,自改革开放以来,中国通过一系列法律法规不断优化外资营商环境,旨在吸引更多高质量的外资流入。2019年3月,《外商投资法》颁布,并于2020年1月1日正式施行,标志着中国外商投资法律体系进入了新的发展阶段。这部法律不仅取代了原有的"外资三法"——《中外合资经营企业法》、《外资企业法》和《中外合作经营企业法》,还确立了新时代下外商投资法律制度的基本框架,进一步扩大对外开放,积极促进外商投资,保护外商投资合法权益,推动形成全面开放新格局。

《外商投资法》的核心理念之一是实行准入前国民待遇加负面清单管理制度。这意味着,在投资准入阶段给予外国投资者及其投资不低于本国投资者及其投资的待遇;同时,国家规定特定领域对外商投资实施准入特别管理措施(负面清单),对于负面清单之外的领域,则给予外商与本国投资者相同的国民待遇。这样的制度设计既符合国际高标准经贸规则的要求,又体现了中国政府深化改革开放的决心。此外,《外商投资法》强调保护外商投资企业的知识产权,禁止利用行政手段强制技术转让,这不仅回应了国际社会的关注点,也展示了中国致力于构建公平竞争市场环境的态度。

为了保障外商投资活动顺利进行,《外商投资法》还设立了多项促进和服务机制。例如,国家建立健全外商投资服务体系,为外国投资者提供法律法规咨询、政策解读以及项目信息服务;鼓励和支持各地设立特殊经济区域或实行试验性政策措施,以吸引更多的外资进入。这些措施共同构成了一个稳定、透明、可预期且有利于外商投资的良好法治环境,有助于增强外国投资者对中国市场的信心,促进外资长期稳定增长。

(二)具体法律制度

1. 市场准入法律制度

在外商投资的市场准入方面,《外商投资法》确立了"准入前国民待遇加负面清单"的管理模式,这是该法最为突出的特点之一。根据这一原则,除了负面清单上明确列出的限制或禁止领域,所有其他行业均对外资开放,并给予不低于本国投资者的待遇。这种做法大大简化了外资进入中国的程序,减少了不必要的审批环节,提高了效率。同时,它也为外资企业在华运营提供了更加清晰明确的指引,增强了他们对未来发展的预见性和安全感。值得注意的是,随着中国经济结构转型升级的需求日益增长,政府正逐步缩减负面清单的内容,放宽更多领域的外资准入限制,特别是在金融服务、电信通信、教育医疗等现代服务业领域。

2. 投资保护法律制度

《外商投资法》高度重视对外商投资权益的保护,设定了专门章节对此作出详细规定。首先,在财产安全方面,除非出于公共利益考虑并依照法定程序,否则国家不会对外商投资实行征收或征用;即便是在特殊情况下需要采取此类措施时,也必须给予及时充分合理的补偿。其次,在资金流动方面,法律规定外国投资者在中国境内的出资、利润、资本收益等可以依法自由汇入汇出,不受阻碍。最后,针对知识产权保护问题,《外商投资法》明确提出要加强对外国投资者和外商投资企业知识产权的保护力度,确保其合法权益不受侵犯;并且严禁行政机关及其工作人员利用职务之便强制要求技术转让。这些条款有效解决了外资企业普遍关心的问题,营造了一个公正合理的投资环境。

3. 投资管理法律制度

在投资管理方面,《外商投资法》建立了较为完善的管理体系,涵盖了从项目核准到信息报告等多个层面。对于涉及国家安全或者重大公共利益的外商投资项目,相关部门将依据法律规定对其进行严格审查,确保不会对国家利益造成不利影响。而对于一般性的外商投资项目,则主要采取备案制而非事前审批的方式加以管理,以此降低企业成本,提高办事效率。此外,为了更好地掌握外资动态,《外商投资法》还引入了信息报告制度,要求外商投资企业在特定情形下向有关部门提交相关信息,以便于监管机构能够及时了解情况并作出相应决策。同时,考虑到某些特定行业的特殊性,《外商投资法》允许国务院根据实际需要发布或批准发布专门的负面清单,对外商投资实施更为细致的分类管理和指导。

第五节 经济成员权益保护法律制度

一、经济成员权益保护概述

(一)经济成员权益保护的基本理念

1. 实质正义

实质正义是与形式正义相对应的一个概念。形式正义,崇尚市场主体平等、所有权绝对、契约自由、过错责任等近乎完美的逻辑规则,强调机会平等、规则平等、程序正义。而实质正义,既遵从市场主体之间平等原则,也关注主体之间社会地位与个人禀赋差别,要求用差别原则防止基于机会平等、规则平等给社会弱势群体造成的损害。

2. 社会本位

社会本位是人类社会发展过程中产生的一个具有法律制度体系基石性质的概念,它与个人本位、国家本位一同形成了人类法律制度体系的观念基础。在以合作为基础的社会形态中,保持社会利益平衡是不同社会主体利益最大化的前提。因此,作为强势的主体对于弱势的主体,受惠最多的人对于受惠最少的人,均应当承担补偿性的法律义务。

(二)经济成员权益保护法

鉴于在现实经济活动中不同个体的能力及财产等是存在差别的,在不平等的前提下要实现公正,只能是一种"垂直公正"——不同情况不同对待,经济成员权益保护法应运而生。其具有突出的社会性功能,旨在协调个体营利性与社会公益性的基本矛盾,使优者更优,同时扶助社会弱者,以实现人人参与发展,发展成果人人共享。主要包括:消费者权益保护法律制度、劳动者权益保护制度和投资者权益保护法律制度。

二、消费者权益保护法律制度

(一)基本原理

消费者,一般是指"为生活消费需要购买和使用商品或服务的人,与经营者相比,在交易中处于弱势地位,无法以自身的实力与经营者相抗衡,需要国家对其利益进行特殊保护。"[15] 消费者保护法,是指以保护消费者利益为宗旨,调整在保护消费者权益过程中所发生的各类社会关系的法律规范的总称。其调整对象具体包括两类:一是消费关系,即消费者与经营者之间在购买商品或接受服务过程中所发生的经济关系,这是消费者保护法调整的主要社会关系;二是与消费关系相关的关系,或称消费辅助关系,是指与消费关系存在密切联系的社会关系,包括国家与经营者、消费者之间的管理、保护关系,国家与消费者保护团体、消费者保护团体与经营者之间的关系等。这些关系不属于消费关系,但与消费关系存在密切联系,是国家干预消费关系过程中发生的社会关系,也属于消费者保护法的调整对象。

(二)具体法律制度

我国在消费者保护立法方面采取了专门立法的体例,制定颁布了《消费者权益保护法》,为

---

[15] 马克思主义理论研究和建设工程重点教材:《经济法学》(第3版),高等教育出版社2022年版,第323页。

保护消费者的合法权益、维护社会经济秩序、促进社会主义市场经济健康发展发挥了极为重要的作用。

1. 消费者权利

(1)安全保障权,是指消费者在购买、使用商品或接受服务时所享有的保障人身和财产安全不受侵害的权利,是消费者最基本的权利。它包括人身安全和财产安全两个方面,而人身安全又包括消费者的健康不受损害和生命安全保障两个方面。除《消费者权益保护法》外,《食品安全法》《药品管理法》《产品质量法》等其他法律对某一方面的消费者安全问题也作了更为具体的规定。

(2)知悉真情权,是指消费者享有的知悉其购买、使用的商品或者接受的服务的真实情况的权利。具体包括:一是消费者有权了解商品或服务的真实情况;二是有权充分获取其购买、使用的商品或接受的服务的相关信息。

(3)自主选择权,是指消费者享有的根据自己的意愿自主选择其购买商品及接受服务的权利。具体包括:一是自主选择经营者;二是自主选择商品品种和服务方式;三是自主决定购买或不购买商品、接受或不接受服务;四是在自主选择商品或服务时有权进行比较、借鉴和挑选。

(4)公平交易权,是指消费者在与经营者之间进行消费交易中所享有的获得公平交易条件的权利。其本质就是交易过程中体现公平、公正和合理的结果,任何以欺诈、胁迫、排挤或限制,以及有违平等互利、等价有偿原则的交易均属于不公平交易。

(5)依法求偿权,是指消费者在因购买、使用商品或者接受服务受到人身、财产损害时,依法享有的要求并获得赔偿的权利,它是弥补消费者所受损害的必不可少的救济性权利。

(6)网购反悔权,本质上是一种适当期间的单方合同解除权,又称消费者反悔权或撤销权,是指消费者在限定的交易类型(主要限定于远程交易方式)中,在与经营者缔约后,可在法定期限内按规定程序单方无条件解除合同,且不承担任何补偿性费用的权利。

(7)结社权,是指消费者为了维护自身合法权益而依法组织社会团体的权利。政府不仅不能对合法的消费者团体加以限制,还应该在制定有关消费者方面的政策时充分征求消费者团体的意见,支持消费者团体依法行使权利和开展工作。

(8)受教育权,是指消费者享有的获得有关消费和消费者权益保护方面知识的权利。具体内容包括消费知识教育和消费者保护知识教育。

(9)获得尊重权,是指消费者在购买、使用商品和接受服务时所享有的人格尊严、民族习惯以及个人信息得到尊重和保护的权利。

(10)批评监督权,是指消费者享有的对于商品和服务以及消费者保护工作进行监督和批评的权利,有利于消费者保护法运行良性反馈机制的形成和法治社会的构建。

2. 经营者义务

(1)依法或依约履行义务。经营者向消费者提供商品或者服务,应当依照《消费者权益保护法》和其他有关法律法规的规定履行义务;经营者和消费者有约定的,应当按照约定履行义务,但双方的约定不得违背法律、法规的规定。

(2)听取意见和接受监督。经营者应当听取消费者对其提供的商品或者服务的意见,接受消费者的监督。

(3)保障消费者人身和财产安全。既包括商品安全、服务安全,也包括经营场所安全。经营者的安全保障义务的具体内容是随着经济繁荣、科技发展、社会进步而不断变化的,总的趋势是经营者的安全责任越来越重,消费者受到的安全保障程度越来越高。

(4)不作虚假或引人误解的宣传。经营者应向消费者提供有关的商品或服务的真实信息,不得作虚假或引人误解的宣传,应对其提出的商品或服务的质量和使用方法等问题作出真实、明确的答复,在提供商品时应当明码标价。

(5)出具相应的凭证和单据。经营者在提供商品或服务时,应当按照国家有关规定或商业惯例向消费者出具发票等购货凭证或服务单据;消费者索要发票等购货凭证或服务单据的,经营者必须出具。

(6)品质担保。一是默示担保,是指经营者应当保证在正常使用商品或者接受服务的情况下,其提供的商品或者服务应当具有的质量、性能、用途和有效期限;但消费者在购买该商品或者接受该服务前已经知道其存在瑕疵,且存在该瑕疵不违反法律强制性规定的除外。二是明示担保,是指经营者以广告、产品说明、实物样品或者其他方式表明商品或者服务的质量状况的,应当保证其提供的商品或者服务的实际质量与表明的质量状况相一致。

(7)承担退货、更换或修理等。经营者提供的商品或者服务不符合质量要求的,消费者可以依照国家规定、当事人约定退货,或者要求经营者履行更换、修理等义务。没有国家规定和当事人约定的,消费者可以自收到商品之日起7日内退货;7日后符合法定解除合同条件的,消费者可以及时退货,不符合法定解除合同条件的,可以要求经营者履行更换、修理等义务。

(8)不得从事不公平、不合理的交易。经营者在经营活动中使用格式条款的,应当以显著方式提请消费者注意商品或者服务相关与消费者有重大利害关系的内容,并按照消费者的要求予以说明。经营者不得以格式条款、通知、声明、店堂告示等方式,作出对消费者不公平、不合理的规定,或者减轻、免除其损害消费者权益应当承担的民事责任。

(9)尊重消费者人格尊严。经营者不得对消费者进行侮辱、诽谤,不得搜查消费者的身体及其携带的物品,不得侵犯消费者的人身自由。

(10)信息提供与个人信息保护。经营者收集、使用消费者个人信息,应遵循合法、正当、必要的原则,明示收集、使用信息的目的、方式和范围,并经消费者同意;经营者及其工作人员对收集的消费者个人信息须严格保密,不得泄露、出售或者非法向他人提供,应采取技术措施和其他必要措施以确保信息安全,在发生或者可能发生信息泄露、丢失的情况时,应立即采取补救措施;经营者未经消费者同意或者请求,或者消费者明确表示拒绝的,不得向其发送商业性信息。

3. 消费争议解决途径

消费争议解决途径包括:(1)与经营者协商和解;(2)请求消费者协会或依法成立的其他调解组织调解;(3)向有关行政部门投诉;(4)根据与经营者达成的仲裁协议提请仲裁机构仲裁;(5)向人民法院提起诉讼。

三、劳动者权益保护法律制度

(一)基本原理

劳动关系是最基本的社会关系,劳动关系和谐是社会和谐的基础。劳动者权益保护是劳动法的核心价值之一,它不仅关系到每个劳动者个人的生活质量和尊严,也直接影响整个社会的和谐稳定与发展。在马克思主义视角下,劳动被视为创造财富的根本力量,而劳动者则是历史发展的主体。因此,在构建劳动法律体系时,应当坚持人权思想、实质正义和社会本位的理念,确保劳动者能够在自由、平等的基础上参与经济活动,并获得相应的回报。劳动者权益保护不仅是一项重要的法律任务,也是实现社会公正的关键环节。它要求我们在立法过程中始终将人的因素放在首位,既要考虑到企业的合理需求,又要重视劳动者的实际困难,力求达到两者之间的动态平衡。只有这样,才能真正建立起符合时代要求且具有中国特色的劳动法律制度。

(二) 具体法律制度

1. 就业促进法律制度

就业不仅是维持劳动力再生产、保障民生的基本途径,而且对于经济发展和社会稳定具有重要意义。我国实施就业优先战略和更加积极的就业政策,实行劳动者自主择业、市场调节就业、政府促进就业和鼓励创业的就业方针,建立健全促进就业的配套政策。[16] 当前,我国就业促进法律制度主要包括反歧视法律制度与就业服务和就业管理。

反歧视就业法律制度是我国劳动法律体系的重要组成部分,旨在保障劳动者平等就业权,消除就业市场中的不合理差别对待。根据《宪法》《劳动法》《就业促进法》《妇女权益保障法》等法律,我国构建了多层次的反歧视就业规则框架。首先,法律明确禁止基于性别、民族、种族、宗教信仰、残疾、传染病病原携带等与职业能力无关因素的就业歧视。《就业促进法》第三章中明确规定,劳动者享有平等就业权,用人单位不得设置歧视性招聘条件或限制劳动者公平竞争的机会;《妇女权益保障法》进一步细化了对女性劳动者的保护,禁止因婚育状况降低女职工待遇或限制其职业发展。其次,法律通过程序性规范强化反歧视实施机制。劳动者遭遇歧视时,可通过劳动仲裁、诉讼等途径主张权利,且《劳动争议调解仲裁法》明确劳动争议适用举证责任倒置原则,要求用人单位证明其行为不存在歧视。此外,政府部门负有监督职责,对实施歧视行为的用人单位可处以行政处罚,并纳入信用记录。最后,现行制度还通过专项立法(如《残疾人保障法》)及司法解释弥补传统规则的不足,推动反歧视原则从形式平等向实质公平深化,以构建包容、公正的就业环境。

就业服务,是指由特定的机构提供一系列的服务措施,以满足劳动者求职就业或用人单位招用人员需求的行为。从提供服务的主体上看,可分为由公共就业服务机构提供的公共就业服务和由职业中介机构提供的经营性就业服务。目前公共服务就业机构是各项就业服务的主要提供者,从内容上看,主要包括对劳动者提供就业政策法规咨询、就业信息发布、职业指导、职业介绍、就业援助、就业登记、失业登记等服务,以及对用人单位提供人事和劳动保障事务代理等服务。

就业管理主要是指人力资源市场管理。《就业促进法》在第四章规定了"就业服务和管理",《就业服务与就业管理规定》进一步作出了详细规定。就业管理的主要内容有:培育和完善统一开放、竞争有序的人力资源市场,依法保障劳动者平等就业、自主择业的权利,规范用人单位和职业中介机构的行为,反对就业歧视,开展就业援助,建立健全就业登记制度和失业登记制度机制,建立全国人力资源市场信息网络等。

2. 劳动合同法律制度

劳动合同,既可以在法律行为(法律事实)意义上使用,即指劳动合同的运行;又可以在法

---

[16] 马克思主义理论研究和建设工程重点教材:《劳动与社会保障法学》(第 2 版),高等教育出版社 2018 年版,第 56 页。

律关系(社会关系)意义上使用,即指劳动合同关系。在我国现行立法中,《劳动法》第16条第1款将劳动合同定义为"劳动者与用人单位确立劳动关系、明确双方权利和义务的协议"。

劳动合同具有一般合同的属性,在一般合同的分类中,劳动合同是诺成合同、双务合同和有偿合同。同时,基于劳动关系的特性和劳动法的社会法属性,劳动合同有别于一般民事合同,具有从属性和继续性的特点。其一,劳动关系在本质上是一种从属性关系,当事人双方在劳动合同订立前后都不具有民事合同意义上的平等主体地位。劳动者虽然有选择雇主和缔约与否的自由,但劳动合同的内容和履行必然体现劳动者在人格上、组织上或经济上相对于雇主的从属性地位。其二,劳动合同是典型的继续性合同,即劳动合同所约定的权利和义务在劳动关系存续期间持续性存在,合同目的不能通过当事人之间的一次性履行来实现,而必须随着时间的推移,通过双方当事人特别是劳动者持续不断地提供劳动才能达到。并且,在劳动合同运行的全过程中,劳动者提供劳动力和用人单位提供劳动力再生产条件的义务,相互交织地持续履行,一般不可能有时段上的分开。[17]

劳动合同的时间效力范围,即劳动合同期限,是显示用人机制灵活度、劳动关系稳定度和劳动者流动程度的重要标志,也是劳动合同订立和解除制度设计的重要制约因素。以期限为标准可以将劳动合同分为:(1)固定期限劳动合同,是指用人单位与劳动者明确约定合同终止时间的劳动合同,在我国,除特别情形[18]外,对固定期限劳动合同无最长期限限定,且可依法延续和续订。(2)无固定期限劳动合同,又称不定期劳动合同,是指用人单位与劳动者约定无确定终止时间,或者没有明确约定终止时间的劳动合同。除非劳动合同被依法解除,劳动关系可以持续到劳动者依法退休或用人单位不复存在。(3)以完成一定工作任务为期限劳动合同,是指用人单位与劳动者约定以某项工作的完成为合同期限的劳动合同,即一定工作任务的完成被约定为劳动合同终止的条件和时间。在此类合同中,只约定据以确定合同终止时间的标志,而未约定确定的合同终止时间;由于合同终止的标志具有动态性,因而不存在合同延期的问题。所以,这种劳动合同也可以说是定期劳动合同的一种特殊形式。

3. 集体劳动关系法律制度

集体劳动关系法所调整的集体劳动关系主要是指工会或其他劳动者组织与用人单位或用人单位团体之间,为维持或提高劳动者劳动条件和福利待遇,以集体谈判、集体合同、职工参与等形式,发生的一系列互动博弈行为所产生的社会关系。

集体劳动关系的基础是个别劳动关系,但超越了单个劳动关系的层面,强调的是劳动者群体与雇主之间的整体性互动。集体劳动关系主体与其成员间的关系是一种代表关系,而非民事代理关系。工会和用人单位团体在集体谈判过程中依照"少数服从多数"的原则决策,不可能获得成员对所有谈判事项的一致同意。

集体劳动关系中劳动者有权依法参加或组织工会,共同行使集体谈判、罢工等权利,以此作为争取更好工作条件的重要手段。《劳动法》第33条规定了企业职工一方可以与企业就劳动报酬、工作时间、休息休假、劳动安全卫生、保险福利等事项签订集体合同,这些合同草案应当提交职工代表大会或者全体职工讨论通过。此外,《劳动合同法》第五章第一节专门规定了

---

[17] 马克思主义理论研究和建设工程重点教材:《劳动与社会保障法学》(第2版),高等教育出版社2018年版,第73~74页。
[18] 特别情形如《外国人在中国就业管理规定》第17条规定,外国人在我国境内就业的劳动合同,其期限最长不得超过5年。

集体合同的相关内容,明确了集体合同的订立程序及其效力优先于个人劳动合同的原则。这表明国家立法层面对集体劳动关系给予了高度重视和支持,旨在确保劳动者能够在集体力量的支持下获得更好的待遇和发展机会。

集体劳动关系法律制度还特别关注集体协商的过程及其结果——集体合同的达成。集体协商,也称集体谈判,是指劳动者代表(通常是工会),我国《工会法》第6条第2款规定:"工会通过平等协商和集体合同制度等,推动健全劳动关系协调机制,维护职工劳动权益,构建和谐劳动关系。"集体协商的过程包括前期准备材料、正式协商、协商结束后集体合同的成立与生效等。在我国,集体合同的生效还必须经过政府的审查确认程序。集体合同正式签订后10日内,用人单位应当将合同报送县级以上劳动保障行政部门审查。

4. 劳动基准法律制度

我国现行立法没有使用"劳动基准"这一概念,也没有实现劳动基准的体系化立法,有关劳动基准的主要内容如工时、休息时间、工资、职业安全健康女工与未成年工的特殊保护等,均在劳动法及相关法律、法规、规章中作了规范。劳动基准法律制度包括最低工资法、工作时间法、劳动安全与卫生法等,旨在改善劳动条件,保障劳动者的基本生活,避免伤亡事故的发生。这些基准属于强制性规范,用人单位必须遵守执行。劳动基准法律制度的核心在于确立一系列不可逾越的最低标准,这些标准由国家通过法律法规的形式固定下来,成为所有用人单位必须遵守的规定。例如,《劳动法》和《劳动合同法》均明确规定了劳动者享有平等就业的权利,禁止任何形式的就业歧视;规定了最低工资标准,要求用人单位支付给劳动者的工资不得低于当地人民政府规定的最低工资水平;还设定了工时制度,《国务院关于职工工作时间的规定》规定了"每日工作8小时,每周工作40小时"的标准工时制。这些基准性规定构成了我国劳动法律体系的基础框架,对于维护劳动者的基本生活质量和身体健康起到了至关重要的作用。

集体劳动基准法律制度还包括对特殊群体劳动者的特别保护条款。鉴于女职工和未成年工的身体特点及生理需求,我国制定颁布了《女职工劳动保护特别规定》《未成年工特殊保护规定》等专门法规。对女职工特殊劳动保护的主要有:一是禁忌劳动,包括矿山井下作业、国家规定的第四级体力劳动强度的劳动、每小时负重6次以上、每次负重超过20公斤的作业,或者间断负重、每次负重超过25公斤的作业;二是四期保护,包括经期、孕期、产期、哺乳期。对于未成年工则有更为严格的用工限制,如不得安排从事过重或有毒有害作业、需按规定进行定期健康检查等,且国家对未成年工使用和特殊保护实行登记制度。

5. 劳动监察与劳动争议处理法律制度

劳动监察,是指劳动保障行政部门对用人单位遵守劳动法律法规情况进行监督检查,并对违法行为予以处罚的执法活动的总称。对用人单位的劳动保障监察,由用人单位用工所在地的县级或者设区的市级劳动保障行政部门管辖。由此看出,劳动监察是以公权力介入的方式保障劳动者权益。依据《劳动保障监察条例》和《关于实施〈劳动保障监察条例〉若干规定》,我国劳动监察的程序分为受理与立案、调查与检查,以及案件处理等。

劳动争议处理,是指当劳动关系当事人之间发生纠纷时,通过调解、仲裁及诉讼等途径解决争议的一系列程序。劳动争议处理制度构建了"一调一裁两审"的处理模式,即首先鼓励双方自行协商解决争议;若协商不成或不愿协商,可向企业内部或基层的调解组织申请调解;对于调解未果的情况,当事人可以向劳动争议仲裁委员会提出仲裁请求,仲裁决定对大多数案件具有终局性,但特定情形下允许当事人不服仲裁结果时向人民法院提起诉讼。此外,《劳动争议调解仲裁法》明确规定了解决劳动争议应遵循合法、公正、及时的原则,并强调调解的重要性,力求通过非对抗方式化解矛盾。该法还规定了劳动争议申请仲裁的时效为1年,从当事人知道或应当知道自己权利被侵害之日起计算。劳动关系存续期间因拖欠劳动报酬发生争议的,劳动者申请仲裁不受1年的劳动争议仲裁时效期间的限制。但是,劳动关系终止的,应当自劳动关系终止之日起1年内提出。

四、投资者权益保护法律制度

(一)基本原理

投资者权益保护法律制度,是指一系列旨在保护投资者合法权益、维护证券市场秩序、促进资本市场健康发展的法律规范和制度安排。这些制度的核心在于平衡投资者与上市公司、证券中介机构等市场主体之间的利益关系,确保投资者能够在公平、透明、有序的市场中进行投资。2019年修订的《证券法》设专章规定投资者保护制度,确立了专门的投资者保护机构,创新了投资者民事赔偿权利的实现方式,彰显了我国资本市场保护投资者的决心、对投资者保护制度功能的积极探索以及努力构建具有中国特色的投资者保护机制的立法智慧与制度自信。

(二)具体法律制度

1. 投资者适当管理法律制度

投资者适当性管理是现代金融市场监管的重要组成部分,旨在确保金融机构提供的产品和服务与客户的财务状况、投资经验和风险承受能力相匹配。根据《证券期货投资者适当性管理办法》的规定,证券期货经营机构在向投资者提供服务时,必须充分了解客户的基本情况,并如实说明服务内容及揭示交易风险。这项制度不仅要求金融机构对潜在投资者进行合理的评估,还强调了信息披露的重要性,以帮助投资者做出明智的投资决策。

具体来说,《证券期货投资者适当性管理办法》将投资者分为普通投资者和专业投资者两类,其中普通投资者受到更严格的保护措施。例如,在发生纠纷时,实行举证责任倒置机制,规定由证券公司承担证明其行为合规的责任。此外,《证券期货投资者适当性管理办法》还设定了内部管理和监督机制,确保金融机构能够有效地执行适当性义务。对于未能履行适当性义务而导致投资者损失的情况,相关机构需承担赔偿责任。这些规定体现了立法者对于中小投资者权益的高度关注,同时也促进了市场的健康发展。

2. 股东权利征集法律制度

股东权利征集制度,是指允许特定主体(如董事会、独立董事或持有一定比例股份的股东)请求其他股东委托其代为出席股东大会并行使提案权、表决权等股东权利的过程。《证券法》第90条对此作出了明确规定,进一步规范了征集活动的操作流程,包括明确征集主体范围、方式、信息披露要求以及禁止有偿征集等内容。该制度的设计意在克服中小股东参与公司治理的时间成本障碍,增强他们对公司事务的话语权。

通过引入公开征集的方式,可以"积少成多",形成更大的影响力,从而对大股东的行为构成制约,减少利用"资本多数决原则"侵害中小股东利益的现象。值得注意的是,《证券法》第90条还特别指出,征集人应当披露征集文件,上市公司应予以配合,且不得以任何形式补偿征集费用。这有助于维护征集过程的公正性和透明度,保障所有股东尤其是中小股东的利益不受损害。

3. 现金分红法律制度

现金分红作为上市公司回报股东的一种重要形式，直接关系到投资者的实际收益。为了促进企业建立科学合理的分红机制，《证券法》第 91 条强调了公司章程中应当包含具体的现金股利分配安排及其决策程序。这意味着公司在制定利润分配政策时需要考虑长远发展规划与短期经济效益之间的平衡，既要保证企业的持续增长，又要确保股东能够享受到应有的经济回报。

近年来，监管部门不断强化对企业现金分红行为的监管力度，推动形成了更加稳定透明的分红文化。例如，上海证券交易所发布的《现金分红管理制度》指出，公司应在年度报告中详细说明当年税后利润分配方案，并按照章程规定及时支付现金股息。此外，为了鼓励更多企业主动实施现金分红，《上市公司证券发行注册管理办法》第 9 条明确上市公司再融资（如配股、增发、可转债）需符合"具备健全且运行良好的组织机构"等条件，其中包含对投资者回报机制的审查。虽未直接规定"现金分红作为再融资优先条件"，但实践中，证监会通过窗口指导或监管政策鼓励分红，并将分红情况纳入公司治理和持续盈利能力评价。《上市公司证券发行注册管理办法》还规定了相应的激励措施，对现金分红表现良好的企业，监管部门将在再融资审核中给予政策支持，如简化程序、优化流程等。总之，完善的现金分红制度不仅有利于提高市场效率，也能增强投资者的信心。

4. 持股行权法律制度

持股行权，是指中证中小投资者服务中心（以下简称投服中心）持有上市公司的股票，并以股东身份依法行使各项权利的行为。依据《证券法》及相关规则，投服中心可以通过参加股东大会、发送股东函件等方式行使表决权、质询权等多项股东权利，以此来维护广大中小投资者的利益。投服中心的工作原则包括依法行权、股东定位、规范透明、示范引导、公益行权和公平行权六个方面，确保其行动符合法律法规的要求，同时不影响正常的市场运作。

持股行权工作的一个重要特点是坚持问题导向，聚焦于那些影响面广、社会关注度高的事项。例如，在资产收购出售、业绩承诺履行等方面出现问题时，投服中心会采取行动督促相关方改正错误，保护中小股东免受不必要的经济损失。此外，投服中心还会积极参与媒体说明会等活动，通过公开发声的形式表达意见，引导市场预期，为构建良好的资本市场环境贡献力量。

5. 先行赔付法律制度

先行赔付，是指在证券市场中当发行人因欺诈发行、虚假陈述或其他重大违法行为给投资者造成损失时，由可能的责任主体（如控股股东、实际控制人或相关证券公司）委托投资者保护机构就赔偿事宜与受损投资者达成协议，并先行给予赔付的一种制度安排。这一做法可以在行政处罚或司法裁判作出之前快速解决争议，减轻受害者的负担，同时也提高了违法成本，起到了震慑作用。

根据《证券法》第 93 条的规定，先行赔付并非强制性的义务，而是责任人在自愿基础上选择的一种救济途径。如果先行赔付者事后依法向发行人及其他连带责任人追偿，则可以获得相应的补偿。先行赔付制度的存在不仅弥补了传统诉讼程序中存在的效率低下等问题，也为投资者提供了更为灵活有效的维权选项，成为我国证券市场投资者保护体系中的一个重要组成部分。

主要参考文献

1. 马克思主义理论研究和建设工程重点教材:《经济法学》(第3版),高等教育出版社2022年版。
2. 马克思主义理论研究和建设工程重点教材:《劳动与社会保障法学》(第2版),高等教育出版社2018年版。
3. 马克思主义理论研究和建设工程重点教材:《宪法学》(第2版),高等教育出版社2020年版。
4. 漆多俊主编,李国海、王健副主编:《经济法学》(第5版),高等教育出版社2023年版。
5. 吴弘主编:《宏观调控法学——市场与宏观调控法治化》,北京大学出版社2018年版。
6. 杨紫烜、徐杰主编:《经济法学》(第7版),北京大学出版社2015年版。
7. 张守文:《经济法原理》(第2版),北京大学出版社2020年版。
8. 张守文主编:《经济法学》(第7版),北京大学出版社2018年版。

第十章 环境与资源保护法

| 内容概要 |

环境问题源于人类活动与自然因素的相互作用,主要表现为生态破坏和污染。环境保护包括污染防治、生态保护和资源合理利用。我国环境保护经历了从萌芽到成熟的渐进过程,并通过法律、行政、经济、科技手段推动经济、社会与生态的协调发展。环境与资源保护法是环境治理的法律基础,其基本原则主要有协调发展、预防、环境责任和环境民主原则。协调发展原则追求经济、社会与环境的和谐,预防原则注重源头治理,环境责任原则明确"污染者付费",环境民主原则保障公众参与权。在环境与资源保护法律制度上,环境规划、环境影响评价、"三同时"制度、环境保护税、生态保护红线等基础制度构成我国环境与资源保护法的核心框架,保障生态文明建设与可持续发展目标的实现。我国环境与资源保护法律体系涵盖《宪法》相关条款、综合性基础法、单行法、区域性保护法、行政法规及地方性法规,并借助环境标准、部门规章和国际条约进一步丰富内容。国际环境法作为国际法的新分支,通过条约与规则保护人类环境。

第一节 环境与资源保护法概述

一、环境的概念

"环境"一词在不同语境下可有不同的定义。通常的环境是指环绕在中心事物周围的物体和区域,因中心不同其外延不同,如社会环境、自然环境、投资环境等。环境科学领域中的"环境"一词是指环绕在人群周围的空间及各种自然因素总体。在生态学中,环境是影响生态系统发展的各种生态因素,包括气候条件、土壤条件、生物条件、地理条件和人为条件的综合体。在法学领域,环境是指自然因素特定部分的总和,既包含人工环境又包含了自然环境,是围绕人类中心的部分。

立法实用性决定了环境的界定一般由立法目的设定具体内容与范围。自然资源是指自然界中对人类有用的一切物质和能量。根据分布量和可为人类所利用的时间长短,自然资源可以被划分为有限资源和无限资源。前者包括石油、煤、天然气等不可更新资源,后者如水资源、土地资源、气候资源等可更新资源。自然资源是环境的组成部分,是构成环境的要素之一,破坏了自然资源就是破坏了环境,因此可以把环境与自然资源统称为环境资源。

环境资源具有两大特性:一方面,环境具有整体的特性。地球的任一部分或任一系统,都是人类环境的组成部分,各部分之间存在着相互依存和互相制约的关系,环境是无国界的。人类是自然的一部分,是地球的产物,人与自然环境是一个整体。另一方面,环境资源又具有有限性的特性。地球目前仍是人类唯一的家园,其时空是有限的,环境容量也是有限的。人类生存的环境是脆弱而易受到破坏。当前的科学技术水平还无法创造另外一个适宜人类居住的环境。为了人类社会的持续发展,必须重视日益严重的各种环境问题,做好环境保护工作。

二、环境问题与环境保护

环境问题是当今人类社会面临的最严重的挑战之一,它对社会经济发展已经构成了严重的障碍。在此背景下,环境保护成为世界各国政府与人民普遍认可和广泛参与的一项重要事业。

(一)环境问题

1. 环境问题的概念与分类

环境问题是指由于人类活动或自然因素使环境条件发生不利于人类的变化,以至影响人类的生产、生活。概括地讲,环境问题是指全球环境或区域环境中出现的不利于人类生存和发展的各种现象。环境问题是目前世界人类面临的几个主要问题之一。

环境问题是多方面的,可以按照不同标准进行划分:

(1)按环境问题的成因,可划分为原生环境问题和次生环境问题。由自然力引起的环境问题为原生环境问题,也称第一环境问题,如火山喷发、地震、洪涝、干旱、滑坡等引起的环境问题。由于人类的生产和生活活动引起的生态系统破坏和环境污染为次生环境问题,也叫第二环境问题。目前人们所说的环境问题一般是指次生环境问题,这也是法律层面主要针对与控制的环境问题。但应当注意的是,原生环境问题和次生环境问题往往难以截然分开,它们之间常常存在着某种程度的因果关系和相互作用。例如,人为的作用可以加速或延缓自然灾害的发生,加大或减轻灾害的影响和损失。

(2)按表现形式,可划分为生态破坏与环境污染。生态破坏是指人类活动直接作用于自然生态系统,造成生态系统的生产能力显著减少和结构显著改变,从而引起的环境问题,如过度放牧引起草原退化,滥采滥捕使珍稀物种灭绝和生态系统生产力下降,植被破坏引起水土流失,等等。环境污染则指人类活动的副产品和废弃物进入物理环境后,对生态系统产生的一系列扰乱和侵害,特别是当由此引起的环境质量的恶化反过来又影响人类自己的生活质量时。环境污染不仅包括物质造成的直接污染,如大气污染、水污染、土壤污染等,也包括由物质的物理性质和运动性质引起的污染,如热污染、噪声污染、电磁污染和放射性污染等。由环境污染还会衍生出许多环境效应,如温室效应、臭氧层破坏和酸雨等。

除此之外,环境问题还根据其他标准进行多种不同分类。如根据其社会形态分为发达国家高发展高消费引起的环境问题和发展中国家因发展不足造成的环境问题,等等。

2. 环境问题的发生与发展

环境问题是随着人类社会和经济的发展而逐步演进的。随着人类生产力水平的提高,人口数量也迅速增长,从早期农业生产到近代工业革命,特别是随着当代科学技术迅猛发展,人类改造自然的能力大大加强,环境问题也发展到十分尖锐的地步。总体而言,环境问题的历史发展大致可以分为以下三个阶段:

(1)早期农业文明引起的生态破坏问题。农业文明的产生和发展是人类对环境的第一次重大冲击。饲养动物、种植作物、刀耕火种导致荒漠化、资源破坏、水土流失等局部或区域性的环境问题。较为突出的例子是古代经济发达的美索不达米亚两河流域文明由于不合理的开垦和灌溉变成了不毛之地,以及作为中华文明发源地的黄河流域由曾经森林广布、土地肥沃的汉中必争之地,经过西汉和东汉时期的大规模开垦,造成水旱灾害频繁,水土流失严重,沟壑纵横,土地日益贫瘠,演变为现在的黄土高原。不过总的说来,农业阶段人类活动对环境的影响还是局部的,没有达到影响整个生物圈的程度。人们还可以通过轮种、迁徙等方式改善生存环境和生产环境。

(2)近代工业文明引起的城市环境问题。从工业革命开始,即在从农业占优势的经济向工业占优势的经济的迅速过渡阶段,环境问题出现新的特点并日益复杂化和全球化。18世纪后期欧洲的一系列发明和技术革新大大提高了人类社会的生产力。借助日益发展的工业技术,人类以空前的规模和速度开采和消耗能源和其他自然资源。随着城市化进程的推进,环境问题日益彰显。在二十世纪六七十年代,发达国家普遍花大力气对城市环境问题进行治理,并把污染严重的工业搬到发展中国家,使发展中国家也重走了发达国家工业化和城市化过程中先发展后治理的老路,其城市环境问题与发达国家相比有过之而无不及,而且伴随严重的生态破坏。

(3)当代环境问题。从20世纪80年代发现南极上空的"臭氧洞"开始,人类环境问题已经演进到当代环境问题阶段。这一阶段环境问题的特征是,在全球范围内出现了不利于全体人类生存和发展的征兆,集中在臭氧层破坏和全球气候变化等全球性环境问题上。与此同时,一些区域性的国际环境问题也变得越来越严峻,如荒漠化和酸雨问题,海上石油污染、有毒化学品泄漏、核污染事故等局部严重污染事故,发展中国家的城市环境问题和生态破坏、一些国家的贫困化带来的环境问题以及资源(包括能源)面临耗竭的问题。当代环境问题是人为因素为主导的多因子引发的全方位环境污染与生态破坏,而且全球性环境问题与区域性局部环境问题并存和互相作用,已经危及人类生存发展和地球生态系统平衡与稳定,受限于科学认知水平等因素,人类对许多环境问题的成因和远期后果难以完全判断与预测。

从经济学角度看,环境问题发生发展的主要原因在于市场失灵与政策失灵。就市场而言,它常常不能精确地反映环境的社会价值,由此产生外部性问题。一方面,在自然资源的诸多用途中,有些能够通过市场销售,有些则不能(如树木的水土保持作用)。不可销售的用途会被市场主体忽视,无法通过市场保护,此为市场失灵。另一方面,各级地方政府与中央政府在局部利益上有可能存在分歧,地方政府决策的依据往往是自身的利益最大化,可能导致地方性政策与全局目标产生偏差。由于认知局限性的制约,政府决策可能导致环境破坏,此为政策失灵。为了有效防范和减少环境问题,必须从市场和政府两个方面着手,加强环境保护。

(二)环境保护

环境保护是保护和改善生活生态环境,防治污染。两者相辅相成。环境保护的实质是利用各种手段和办法,协调人与自然的关系,解决人与环境的矛盾,促进人与自然的和谐共处。1972年联合国人类环境会议使人们对环境问题的认识提高了一大步,指出人类面临着各种环境污染和生态破坏,揭示了两者的内在联系,并提出了解决的途径。会议所发表的《联合国人类环境会议宣言》宣布:"保护和改善人类环境是关系到全世界各国人民的幸福和经济发展的重要问题,也是全世界各国人民的迫切愿望和各国政府的责任。"从此,环境保护开始得到世界人民和各国政府的重视。1992年的联合国环境与发展会议所提出的"可持续发展"战略,使人们对环境保护的认识有了一个新的、飞跃的发展。大力加强环境保护工作有助于实现经济效益、社会效益和环境效益的同步与统一发展。

1. 环境保护的内容

环境保护的内容指环境保护事业的方方面面，或各种各样的环境保护活动，包括但不限于保护环境资源的途径、手段、措施等各种活动。环境保护具体包括保护和改善生活环境和生态环境；防治环境污染和环境破坏，治理和建设环境；合理开发利用环境资源等方面。按照我国环境保护法律与政策规定的有关内容，环境保护是指通过行政、法律、经济和科学技术等多方面措施保护和改善生活环境与生态环境，防治污染和其他公害，以保障人体健康和促进社会主义现代化建设的发展。

具体地，环境保护的主要内容包括：(1)防治由生产和生活活动引起的环境污染，包括防治工业生产排放的"三废"(废水、废气、废渣)、粉尘、放射性物质以及产生的噪声、振动、恶臭和电磁微波辐射，交通运输活动产生的有害气体、废液、噪声，海上船舶运输排出的污染物，工农业生产和人民生活使用的有毒有害化学品，城镇生活排放的烟尘、污水和垃圾等造成的污染；(2)防止由建设和开发活动引起的生态破坏，包括防止由大型水利工程、铁路、公路干线、大型港口码头、机场和大型工业项目等工程建设对环境造成的污染和破坏，农垦和围湖造田活动、海上油田、海岸带和沼泽地的开发，森林和矿产资源的开发对环境的破坏和影响，新工业区、新城镇的设置和建设等对环境的破坏、污染和影响；(3)保护有特殊价值的自然环境，包括对珍稀物种及其生活环境、特殊的自然发展史遗迹、地质现象、地貌景观等提供有效的保护；(4)城乡合理规划，控制水土流失和沙漠化、植树造林、控制人口的增长和分布，合理配置生产力。

2. 环境保护的重要手段

(1)经济手段，是指政府在依据和运用价值规律的基础上借助经济杠杆的调节作用，对影响环境保护的活动进行调控，限制不利于生态环境的活动，激励有利于生态环境的活动，如环境资源税费、排污权交易、绿色金融、押金、财政补贴等。

(2)法律手段，是指国家依靠法律的强制力量来规范涉及环境保护的活动，从而实现可持续发展目标。法律手段的表现形式为国家通过立法和司法，规范人们的生产、生活活动。

(3)行政手段，是指国家通过行政机构，采取带强制性的行政命令、指示、规定等措施，调节和管理人们经济社会等活动。行政手段包括行政命令、行政指标等。

(4)宣传教育手段，是指运用思想政治工作或激励方式，使目标对象得到进一步提高和发展的措施和方法。它是提高人的认识，实现组织目标的重要途径。

(5)科技与工程手段，是指人类对客观世界现象、物质内部结构和运动规律的正确认知，以及应用这些认知改造现实世界、解决实际问题的实践过程。

3. 环境保护的意义

环境保护是我国的一项基本国策，对促进我国经济、社会与环境协调发展和实施可持续发展战略具有重要意义。环境保护是实现可持续发展战略的重要步骤，是实现经济效益、社会效益和环境效益相统一的保证，保护作为生产建设原材料的自然资源可以为经济发展奠定基础，环境保护还可以满足人民群众的精神文化需求。

三、环境与资源保护法

(一)环境与资源保护法的概念与特点

我国把法律调整的对象作为划分法律部门的主要依据。环境与资源保护法是调整有关环境资源开发、利用、保护和改善的社会关系的法律规范的总称。它包括环境保护法或污染防治法、自然资源保护法。

除了法律的一般特征，环境与资源保护法由于调整对象特殊和调整方法的多样性，具有自身的特征：

(1) 科学技术性。环境与资源保护法具有很强的科学技术性，它不仅反映社会经济规律和自然生态规律，还反映人与自然相互作用的环境规律。其科技性表现在两个方面：一是其依据科学技术及科学推理的结论确立人与人之间行为模式和法律后果；二是其需要利用科学技术监测、预测判断环境质量状况或未来发生的环境问题，并依据自然规律确立行为模式和法律后果模式。

(2) 公益性。保护环境资源已成为全人类的共同要求，保护环境资源的事业已成为公益性事业。同其他法相比，各国环境与资源保护法，在环境资源保护的原则、手段、措施、标准、制度和程序等方面有更多共同之处和可以相互借鉴的内容。这一特性正是国际社会开展国际环境合作的重要基础。

(3) 综合性。环境问题的综合性、环境保护对象的广泛性，以及保护方法的多样性，决定了环境与资源保护法是一个高度综合化的法律部门；相关法律部门的交叉和相关学科的渗透，也为这种综合性奠定了基础。

(二) 环境与资源保护法的目的与作用

不同的国家在不同发展阶段的环境与资源保护法的目的各有不同。但总体而言，环境与资源保护法的目的大致可以分为两类：一类是以保障人体健康为唯一目的的一元论；另一类则是以经济、社会和环境保护的协调、持续发展为目的的二元论或多元论。在这两类目的论中，前者以"环境优先"为最高原则，对于应对人类面临的环境与发展的挑战具有一定的优势，但是片面强调"环境优先"对于发展，特别是经济社会的发展会产生不良影响，反而不利于环境保护；后者以可持续发展理念为基础，将环境保护和经济发展有机地结合起来，强调在环境的承载力内发展经济，试图实现人与自然的和谐。从更完整的内容上讲，环境与资源保护法的目的应当包括实现人的价值与尊严、尊重自然的价值和兼顾实现人类社会与自然环境的协调与可持续发展。

环境与资源保护法的作用主要包括：(1) 国家进行环境资源管理的法律依据；(2) 合理开发和利用环境资源，防治环境污染，保护环境质量的法律武器；(3) 协调经济、社会发展和环境保护的调控手段；(4) 提高公民环境意识和环境资源保护法治观念、促进公众参与环境管理、普及环境科学知识的依据；(5) 处理环境国际关系，加强环境国际合作，维护国家环境权益的重要工具。

(三) 环境与资源保护法的调整对象与法律关系

环境与资源保护法的调整对象具有不同于其他法律部门的特殊性，它既调整人与人的关系，也调整人与自然的关系。这里人与自然的关系是人类在环境利用过程中产生的与自然物之间受自然规律约束的特殊关系。环境与资源保护法既保护有利于统治阶级的社会环境、社会关系和社会秩序，也保护人类共享的自然环境，更强调保护人与自然和谐共处的关系和秩序。

环境与资源保护法律关系，是指由环境与资源保护法律所调整的各种关系，包括环境与资源保护法律规定或涉及的人与人的关系和人与自然的关系，其所调整的各种社会关系被合称为环境资源社会关系。此定义包含二层意思：一是环境与资源保护法律关系是一种环境资源社会关系；二是环境与资源保护法律关系只能是环境与资源保护法所调整的环境资源社会关系。其具有以下特征：(1)人与人之间的关系，但又通过人与人的关系体现人与自然的关系；(2)由社会物质生产关系决定，但更主要的是受人与自然关系中的自然规律的制约；(3)具有综合性和广泛性。

环境与资源保护法律关系的构成要素包括主体、客体和内容：(1)主体。主体是依法享有权利和承担义务的环境与资源保护法律关系的参加者，包括国家、法人、非法人组织和自然人。环境与资源保护法律关系主体极其广泛，国家环境资源管理机关是最重要的主体之一，而且权利主体与义务主体具有对应性。(2)客体。又称权利客体或义务客体，是环境与资源保护法律关系主体之间的权利和义务所指的对象，主要包括能够为人所调整控制的环境资源和环境资源行为。环境资源具有非常强烈的生态性，而环境资源行为是最重要、最经常的环境与资源保护法律关系客体。因为环境与资源保护法调整的主要是人与人之间通过环境资源开发利用行为发生的法律关系。(3)内容。内容是权利主体之间在法律上的权利和义务。环境与资源保护法律关系内容中的权利，是指环境与资源保护法律赋予主体某种权能、利益和自由，表现为法律对主体可以做出一定行为或者可以要求他人作出或不作出一定行为的许可。环境与资源保护法律关系内容中的义务，是指环境与资源保护法规定主体必须履行的责任，表现为法律对主体必须作出一定行为或者不作出一定行为的约束。

按环境与资源保护法上的管理主体和受制主体的权利义务进行归纳，环境资源管理主体的权利包括：(1)环境管理规范制定权；(2)环境资源行政处理权；(3)处罚强制权；(4)物权；(5)环境司法权。环境资源管理主体的义务，又称为职责主要包括：(1)管理性义务；(2)服务性义务。受控主体的权利主要包括：(1)参加环境资源管理权；(2)环境资源使用权；(3)保障权；(4)受益权；(5)申诉和控诉权。受控主体的义务主要包括：(1)遵守和维护环境与资源保护法律秩序的义务；(2)服从国家环境资源管理的义务；(3)服从制裁的义务。

第二节　环境与资源保护法律体系

一、现代环境与资源保护法

在人类物质文明、精神文明尚未进入相当发展程度以前，生态环境保护与经济、社会之间至少在相当长时间里难以调和的矛盾正是环境与资源保护法发展的动力，这种冲突越激烈，环境与资源保护法发展得就越迅速。环境与资源保护法的出现和发展就是因为环境问题越来越成为经济、社会发展的制约性因素。所以环境与资源保护法的首要目标是保护环境、造福民众，首要指导思想是围绕该首要目标追求实现经济、社会和环境协调发展。因此，无论是坚持以经济建设为中心、发展是硬道理的发展权优先主义，还是强调环境人权、要求尊重自然规律、尊重其他生命的生态中心主义在经济社会环境发展到某一阶段以后都会走向融合（或者主动，或者被动）：要求建立和推动完善的环境与资源保护法律体系和法治体系。

环境与资源保护法的产生和发展大致可以分为三个阶段：第一阶段指资产阶级产业革命以前，当时基本没有专门的环境立法，只是零散地夹杂在其他法律；第二阶段是从资产阶级产业革命到第二次世界大战结束前,资本主义发达国家初步出现了少量侧重于某一方面的环境保护单行法;第三阶段是从第二次世界大战结束以来的现代环境与资源保护法时代,环境与资源保护法逐渐发展成为包括防治环境污染和控制资源破坏两大类立法领域的独立法律部门。现代环境与资源保护法的发展具有明显时代性特点。

(一)"斯德哥尔摩时期"环境与资源保护法

20世纪60年代至20世纪80年代末,是现代环境与资源保护法逐步兴起,但仍处于不平衡、多样化发展的阶段。这个阶段以1972年在瑞典首都斯德哥尔摩召开的联合国人类环境会议为标志,故称其为"斯德哥尔摩时期"的环境与资源保护法。

这个时期环境与资源保护法具有以下特点:(1)环境与资源保护法从传统的法律体系中脱颖而出,逐渐成为独立的法律部门。(2)环境与资源保护法发展的不平衡性和差别性明显。环境与资源保护法律体系以污染控制法、城市法为主,发达国家环境立法走在前列。(3)同部门、同行业、同要素的环境与资源保护类立法走向系统化,环境与资源保护法的子体系初步形成。(4)环境与资源保护立法呈现综合化趋势。环境保护基本法、各法律部门环境保护规定、法律与环境(管理)政策相互吸收借鉴。(5)立法重视设立统一的负责生态环境监督管理的政府机构。(6)环境标准逐步成为环境与资源保护法体系的重要组成部分,使环境与资源保护法的科学技术性特点更为突出。

(二)"可持续发展时期"环境与资源保护法

从20世纪90年代至今,是现代环境与资源保护法全面、蓬勃发展的阶段。这个阶段的时代特征和历史背景是1992年召开的联合国环境与发展会议确立了"可持续发展"目标,故这个时期的环境与资源保护法被称为"可持续发展时期"的环境与资源保护法。

这个时期环境与资源保护法具有以下特点:(1)可持续发展成为环境与资源保护法的指导思想和原则;(2)环境与资源保护法涉及更加广泛和深远的环境资源问题,涉及经济、社会可持续发展等领域,环境资源立法的综合性、一体性进一步加强;(3)环境道德和生态伦理成为环境与资源保护法学认识论的重要组成部分和环境与资源保护法治的重要条件;(4)环境民主、公众参与日益成为环境与资源保护法的基本原则和制度;(5)环境与资源保护法采用越来越多的科学技术手段和科学技术规范;(6)环境与资源保护法的实施能力和执法效率大幅度提高,跨区域、多部门协作加强;(7)各国环境与资源保护法之间以及国内环境与资源保护法与国际环境法之间的协调性和趋同性增强;(8)发展中国家的环境与资源保护法迅速崛起。

二、环境与资源保护法的体系

(一)环境与资源保护法的相对独立性

尽管环境与资源保护法于传统部门法而言,是一个新近产生和发展起来的法律领域;但是从我国环境与资源保护法的历史使命和现今我国生态文明建设的现实需求来看,仍有理由认为它属于一个独立的法律部门。确认环境与资源保护法在整个法律体系中的地位与作用,有利于加强我国生态环境法治建设,促进环境与资源保护法律体系和法学体系的完善。当然,承认环境与资源保护法相对独立的法律地位并不意味着否认环境与资源保护法与其他法律部门有着广泛而密切的联系。环境与资源保护法相对独立的法律地位具体体现在以下几个方面:

1. 环境与资源保护法有特定的调整对象。环境与资源保护法既调整人与人之间的关系,又调整人与自然之间的关系,既保护对执政阶级或阶层有利的社会环境,又保护对全社会、全人类有利的自然环境,这是环境与资源保护法区别于其他法律部门的一个根本特点。

2. 环境与资源保护法有自己的调整方法。环境与资源保护法建立了自己的法律原则和制度,如协调发展原则、预防为主原则、环境责任原则、环境民主原则、环境影响评价制度、"三同时"制度、征收环境保护税制度、环境许可证制度、生态保护红线制度、生态补偿制度等。

3. 环境与资源保护法产生、发展和存在的特定原因。环境与资源保护法产生、发展和存在的根本原因是人类赖以生存、发展的环境受到了污染和破坏,是为了解决人与环境之间的矛盾和对立,实现人类追求美好环境和实现人与自然和谐相处的要求和愿望。

4. 环境与资源保护法特定的目的、任务和功能。环境与资源保护法的目的和任务是保护环境资源、保障人体健康、维护生态平衡,合理开发、利用环境资源,实现人与自然的和谐共处,促进经济、社会的可持续发展。环境与资源保护法的特定功能是调整环境资源社会关系,包括人与自然的关系以及与环境资源有关的人与人的关系。环境与资源保护法保护的重点对象是自然世界,除一般法律遵守的社会规律外,其特别强调尊重自然规律。

5. 环境与资源保护法有独立的法律体系。目前,我国已经初步形成了以生态环境保护、资源利用、绿色转型发展与国土空间规划等领域的法律为核心,涉及宪法和宪法相关法、民商法、行政法、经济法、社会法、刑法、诉讼与非诉讼程序法7个法律部门,由调整环境与资源保护社会关系的法律、行政法规、地方性法规等多个层次的法律规范,以及民事、行政、刑事以及经济、社会等法律规范中包含生态环境保护内容的规定等所构成的环境与资源保护法律体系。

(二) 我国环境与资源保护的法律体系

改革开放40多年来,我国先后制定和修改了《宪法》《民法典》《刑法》等基本法律,在这些基本法律中构建了一系列有关自然资源开发利用和生态环境保护的法律规范;先后制定了《环境保护法》《环境影响评价法》《海洋环境保护法》《水污染防治法》《大气污染防治法》《固体废物污染环境防治法》《噪声污染防治法》《放射性污染防治法》《土壤污染防治法》等环境污染防治方面的法律,以及《野生动物保护法》《水土保持法》《防沙治沙法》《海岛保护法》《长江保护法》《湿地保护法》《土地管理法》《矿产资源法》《海域使用管理法》《煤炭法》《节约能源法》《可再生能源法》《森林法》《水法》《草原法》《渔业法》《生物安全法》等自然资源合理开发利用与安全管理方面的法律,奠定了自然资源开发利用与保护管理的法律框架体系;还先后制定了《清洁生产促进法》、《循环经济促进法》和《城乡规划法》等有关推进产业、能源绿色转型和国土空间规划的法律,为推进经济发展转型和国土空间合理规划奠定了一定的法律基础。我国环境与资源保护法律体系已逐渐建立和完善。

1.《宪法》中有关环境与资源保护的规范

宪法在法律体系中具有最高的法律效力,一切法律、行政法规、地方性法规的制定都必须以宪法为依据,遵循宪法的基本原则,不得与宪法相抵触。我国《宪法》明确规定保护环境和防治污染是国家的根本政策,是国家机关、社会团体、企业事业单位的职责和每个公民的义务。《宪法》第26条规定"国家保护和改善生活环境和生态环境,防治污染和其他公害。国家组织和鼓励植树造林,保护林木",奠定了我国生态环境保护的法律基础,也是《宪法》关于生态环境保护内容的核心条款。《宪法》有关生态环境资源保护的主要还有"国家保障自然资源的合理利用,保护珍贵的动物和植物。禁止任何组织或者个人用任何手段侵占或者破坏自然资源"(第9条第2款)"一切使用土地的组织和个人必须合理地利用土地"(第10条第5款)和"国家保护名胜古迹、珍贵文物和其他重要历史文化遗产"(第22条第2款)。

2. 综合性环境保护基础法

综合性的环境保护基础法是适应环境要素的相关性、环境问题的复杂性和环境保护对策的综合性而出现的,是国家对生态环境保护的方针、政策、基本原则、基本制度和措施所作的基础性规定,对生态环境保护的共性问题进行规制,具有原则性和综合性的特点。它是制定其他专门性生态环境保护单行法、生态环境法规、规章等法律规范的重要依据。我国现行综合性环境保护基础法是 2014 年修订的《环境保护法》。

3. 专门性生态环境保护单行法律

专门性生态环境保护单行法是由全国人大常委会制定的有关防治环境污染、生态破坏的法律,可以分为两类:一类是以保护某种环境要素,防治某类污染为主的环境污染防治法,如《水污染防治法》《噪声污染防治法》;另一类以保护自然资源为基本内容,同时包含对某种自然资源管理的法律规范,甚至还含有少量防治污染的法律规范,其立法目的具有双重性,既是为了保护作为环境要素的自然资源,也是为了经营管理作为财富的自然资源。这种法律文件,既属于环境保护法中的自然资源保护法,也属于经济法中的资源管理法,如《水法》《森林法》等。

4. 特殊(空间)区域生态环境保护法律

特殊(空间)区域生态环境保护立法是近些年我国环境与资源保护立法领域的重要成果,不仅填补了我国生态环境保护立法的空白,而且进一步拓展和丰富了生态环境保护立法的类型。此类立法特指全国人大常委会分别针对长江保护、黑土地保护、黄河保护和青藏高原生态保护四个特殊(空间)区域所专门制定的生态环境保护法律。其中,《长江保护法》是我国第一部流域性立法,对保护长江流域生态环境,促进资源高效合理利用具有重要意义;《青藏高原生态保护法》作为世界上第一部对巨大复杂性生态系统进行生态保护的特殊空间区域立法,填补了该领域生态环境保护的立法空白。

5. 环境与资源保护行政法规

行政法规是由国务院根据宪法和法律制定的法律规范性文件,在中国特色社会主义法律体系中,行政法规的法律效力仅次于宪法和全国人大及全国人大常委会制定的法律。它是将法律规定的相关制度具体化,是对法律的细化和补充。国务院适应经济社会发展和生态环境行政管理的实际需要,按照法定权限和法定程序制定了《建设项目环境保护管理条例》《海洋倾废管理条例》《防止拆船污染环境管理条例》等众多生态环境保护行政法规,对于实施宪法和生态环境保护法律,促进经济社会全面协调可持续发展,推进各级人民政府依法行政,发挥了重要作用。

6. 环境与资源保护部门规章

按照《立法法》规定,规章是由国务院各部、各委员会、中国人民银行、审计署和具有行政管理职能的直属机构以及法律规定的机构根据法律和国务院的行政法规、决定、命令,在本部门的权限范围内制定的具有法律效力的规范性文件。因此,以上有权机构为强化自然资源保护和环境污染防治等监督管理职责,可以在法定权限范围内依照有关法律规定制定部门规章。如生态环境部制定的《企业环境信息依法披露管理办法》《碳排放权交易管理办法(试行)》。部门规章规定的事项必须是属于执行法律或者国务院的行政法规、决定、命令的事项。没有法律或者国务院的行政法规、决定、命令的依据,部门规章不得设定减损公民、法人和其他组织权利或者增加其义务的规范,也不能增加立法机构的权力或者减少自身的法定职责。

7. 生态环境保护地方性法规、自治条例和单行条例

地方立法是我国立法的重要内容，也是国家立法的延伸和补充。我国地域辽阔，各地经济社会和生态环境保护情况差异较大，各地面临的环境问题也不尽相同。《立法法》规定省、自治区、直辖市和较大的市的人大及其常委会根据宪法和法律，可以制定地方性法规；民族自治地方的人民代表大会有权依照当地民族的政治、经济和文化特点，制定自治条例和单行条例。在我国生态环境保护不断发展的过程中，各地结合本地实际，对法律法规中一些较为宏观的规定，进行细化和具体化，或者针对地方突出生态环境问题制定出台了大量具有地方特色的生态环境保护立法，对保证宪法、法律和行政法规在本行政区域内的有效实施、保护和改善本地区生态环境及促进地方经济社会高质量可持续发展提供有力的法治保障，同时也为国家相关立法积累了有益经验。

8. 环境保护标准

科学技术性作为环境与资源保护法的特点之一，主要表现在环境保护标准。环境保护标准往往作为生态环境执法与环境司法的重要依据。《标准化法实施条例》第18条明确了环境保护的污染物排放标准和环境质量标准"属于强制性标准"。《生态环境标准管理办法》第5条第1款规定："国家和地方生态环境质量标准、生态环境风险管控标准、污染物排放标准和法律法规规定强制执行的其他生态环境标准，以强制性标准的形式发布。"可见，这些环境保护标准同样应当属于环境与资源保护法律体系的组成部分。

9. 其他部门法中的生态环境保护规范

民法、刑法、行政法等其他部门法中都包含涉及生态环境保护的规范，它们都是我国环境与资源保护法律体系的重要组成部分。

在民法方面，《民法典》总则编第9条规定了民事主体从事民事活动，应当有利于节约资源、保护生态环境，将保护生态环境作为民法基本原则；物权编第286条、第326条、第346条都明确提出了保护生态环境的要求；合同编第619条明确出卖人应当采取足以保护标的物且有利于节约资源、保护生态环境的包装方式；《民法典》第七编"侵权责任"的第七章，用了7个条款，对环境污染和生态破坏责任进行了明确。

在刑法方面，1979年《刑法》规定了盗伐林木罪、滥伐林木罪、非法捕捞水产品罪、非法狩猎罪等，主要是破坏资源类的犯罪。1997年修订《刑法》进一步增加了污染环境罪等破坏环境的犯罪，进一步补充了相关破坏资源类犯罪。在1997年《刑法》的基础上，2001年《刑法修正案（二）》、2002年《刑法修正案（四）》、2011年《刑法修正案（八）》和2020年《刑法修正案（十一）》不断修改完善，加大了环境资源保护力度。针对破坏环境资源的犯罪行为，《刑法》分则第六章第六节共规定了9个条文，为惩治污染环境和破坏水产品、野生动物、农用地、矿产、林木资源等违法行为提供刑法依据，主要罪名包括污染环境罪，非法处置进口的固体废物罪，擅自进口固体废物罪，非法捕捞水产品罪，危害珍贵、濒危野生动物罪，非法狩猎罪，非法猎捕、收购、运输、出售陆生野生动物罪，非法占用农用地罪，破坏自然保护地罪，非法采矿罪，破坏性采矿罪，危害国家重点保护植物罪，非法引进、释放、丢弃外来入侵物种罪，盗伐林木罪，非法收购、运输盗伐、滥伐的林木罪等。另外，在《刑法》分则其他章节还规定了破坏环境资源相关行为的罪名，如走私罪中规定走私珍贵动物、珍贵动物制品罪；渎职罪中规定违法发放林木采伐许可证罪、环境监管失职罪等。

在行政法方面，《行政许可法》《行政处罚法》《行政复议法》中关于行政执法的规定直接适

用于生态环境监督管理执法工作。如生态环境监督管理行政行为的实体和程序都必须符合《行政处罚法》相关规定的要求;环境行政许可的法律依据直接来源于《行政许可法》第 12 条的规定:"下列事项可以设定行政许可:(一)直接涉及国家安全、公共安全、经济宏观调控、生态环境保护以及直接关系人身健康、生命财产安全等特定活动,需要按照法定条件予以批准的事项;有限自然资源开发利用、公共资源配置以及直接关系公共利益的特定行业的市场准入等,需要赋予特定权利的事项……"《治安管理处罚法》规定,对违法排放、倾倒危险物质的违法行为人,以及盗窃、损毁环境监测设施的违法行为人,公安部门依法予以治安管理处罚。

另外,最高人民法院和最高人民检察院根据法律赋予的职权,对生态环境案件审判和检察工作中具体应用法律所作的司法解释也是我国环境与资源保护法律体系的重要组成部分,如最高人民法院、最高人民检察院《关于办理环境污染刑事案件适用法律若干问题的解释》和最高人民法院《关于审理生态环境侵权责任纠纷案件适用法律若干问题的解释》等。司法机关发布司法解释虽然不属于立法机关的立法活动,但因其具有普遍司法效力,在环境司法实践中发挥非常重要的作用,直接影响着相关司法工作的开展,因而也可以作为我国环境与资源保护法律体系的特殊组成部分。

10. 我国参加和批准的国际法中的环境保护规范

这类规范包括我国参加、批准并已对我国生效的一般性国际条约中的环境保护规范和专门性国际环境保护条约。一般性国际条约中的环境保护规范如《联合国海洋法公约》中关于海洋环境保护的国际法律规范;专门性国际环境保护条约则是指《气候变化框架公约》《生物多样性公约》《控制危险废物越境转移及其处置巴塞尔公约》《保护臭氧层维也纳公约》及其议定书等国际环境法律文件。这些国际法律规范也都是我国环境与资源保护法律体系的组成部分,除我国声明保留的条款外,任何单位和公民都必须严格遵守,且效力优于国内法。当然,这些国际环境保护规范不能直接在我国国内适用,必须通过国内立法予以转化才能贯彻实施。

第三节　环境与资源保护法的基本原则和法律制度

一、环境与资源保护法的基本原则

(一)环境与资源保护法基本原则概述

环境与资源保护法基本原则,是指贯穿于整个环境与资源保护法之中(不适用于国际环境法),所有环境与资源保护法律规范都必须普遍遵循和贯彻的,调整并决定一切环境与资源保护法律关系的指导思想和基本准则。

国际环境法因其调整对象和范围、规范效力和实施手段等的不同,其基本原则与国内环境与资源保护法基本原则不完全相同。

环境与资源保护法基本原则具有如下特征:(1)必须由环境与资源保护法规定确认或体现;(2)必须是环境与资源保护法所特有的原则,是环境与资源保护法基本特点的体现;(3)是环境保护的基本方针、政策在法律上的体现,是贯穿整个环境与资源保护法,具有普遍意义和指导性的规范环境与资源保护法的基本原则。

环境与资源保护法基本原则具有如下意义:(1)对于加强环境保护领域的法治建设,增强环境执法自觉性,顺利实现环境保护法的目的、任务具有重要的意义;(2)依照环境保护法的基本原则可以深刻领会环境立法的精神实质,进一步认识环境与资源保护法各项制度和具体规定的本质所在,提高环境执法和环境司法的规范性;(3)有助于各方应对情况多变的环境管理现实。环境保护法基本原则的概括性较强,在环境执法、司法和守法中碰到新情况、新问题的时候,有关各方可以根据基本原则的精神去处理,有利于环境保护法目的与任务的实现。

(二)环境与资源保护法基本原则的内容

根据环境保护事业具有的综合性、技术性、社会性特点,以及环境立法和政策规定,环境保护法基本原则主要包括协调发展原则、预防原则、环境责任原则和环境民主原则。

1. 协调发展原则

《环境保护法》第4条第2款规定:"国家采取有利于节约和循环利用资源、保护和改善环境、促进人与自然和谐的经济、技术政策和措施,使经济社会发展与环境保护相协调。"由此可见,协调发展原则是指环境保护与经济建设和社会发展相协调,实现经济效益、社会效益和环境效益的统一。"协调发展"原则要求正确处理经济建设、社会发展与环境保护之间的关系。协调发展原则反映了环境与发展的关系——可持续发展,体现了经济、社会、生态规律的客观要求,其目标是谋求社会全面进步。我国许多现行环境与资源保护法律制度体现了这一原则,如环境规划、环境影响评价、征收环境保护税、"三同时"、区域限批等法律制度均体现了协调发展原则。

协调发展原则具有如下意义:(1)社会经济规律和自然生态规律的客观要求;(2)现代化建设的需要;(3)保障人体健康、发展社会生产力的需要。

贯彻落实协调发展原则的措施如下:(1)明确促进协调发展的立法目的;(2)把环境保护切实纳入国民经济和社会发展计划,加强环境与发展的综合决策;(3)完善并落实环境与资源保护法基本制度,采取有利于环境保护的经济、技术政策和措施,发展循环经济;(4)强化环境监督管理;(5)强化干部考核中的环境保护指标意义;(6)实行科学合理的绿色 GDP 政策;(7)解决地方保护问题。

2. 预防原则

预防原则,即预防为主,防治结合原则,指采取措施防止环境损害(环境污染和资源破坏)、环境灾难的发生,对于已经出现的环境损害也应积极作为,减少损害并尽量恢复原貌。环境与资源保护法所要控制解决的不仅仅针对具体环境污染和生态破坏,即不限于控制对环境具有威胁性的危害和排除已经产生的危害,而且更进一步地,在一定危险产生之前就预先防止其产生对环境及人类危害,并持续地致力于自然生态的保护。该原则的核心内容是正确处理环境保护中的"预防与治理"的关系,环境与资源保护法的首要任务是"防患于未然",同时也要恢复被污染破坏的生态环境。我国的《环境影响评价法》《清洁生产促进法》《循环经济促进法》等立法,以及环境规划、环境标准、环境影响评价等法律制度都体现了这一原则。

尽管各国国内环境与资源保护法和国际环境法在调整对象、主体、立法目的、制度等方面有所不同,法律基本原则也不尽相同,但在预防原则上是一致的。这是因为:(1)环境问题中污染的积累效应和资源破坏的长期影响,使环境治理与恢复的成本高、难度大、效果差,消除危害需要时间长,有些甚至是无法补救的;(2)"末端治理"模式的效果不理想、成本高;(3)预防措施是最经济有效的环境保护途径,也是可持续发展战略的要求;(4)预防原则有助于减少生产生活过程中的资源浪费;(5)预防原则可以有效降低行政监督管理和执法成本;(6)预防原则可以使环境保护工作由消极的应付转为积极的防治。

贯彻落实预防原则的措施如下:(1)全面规划与合理布局,应当事先考虑环境保护因素的要求,从规划源头上避免环境污染与生态破坏;(2)建立健全环境与资源保护法律制度;(3)综合运用各种预防手段,发挥政府宏观调控功能,把行政手段、市场手段、法律手段、技术手段结合,统筹安排,合理布局,控制新污染源。认真执行"三同时"、环境影响评价、限期治理、环境许可证等制度,力争生产和消费环节"少产生或不产生"环境不利影响,将"无害化"发展为"减量化"的要求,并以循环经济为模式,通过功能多样化和配套互补的途径,对法律原则和制度进行整体改造,消除预防制度与治理制度的差别,实现环境与资源保护法律制度的预防环境污染与资源破坏功能;(4)加强环境科学技术研究,提高环境科学技术水平。

3. 环境责任原则

环境责任原则,指环境与资源保护法律关系主体在生产和其他活动中造成环境污染和环境破坏的,应当承担治理污染、恢复生态环境的责任。环境责任原则源于污染者付费或负担原则(polluter pays principle,PPP),所谓污染者付费或负担原则是指污染环境造成的损失及治理污染的费用应当由排污者承担,而不应转嫁给国家和社会。污染者付费原则要求污染者应负担其在生产过程中所产生的外部成本(污染防治成本),刺激引导污染者减少污染以降低污染所造成的成本。污染付费原则强调环境应为公共财产,要求污染环境的个人或团体须负起环境的责任,并利用经济诱因的手段将污染防治的资源重新分配以达成污染减量、环境资源合理使用的目的。污染者付费或负担原则最先是由经济合作与发展组织(OECD)环境委员会提出的,其有利于实现社会的公平,防治环境污染和破坏,因而迅速得到了国际社会的广泛认可和接受,并成为环境保护的一项基本原则。

我国1979年的《环境保护法(试行)》中参考国际上的"污染者负担"原则,规定了"谁污染谁治理"的原则,即造成环境污染者要承担治理污染的责任。1989年《环境保护法》修改为污染者治理原则,扩大了污染者责任范围。在资源保护方面,要求开发利用资源者交纳资源费或资源税。1996年国务院《关于环境保护若干问题的决定》制定了"污染者付费、利用者补偿、开发者保护、破坏者恢复"。它把污染环境者和利用、开发及破坏资源者的责任结合起来,构成环境责任原则的核心内涵。《环境保护法》第5条确认了该原则。另外,该法第6条规定"一切单位和个人都有保护环境的义务。地方各级人民政府应当对本行政区域的环境质量负责。企业事业单位和其他生产经营者应当防止、减少环境污染和生态破坏,对所造成的损害依法承担责任。公民应当增强环境保护意识,采取低碳、节俭的生活方式,自觉履行环境保护义务"。这也应该是环境责任原则的重要内容。

贯彻落实环境责任原则的措施如下:(1)建立环境保护责任制度;(2)运用资源使用费、生态补偿费和环境保护税等经济手段,促使污染、破坏者积极治理污染和保护生态环境。

环境责任原则具有如下意义:(1)明确了生态环境受益者的责任,可以促使企业、事业单位加强环境管理,积极治理污染和破坏,促进其对环境资源的合理利用,防止环境污染和生态破坏;(2)可以为治理环境污染和恢复生态环境积累资金;(3)体现了社会公平和正义;(4)有利于环境资源的节约利用,实现自然和社会的可持续发展。

按照环境责任原则的精神,我国制定了生态补偿政策,规定由生态环境受益者对符合条件的特定对象给予补偿的环境经济政策。它主要针对区域性的生态保护和污染防治领域,是一项具有经济激励作用,与"环境责任原则之污染者付费""受益者补偿和破坏者付费"思想相关联的环境经济政策。生态补偿的对象主要包括对生态保护做出贡献者、生态破坏中的受损者。从国情及环境保护实际形势出发,目前我国生态补偿政策主要集中在以下方面:(1)自然保护区的生态补偿;(2)重要生态功能区的生态补偿;(3)矿产资源开发的生态补偿;(4)流域水环境保护的生态补偿。

4.环境民主原则

环境民主原则,又称为公众参与原则,是指在环境资源保护领域,社会公众有权通过一定的程序或途径了解、参与同环境资源保护利益相关的决策、实施和信息,使环境保护事业合乎广大公众的切身利益要求。环境民主原则就是依靠群众保护环境,把国家管理和群众监督相结合,把依法保护环境和人民群众的自觉维护相结合。任何公民和社会组织都享有环境保护的权利,同时也负有环境保护的义务。

环境民主原则具有如下意义:(1)环境保护是一项公益性的全民事业,实行环境民主原则有利于调动广大群众参与环境保护的自觉性和积极性,共同参与环境保护工作,这是做好环境保护工作的重要条件;(2)有利于提高和强化全民族的环境意识和环境资源保护法治观念,树立保护和改善环境的良好社会风气;(3)有助于公众对政府的环境资源决策进行监督,促进政府环境管理工作规范化;(4)使公民参与环境资源保护的权利得到法律上的保障,规范了公民参与的各种途径和程序。

按照2001年欧洲的《在环境问题上获得信息、公众参与决策和诉诸法律的公约》的规定[1],落实环境民主原则主要包括三方面的内容:(1)获得环保信息的知情权;(2)参与环境决策权;(3)诉诸法律获得救济权。

二、环境与资源保护法的基本制度

环境与资源保护法律制度是生态环境保护工作的法律规范体系。它反映在环境与资源保护法律规范之中,是国家环境政策的法律化。环境与资源保护法律制度分为环境与资源保护法的基本制度和特别制度。环境与资源保护法基本制度是在所有生态环境管理领域起主导作用的政策措施,环境与资源保护法特别制度是在生态环境保护某些领域适用的政策措施。前者是按照环境与资源保护法基本理念和基本原则确立的、通过环境立法具体表现的、普遍适用于生态环境保护各领域的法律措施。后者则多是在单项环境与资源保护立法中规定的,为实现具体法律目标而确立的具有特殊性和针对性的生态环境法律措施。

环境与资源保护法基本制度具有如下特征:(1)基础性,构成环境管理的基础;(2)系统性,是一系列以生态环境保护为目标的管理手段;(3)广泛性,环境与资源保护法广泛适用于生态环境保护所有领域;(4)具体可操作性,相对于基本原则而言环境与资源保护法基本制度的内容具体,多具有可操作性。

中国环境与资源保护法律制度是在自身实践中创造并在总结借鉴国外经验的基础上发展起来的。自1979年《环境保护法(试行)》规定"三同时"制度、环境影响评价制度和排污收费

---

[1]《在环境问题上获得信息、公众参与决策和诉诸法律的公约》由欧洲经济委员会提交,于1998年6月25日在丹麦奥胡斯经欧洲环境部长级会议通过,并于2001年10月30日正式生效实施。公约对公众在环境问题上获得信息、参与决策和诉诸法律的权利内容进行了具体规定。该公约集中体现了近年来国际社会在环境管理方面,倡导环境民主,加强环境管理透明度,促进公众参与决策,重视发挥公众团体在决策中的作用的一系列新理念。

"老三项"制度,与20世纪90年代前后出现五项制度共同构成"八项制度"以来,随着我国环境与资源保护立法推进,环境法律制度不断创立和完善。特别是2015年实施的《环境保护法》设立了环境保护目标考核评价制度、生态红线划定制度等,进一步推动了环境法律制度建设。经过40多年的发展,中国环境与资源保护法律制度已初具体系。现行环境与资源保护法律制度大致包括有环境规划制度、环境影响评价制度、"三同时"制度、环境保护税制度、环境许可证制度、生态保护红线制度、环境公益诉讼制度、环境保护目标责任制与考核评价制度、环境应急制度、生态补偿制度、环境信息公开制度等环境与资源保护法的基本制度,以及分别适用于环境污染或生态保护领域的现场检查制度、重点污染物排放总量控制制度、区域限批制度、生态保护补偿制度等环境与资源保护法特别制度。

(一) 环境规划制度

1. 环境规划制度的概念和意义

国家和地方政府有关机关依照法定程序,根据对过去和现在环境保护状态的分析,预测提出未来环境保护的利益诉求与目标,并通过对未来环境保护领域的发展进程进行事先评估,制定环境保护领域策划安排(环境质量控制、污染排放控制、污染治理、生态保护、其他环境保护事宜)等总体布置。该制度的实施依据为环境与资源保护法基本原则中的协调发展原则和预防原则。

环境规划制度具有如下意义:(1)减少布局性环境问题,有效地从源头控制环境污染和生态破坏;(2)明确环境保护的宏观政策与目标信息,有助于环境与资源保护法律主体了解今后参与环境保护的行动方向;(3)促进政府的环境管理角色从消极维持环境秩序向积极的环境管理转变。

2. 环境规划制度的实施要求

按照环境保护基本国策、可持续发展原则、环境与资源保护法基本原则、生态环境保护特点以及法律实施特色等的要求,依照规定程序调查环境状况、研究和拟订环境计划、编制环境规划。

(二) 环境影响评价制度

环境影响评价制度是我国最早从国外引进的一项环境保护法律制度,是控制新污染源的重要措施之一。自1979年执行环境影响评价制度以来,其评价范围由单纯的建设项目评价转为多项目区域性评价以及对法定范围的规划进行战略环评,评价对象由开发项目推广到生物技术和有毒化学品以及对生态环境具有一定影响的部分规划,评价因素从评价污染影响发展到评价生态破坏,评价尺度也从微观评价向中观、宏观评价发展。

1. 环境影响评价制度的概念和意义

环境影响评价制度是实施环境影响评价的实体性与程序性的法律规则。环境影响评价是对规划和建设项目实施后可能造成的环境影响进行分析、预测和评估,提出预防或者减轻不良环境影响的对策和措施,进行跟踪监测的方法与制度。

环境影响评价制度是贯彻预防原则的重要措施,具有预测性、客观性、综合性等特点。政策环境影响评价和规划环境影响评价是将环境因素置于重大宏观经济决策链的前端,通过对环境资源承载能力的分析,对各类重大开发项目、生产力布局、资源配置等提出更为合理的战略安排,从而达到在开发建设活动源头预防环境问题的目的。《环境保护法》第14条、第19条分别对此作了规定。

环境影响评价制度具有如下意义:(1)贯彻预防原则的重要保障,有助于实现经济效益、社会效益和环境效益相统一;(2)可以为确定某一地区的发展方向和发展规模提供科学依据;(3)加强建设项目和发展规划环境管理。

2. 环境影响评价制度的适用范围

(1)可能对生态环境造成一定影响的规划。(2)对环境产生影响的建设项目。对可能造成重大环境影响的,应当编制环境影响报告书,全面评价其环境影响;对可能造成轻度环境影响的,编制环境影响报告表,专项分析或评价其环境影响;对环境影响很小的则不需要进行环境影响评价,只填报环境影响登记表。

3. 环境影响评价的内容

(1)规划环境影响评价的内容。对规划实施后可能造成的环境影响做出分析、预测和评估,提出预防或减轻不良环境影响的对策和措施。

(2)建设项目环境影响评价的内容。包括:建设项目概况;建设项目周围环境状况;建设项目对环境可能造成影响的分析、预测和评估;建设项目环境保护措施及其技术、经济论证;建设项目对环境影响的经济损益分析;对建设项目实施环境监测的建议;环境影响评价的结论。

(三)"三同时"制度

1. "三同时"制度的概念和意义

"三同时"制度,是指一切新建、改建和扩建的基本建设项目、技术改造项目、自然开发项目以及可能对环境造成影响的工程建设,其中防治污染和其他公害的设施,必须与主体工程同时设计、同时施工、同时投产使用。

"三同时"制度是我国最早的环境法律制度之一。1979年《环境保护法(试行)》正式确立包括"三同时"制度在内的老三项制度。"三同时"制度是贯彻预防原则的重要保证。最初它主要运用于新建工业项目污染防治,现在则已扩展到废弃物的综合利用方面,并注意与区域治理相协调。

"三同时"制度具有如下意义:(1)是我国在实施污染控制与管理过程中,独创的一项适合我国国情的环境管理制度;(2)与环境影响评价制度结合起来,成为贯彻"预防为主"原则的完整的环境管理制度;(3)是加强对建设项目环境管理的重要手段。

2. "三同时"制度的内容

包括:(1)凡从事对环境有影响的建设项目,都必须执行"三同时"制度。(2)建设项目的初步设计,必须有环境保护篇章。(3)建设项目在施工过程中,应当保护施工现场周围的环境,防止对自然环境的破坏;防止或者减轻粉尘、噪声、震动等对周围生活居住区的污染和危害。建设项目竣工后,施工单位应当修整和复原在建设过程中受到破坏的环境。(4)建设项目在正式投产或使用前,建设单位必须向负责审批的环保部门提交"环境保护设施竣工验收报告",说明环保设施运行的情况、治理效果和达到的标准,经验收合格并发给"环境保护设施验收合格证"后,方可正式投入生产或使用。(5)各相关主体按照法律规定承担各自的责任。

(四)环境保护税制度

1. 环境保护税制度的概念和意义

环境保护税制度,是指利用征税方式向污染破坏环境的特定行为收取和减免一定费用的管理规定。环境保护税最早由英国经济学家庇古提出。环境保护税是利用税收体系向特定污染破坏环境者强制征收费用以维护生态环境的税收制度。环境保护税的税额一般根据污染物排放量、污染当量值、污染当量数和税额标准等核算。

长期以来,我国环境保护经济手段主要是环保部门收取排污费。1979年开始排污收费试点,通过收费促使企业加强环境治理、减少污染物排放,对防治污染、保护环境起到了重要作用,但实际执行中也暴露出执法刚性不足等问题。党的十八届三中全会作出《中共中央关于全面深化改革若干重大问题的决定》,明确提出:"推动环境保护费改税。"根据2018年实施的《环境保护税法》,缴纳排污费已经被税务部门对四类污染物征收环境保护税所取代。我国环境保护税的纳税人是在我国领域和管辖的其他海域,直接向环境排放应税污染物的企业事业单位和其他生产经营者。

环境保护税制度具有如下意义:环境保护税制度是贯彻环境责任原则的具体体现。开征环境保护税,通过"多排多缴、少排少缴、不排不缴"的税制设计,可以发挥税收杠杆的绿色调节作用,引导排污单位提升环保意识,加大治理力度,加快转型升级,减少污染物排放,助推生态文明建设。

2. 环境保护税制度的特点

(1) 排污主体不包括自然人。缴纳环境保护税的排污主体是企业事业单位和其他生产经营者,也就是说排放生活污水和垃圾的居民个人是不需要缴纳环境保护税的,这主要是考虑到目前我国大部分市县的生活污水和垃圾已进行集中处理,不直接向环境排放。

(2) 排污行为不包括间接排污行为。直接向环境排放应税污染物的,需要缴纳环境保护税,而间接向环境排放应税污染物的,不需要交环境保护税。

(3) 应税污染物有限。目前征收环境保护税的污染物只有大气污染物、水污染物、固体废物和噪声四大类。

(五) 环境许可证制度

1. 环境许可证制度的概念

环境行政许可,是指环境行政执法主体依当事人申请,就可能对环境产生消极影响的开发建设或排污行为进行审查并决定是否给予许可的一种具体行政行为。

环境行政许可制度是环境行政执法中运用广泛的一项执法管理形式,具有针对性和灵活性。环境行政许可制度规定了环境许可证的申请、审查、颁发和监督管理的规则,是有关环境行政许可的申请、审查、决定、监督、处理的法律规范的总称。环境行政许可制度是开发利用环境资源者以向政府申请获得环境指标的形式,合理利用环境资源容量。环境许可证能够适用于对不同环境要素的保护和对一个环境要素不同开发利用阶段的保护。

2. 环境许可证的种类

我国环境许可证一般包括自然资源开发利用许可证和污染控制许可证两类。自然资源开发利用的许可制度,如《森林法》规定的林木采伐许可制度,《水法》规定的取水许可制度和河道采砂许可制度,《野生动物保护法》规定的狩猎、驯养繁殖、特许猎捕许可制度等。有关防治环境污染的许可制度,主要有《海洋环境保护法》规定的海洋倾废许可制度,《固体废物污染环境防治法》规定的危险废物收集、贮存、处置许可制度等。

3. 环境许可证制度的作用

包括:(1) 便于把影响环境的各种开发、建设、排污活动,纳入国家统一管理的轨道,把各种影响生态环境活动严格限制在国家规定的范围内,使国家能够有效地进行环境管理;(2) 便于主管机关针对不同情况,采取灵活的管理办法,规定具体的限制条件和特殊要求;(3) 便于主管机关及时掌握各方面的情况,及时制止不当规划、开发,以及各种损害环境的活动,及时发现违法者,从而加强国家环境行政主管部门的监督职能,保障法律、法规的有效实施;(4)促进企业加强环境管理,进行技术改造和工艺改造,采用生态环境友好工艺;(5)便于群众参与环境管理,特别是对损害环境的活动进行监督。

（六）生态保护红线制度

1. 生态保护红线制度的概念和意义

生态保护红线,是指在自然生态服务功能、环境质量安全、自然资源利用等方面,需实行严格保护的空间边界与管理限值,以维护国家和区域生态安全及经济社会可持续发展,保障人民群众健康。"生态保护红线"是继"18亿亩耕地红线"后,另一条被提到国家层面的"生命线"。《环境保护法》第29条第1款规定"国家在重点生态功能区、生态环境敏感区和脆弱区等区域划定生态保护红线,实行严格保护"。生态保护红线具有系统性、协调性、差异性、强制性和动态性等特征。

生态保护红线制度,是指有关生态保护红线的总体部署、划定原则、划定对象、配套措施、强化组织保障等一系列法律规定的总称。

生态保护红线制度具有如下意义:(1)保护绿水青山的战略性举措;(2)维护和提升生态服务功能与生态系统价值的有效手段;(3)实施国土空间管控的重要支柱。

2. 生态保护红线制度的主要内容

包括:(1)落实生态保护红线工作的指导思想;(2)推进生态保护红线的工作原则;(3)生态保护红线的具体划定情形;(4)生态保护红线工作的严肃性;(5)生态保护红线的组织保障。

（七）环境公益诉讼制度

1. 环境公益诉讼制度的概念和意义

公益诉讼是特定的主体根据法律的授权,就损害国家利益、社会公共利益的行为向法院提起的诉讼,由法院依法审理实现司法救济的活动。环境公益诉讼,是指环境违法行为使生态环境公共利益受到侵害时,法律允许的其他适格主体可以为了维护公共利益向人民法院提起诉讼。环境公益诉讼制度是有关生态环境公益诉讼起诉主体资格、管辖法院、举证责任、诉讼程序等规定的总称。

2. 环境公益诉讼的分类和特征

环境公益诉讼包括环境民事公益诉讼和环境行政公益诉讼两大类。因而环境公益诉讼在其性质上,既可能是行政诉讼,也可能是民事诉讼。当损害环境的行为是自然人、法人或社会团体做出时,针对这类主体提起的环境公益诉讼是环境民事诉讼;当公益诉讼针对的是应依法履行生态环境保护职责行政机关的环境损害行为(作为或不作为)时,即为环境行政公益诉讼。尽管两者都服务于维护国家和社会环境公益的最终目的,但环境民事公益诉讼与环境行政公益诉讼的功能是不一样的。前者是通过纠正民事主体的违法环境污染或者生态破坏行为来达到这个最终目的,而后者是通过纠正行政机关引起生态破坏的不当行政来达到这个最终目的。在我国,《民事诉讼法》第58条与《环境保护法》第58条相结合,成为环境民事公益诉讼的主要法律依据。我国环境行政公益诉讼的主要法律依据是《行政诉讼法》第25条。

环境公益诉讼具有如下意义:(1)补救和预防环境损害行为;(2)有利于公众参与环境保护事业。

环境公益诉讼具有如下特征:(1)主体特殊性。诉讼发起者资格由法律规定,且不一定与诉讼利益有直接关系。(2)目的具有公益性。环境公益诉讼是出于保护国家利益、社会公共利益,维护不特定人群的良好生态环境利益,因而具有明显的公益性。(3)显著预防性功能。环境公益诉讼的发起不以损害事实出现为前提,只要能合理判断可能使环境公益受到侵害,即可提起诉讼,这样可以有效地防止环境侵害发生。(4)对象非单一性。诉讼被告既有民事主体,也有行政主体。

(八)环境保护目标责任制与考核评价制度

《环境保护法》第26条规定,"国家实行环境保护目标责任制和考核评价制度",因目标责任制和考核评价制度是彼此关联着的不同环节的管理举措,目标责任制是否落实需要通过考核评价进行判断,故通常结合起来阐述。

1. 环境保护目标责任制

环境保护目标责任制是明确各级行政领导和单位负责人在其任期内对于保护生态环境的具体权利及义务的法律制度。该制度以环境法律为依据,行政责任状为载体,以行政制约为机制,将行政首长的环境保护任务目标化、定量化和契约化。环境保护目标责任制具有以下特点:(1)时空界限明确;(2)定量化指标;(3)周期多以年度计算;(4)一般还包括配套性奖惩措施。

环境保护目标责任制是在我国环境管理已由微观控制向宏观调控过渡、环境责任主体的职责已经明确的基础上产生的。这项制度解决了环境质量责任人及其具体责任问题,并且可操作性非常强,对保护和改善环境质量意义重大。

2. 环境保护考核评价制度

环境保护考核评价是对具体环境保护目标责任者完成既定任务的情况进行考察核定的活动。环境保护考核评价制度是按照特定考核程序与方式对承担环境保护目标责任的单位与人员进行考察核定的一系列具体规定。该制度是落实地方各级人民政府对本行政区域环境质量负责法律规定的主要工作抓手之一,也是实现我国环境保护的重要举措。考察的对象主要有:(1)本级人民政府负有环境保护监督管理职责的部门及其负责人;(2)下级人民政府及其负责人。

(九)环境应急制度

1. 环境应急制度的概念

环境应急制度,是指为预防和减少突发环境事件的发生,控制、减轻和消除突发环境事件引起的危害,进行风险控制、应急准备、应急处置和事后恢复等一系列突发环境事件紧急应对工作规定的总称。突发环境事件,是指由于污染物排放或者自然灾害、生产安全事故等因素,导致污染物或者放射性物质等有毒有害物质进入大气、水体、土壤等环境介质,突然造成或者可能造成环境质量下降,危及公众身体健康和财产安全,或者造成生态环境破坏,或者造成重大社会影响,需要采取紧急措施予以应对的事件。

《环境保护法》第47条规定:"各级人民政府及其有关部门和企业事业单位,应当依照《突发事件应对法》的规定,做好突发环境事件的风险控制、应急准备、应急处置和事后恢复等工作。县级以上人民政府应当建立环境污染公共监测预警机制,组织制定预警方案;环境受到污染,可能影响公众健康和环境安全时,依法及时公布预警信息,启动应急措施。企业事业单位应当按照国家有关规定制定突发环境事件应急预案,报环境保护主管部门和有关部门备案。在发生或者可能发生突发环境事件时,企业事业单位应当立即采取措施处理,及时通报可能受到危害的单位和居民,并向环境保护主管部门和有关部门报告。突发环境事件应急处置工作结束后,有关人民政府应当立即组织评估事件造成的环境影响和损失,并及时将评估结果向社会公布。"

我国环境应急制度的主要法律规定来自《环境保护法》、《突发事件应对法》以及《国家突发环境事件应急预案》、《突发环境事件应急管理办法》等规范性文件。根据生态环境部《突发环境事件应急管理办法》,突发环境事件按照事件严重程度,依次分为特别重大、重大、较大和一般四级。

2. 环境应急制度的意义

环境应急制度对于规范环境应急管理工作,提高响应能力和效率具有重要意义。我国环境应急制度的法律规定主要来自《环境保护法》《突发事件应对法》。现行立法对突发环境事件的应急管理工作多停留在宏观原则层面,为落实这些原则就必须通过一系列具有可操作性的制度规定来实现。环境应急制度对突发环境事件的紧急应对建立具有操作性和针对性的具体规定,使环境应急管理工作能够更加规范有序地开展。目前,我国环境应急制度的贯彻落实主要是按照《国家突发环境事件应急预案》《突发环境事件应急管理办法》等规范性文件要求开展相关各项工作。

(十)环境信息公开制度

1. 环境信息公开制度的概念

环境信息泛指一切与生态环境有关的信息。狭义的环境信息,是指有关环境管理、保护、改善、使用等方面的信息。广义的环境信息,是指包括环境、生物多样性的状况和对环境产生或可能产生影响的因子(包括行政措施、环境协议、计划项目及用于环境决策的成本——效益和其他基于经济学的分析及假设)在内的一切信息。这一定义还涵盖了人类健康与安全、人类生活条件、文化景观和建筑物状况等因素,这些因素实际或可能受到环境条件以及作用于环境的因子、行为或方法的影响。这也是《公众在环境领域获得信息、参与决策和诉诸司法的公约》对环境信息概念的认定。

环境信息公开是政府、企业等法律规定的特定主体依法发布环境信息的行为。环境信息公开制度,指对有关环境信息公开的主体、范围、方式和程序,以及监督与责任等所作的法律规定的总称。

2. 环境信息公开制度的意义

环境信息公开是保障公众环境知情权的基本手段和公众监督机制的重要内容。环境信息公开是贯彻环境民主原则的重要基础。环境信息透明和畅通环境信息获取渠道是公众参与和可持续发展不可或缺的条件。1992年《里约环境与发展宣言》原则十指出,公众应有适当的途径获得有关公共机构掌握的环境问题信息和应有机会参加决策过程,同时提出各国应广泛地提供信息,从而促进和鼓励公众的了解和参与的责任。

自2008年《环境信息公开办法(试行)》以来,特别是2015年自《环境保护法》设专章规定信息公开和公众参与,从法律层面确认了环境信息公开制度以来,经过多年的实践,环境信息公开已经进入全面制度化、体系化和规范化的阶段。"公开为原则,不公开为例外"的环境信息公开制度理念已成为基本的准则,为多元共治的现代环境治理体系构筑了基石。

3. 环境信息公开制度的内容

包括:(1)环境信息公开的管理体制;(2)环境信息公开的主体;(3)环境信息公开的内涵外延;(4)环境信息公开的方式和程序;(5)环境信息公开的监督与责任承担。

第四节 国际环境法

国际环境法是随着国际环境问题的发展而逐渐发展形成的,属于国际法的新分支。国际环境法的目的是维护人类共同利益,其特殊性在于兼顾今世与后代的人类利益,与传统国际法不同,国际环境法更倾向于维护国际集体利益。

一、国际环境法概述

国际环境法是调整国际社会中与环境保护相关的社会关系法律规范的总称,由一系列国际条约、习惯国际法规则以及其他国际规范构成,旨在保护全球环境并促进可持续发展。随着全球环境问题日益严峻,国际社会认识到,环境问题是全球性问题,需要通过国际合作共同应对。国际环境法是国际社会应对气候变化、生物多样性丧失、海洋污染等问题的重要法律框架。

国际环境法旨在解决人类面临的国际性环境问题,其基础来自国际社会对于环境问题危及人类可持续发展的集体共识,根本原因则在于地球环境一体化和环境问题危害的跨国界性。因而国际环境法的特点主要表现为立法超前性、公益性、交叉性。许多国际环境问题带来的后果极其严重,如气候变化、臭氧层破坏、生物多样性破坏等,不能等到危害结果发生以后才采取应对行动,国际环境法要求采取风险防范措施,并进行适当超前的立法;国际环境问题的公共性决定了国际环境法是为了维护全人类共同的福祉而存在;国际环境问题的复杂性使国际环境法也如国内环境法一样存在多学科交叉现象,国际环境法与国际法其他分支、其他法学部门,乃至环境科学、化学、经济学等其他学科都发生交集。

国际环境法在国际法体系中具有重要地位,其作用主要表现在以下几个方面:(1)保护全球公共环境利益,确保各国在环境保护方面承担起相应的责任;(2)规范国家间关于跨境污染、资源利用和环境保护的行为,防止国际争端;(3)促进可持续发展,使环境保护和经济发展之间达到平衡。

二、国际环境法的发展阶段

(一)初始阶段

20世纪前,国际社会开始出现少量政府间处理与海洋、濒危动植物和其他自然资源相关的国际法律文件,如《英法渔业公约》《保护农业有用鸟类公约》;20世纪50年代起,开始出现一些针对海洋、极地保护、外空污染控制的国际立法,如《公海公约》《南极条约》《关于各国探索和利用包括月球和其他天体在内外层空间活动的原则条约》。这些涉及国际环境保护的条约多是针对某些特定问题的规范,如渔业、益鸟、动物和植物、大气污染、河道水体污染等,而且受传统国际法的如国家主权概念的影响,不能满足防止大规模环境污染和资源破坏的要求,但它们为20世纪60年代末70年代初开始的"环境时代"的发展提供了初步的国际法律基础。此阶段还发生了一些国际案例,对后来国际环境法的发展产生了重要影响。如美加之间的特雷尔冶炼厂仲裁案、科孚海峡案、拉努湖仲裁案。

（二）逐渐形成阶段

1972年6月,在瑞典首都斯德哥尔摩召开的联合国人类环境会议通过了《联合国人类环境会议宣言》(以下简称《人类环境宣言》),呼吁各国政府和人民为维护和改善人类环境、造福全体人民、造福后代而共同努力。通过这次会议,国际社会树立了全球一体、保护生物圈的整体观念。

1972年的人类环境会议奠定了国际环境保护的思想基础,被认为是国际环境法发展史上第一个里程碑。在此阶段,有关国际环境保护的规则逐渐体系化,大气、水体、危险废物、酸雨、臭氧层破坏等国际环境问题控制立法数量不断增加,调整范围越来越广,为国际环境保护提供制度保障,条约实施机制也更加完善;环境软法文件为国际环境立法的思想和原则指明了方向;国际组织也为国际环境法的发展提供了组织保障。

（三）快速发展阶段

1992年6月联合国在巴西里约热内卢召开联合国环境与发展会议。这是继1972年人类环境会议之后,环境与发展领域中规模最大、级别最高的一次国际会议,也是国际环境法进入快速发展阶段的标志。本次大会在国际环境法方面取得了进展,通过和签署了5个文件:《气候变化框架公约》《生物多样性公约》《关于森林问题的原则声明》《里约环境与发展宣言》《21世纪议程》。其中,作为国际环境保护重要软法性文件的《里约环境与发展宣言》是进行国际合作和推进可持续发展方面国际法的基础,它的核心理念是可持续发展。里约环境与发展大会以后,国际环境法确立了可持续发展目标和全球合作观念,进入快速发展时期。国际环境法的涉及范围更加广泛,且出现多领域交叉,立法体现整体观念,立法内容进一步深化。如《东北大西洋海洋环境保护公约》(1992年)吸收了新的思想和原则,以全新的整体生态系统方法对待环境问题,采纳了风险预防、PPP、EIA、信息开发等制度,是新一代环境公约的代表。

当代国际环境法已形成包括纲领性国际环境法律文件、保护特定环境因子(大气、水体)的国际环境法律文件和针对特定环境问题(危险废物、酸雨、气候变化、生物多样性)的国际环境法律文件三大组成部分的法律文件体系。这个体系代表世界各国为保护人类环境所形成的协调一致的意志。尽管如此,国际环境法仍非常薄弱,国际环境保护的经济政治化倾向明显,发达国家与发展中国家在国际环境保护条约领域不断发生斗争与妥协。由于国际政治经济等因素的纠缠,国际环境法在发展过程中也不断面临挑战,出现波折,全球性的国际环境立法进展远不如区域性和双边性国际环境协议,能够真正有效解决人类环境危机的国际法律机制并没有最终形成。

三、国际环境法的基本原则

国际环境法基本原则是在国际环境法领域中普遍适用,并被各国所公认和接受的基础性法律原则。国际环境法基本原则须与国际法基本原则保持一致,且属于国际环境法分支领域的普遍性原则。国际环境法的基本原则体现了国际环境法律的共同基础,在国际环境法律中扮演着重要的角色,它反映国际环境法律最为本质的特征,为解释环境规范提供指南,并可填补实际法律存在的空缺。

国际环境法基本原则具有如下特点:(1)属于举世公认与普遍接受的,在国际环境条约、习惯、软法和判例等国际环境法渊源中广泛体现;(2)在全部国际环境保护领域具有指导意义,贯穿污染控制、生态资源保护等各个领域;(3)体现国际环境法的特点,构成国际环境法的基础。

（一）国家环境主权原则

国家环境主权原则，或称国家环境主权及尊重国家管辖范围以外环境原则，最早体现在1972年《人类环境宣言》的原则21和1992年《里约环境与发展宣言》（以下简称《里约宣言》）的原则2。该原则在《海洋法公约》《气候变化框架公约》《生物多样性公约》等国际法律文件及有关司法判例中得到确认和重申。

国家环境主权原则包括两方面内容：（1）国家环境主权，即国家对其自然资源的主权权利，国家可以按照本国的环境与发展政策开发本国自然资源，其他国家不得任意干涉；（2）在肯定国家的领土管辖权的同时，国家要对自己的活动负责，而且对其管辖和控制下的任何公共或私人活动也负有责任。国家在环境保护领域应尽"适当注意"的义务。这两者的关系为：前者是承认国家在环境方面的主权权利，后者则是规定国家关于环境的国际义务。这两点内容是国家在环境保护方面权利与义务的结合。

（二）共同但有区别的责任原则

共同但有区别原则，是指发达国家和发展中国家在应对环境问题上应当共同承担国际环境保护的责任，但同时各国在承担责任的时候，又要考虑环境问题产生发展的历史原因和各国承担责任的具体实际能力，本着公平合理的原则分担相应责任。这项重要的原则包括共同责任原则和区别责任原则两个方面，它们是对立统一的关系。

各国承担共同责任是因为地球生态系统具有整体性以及全球环境退化具有多因素性，各国必须统一采取环境保护行动应对国际环境问题；不同国家承担区别的责任是出于对环境问题产生发展的历史原因及应对环境问题的现实条件的公平考量。共同责任并不意味着"平均主义"，发展中国家与发达国家虽然负有保护国际环境的共同责任，但发达国家应当比发展中国家承担更大的或是主要的责任。这种限制是由全球环境问题形成的历史和现实原因所决定的。历史上，发达国家工业化的实现是建立在掠夺殖民地和半殖民地的资源和能源的基础上，以长期过度消耗地球资源和严重污染地球环境为代价的，现在的全球性环境问题也主要是这个原因所导致的，而且发达国家先进的科学技术和雄厚的经济实力也决定了其应对国际环境问题的能力更强。

（三）预防原则

预防原则可以分为两个原则，即风险预防原则（Precautionary principle）和损害预防原则（principle of prevention）。前者是预防环境恶化，后者是防止人类活动对环境造成不利影响。

1. 风险预防原则

风险预防原则，是指在面临可能造成环境损害的风险时，即使在没有明确科学证据能证明因果关系，也要采取防护措施，预防发生严重环境问题。风险预防原则的确立源于环境问题发生的科学不确定性和难以逆转性。对于环境大规模退化或某个物种灭绝，要想事先完全预测出几乎不可能，但是如果不采取积极行动，一旦这种环境问题真的发生，就无法挽回，所以即使不能肯定某种重大环境问题是否会发生，但是只要存在此种威胁就要采取防范措施。

这一原则最早出现在1987年国际北海大会通过的《北海宣言》中，在1992年《里约宣言》中得到进一步明确。此后，所有关于环境保护的国际法律文件几乎都规定了风险预防原则。目前风险防范原则已扩展到包括保护臭氧层、气候变化、有毒有害废物处理、防止水污染和空气污染、生物安全等环境保护的所有领域，成为国际环境法的一项重要原则。

2. 损害预防原则

损害预防原则,是指针对科学上确定的必然将对环境造成不利后果的行为或活动,要求行为主体采取行动消除损害根源以阻止或减少对环境的破坏。这一原则实质上是国家环境主权原则的延伸。它强调国家为了在行使其资源开发主权权利时不损害国外环境,有责任尽早地在环境损害发生之前采取措施以制止、限制或控制在其管辖范围内或控制下的可能引起环境损害的活动或行为。确立该原则的科学依据在于,环境污染或破坏一旦发生,往往难以消除或恢复,甚至具有不可逆转性,因此必须采取行动以预防此种污染或破坏。

3. 风险预防原则与损害预防原则关系

风险预防原则是为了避免环境恶化的可能性,在科学不确定但可能发生严重的环境损害后果时要求各国积极采取防范措施。损害预防原则是针对必然将造成环境损害后果的活动要求采取适当预防措施,防止或减轻环境损害后果。二者的不同体现在以下几点:(1)风险预防原则重在采取预防措施以避免环境恶化之可能性,而损害预防重在采取措施以制止或阻碍环境损害的发生;(2)前者所针对的是严重的不可逆转的损害的威胁或风险,而后者除此之外,还包括实际发生的或即将发生的各种环境损害;(3)前者所针对的是在科学上尚未得到最终明确的证实,但如等到科学证实时再采取措施又为时已晚的环境损害的威胁或风险,而后者并非专门针对此种情况,还包括科学上已确定了存在环境损害威胁或风险的情况,如海洋污染、生物多样性减少等。

(四)国际环境合作原则

国际合作原则是国际法的基本原则,本不应该被纳入国际环境法基本原则,但由于该原则对国际环境保护具有特别意义,而成为国际环境法的基本原则。

国际环境合作原则,是指在国际环境保护领域,国际社会的全体成员应当进行广泛密切的合作,通过合作而非对抗的方式,协调一致来保护和改善全球环境。当今世界,环境问题已经由一国的内部事务和国内公害发展为全球性的公害,成为人类共同面临的威胁,各国唯有携手合作、共同努力,才有拯救世界环境和整个人类之可能。同时,从生态学的角度来说,地球本身就是这个星球上最大的生态系统。这个生态系统由千千万万个生态系统构成,这些生态系统及其内部组成部分之间相互作用、相互影响、相互制约、相互关联。不同的国家之间,尽管存在着政治、经济、军事、文化、历史、种族等诸多差异,但没有任何国家或国家集团可以脱离地球而独享其舒适的环境,其环境行为的共性和生态系统的整体性构成了国际环境合作的自然基础。这在客观上也要求国际环境法的主体在保护全球环境方面必须坚持国际合作这个基本原则。

四、重要的国际环境法律文件

国际环境法律文件是各种形式的国际环境公约、条约、协定、协议、议定书,这些双边、多边、区域性、全球性的国际法律文件为国际社会创立了关于环境问题的国际法一般规定。由于签约主体众多,重要的国际法律文件多属于"造法性公约"性质。以下是应对重要国际环境问题的若干国际环境公约。

(一)《联合国气候变化框架公约》(UNFCCC,1992年)

《联合国气候变化框架公约》是国际社会应对气候变化的基础法律文件,旨在减少温室气体排放并应对全球变暖问题。它确立了共同但有区别的责任原则。随后,《京都议定书》(1997年)和《巴黎协定》(2015年)进一步推动了全球气候变化治理的法律框架的演进。《京都议定书》规定工业化国家和转型经济体应当根据商定的具体目标限制减少温室气体(GHG)排放,落实《联合国气候变化框架公约》。《巴黎协定》是《联合国气候变化框架公约》下的一项协议,致力于控制全球气温上升不超过2摄氏度,并尽力将气温上升控制在1.5摄氏度以内。它强调了各国自主提交的减排目标,推动了全球应对气候变化的集体行动。

(二)《生物多样性公约》(CBD,1992年)

《生物多样性公约》的目标是保护生物多样性、促进生物资源的可持续利用以及确保生物资源利用的利益公平分享。《生物多样性公约》是全球保护生物多样性的法律基础。

(三)《保护臭氧层维也纳公约》(1985年)

《保护臭氧层维也纳公约》确认大气臭氧层耗损对人类健康和环境可能造成的危害,要求各国政府采取合作行动,保护臭氧层,首次将氟氯烃类物质作为被监控的化学品。针对臭氧层破坏问题,国际社会通过了《蒙特利尔议定书》(1987年),该协议限制了破坏臭氧层的化学物质(如氟氯烃)的生产和使用。这是国际环境法的一个成功范例。

(四)《巴塞尔公约》(1989年)

《巴塞尔公约》旨在控制危险废物的跨境转移,尤其是防止发达国家向发展中国家倾倒有害废物。该公约通过国际环境法中的合作机制来管理危险废物。

五、国际环境法面临的挑战及未来发展趋势

尽管国际环境法在全球环境治理中发挥了重要作用,但仍然面临以下诸多挑战:

1. 执行力不足。虽然许多国家签署了国际环境协议,但由于缺乏有效的执行机制,很多国家未能完全履行其承诺。一些协议缺乏明确的处罚或强制执行措施,导致效果不尽如人意。

2. 国家主权与全球环境利益的冲突。各国在签署和执行国际环境协议时,容易发生国家主权和全球环境利益之间的矛盾。一些国家出于经济发展的考虑,主动承担环保责任的意愿不足。

3. 发达国家与发展中国家的分歧。发展中国家多主张发达国家在历史上是主要的污染者,应在国际环境保护中承担更大责任。同时,发展中国家在履行国际环境义务时,面临经济发展的压力,需要发达国家的资金与技术支持,而发达国家在支持过程中往往附加限制条件。

4. 全球气候变化等国际环境问题的持续加剧。尽管国际社会通过了一系列应对气候变化的法律文件,但全球变暖的趋势仍未得到有效遏制。特别是在一些国家未履行减排承诺的情况下,全球气候目标实现面临巨大压力。

基于此,国际社会必须通过持续推动国际合作、加强立法和执行,才能更好地应对日益严峻的环境问题,实现全球可持续发展目标。具体如下:

1. 进一步加强全球气候治理。气候变化仍然是国际环境法的主要议题。未来,国际社会可能会进一步强化和健全《巴黎协定》的执行机制,并推动各国提交更具可操作性的气候行动计划。

2. 绿色经济与环境法的结合。随着全球经济的绿色转型,环境法将更多地关注如何促进可持续发展,推动绿色投资、清洁能源和循环经济的法律框架发展。

3. 技术与法律的融合。随着科技进步,尤其是物联网、大数据、人工智能等技术的应用,国际环境法可能需要引入新的监管机制,确保这些技术能够用于监测和改善环境,而非带来新的环境风险。

4.强化环境法的执行机制。未来国际社会应当强化环境法的执行机制,包括建立更加有效的制裁和补偿机制,以确保各国更好地履行国际环境承诺。

主要参考文献

1. 韩德培主编:《环境保护法教程》(第8版),法律出版社2018年版。
2. 汪劲:《环境法学》(第4版),北京大学出版社2018年版。

第十一章 国际公法

| 内容概要 |

在当今国际社会中，国际公法作为调整国家间权利义务关系的法律体系，具有不可替代的现实意义。它不仅是维护国际秩序的重要工具，也是促进全球合作与发展的法律保障。国际公法以自身的原则、规则和制度，同国内法共同构成了全球法律体系的形式与内容关系，是现代社会不可或缺的基本法律。

本章包括国际法概述，国际法与国内法，国际法上的国家、居民与领土，国际组织，海洋法，国际航空法和外层空间法等。重点阐述中国在"国际法治"这一理念下，应如何运行和发展，针对国际争端，应如何使用国际法作出回应，展示大国的视野和胸怀，推进"国际法治"建设。

第一节 国际法概述

一、国际法的概念

国际法（International Law），原称"万国法"（Law of Nations），是指国家之间的法律[1]，是国家在其相互交往中形成的，主要用来调整国家之间关系的有法律约束力的原则、规则和制度的总称。国际法有时也称为国际公法。这是作为与国际私法相区别的一个名称。因为国际法所调整的主要是一种国家与国家之间的"官方"关系，管的都是"公家"的事，所以被称为国际公法。而国际私法主要是调整不同国家的自然人或法人之间的民事法律关系，这与国际公法的性质是不同的。但国际私法在调整具有涉外因素的民事法律关系中也应适用国际法的一些基本原则，有时国际上就某些国际私法规则签订国际公约[2]。在这种意义上，国际私法也成为广义的国际法的一个部门。但一般意义上的国际法，都是指国际公法。

国际法的内容体系是由国际关系的内容体系所决定的。从国际关系的内容来看，包括政治、经济、外交、军事、法律等各个不同领域。国家之间在这些不同领域的交往过程中，都会逐渐产生和形成一些具有法律约束力的原则、规则和制度。有些领域的原则、规则和制度日趋完备，于是形成一些较为系统的部门法。例如，海洋法、空间法、外交关系法、领事关系法、战争法等。这些不同的部门法律，包括条约法，都是国际法的组成部分。整体来看国际法主要是国家

---

[1] 关于国际法的名称，参见王铁崖：《国际法引论》，北京大学出版社1998年版，第1~17页。
[2] 作为中国法律院系的必修课程之一，国际法是指国际公法。这是一个值得阐明的问题，因为在中国目前的教育管理体系中，国际法这个二级学科中实际上包含了三个学科，即国际公法、国际经济法和国际私法。

之间的法。这一表述至少包含如下含义：

首先，国际法是调整以国家为主导的国际关系的法。在当前的国际社会里，广义的国际关系的参加者相当复杂，除国家外，还有国际组织、争取解放的民族、跨国公司或企业、由个人组成的各种团体，如绿色和平组织等非政府组织，政党、宗教团体，在某种程度上还包括个人。但是，自从欧洲威斯特伐利亚公会（1643～1648年）之后出现了现代意义的主权国家以来，国际社会一直是以国家为基本粒子构成的共同体，国家在国际关系中一直起着主导作用。在这种意义上，说国际法主要是国家之间的法律仍然是正确的。但是，完全否定个人在国际法上的地位也早已过时。

其次，国际法是在国家之间产生的法律。由于国际法调整的国际关系主要是国家之间的关系，而国家都是主权的，相互之间都是平等独立的，因此不存在上下等级关系，任何平等的主权国家都不可能允许任何他国对其发号施令，没有少数几个国家为大多数国家制定法律和法令的可能性。然而，作为国际社会的成员，几乎任何国家都不可能孤立地存在。它们相互之间都保持着一定的政治、经济、社会、文化、军事等不同的关系，国际社会的这些关系与国内社会一样必然会形成一定的秩序，这种国际秩序同样需要法律来调整。这个法律不可能是任何一个国家或少数几个国家的法律，只能是各个国家都普遍接受的法律，即国际法。

最后，国际法是国家依靠单独或集体的自身行为加以实施的法律。由于平等的主权国家不允许任何国家或国家集团对其发号施令，而国际社会尚未建立一个专门的机构实施国际法，所以，国际法的适用和执行主要是靠国家自己的行为来加以保障的。例如，当一个国家侵犯了另一个国家的领土，从而违反了国际法上不侵犯的原则时，受到侵犯的国家可以通过单独或集体自卫的行为来保障不受侵犯原则的实施，使受害国得到相应的救济。应当注意的是，随着"对一切的义务"在国际法上得到确认并最终体现在2001年二读通过的《国家责任条款草案》中，作为非直接受害国的第三国通过不同程序或采取相应措施参与执行国际法已经成为可能。

二、国际法的渊源

国际法的渊源主要表现为国际条约和国际习惯，此外还有一般法律原则。国际法院以及其他国际法庭的判例和权威国际法学家的学说，是国际法渊源的辅助资料。对国际法渊源的理解可以从两种意义上思考。第一，是指国际法作为有效的法律规范所赖以形成的方式或程序。第二，是指国际法规范在第一次出现时的处所。从法律的观点来说，前一意义上的渊源是国际法自身的渊源；而后一意义上的渊源则是国际法的历史渊源。

（一）国际条约

国际条约，是国际法主体（主要是国家）以国际法为基准，确立国家之间权利和义务关系的协议，是国际法的最主要渊源。国际条约有多种形式，如条约、公约、协定、议定书、宪章、规约、换文或宣言等。如1969年5月23日签订的《维也纳条约法公约》，规定了条约缔结、效力、解释、修订、终止等原则和规则。我国是在1997年5月9日递交的加入书，同年10月3日该公约对我国生效。

（二）国际习惯

国际习惯，是指不成文的国际法规范，是已经被接受为法律的一般实践、惯例或做法。国际习惯的形成必须具备两个要件：一个是各国的一般实践，即物质要件；另一个是国际实践表现的行为规范被各国普遍承认并具有法律拘束力，即被各国接受为法律，称为"法律的确信"或

"心理因素",为心理要件。

国际习惯也是习惯法,它是国际法的主要渊源之一,对国际法规范的形成具有重要的作用。国际习惯的形成是国际实践被接受为法律的结果,习惯规则已经形成,通常可以由有关证据加以证明。例如,国家的外交文件、国家的内部行为,国内立法、国内法院的判决、行政命令等;另外,国际组织的实践,如国际组织决议、宣言、国际法院的判决等也具有同样意义。

(三)一般法律原则

一般法律原则,是指在条约和习惯法之外为各国所承认的一般法律原则,也是这些国家法律体系所共有的原则。尽管一般法律原则可以成为国际法的渊源,但在国际法院的实际判案中很少适用。只有当条约和习惯不足以解决问题时,法院才会比照运用一般法律原则,作为变通解决办法裁决案件。因此,一般法律原则与条约和习惯相比应居于次要地位,属于次要的国际法渊源。

关于国际法渊源的辅助资料,是确定国际法原则的辅助性文件,如根据《国际法院规约》第38条内容,司法判例部分,主要是指国际法院的判例,同时也包括其他国际司法机构和仲裁机构的判例,以及各国国际法权威学者的学说和国际组织的决议,都是确定国际法原则的辅助渊源,而不是直接的渊源。

三、国际法的基本原则

国际法基本原则,是指得到各国公认的、具有普遍意义的并构成国际法基础的原则,是国际法的最高准则。根据《联合国宪章》及其他国际文件的规定,国际法基本原则共有五项。

(一)国家主权平等原则

国家主权平等原则的基本含义,是国家在国际法律关系中地位完全平等,相互无管辖和支配的地位。因此,国家在处理国际关系时应尊重别国的主权、政治独立和领土完整,不得破坏别国的主权、独立和领土完整。

(二)不侵犯原则

不侵犯原则的实质内容,是禁止国家在处理国际关系中首先使用威胁或武力,特别是禁止侵略战争。因为发动侵略战争是对国家的主权、独立和领土完整最严重的侵害;国际法将侵略定为国际罪行,国家要承担责任;国家还有义务禁止对侵略战争的宣传。

(三)不干涉内政原则

内政是国家主权范围内的事务,但以不违反国际法义务为准则。干涉是指一国出于私利而对别国内政的横加干预行为。不干涉内政原则的基本点,是禁止一国对别国内部事务的任何干涉,不论采取什么形式的干涉均为对国际法的违反。

(四)和平解决国际争端原则

和平解决国际争端原则的基本要求,是指国家之间无论发生什么争端,均应以和平方法解决,包括政治方法和法律方法,由国家自愿选择。采用一种方法没能解决,还可以采用其他方法,但不得使用武力。

(五)善意履行国际义务原则

善意履行国际义务原则的基本内容,是要求各国在国际交往中诚实地、严格地履行国际法律义务,无论是条约义务还是其他法律义务。只有如此,才能维护正常的国际秩序,维护各国的权益。

中华人民共和国政府最早倡导和平共处五项原则,即"互相尊重主权和领土完整、互不侵犯、互不干涉内政、平等互利、和平共处"。

四、国际法的特殊性

可以看出国际法是一个特殊的法律部门。当我们把它作为一个特殊的法律对待时,我们是在把国际法与另外一个法律作比较,这个法律就是我们通常所了解的国家的法律。国际法学家们从整个国际社会的角度,将国家的法律称为"国内法",从而使其成为一个与"国际法"相对应的概念。当人们把国际法与国内法相比较之后,发现国际法在以下三个方面与国内法不同:

1. 法律主体上的不同。国际法的主体主要是国家,而且数量比较少,目前整个国际社会只有不到两百个国家。国内法的主体主要是个人,在法律上称为"自然人";此外还有由个人组成的公司或企业,在法律上称为"法人"。国内法的主体数量很多。在国际法上,个人是不是国际法的主体,目前还是个有争论的问题。但没有争论的是,国家是国际法的主要主体。国际法的绝大部分内容都是关于国家的规则和制度。除国家外,还有一些由国家组成的实体,即国家或政府间国际组织,它们也参加国际关系,例如参加国际会议、签订双边条约或多边国际公约,等等,因此它们也是国际法主体。除国际组织外还有一些民族,如20世纪60年代和70年代时的殖民地人民,他们正在争取解放,组成一个政治的实体,在国际上他们与国家和国际组织发生了各种不同的关系,他们在相互来往当中也要遵守国际法,所以他们也是国际法的主体。

2. 立法上的不同。国际社会是一个分散的社会,没有专门的立法机构,适用于这个社会的国际法是在国家之间产生的,不是由一个凌驾于国家之上的立法机构制定并颁布的。然而,国内社会是一个有组织的社会。每一个国家都有一定的凌驾于社会之上的权力机构,其中包括专门的立法机构。国内法是通过这样的专门立法机构制定或认可的,不是由自然人或法人在他们相互之间产生的。这是国际法与国内法的一个非常重要的区别。这一区别决定了国际法不像国内法那样存在法律的不同等级,例如,宪法高于其他法律,国家法律高于地方性法规。国际法上没有宪法这样的基本法,在国际法规则之间也不存在国内法意义上的一级法律高于另一级法律的现象。但是,自从1969年通过的《维也纳条约法公约》第53条中出现了国际法律强制规定(即国际强行法,jus cogens)的概念之后,国际法上是否存在更高级的法律成为国际法理论的一个重要问题并一直存有争议。[3] 此外,国际法和国际关系学界关于全球治理(global governance)的讨论也受到人们的密切关注。

3. 司法机制上的不同。国际法的实施与国内法不同,国际社会不存在专门的司法和执法机构。然而,国内法的一个重要特征是它有强大的执行机构作为后盾。每个国家都有专门的司法机构和执法机关,例如,法院、检察院、警察、监狱等。这些都是凌驾于整个社会之上的具有强制力的机构。当某人的权利和利益因国家或政府机关以及其他自然人或法人违反法律而受到侵害时,受害人可以通过国内社会专门的司法机构得到法律的补救,从而使法律得到实施。但是,国际社会不存在任何凌驾于各个国家之上的国际法实施机制。尽管有一个坐落在荷兰海牙的国际法院,但该法院是根据国家之间的协议建立起来的机构,它没有强制管辖权。

---

[3] P. Weil, *Towards Relative Normativity in International Law*, 77 AJIL (1983).

换言之,国家没有通过不同的方式表示同意,该法院不能受理关于它的案件。这种在国内法上难以理解的情况却是国际法上不可否认的现实。国际法遭到违反时,受到侵害的国家可以针对违法的国家采取某种相应措施以便使其承担适当的国际责任,例如,单方面提出终止条约、采取其他适当的报复措施等,如果遭到武装侵犯,可以采取武装自卫。总之,世界上不存在专门适用和执行国际法的世界法院、世界检察院、世界警察和世界监狱。国际法的适用和执行主要靠因他国违反国际法的行为而受害的国家单独或集体的力量来实现。[4]

综上所述,国际法是一个特殊的法律部门,它的特殊性是与国内法比较的结果。国际法是调整以国家为主导的国际关系的法律,它的主体主要是国家,此外还有国际组织和争取解放的民族;它不是由专门的立法机构制定的,而是在国家之间产生的,因此国际法不存在像国内法那样的法律等级;它不是靠专门的司法和执法机构加以实施,而是靠国家单独或集体的行为来保障执行的。

五、国际法的性质

在人们将国际法与国内法比较之后,往往会对国际法的法律性质提出质疑。最为典型的是英国法学家奥斯汀,他认为国际法至多可以称为"实在道德",因为国际法靠"一般舆论"或"道德制裁"加以实施。[5] 这种国际法虚无主义的极端观点,早已经被多数人所摒弃。[6] 但是20世纪90年代末发生的北大西洋公约组织空袭科索沃以及21世纪初发生的美国和英国联军针对伊拉克的战争又令人对国际法的法律性质产生疑问。国际法是真正的法律吗? 这是在国际法遭到严重践踏后,我们常常会面对的一个问题。

这个问题显然很复杂,但是,认为因为国际法与国内法不同所以国际法不是法的观点是错误的,国际法与国内法是适用两种结构完全不同的社会的法律,两者的不同是由不同的社会结构决定的,国际社会的特殊结构造就了特殊的国际法。因此,我们不能以国内法作为唯一绝对的衡量法律的标准来衡量国际法。

国际社会是由以主权国家为主要成员组成的社会。平行关系是国际社会主要成员之间关系的基本特征。在这个平行关系之上不存在任何具有更高权威的中央权力机构,通过制定法律或发布命令来统治整个国际社会。但是,这个社会的成员不能不受任何拘束地为所欲为。自从有了国家之间的交往,形成一定程度的国际关系,国家就逐渐遵循一些共同接受的规范。不可否认,许多规范是从国家社会借鉴而来的。这些规范有的属于礼节性的,有的是道德规范,还有一些是法律规范。例如,当一个国家的元首访问另一个国家时,他会受到一定规格的礼遇,铺红地毯、鸣礼炮等都属于国际礼节。当一个国家遭受自然灾害,另一个国家提供无偿援助,对受难者提供人道主义的支援,这些属于国际道德。在上述情况下,任何国家都没有法律义务那样做,它们的行为是出于礼节或道德的考虑。但是,一旦国家认为它有义务必须那样做时,它就是在遵循法律的规范,否则就要因违法而承担法律责任。外交和领事关系法中的许多规范就是从国际礼节发展演变而成的。自从国际社会形成以来,已经形成了无数调整国家

---

[4] Louis Henkin, *International Law: Politics and Values*, Martinus Nijhoff Publishers, 1995, p. 60-62.

[5] [英]奥斯汀:《法理学范围之限定(The Province of Jurisprudence Determined)》,中国政法大学出版社2003年版,第123、171页。

[6] I. A. Shearer (ed.), *Starke's International Law*, 11th ed., Butterworth & C0. (Publishers) Ltd., 1994, p. 20.

之间关系的国际法律规则,它们涉及人类生活的各个领域,形成国际法的不同分支。

总之,国际法是法律,与国际礼让和国际道德不同。国际法告诉国家哪些行为是可以做的,哪些是不可以做的。但是国家的行为太多了,不可能规定详尽,因此国际法上关于国家的行为规范多数都是以否定的形式出现的,即禁止国家的某些行为,如废弃国家的战争权、禁止侵略或禁止使用武力或武力威胁、废除奴隶制、禁止种族灭绝、不干涉内政等。这些规范的政治性比较强。国际法上还有大量的技术性规范,例如,在国家领土、海洋法、空间法、条约法等中,国际法具体领域中关于领土的划界、领海的宽度、领海宽度的测算方法、航空器的国籍、条约缔结的程序等规则,虽然多少也带有一定的政治性,但基本属于技术性的规范。在国际法的政治性和技术性规范中,后者占绝大多数。

六、国际法的作用

作为调整国际关系的法律,国际法在维护国际社会秩序中所发挥的作用随着国际关系的发展而逐渐拓展和加强。目前国际法的作用主要包括以下三个方面:

首先,维护世界和平与安全。这是国际法最低限度的作用,即通过禁止使用武力或武力威胁保证世界各国相互之间和平共处。在国际关系中,国际法主要发挥着协调的作用,这也是国际法的传统作用。国际法是协调的法。

其次,促进国家间在政治、外交、经济、军事、科学技术和文化教育等方面的合作。在世界社会全球化发展日益加剧的今天,国家之间的相互依赖性日趋明显,促进国际合作成为国际法的主要任务。国际法也是合作的法。

最后,维护人类的共同利益。这是国际法最高限度的作用,即通过制定人类共同接受的普遍标准和奋斗目标保证人的尊严得到充分的尊重。国际法在这方面的作用主要体现在第二次世界大战后产生的两个国际法的新领域:国际人权法和国际环境法。国际法在某种程度上是维护人类共同利益的法。

第二节 国际法与国内法

一、国内法对国际法的影响

国内法的发展远比国际法发达,所以国内法对国际法的影响是巨大的。

(一)国内法学说对国际法学说的影响

几乎所有的国际法理论学说都是从相应的国内法学说发展而来的。由于国内法发展得早,人类社会中,法的概念首先是一个国家的法律,关于法的学说当然也是以这种法为研究对象,然后又将其适用到国际法上。

(二)国内法程序规则对国际法程序规则的影响

对国际法影响最大的是国内法的程序规则。例如,国际法的条约法,几乎所有的法律结构都是从国内法上的合同法借鉴的,从条约的缔结程序、条约的生效和修订到条约的终止和无效,无不如此。

(三)国内法实体内容对国际法实体内容的影响

除了程序规则,国内法的实体规则对国际法也有相当多的影响。例如,国际人权法是在国内宪法制度中总结的经验基础上发展而来的。又如,国际法上关于政治犯不引渡的规则最初是某个国家的国内法原则。这类的原则和规则还有很多,在海洋法、外层空间法、国际环境法等领域,国际法借鉴了许多国内法的实体内容。但应当指出的是,国际法对国内法的借鉴,都是将国内法作为人类共同法律遗产而吸收的,在借鉴时要去掉代表个别国家特性的部分,取其基本内容。

(四)国际法的实施依靠国内立法

大量国际法规则的具体实施必须依靠国内立法。例如涉及外交豁免权,国际法仅对享有外交豁免权的主体范围作出基本规定,但具体豁免资格的认定取决于国内法的规定。国际法不涉及具体豁免资格的认定,否则就成了干涉内政。又如国际人权法上的很多规则需要国内立法的配合才能得到实施。

(五)国际法与国内法的互动

国际法与国内法互动的理论基础源于二元论框架。二元论主张两者分属独立法律体系,国际法规范国家间关系,国内法调整国内主体间关系,二者因规范对象(国家与公民)及调整范围(国际社会与国内社会)差异而保持体系区隔。有学者在传统二元论基础上强调互动性,认为体系独立性与规范互动性构成辩证统一,国内法的规制空间与国际法的义务内容需在互动中实现动态平衡。同时,国家作为两者互动的核心媒介,具有双重法律人格,如在国内法层面作为最高权力载体行使统治权,在国际法层面作为基本权利主体参与规则构建。这种双重属性使两类法律体系通过国家行为产生交集——国际法依托国家承诺转化为国内效力,国内法通过国家实践反馈于国际规则演进。

时代演进为两者互动提供客观条件。全球化浪潮下,民族国家间的深度互嵌催生跨境治理需求,单一法律体系已无法应对复合型社会关系。推动法律国际化呈现两种路径:一是国内法通过吸收国际规则实现价值趋同,二是国际法借助国家合意形成普遍规范。二者的交互融合既是全球治理的必然要求,也是法律实现正义价值的统一性体现。

二、国际法对国内法的影响

(一)条约国际法和习惯国际法对国内法的影响

首先,国际法实施需要国内立法予以转化,这一机制本身就体现了国际法对国内法的影响。当一国加入某国际条约而且该条约要求该国在国内立法从而履行条约义务时,国际条约就对国内法发生了直接的影响,即国内法中体现了国际条约的内容。其次,习惯国际法或普遍接受的国际法规则,特别是那些具有强行法性质的规则,对国内法产生的直接或间接影响也是明显的。例如,南非从法律上废除种族隔离制度就是这种影响的最有力的证明。但是,习惯国际法对国内法的影响一般是间接产生的。由于习惯国际法是不成文的规则,它们不可能规定国家通过国内立法履行由习惯国际法产生的国际义务。因此,国际实践表明习惯国际法对一国国内法的影响主要是通过国际舆论的压力间接实现的。

(二)国际法上的国家管辖权对国内法的影响

根据国际法上国家主权平等的原则,国家在行使权力时不能对其他国家的主权造成侵害。

国家在国际法上享有的属地优越权和属人优越权就是国家主权平等原则派生出来的权利。国内法的一些实体内容是在国际法的这项原则以及国家的属地优越权和属人优越权的基础上形成的。例如，基于国家主权平等原则，任何国家未经允许不得在另一国家的领土上行使权利，因此各国通过制定引渡法律等开展司法协助。又如，几乎每个国家都有自己的国籍法，规定取得和丧失其国籍的原则和具体条件，这是国家行使主权的表现，同时也体现了国家属人优越权。

（三）国际法相关概念对国内法的影响

在国际法产生之前，只有本国法与外国法的区别，因此"国内法"的概念本身就是国际法产生后才出现的。在国际法逐渐发展成熟之后，国内法时常借鉴一些国际法的概念并以此为基础来作出法律规定。例如，一国的刑法中常常有关于属地和属人管辖的规则，为了规定刑法的管辖范围，必然要提及犯罪地在该国领土范围内，而"领土范围"以及与这个概念相关的"边界""边境"等，都是国际法上的概念。

第三节 国际法上的国家、居民与领土

一、国家

（一）国家及其基本权利

国家是国际法的基本主体。政府间国际组织也是通过国家创设的。固定的居民、确定的领土、一定的政权组织、主权，共同构成了国际法上的"国家四要素"。

国家根据主权所享有的固有权利，称为国家的基本权利，包括独立权、平等权、自保权（自卫权）和管辖权。作为权利与义务的对等关系，一个国家的基本权利便构成了他国的基本义务。

（二）外交关系、领事关系

外交关系，是指国与国之间进行国际交往，运用谈判、会议和缔结条约的方法，以及互设、常设外交代表机构所形成的国家关系；领事关系，是指一国根据与他国达成的协议，相互在对方一定地区设立领事馆和执行领事职务所形成的国家间的关系。

使馆，为一国派驻外国的常设外交代表机关。《维也纳外交关系公约》确立了处理使馆问题的国际规范。使馆和外交代表及其他相关人员享有不同程度的特权和豁免权，使馆馆舍不可侵犯。

二、个人

（一）个人及其国籍

个人在国际法上主要享有基本的法律地位，即作为国际法的主体，享有一定的权利和承担相应的义务。国家对本国国民享有属人管辖权，对在本国的外国人享有属地管辖权，对在外国的本国人有实行外交保护的权利和义务。一个人为哪国国民是依据其国籍确定的，国籍则依国籍法确定。由于各国国籍立法不同，往往引起国籍冲突，导致双重、多重国籍或无国籍，并可

能导致国家间的争执。

(二)外国人的法律地位及保护

在一国境内不具有居留国国籍的人被称为外国人。外国人的法律地位由其所在国法律规定,同时也遵循国际法的一般原则和国际通则。通常在不同领域分别采取国民待遇、最惠国待遇、差别待遇。

(三)国际人权法

国际人权法是由国际法主体之间有关尊重、促进和保护人的基本权利和自由的原则、规则和制度所构成的国际法体系。国际人权法的主体主要是国家;个人是国际人权公约的直接受益者。人权可以分为集体人权和个人人权。前者包括民族自决权、发展权,后者包括公民权利、政治权利以及经济、社会和文化权利。

三、领土

作为国家的构成要素之一,领土是国家行使权力的对象和范围,也是国家及其人民赖以生存的物质基础。

(一)国家领土对国际法的意义

国际法主要是主权国家之间的法律。主权国家以领土为单位,国际法承认国家在其领土范围内的最高权和独立权。国际法的许多内容都与国家领土联系在一起,例如,国家领土主权、国家属地管辖权或属地优越权,等等。国际法的基本原则之一是不干涉本质上属于任何国家国内管辖之事项,即不干涉内政原则。然而绝大部分的内政是发生在国家领土范围内的事项。因此,国际法与"国家""主权""领土""管辖"等概念有着密切的联系。"从狭义的法律角度来看,'领土'是国际法关注的核心事项"。换言之,国际法的许多核心内容都与国家领土密切相关。[7]

(二)国家领土主权

国家领土主权是国家主权的重要内容,是一项公认的国际法原则。国家领土主权是指国家对其领土享有的权利。从国际法的角度看,领土主权原则主要涉及国家领土在国际法上的法律地位问题[8]。帕尔马斯岛仲裁案独任仲裁员胡伯法官(Judge Huber)在该案裁决中对领土主权的一段描述,在国际法学界讨论领土主权的定义时得到广泛援引。胡伯法官指出:"在国际关系中,主权就意味着独立。独立,对地球的特定部分来说,就是国家行使排他的权力。国际法的发展已经确立了国家对其领土行使排他权力的原则,此原则应成为解决国际关系的出发点……领土主权,是获得承认和由自然边界或条约划定的空间。"胡伯法官还指出:"领土主权涉及展示国家活动的排他权利。此项权利的相应义务是:保护他国在其领土范围内的权利,特别是在平时和战时领土完整和不可侵犯的权利,以及每个国家为其在外国的国民提出申诉的权利。"

领土主权原则是现代国际法的重要原则,主要内容至少包括以下三个方面:(1)领土主权不可侵犯;(2)领土主权包含领土所有权;(3)领土自然资源的永久主权。

---

[7] Marcelo G. Kohen eds., *Territoriality and International Law*, Edwards Edgar, 2016.
[8] James Crawford, *Brownlie's Principles of Public International Law*, 8th edition, Oxford University Press, 2012.

第四节 国际组织

一、国际组织的定义与特点

国际组织,从广义上讲,包括政府间组织和非政府间组织两大类。政府间组织是由若干国家政府为了特定目的,通过条约或协议建立的组织。这些组织通常具有跨国性、政府间性和特定目的性,如联合国、世界贸易组织、欧盟等。而非政府间国际组织则是由不同国家的社会团体或个人组成的组织,如国际足联、国际奥委会、红十字国际委员会等。这些组织通常具有明确的宗旨、目标和规章制度,并在其财产限度内直接承担责任。

国际组织的特点之一在于其国际性,即它们是在国际层面上运作的,涉及多个国家或地区的利益的机构。此外,国际组织的法律人格源于组成国际组织的基本法律文件,它们的权利能力和行为能力受这些法律文件的严格限制。国际组织能够在其职权范围内独立地行使权利和履行义务。

二、国际组织的主要类型

国际组织可以根据不同的标准进行分类。按照成员性质,国际组织可以分为政府间组织和非政府间组织;按照地理范围,可以分为全球性国际组织和区域性国际组织;按照职能范围,还可以分为一般性国际组织和专门性国际组织。

1. 政府间组织。这类组织的成员主要是主权国家,它们通过缔结条约或其他正式法律文件来建立合作关系。常见的政府间组织包括联合国、欧洲联盟、非洲联盟、东南亚国家联盟(东盟)、世界贸易组织等。这些组织在促进国际和平与安全、推动经济发展、加强区域合作等方面发挥着重要作用。

2. 非政府间组织。这类组织则是由不同国家的社会团体或个人组成的,它们通常关注特定领域的问题,如环境保护、人权保护、文化交流等。常见的非政府间组织包括国际足联、国际奥委会、红十字国际委员会、乐施会等。这些组织在推动社会进步、促进文化交流、提供人道主义援助等方面发挥着重要作用。

3. 全球性国际组织。这类组织的成员来自全球各地,它们关注全球性的问题和挑战。常见的全球性国际组织包括联合国、世界贸易组织、国际货币基金组织、世界卫生组织等。这些组织在维护国际和平与安全、推动全球贸易和投资、促进全球公共卫生等方面发挥着重要作用。

4. 区域性国际组织。这类组织则主要关注某一地区的问题和挑战,其成员通常来自同一地区或相邻地区。常见的区域性国际组织包括欧盟、非洲联盟、东南亚国家联盟、上海合作组织等。这些组织在促进地区合作、维护地区稳定、推动地区经济发展等方面发挥着重要作用。

5. 一般性国际组织。关注广泛领域的国际问题,如联合国。

6. 专门性国际组织。关注某一特定领域的问题,如世界贸易组织关注全球贸易和投资问题。

三、国际组织的主要功能

国际组织在国际社会中发挥着多重作用,对于促进国际合作、维护世界和平与稳定具有重要意义。

1. 促进国家之间的政治、经济、文化、科学技术的交流与合作。国际组织通过举办国际会议、论坛、展览等活动,为各国提供了交流和合作的平台。这些活动有助于增进各国之间的了解和信任,推动各领域的合作与发展。例如,联合国大会和亚太经济合作组织领导人非正式会议等活动,就为各国提供了重要的交流和合作机会。

2. 协调国际政治、经济关系。国际组织通过制定和执行国际规则和标准,协调各国之间的政治和经济关系。这些规则和标准有助于维护国际秩序和稳定,促进全球经济的繁荣和发展。例如,世界贸易组织通过制定和执行贸易规则,协调各国之间的贸易关系,推动全球贸易的自由化和便利化。

3. 调解国际争端,缓解国家间矛盾。国际组织通过调解、仲裁等方式,解决各国之间的争端和矛盾。这些方式有助于避免冲突升级和战争爆发,维护国际和平与安全。例如,联合国安理会就经常通过调解和斡旋等方式,解决各国之间的争端和冲突。

4. 提供公共产品和服务。国际组织通过提供公共产品和服务,满足各国的共同需求。这些产品和服务包括环境保护、气候变化、疾病防控等领域的合作项目。例如,世界卫生组织就通过提供公共卫生服务和技术支持,帮助各国应对各种疾病挑战。

5. 推动全球治理体系改革和完善。随着全球化进程的加速推进,全球治理体系面临着越来越多的挑战和问题。国际组织通过推动全球治理体系的改革和完善,适应全球化发展的需要。例如,联合国就一直在推动全球治理体系的改革和完善,以更好地应对各种全球性挑战。

四、非政府组织

(一)非政府组织的定义

非政府组织(non governmental organizations,NGOs)是指并非由国家单独或非由国家之间的协议共同建立的、其组织成员不是国家或政府而是个人或民间团体的非营利性的组织。这个定义排除了大量的跨国公司以及其他以营利为目的建立的非国家实体。由于这些非国家实体以不同的方式活跃在国际关系中,将在后文展开讨论。符合这个定义的非政府组织数以千万计,其中最著名的为红十字国际委员会、绿色和平组织、医生无国界组织等在相关领域对国际社会的发展影响较大的组织。

(二)非政府组织的种类

按组织成员的地理分布,可以把非政府组织分为全球性、区域性和国内的非政府组织。上述著名的非政府组织都是全球性的,它们在几乎所有国家都有相应机构,它们的成员遍及全世界。此外还有很多区域性的和国内的非政府组织。

按照组织活动的不同领域,非政府组织可以分为政治、法律、人权、环境、妇女、儿童、教育、文化、艺术等组织。几乎国际社会生活的各个领域都有非政府组织的存在。

按照组织活动的性质,还可以把非政府组织分为学术性和实务性的组织,前者以国际法研究院为例,后者的例子很多,特别在国际人权和国际环境保护领域。但是这种分类可能带有一定的武断性,因为许多非政府组织都是既进行学术研究又从事实务活动,只是在某个方面有所侧重而已。

(三) 非政府组织在国际法上的作用

从国际法发展的角度来看,非政府组织发挥的作用主要有两个方面:国际法的制定和实施。特别是在国际人权和环境保护方面,它们的作用尤为突出。在国际法的制定方面,非政府组织通过参与起草国际公约的谈判并提出意见和建议直接对国际法的进步和发展发挥着推动作用。例如,在国际环境保护方面,非政府组织参与了《濒危野生动植物种国际贸易公约》《保护世界文化和自然遗产公约》《生物多样性公约》的准备工作。在国际人权保护方面,非政府组织参与国际公约制定过程的情况更加普遍,《禁止酷刑和其他残忍、不人道或有辱人格的待遇或处罚公约》《消除对妇女一切形式歧视公约》《儿童权利公约》等重要国际人权公约的制定过程都有非政府组织不同程度的推动和参与。在国际人道法方面,比较典型的例子是1997年签订《禁止杀伤人员地雷公约》。红十字国际委员会以及其他非政府组织对于该公约的签订以及公约的实施均发挥了重要推动作用。[9]

(四) 非政府组织的法律地位

目前,国际法上并没有任何关于非政府组织的建立及其法律地位的统一规定。非政府组织都是根据其所在国家的国内法建立的,法律地位也由国内法加以规定。因此它们在法律上主要是通过国家间接地与国际法发生关系。一些国际组织通过组织约章给予某些非政府组织一定的法律地位。例如,《联合国宪章》第71条的规定,"经济暨社会理事会得采取适当办法,俾与各种非政府组织会商有关于本理事会职权范围内之事件"。根据这条规定,非政府组织可以依据经济及社会理事会(经社理事会)确定的方法就关于该理事会职权范围的事件与其进行协商。

有些非政府组织在国家或政府间国际会议和国际组织中取得一定的参与机会和长期的"咨商地位"。经社理事会根据这项规定通过了一系列与非政府组织进行咨商的决议。目前,已经有3400个非政府组织取得了经社理事会的咨商地位。它们被划分为三类:第一类为与理事会多数活动有关的组织;第二类为在特定领域具有特别专长的组织;第三类是已列入名册,可以非经常性地向经社理事会、附属机构或联合国其他机构提供咨询的组织。取得咨商地位的非政府组织可以派遣观察员出席经社理事会及其附属机构的公开会议,可以提出与经社理事会工作有关的书面意见。它们也可以就共同关心的事项与联合国秘书处进行磋商。此外,红十字国际委员会于1991年在联合国大会获得的观察员地位,这是迄今为止唯一的例外情况。

上述这些非政府组织在国际上已经取得了一定的地位,这是毫无疑问的,但它们是否因此而取得国际法主体资格在国际法学界尚存争议。马兰祖克认为非政府组织并不因为在国际组织取得一定地位而成为国际法主体。史蒂芬·霍布(Stephan Hobb)虽然不否认非政府组织的国际法主体资格尚未得到普遍承认,但却主张将它们视为国际法主体,因为它们的行为直接受到国际法的约束。也有人认为非政府组织至少已经成为"不完全国际法主体"。国际法研究院曾经多次在不同场合努力提高非政府组织的法律地位。但是,正像史蒂芬·霍布所指出的那样,国家决定着其他国际法主体的存在与否。非政府组织取得在性质上与国际组织类似的

---

[9] [英]伊恩·布朗利:《国际公法原理》(第5版),曾令良、余敏友译,法律出版社2003年版,第699~700页。

国际法主体资格,仍然需要更多国际实践的支持。[10]

五、有代表性的国际组织

(一)联合国

联合国是最具代表性的全球性国际组织。它成立于1945年,旨在维护国际和平与安全、推动全球发展、促进人权保护等。联合国下设多个专门机构,如联合国儿童基金会、世界粮食计划署等,它们在各自领域内发挥着重要作用。联合国的宗旨和原则得到了国际社会的广泛认可和支持,它在维护世界和平与安全、推动全球发展等方面取得了显著成就。

(二)世界贸易组织

世界贸易组织是一个专门性国际组织,成立于1995年。它的主要目标是推动全球贸易的自由化和便利化,通过制定和执行贸易规则,协调各国之间的贸易关系。世界贸易组织在促进全球经济增长、增加就业机会、提高人民生活水平等方面发挥了重要作用。

(三)欧盟

欧盟是一个区域性国际组织,成立于1993年。它的主要目标是推动欧洲一体化进程,实现经济、政治、社会等领域的合作与发展。欧盟在促进欧洲经济增长、维护地区稳定、推动全球治理体系改革等方面发挥了重要作用。

(四)红十字国际委员会

红十字国际委员会是一个非政府间国际组织,成立于1863年。它的主要目标是提供人道主义援助和保护战争受害者。红十字国际委员会在提供紧急救援、支持医疗设施、帮助失散家庭团聚等方面发挥了重要作用。

第五节 海洋法、国际航空法和外层空间法

一、海洋法

海洋法是指关于各种海域的法律地位以及调整国际法主体在各种海域从事各种行为的原则、规则和制度的总和。按照这种描述,可以把海洋法分为两个方面:其一,关于各种海域的法律地位的国际法规则和制度;其二,国际法主体在各种海域应遵守的国际法规则和制度。

(一)海洋法的编纂

海洋法的编纂活动可以追溯到19世纪中叶,但是那时的编纂工作一般集中在海战法法规方面。关于平时海洋法的编纂始于20世纪30年代。1930年,国际联盟在海牙召开的国际法编纂会议上通过了《领海法律地位草案》。大规模的编纂工作从联合国建立之后开始,其中最重要的是在联合国主持下召开的三次海洋法会议。

---

[10] Dan Sarooshi, *International Organizations and Their Exercise of Sovereign Powers*, Oxford University Press, 2005, p. 151.

(二)大陆架和专属经济区

1. 大陆架

大陆架不是国家领土的组成部分。作为沿海国陆地领土在海水下面的自然延伸部分,大陆架的法律地位包括下述方面:

(1)沿海国对大陆架的主权权利。为勘探和开发大陆架的自然资源,沿海国对大陆架行使主权权利。这种权利是专属性的,任何国家或个人未经沿海国同意,均不得从事对大陆架的勘探和开发活动。

(2)沿海国对大陆架的主权权利无须占领或宣告。沿海国对大陆架的专属权利无须有效或象征性占领或任何明文宣告。任何国家不能因为某大陆架的沿海国没有作出明文宣布或没有进行实际的勘探和开发,推定该沿海国放弃其对该大陆架的主权权利。

(3)沿海国对在大陆架上的建筑的管辖权。沿海国对在大陆架上建筑的人工岛屿、其他设施和设备及结构具有专属的批准权和管辖权。但人工岛屿周围不能形成领海。

(4)外大陆架的开发和利用。宽大陆架的沿海国对200海里以外区域(外大陆架)非生物资源的开发,应向1982年《联合国海洋法公约》建立的相关机构缴付一定的费用或实物。根据1982年《联合国海洋法公约》第82条第2款,具体办法是:在某一矿址投入生产的第6年开始缴付,第6年缴付该矿址全部产值或产量的1%,以后逐年递增1%,直到第12年为止,其后比率应保持每年缴付7%。但产品不包括供开发用途的资源。

(5)大陆架上覆水域及水域上空的法律地位不受大陆架制度的影响。由于大陆架的内部界限是领海的外部界限,因此其上覆水域及水域上空可能属于毗连区、专属经济区或公海。无论属于哪个海域,都不受大陆架制度的影响。

2. 专属经济区

专属经济区既不同于领海,也不同于公海,是自成一类的海域,其法律地位包括以下方面:

(1)沿海国的主权权利。沿海国对于专属经济区内的一切自然资源,包括生物和非生物资源,享有主权权利;对于在该区域内从事经济性勘探和开发,如利用海水、海流和海风风力生产能源等其他活动享有主权权利(《联合国海洋法公约》第56条第1款第1项)。

(2)沿海国的管辖权。沿海国对专属经济区内人工岛屿、设施和结构的建造和使用、海洋科学研究、海洋环境保护和保全等事项享有管辖权(《联合国海洋法公约》第60条第2款)。

(3)其他国家的权利和义务。其他国家在专属经济区内享有船舶航行、飞机飞越、铺设海底电缆和管道的自由。1982年《联合国海洋法公约》中有关公海自由方面的规定,只要与专属经济区制度不相抵触者,均可适用(《联合国海洋法公约》第58条第1款、第2款)。但是,其他国家在专属经济区行使其权利和义务时,应遵守沿海国按照本公约的规定和其他国际法规则所制定的与本部分不相抵触的法律和规章(《联合国海洋法公约》第58条第3款)。

(三)公海

1. 公海的概念和范围

公海(the high seas),又称"国际海域",不是任何国家的领土,不受任何国家的管辖,是供所有国家,包括沿海国和内陆国,为和平的目的自由使用的海域。

随着海洋法的发展以及一些新制度的逐步建立,公海的范围不断发生变化。19世纪初叶,公海和领海制度刚刚建立,领海的范围只有大约3海里,领海之外就是公海。因此,公海的面积与现在相比要宽广得多。第二次世界大战以后,特别是第一次海洋法会议确立了大陆架制度之后,公海的海水部分与海床和底土部分开始分离,公海的范围开始缩小。第三次海洋法会议又建立了专属经济区、群岛水域和国际海底区域制度,再加上领海的范围扩展到12海里,公海的范围又一次大大缩减:首先,公海永远与其海床和底土分隔开,后者要么属于沿海国的大陆架,要么属于国际海底区域,结果公海制度不再适用于公海海水下面的海床和底土;其次,公海的海水部分也由于群岛水域制度和专属经济区制度的建立而相应缩小。总之,现在的公海概念已经与19世纪初完全不同了。根据1982年《联合国海洋法公约》的规定,公海是指不包括在国家的专属经济区、领海或内水或群岛国的群岛水域和国际海底区域内的全部海域(第86条)。

2. 公海的法律地位

公海供世界各国为和平目的而使用。公海是供世界各国共同使用的海域,任何国家不得对公海的任何部分主张权利,更不能据为己有。1982年《联合国海洋法公约》第89条规定:"任何国家不得有效地声称将公海的任何部分置于其主权之下。"换言之,任何国家提出的对公海行使主权的主张和要求都是无效的。

公海法律地位的重要方面是公海自由,但是公海自由并不意味着国家可以在公海为所欲为。1982年《联合国海洋法公约》第88条规定:"公海应只用于和平目的。"任何国家不得在公海上从事威胁甚至破坏和平的行为。1958年《公海公约》第2条规定,除其他外,沿海国和非沿海国在公海上享有:航行自由;捕鱼自由;铺设海底电缆和管道的自由;飞越自由。

1982年《联合国海洋法公约》第87条的规定增加了两项自由,该条第1款规定的公海自由除了上述四项自由外还包括:建造国际法所容许的人工岛屿和其他设施的自由,但受该公约关于大陆架制度的限制;科学研究的自由,但受该公约关于大陆架制度和关于海洋科学研究规定的限制。

二、国际航空法

国际航空法的框架主要由以下三个类别构成。

(一)确立一般航空法律制度的条约

确立一般航空法律制度的条约,如《巴黎航空公约》(1919年)和《国际民用航空公约》(即《芝加哥公约》,1944年),这两项公约都确认了各国对其领空享有排他的主权。其中1944年签署的《芝加哥公约》是当前国际民航法律制度的基础性条约。它包括空中航行、国际民航组织、国际航空运输等部分,规定了国际航空法的基本规则,构建了国际民航制度的框架。根据该公约成立的国际民用航空组织,是当今民航领域最权威和广泛的全球性组织,也是联合国的专门机构之一。《芝加哥公约》的主要原则和制度包括:

1. 领空主权原则。国家对其领空拥有完全的和排他的主权。外国航空器进入国家领空须经该国许可并遵守领空国的有关法律。对于非法入境的外国民用航空器,国家可以行使主权,采取符合国际法有关规则的任何适当手段,包括要求其终止此类侵犯立即离境或要求其在指定地点降落等,但不得危及航空器内人员的生命和航空器的安全,避免使用武器。国家有权制定外国航空器入境离境和在境内飞行的规章制度,各国可以指定外国航空器降停的设关机场;国家保留国内航线专属权,一国为安全及军事需要有权在其领空中划定某些禁区。

2. 航空器国籍制度。公约将航空器分为国家航空器和民用航空器,公约的制度仅适用于民用航空器,而不适用于国家航空器。国家航空器是指用于军队、海关和警察部门的航空器。

一国的国家航空器未经特别协定或其他方式的许可,不得在其他国家的领空飞行或领土上降落。民用航空器须在一国登记并因此而取得登记国国籍。登记按照一国相关的国内法规定进行。航空器在两个或两个以上国家重复进行的登记均被认为无效,但其登记可以由一国转移到另一国。航空器的登记国对航空器上的事件或事故拥有管辖权。

3. 将国际航空飞行分为定期航班飞行和不定期航班飞行,并作出了相应的一些规定。公约规定定期航班飞行须经领空国许可,不定期航班飞行则可以不经领空国许可。但相当一些国家对后者作出了保留,要求所有飞行都须经过领空国的许可方能进入其领空。以后的国际实践中,国家间通常是通过双边航空协定具体规定其间民用航空有关的事项和规则。

(二)针对航空运输业务的条约

针对航空运输业务的条约,如《哈瓦纳商务航空公约》(1928 年)和《统一国际航空运输某些规则的公约》(1929 年,即《华沙公约》),这些条约规定了航空运输的规范和商业活动的范围。

(三)关注航空安全的公约

关注航空安全的公约,如《关于在航空器内犯罪和其他某些行为的公约》(1963 年《东京公约》)和《关于制止危害民用航空安全的非法行为的公约》(1970 年《蒙特利尔公约》和 1971 年《海牙公约》),这些公约旨在保障航空安全和打击相关犯罪行为。

在具体实施上,各国可以根据需要在领土上空设立禁区,禁止或限制非缔约国航空器的飞行,以维护军事和公共安全。此外,各国还保留"国内载运权",有权拒绝非本国航班在其领土内进行乘客、邮件和货物运输。对于非航班飞行,即不定期航班,未经许可可自由飞入或经过其他国家领空,但需执行非运输业务性降落的规定。[11]

三、外层空间法

(一)外层空间法的法律地位

外层空间的法律地位问题与国家主权是否及于外层空间紧密相关。国家对领空享有完全排他的主权。这是当代国际法公认的习惯国际法原则,是《巴黎航空公约》和《芝加哥公约》都确认的规则。但是,国家的领空主权是否及于外层空间?有些国家曾经以罗马法上"谁有土地,谁就有土地的上空"的格言为依据,主张国家主权及于其领土的无限上空。但是从国际实践和国际公约的有关规定来看,国家主权并不及于外层空间。[12]

自 1957 年第一颗人造卫星发射以后,有不少人造卫星进入外层空间,并有许多一直在轨道上运行。但是,至今任何国家尚未因其主权受到危及而提出抗议。这说明各国已经默认外层空间的自由探索和利用,国家主权并不及于外层空间。"所有国家可在平等、不受任何歧视的基础上,根据国际法自由探索和利用外层空间……"这是 1967 年《关于各国探索和利用包括月球和其他天体在内外层空间活动的原则条约》第 1 条确认的国际法原则。该条约还规定,"各国不得通过主权要求……把外层空间(包括月球及其他天体)据为己有"。

总之,外层空间(包括月球及其他天体)不是国家主权所及的范围,任何国家不得通过主权要求、使用或占领等方式将其据为己有。

---

[11] 赵维田:《国际航空法》,社会科学文献出版社 2000 年版。
[12] Berenc J. H. Crans, Peter van Fenema et al. (eds.), *Air & Space Law Online*, Kluwer Law International, 2010.

（二）《外层空间条约》

《外层空间条约》是第一个关于外层空间的多边国际公约。由于该条约中包含一些指导国家外空活动的一般原则并涉及几乎所有外层空间的国际法问题，许多学者将其称为"外空宪章"。《外层空间条约》规定的外空一般原则主要包括：

1. 为全人类谋福利和利益。《外层空间条约》第1条第1款规定："探索和利用外层空间（包括月球和其他天体），应为所有国家谋福利和利益，而不论其经济或科学发展程度如何，并应为全人类的开发范围。"根据此项规定，包括月球和其他天体在内的外层空间是全人类的开发范围，各国均有权探索和利用外层空间以便为所有国家谋福利和利益。

2. 自由探索和利用。《外层空间条约》第1条第2款规定："所有国家可在平等、不受任何歧视的基础上，根据国际法自由探索和利用外层空间（包括月球和其他天体），自由进入天体的一切区域。"根据此项规定，各国均有探索和利用外层空间的自由，不能有任何歧视。

3. 不得据为己有。《外层空间条约》第2条规定："各国不得通过主权要求、使用或占领等方法，以及其他任何措施，把外层空间（包括月球和其他天体）据为己有。"这项原则进一步表明外层空间是"人类共同继承财产"这一法律地位。

4. 遵守国际法。《外层空间条约》第3条规定各国在外层空间的各种活动应遵守国际法和《联合国宪章》，以便维护国际和平与安全，促进国际合作和了解。这项原则包含两层意思：第一，各国在包括月球和其他天体在内的外层空间进行的所有活动受国际法的约束，而不是受其本国国内法或任何其他法律的约束。第二，除外层空间法外，一般的国际法和国际法基本原则，例如，禁止使用武力或武力威胁、和平解决争端等以及联合国宪章都是制约国家在外层空间活动的原则和法律。

5. 非军事化。《外层空间条约》第4条第1款规定："各缔约国保证：不在绕地球轨道放置任何携带核武器或任何其他类型大规模毁灭性武器的实体，不在天体配置这种武器，也不以任何其他方式在外层空间布置此种武器。"为了强调外层空间的非军事化，该条进一步规定，各缔约国必须把月球和其他天体绝对用于和平目的。禁止在天体建立军事基地、设施和工业，禁止在天体试验任何类型的武器以及进行军事演习。

第六节　条　约　法

条约在国际法上发挥着各种功能。它可以是国际组织的章程，也可以是建立国际法庭的规约，可以是世界上许多国家共同接受的约束它们各方面行为的公约，还可以是两个国家之间为了解决一个具体问题而达成的协议。然而，所有这些都是国际法的渊源，是国际法的"成文法"。

一、国际条约在国际法上的地位

（一）缔结国际条约的重要意义

条约是国际交往的重要工具。我们处在一个国际社会，任何一个国家都需要与他国进行往来，再封闭的国家也不能例外。国际交往需要法律规则，需要明确相互的权利和义务，而条约提供了这样的规则,确立了国家之间的权利和义务关系。国际交往表现在政治、经济、文化、军事、法律等各个领域,任何一个领域的国际交往都离不开条约。

以国际政治关系为例。当今国际政治秩序建筑于一些重要的法律原则基础之上。这些原则主要有国家主权平等、和平解决争端、禁止使用武力、忠实履行国际义务、不干涉他国内政、尊重基本人权。它们都是《联合国宪章》和其他一些重要国际条约确立或重申的国际法原则。国际政治秩序不能离开这些原则。国际条约对于确保国家之间和平共处、友好往来不可或缺。

条约又是国际合作的重要工具。国家不仅要交往,而且还要合作,以便共同发展并解决彼此关心的问题。国际合作是当代国际关系的主旋律,是构建和谐世界的重要方面。国际合作更是离不开国际法和国际条约。国际法现在已经不仅仅是国家之间共存或交往的法律,而且越来越呈现出合作的性质。明显的例子是《联合国反腐败公约》,该公约的第四章通篇在讲国际合作,如引渡合作、司法协助、执法合作、没收事宜的合作等。这个公约很好地说明了条约在国际合作方面的重要性,因为合作需要确定合作方的权利和义务。

(二)条约是国际法的重要渊源

我们今天所说的国际法,是指主要调整国家之间关系的法律。所谓国家之间的法律有两个基本含义:第一,国际法原则、规则的产生或制定依赖于国家,国际法是国家之间而不是国家之上的法律,国际法没有中央的立法机关,它的原则、规则主要来自国家缔结的条约和国家实践形成的习惯;第二,国际法的原则、规则适用于国家,对国家具有约束的效力。

正是因为国家主要是通过条约和习惯来"生产"国际法的,条约和习惯被公认为国际法的两个主要渊源或造法方式。条约之所以是国际法的渊源,是因为国际法上有"条约必须遵守"的原则。按照这个原则,条约对缔约国有约束的效力,缔约国有责任遵守条约的规定,履行条约的义务。[13] 条约与习惯相比,有着成文化、精确化和系统化的优点。这使得条约在当代国际法发展进程中受到格外重视。1945 年以来,国际社会缔结了许多多边条约,涉及国际关系的各个领域。这些条约不仅编纂了已经存在的习惯国际法规则,而且发展了大量新的国际法规则。

国际条约还一直是规定双边关系中具体权利及义务的基本法律手段。条约是缔约国之间的法律,国家之间存在大量的具体事务需要用条约来规范,如划界问题、渔业问题、民航问题、引渡问题等。随着国际交往与合作不断深入,条约的数量与日俱增。联合国成立以来,在其秘书处登记的条约现已达约 16 万件,其中绝大多数是双边条约。

(三)国际条约的概念和种类

从国际法来看,条约是国际法的主体按照国际法来规定其相互权利及义务的书面协议,它有四个特征:(1)条约是在国际法主体之间缔结的。由于国家是国际法的基本主体,条约主要是国家之间的协议。在当代,国际组织也有能力与国家缔结条约,例如,联合国与美国缔结的《联合国会所协定》。此外,国际组织相互之间也可以订立条约。(2)条约要按照国际法缔结。条约是以国际法为准的协议,它的订立、效力、解释和适用等问题是由国际法来规范的。(3)条约要规定缔约方相互的权利和义务。有没有约定具体的权利和义务,是判断一个协议是否为条约的重要标准,空泛的无须实质履行的宣言或声明不是条约。(4)条约是书面协议。条约包含缔约方的权利和义务,一般需要用白纸黑字写清楚。国际法尽管也承认口头协议的存在,但口头协议比较罕见。《联合国宪章》专门规定了条约登记制度,显然,只有书面协议才有可能

---

[13] 贾兵兵:《国际公法:和平时期的解释与适用》,清华大学出版社 2015 年版,第 271～273 页。

登记。

条约有广义和狭义之分。广义上讲,条约是各种书面协议的总称。狭义的条约专指以条约为名称的协议。广义的条约有许多具体名称,如换文、协定、议定书、条约、公约、宪章、联合声明等。不同的名称代表了不同种类或性质的协议。换文、协定通常是指约定具体事务的双边协议;条约一般用于规定国家之间重要事务的协议,如边界条约、友好互助条约;公约是一般性多边条约常用的名称,如《联合国海洋法公约》;而建立国际组织的协议,多采用宪章这样的名称。从国际法来看,一个协议无论采用什么名称,只要具备了上述条约的特征,都是国际法意义上的条约。

条约按照不同的标准有一些分类。首先,最常见的是按缔约方的数目,将条约分为双边条约和多边条约。两个国家缔结的条约为双边条约,两个以上国家缔结的条约为多边条约。其次,按条约性质将条约分为造法性条约和契约性条约。造法性条约是指规定国家一般行为规范、对各国普遍开放的条约,契约性条约主要是规定双边关系中特定具体事项的条约。最后,条约还可根据其内容分为政治、经济、文化、军事等类别的条约。按照不同标准分类的条约互有重叠。例如,WTO协定可以说是多边条约,也可以说是造法性条约,又可以说是国际经济条约。如果从是否创建国际组织的标准来看,该协定还可以说是创建国际组织的条约,或国际组织的基本法。

二、国际条约的缔结

(一)缔约能力与缔约权

缔约能力讲的是谁能够在国际关系中缔结条约的问题。国际法主要是国家之间的法律,而国家又是主权平等的,因此,任何一个主权国家都有缔约能力,都能够缔结条约。正如《维也纳条约法公约》第6条的规定:"每一国家皆有缔约之能力。"除国家外,国际组织在其职权范围内也能够缔结条约。国际组织的缔约能力已经获得国际法的承认。个人、公司、一国内部单位没有缔约能力。个人、公司可能与国家签订协议,但协议的性质是契约而不是条约。一国内部单位也可能参加条约的缔结,但必须是在该国法律允许的范围内进行,这实际上是一个缔约权而不是缔约能力的问题。

缔约权是说一个国家或国际组织的各个机关在缔约方面的代表性及权限问题,这是一个由国家或国际组织的内部法而不是国际法规定的事项。国家或国际组织都不是抽象的,它们需要由一些机关包括个人来代表,以便对外交往,缔结国际条约。就国家而言,由于主权的不可分割性,一般都是中央政府统一代表国家行使缔约权。联邦制国家有些例外,瑞士的各邦、德国的各州在涉及当地事务上也有一定的缔约权。国家中央政权的缔约权通常由行政机关、国家元首和立法机关分享。美国宪法规定,总统签署和批准条约,但条约须经参议院2/3以上议员同意才能对美国发生效力。德国宪法规定,总统有权以联邦的名义缔结条约,但实际上在多数情况下,总统的这一权力交由联邦政府或各部部长代为行使;而规定德国与外国政治关系的条约和涉及立法事项的条约,则须经联邦议会以联邦法律的形式表示同意。英国是个例外,按照其不成文宪法的规定,条约的缔结和批准是英王的特权,与议会无关。

(二)缔结条约的主要过程

国际法上有关于条约如何缔结的规定。

1. 谈判

谈判是要讨价还价的,有斗争又有妥协。在《联合国海洋法公约》的起草过程中,各个利益集团交锋激烈,最后达成"一揽子"交易,即各有得失,结束谈判过程。从这个意义上讲,条约是缔约方协调意志的产物。谈判也是力量的较量,强国或其利益集团往往占据上风。在《联合国宪章》的谈判过程中,苏联和美国、英国等国坚持安理会对实质性问题的表决要采取"大国一致原则",也就是常说的"否决权",这一意见最终写入第27条。因此,条约也可谓是谈判各方力量对比的结果。

2. 签署

签署在国际法上有两个不同的意义:一是缔约方对条约约文的认可,二是缔约方同意承受条约的约束。在缔结重要条约的情况下,签署一般具有第一个意义,它不产生对缔约方的约束力。而签署的第二个意义,即签署可以使缔约方受到条约的约束,主要是针对一些双边的契约性条约,例如《中华人民共和国外交部和巴基斯坦伊斯兰共和国外交部合作议定书》。

3. 批准

签署即可以约束国家的条约数量是比较有限的,多数条约还要经过批准或类似过程才可能对缔约方产生约束的效力。在国际法上,批准是国家同意接受条约约束的一种方式。批准是针对重要条约而言的。何谓重要条约国际法并无界定,缔约方有权在条约中约定本条约是签署生效还是批准生效。一般认为,规定政治关系、划界事宜的双边条约,多边条约中的造法性条约和建立国际组织的条约,都属于需要批准的重要条约,因为它们涉及国家重大利益。

在双边条约中,缔约方一般在互换批准书之后,即受条约的约束。在多边条约中,缔约方在交存批准书之后,还要看条约是否满足其他生效条件,例如是否有足够数量的批准书,在条约满足了各项生效条件后,缔约方即受条约的约束。国际法上的批准,关键是看有无互换或交存批准书,与国内哪个机关来批准条约无关。

4. 加入

国际法上还有一种国家同意接受条约约束的方式,这就是加入。加入是针对多边条约而言的,双边条约不涉及加入问题。加入是指未在多边条约上签字的国家,在条约签署或生效后参加该条约并受其约束的法律行为。国家不仅可以加入一个已经生效的条约,也可以加入一个已经签署但尚未生效的条约。由于多边条约通常要求一定数量的国家批准后才能生效,加入甚至可以和批准一道,构成条约生效的条件。在这个意义上,加入相当于批准。加入一直是我国参加国际条约的重要方式。改革开放之前,我国很少参与多边条约的缔结过程,而恰恰在这段时期,不少重要的多边条约都已生效。从国家利益出发,我国陆续加入了这些条约,例如,1961年《维也纳外交关系公约》,1963年《维也纳领事关系公约》,1969年《维也纳条约法公约》。加入程序对于我国有着特殊的意义。

5. 接受和核准

在多边条约的缔结方面,国际法上还有接受和核准两个概念。缔约国在签署多边条约以后,除了用批准的方式,还可以用接受或者核准的方式来承受条约的约束。接受或核准属于简易的缔约程序,一般由缔约国行政机关为之,主要是为了缔约方便。它们与批准的区别在于,后者通常是缔约国立法机关的行为。核准的概念也适用于双边条约,也就是说,双边条约在签署后可以通过核准最终对缔约国发生约束力。

6. 保留

关于多边条约的缔结,国际法上还有一个特殊程序,这就是保留。保留是缔约国单方面的行为,在条约允许保留的范围内,缔约国可分别在签署、批准、加入、接受、核准等缔约过程中提出保留。保留一般采用两种形式:第一,缔约国在签署条约或交存批准书、加入书、接受书或核准书时单独发表一个声明,对条约的某个条款提出保留。第二,缔约国在交存的批准书、加入书、接受书或核准书中载明保留事项。例如,我国 1975 年 11 月加入了 1961 年《维也纳外交关系公约》,我国政府在交存加入书的同时发表声明,对该公约第 14 条、第 16 条以及第 37 条第 2 款、第 3 款、第 4 款持有保留。又如,我国于 1981 年 9 月签署了《联合国国际货物销售合同公约》,1986 年 12 月我国政府交存了核准书,核准书中载明,中国不受公约第 1 条第 1 款(b)项、第 11 条及与第 11 条内容有关的规定的约束。

保留可以有两个法律效果:一是排除条约的某个规定对保留国的适用;二是更改通常是缩小条约的某一规定对保留国的适用范围。显然,保留能够减少保留国的条约义务。对于国内立法机关而言,保留是值得重视的问题,因为保留可以在批准、加入的过程中作出。

保留是维护缔约国权利的重要手段,因此,我国在缔约实践中较多地运用了保留制度。总的来讲,我国对参加的多边条约所含的有关国际法院解决争端的条款,一律用保留的方式排除对我国的适用,任何国家均不能援引此等条款到国际法院起诉我国,当然,我国也不能起诉他国,因为保留具有对等性。

三、国际条约的遵守和适用

(一)"条约必须遵守"

国家完成国际法和国内法要求的缔约过程或程序之后,就面临遵守条约的问题。遵守条约是制定条约的自然结果,诚信是缔约的内在要求。正因为如此,国际法将"条约必须遵守"确立为一项基本原则。

遵守条约对于维护国际法律秩序,开展国际交往与合作,确保本国的利益,都有重要的意义。不仅如此,遵守条约也可以避免国际责任的发生。在国际法上,遵守条约是缔约国的国际义务,因此,违约是要承担国际责任的,如损害赔偿、恢复原状和赔礼道歉等。国际法的强制力主要依靠国家的自助行为,条约一方违约,他方可以采取相应的对抗措施。为了避免国际责任和对抗措施的发生,缔约国也需要遵守条约。

(二)国际条约的适用范围

1. 条约的时间效力

从时间上讲,条约一般自生效之日起对缔约方发生效力,或适用于缔约方,这种适用的效果一直持续到条约失效。所以,条约有一个适用的时间范围。条约适用的时间有一个原则,这就是条约不溯及既往,也就是说,条约对缔约方参加该条约之前所发生的任何行为或事实均不适用。

条约一般会规定有效期,在这个期限内条约对缔约方适用。双边条约的有效期长短不一,短的 1 年,长则 20 年,条约到期时如果缔约方同意还可延期。但多边条约或国际公约,常常不规定期限,也就是说,除非有同等性质的条约替代,它们将无限期地有效。

2. 条约的空间效力

条约的适用还有一个空间范围问题。除非条约本身另有规定或缔约方另有协议,条约适用于缔约方的全部领土。但我国有例外情况。根据《香港特别行政区基本法》的规定,中华人民共和国缔结的国际协议,中央人民政府可根据香港特别行政区的情况和需要,在征询特别行政区政府的意见后,决定是否适用于香港特别行政区;中华人民共和国尚未参加但已适用于香港特别行政区的国际协议仍可继续适用;中央人民政府根据需要授权或协助香港特别行政区作出适当安排,使其他有关国际协议适用于香港特别行政区。1997年香港回归前夕,中国政府明确了127项中国已经参加的多边条约将适用于香港特别行政区,并明确了87项中国尚未参加但已经适用于香港特别行政区的多边条约将继续适用于香港特别行政区。中国政府还照会条约保存机关,为上述条约适用于香港特别行政区对外承担责任。《澳门特别行政区基本法》也有类似的规定和实践。

(三)国际条约的适用方式

条约的适用有一个重要方面,这就是缔约国在国内如何适用或履行条约的问题。现代条约越来越多地涉及传统的国内事项,如个人的权利、经济事务等,关于这些事项的条约,需要缔约国采取措施才能实施。这就发生条约在缔约国适用的问题。

从国际法来看,缔约国如何在国内适用条约原则上是其自由决定的事情,国际法通常只管条约义务是否得到履行,而不问缔约国是如何履行的。现代国家一般都是通过本国法律对条约的国内适用加以规范的。这一实践起源于英、美宪法。英国不成文宪法很早就形成了"(习惯)国际法是本国法一部分"的原则。美国宪法则规定,条约是美国联邦的最高法律,效力优于州法。英、美宪法开创了由本国法来规范国际法及条约在国内适用的先例。

由于国内法在国内具有最高性,条约要在国内适用,首先需要将其纳入国内法体系。这是公认的条约在国内适用的前提。条约纳入国内法的方式有两种:一种是国家在法律上接纳条约为本国法的一部分,在这种情况下,条约就可以自动、长久地在国内适用;另一种是国家通过实施性法律使条约在国内适用,也就是说,条约在国内适用以国家制定通过实施性法律为前提,没有此等法律,条约是不能在国内适用的。这两种方式被分别称为"直接适用"和"间接适用"(或"转化适用")的方式。

然而,绝对的直接适用是没有的。荷兰属于典型的直接适用的国家,条约不仅在荷兰具有直接的效力,而且具有优于一般法律甚至宪法的效力。但即便如此,荷兰法院也有拒绝直接适用条约规定的先例。美国宪法承认条约为美国法律的一部分并且优于州法,但美国联邦最高法院发展了"非自执行条约"的概念,非自执行条约在美国法院是不可以直接适用的,它需要国会立法予以转化。绝对的间接适用也不存在。由于缔约权和立法权分离,英国是极端的转化适用的国家。英国法院有句名言:"我们不考虑条约,除非它们包含在议会的立法中。"但是,条约在英国法院也存在直接适用的例外情形。[14] 这意味着在国家实践中,除直接适用和间接适用外,还存在着第三种条约适用的方式,即兼采直接和间接适用的方式,也称"混合制"。混合制应当是各国更为普遍采用的适用条约的方式。但是,同为混合制的国家,其直接适用与间接适用的比例可能大不相同,因为哪些条约可以直接适用,哪些需要间接适用,都是由国家自行决定的,而且各国判断直接或间接适用的标准也不尽相同。

国内法如果允许条约在国内直接适用,又会带来条约与国内法冲突时谁优先适用的问题。各国的实践表明,在这个问题上存在的原则有协调的原则、后法优于前法原则、上位法优于下

---

[14] Malcolm Shaw, *International Law*, 8th edition, Cambridge University Press, 2017.

位法的原则以及条约优先原则。美国历史上曾经采用过协调的原则,法院遇到条约与国内法抵触时假定国会没有违反国际义务的意思,依此调和两者的冲突。但美国现在遵循后法优于前法的原则,并将宪法视为国家机关必须遵守的最高法律,即条约与宪法冲突时,宪法优先适用。法国奉行条约优先原则,但以互惠为条件。在荷兰,条约的效力优于法律甚至宪法。

第七节 外交和领事关系法

外交和领事关系法是历史比较悠久的国际法分支之一。由于其多数原则和规则都是在国家实践中形成的,因此外交和领事关系法的大部分渊源都是国际习惯。

一、外交关系和领事关系的概念和性质

外交关系有广义和狭义之分。广义的外交关系,是指国家之间通过国家对外关系机关在国际上进行的各种官方的双边和多边关系,包括国家元首和政府首脑的相互访问、参加国际组织和国际会议、谈判、缔约等;狭义的外交关系,是指国家之间通过协议相互在对方的首都通过建立使馆并派遣常驻使节而形成的官方双边关系。本节所讨论的外交关系法主要涉及后者。与多边外交不同,双边外交关系的建立需要得到两个国家的同意,并以平等和互惠为基础。对等是国与国之间外交关系的重要特征。1961年《维也纳外交关系公约》第2条规定:"国与国间外交关系及常设使馆之建立,以协议为之。"

领事关系,是指国与国之间根据相互间的协议通过在对方设立领事馆并派遣执行领事职务的常驻官员而形成的官方双边关系。与外交关系相同,国家之间的领事关系也需要得到两个国家的同意。1963年《维也纳领事关系公约》第2条第1款规定:"国与国间领事关系之建立,以协议为之。"

外交关系与领事关系有着密切的联系。二者的共同点在于,都是国家之间的双边官方关系,外交关系与领事关系建立均以相关国家的协议为基础。二者的不同之处在于,外交关系是国与国之间包括政治、经济、文化等全面的关系;领事关系则是主要涉及国与国间限于领事辖区内商业、贸易以及与本国侨民相关的权利和利益的保护等具体事项方面的关系。二者的联系则体现在,一般情况下两国之间建立外交关系就意味着同时建立领事关系,个别情况下,不需要在建立外交关系之后再单独协商建立领事关系。1963年《维也纳领事关系公约》第2条第2款规定:"除另有声明外,两国同意建立外交关系亦即谓同意建立领事关系。"

二、外交关系法和领事关系法的概念

外交关系法,主要是指调整国家之间外交关系的国际法原则、规则和制度,涉及外交代表的派遣和接受、外交使节的职务、接受国的义务、使馆和外交代表的特权和豁免等问题。领事关系法,是指调整国家之间领事关系的国际法原则、规则和制度,涉及领事馆及其职务、领事的特权和豁免等问题。由于外交和领事关系法是在国家之间的外交和领事关系的实践中形成的,因此它与外交和领事关系具有相同的特点,即平等和互惠,确切地说,对等性也是外交和领事关系法的重要特征。

此外,虽然国际组织或国际机构与国家的相互关系不属于严格意义上的外交关系,但是国际组织的机构及其代表在相关国家的地位、特权和豁免也在某种程度上构成外交关系法的一部分。不过,这部分内容在性质上与严格意义上的外交关系法有着明显的不同,即不具有外交关系法的对等性。

随着国际关系和国际法的发展,关于外交和领事关系的习惯国际法规则均已在第二次世界大战之后编纂为系统的成文法,除上述两个主要的国际公约外,还有 1969 年《特别使团公约》和 1973 年《关于防止和惩处侵害应受国际保护人员包括外交代表的罪行的公约》。此外还有关于国际组织与国家之间关系的一些国际公约,例如,1946 年《联合国特权与豁免公约》、1947 年《联合国专门机构特权与豁免公约》和 1975 年《维也纳关于国家在其对普遍性国际组织关系上的代表权公约》。

三、外交特权和豁免

(一)外交特权

有关外交特权的理论依据主要有如下几种:

1. 治外法权说(exterritorial theory)。该说在历史上是外交特权和豁免的主要理论依据。治外法权的观念首先由格劳秀斯作为虚拟说法而提出并形成一种学说。后来治外法权说几乎得到所有国际法学家的接受。该说认为,既然外交使节是代表派遣国的,那么他们在接受国领土上就被视为在派遣国自己的领土上一样,不受接受国民法的拘束。这种适用于 17 世纪的学说在 20 世纪彻底被摒弃。

2. 代表说(representative character)。外交代表之所以在接受国享有一定的特权和豁免,是因为他们是派遣国的代表。一旦他们的代表职务终止,特权和豁免也随之停止了。这是持代表说的人对外交特权和豁免理论根据的解释。但是在实践中,没有外交职衔的外交代表家属和使馆人员也享有豁免,代表说在这方面似乎没有足够的说服力。

3. 职务需要说(functional necessity theory)。该说认为,外交代表之所以享有特权和豁免是因为执行其职务所必需。如果把他们作为一般的外国人同样对待,外交工作就会由于各种干扰而不能顺利进行。这种学说更接近于当代国际关系的实践并因此被 1961 年《维也纳外交关系公约》所接受。其实职务说也不是完全令人满意的理论,因为外交代表的某些不代表国家的非公务行为也享有豁免。但是与代表说相比,职务说得到更加广泛的接受。可以肯定地说,区分外交代表公务和私人行为并不给后者以豁免的理论就是以职务说为基础的。

(二)外交代表的特权和豁免

外交代表,是指包括使馆馆长和其他具有外交职衔的外交人员在内的所有使馆职员。有人试图在外交代表的"特权"与"豁免"之间加以严格区分,实际上由于人们对这两个概念的不同理解,将两者合二为一是比较常见的做法。外交代表的特权和豁免主要包括人身不可侵犯、寓所和财产不可侵犯、管辖豁免、作证义务豁免、免纳一切捐税等。

四、特权和豁免的开始和终止

1961 年《维也纳外交关系公约》第 39 条规定,享有外交特权和豁免的人,从其进入接受国国境前往就任之时开始享有其特权和豁免;如果在就任前已经在接受国境内,则在其委派通知到达接受国外交部门之时开始。

享有外交特权和豁免的人,如果其职务因到期或被召回等其他原因而终止,特权和豁免一般于其离境之时或听任其离境的时间终了之时而终止。即使两个国家断交或发生武装冲突,也没有例外。但是,他们以使馆人员的资格执行职务的行为,豁免应该始终有效。这就意味着,在他们失去了使馆人员资格以后的任何时候,接受国都不能对他们过去以使馆人员的资格执行公务的行为行使管辖权。

此外,在使馆人员死亡后,家属应该继续享有作为家属应该享有的特权和豁免,直到听任其离境的合理期间终止。

第八节　战争和武装冲突法

战争与武装冲突法作为国际公法学的一个分支,是由一系列国际公约、决议、宣言和协定组成的,具体又可划分为"日内瓦公约体系"和"海牙公约体系"两个部分。在这些公约或议定书里,1949年日内瓦四公约及其1977年两个附加议定书和2007年第三附加议定书是战争与武装冲突法的主要法律文书,或者说,"日内瓦公约体系"是战争与武装冲突法最核心、最精髓的部分。[15]

作为反映战争法之核心内容的1949年日内瓦四公约及其议定书主要适用于有关缔约国之间爆发的战争,也可适用于有关缔约国之间发生的国际性武装冲突,还可适用于一个缔约国领土内的国内武装冲突,而且,鉴于目前国家之间很少爆发严格意义上的战争,大部分都是没有达到战争规模的(国内或国际性)武装冲突,所以相应地,我们日益倾向于使用"武装冲突法"(Law of Armed Conflict)这一说法,而很少再使用"战争法"(Law of War)这一说法。不过,鉴于现有的战争法规则主要调整国家之间爆发的战争行为,基于习惯和方便的考虑,我们全面地将其表述为"战争与武装冲突法"。

一、战争的概念

战争法,是指调整交战各方之间、交战各方与中立国及其他非交战国之间的关系,规范交战行为以及保护平民、伤病员与战俘和有关战争责任的原则、规则和制度的总称。在除内战外的情况下,战争法也被视为国际公法(万国法)的一部分。战争法可分为两大类:战时法,关于战争中可接受行为的法律;诉诸战争权,关于使用武力的可接受理由的法律。根据上述定义,国际法上的战争包括三个基本要素:

首先,战争主要发生在敌对国家之间。战争的这一要素关系战争法的主体和法律的适用问题。战争一旦在国家之间开始,作为战争的主体,它们之间的关系中就开始适用战争法。传统国际法上的内战,只有在反政府一方被该国政府或他国政府承认为交战团体时,才开始取得国际法上的地位从而开始适用相应的战争法规。然而,1949年日内瓦四公约的共同第3条为非国际武装冲突规定了必须遵守的最低限度的规则,并为此专门于1977年制定了这四个公约的附加议定书。此外,为实现自决权而进行的反抗殖民主义和种族主义统治的武装斗争被视

---

[15] 王铁崖主编:《国际法》,法律出版社1981年版。

为国际武装冲突,同样适用战争法。

其次,战争是具有相当规模和范围并持续一定期间的武装冲突。战争的这一要素关系到战争开始后的法律后果。战争一旦爆发,战争法立即开始适用,敌对国、交战国、战时中立国等不同国家之间的关系受到不同法律规则的调整。因此有必要区别构成战争规模的武装冲突和不构成战争的地方性的、短暂的、小规模武装摩擦或边界交火。

最后,战争是一种法律状态。战争不仅是大规模武装冲突的事实,还是一种法律状态。战争一经开始,交战国之间在它们的关系上就进入了一种不同于平时的法律状态,而且这种法律状态并不因武装冲突的停止而结束。换言之,"可能会有没有实际战斗的战争,也可能有不是战争的战斗"。是否存在战争状态要视交战国的意向以及第三国的态度而定。在国家之间发生了武装冲突,甚至是大规模且相对持久的武装冲突之后,如果一方面,交战国自己没有进入战争状态的意图,例如,外交关系没有断绝;另一方面,第三国没有表示关于参加战争或保持中立的态度,则很难说存在战争状态。总之,由于战争状态是大规模武装冲突引起的,因此它与武装冲突有着密切联系。但是,战争状态是国家之间关系的一种不正常的法律状态。战争状态与武装冲突可以分别独立存在。[16]

二、战争和武装冲突法的主要内容

战争和武装冲突法可分为两个部分:第一部分是关于战争或武装冲突的开始和结束以及在此期间交战国之间、交战国与中立国或非交战国之间法律关系的原则、规则和规章制度;第二部分是关于作战规则,即关于武器、其他作战手段和作战方法以及保护平民、交战人员和战争受难者的原则、规则和规章制度。[17]

第一部分内容的适用,对于具有法律上战争状态与不具有法律上战争状态的武装冲突是有区别的。第二次世界大战以来,许多重大国际武装冲突,除两伊战争和海湾战争经过宣战外,都是不宣而战,没有法律上的战争状态的存在,因而也不适用传统意义上的缔结和约和中立等制度。第二部分内容,即作战规则,不但在经过宣战、存在法律上战争状态的战争中适用,而且在一切国际性,甚至非国际性武装冲突中适用。作战规则在国际实践和西方国际法著作中常被称为"国际人道主义法"。它也包括两部分内容:一部分内容是关于作战手段和方法的条约和惯例;另一部分是关于保护平民和战争受难者的条约和惯例。这两部分内容既有差别,又有联系,有的条约也把这两部分内容规定在一个条约中,例如1977年关于1949年8月12日日内瓦公约的两项附加议定书就包括了这两个方面的内容。

主要参考文献

1. 王铁崖:《国际法引论》,北京大学出版社1998年版。
2. 赵理海:《国际法基本理论》,北京大学出版社1990年版。

---

[16] Friedmann: *The Laws of War — A Documentary History*, Random House, 1972, p. 356.
[17] Danesh Sarooshi, *The United Nations and the Development of Collective Security: The Delegation by the UN Security Council of its Chapter VII Powers*, Oxford University Press, 1999, p. 45–46.

3. 赵维田:《国际航空法》,社会科学文献出版社2000年版。
4. 贾兵兵:《国际公法:和平时期的解释与适用》,清华大学出版社2015年版。
5. 张乃根:《条约解释的国际法》(上下卷),上海人民出版社2019年版。
6. 李浩培:《条约法概论》,法律出版社2003年版。
7. 张文彬:《论私法对国际法的影响》,法律出版社2001年版。
8. 王瀚:《国际航空运输责任法》,法律出版社2012年版。
9. [英]马尔科姆·N. 肖:《国际法》(第6版),白桂梅、高健军、朱利江等译,北京大学出版社2011年版。
10. [美]理查德·塔克:《战争与和平的权利:从格劳秀斯到康德的政治思想与国际秩序》,罗炯等译,译林出版社2009年版。
11. [日]栗林忠男:《航空犯罪与国际法》,袁晓利译,法律出版社1988年版。
12. [埃及]布特罗斯·加利:《非洲边界争端》,仓友衡译,商务印书馆1979年版。
13. [英]詹宁斯、瓦茨修订:《奥本海国际法》(第1卷第1分册),王铁崖等译,中国大百科全书出版社1995年版。
14. [英]安德鲁·克拉彭:《布莱尔利国际公法:国际法在国际关系中的作用》,朱利江译,中国政法大学出版社2018年版。
15. [澳]辛普森:《大国与法外国家:国际法律秩序中不平等的主权》,朱利江译,北京大学出版社2008年版。
16. [英]罗伯特·詹宁斯:《国际法上的领土取得》,孔令杰译,商务印书馆2018年版。
17. [英]伊恩·布朗利:《国际公法原理》(第5版),曾令良、余敏友译,法律出版社2003年版。
18. Berenc J. H. Crans, Peter van Fenema et al. (eds.), *Air & Space Law Online*, Kluwer Law International, 2010.
19. Dan Sarooshi, *International Organizations and Their Exercise of Sovereign Powers*, Oxford University Press, 2005.
20. Malcom N. Shaw, *International Law*, 7th Edition, Cambridge University Press, 2014, Chapter 4.
21. James Crawford, *Brownlie's Principles of Public International Law*, 8th edition, Oxford University Press, 2012.
22. Marcelo G. Kohen eds., *Territoriality and International Law*, Edwards Edgar, 2016.
23. R. St. J. Macdonald & D. M. Johnston (eds.), *The Structure and Process of International Law*, Martinus Nijhoff Publishers, 1983.
24. R. St. J. Macdonald & D. M. Johnston (eds.), *Towards World Constitutionalism: Issues in the Legal Ordering of the World Community*, Martinus Nijhoff Publishers, 2005.
25. Arthur Nussbaum, *A Concise History of the Law of Natio ns*, New York, the Nacmilian Company, 1950.
26. Hilary Charlesworth & Christine Chinkin, *The Boundaries of International Law: A Feminist Analysis*, Manchester University Press, 2000.
27. Martti Koskenniemi, *From Apology to Utopia: The Structure of International Legal Argument*, Reissue with a New Epilogue, Cambridge University Press, 2005.
28. Sari Kouvo & Zoe Pearson (ed.), *Feminist Perspectives on Contemporary International Law*:

between Resistance and Compliance?, Hart Publishing, Oxford, 2014.
29. Antoio Cassese (ed.), *Realizing Utopia: The future of International Law*, Oxford University Press, 2012.
30. Friedmann, *The Laws of War — A Documentary History*, Random House, New York, 1972.
31. Chindler & J. Toman, *The Laws of Armed Conflicts — A Collection of Conventions, Resolu – tions and Other Documents*, Netherlands, Sijthoff, 1981.
32. Oliver Corten, *The Law Against War: The Prohibition on the Use of Force in Contemporary International Law*, Hart Publishing, 2012.
33. Danesh Sarooshi, *The United Nations and the Development of Collective Security: The Delegation by the UN Security Council of its Chapter Ⅶ Powers*, Oxford University Press, 1999.

第十二章　国际私法与国际经济法

| 内容概要 |

本章分别介绍了国际私法、国际经济法两大法律部门。国际私法的主要内容包括基本概念、原则和法律渊源，冲突规范的一般制度与准据法的确定，以及国际民商事争议解决方式等，着重阐述典型涉外民商事关系的管辖、法律选择与适用，以及相关法院判决、仲裁裁决的承认与执行问题，便利读者深入学习和思考高水平对外开放背景下，我国规范涉外私法关系、建构私法领域对外开放秩序的基本法律。

国际经济法部分涵盖国际贸易法、国际投资法等经贸法律领域，主要介绍有关国际货物买卖法及国际贸易管理法律制度、国际投资法律制度等内容，着重阐述国际货物买卖的法律制度，世界贸易组织关于国际贸易管理的法律制度，以及外国投资的待遇标准、我国国际投资法律制度等。

第一节　国际私法概述

一、国际私法的概念与特征

国际私法（International Private Law）是一门实践性很强的综合性学科，是以直接调整方法和间接调整方法相结合来调整涉外民商事法律关系并解决涉外民商事法律冲突的法律部门。此定义涵盖了国际私法的三个核心内容：一是国际私法的调整对象是涉外民商事关系，或国际民商事关系；二是国际私法解决的是国际法律冲突；三是国际私法的调整方法包括直接调整方法和间接调整方法。

由于各国法律文化、传统和制度的差异，国际私法没有固定的内容和体系。关于国际私法的范围，有三种不同的主张与观点：（1）持"大国际私法"观点的学者认为，国际私法是指以涉外民事关系为调整对象，并以解决法律冲突为中心任务，以冲突规范为最基本规范，同时包括规定外国人民事法律地位的规范，避免或消除法律冲突的实体规范，以及国际民事诉讼与仲裁程序规范在内的一个独立的法律部门。（2）持"中国际私法"观点的学者认为，国际私法以涉外民事关系为调整对象，其范围包括冲突规范，以及规定外国人民事法律地位的规范、国际民事诉讼与仲裁程序规范。本章在介绍国际私法的有关内容时，以此观点为标准。（3）持"小国际私法"观点的学者认为国际私法就是冲突法，国际私法是调整不同国家私法之间冲突的规范的总和。

国际私法具有如下特征：

1.国际私法的调整对象是含有涉外因素的民事关系。国际私法所调整的涉外民事关系,是一种广义的民事关系,即除了涉外物权关系、知识产权关系、债权关系、继承关系,还包括涉外婚姻家庭关系、涉外劳动关系以及涉外商事关系。

根据最高人民法院《关于适用〈中华人民共和国涉外民事关系法律适用法〉若干问题的解释(一)》(以下简称《涉外民事法律适用法解释(一)》)第1条,民事关系具有下列情形之一的,人民法院可以认定为涉外民事关系:(1)当事人一方或双方是外国公民、外国法人或者其他组织、无国籍人;(2)当事人一方或双方的经常居所地在中华人民共和国领域外;(3)标的物在中华人民共和国领域外;(4)产生、变更或者消灭民事关系的法律事实发生在中华人民共和国领域外;(5)可以认定为涉外民事关系的其他情形。关于"涉外"因素的典型案例可参见北京朝来新生体育休闲有限公司申请承认和执行外国仲裁裁决案、西门子国际贸易(上海)有限公司诉上海黄金置地(上海)有限公司申请承认和执行外国仲裁裁决案、上海连尚网络科技有限公司与上海亿起联科技有限公司申请撤销仲裁裁决案等。

2.国际私法的中心任务是解决因不同国家或法域的民事法律规定不同而在涉外民事关系中所发生的法律冲突。这种法律冲突主要表现在内容、效力、思维方式和法律秩序上的差异。

3.国际私法在解决各国民商事法律冲突时,采取直接调整和间接调整的方法。直接调整方法是指直接适用国际私法领域的统一实体规范(包括国际公约和国际惯例)来调整国际民商事法律关系当事人之间权利义务的方法。间接调整方法是指冲突法方法,即在解决涉外民商事关系的法律适用冲突问题时,通过冲突规范的指引,来确定涉外民商事关系的法律适用,进而调整该涉外民商事关系当事人之间的权利义务,而非直接规定当事人的实体权利义务。

二、国际私法的基本原则

国际私法的基本原则是指制定和实施国际私法规范进行涉外民事活动和处理涉外民事法律纠纷必须遵循的原则。国际私法的具体规范和制定必须受国际私法基本原则的指导和制约。国际私法的基本原则主要有以下几项:

1.尊重国家主权原则。这是当代国际私法基本原则的核心,是处理一切涉外民事法律关系时必须遵循的原则。它主要体现在下述几个方面:外国人必须尊重所在国家的主权和独立,遵守所在国家的社会经济制度和法律制度;国家及其财产在外国享有豁免权;外国法的适用不得损害本国的主权,不得与本国公共秩序相抵触;一国有权决定在该国起诉的国际民事诉讼案件的受理与不受理等。

2.平等互利原则。根据平等互利原则,国家在相互赋予对方公民以民事权利,相互适用对方法律、司法互助以及相互承认和执行法院判决和仲裁裁决等方面,都有权要求对等或互惠。同时,平等互利原则也要求在法律上和经济上实行不歧视待遇。尊重国家主权和平等互利两项原则是相辅相成、相互联系的,并且贯穿于国际私法各项制度之中。

3.国际协调与合作原则。第二次世界大战后,广大发展中国家的经济贸易条件并没有随着它们政治地位的改变而得到明显改善,它们过去长期遭受帝国主义和殖民主义的统治和掠夺,现在又继续受不公正、不平等的国际贸易条件的束缚。因此,国际私法的各项具体制度,都应该为建立国际经济新秩序服务,争取在广大发展中国家与发达国家之间发展新型的平等合作关系。

4.保护当事人合法权益原则。国际私法的根本目的就是保护涉外民事法律关系中当事人的一切合法权益,它的整个制度就是为此目的而建立和发展起来的。国际私法法律适用中的一些原则和制度很好地体现了保护当事人合法权益原则,如保护弱方当事人利益原则、意思自治原则、最密切联系原则等。

三、国际私法的法律渊源

国际私法的法律渊源是指用以表现国际私法规范的各种具体形式,由于国际私法调整的对象是具有涉外因素的民商法律关系,其法律渊源既包含了国内立法、国内判例,也囊括了国际条约、国际惯例。

(一)国内立法

这是国际私法规范首要的表现形式,是国际私法最主要的渊源。国际私法的各种国内法律规范涉及冲突法、实体法和程序法。相应地,冲突规范、外国人民事法律地位规范、调整国际民商事法律关系国内专用实体法规范、国际民事诉讼程序规范以及国际商事仲裁程序规范,基本上组成了各国国际私法的国内立法。

中国国际私法的国内立法属于分散式立法,是以专章、专篇系统规定国际私法规范为主,以有关单行法中列入相应国际私法规范为辅的立法模式。最主要的法律包括《涉外民事关系法律适用法》《民法典》《民事诉讼法》《仲裁法》《票据法》《民用航空法》《海商法》等。长期以来,中国国际私法学界致力于推动中国国际私法法典化的立法进程。民法典的编纂为中国国际私法的法典化发展提供了难得的历史性机遇,未来可以努力实现体系完整、结构严谨、门类齐全、和谐协调、形式科学、协调发展的国际私法规范编纂工作的立法目标。[1]

(二)国内判例

在英美法系国家,法律渊源以判例法为主。判例法对相关司法实践有法律约束力,属于主要的国际私法渊源。在大陆法系国家,虽然法律渊源以制定法为主,但由于成文的国际私法立法数量有限,可能在某些情况下不足以适应司法实践的需要,因而也将国内判例作为国际私法的辅助性渊源。

中国对于国内判例是否属于国际私法的法律渊源存在争议。理论界一般认为国内判例不是中国国际私法的渊源。实务界普遍认可判例的指导作用,尤其是《最高人民法院公报》上刊载的国际私法案例,有利于统一法律适用标准。2024年《最高人民法院工作报告》指出,最高人民法院创建"人民法院案例库",经最高人民法院审核入库的案例,法官办案必须予以参考;同时向社会开放,供当事人诉讼、律师办案、学者科研、群众学法使用。

(三)国际条约

国际条约作为国际私法的渊源,必须是主权国家在平等互利的基础上相互协商达成的协议。无论是多边的还是双边的国际条约,只有对依法定程序参加的当事国才具有约束力。根据"条约必须信守"这一古老的国际法原则,缔约国国内法与其缔结的国际条约发生冲突时,应当以国际条约为准,除非该国在签署条约时作出了保留。

国际私法领域的国际条约众多,我国也高度重视国际条约在涉外民商事审判实践中的适用。2023年12月5日,最高人民法院审判委员会第1908次会议通过了《关于审理涉外民商事

---

[1] 丁伟:《后〈民法典〉时代中国国际私法的优化》,载《政法论坛》2020年第5期。

案件适用国际条约和国际惯例若干问题的解释》,自 2024 年 1 月 1 日起施行。该司法解释第 1 条规定,"人民法院审理《中华人民共和国海商法》《中华人民共和国票据法》《中华人民共和国民用航空法》《中华人民共和国海上交通安全法》调整的涉外民商事案件,涉及适用国际条约的,分别按照《中华人民共和国海商法》第二百六十八条、《中华人民共和国票据法》第九十五条、《中华人民共和国民用航空法》第一百八十四条、《中华人民共和国海上交通安全法》第一百二十一条的规定予以适用。人民法院审理上述法律调整范围之外的其他涉外民商事案件,涉及适用国际条约的,参照上述法律的规定。国际条约与中华人民共和国法律有不同规定的,适用国际条约的规定,但中华人民共和国声明保留的条款除外"。

(四)国际惯例

国际私法中的国际惯例,主要是国际贸易惯例。它要发生法律效力必须具备两个条件:具有确定的内容,在长期的实践中连续有效;经当事国或当事人明示或默示承认。

我国主张国际条约优先和国际惯例补缺原则。最高人民法院《关于审理涉外民商事案件适用国际条约和国际惯例若干问题的解释》第 6 条明确,中华人民共和国法律和中华人民共和国缔结或者参加的国际条约没有规定的,人民法院可以适用国际惯例。当事人仅以未明示选择为由主张排除适用国际惯例的,人民法院不予支持。

第二节 冲突规范与准据法

一、冲突规范

(一)概念与结构

1. 冲突规范的概念

冲突规范(conflict rules)又称为法律适用规范(rules of application of law)或法律选择规范(choice of law rules),是由国内法或国际条约规定的,指明某一涉外民商事法律关系应适用何种法律的规范。

与一般的法律规范相比,冲突规范具有如下特征:(1)冲突规范是法律适用规范,并不直接规定当事人的权利与义务;(2)冲突规范是法律选择规范,指导一国法院如何选择和适用法律;(3)冲突规范是一种间接规范,缺乏实体规范那样的明确性和预见性,只有与其所指引的某实体规范相结合,才能最终确定当事人的权利与义务;(4)冲突规范的结构不同于一般法律规范那样分为假定、处理和制裁三个要素,而是由范围和系属两部分组成,没有明确规定法律后果,也没有将规范适用的条件与行为模式明确分开。

2. 冲突规范的结构

冲突规范是由范围和系属两部分组成。范围(category),又称为连结对象,是指冲突规范所要调整的民商事法律关系或所要解决的法律问题,通过冲突规范的"范围"可以判断该规范用于解决哪一类民商事法律关系。系属(attribution),是明确冲突规范中"范围"所应适用的法律,它明确法院在处理某一具体涉外民商事法律问题时应如何适用法律,或允许法院在冲突规范规定的范围内选择应适用的法律,其语言结构常表现为"……适用……法律"或"……依……法律"。例如,在"侵权行为的损害赔偿,适用侵权行为地法律"这条冲突规范中,"侵权行为的损害赔偿"是范围,"适用侵权行为地法律"是系属。

(二) 冲突规范的类型

根据冲突规范中的系属的不同规定方式,冲突规范可以分为单边冲突规范、双边冲突规范、重叠适用的冲突规范和选择适用的冲突规范。

单边冲突规范,是指直接规定适用某国法律的冲突规范,它既可以明确规定适用内国法,也可以明确规定适用外国法。

双边冲突规范,是指其系属并不直接规定适用内国法或外国法,而只规定一个可推定的系属,再根据该系属,结合具体情况去寻找应适用某一法律的冲突规定。例如,《涉外民事法律适用法》第36条规定:"不动产物权,适用不动产所在地法律。"这里的"不动产所在地法律"既可能是中国法律,也可能是外国法律,必须要根据具体案件中不动产的具体所在地而判定。

重叠适用的冲突规范,是指其系属中有两个或两个以上的连结点,并且适用两个以上连结点同时指向的某一涉外民商事法律关系准据法的冲突规范。例如,《涉外民事法律适用法》第28条规定:"收养的条件和手续,适用收养人和被收养人经常居所地法律……"这对收养条件和手续作出了严苛的法律适用规定。在大多数情况下,重叠适用的冲突规范被立法者用以维护法院地的公共秩序。

选择适用的冲突规范,是指其系属中有两个或两个以上连结点,但只选择其中一个连结点指向的涉外民商事法律关系的准据法的冲突规范。根据选择的方式不同,选择适用的冲突规范又可以分为有条件选择适用的冲突规范和无条件选择适用的冲突规范。例如,《涉外民事法律适用法》第29条规定:"扶养,适用一方当事人经常居所地法律、国籍国法律或者主要财产所在地法律中有利于保护被扶养人权益的法律",法律选择的条件被规定为"有利于被抚养人权益",属于有条件选择适用的冲突规范。

(三) 连结点

在冲突规范的系属中,有一个很重要的部分,即连结点(point of contact),又称连结因素(connecting factor),它是确定涉外民商事法律关系应当适用何种法律的根据。例如,在"侵权行为的损害赔偿,适用侵权行为地法律"这条冲突规范中,"适用侵权行为地法律"是系属,"侵权行为地"是连结点。

从长期的实践以及发展来看,国际私法上比较常见的一些连结点有:国籍、住所或居所、营业所、物之所在地、行为地、法院地、当事人的合意选择、与案件或民事关系有最密切联系的国家(或地区)等。像"当事人的合意选择"和"最密切联系地"等后来发展起来的连结点,与一些传统的连结点相比,更具有开放性和灵活性。这些灵活性强的连结点的出现,正如一些学者所言,是根据发展需要而对传统连结点进行"软化处理"的结果。

(四) 系属公式

系属公式(formula of attribution),就是把一些解决法律冲突的规则固定化,使它成为国际上公认的或为大多数国家所采用的处理原则,以便解决同类性质的法律关系的法律适用问题。不同的系属公式分别与不同的民事关系或法律问题相对应,因而又被称为冲突原则或适用原则。

常用的系属公式主要有:

1. 属人法。这是指以当事人的国籍、住所或经常居所为连结点的系属公式,主要用于解决有关人的能力、身份、婚姻家庭和财产继承等方面的法律冲突问题。属人法在传统上有两种不同的主要原则:(1)本国法原则,即以当事人的国籍作为属人法的连结点;(2)住所地法原则,即以当事人的住所地作为其属人法的连结点。采用本国法原则的多为大陆法系的国家,而采用住所地法原则的多为英美法系的国家。随着国际交往的发展,一些国家的立法以及国际条约开始把当事人的经常居所地或惯常居住地也作为其属人法的连结点。对于如何判断经常居所地,在我国国际私法中,《涉外民事法律适用法解释(一)》第13条规定,"自然人在涉外民事关系产生或者变更、终止时已经连续居住一年以上且作为其生活中心的地方,人民法院可以认定为涉外民事关系法律适用法规定的自然人的经常居所地,但就医、劳务派遣、公务等情形除外"。

2. 物之所在地法。这是指作为涉外民事关系的客体物在空间上所位于的国家的法律,常用于解决所有权与其他物权关系方面的法律冲突问题。以往,一般是把物之所在地法作为解决不动产物权的冲突原则,但后来许多国家也用它解决动产物权方面的一些法律冲突。

3. 行为地法。这是指作出某种民事法律行为时的所在地法律,它源于"场所支配行为"这一古老的习惯法原则,起初主要用于确定行为方式的有效性,后来也用来解决行为内容方面的法律冲突。由于民事法律行为多种多样,所以行为地法实际上可以分散为若干个系属公式,例如合同缔结地法、合同履行地法、侵权行为地法、婚姻缔结地法、遗嘱作成地法、无因管理行为地法、不当得利行为地法等。

4. 法院地法。这是指受理涉外民事案件的法院所在地的法律,主要用于解决涉外民事诉讼程序方面的问题,在某些场合下也用来解决实体法方面的法律冲突问题。

5. 旗国法。这是指悬挂或涂印在船舶或飞行器上的特定旗帜所属国家的法律,主要用于解决船舶在运输途中发生的一些法律纠纷中的法律冲突问题。

6. 当事人合意选择的法律。这是指双方当事人协商同意适用于涉外民事关系的法律,即"意思自治原则",基本上用于解决涉外合同的法律适用问题。

7. 最密切联系地法律。这是指与涉外民事法律关系有最密切联系的国家(或地区)的法律,在合同领域较多采用最密切联系地法律,一些国家还把最密切联系地法律用于侵权行为和家庭关系等方面。[2]

二、适用冲突规范的一般制度

(一)识别

识别(characterization)是指在适用冲突规范时,依据一定的法律观念,对有关的事实构成作出定性(qualification)或分类(classification),将其归入一定的法律范畴,并对有关的冲突规范进行解释(interpretation),从而确定应适用哪一冲突规范的法律认识过程。[3]

从本质上讲,识别作为一个法律认识过程,包括两个相互制约的方面:一方面,识别是对涉外民商事案件所涉及的事实或问题进行分类或定性,将其纳入特定的法律范畴。例如,是合同问题还是侵权问题,是结婚能力问题还是结婚形式问题等。另一方面,识别是对冲突规范本身进行识别,即对冲突规范所使用的名词术语进行解释,特别是对其"范围"的解释,也包括对"连结点"的解释。

---

[2] 周建海等:《国际公法、国际私法与国际经济法课堂笔记》,中国人民公安大学出版社2001年版,第218~221页。
[3] 李双元:《国际私法(冲突法篇)》(修订版),武汉大学出版社2001年版,第200~201页。

由于法院地国与其他有关国家的法律对冲突规范的范围中同一法律概念赋予不同的内涵,或者对同一法律事实作出不同的分类,故采用不同国家的法律观念进行识别就会导致适用不同的冲突规范和不同的准据法的结果。从各国的司法实践来看,常需要解决识别冲突的问题有:时效问题和举证责任问题是程序法问题还是实体法问题;违背婚约是合同不履行还是侵权行为;禁止配偶间互为赠与的规定是婚姻的一般效力问题,还是夫妻财产法或合同法上的问题;妻子的扶养请求权应适用夫妻财产法的规定还是夫妻身份法的规定;等等。对于法院来说,必须首先依据一定的标准解决识别冲突,才能正确地适用冲突规范。一般说来,各国法院普遍依法院地法进行识别。

2010年通过的《涉外民事关系法律适用法》是我国解决涉外民商事法律冲突的专门立法,用以指导我国法院在审理涉外民商事案件时正确选择和适用法律。该法由第十一届全国人民代表大会常务委员会第十七次会议于2010年10月28日通过,并自2011年4月1日起施行。根据该法第8条规定:"涉外民事关系的定性,适用法院地法律。"可见,我国也是依据法院地法来解决识别冲突的。

(二)反致

反致(renvoi)有广义与狭义之分。广义的反致包括:直接反致(即狭义的反致)(remission)、转致(transmission)、间接反致(indirect remission)和双重反致(double renvoi)。

1. 直接反致。又称为"一级反致",是指对于某一涉外民商事案件,甲国法院按照本国的冲突规范本应适用乙国法,而乙国法中的冲突规范却指定应适用甲国法,甲国法院最终适用了本国的实体法。

2. 转致。又称"二级反致",是指对于某一涉外民商事案件,甲国法院按照本国的冲突规范本应适用乙国法,而乙国的冲突规定指定适用丙国法,甲国法院最终适用了丙国实体法。

3. 间接反致。是指对于某一涉外民商事案件,甲国法院按照本国的冲突规范应适用乙国法,乙国的冲突规范指定适用丙国法,而丙国的冲突规范却指定适用甲国法,甲国法院最终适用了本国的实体法。

4. 双重反致。是英国冲突法中的一项独特制度。它是指英国法官在处理特定范围的涉外民商事案件时,如果依据英国的冲突规范应适用某一外国法,英国法官应"设身处地"地将自己视为在外国审判,再依该外国对反致所抱的态度,决定最后所适用的法律。[4]

我国《涉外民事关系法律适用法》第9条规定:"涉外民事关系适用的外国法律,不包括该国的法律适用法。"可见,在决定涉外民商事关系的法律适用方面,我国不接受反致制度。

(三)法律规避

法律规避(evasion of law),是指涉外民商事法律关系的当事人利用某一冲突规范,故意制造某种连结点,以避开本应适用的法律,从而使对自己有利的法律得以适用的一种逃法或脱法行为。

法律规避行为有四个构成要件:(1)从主观上讲,当事人规避某种法律必须是出于故意,即是有目的、有意识地要规避该法律;(2)从规避的对象上讲,当事人规避的法律是本应适用的强行性或禁止性的规定;(3)从行为方式上讲,当事人规避法律是通过有意改变连结点或制造某种连结点而实现的,如改变国籍、住所或物之所在地等;(4)从客观上讲,当事人已经因该规避

---

[4] 黄进主编:《国际私法》(第2版),法律出版社2005年版,第194页。

行为达到了适用对自己有利的法律的目的。

有关法律规避的效力问题,《涉外民事法律适用法解释(一)》第9条规定,"一方当事人故意制造涉外民事关系的连结点,规避中华人民共和国法律、行政法规的强制性规定的,人民法院应认定为不发生适用外国法律的效力"。

从上述司法解释看,我国对待法律规避的态度是,当事人规避我国法律和行政法规中的强制性规定的,其行为后果无效。至于当事人规避外国法中的强制性规定的,司法解释没有明确的否定态度。我国多数学者认为,如果规避的是外国法中的不合理的规定,不应否定该规避行为的效力。[5]

(四)外国法的查明

1. 外国法的查明的类型

外国法的查明(ascertainment of foreign law),在英美法系国家也被称为"外国法的证明"(proof of foreign law),是指一国法院依照冲突规范适用外国法时,如何确定外国法的存在及其具体内容。具体的查明途径和方法大概可以分为以下几类:

(1)由当事人举证证明。这类国家将外国法视为事实,外国法是否存在及其具体内容应由当事人来举证证明,法官没有依职权查明外国法的义务。英国、美国等普通法系国家及部分拉丁美洲国家采取此种方法。

(2)法官依职权查明,无须当事人举证。这类国家将外国法视为和内国法一样的法律,并认为法官应当知道法律,所以应由法官负责查明外国法的内容。欧洲大陆一些国家如意大利、荷兰等国采取这种做法。

(3)法官依职权查明,但当事人亦负有协助的义务。这类国家主张对外国法内容的查明既不同于查明内国法的程序,也不同于查明事实的程序,原则上应由法官调查认定,但当事人也负有协助查明外国法的义务。德国、瑞士、土耳其和秘鲁等国采取这种方法。

2. 我国司法实践中的外国法的查明

2023年12月1日,最高人民法院发布《关于适用〈中华人民共和国涉外民事关系法律适用法〉若干问题的解释(二)》(以下简称《涉外民事关系法律适用法解释(二)》),于2023年8月30日经最高人民法院审判委员会第1898次会议审议通过,自2024年1月1日起施行,针对司法实践中长期制约外国法律查明的重点难点问题进行了系统规范。

(1)明晰外国法律的查明责任。对于查明责任,根据《涉外民事关系法律适用法》第10条第1款的规定,人民法院有义务查明外国法律,"由当事人提供"只是我国法院查明外国法律的途径之一。法律规定选择适用外国法律的当事人负有提供义务,在此种情形下当事人对外国法律更加熟悉,由其提供有利于提高审判效率。针对实践中部分法院存在的混淆查明责任和查明途径的错误认识,《涉外民事关系法律适用法解释(二)》第1条开宗明义,明确人民法院有查明外国法律的责任,当事人选择适用外国法律时负有提供外国法律的义务。同时,《涉外民事关系法律适用法解释(二)》第2条明确当事人未选择适用外国法律时,亦不排除人民法院仍然可以要求当事人协助提供外国法律,并于第2条第3款进一步规定"人民法院依据本条第一款第一项的规定要求当事人协助提供外国法律的,不得仅以当事人未予协助提供为由认定外国法律不能查明"。由此形成清晰完善的以法院查明为主、当事人提供为辅的查明规则。

---

[5] 李双元主编:《国际私法学》,北京大学出版社2000年版,第239页。

(2)拓展外国法律的查明途径。我国法律对外国法律的查明途径没有明确规定。《涉外民事关系法律适用法解释(二)》在总结原有司法解释规范的基础上,于第2条第1款规定了人民法院查明外国法律的七种途径。一是由当事人提供,这是最常见的途径;二是通过司法协助渠道由对方的中央机关或者主管机关提供;三是通过最高人民法院请求我国驻该国使领馆或者该国驻我国使领馆提供;四是由最高人民法院建立或者参与的法律查明合作机制参与方提供;五是由最高人民法院国际商事专家委员会专家提供;六是由法律查明服务机构或者中外法律专家提供;七是其他适当途径。

(3)明确查明外国法律的程序和提供形式。《涉外民事关系法律适用法解释(二)》第3条首先对当事人提供外国法律的范围作了规定,包括具体规定、获得途径、效力情况、与案件争议的关联性等内容,如果外国法律为判例法时,还应当提供判例全文。为减少无效劳动,提高查明外国法律的效率和准确性,《涉外民事关系法律适用法解释(二)》第6条规定,在查明外国法律之前,人民法院可以召集庭前会议或者以其他适当方式,确定需要查明的外国法律的范围。当然,前述规定的应当提交的内容,并不限制当事人继续提交有关外国法律的学术著作、学理阐述等参考辅助资料,或者对外国法律的理解与适用的意见等其他参考资料。此外,由法律查明服务机构、法律专家出具外国法律意见的,《涉外民事关系法律适用法解释(二)》第4条参考《民事诉讼法》中关于专家辅助人的规定,强化对法律查明服务机构、法律专家的专业性、中立性的要求,规定法律查明服务机构、法律专家在提供法律意见的同时,还应当提交资质证明、身份证明和与案件无利害关系的书面声明等。

(4)明确审查认定外国法律的程序。外国法律是决定当事人权利义务如何分配的准据法,人民法院应当充分保障当事人发表意见的权利。《涉外民事关系法律适用法解释(二)》第5条规定查明的外国法律的相关材料均应在法庭上出示,由当事人对外国法律的内容及理解与适用进行充分辩论。在此基础上,《涉外民事关系法律适用法解释(二)》第7条规定法律查明服务机构、法律专家可以出庭协助查明外国法律。一方面,人民法院认为有必要时可以通知法律查明服务机构或法律专家出庭接受询问;另一方面,当事人可以申请法律查明服务机构或法律专家出庭作出说明,人民法院认为有必要的可以准许。

(5)明确审查认定外国法律的标准。对于在法庭上出示的外国法律,如何确认其真实性并予以准确理解和适用,历来是涉外民商事审判的难题。《涉外民事关系法律适用法解释(二)》第8条分三种情形作出规定。即"当事人对外国法律的内容及其理解与适用均无异议的,人民法院可以予以确认"。当事人有异议时,一方面,为防止当事人以对外国法律有异议为由拖延诉讼,规定当事人提出异议需要说明理由;另一方面,理由成立的,人民法院可以通过补充查明或补充提供材料的方式解决异议。此外,基于诉讼经济原则和方便当事人诉讼原则,对于生效裁判已经查明认定的外国法律,规定人民法院"应当予以确认",同时考虑外国法律有可能被修订、废止,因此规定"但有相反证据足以推翻的除外"。

(6)明确裁判文书必须记载查明外国法律的过程。《涉外民事关系法律适用法解释(二)》第10条要求裁判文书中应当载明外国法律的查明过程及外国法律的内容,如果认定外国法律不能查明,则应当载明不能查明的理由。

(7)明确查明费用的处理原则。我国法律和《诉讼费用交纳办法》并未明确查明外国法律的费用为诉讼费用。鉴于此,《涉外民事关系法律适用法解释(二)》第11条就当事人将查明费用作为诉讼请求提出时如何处理进行了规定。当事人约定法律查明费用负担的,应充分尊重当事人的意思自治,按照其约定处理;没有约定的,人民法院需要根据当事人主张,结合外国法律查明情况和案件具体情况酌情支持合理的查明费用。

(8)明确港澳法律查明的参照适用规则。在涉港澳民商事审判实践中,人民法院经常需要查明港澳法律。《涉外民事关系法律适用法解释(二)》第12条对查明香港特别行政区、澳门特别行政区法律参照适用本解释作了规定。《涉外民事关系法律适用法解释(二)》第12条规定"有关法律和司法解释对查明香港特别行政区、澳门特别行政区的法律另有规定的,从其规定",为内地与香港特别行政区、澳门特别行政区进一步建立各类新型的法律查明途径及合作机制预留充分空间。[6]

(五)公共秩序保留

公共秩序保留(reservation of public order),是指一国法院依其冲突规范本应适用外国法时,因其适用会与法院地国的重大利益、基本政策、道德的基本观念或法律的基本原则相抵触而排除其适用的一种保留制度。

公共秩序保留制度既具有排除外国法适用的否定或防范作用,又具有直接适用内国法中强制性规范的肯定作用。它一般适用于下列三种情况:

1. 按内国冲突规范本应适用的外国法,如果予以适用将与内国的道德、社会、经济、文化或意识形态的基本准则相抵触,或者与内国的公平、正义观念或根本的法律制度相抵触,公共秩序对法律适用起着一种安全阀的作用,其作用是消极的,即不适用原应适用的外国法。

2. 一国民法中的一部分法律规则,由于其属于公共秩序法的范畴,在该国有绝对效力,从而排除与之相抵触的外国法的适用。这里的公共秩序保留制度肯定了内国法的绝对效力,其作用是积极的。

3. 按照内国冲突规则应适用的外国法,如果予以适用,将违反国际法的强行规则、内国所承担的条约义务或国际社会一般承认的正义要求时,也可以适用该外国法将违反国际公共秩序为由,不予适用该外国法。

我国对公共秩序保留一向持肯定态度。《涉外民事关系法律适用法》第4条规定:"中华人民共和国法律对涉外民事关系有强制性规定的,直接适用该强制性规定";第5条规定:"外国法律的适用将损害中华人民共和国社会公共利益的,适用中华人民共和国法律。"

三、准据法的确定

(一)准据法的概念与特点

准据法(lex causae, applicable law)是国际私法特有的一个法律概念,它是指按照冲突规范的指定而援用来确定涉外民商事法律关系当事人的权利和义务的特定实体法。由于冲突规范的直接作用只是确定应当适用的法律,或者说援引准据法,故它并不能直接调整涉外民商事法律关系,而只有与它所指定的准据法相结合才能调整涉外民商事法律关系。

经冲突规范援引的国内实体法和国际统一实体法,成为准据法。国内实体法包括内国法和外国法;国际统一实体法包括国际条约和国际惯例。例如,我国《涉外民事关系法律适用法》第36条规定:"不动产物权,适用不动产所在地法律。"中国法院按照该冲突规范的指定,经确

---

[6] 最高人民法院:《最高人民法院发布涉外民事关系法律适用法司法解释(二)》政策解读,载最高人民法院官网2023年12月1日,https://www.court.gov.cn/zixun/xiangqing/419042.html。

认案涉不动产位于中国,则中国法就成为调整该不动产物权关系的准据法。

作为国际私法的一个特殊范畴,准据法具有如下特点:

1. 准据法必须是冲突规范指定或者援引的法律。从国际私法的角度来说,不经冲突规范的指定或援引,直接适用于国际民商事法律关系的法律,无论是国际统一实体规范还是国内法中的实体规范,都不能称之为准据法,而只能被称为"直接适用的法律"。

2. 准据法是能够具体确定国际民商事法律关系的当事人的权利与义务的实体法。虽经冲突规范的指定或援用但不能用来直接确定当事人的实体权利与义务的法律,比如,在反致情况下,经内国冲突规范所援用的外国冲突规范,不是准据法。

3. 准据法一般是依据冲突规范中的系属并结合有关涉外民商事案件的具体情况来确定的。例如,在"不动产物权,适用不动产所在地法律"这一冲突规范中,"不动产所在地法律"是系属,法院需要将该系属中的"不动产所在地"与该案的具体情况结合起来,才能最终确定案件的准据法。如果不动产所在地在中国,中国法就是规范该不动产所有权的准据法,应适用中国法来确定不动产的所有权纠纷。[7] 可见,系属是冲突规范结构中的一个组成部分,而准据法是独立于冲突规范之外的具体法律,不可将两者等同起来。

(二)准据法确定过程中的几个问题

1. 区际冲突

准据法所属国是多法域的国家,该国内法律不统一,根据地域不同分成不同的法域的,由于各法域之间的立法规定不同而产生区际法律冲突。在该种情况下,究竟适用它的哪一个法域的法律为准据法?国际上通行的解决方法有三:

(1)直接以法院地冲突规范的连结点确定准据法。例如,冲突规范是以"住所""居所""物之所在地""行为地"(如"合同订立地""合同履行地""婚姻缔结地""侵权行为地")等作为其连结点的。则可以直接以这些连结点所指向的该国具体地区的法律作为准据法。

(2)按多法域国家的区际私法确定准据法。区际私法是多法域国家用于解决其国内各地之间的民商事法律冲突(即区际法律冲突)的规范。它可能是全国统一的,也可能是国内各地自己制定的。一些国家的国际私法明确规定,当冲突规范指向适用的法律属于多法域国家时,按该国的区际私法确定以何地的法律为准据法。

(3)法院地冲突规范专门针对多法域国家的法律适用,规定以其哪一个法域的法律作为准据法。采用这种方法的国家,有的是为了在多法域国家不存在统一的区际私法,因而无法据以间接援引准据法时能有所补救,而有的则是直接作出这种适用规定。例如,1967年的《葡萄牙民法典》就作过相关规定,因一个人的国籍而适用某国法律时,如果该国有不同法律体系,则由该国的区际规则决定适用的法律,若无区际规则,则以当事人的住所或习惯居所所在地法律作为其准据法。我国最高人民法院《关于贯彻执行〈中华人民共和国民法通则〉若干问题的意见(试行)》(已失效)第192条也曾规定:"依法应当适用的外国法律,如果该外国不同地区实施不同的法律的,依据该国法律关于调整国内法律冲突的规定,确定应适用的法律。该国法律未作规定的,直接适用与该民事关系有最密切联系的地区的法律。"

2. 时际冲突

该冲突是指准据法所属国存在新旧法交替,在新法与旧法之间存在的冲突。

---

[7] 黄进主编:《国际私法》(第2版),法律出版社2005年版,第222页。

（1）按新法对其是否具有溯及力所作的明确规定（即时际私法）来确定适用的法律。如果新法规定其有溯及力，就适用新法；如果新法规定其没有溯及力，则对新法生效前所产生的涉外民事关系适用旧法。日本1964年《关于遗嘱方式准据法的第100号命令》的附则规定，"本法也适用于施行本法之前所立的遗嘱，但遗嘱人在本法施行之前死亡的，其遗嘱仍依从以前的规定"。该附则实际上区别了两种不同遗嘱，对其分别作了具有溯及力和没有溯及力的处理。

（2）如果新法对其是否具有溯及力未作明确规定，则通常按"法律不溯及既往"的原则确定适用的法律，即新法只对它生效之后所产生的民事关系适用，而在它生效以前产生的民事关系，则仍然适用旧法。

四、几种涉外民商事关系的法律适用

（一）人的能力

1. 自然人的权利能力、行为能力

对有关自然人权利能力和行为能力的法律冲突，采用当事人属人法已成为一项公认的原则，世界上绝大多数国家采取这一做法。但是，各国对属人法的理解并不完全一致，大陆法系国家主张属人法是指国籍国法或本国法；普通法系国家主张属人法是指住所地法。

严格贯彻属人法作为人的行为能力的准据法，有时对内国的交易安全不利。因为内国人与外国人进行交易时，很难了解对方依其属人法是否有行为能力，从而判断其行为是否有效。目前，关于自然人行为能力的准据法，国际上通行做法是：原则上依据当事人的属人法，但有两个例外。一是处理不动产的行为能力适用不动产所在地法；二是有关商务活动的当事人的行为能力可以适用行为地法，即只要其属人法或行为地法认为自然人有行为能力，则应认为其有行为能力。

我国原则上按照经常居住地法来解决有关自然人权利能力与行为能力的法律冲突。《涉外民事关系法律适用法》第11条规定："自然人的民事权利能力，适用经常居所地法律。"第12条规定："自然人的民事行为能力，适用经常居所地法律。自然人从事民事活动，依照经常居所地法律为无民事行为能力，依照行为地法律为有民事行为能力的，适用行为地法律，但涉及婚姻家庭、继承的除外。"

2. 法人的权利能力、行为能力

对于有关法人权利能力和行为能力的法律冲突问题，国际上通行的做法是：依照法人属人法的规定，即依据法人的国籍国法或住所地所在国法的规定；同时，对外国法人在内国的权利能力和行为能力的范围，还必须受到内国法的限制和制约。

我国《涉外民事关系法律适用法》第14条规定："法人及其分支机构的民事权利能力、民事行为能力、组织机构、股东权利义务等事项，适用登记地法律。法人的主营业地与登记地不一致的，可以适用主营业地法律。法人的经常居所地，为其主营业地。"

（二）物权

对于有关物权的法律冲突，无论是动产物权的法律冲突还是不动产物权的法律冲突，目前世界各国一般主张适用物之所在地法加以解决，而对于物之所在地的确定则依法院地法来判定。

从各国的立法和司法实践来看，对于解决物权关系的法律冲突，物之所在地法的适用范围包括以下五个方面：（1）对于动产和不动产的识别；（2）物权的客体范围；（3）物权的种类和内容；（4）物权的取得、转移、变更和消灭的方式及条件；（5）物权的保护方法。

由于某些物的特殊性或处于某种特殊状态之中,使其物权关系适用物之所在地法成为不可能或不合理。归纳起来,物之所在地法适用的例外情形主要包括:(1)运送中的物品的物权关系的法律适用;(2)船舶、飞行器等运输工具的物权关系的法律适用;(3)外国法人终止或解散时有关物权关系的法律适用;(4)遗产继承的法律适用。

我国《涉外民事关系法律适用法》第五章规定了涉外物权关系的法律选择问题。对于动产物权和不动产物权的法律选择分别作了规定:不动产物权适用物之所在地法,动产物权则原则上适用当事人协议选择的法律。该法第 36 条规定:"不动产物权,适用不动产所在地法律。"第 37 条规定:"当事人可以协议选择动产物权适用的法律。当事人没有选择的,适用法律事实发生时动产所在地法律。"第 38 条规定:"当事人可以协议选择运输中动产物权发生变更适用的法律。当事人没有选择的,适用运输目的地法律。"该法还规定了两种无体物的物权关系的法律适用:有价证券,适用有价证券权利实现地法律或者其他与该有价证券有最密切联系的法律;权利质权,适用质权设立地法律。此外,我国《海商法》和《民用航空法》还分别针对船舶物权和民用航空器的物权作了专门规定。

(三)债权

涉外债权主要包括合同之债、侵权行为之债、无因管理之债和不当得利之债等。这里,主要介绍合同之债与侵权行为之债的法律适用问题。

1. 合同之债

(1)合同准据法的概念

合同的法律适用是一个很复杂的问题,不仅因为合同本身种类很多,而且还因为合同涉及许多不同的法律问题,如合同当事人的缔约能力、合同的形式、合同的成立、合同的内容与效力、合同的解释与履行等。因此,关于合同的法律适用问题存在两种不同的主张:统一论与分割论。统一论认为,对合同诸问题或诸因素应不加分割,统一适用一个法律;分割论认为,对合同诸问题、诸因素或诸环节应加以分割,分别适用不同的法律。

与统一论与分割论相对应,合同准据法也有广义与狭义之分。广义上的合同准据法是指解决涉及合同的一切法律适用问题的准据法;狭义上的合同准据法是直接确定合同当事人的权利与义务的法律,主要用于解决合同的成立、合同的内容与效力、合同的履行与解释等问题。一般来说,当事人在合同中选择的合同准据法,多是指狭义的合同准据法。

(2)合同法律适用的基本理论

第一,意思自治说。意思自治说又称为主观说或意向论,主张合同由合同当事人选择的法律支配。意思自治原则最先由法国学者查里士·杜摩林(Charles Dumoulin,1500~1566 年)提出,当时曾遭到很多学者的批判与反对。但是,在实际生活中,由于意思自治原则符合追求贸易自由的需要,是契约自由原则在国际私法领域的延伸,因而到了 18 世纪、19 世纪时,各国就相继采用了这一原则,并被提到解决涉外合同法律适用的首要原则的高度。[8] 现在,意思自治原则已是所有国家在处理涉外合同法律适用方面所一致接受的原则。

对于当事人意思自治选择合同的准据法是否应当受到限制的问题,大陆法系国家及其他众多国家都主张意思自治必须是有限制的。例如,当事人协议选择的法律必须是与合同有实

---

[8] 吕岩峰:《当事人意思自治原则论纲》,载《中国国际私法与比较法年刊》(第 2 卷),法律出版社 1999 年版,第 46~47 页。

际联系的法律;当事人的选择必须是善意的,不能采取法律规避的手段;当事人的选择只限于特定国家的任意法,不能排除强制性法规的适用。

第二,客观标志说。客观标志说又称为客观论,主张合同的准据法是在客观上最适合适用于该合同的法律,是合同"地域化"或"场所化"(localized)的国家的法律。在各国的立法和司法实践中,常用的与合同有关的客观标志有以下几种:合同履行地、合同订立地、当事人住所地或国籍国、被告所在地、物之所在地、法院地或仲裁地等。[9]

第三,最密切联系说。最密切联系说又称为弹性论,主张合同准据法应为与合同法律关系有最密切联系的法律。各国立法和司法实践普遍将最密切联系原则作为当事人意思自治原则的重要补充,适用于合同的准据法的选择。

最密切联系说是一种模糊的、软化的确定合同准据法的理论。一些学者主张进一步解决判定最密切联系地的标准的问题,以限制法官的自由裁量权。其中,"特征性履行说"(doctrine of characteristic performance)或"特征性给付说"颇具典型意义。所谓特征性履行,是指双务合同中代表合同本质特征的当事人履行合同的行为。依据该学说,在双务合同中,当事人双方各须向对方履行义务,其中一方的义务通常是交付物品、提供劳务等,而另一方的义务则通常是支付金钱。通常认为,在这两种履行中,交付物品、提供劳务等的非金钱履行是特征履行,合同准据法即应是承担特征性履行义务的一方当事人的住所地法,或惯常居所地法,或营业所所在地法。

自20世纪60年代开始,国际上尤其是大陆法系国家越来越多地采用特征性履行地法来具体贯彻最密切联系原则。特征性履行地法律选择方法实际上是最密切联系原则的具体化,它使最密切联系原则在理论上更加完整,在实践中更易操作。

(3)我国有关涉外合同法律适用的规定

我国有关涉外合同法律适用的规定,可以用意思自治原则、最密切联系原则、国际条约优先适用原则和国际惯例补缺原则来概括。

第一,意思自治原则。这是我国涉外合同法律适用的首要原则,即允许合同双方当事人在法律允许的范围内协议选择合同准据法。《涉外民事关系法律适用法》第41条规定,当事人可以协议选择合同适用的法律。但是,在下列几种情形下,不适用"意思自治原则"。例如,《民法典》第467条第2款规定:"在中华人民共和国境内履行的中外合资经营企业合同、中外合作经营企业合同、中外合作勘探开发自然资源合同,适用中华人民共和国法律。"《涉外民事关系法律适用法》第42条规定:"消费者合同,适用消费者经常居所地法律;消费者选择适用商品、服务提供地法律或者经营者在消费者经常居所地没有从事相关经营活动的,适用商品、服务提供地法律。"《涉外民事关系法律适用法》第43条规定:"劳动合同,适用劳动者工作地法律;难以确定劳动者工作地的,适用用人单位主营业地法律。劳务派遣,可以适用劳务派出地法律。"对上述几种合同,当事人不能协议选择法律。

第二,最密切联系原则。这是我国涉外合同法律适用的补充原则,其目的是从质和量两个方面综合分析、权衡与案件相关的各种客观要素,适用与案件有最密切联系的国家的法律,并采用特征性履行地法律选择方法来具体贯彻最密切联系原则。《涉外民事关系法律适用法》第41条规定,当事人没有选择合同适用的法律的,适用履行义务最能体现该合同特征的一方当事

---

[9] 余先予主编:《冲突法》,上海财经大学出版社1989年版,第207页。

人经常居所地法律或者其他与该合同有最密切联系的法律。

第三,国际条约优先适用原则。国际条约优先适用原则是指一国参加的国际条约优先于国内法适用。最高人民法院《关于审理涉外民商事案件适用国际条约和国际惯例若干问题的解释》第1条明确,国际条约与中华人民共和国法律有不同规定的,适用国际条约的规定,但中华人民共和国声明保留的条款除外。

第四,国际惯例补缺原则。这是体现在我国涉外法律适用中的补充原则。最高人民法院《关于审理涉外民商事案件适用国际条约和国际惯例若干问题的解释》第5条规定:"涉外民商事合同当事人明示选择适用国际惯例,当事人主张根据国际惯例确定合同当事人之间的权利义务的,人民法院应予支持。"第6条指出:"中华人民共和国法律和中华人民共和国缔结或者参加的国际条约没有规定的,人民法院可以适用国际惯例。当事人仅以未明示选择为由主张排除适用国际惯例的,人民法院不予支持。"

除此,最高人民法院《关于审理涉外民商事案件适用国际条约和国际惯例若干问题的解释》第7条明确指出,"适用国际条约和国际惯例损害中华人民共和国主权、安全和社会公共利益的,人民法院不予适用"。

2. 侵权行为之债

涉外侵权行为之债是指因侵权人不法侵害他人人身和财产权益而引发的当事人之间具有涉外因素的权利义务关系。侵权行为之债是典型的法定之债。在含有涉外因素的侵权案件中,一个行为是否构成侵权、是否应负赔偿责任、责任的范围如何确定等问题,常要由侵权行为准据法来决定。

根据各国的立法和司法实践,侵权行为之债的法律适用原则主要包括:侵权行为地法原则、法院地法原则、重叠适用侵权行为地法与法院地法原则、最密切联系原则、共同属人法原则、适用当事人协议选择的法律。随着时代的发展,侵权行为的种类越来越复杂,国际私法立法出现了视侵权行为的性质和种类的不同而分别规定准据法的新趋向。从立法实践来看,涉外产品责任、海上侵权行为、国际油污损害、国际航空航天侵权行为、跨国环境污染、隐私权侵犯等特殊侵权行为的法律适用问题正日益受到越来越多的国家的重视。

我国立法区别一般侵权行为和特殊侵权行为,对其法律适用分别规定不同的冲突规范。从这些规定来看,我国有关涉外侵权行为法律适用的规定体现了侵权行为地法原则、当事人共同属人法原则、当事人意思自治原则、法院地法原则、船旗国法原则等。

(1)侵权行为地法原则。我国《涉外民事关系法律适用法》第44条规定:"侵权责任,适用侵权行为地法律,但当事人有共同经常居所地的,适用共同经常居所地法律。侵权行为发生后,当事人协议选择适用法律的,按照其协议。"从而确立了侵权行为地法原则。此外,《海商法》第275条是关于特殊侵权行为法律适用的规定。第273条是关于船舶碰撞的法律适用的,该条第1款规定:"船舶碰撞的损害赔偿,适用侵权行为地法律。"侵权行为地法原则还得到了《民用航空法》第189条第1款的肯定:"民用航空器对地面第三人的损害赔偿,适用侵权行为地法律。"

(2)当事人共同属人法原则。在侵权行为案件中,适用当事人共同属人法,是因为在一般情况下,加害人和受害人与他们的共同国籍国、共同住所地国或共同惯常居所地国具有较为密切的联系,它们的法律直接牵涉当事人各方的利益。我国《涉外民事关系法律适用法》第44条的规定体现了这一原则:如果涉外侵权案件的双方当事人有共同经常居所地的,应适用共同经常居所地法律,而不能适用侵权行为地法律。

(3) 当事人意思自治原则。这一原则需要予以特别关注和重视。我国《涉外民事关系法律适用法》第 44 条规定,侵权行为发生后,当事人协议选择适用法律的,按照其协议,而不适用当事人共同经常居所地法律或侵权行为地法律。

(4) 法院地法原则。我国《海商法》和《民用航空法》将法院地法原则作为一项独立的侵权行为法律适用原则规定下来。《海商法》第 273 条第 2 款规定:"船舶在公海上发生碰撞的损害赔偿,适用受理案件的法院所在地法律。"该法第 275 条规定:"海事赔偿责任限制,适用受理案件的法院所在地法律。"此外,《民用航空法》第 189 条第 2 款也规定:"民用航空器在公海上空对水面第三人的损害赔偿,适用受理案件的法院所在地法律。"

(5) 船旗国法原则。我国《海商法》第 273 条第 3 款规定:"同一国籍的船舶,不论碰撞发生于何地,碰撞船舶之间的损害赔偿适用船旗国法律。"这一规定确立了独立的船旗国法原则。这是符合国际上的通行做法。

(6) 适用最有利于原告法律的原则。我国国际私法立法的最新发展体现了当代国际私法立法的潮流与趋势。在侵权行为之债的法律适用问题上体现为适用最有利于原告的法律,并允许受害人在一定范围内选择一种对其最为有利的法律。《涉外民事关系法律适用法》第 45 条、第 46 条分别对涉外产品责任和人格权侵犯这两种特殊侵权行为的法律适用作了专门规定,并体现了适用最有利于原告的法律这一立法潮流。该法第 45 条规定:"产品责任,适用被侵权人经常居所地法律;被侵权人选择适用侵权人主营业地法律、损害发生地法律的,或者侵权人在被侵权人经常居所地没有从事相关经营活动的,适用侵权人主营业地法律或者损害发生地法律。"第 46 条规定:"通过网络或者采用其他方式侵害姓名权、肖像权、名誉权、隐私权等人格权的,适用被侵权人经常居所地法律。"

(四) 婚姻家庭

1. 结婚

结婚是男女双方成立夫妻关系的一种法律行为,它的有效成立,必须符合法律规定的实质要件和形式要件。对于结婚实质要件和形式要件的法律冲突,各国一般采取选择适用以下几种准据法:适用婚姻缔结地法、适用当事人属人法、选择或重叠适用婚姻缔结地法和当事人属人法。

我国《涉外民事关系法律适用法》确立了解决结婚实质要件和形式要件法律冲突适用当事人属人法和婚姻缔结地法的冲突原则。该法第 21 条、第 22 条分别规定了结婚实质要件和形式要件的法律冲突规范。第 21 条是一个有条件选择适用的冲突规范:"结婚条件,适用当事人共同经常居所地法律;没有共同经常居所地的,适用共同国籍国法律;没有共同国籍,在一方当事人经常居所地或者国籍国缔结婚姻的,适用婚姻缔结地法律。"第 22 条是一个无条件选择适用的冲突规范:"结婚手续,符合婚姻缔结地法律、一方当事人经常居所地法律或者国籍国法律的,均为有效。"

2. 离婚

离婚是夫妻双方解除婚姻关系的一种法律行为。目前,绝大多数国家均规定了有限制的离婚制度,但仍有极少数国家采用禁止离婚的制度,当事人只能请求别居,不得离婚。关于离婚准据法的确定,大多数国家适用法院地法,也有一些国家采用当事人属人法、选择或重叠适用当事人属人法和法院地法。值得注意的是,欧洲许多国家的新立法中出现了适用有利于实现离婚的立法趋势。

我国关于涉外离婚准据法的规定有了重大的突破和新发展,不仅符合时代的发展趋势,也体现了当事人意思自治的原则。《涉外民事关系法律适用法》第 26 条、第 27 条分别规定了涉外协议离婚和涉外诉讼离婚的法律适用问题。第 26 条规定:"协议离婚,当事人可以协议选择适用一方当事人经常居所地法律或者国籍国法律。当事人没有选择的,适用共同经常居所地法律;没有共同经常居所地的,适用共同国籍国法律;没有共同国籍的,适用办理离婚手续机构所在地法律。"第 27 条规定:"诉讼离婚,适用法院地法律。"

3. 家庭

家庭关系包括夫妻关系、父母子女关系、收养关系、扶养关系与监护关系。世界各国一般采用属人法或法院地法来确定涉外家庭关系的法律冲突。最新的立法和司法实践体现了采取有利于保护弱者一方权益的法律的原则。

我国《涉外民事关系法律适用法》对涉外家庭关系的法律适用问题作了较为全面的规定。该法第 23 条、第 24 条分别规定了夫妻人身关系和财产关系的准据法。第 23 条规定:"夫妻人身关系,适用共同经常居所地法律;没有共同经常居所地的,适用共同国籍国法律。"第 24 条规定:"夫妻财产关系,当事人可以协议选择适用一方当事人经常居所地法律、国籍国法律或者主要财产所在地法律。当事人没有选择的,适用共同经常居所地法律;没有共同经常居所地的,适用共同国籍国法律。"该法第 25 条是关于父母子女关系的冲突规范:"父母子女人身、财产关系,适用共同经常居所地法律;没有共同经常居所地的,适用一方当事人经常居所地法律或者国籍国法律中有利于保护弱者权益的法律。"该法第 28 条是关于涉外收养关系的冲突规范:"收养的条件和手续,适用收养人和被收养人经常居所地法律。收养的效力,适用收养时收养人经常居所地法律。收养关系的解除,适用收养时被收养人经常居所地法律或者法院地法律。"该法第 29 条是关于涉外扶养关系的冲突规范:"扶养,适用一方当事人经常居所地法律、国籍国法律或者主要财产所在地法律中有利于保护被扶养人权益的法律。"该法第 30 条是关于涉外监护的冲突规范:"监护,适用一方当事人经常居所地法律或者国籍国法律中有利于保护被监护人权益的法律。"从上述法律条文来看,我国关于涉外家庭关系的最新立法体现了保护弱方当事人权益的原则与精神,符合国际私法立法和司法实践的最新发展趋势。

(五)继承

涉外继承是指含有涉外因素的继承关系,包括法定继承、遗嘱继承和无人继承财产的处理三种法律关系。

1. 法定继承

对于法定继承的准据法的选择与适用,各国国际私法立法和司法实践一般采取被继承人的本国法、被继承人的住所地法和遗产所在地法三种冲突原则。不过,有的国家只采用其中一个原则;有的国家兼采其中两个原则。法定继承的准据法一般适用于以下几个方面的问题:继承的开始及原因、继承人的范围和顺序、继承的财产、继承份额和特留份、继承的承认与放弃、遗产管理、被继承人遗嘱处分财产的权利。

根据是否将遗产中的动产和不动产区别开来分别确定涉外继承的准据法,世界各国的立法和司法实践可分为同一制和区别制两种制度。同一制又称单一制,指在确定涉外继承的准据法时,把遗产看作一个整体,不区分动产和不动产,受同一准据法支配,如一国法律规定:法定继承依被继承人本国法。区别制又称分割制,指在确定涉外继承的准据法时,将遗产区分为动产和不动产,分别受不同的准据法支配,如一国法律规定:不动产依遗产所在地法;动产依被继承人住所地法。

我国《涉外民事关系法律适用法》采用区别制规定了涉外法定继承的法律适用问题。该法第 31 条规定:"法定继承,适用被继承人死亡时经常居所地法律,但不动产法定继承,适用不动产所在地法律。"

2. 遗嘱继承

在遗嘱继承的情况下,需要分别解决立遗嘱能力、遗嘱方式、遗嘱的解释、遗嘱的撤销和遗嘱的实质效力问题的法律冲突问题。

我国《涉外民事关系法律适用法》第 32 条规定:"遗嘱方式,符合遗嘱人立遗嘱时或者死亡时经常居所地法律、国籍国法律或者遗嘱行为地法律的,遗嘱均为成立。"第 33 条规定:"遗嘱效力,适用遗嘱人立遗嘱时或者死亡时经常居所地法律或者国籍国法律。"第 34 条规定:"遗产管理等事项,适用遗产所在地法律。"

3. 无人继承财产的处理

解决无人继承财产归属问题的法律冲突,主要有两种做法:一是适用被继承人的属人法,如德国;二是适用财产所在地法,如英国。主张适用被继承人属人法的国家多是主张依继承取得无人继承财产的国家,而主张适用遗产所在地法的国家则往往是依先占取得无人继承财产的国家。我国《涉外民事关系法律适用法》第 35 条规定了适用财产所在地法的原则,即"无人继承遗产的归属,适用被继承人死亡时遗产所在地法律"。

第三节 国际民商事争议的解决

一、国际民商事争议

国际民商事争议,是指国际民商事交往中各方当事人之间在权利义务方面所发生的各种纠纷。与国内民商事争议相区别,它是一种含有国际因素或者从某一个国家的角度来说含有涉外因素的民商事争议。这种国际因素可以由有关争议的主体、客体、内容以及解决该有关争议的机构和地点涉及两个或两个以上的国家或地区而引起。

国际民商事争议的解决方式多种多样。司法诉讼被视为解决民商事争议的正统方式。目前,非诉讼的替代争议解决方式(alternative dispute resolution,ADR)越来越多,越来越受到国际社会的重视。ADR 一般是以当事人自愿同意为基础,主要包括和解或协商(negotiation)、调解(mediation)、仲裁(arbitration)、无约束力仲裁(non-binding arbitration)、小型审判(mini-trial)和聘请法官(rent judge)等形式。

对于国际民商事争议的解决方式,各国法律和有关国际条约一般都会在原则上加以规定。国内立法和国际条约规定的某类民商事争议的解决方式,是当事人协议选择争议解决方式的依据。目前,在实践中,通常采用的国际民商事争议的解决方式主要有和解、调解、仲裁和司法诉讼等。

二、国际民事诉讼

在民事诉讼中,如果含有国际因素,或者从某一具体国家来看,涉及了外国的因素,即构成了国际民事诉讼。具体来说,民事诉讼中的国际因素主要有:诉讼当事人中有居住在国外或具有外国国籍的法人或自然人;有关民事诉讼的客体是发生于国外的民商事法律行为,或者是有关的诉讼标的物处于国外;有关民事诉讼的某一环节或行为需要在国外进行,如有关的法院判决需要得到外国法院的承认或协助执行;在有关的民事诉讼中需要考虑到外国民事诉讼法律规范的有关规定,如外国民事诉讼法中有关案件管辖权的规定等。

在我国,2022年最高人民法院《关于适用〈中华人民共和国民事诉讼法〉的解释》第520条规定:"有下列情形之一,人民法院可以认定为涉外民事案件:(一)当事人一方或者双方是外国人、无国籍人、外国企业或者组织的;(二)当事人一方或者双方的经常居所地在中华人民共和国领域外的;(三)标的物在中华人民共和国领域外的;(四)产生、变更或者消灭民事关系的法律事实发生在中华人民共和国领域外的;(五)可以认定为涉外民事案件的其他情形。"因此,处理这类民事案件所进行的诉讼就是国际民事诉讼。还值得注意的是,该司法解释第549条明确了,人民法院审理涉及香港特别行政区、澳门特别行政区和台湾地区的民事诉讼案件,可以参照适用涉外民事诉讼程序的特别规定。

国际民事诉讼程序则是指一国法院审理国际民事诉讼案件,当事人及其他诉讼参与人进行此种诉讼行为时所应遵循的专门的特殊程序。国际民事诉讼法就是这些专门的特殊程序规则的总和,其法律渊源包括国内立法和国际立法两个方面,主要涉及三方面内容:其一,规定国际民事诉讼程序中外国当事人民事诉讼地位的法律规范;其二,规定国际民商事案件中法院管辖权的法律规范;其三,规定国际民事诉讼程序中有关诉讼和非诉讼文书的域外送达、域外取证、国际民事诉讼期间以及法院判决在相关国家的相互承认与执行等的法律规范。

(一)外国人的民事诉讼地位

外国人的民事诉讼地位,是指根据内国法或国际条约的规定,外国人在内国境内享有什么样的民事诉讼权利,承担什么样的民事诉讼义务,并能在多大程度上通过自己的行为行使民事诉讼权利和承担民事诉讼义务。

世界各国的民事诉讼立法和有关的国际条约在规范外国人民事诉讼地位时,都原则上给予外国当事人与本国当事人同等的民事诉讼地位;同时,为了保证本国当事人在国外也能享有所在国的国民待遇,各国的民事诉讼法一般都规定赋予外国当事人国民待遇以对等或互惠为条件。我国《民事诉讼法》第5条规定,外国人、无国籍人、外国企业和组织在人民法院起诉、应诉,同中华人民共和国公民、法人和其他组织有同等的诉讼权利义务。外国法院对中华人民共和国公民、法人和其他组织的民事诉讼权利加以限制的,中华人民共和国人民法院对该国公民、企业和组织的民事诉讼权利,实行对等原则。

对于外国人能否或在多大程度上能以自己的行为有效地行使诉讼权利和承担诉讼义务的问题,各国的立法普遍采取依外国人属人法的做法。尽管我国《民事诉讼法》没有对外国人的民事诉讼行为能力作出明文规定,但根据我国有关立法精神,一般依外国人属人法来确定其诉讼行为能力。如果依其本国法无诉讼行为能力,而依我国民事诉讼法具有民事诉讼行为能力的,应认定其在我国有民事诉讼行为能力,该有关外国人不能以其本国法或住所地法的相反规定对抗对方当事人。

作为一种国际民商事法律关系主体,国家也可以成为国际民事诉讼的当事人,但由于国家享有国际公法意义上的主权,国家的民事诉讼地位又不同于一般的国际民商事法律关系主体的诉讼地位。国家主权原则在国际民事诉讼法领域的具体体现为:国家及其财产享有司法豁免权,即一个国家及其财产未经该国家明确同意不得在另一个国家的法院被诉,或者其财产不得被另一个国家的法院扣押或用于强制执行。

根据国际社会的立法与司法实践以及各国学者的普遍理解,国家及其财产豁免权的内容一般包括三个方面的内容:(1)司法管辖豁免,即未经一国明确同意,任何其他国家的法院都不得受理以该外国国家为被告或者以该外国国家的财产为诉讼标的的案件;(2)诉讼程序豁免,即未经一国明确同意,任何其他国家的法院不得强迫其出庭作证或提供证据以及实施其他诉讼行为,也不得对其财产采取诉讼保全等诉讼程序上的强制措施;(3)强制执行豁免,即未经一国明确同意,任何其他国家的法院不得依据有关判决强制执行其财产。

国家及其财产的豁免权,均可以通过国家的自愿放弃而排除。目前,世界各国一般通过外交途径,根据互惠对等和平等协商的原则来商讨司法豁免权的问题,而且,除非存在相反的国际条约的规定,国际社会的做法一般都是原则上给予或承认外国国家及其财产的司法豁免权。

(二)国际民事诉讼的法院管辖权

国际民事诉讼的法院管辖权,是指一国法院或具有审判权的其他司法机关根据本国缔结的或参加的国际条约和国内立法,受理、审判具有国际因素或涉外因素的民商事案件的权限。国际民事诉讼的法院管辖权问题是国际民事诉讼法领域特有的现象,它解决某一特定的国际民商事案件究竟应由哪一个国家的法院管辖的问题。至于在确定了某一特定的国际民商事案件由哪一个国家的法院管辖之后,该案件由该国哪一个区域的哪一级法院来管辖,则属于该国国内民商事案件的管辖权问题。

1. 确立国际民事诉讼法院管辖权的一般原则

综观目前国际社会的立法和司法实践,各国在确立本国国际民事诉讼的法院管辖权时,一般都遵循以下几个原则:

(1)属地管辖原则。该原则又称为地域管辖原则,主张以国际民商事案件中的事实和当事人双方与有关国家的地域联系作为确定法院国际管辖权的标准,强调一国法院基于其国家领土主权原则,对其本国领土内的一切人和物以及法律事件和行为具有管辖权。

(2)属人管辖原则。该原则主张以有关国际民商事案件中的双方当事人与有关国家的法律联系作为确定法院国际管辖权的标准,强调一国法院对于涉及其本国国民的诉讼案件都具有管辖权。

(3)专属管辖原则。该原则又称排他管辖原则,主张以国际民商事案件与有关国家的联系程度作为确定法院国际管辖权的标准,强调一国法院对于与其国家及其国民的根本利益具有密切联系的民商事案件具有无条件的排他管辖权。专属管辖权原则是国家主权原则在国际民事诉讼管辖权问题上的突出表现。

(4)协议管辖原则。该原则主张以国际民商事案件与有关国家的联系程度作为确定法院国际管辖权的标准,强调对于那些与其本国及其国民的根本利益影响不大的民商事诉讼案件,可基于双方当事人的合意来选择管辖法院。协议管辖原则是意思自治原则在国际民事案件诉讼管辖权问题上的具体体现。

由于世界各国对国际民事诉讼管辖权的规定不尽相同,从而不可避免地会产生国际民事诉讼管辖权的冲突问题,甚至会发生当事人为寻求对自己有利的裁判而挑选法院的现象。因此,解决国际民事诉讼管辖权冲突是各国协调国际民商事案件的管辖权,确保案件判决在他国得到承认与执行的必然要求。1928 年的《布斯塔曼特法典》、1968 年的《关于民商事案件管辖权及判决执行的公约》和 2005 年的海牙《选择法院协议公约》是在协调国际民事管辖权方面较为重要的几个国际条约。

2. 我国的相关规定

我国国际民事案件管辖权的法律渊源包括国际法渊源和国内法渊源两个部分。国际法渊源包括我国缔结或参加的几个专门性的国际公约中涉及的有关国际民事诉讼管辖权的条款,如我国于 1953 年加入的《国际铁路货物联运协定》、1958 年加入的《关于统一国际航空运输某些规则的公约》以及 1980 年加入的《国际油污损害民事责任公约》等几个专门性的国际公约。我国《民事诉讼法》则是规范我国国际民事案件管辖权的国内立法,该法除在第二章就民事诉讼管辖权问题作了一般规定外,还专门在第四编第二十四章就国际民事诉讼程序中的管辖权问题作了特别规定。

我国对涉外民事案件管辖权的确定,基本上也是以地域的划分为依据,并且与确定国内民事案件的管辖权大致相同。我国涉外民事诉讼管辖权的规定大致可归纳为如下几个方面:

(1) 一般地域管辖。一般地域管辖是按照当事人的住所地或经常居住地来确定案件的管辖法院。我国与大多数国家一样,根据《民事诉讼法》第 22 条及《民事诉讼法司法解释》有关规定,主要适用"原告就被告"的原则,以被告住所地或经常居住地作为确定管辖权的依据。

(2) 特殊地域管辖。由于以诉讼标的物或被告财产所在地为标志确定并行使管辖权有利于法院判决的有效执行,因此,在以被告所在地为标志确定的一般管辖权之外,我国民事诉讼法还根据有关涉外民商事案件的不同性质规定了特殊地域管辖权。《民事诉讼法》第 24 条至第 33 条以及第 276 条就特殊地域管辖作了具体规定。

(3) 专属管辖。为了保护我国及国民的根本利益,《民事诉讼法》第 34 条及第 279 条规定了我国法院的专属管辖权。特别值得注意的是,《民事诉讼法》第 279 条相较于 2021 年版《民事诉讼法》新增了专属管辖的两种情形:其一,对在我国领域内设立的法人或者其他组织的设立、解散、清算以及该法人或者其他组织作出的决议的效力等提起的诉讼。对于该类案件,法人或其他组织在我国设立,其解散、清算、作出公司决议等事宜亦应依照中国法律及公司章程进行。纵然公司解散、清算、作出决议的地点位于境外,或相关主体并非中国国籍,该法人或其他组织作出的决议仍然受到中国法律的调整和保护。明确该类特定案件由我国人民法院进行专属管辖,符合国际通行的冲突法规则,避免了管辖权争议及其不确定性。其二,对在我国领域内审查授予的知识产权的有效性等提起的诉讼。知识产权具有地域性特征和公共利益属性,一般认为知识产权的注册和有效性是注册地法院的"专属"事务,由注册地人民法院进行管辖具有合理性和便利性。除了新增规定,《民事诉讼法》第 279 条还规定了在我国境内履行的中外合资经营企业合同、中外合作经营企业合同、中外合作勘探开发自然资源合同,适用我国法律,由我国人民法院专属管辖,排除了其他任何国家的法院对此类案件的管辖权。

(4) 协议管辖。我国《民事诉讼法》第 35 条对协议管辖作了肯定的规定:合同或者其他财产权益纠纷的当事人可以书面协议选择被告住所地、合同履行地、合同签订地、原告住所地、标的物所在地等与争议有实际联系的地点的人民法院管辖,但不得违反《民事诉讼法》对级别管辖和专属管辖的规定。《民事诉讼法》第 277 条明确,涉外民事纠纷的当事人书面协议选择人民法院管辖的,可以由人民法院管辖。本条是 2023 年《民事诉讼法》修订的新增规定,增设了可以书面协议选择由我国人民法院管辖的规定,意在帮助多方商事主体(在境外或在中国境内)选择更有利于己方的管辖条款,全面完善了我国法院对涉外案件管辖的法律依据。本条明确了一个基本立场:当事人可以通过合同约定发生纠纷由我国人民法院进行管辖,并且此种约定为有效约定。依据本条的规定,适用协议选择管辖的存在一个隐含条件:与争议有实际联系的地点不在中华人民共和国领域内,包含本法规定的合同签订地、合同履行地、诉讼标的物所在地、可供扣押财产所在地、侵权行为发生地、代表机构住所地均不位于我国领域内。否则,不需要当事人协议约定就可以由我国人民法院进行管辖。当事人书面协议选择中华人民共和国人民法院管辖。当事人在签订合同时或者嗣后达成此种约定,均可由中华人民共和国人民法院管辖。

(5)应诉管辖。《民事诉讼法》第278条规定,当事人未提出管辖异议,并应诉答辩或者提出反诉的,视为人民法院有管辖权。该条如此规定是为了便于当事人进行诉讼,提升国际民商事争议解决的效率、保护诉讼当事人的程序性权益,同时也方便人民法院正确、及时审理案件。

(6)平行管辖。《民事诉讼法》第280条规定,当事人之间的同一纠纷,一方当事人向外国法院起诉,另一方当事人向人民法院起诉,或者一方当事人既向外国法院起诉,又向人民法院起诉,人民法院依照本法有管辖权的,可以受理。当事人订立排他性管辖协议选择外国法院管辖且不违反本法对专属管辖的规定,不涉及中华人民共和国主权、安全或者社会公共利益的,人民法院可以裁定不予受理;已经受理的,裁定驳回起诉。换言之,在发生平行诉讼的情形下,我国人民法院依法享有管辖权的,可以行使自由裁量权进行管辖。存在一种特别情形,即当事人约定产生纠纷选择外国法院进行管辖的,只要该排他性管辖协议不违反专属管辖、协议管辖的规定,不危害国家公共利益的,协议有效,我国人民法院可以裁定不予受理或驳回起诉,由外国法院进行管辖;反之,该排他性管辖协议违反专属管辖、协议管辖和危害国家公共利益的,约定无效,应由我国人民法院进行管辖。

(7)拒绝管辖。《民事诉讼法》第282条规定了"不方便法院原则"。该条来源于《民事诉讼法解释》第530条的规定,相较该司法解释,该条存在以下三处修改:其一,删除了第530条第5项中的"且案件不适用中华人民共和国法律""适用法律方面存在重大困难",说明"外国法难以查明"将不再成为中国法院系不方便法院的考量因素。其二,删除了第530条第6项中"外国法院对案件享有管辖权",外国法院是否具有管辖权将不纳入认定不方便法院时的考量因素,有利于提高司法效率。其三,将第530条第4项中"案件不涉及中华人民共和国国家、公民、法人或者其他组织的利益"修改为"案件不涉及中华人民共和国主权、安全或者社会公共利益",意味着不方便管辖的审查仅限于"公权利"是否受到侵害,而不再审查"私权利"是否被损害,契合国际礼让原则。依据该条的规定,适用不方便管辖原则须满足一定的前提:一是我国法院具有管辖权。二是同时满足该条规定的排除情形:当事人之间不存在选择我国法院管辖的协议;我国人民法院进行审理和当事人诉讼均不便利;案件不涉及我国主权、安全或者社会公共利益;外国法院对案件享有管辖权,且审理该案件更加方便。符合上述条件,我国法院才可以拒绝行使管辖权。

三、国际民商事和解与调解

(一)国际民商事和解

国际民商事和解,是指国际民商事关系中的各方当事人在发生法律争议时,在自愿互谅的基础上,按照有关法律和合同条款的规定,通过直接的充分协商,自行达成协议,以解决有关争议的活动。基于其在诉讼法上的意义不同,国际民商事和解可分为诉讼外的和解和诉讼中的和解。诉讼外的和解是有关当事人在寻求法律解决程序之前自行直接采取的一种和解方式,是一种民事实体法律行为;诉讼中的和解是各有关当事人在诉讼过程中,基于法庭的建议或自行协商,达成协议以解决其有关争议的活动,既是一种民事实体法律行为,又是一种民事诉讼法律行为,构成国际民商事诉讼程序的一部分,具有诉讼程序的意义。

与其他争议解决方式相比较,和解具有如下两方面的特点:(1)国际民商事和解具有完全的自主性。只要当事人的和解程序与和解协议的内容不违反国家的强制性或禁止性规定,不损害国家、社会以及其他第三人的合法权益,各有关当事人可以在其法律争议发生后的任何时间、地点,以任何方式就其有关法律争议的解决进行协商,任何机构、单位或个人都无权进行干预。(2)国际民商事和解具有必要的强制性。和解协议具有法律效力,有关当事人应该严格按照协议的内容履行相应的法律义务,尤其是诉讼中达成的和解协议,经过受诉法院的批准,具有与法院确定判决同等的可申请强制执行的法律效力。

(二)国际民商事调解

国际民商事调解,是指国际民商事关系中的各有关当事人在发生法律争议时,向有关机构提出申请,或者在有关机构提议后同意,由该机构从中协调,使各有关当事人在自愿协商的基础上,谅解让步,达成协议,从而使法律争议得以解决的活动。

根据有关调解机构的性质不同,国际民商事调解可分为法庭调解、仲裁调解和民间调解。民间调解是各有关当事人将其国际民商事争议提请有关民间调解机构主持进行的一种调解方式,是一种民事实体法律行为,不属于法律程序。法庭调解和仲裁调解是各有关当事人将其国际民商事争议提请受诉法院或有关仲裁机构主持进行的一种调解方式,既是一种民事实体法律行为,又是一种民事诉讼法律行为或仲裁程序法律行为。

与其他争议解决方式相比较,调解具有如下两方面的特点:第一,具有完全的自主性。只要不损害国家和社会的利益,不损害其他第三人的合法权益,各有关当事人可以合意确定调解的时间、地点、方式、条件以及调解协议的内容,有关调解机构也不得违反当事人的意愿。第二,具有必要的强制性。通过仲裁调解或法院调解所达成的调解协议一经依法生效,即具有与有关仲裁机构所依法作出的仲裁裁决或有关法院的确定判决同等的法律效力;通过民间调解所达成的调解协议,虽不能强制执行,但它在有关当事人之间构成一个新合同,具有法律拘束力。

四、国际商事仲裁

(一)国际商事仲裁的概念和特点

国际商事仲裁,是指在国际经济贸易活动中,当事人双方依事先或事后达成的仲裁协议,将有关争议提交给某临时仲裁庭或常设仲裁机构进行审理,并作出具有约束力的仲裁裁决的制度。

与调解解决方式比较,仲裁解决方式的主要特点是:(1)仲裁员以裁判者的身份对争端作出裁决;(2)这种裁决一般是终局性的,对双方当事人均有约束力;(3)如果一方当事人不自动执行裁决,另一方当事人有权申请法院予以强制执行。显然,仲裁解决方式比调解解决方式更能彻底地解决争端。

与司法解决方式比较,仲裁解决方式的主要特点在于:(1)仲裁机构是民间组织,没有法定的管辖权,仲裁机构的管辖权完全来自双方当事人的合意;(2)仲裁当事人享有较大的自治性,不仅可以选择仲裁机构、仲裁的组织形式、仲裁地点、审理案件的仲裁员,而且还可以选择仲裁程序以及适用的冲突规范或实体法;(3)仲裁裁决实行一裁终局制,任何一方当事人均不得向法院起诉。

(二)国际商事仲裁的类型

以仲裁机构的组织形式为标准,可以把仲裁分为临时仲裁和机构仲裁:临时仲裁根据争端当事人的合意并按照一定程序组成,案件审理完毕即自动解散;机构仲裁是指由常设的仲裁机构进行的仲裁,其优点在于有确定的仲裁规则,便于选择仲裁员,其仲裁裁决的履行更能得到司法支持。

常设仲裁机构依国际条约或国内立法而设立,可分为国际性常设仲裁机构和各国常设仲裁机构两种主要类型。解决投资争端国际中心(International Center for Settlement of Investment Dispute)和国际商会仲裁院(Arbitration Court of International Chamber of Commerce)是目前世界上两个最重要的全球性国际常设仲裁机构。此外,瑞典斯德哥尔摩商会仲裁院、瑞士苏黎世商会仲裁院、美国仲裁协会、英国伦敦国际仲裁院、日本商事仲裁协会是较有影响和声望的常设仲裁机构,尽管它们从属于某一国家,但其影响力已超出一个国家的范围。

自1995年以来,中国的常设仲裁机构有了重要的发展,为从事国际经济交往的中外当事人提供了更多的制度性选择。目前,中国受理涉外经济争端的常设仲裁机构有中国国际经济贸易仲裁委员会(China International Economic and Trade Arbitration Commission,CIETAC)、上海国际经济贸易仲裁委员会(上海国际仲裁中心)(Shanghai International Arbitration Center,SHIAC)和香港国际仲裁中心(Hong Kong International Arbitration Center,HKIAC)等多家仲裁机构。

(三)承认和执行外国仲裁裁决

仲裁裁决作出后理应由当事人自觉履行。但在实际生活中,当事人特别是败诉一方当事人有时并不自觉履行仲裁裁决,在这种情形下,另一方当事人可以向内国或外国法院申请承认该仲裁裁决的法律效力并予以强制执行。目前,1958年《承认及执行外国仲裁裁决公约》(以下简称《纽约公约》)是规范和调整仲裁裁决在外国承认与执行的最重要的国际公约。该公约要求各缔约国应承认当事人双方订立的书面仲裁协议的法律效力,并应相互承认和执行在另一缔约国领土内所作出的仲裁裁决。

我国十分重视承认和执行外国仲裁裁决制度。在国际法层面,1986年我国加入《纽约公约》,并作出"互惠保留"和"商事保留",也就是说,我国只承认和执行来自缔约国且所解决的争议依我国法律属于商事关系的仲裁裁决。我国还同许多国家签订了双边司法协助协定,其中大多有相互承认和执行仲裁裁决的条款。相关国内立法则主要包括《民事诉讼法》和《仲裁法》。根据我国《民事诉讼法》第290条的规定,经中华人民共和国涉外仲裁机构裁决的,当事人不得向人民法院起诉。一方当事人不履行仲裁裁决的,对方当事人可以向被申请人住所地或者财产所在地的中级人民法院申请执行。《民事诉讼法》第291条规定了不予承认执行的情形,即对中华人民共和国涉外仲裁机构作出的裁决,被申请人提出证据证明仲裁裁决有下列情形之一的,经人民法院组成合议庭审查核实,裁定不予执行:(1)当事人在合同中没有订立仲裁条款或者事后没有达成书面仲裁协议的;(2)被申请人没有得到指定仲裁员或者进行仲裁程序的通知,或者由于其他不能归责于被申请人的原因使被申请人未能陈述意见的;(3)仲裁庭的组成或者仲裁的程序与仲裁规则不符的;(4)裁决的事项不属于仲裁协议的范围或者仲裁机构无权仲裁的;(5)人民法院认定执行该裁决违背社会公共利益的,裁定不予执行。这表明,前4项不予执行的法定情形需要被申请人提出证据证明,人民法院审查核实后作出裁定。但是针对裁决违背社会公共利益的情形,人民法院会依职权裁定不予执行。仲裁裁决被人民法院裁定不予执行的,当事人可以根据双方达成的书面仲裁协议重新申请仲裁,也可以向人民法院起诉。

第四节 国际经济法概述

一、国际经济法的概念及特征

国际经济法是调整自然人、法人、国家和国际组织在国际经济交往中所形成的各种法律关系的国内法规范和国际法规范的总称。

根据上述定义,可以从以下三个角度理解国际经济法的法律特征。

(一)国际经济法的主体

国际经济法的主体指在国际经济交往的法律关系中能够享有权利及承担义务的法律人格者,又称国际经济法律关系的参加者或当事人,主要包括自然人、法人、国家、单独关税区和国际经济组织等。

1. 国家与单独关税区

国家是国际经济法的主要制定者。国家作为国际经济关系的主体,主要是指以国家名义参加国际经济流转的国家代表和政府机关。在国际经济法律关系中,国家同其他国家或国际经济组织缔结或参加有关调整国际经济关系的条约或协定;制定本国的对外经济政策和法律,依法对本国的涉外经济活动进行管理和法律调整;同时,还直接参与对外经济贸易活动,成为国际经济合同的当事人。

单独关税区仅以该关税区在经贸方面是否具有完全自主权为认定标准,不涉及政治独立性和主权问题,其法律能力只限于特定的范围。世界贸易组织(World Trade Organization,WTO)继承了关税及贸易总协定(General Agreement on Tariffs and Trade,GATT)关于单独关税区的规定,并根据国际形势的变化作了相应的改进和发展。《世界贸易组织协定》第12条规定:"任何国家或在处理其对外贸易关系及本协定和多边贸易协定规定的其他事项方面拥有完全自主权的单独关税区,可按它与WTO议定的条件加入本协定。此加入适用于本协定及所附多边贸易协定。"目前,在WTO存在四个单独关税区,即欧盟、中国香港、中国澳门和中国台湾。

2. 国际经济组织

在国际经济法律关系中,国际经济组织制定或促成制定有关调整国际经济关系的条约或协定;协调各国有关立法,收集、传播和制定有关国际贸易、投资、技术转让的资料、情报和政策;同时,还与其他国际经济法主体签订国际经济合同或协议,促进国际经济交流和协作。

国际经济组织包括政府间组织与非政府组织。政府间国际经济组织的主要特征是:(1)国际经济组织的主要参加者是国家;(2)国际经济组织是国家间基于主权平等原则设立的机构,不是凌驾于国家之上的组织;(3)国际经济组织是以国家间的正式协议为基础的。在国际上具有重大影响的政府间国际经济组织主要包括国际货币基金组织(international monetary fund, IMF)、国际复兴与开发银行(international bank for reconstruction and development, 又称世界银行)、世界贸易组织。区域性的经济组织主要有欧盟、北美自由贸易区等。

非政府组织是指在地方、国家或国际层面上组织起来的非营利性的、非政府的社会组织。非政府组织依据其成立地法可组成法人或非法人组织。随着经济全球化的发展,全球治理的主体也趋向多元化,非政府行为主体包括非政府组织等已在全球治理中发挥出重要作用,其在国际上的地位也日益受到重视。

3. 法人

法人尤其是跨国公司在国际经济交往中具有十分重要的地位。需要关注的是,跨国公司在促进其自身利润最大化的同时,也会对有关国家乃至全球的经济发展、资源、环境、劳工、消费者、当地居民的生活环境产生重要影响。早在20世纪70年代,对跨国公司行为进行规范,就提上了国际社会的议事日程。联合国经社理事会于20世纪70年代中期成立了联合国跨国公司中心,负责起草《联合国跨国公司行为守则》。虽然该守则迟迟未能生效,但国际社会并未放弃规范跨国公司行为的努力。目前,国际社会对跨国公司行为的规范基本以软法的形式存在,包括联合国人权理事会于2011年6月16日一致通过的《工商企业与人权:实施联合国"保护、尊重和救济"框架的指导原则》等。

4. 自然人

国际条约和各国法律一般都规定,具有权利能力和行为能力的自然人是国际经济法律关系的主体。自然人以自己的名义独立参与国际经济交往,并独立承担相应的国际经济义务。

(二)国际经济法的调整对象

国际经济法的调整对象是国际经济关系,既包括国际法上的关系,也包括国内法上的关系,在一项具体的国际经济关系中,往往同时具有双重的法律关系。因此,国际经济法既调整国家间、国际经济组织间、国家与国际经济组织间所发生的经济关系,也调整自然人、法人与国家、国际经济组织间,一国自然人、法人与他国自然人、法人之间所发生的经济关系;同时,国际经济法既调整国家对私人的国际经济交往活动进行管理和规制的关系,也调整当事人在平等自愿的基础上建立起来的横向的国际经济交流与合作的关系。

(三)国际经济法律的规范

国际经济法律的规范,表现为各国涉外经济立法、国际条约、习惯国际法、国际惯例等各种规范的总和。因此,国际经济法并不局限于某一特定的法律规范,不仅包括国际法规范,也包括国内法规范;不仅包括规范国际经济法主体在国际经济活动中的权利和义务的实体性规范,也包括解决国际经济贸易争议的程序性规范;不仅包括国家对国际经济关系进行调整的强制性规范,也包括对国际经济关系进行调整的任意性规范。

二、基本原则

国际经济法的基本原则,指的是贯穿调整国际经济关系的各类法律规范的主要精神和指导思想。在调整国际经济关系过程中,某些最基本的行为规范和行动准则,只有获得国际社会广大成员的共同认可和普遍赞同,才能逐渐成为国际经济法的基本原则。目前,国际经济法的基本原则包括国家经济主权原则、公平互利原则、国际合作以谋发展原则、有约必守原则。

(一) 国家经济主权原则

第二次世界大战后，广大发展中国家虽然在政治上取得了独立，但在经济上仍没有取得真正的独立，本国的自然资源往往控制在外国公司或跨国公司手中，这对发展中国家的经济发展极为不利。从20世纪50年代起，广大发展中国家在联合国大会上为此开展了不懈的努力。1952年1月，联合国大会第六届会议通过《关于经济发展与通商协定的决议》，率先肯定和承认了各国人民享有经济上的自决权。1952年12月，联合国大会第七届会议通过《关于自由开发自然财富和自然资源的权利的决议》，开始把自然资源问题与国家主权问题相联系。1962年12月，联合国大会第十七届会议通过《关于自然资源永久主权的宣言》，正式确认了经济主权和国家对本国境内的自然资源享有永久主权的基本原则。1974年联合国大会分别通过《建立国际经济新秩序宣言》《建立国际经济新秩序行动纲领》《各国经济权利和义务宪章》，国家经济主权原则的确立、巩固和发展，进入了一个崭新的阶段。

国家经济主权原则的主要内容可归纳为五个基本方面：(1) 各国对本国内部以及本国涉外的一切经济事务，享有完全、充分的独立自主权利，不受任何外来干涉；(2) 各国对其境内一切自然资源享有永久主权；(3) 各国对其境内的外国投资以及跨国公司的活动享有管理监督权；(4) 各国对其境内的外国资产有权收归国有或征收；(5) 各国对世界性经贸事务享有平等的参与权和决策权。

(二) 公平互利原则

公平互利原则是指所有国家在法律上一律平等，并且以国际社会平等成员的资格，有权充分地和切实有效地参加决策过程，特别是有权通过相应的国际组织，并遵循这些组织的现行规章或逐步改善中的规章，公平分享由此而得的成果。

这一原则强调树立和贯彻实质上的平等观。对于经济实力相当、实际地位基本平等的同类国家来说，公平互利落实于原有平等关系的维持；对于经济实力悬殊、实际地位不平等的不同类国家来说，公平互利落实于原有形式平等关系或虚假平等关系的纠正以及新的实质平等关系的创设。因此，国际社会应当积极采取各种措施，让经济上贫弱落后的发展中国家有权单方面享受非对等性的、不要求直接互惠回报的特殊优惠待遇，并且通过给予这些貌似"不平等"的特惠，来补偿历史上的过错和纠正现实中的弊病，以实现真正的、实质上的平等，达到真正的公平。发达国家给予发展中国家的"非互惠的普遍优惠待遇"，即是公平互利原则的一种具体运用和初步体现。

(三) 国际合作以谋发展原则

国际合作以谋发展原则强调全球各类国家开展全面合作，尤其是发达国家与发展中国家相互在经济、社会、文化、科学和技术等领域中进行合作（南北合作），以促进整个世界特别是促进发展中国家的经济进步和社会进步。《欧洲经济共同体——非洲、加勒比和太平洋（国家）洛美协定》（又称《洛美协定》或《洛美公约》）和《非加太地区国家与欧共体及其成员国伙伴关系协定》（又称《科托努协定》）的签订是南北合作的初步实践，对于改变南北不平等关系、纠正世界财富国际分配严重不公等现象，已取得初步的重要成果，但距离建立国际经济新秩序的总目标，还相距甚远。

自20世纪70年代以来，发展中国家相互之间开展的经济合作（南南合作）受到越来越多的重视。如"七十七国集团"和"二十国集团"是全球众多发展中国家实行"南南合作"的重要组织形式，对于推动国际经济秩序破旧立新发挥着举足轻重的作用。

(四)有约必守原则

有约必守原则成为国际经济法的基本原则之一,这是由国际经济关系本身的基本要求所决定的。国际经济法的不同主体之间签订的各种条约、合同,只有在缔约各方或立约各方都诚信遵守和切实履行的条件下,才能产生预期的经济效果,才能维持和发展正常的国际经济交往和国际经济关系。但是,有约必守原则的遵守主要受到两方面的限制:一是合同或条约必须是合法、有效的;二是合同或条约往往受"情势变迁"的制约。

有约必守原则已被正式载入国际公约。例如,1969年5月开放供各国签署并于1980年1月开始正式生效的《维也纳条约法公约》,在序言中开宗明义地强调"条约必须遵守原则乃举世所公认"。再如,1974年12月联合国大会第二十九届会议通过的《各国经济权利和义务宪章》强调了"有约必守"是一种调整国际经济关系的基本准则。

三、法律渊源

国际经济法的法律渊源是指国际经济法的主要表现形式,包括国内法渊源和国际法渊源两个方面。

(一)国内法方面的渊源

国家为调整涉外经济关系而制定的国内立法,是国际经济法的国内法渊源,这些国内立法包括宪法、涉外经济法以及与调整涉外经济有关的民商法规范等,在英美法国家还包括判例法。

(二)国际法方面的渊源

国际法方面的渊源包括国际条约、习惯国际法与国际商事惯例、一般法律原则,以及国际组织的决议。

1. 国际条约

国际条约包括两种:一种是国际条约中涉及经济的部分条款,另一种是专门性的国际经济条约。专门的国际经济条约包括双边性的国际条约,也包括多边性的国际条约。这些国际经济条约是国家之间、国际组织之间或国家与国际组织之间为确定彼此之间的经济权利义务而达成的协议。

双边性的条约主要功能在于调整各国相互之间的经济关系,以便更好地保护本国投资者和商人在外国的投资与贸易。在国际贸易领域,双边性条约的形式主要包括贸易协定、贸易议定书、支付协定和贸易与支付协定;在国际投资领域,主要包括友好通商航海协定、投资保证协定和促进与保护投资协定;在税收领域,主要包括避免双重和多重征税的协定、专门性的税收条约等。

区域性的经济条约数量较多,例如,欧盟一系列的经济条约等。

在国际经济领域,重要的普遍性国际公约有:《关税与贸易总协定》(1947年)、《国际货币基金协定》(1944年)、《国际复兴开发银行协定》(1944年)、《建立世界贸易组织协定》(1994年)等。除了这些普遍性国际公约外,还有许多专门性国际公约,涉及国际贸易、国际投资、国际金融等各个领域。例如,在国际货物买卖方面,有《国际货物买卖合同成立统一法公约》(1964年)、《国际货物买卖统一法公约》(1964年)、《联合国国际货物买卖时效期限公约》(1974年)、《联合国国际货物销售合同公约》(1980年)等。在国际货物运输方面,有《统一提单的若干法律规则的国际公约》(1924年)、《联合国海上货物运输公约》(1978年)、《联合国国际货物多式联运公约》(1980年)等。在票据方面,有《统一汇票本票法公约》(1930年)、《统一支票法公约》(1931年)等。在工业产权方面,有《保护工业产权巴黎公约》(1883年)、《商标国际注册马德里协定》(1891年)等。在国际投资方面,有《解决国家与他国国民间投资争端公约》(1965年)、《多边投资担保机构公约》(1985年)。在争端解决方面,有《承认与执行外国仲裁裁决公约》(1958年)、《联合国关于调解所产生的国际和解协议公约》(2020年)、《承认与执行外国民商事判决公约》(2019年通过,尚未生效)。

2. 习惯国际法与国际商事惯例

习惯国际法与国际商事惯例是在国际交往中逐渐形成的不成文的原则和规则。一般认为,构成习惯国际法与国际商事惯例,必须具备两个因素:一是物质的因素,即有重复的类似行为;二是心理因素,即人们认为相关原则与规则有法律拘束力。因此,习惯国际法与国际商事惯例一般要经过相当长时间才能逐渐形成。

习惯国际法是调整国家间关系的,对有关国家具有法律拘束力。国际商事惯例是调整国际私人经济交往关系的,一般属于任意性规范,经国家认可或当事人选择适用,是具有法律拘束力的,不同于尚未具有法律拘束力的通例、常例或通行做法等。

国际商事惯例一般来说是"不成文的"。为了便于国际惯例的适用,一些民间国际组织或商业团体主持了国际惯例的整理、编纂和统一化工作。目前,已经整理编纂的国际商事惯例主要有《1932年华沙—牛津规则》《国际贸易术语解释通则》《托收统一规则》《跟单信用证统一惯例》《约克—安特卫普规则》等。

3. 一般法律原则

一般法律原则作为国际法的渊源之一,通常是指各国法律体系共有的原则。国际司法或准司法机构在处理国际经济争端过程中,在条约或习惯没有规定的情况下,可以适用一般法律原则。例如,在国际投资条约仲裁中,有些仲裁庭在解释和适用投资条约中的公平公正待遇条款时,就适用一般法律原则,如"善意"原则,来进行解释。

4. 国际组织的决议

随着国际组织在国际社会的影响力日益加强,引发了关于国际组织的决议是否可以作为国际法渊源的讨论,尤其是联合国这样重要的国际组织,对于其决议的法律效力有各种不同的意见。

一般而言,国际组织决议的效力,应根据该组织的章程确定。根据《联合国宪章》的规定,安理会对威胁国际和平与安全所作出的决议是具有拘束力的。对于联合国大会决议的效力,学界有不同的意见。按照《联合国宪章》的规定,联大的职权是讨论和建议,因此联大决议一般属于建议性质,不具有法律拘束力。但是,随着国际实践的发展,越来越多的学者倾向于肯定联大某些规范性决议的法律意义。

在国际经济领域,联合国大会从20世纪60年代至70年代通过了一系列重要决议,如1962年的《关于自然资源永久主权宣言》和1974年的《建立新的国际经济秩序宣言》《建立新的国际经济秩序行动纲领》《各国经济权利和义务宪章》等。这些决议和宣言反映或宣示了正在形成中的国际经济法的原则和规则,绝大多数国家特别是发展中国家对其投票赞成,对其是具有法律确信的,同意将其作为法律规范予以接受。因此,这些旨在宣示国际法原则和规范的联大决议,应具有一定的法律效力。从实践来看,联合国大会的一些决议包含了国际法的原则,从而通过国家实践被视为有法律拘束力。例如,联合国大会关于经济主权原则的决议就被广大的发展中国家视为具有法律拘束力。

四、国际经济秩序的改革与发展

现行的国际经济秩序是以"二战"后布雷顿森林体系的相关协定为基础的,在国际经济合作中发挥着核心作用。随着经济全球化的深入发展,新兴市场国家和发展中国家的经济实力在迅速增长,成为国际政治和经济变革的重要力量,它们强烈要求改革某些不合理的传统国际经济制度和规则,以维护自身权益。

当代国际经济合作有多种形式,但从国际层面上看,多边体制与区域性体制并存是其显著特点之一。近些年来,由于多哈回合谈判陷入僵局,许多国家开始转而谋求区域乃至跨区域经济合作。因此,区域性或跨区域性的自由贸易协定和类似的经济合作安排在国际上进一步受到重视并得以发展,区域性合作呈现出发展和扩大的态势。

在新一代经贸规则的重构过程中,在跨太平洋伙伴关系协定(Trans – Pacific Partnership Agreement,TPP)基础上达成的全面与进步跨太平洋伙伴关系协定(Comprehensive and Progressive Agreement for Trans – Pacific Partnership,CPTPP)、区域全面经济伙伴关系协定(Regional Comprehensive Economic Partnership,RCEP)以及北美三国达成的《美国 – 墨西哥 – 加拿大协定》(United States – Mexico – Canada Agreement,USMCA)对国际经济关系将产生重要影响。

第五节 国际贸易法

一、国际贸易法的概念与调整范围

国际贸易法是调整各国之间货物、技术、服务等交换关系以及与这种交换关系有关的其他关系的各种法律规范的总和。这些法律规范包括国际公约、国际商业惯例以及各国有关对外贸易方面的法律。

国际贸易法的调整范围包括:(1)国际贸易买卖以及与之相联系的有关运输、保险与支付方面的法律;(2)有关服务贸易方面的法律与制度;(3)国际技术贸易,即有关专利、商标、专有技术及其跨国转让和国际保护方面的法律与制度;(4)有关政府管理贸易方面的法律与制度。

二、国际货物买卖合同

(一)合同的成立

合同是双方当事人意思表示一致的结果,因此合同的订立就是双方当事人就合同的内容互为意思表示并趋于一致的过程。订立合同的过程可以分为要约与承诺两个阶段。

1. 要约

要约又称为发价、发盘,是向一个或一个以上特定的人提出的订立合同的建议。根据《联合国国际货物销售合同公约》(the United Nations Convention on Contracts for the International Sale of Goods,CISG 公约)第 14 条第 1 款的规定,一个有效的要约,其构成要件包括:(1)向一个或一个以上特定的人提出;(2)要约人清楚地表明愿意按要约内容订立合同的意思;(3)要约的内容必须十分明确和肯定;(4)应表明一经对方承诺即受约束的意思。

实践中,各国一致认为,为了邀请对方向自己订货而发出的商品目录单、报价单不是要约,而是要约邀请。要约在送达受要约人时生效；在过期、撤回或撤销、拒绝、反要约的情形下，要约失去效力。

2. 承诺

承诺又称为接盘，是受要约人对要约表示无条件接受的意思表示。根据 CISG 公约第 18 条第 1 款的规定，一个有效的承诺，其构成要素包括：(1)承诺应由受要约人作出；(2)承诺的内容应与要约相一致，对于非实质性更改要约内容的承诺，要约人对是否确认其为承诺具有决定权；(3)承诺应在要约的有效期内作出；(4)承诺应以口头、书面或一定条件下的行为方式作出。

关于承诺生效的时间，主要有三种原则：(1)投邮生效原则，即承诺通知一经发出，立即生效，合同于此时宣告成立，英美普通法系国家采用这一原则；(2)到达生效原则，即承诺通知到达要约人时生效，不管要约人是否知晓其内容，德国等大陆法系国家采用这一原则；(3)了解生效原则，即承诺通知不但应送达要约人，而且在要约人了解其内容后，承诺才能发生效力，意大利、比利时等国采用这一原则。为了协调各缔约国在承诺生效时间上的分歧，CISG 公约采纳到达生效原则。

(二)合同的履行

合同订立后，买卖双方必须按照合同的规定履行合同义务，同时也享受合同权利，一方承担的义务正是另一方所享有的权利。

1. 买卖双方的义务

卖方义务主要包括：(1)交付货物和单据。卖方必须按照合同约定的时间和地点移交货物及有关单据。(2)担保义务。卖方除了承担交付货物义务，还应保证其提交的货物在各方面符合合同的约定，包括卖方对所交货物的质量担保和权利担保，质量担保是指卖方交付的货物必须与合同所规定的数量、质量、规格和包装相符；权利担保是指卖方提交的货物必须是第三方不能提出权利要求的货物，除非买方同意在这种权利或要求的条件下收取货物。

买方义务主要包括：(1)支付货款。买方必须按照合同约定的时间、地点及方式支付货款。(2)收取货物。买方应采取一切理应采取的行为以期卖方能提交货物并接收货物。

2. 风险转移与所有权转移

货物所有权是对于货物进行完全的、直接的和排他的支配并享有其利益的法律权利。关于所有权转移的时间，各国法律规定不尽相同。例如，德国法要求以实际交货或交付物权凭证为所有权转移的标志；法国法原则上以买卖合同的成立作为货物所有权转移的标志，但实际上种类物要经过特定化，附条件的买卖要于条件成就之后，货物所有权才能转移；《美国统一商法典》规定，在把货物确定在合同项下之前，货物的所有权不转移给卖方，还规定了几种情况下转移的具体标志。由于各国规定差异较大，难以协调，CISG 公约对货物所有权转移的问题不作规定，由各缔约国国内法自行调整。

风险转移的法律后果是，在风险转移到买方后，货物发生灭失或损坏的，买方支付价款的义务并不因此而解除，除非这种灭失或损坏是由于卖方的作为或不作为所造成的。对于风险转移，各国主要有两种做法：(1)以所有权转移的标志作为风险转移的标志，实行"物主承担风险"的原则，如英国、法国；(2)以交货时间作为风险转移的标志，如美国、德国。CISG 公约首先允许当事人使用国际贸易术语确定或自行约定风险转移的标志，同时规定了以交货时间作为风险转移的标志。

(三)合同的违约与救济

1. 违约与违约救济

违约是指卖方或买方未履行或未全部履行其合同义务的一种行为,当事人应当对违约行为承担责任。CISG 公约在违约的构成要件问题上,采取无过错原则,即当事人不履行合同应承担违约责任,不得以自己无过错作为未履行合同义务的抗辩。

针对卖方违约的不同情形,买方可采取的救济方法有:要求卖方实际履行合同义务;要求卖方交付替代货物;接受卖方的主动补救;为卖方履行其义务规定一段合理时限的额外时间;解除合同;要求损害赔偿;要求降低价格;拒收卖方提前交付或超量交付的货物。

针对买方违约的不同情形,卖方可采取的救济方法有:要求买方支付货款、收取货物或履行其他义务;为买方履行义务规定一段合理时限的额外时间;解除合同;要求损害赔偿;卖方自己订明货物的规格;要求买方支付不按时付款的利息。

2. 三种违反合同的情形及相应的救济措施

(1)根本违反合同,即一方当事人违反合同的结果,如果使另一方当事人遭受损害,以至于实际上剥夺了另一方根据合同规定有权期待得到的利益,除非违反合同一方并不预知而且一个通情达理的人在同样的情况下也不能预见到这种结果。在一方当事人构成根本违反合同的情况下,另一方当事人有权宣告合同无效。

(2)预期违反合同,即合同依法成立后,在其规定的履行期限届满之前,一方当事人有充分根据判断另一方当事人将不履行合同义务。在此情形下,一方当事人可以中止履行其义务。

(3)分批交货中的违反合同。在货物买卖合同中,除非当事人在合同中有明确规定,否则不能强迫买方接受分批交货或卖方接受分期付款。CISG 公约规定,当一方违反分批履行义务,另一方宣布解除合同时,应满足以下条件:如果一方当事人不履行对任何一批货物的义务,构成根本违反合同时,另一方当事人可以宣告合同对该批货物无效;如果从该项违反可以推断,类似的违反将发生于将来的几批交货中,则受损失方可以取消合同;假如各批货物是相互依存的,不能单独用于双方当事人在订立合同时所设想的目的,则买方在宣告合同对任何一批货物的交付为无效时,可以同时宣告合同对已交付的或将要交付的各批货物均为无效。

三、国际货物买卖法

国际货物买卖法是规范跨国货物买卖行为,调整买卖双方当事人的跨国货物买卖关系的法律规范的总和。国际货物买卖法在渊源上表现为国际条约、国际惯例和各国的国内法三种形式。

(一)CISG 公约

1980 年 CISG 公约是国际货物买卖领域中影响最大的实体法公约。我国是该公约最早的缔约国之一。

1. 适用 CISG 公约的合同

(1)当事人的营业地位于不同缔约国的合同。CISG 公约第 1.1 条(a)款规定:"本公约适用于营业地位于不同缔约国的当事人之间订立的货物销售合同,至于当事人的国籍则不予考虑。"

(2)根据国际私法规则适用公约。CISG 公约第 1.1 条(b)款规定:"如果国际私法规则导致适用某一缔约国的法律,则本公约也将适用于营业地在不同国家的当事人之间所订立的货物销售合同。"该规定目的在于扩大 CISG 公约的适用范围,但包括中国在内的一些国家对此条款提出了保留。

2. 不适用 CISG 公约的客体范围

CISG 公约适用的客体范围是"货物买卖"。CISG 公约没有对"货物"下定义,但公约第 2 条规定,公约不适用于下列买卖交易:购买供私人、家人或家庭使用的货物买卖;经由拍卖的买卖;根据法律执行令状或其他令状的买卖;公债、股票、投资证券、流通票据或货币的买卖;船舶或飞机的买卖;电力的买卖。

CISG 公约第 3 条还规定,对卖方绝大部分义务在于提供劳务或其他服务的合同以及由买方提供制造或生产货物的大部分原材料的合同不受公约调整。根据该条规定,咨询服务合同、对外加工装配合同、补偿贸易合同等,均不受公约调整。

3. 主要内容

CISG 公约确定了两方面的法律规则:买卖合同的成立;买卖双方的权利和义务,包括违约救济和风险转移方面的权利与义务。其目的在于减少国际贸易中的法律障碍,促进国际贸易的发展。CISG 公约不涉及的事项包括:合同和任何惯例的效力;合同对所售货物所有权可能产生的影响;买卖的货物引起的人身伤亡或损害的责任问题。

4. CISG 公约的任意性问题

公约的任意性使得当事人对公约的适用范围具有很大的灵活性。公约第 6 条规定,双方当事人可以不适用本公约,或减损本公约的任何规定或改变其效力。

此外,对于排除适用公约的问题,有以下两个问题需引起注意:第一,排除公约适用的方式通常是在合同中明确规定不适用公约,但如果默示排除的方式足够明确,也可排除公约的适用。合同约定适用某缔约国的法律,通常不能排除公约的适用。第二,当事人在合同中只提到适用《国际贸易术语解释通则》,并不意味着合同排除了适用 CISG 公约或某个国内法。因为《国际贸易术语解释通则》仅对当事人的装货义务、风险和费用的负担等事项作出规定,这只是规定了当事人的部分权利和义务,而对于合同的成立、违约救济等方面则未涉及,它与公约是相互补充的。

5. 我国的保留

(1)对公约适用于非缔约国的规定提出的保留。我国不同意根据 CISG 公约第 1.1 条(b)款而扩大公约的适用范围,即我国仅承认当事人的营业地位于不同缔约国之间的国际货物买卖合同适用该公约。

(2)对公约关于合同订立形式的保留。我国对 CISG 公约第 11 条关于合同可以以非书面形式订立提出保留,但自从 1999 年我国《合同法》生效后,在实践中已允许包括采取口头形式在内的非书面形式订立国际货物买卖合同。

2013 年 1 月我国政府正式通知联合国秘书长,撤回对 CISG 公约所作"不受公约第十一条及与第十一条内容有关的规定的约束"的声明,该撤回已正式生效。

(二)国际贸易术语

国际贸易术语是指按照交货地点和方式不同,划分买卖双方在交货方面的风险、责任和费用负担的专门用语。国际贸易术语是自 19 世纪以来,在长期的国际贸易实践中逐渐形成并得到广泛认可与遵守的国际货物买卖惯例,其内容主要涉及:反映买卖特点的基本合同义务;适用的运输方式;卖方的交货地点和方式;货物的风险转移;买卖双方在安排货物的运输、保险、进出口清关、过境运输的海关手续等方面的责任和相应的费用承担等。

　　国际贸易术语一般用一个简短的概念或其英文字母缩写表示,每个贸易术语项下的当事人的基本权利与义务已经确定。因此,合同当事人选择适用国际贸易术语,可以缩短合同的磋商时间和减少国际贸易的法律障碍。

　　国际贸易术语最初只是一些"不成文"的规则。为了便于其适用,一些国际性民间组织或学术团体或国内商业团体对常见的贸易术语加以编纂,使之成文化。这些成文化的国际贸易术语主要有三种:《1932华沙—牛津规则》《1941年美国对外贸易定义修订本》《国际贸易术语解释通则》(ICC rules for the use of domestic and international trade terms, INCOTERMS)。其中INCOTERMS应用最广、影响最大。

　　INCOTERMS最初由国际商会于1936年发布。为适应国际贸易实践发展的需要,国际商会先后于1953年、1967年、1976年、1980年、1990年、2000年、2010年和2020年对之进行过多次修订和补充。因此,如果合同当事人选择适用INCOTERMS,必须在合同中写明所适用的INCOTERMS版本。例如,当事人希望适用《INCOTERMS 2020》版本的,应在合同中明确规定合同受该版本的约束。值得注意的是,INCOTERMS不仅适用于国际贸易,亦可用于国内贸易。

　　《INCOTERMS 2020》统一解释了11个贸易术语,并根据运输方式将这11种贸易术语分为两类:一类是适合所有运输方式或多种运输方式的贸易术语,包括EXW、FCA、CPT、CIP、DAT、DAP和DDP;另一类是只适用于海上运输方式的贸易术语,包括FAS、FOB、CFR和CIF。下面介绍《INCOTERMS 2020》中常用的三个贸易术语。

　　1. FOB(free on board, named port of shipment, 离岸价格)

　　FOB即装运港船上交货,使用这一价格术语时,应在术语后加注装运港名称,例如,FOB(shanghai)表明货物在上海港装船。在FOB价格术语下,卖方承担货物在船上交货之前的风险,买方则承担船上交货之后货物灭失或损坏的一切风险,并自行承担货物的运送费用和运输途中的保险费用。该术语要求卖方办理出口清关。该术语不适用于货物在装上船前已经交付给承运人的情况,例如用集装箱运输的货物通常是在集装箱码头交货,在这类情况下应该使用FCA。

　　2. CFR(cost and freight, named port of destination, 成本加运费价格)

　　CFR是成本加运费价格的缩写,使用这一价格术语时,应在术语后加注目的港名称,例如,CFR(shanghai)表明货物运往上海港。在CFR价格术语下,卖方承担货物在船上交货之前的风险,办理货物的运输手续和承担相应的运输费用及码头装卸作业费用,不负责办理投保手续和支付保险费,不提供保险单;买方承担船上交货之后货物灭失或损坏的一切风险,并自行承担货物在运输途中的保险费用。

　　3. CIF(cost, insurance and freight, named port of destination, 到岸价格)

　　CIF又称到岸价格,使用这一价格术语时,应在术语后加注目的港名称,例如,CIF(shanghai)表明货物运往上海港。在CIF价格术语下,卖方承担货物在船上交货之前的风险,承担货物的运输费用、码头装卸作业费用以及货物在运输途中的最低限度的保险费用,办理货物出口清关;买方承担船上交货之后的货物灭失或损坏的一切风险,办理进口清关手续等。

　　(三)我国涉外合同法律制度

　　在《民法典》没有颁布之前,我国涉外合同法律制度主要规定在《合同法》之中。《合同法》

以平等主体之间的民事权利义务关系为调整对象,不仅调整国内合同关系,还调整具有涉外因素的合同关系。2020 年 5 月 28 日,十三届全国人大三次会议表决通过了《民法典》,自 2021 年 1 月 1 日起施行,《合同法》同时废止。

《民法典》共 7 编、1260 条,各编依次为总则、物权、合同、人格权、婚姻家庭、继承、侵权责任以及附则。《民法典》合同编第九章"买卖合同"采用国内合同、涉外合同并轨制的立法模式。由于我国是 CISG 公约的缔约国,《民法典》关于货物买卖合同的相关条款与 CISG 公约内容接轨。我国当事人在对外签订货物买卖合同时,也可以选择 CISG 公约作为该合同适用的法律。

四、国际贸易管理的法律制度

(一)概念及管理工具

1. 概念

国际贸易管理也称国际贸易管制,是指一国通过法律、经济和行政手段对与该国有关的国际贸易进行鼓励、限制、监督和促进等管理活动。对外贸易管理是国家行使主权的重要表现,是国家在对外贸易中推行贸易政策的重要表现。

国际贸易管理法是调整国际贸易管理关系的国内法规范和国际法规范的总和,其法律渊源包括各国政府的国内外贸管理法和有关外贸管理的国际条约。

国家有关对外贸易管理的国内立法所涉及的一般是具有公法性质的、不能由当事人在合同中加以变更和排除的法律法规,主要包括:关税制度、海关估价规则、许可证制度、配额制度、外汇管理制度、商品检验制度、原产地规则以及有关保护竞争、限制垄断及不公平贸易做法的法律和制度等。由于历史、经济等各方面的原因,各国外贸管理的国内立法进展不一,繁简有别。相对于发展中国家而言,发达国家的外贸管理立法较为完备。例如,美国出台了《1988 年综合贸易与竞争法》《国际紧急经济权力法》《2018 年出口管制改革法》等一系列国际贸易管理法律法规。随着中国特色社会主义法治体系日益完善,我国也形成了以《对外贸易法》为核心的外贸管理法律体系。

为协调外贸管理制度,各国之间还签订了双边、区域性或多边的贸易管理条约,如《中国—新西兰自由贸易协定》、USMCA、CPTPP、RCEP、WTO 协定等。其中,WTO 协定是国际贸易管理法律体系的核心。

2. 管理工具

各国政府管理进出口贸易主要采用关税措施和非关税措施。第二次世界大战后,各国经过多边谈判,关税水平大幅下降,关税对国际贸易的限制作用逐渐降低。与之同时,非关税壁垒措施被各国广泛采用,内容层出不穷,成为各国管理进出口贸易的重要手段,也成为一些国家推行贸易保护主义的重要工具。

关税(customs duties, tariff)是一国或单独关税区的海关根据其法律及关税税则的规定,代表国家或政府按照货物进出关境时的状态对进出口货物征收的一种税。对进出口货物征收关税是国家或单独关税区管理对外贸易的措施之一。根据货物进出关境的流向可以将关税分为进口税、出口税和过境税。WTO 规则主要规范进口税。在正常关税之外征收的关税称为特别关税,如反倾销税、反补贴税。

关税既可以创造财政收入,又可以对商品进出口起阻碍作用,因此,关税一直被用作管理贸易尤其是限制货物进口的措施。约束关税并分阶段削减关税原则是 WTO 的基本原则。各成员在降低关税谈判中作出的关税减让承诺,列入成员的关税减让表。

非关税措施是指除关税法律制度以外的一切直接或间接限制进口的措施。直接非关税措施是政府对某些商品的进口数量或金额加以限制或规定,如进口许可证、进口配额、自动出口限额等;间接非关税措施是不直接限制进口数量,但规定严格的进口条件,间接地起到限制进口数量的作用,如外汇管制、动植物卫生检疫措施、技术性贸易壁垒等。与关税措施相比,非关税措施具有更大的灵活性和针对性,可随时针对某国的某种商品采用不同的限制措施,较快地达到限制进口的目的。

此外,非关税措施还可以作为鼓励商品出口的工具被政府采用,旨在扩大本国商品出口,争夺国外市场。这些鼓励措施主要包括出口补贴、出口预备金、出口信贷、出口退税等。

(二)世界贸易组织

世界贸易组织于 1995 年 1 月 1 日建立。世界贸易组织的法律体系,目前主要是指 WTO 协定。该协定是乌拉圭回合谈判的产物,其正文仅有 16 条,主要规定 WTO 的宗旨、地位、职能、范围、机构与运作,以及协定的接受、修改、退出、适用等内容。

此外,WTO 协定还包括 4 个附件,是 WTO 规则的核心所在:附件一是多边实体法部分,包括多边货物贸易协议(1994 年《关税与贸易总协定》及 13 个配套协议)、《服务贸易总协定》和《与贸易有关的知识产权协议》;附件二是《关于争端解决规则与程序的谅解》;附件三是《贸易政策审查机制》;附件四属于诸边协议,仅对签署方有约束力,成员方可以自愿选择参加,包括《政府采购协议》《民用航空器协议》《国际奶制品协议》《国际牛肉协议》。《国际奶制品协议》《国际牛肉协议》已经分别于 1998 年、1997 年终止。

1. WTO 宗旨

作为多边贸易体制,WTO 宗旨承袭了 GATT 的宗旨,并顺应时代的发展,对 GATT 的宗旨作了适当的补充和加强。概括起来,WTO 的宗旨是:通过彼此切实削弱关税及其他贸易壁垒,消除国际贸易上的歧视待遇,并以"提高生活水平,保证充分就业和大幅度稳步提高实际收入和有效需求","扩大货物和服务的生产与贸易","为持续发展之目的扩大对世界资源的充分利用,保护和维护环境"为目标,主张利用多边贸易谈判的方式,解决贸易争端,以达到削减贸易管理措施的目的。因此,WTO 主张自由贸易,要求其成员更新其法律,使之遵守 WTO 规则。

2. WTO 协议的基本内容与贸易管理

(1)自由贸易目标

WTO 倡导自由贸易,要求各成员方逐步削减关税,消除非关税贸易壁垒,促进货物和服务的自由流动。在各成员方的共同努力下,关税税率已大大降低,导致许多成员方转而采取各种非关税措施来取代关税措施。因此,保证关税减让的效果不因非关税措施而减损成为 WTO 工作的重点任务之一。各成员方也达成了一系列约束非关税措施的协议,如《实施卫生和植物卫生措施协定》《技术性贸易壁垒协定》《与贸易有关的投资措施协定》(Agreement on Trade – Related Investment Measures, TRIMs 协定)等。

(2)非歧视原则

非歧视原则是 WTO 基本原则之一,也是 WTO 法律体系的基石,与 WTO 的宗旨是一脉相承的。非歧视原则包括最惠国待遇与国民待遇两个方面。根据这一原则,任何成员方不得在其他成员方之间实行歧视政策,对其他成员方的同类进口产品都必须无条件地给予最惠国待遇;也不得在同类的进口产品和国内产品之间实行歧视待遇,对所有进口产品实行与本国同类产品相同待遇。

GATT1994 第 1 条第 1 款规定了最惠国待遇适用的四个方面:第一,与进出口相关的关税和费用;第二,关税和费用的征收方法;第三,进口和出口的规章手续;第四,国内税费以及有关产品的国内销售、推销、购买、运输、分销或使用的法律规章。GATT1994 第 3 条确立了国民待遇规则,要求成员对进口产品提供相对于同类国内产品的平等的竞争条件。

(3)透明度规则

WTO 透明度规则要求各成员方一切影响贸易活动的政策、法规和具体措施都必须及时公开,否则不得实施。透明度规则的目的在于:第一,防止某些成员方不公开地采用一些违反 WTO 规则或其义务的做法来保护其国内市场而损害其他成员方的权益;第二,为国际贸易创造一个可预见的环境,便于贸易的正常开展。

(4)公平贸易制度

WTO 公平贸易制度要求任何成员方不得采取违反市场经济规律的不公平竞争做法来提高本国产品和服务的国际市场竞争力或获得更多的国际市场份额。WTO 公平贸易制度主要体现在其反补贴协议和反倾销协议中。

(5)义务例外制度

WTO 在设立义务的同时,也设定了义务例外制度。这类义务例外可以分为两大类:一类是义务适用例外,另一类是义务责任例外。

在第一类义务例外的情况下,成员根本不存在相应义务,更谈不上违反义务的责任,例如 GATT1994 第 3 条规定的国民待遇义务不适用于政府采购。

在第二类义务例外的情况下,成员虽存在相应义务,但在没有履行相应义务的情况下,如果满足 WTO 规定的特殊条件,可以不承担违反义务的责任或后果,例如 GATT1994 第 20 条规定的一般例外和第 21 条规定的安全例外。GATT1994 第 20 条一般例外条款解决的是贸易政策与公共政策的关系问题,同时要求基于公共政策的措施得以公正实施;GATT1994 第 21 条安全例外条款则涉及的是贸易利益与国家安全利益的关系。

3. WTO 的政策评审机制

在 WTO 框架下,各成员方达成了一揽子的国际贸易协议。贸易政策评审机制就是为了促使各成员方承担一揽子协议的国际义务而建立起来的。该机制的目标是通过监督,增加各成员方贸易政策及实践的透明度和相互了解,提高公众及政府间在对外经济政策问题上的审议质量,同时对每一成员方对外贸易政策的制定、实施情况及这些政策对多边贸易体制的影响进行一定时期的、综合的评价。

4. WTO 争端解决机制

WTO 争端解决机制是在 WTO 法律框架下解决成员间争议的专门机制。由于其专门性、完整性和统一性等突出特点,这一机制成为 WTO 制度体系中的核心组成部分,是保证 WTO 成员有效履行相关条约义务、维护和促进多边贸易体制发展的支柱性制度。

WTO 争端解决机制对各成员间因 WTO 相关协定产生的争端具有强制管辖权,为此,WTO 设立了由所有成员代表组成的专门的争端解决机构(Dispute Settlement Body, DSB)。DSB 负责设立专家组、上诉机构,并有权通过专家组和上诉机构的报告,监督报告的执行、授权报复等。

WTO 争端解决程序包括磋商、专家组程序、上诉程序、建议和裁决的执行等阶段。与

GATT 争端解决机制所不同的是,专家组、上诉机构报告的通过以及争端解决机制对中止减让和其他义务的授权均采用"反向一致"(Negative Consensus)的原则,即除非全体成员一致否决,否则报告和授权即可通过,从而大大提高了 WTO 争端解决机制的效率和强制力。

此外,成员还可以采用斡旋、调解和调停方式解决争端。斡旋、调解和调停是在争端各方同意的情况下自愿采用的程序,更多地体现了当事方意思自治原则,该程序可以随时开始或终止。

(三)中国对 WTO 改革的立场与主张

2001 年 12 月 11 日,中国正式加入 WTO。在 WTO 体制下,中国承担的国际义务既包括 WTO 协议的内容与要求,也包括中国在加入 WTO 议定书中所作出的具体承诺。

加入 WTO 后,中国全面对接国际贸易规则,切实履行加入世贸组织承诺,并成为多边贸易体制坚定的支持者与拥护者。同时,中国支持 WTO 进行必要改革,以增强其权威性和有效性。中国商务部于 2018 年 11 月 23 日发布了《中国关于世贸组织改革的立场文件》,提出关于 WTO 改革的三个基本原则和五点主张。其中,三个基本原则包括:第一,世贸组织改革应维护多边贸易体制的核心价值(中方认为,非歧视和开放是世贸组织最重要的核心价值);第二,世贸组织应保障发展中成员的发展利益;第三,世贸组织改革应遵循协商一致的决策机制。五点主张包括:第一,世贸组织改革应维护多边贸易体制的主渠道地位;第二,世贸组织改革应优先处理危及世贸组织生存的关键问题;第三,世贸组织改革应解决贸易规则的公平问题并回应时代需要;第四,世贸组织改革应保证发展中成员的特殊与差别待遇;第五,世贸组织改革应尊重成员各自的发展模式。中国的这一立场文件为世贸组织的未来贡献了"中国方案"。

(四)我国对外贸易管理法律制度

随着我国对外贸易实践的发展,我国对外贸易管理法律制度也逐渐建立并日益成熟,形成了以《对外贸易法》为核心,《海关法》《进出口商品检验法》《进出境动植物检疫法》《出口管制法》《关税法》《生物安全法》《密码法》《反倾销条例》《反补贴条例》《保障措施条例》《货物进出口管理条例》《技术进出口管理条例》《外汇管理条例》《进出口税则》《两用物项出口管制条例》等相关法律法规相配套的较为完整的法律体系。

加入 WTO 后,我国认真履行国际义务,积极实施国内相关贸易管理法律制度的完善工作并使之与 WTO 规则相一致。目前,我国现行的外贸管理法律制度已经完成了与 WTO 法律制度相接轨的修订与完善工作。概括而言,我国对外贸易管理制度主要有:对外贸易经营者管理制度、货物进出口管理制度(包括进出口许可证制度、进出口配额制度、进出口关税制度、进出口商品的外汇管理制度、进出口商品检验检疫制度、原产地规则制度、政府采购制度等)、技术进出口管理制度、国际服务贸易管理制度、贸易救济制度(包括反倾销制度、反补贴制度、保障措施制度)等。

《对外贸易法》共 11 章 69 条,规定了我国对外贸易基本制度与基本原则,确立了我国处理外贸关系的基本准则;明确了外贸经营主体的资格条件及其权利义务;规定了国家管理各类贸易,包括货物及技术进出口、国际服务贸易及与对外贸易有关的知识产权保护的基本方针、政策;规定了国家对外贸易促进措施、对外贸易秩序的管理措施、对外贸易调查及对外贸易救济措施;最后,对法律责任也作了明确规定。下面以《对外贸易法》为内容,简要介绍我国的外贸管理制度。

1. 基本原则

《对外贸易法》确立了我国对外贸易管理的 6 项原则:(1)统一原则,即我国对外贸易领导权和管理权由国家统一行使;(2)维护公平、自由的对外贸易秩序原则;(3)国家鼓励发展对外贸易原则;(4)平等互利原则,即在促进和发展与其他国家和地区的贸易关系时,我国贯彻平等互利的原则;(5)依国际条约或互惠、对等原则给予对方最惠国待遇、国民待遇等待遇的原则;(6)对等采取歧视性措施的原则,即任何国家或者地区在贸易方面对我国采取歧视性的禁止、限制或者其他类似措施的,我国可以根据实际情况对该国家或者该地区采取相应的措施。

2. 对外贸易管理措施

《对外贸易法》第三章、第四章、第五章分别是关于货物进出口与技术进出口、国际服务贸易、对外贸易有关的知识产权保护的各项管理措施的规定。对于货物和技术进出口的管理,原则上允许货物与技术的自由进出口,但国家基于下列原因,可以限制或者禁止有关货物、技术的进口或者出口:(1)为维护国家安全、社会公共利益或者公共道德,需要限制或者禁止进口或者出口的;(2)为保护人的健康或者安全,保护动物、植物的生命或者健康,保护环境,需要限制或者禁止进口或者出口的;(3)为实施与黄金或者白银进出口有关的措施,需要限制或者禁止进口或者出口的;(4)国内供应短缺或者为有效保护可能用竭的自然资源,需要限制或者禁止出口的;(5)输往国家或者地区的市场容量有限,需要限制出口的;(6)出口经营秩序出现严重混乱,需要限制出口的;(7)为建立或者加快建立国内特定产业,需要限制进口的;(8)对任何形式的农业、牧业、渔业产品有必要限制进口的;(9)为保障国家国际金融地位和国际收支平衡,需要限制进口的;(10)依照法律、行政法规的规定,其他需要限制或者禁止进口或者出口的;(11)根据我国缔结或者参加的国际条约、协定的规定,其他需要限制或者禁止进口或者出口的。

对限制或禁止进出口的货物或技术需通过政府禁令的形式实施,即由商务部会同国务院其他有关部门,制定、调整并公布限制或者禁止进出口的货物、技术目录。国家对限制进口或者出口的货物,实行配额、许可证等方式管理;对限制进口或者出口的技术,实行许可证管理。

国际服务贸易方面,我国根据所缔结或者参加的国际条约、协定中所作的承诺,给予其他缔约方、参加方市场准入和国民待遇。国家基于下列原因,可以限制或者禁止有关的国际服务贸易:(1)为维护国家安全、社会公共利益或者公共道德,需要限制或者禁止的;(2)为保护人的健康或者安全,保护动物、植物的生命或者健康,保护环境,需要限制或者禁止的;(3)为建立或者加快建立国内特定服务产业,需要限制的;(4)为保障国家外汇收支平衡,需要限制的;(5)依照法律、行政法规的规定,其他需要限制或者禁止的;(6)根据我国缔结或者参加的国际条约、协定的规定,其他需要限制或者禁止的。

关于与对外贸易有关的知识产权保护方面,进口货物侵犯知识产权,并危害对外贸易秩序的,商务部可以采取在一定期限内禁止侵权人生产、销售的有关货物进口等措施。

3. 对外贸易活动中的禁止行为

《对外贸易法》规定,在对外贸易经营活动中,对外贸易经营者应遵守国家有关外汇管理的规定;不得违反有关反垄断的法律、行政法规的规定实施垄断行为;不得实施以不正当的低价销售商品、串通投标、发布虚假广告、进行商业贿赂等不正当竞争行为。也不得有以下行为,否则应承担相应的法律责任:(1)伪造、变造进出口货物原产地标记,伪造、变造或者买卖进出口货物原产地证书、进出口许可证、进出口配额证明或者其他进出口证明文件;(2)骗取出口退税;(3)走私;(4)逃避法律、行政法规规定的认证、检验、检疫;(5)违反法律、行政法规规定的其他行为。

4. 对外贸易调查与救济制度

为有效维护对外贸易秩序，《对外贸易法》还规定了对外贸易调查与救济制度。对外贸易调查事项有 7 项内容，主要包括：(1)货物进出口、技术进出口、国际服务贸易对国内产业及其竞争力的影响；(2)有关国家或者地区的贸易壁垒；(3)为确定是否应当依法采取反倾销、反补贴或者保障措施等对外贸易救济措施，需要调查的事项；(4)规避对外贸易救济措施的行为；(5)对外贸易中有关国家安全利益的事项；等等。

贸易救济措施主要包括反倾销措施、反补贴措施、保障措施等。为了进一步细化贸易救济措施的相关内容，国务院于 2001 年 11 月同时颁布了《反倾销条例》《反补贴条例》《保障措施条例》，并于 2004 年 3 月对上述三个条例分别进行了修改。

5. 对外贸易促进

我国国际贸易促进组织和商会组织是我国从事贸易促进工作的重要组织机构。促进对外贸易的具体措施包括：进出口信贷、出口信用保险、出口退税等；此外，国家还根据对外贸易发展的需要，建立和完善为对外贸易服务的金融机构，设立对外贸易发展基金、风险基金。

五、国际技术转让法

国际技术转让是处在不同国家或地区的当事人之间进行跨越国境的技术转让，从历史发展角度来看，国际技术转让并非近代出现，而是早在古代就存在了。可以说，各国之间相互学习，传播技术，从整体上带动并促进了整个人类历史的前进与发展。而在当今世界，先进的技术已经成为占据国际商品市场的重要手段之一，同时也是开拓国际市场的有力武器，也能显著提升一国的国际影响力。

（一）许可证贸易

1. 概念与特征

许可证贸易（licensing）是专利权所有人作为许可方（licensor）向被许可方（licensee）授予某项权利，允许其按许可方拥有的技术实施、制造、销售该技术项下的产品，并由被许可方支付一定数额的报酬。

许可证贸易具有以下基本特征：(1)确定时间的有效期。协议的计价与时间成正比，特别是按产品的实际生产数量提成计价的协议更是如此。协议期限一般不超过 10 年，实用新型和外观设计专利的协议期限不超过 8 年，商标使用协议期限不超过 8 年。(2)特定的地域性。协议条款必须明确规定引进方在什么地域范围内享有协议规定的权益[10]。技术出让方和受让方的合法权益都受地域限定。(3)严格的法律性。许可证贸易协议涉及交易双方的国内立法、国际公约和国际惯例，必须严格依法办理。(4)鲜明的有偿性。许可证贸易协议规定了交易双方的权利和义务，被许可方需向许可方支付技术使用费。(5)广泛的国际性。许可证贸易有国内和国际之分，国际许可证贸易涉及不同国家的法律，具体办理上差别甚大。[11]

2. 意义

许可证贸易具有以下意义：(1)避开进口国限制、作为产品出口转换形式的最佳途径。(2)可大大降低或避免国际营销的各种风险。例如，许可方的资金没有进入国际市场，减少了

---

[10] 吕明瑜：《论知识产权许可中的垄断控制》，载《法学评论》2009 年第 6 期。
[11] 韩驰：《捷克许可贸易法译介》，载《上海法学研究》集刊 2021 年第 20 卷总第 68 卷。

被许可方所在国的外汇管制风险;纯粹的技术使用权许可,不存在独资或合资的企业被东道国没收征用的政治风险;由被许可方利用技术进行产销活动,使市场竞争与汇率变动等风险转移到被许可方身上。(3)可节省高昂的运销费用,提高价格竞争的能力。(4)有利于特殊技术的转让。[12] 某些关系到进口国国计民生的重要工业产品无法采用投资或产品出口方式,而通过许可证贸易便能顺利地涉足于这些产品的生产经营领域。(5)便于服务性质的企业进入国际市场。如各种类型的咨询公司、技术服务公司等企业本身并不制造产品,许可证贸易便为它们的无形产品(技术)进入国际市场提供了便利条件。(6)使小型制造企业也能进入国际市场。这一优点对于我国众多的制造企业来说尤为重要。

3. 类型

(1)专利许可证。专利许可证转让是一种古老的技术转让方式,其含义系指专利所有人或其授权的法人及自然人在一定范围内允许他人使用其受专利保护的技术权利。

(2)专有技术许可证。专有技术系指生产秘密、技术知识、经验、制造方法等。专有技术许可证不同于专利许可证,它是靠合同中的保密条款来保护的,专有技术的有效期比专利更富有伸缩性。

(3)商标许可证。商标权是商标的使用者向主管部门申请、经主管部门核准所授予的商标专用权。商标许可证是指拥有商标专用权的所有人通过与其他人签订许可合同,允许他人在指定的商品上及规定的地域内使用其注册的商标。

(4)版权许可证贸易。常用于软件、文学作品、影视作品等领域。比如软件开发者将软件的版权许可给其他企业使用,允许其进行复制、发行等符合许可协议约定的操作,使用方按约定支付版权许可费;又如影视制作公司将某部热门影视作品的播放版权许可给电视台或网络视频平台播放等。

4. 方式

(1)独占许可证协议,即在规定的地区内,接受方在协议的有效期内对许可证协议项下的技术享有独占的使用权,许可方不得在该地区内使用该项技术制造和销售商品,也不得把同样的技术授予该地区内的任何第三方。

(2)排他性许可证协议又称全权或独家许可证协议,即在规定的地区内,许可方和接受方在协议有效期内对许可证协议项下的技术都享有使用权。但许可方不得将此种权利给予第三方,即不得与第三方签订同一内容的许可协议。

(3)普通许可证协议,即许可方允许被许可方在规定的地区和时间内享有使用协议中所规定的技术制造和销售相关产品的权利。但这种权利不是独占的,对许可方没有限制,技术使用权转让给被许可方后,技术许可方仍可在该地区内使用该项技术或将这项技术的使用权授予任何第三方。

(4)分许可证协议,又称"从属许可证协议"。即在协议的有效期内,被许可方有权以自己的名义把协议项下的技术转让给第三方。

(5)交叉许可证协议,又称"互换许可证协议"。即双方以价值相等的技术,在互惠的基础上,交换技术的使用权和产品的销售权,一般都是不收费的。这种方式常在合作生产、合作设计时使用。

---

[12] 姚阳:《WTO 框架下标准必要专利的法律规制研究》,载《标准科学》2024 年第 A2 期。

(二)特许专营

1. 概念

特许专营合同(franchising)是最近二三十年迅速发展起来的一种新型商业技术转让合同。特许专营是指由一家已经取得成功经验的企业,将其商标、商号名称、服务标志、专利、专有技术以及经营管理的方法或经验转让给另一家企业的一项技术转让合同,后者有权使用前者的商标、商号名称、专利、服务标志、专有技术及经营管理经验,但须向前者支付一定金额的特许费(franchise fee)的经营活动。

2. 行业运用

(1)餐饮业。餐饮业是特许经营发展得最蓬勃的行业之一。例如,麦当劳、肯德基、必胜客等国际知名快餐品牌,通过特许经营的方式在全球范围内开设了大量加盟店。这些加盟店使用品牌的商标、配方、管理模式等,按照统一的标准和流程进行经营。

(2)零售业。零售业中的特许经营也非常普遍。例如,7-Eleven、全家等便利店品牌,通过特许经营的方式在不同地区开设加盟店,提供统一的商品和服务。

(3)酒店业。酒店业中的特许经营包括如洲际酒店集团、希尔顿酒店集团等,这些品牌通过特许经营的方式将品牌、管理经验和运营模式授权给其他企业,使其能够在不同地区开设符合品牌标准的酒店。

(4)教育业。教育培训机构也广泛采用特许经营的模式。例如,Kumon(公文式教育)通过特许经营的方式在全球范围内开设了大量学习中心,提供统一的教学方法和课程体系。

(5)服务业。包括汽车租赁、房屋中介、美容美发等服务行业。例如,Hertz(赫兹)汽车租赁公司通过特许经营的方式在不同地区开设租赁网点,提供统一的服务标准和管理流程。

(6)房地产特许经营。房地产中介公司如Century 21通过特许经营的方式将品牌和管理经验授权给其他企业,使其能够在不同地区开展房地产中介业务。

3. 可行性评估

(1)市场分析。市场需求方面,评估目标市场对特许经营产品或服务的需求规模和增长趋势,市场需求的稳定性和增长潜力是项目成功的关键因素;竞争分析方面,分析市场上的竞争情况,包括现有竞争对手的数量、市场份额、竞争优势等。了解竞争对手的动态,制定有效的竞争策略;用户支付意愿和能力方面,评估目标市场用户对特许经营产品或服务的支付意愿和支付能力。如果用户支付意愿低或支付能力不足,项目可能面临较大的市场风险。

(2)法律评估。知识产权方面,确保特许经营权涉及的商标、专利等知识产权合法有效,且特许人有权进行授权,避免潜在的侵权风险;合同条款方面,仔细审查特许经营合同,明确双方的权利和义务,特别是特许经营费用、合同期限、终止条件等关键条款;法律法规方面,了解相关法律法规和政策规定,确保项目符合法律要求,特许经营行业涉及的法律法规较多,政策环境不断变化,需要密切关注政策变化对项目的影响。

(3)财务评估。初始投资方面,评估特许经营项目的初始投资成本,包括加盟费、设备购置费、装修费、培训费等;运营成本方面,分析项目的运营成本,包括原材料采购、人员工资、租金、水电费等;收益预测方面,预测项目的收入和利润,包括销售收入、特许经营费收入、其他收入等。结合市场需求和竞争情况,合理预测未来的收益;财务指标方面,计算项目的财务指标,如投资回报率(ROI)、净现值(NPV)、内部收益率(IRR)等,评估项目的财务可行性。[13]

(4)运营能力评估。管理团队方面,评估特许经营企业的管理团队素质,包括管理经验、专业能力、领导力等,一个优秀的管理团队是项目成功的关键;技术支持方面,评估特许人提供的技术支持和培训,确保被特许人能够顺利开展业务;运营效率方面,分析特许经营企业的运营效率,包括生产效率、服务质量、客户满意度等,高效的运营是实现盈利的基础。

(5)风险评估。市场风险方面,评估市场波动对项目的影响,如经济形势不佳、市场需求下降等;竞争风险方面,评估竞争激烈程度对项目盈利能力的影响,如价格竞争、服务创新等;法律风险方面,评估法律法规变化对项目的影响,如政策调整、法律诉讼等;技术风险方面,评估技术更新换代对项目的影响,如新技术的出现可能导致现有技术的过时。

(6)公共属性与商业开发的平衡。公共需求方面,评估特许经营项目在满足公共需求方面的责任和投入,如紧急救援、公共服务等。确保项目在商业开发的同时,不会对公共利益造成损害。

(7)项目全生命周期评估。成本分析方面,评估项目全生命周期的成本,包括建设成本、运营成本、维护成本等;技术路线和工程方案方面,评估项目的技术路线和工程方案的合理性,确保项目的技术可行性和经济性;融资方式方面,评估项目的融资方式和资金成本,确保项目有足够的资金支持。

(三)咨询服务

1. 定义

顾问咨询是雇主与工程咨询公司签订合同,由咨询公司负责对雇主所提出的技术性课题,提供建议或解决方案。服务的内容很广,如项目的可行性研究、技术方案的设计和审核、招标任务书的拟定、生产工艺或产品的改进、设备的购买、工程项目的监督指导等。特别是发展中国家,往往技术力量不足,或对解决某些技术课题缺少经验,聘请外国工程咨询公司提供咨询服务,可以避免走弯路或浪费资金。因咨询公司掌握丰富的科学知识和技术情报,可以协助雇主选择先进适用的技术,找到较为可靠的技术许可方,以较合理的价格获得质量较好的机器设备。雇主虽然要支付一笔咨询费,但所得到的资金节约远远超过支付的咨询费。

2. 类型

(1)工程技术咨询。工程技术设计咨询公司按照委托书的要求,进行认真的分析、论证,保证所做工作符合委托书中的规定,并按时提交咨询报告或建议书。报告的内容应是在科学分析的基础上作出的,满足委托方的要求。如果作为受托方的咨询公司不能按规定及时提交咨询报告或建议书,或在咨询过程中未遵循职业道德,咨询公司要承担相应的责任。

(2)技术情报咨询。技术咨询公司向其他单位提供技术资料时,委托方首先要向咨询公司提出咨询清单,即所需的技术资料或技术情报的详细项目清单以及有关详细说明。咨询公司接受委托后,双方共同商定技术资料和技术情报交付的时间、交付的方式及费用,并签订合同。由于咨询服务所提供的技术情报不包括专有技术,因此委托方一般不必承担保密义务。合同双方的关系实际上是买卖关系,委托方对受托方所提供的技术情报拥有所有权、支配权和处置权。

(3)经营管理咨询。咨询公司帮助企业制定经营目标和经营战略。评价企业的生产计划

---

[13] 张建宇:《企业探索性创新与开发性创新的资源基础及其匹配性研究》,载《管理评论》2014年第11期。

和市场开发系统并提出改革意见。在企业的生产管理、市场开发、各层次人员的管理、成本与价格管理、技术的利用率等方面提供咨询并给予详细指导。[14]

（4）技术人员培训。在科技迅猛发展的今天，企业为了能在激烈的竞争中立于不败之地，必须要提高本企业技术人员、管理人员和基层工人的知识水平，以适应产业的发展。可以由咨询公司派专家、教授或技术人员到企业传授知识，进行相关技术的指导；同时也可由企业选派人员到咨询公司联系的相关企业进行实地考察和实习培训，提高企业的整体水平。

（四）技术服务与协助

1. 定义

技术转让不仅包括转让公开的技术知识而且包括转让秘密的技术知识和经验，技术服务与协助对技术被许可方引进项目的成败往往起关键作用。因为，这些技术知识和经验很难用书面资料表达出来，而必须通过言传、示范等传授方式来实现。所以技术服务与协助是技术转让交易中必不可少的环节。它可以包括在技术转让协议中，也可以作为特定项目，签订单独的合同。

2. 类型

（1）国际技术咨询。国际技术咨询是由技术的许可方提供专家或以书面形式为技术的被许可方提供某种咨询意见，并由技术的被许可方支付报酬的一种国际技术服务。国际技术咨询的范围广泛，但主要适用于大中型工程项目的新建、扩建或改造，高质量的咨询服务可以减少工程投资，提高工程质量。国际技术咨询是为技术的被许可方提供解决问题的参考意见，其成果形式是咨询报告，技术的许可方仅负责提供方案、建议等参考意见，不负责方案、建议的实施，即使技术的被许可方接受了其所提供的方案，造成了损失，许可方也不承担责任，除非其未履行协议的约定或恶意所为。国际技术咨询的科学性和可靠性来源于技术咨询结构的独立性，目前几乎每国都有自己独立的咨询机构，具有各类技术领域的专家和丰富的信息来源，这样就可以排除外界的干扰，为技术的被许可方提供客观、正确的咨询报告。当事人甚至可以在国际技术咨询协议中约定，如果依据许可方提供的咨询报告进行生产经营遭受损失时，可以向技术的许可方要求承担赔偿责任。[15]

（2）国际技术培训。国际技术培训是一方当事人对他方所指定的人员进行的技术培养和训练，并由对方支付费用的国际技术服务。[16] 国际技术培训可以就某项专题知识，也可以为提高被许可方人员的素质而进行。国际技术培训的技术知识可以是一般的技术，也可能是专利技术或专有技术，在国际许可贸易中，双方除了缔结国际许可协议外，还可以就技术被许可方人员的培训缔结专门的技术培训协议。这种协议往往是以国际许可协议的存在为前提的。此外，依照国际技术培训协议的时间长短，还可以将其分为短期的国际技术培训和持续的国际技术培训，持续的国际技术培训通常还要求技术的许可方除保持企业现有的经营状况外，应按照市场的变化要求，改革产品品种、加强售后服务等内容。

（3）国际技术情报与资料的提供。指由技术的许可方在一定的期限内向技术被许可方提供技术资料或情报，并由技术的被许可方支付费用的国际技术服务。许可方受被许可方的委

---

[14] 汪蓓：《论商事仲裁裁决终局性的例外情形》，载《法学》2024 年第 11 期。
[15] 白雅丽：《民法典背景下技术合同解除问题初探》，载《法律适用》2022 年第 12 期。
[16] 杨晓坤、杨成明：《法国海外技术培训卓越中心发展实践及启示》，载《教育与职业》2024 年第 22 期。

托,为被许可方搜集、整理其所需要的技术资料,并提供给对方。技术资料应是普通的公开技术,但也可以是专利技术的资料,但这些资料应是国家公开的,能为一般人所获得的技术资料。

(4)国际技术劳务。指技术的许可方除要为技术的被许可方提供一定的技术咨询意见外,还要运用自己的技术知识为被许可方进行一定的工作。技术的许可方应为技术的被许可方提供其所需要的结果,即必须使被许可方的问题能够得到完满的解决,如发展一项新产品、降低原材料的消耗等,如果达不到技术被许可方所期望的结果,许可方不能期望获得报酬,给被许可方造成损失的,还应承担损害赔偿责任。

六、知识产权的国际保护

知识产权现已成为国与国、企业与企业之间竞争的重要工具,高质量发展更多地依赖于知识产权的质量与数量。农业经济时代,人力和自然资源是经济发展的决定性因素,工业经济时代主要靠资本,而知识经济或智能时代的经济发展主要靠知识产权。经济全球化之下,国际知识产权法律制度在全球治理及国家利益纷争之间发挥着越来越重要的作用。

(一)国际知识产权法律制度的概念及特征

国际知识产权法律制度是调整国际范围内,因知识产权的创造、归属、运用、保护以及管理等活动所产生的各种社会关系的法律规范总和。主要调整的社会关系包括但不限于不同国家的知识产权权利人之间在跨国知识产权授权、转让、许可使用等活动中产生的财产关系;国家之间围绕知识产权保护的合作、监督、争议解决等所形成的国际关系;还有在国际交往中,知识产权管理部门与权利人、使用人等主体之间因管理、执法等行为产生的管理关系等。

国际知识产权法律制度的特征如下:

1. 地域性与国际性并存。(1)地域性。知识产权的效力通常在授予其权利的国家或地区范围内受到保护[17],比如一项专利在美国获得授权,其权利范围主要限定在美国境内,超出美国领土到其他国家时,一般不能自动获得同样的保护,需要按照相应国家的法律规定另行申请确认权利。(2)国际性。随着全球化发展,众多国际知识产权公约、协定不断涌现,像《保护工业产权巴黎公约》、《与贸易有关的知识产权协定》(Agreement on Trade – Related Aspects of Intellectual Property Rights,TRIPS 协定)等,促使各国在知识产权保护方面寻求协调统一,一定程度上突破了单纯的地域界限,让知识产权在国际层面有了相对统一的保护框架和标准,加强了跨国保护的关联性和协同性。[18]

2. 保护客体的多样性。(1)涵盖范围广。其保护客体包含了众多类型,例如专利方面涉及发明创造、实用新型等;商标涵盖各种能够区分商品或服务来源的标志;著作权涉及文学、艺术、科学等领域内具有独创性的作品,像小说、绘画、软件代码等;此外还有地理标志、商业秘密等也在国际知识产权法律制度的保护范畴内,整体呈现出极为丰富多元的特点,以适应不同领域创新成果及商业标识的保护需求。(2)不断扩展。随着科技进步和社会发展,新的保护客体也在不断被纳入,比如对集成电路布图设计、植物新品种等方面的保护逐渐在国际上受到重视

---

[17] 马乐、刘亚军:《平行进口法律规制的再思考——以知识产权独占许可为视角》,载《当代法学》2009 年第 2 期。
[18] 林秀芹、苏泽儒:《"一带一路"倡议下知识产权国际合作的挑战和因应——以交往行为理论为视角》,载《海南大学学报(人文社会科学版)》2015 年第 1 期。

并通过相关国际条约等加以规范,反映出其与时俱进、紧跟时代创新步伐去拓展保护范围的特性。[19]

3. 法律规范的复杂性。(1)多来源的规范。国际知识产权法律制度包括各国国内自行制定的知识产权法律法规,这些法律法规会根据本国国情、法律传统、产业发展需求等来构建具体规则;同时还有大量国际条约、公约、协定等所确立的国际规范,不同来源的规范之间需要相互衔接、协调,在实际运用和理解上增加了复杂性。(2)修订频繁。由于技术更新换代快,新的知识产权问题不断出现,无论是国际条约还是国内法,都需要适时进行修订完善,以适应如数字技术环境下对网络版权、数据库保护等新情况的应对,这使得整个法律规范体系处于动态变化中,进一步提高了其复杂性。

4. 利益平衡的重要性。(1)创造者与使用者平衡。国际知识产权法律制度一方面要保障知识产权权利人的合法权益,激励他们持续进行创新创造,通过赋予独占性权利让其能从智力成果运用中获得回报;另一方面又要考虑社会公众对知识产品合理使用、传播等需求,避免权利人过度垄断而阻碍知识的传播和社会整体的进步发展,像合理使用制度、法定许可制度等都是平衡创造者与使用者利益的体现。[20] (2)不同国家间利益平衡。发达国家往往在知识产权方面具有较多优势,希望通过国际制度强化高标准保护,以使其在全球贸易、技术输出等环节获取更多利益;而发展中国家则要兼顾自身科技水平、产业发展阶段等情况,争取合理的保护规则,既促进国内创新又避免不合理的负担。国际知识产权法律制度需要不断协调不同国家间的利益诉求,寻求恰当的平衡点。[21]

5. 与国际贸易紧密关联。(1)贸易中的重要因素。在当今国际贸易中,知识产权已经成为重要组成部分[22],商品、服务的进出口往往涉及商标、专利、版权等诸多知识产权问题,如带有知名商标的商品出口,其商标权的国际保护状况会直接影响贸易的顺利开展,知识产权的保护水平和规则会对贸易的规模、流向等产生重大影响。(2)贸易协定中的规制。很多国际贸易协定都包含了大量知识产权条款,像 TRIPS 协定本身就是世界贸易组织框架下的重要协定,通过将知识产权保护与贸易挂钩,促使成员方遵守统一的知识产权保护标准,利用贸易手段来保障知识产权在国际上的有效实施,强化了两者之间的紧密联系。

(二)主要的知识产权保护的国际组织

1. 世界知识产权组织(WIPO)

WIPO 成立于 1967 年,总部位于瑞士日内瓦。其主要职责为:管理一系列知识产权条约,如《保护文学和艺术作品伯尔尼公约》《保护工业产权巴黎公约》等,推动全球知识产权服务、政策制定、国际合作以及信息传播,协调各国知识产权的立法和程序,为工业产权国际申请提供服务等。

2. 世界贸易组织(WTO)

WTO 框架下的 TRIPS 协定涵盖了专利、商标、版权、工业设计、地理标志、集成电路布图设计、未披露信息等广泛的知识产权领域,规定了知识产权的最低保护标准,并提供了争端解决

---

[19] 万勇:《新型知识产权的法律保护与国际规则建构》,载《中国政法大学学报》2021 年第 3 期。
[20] 夏玮:《中国自由贸易协定知识产权规则制定的路径研究》,载《上海对外经贸大学学报》2022 年第 3 期。
[21] 徐元:《知识产权全球标准形成的三层博弈与启示》,载《科研管理》2023 年第 5 期。
[22] 宋云博、翟春春:《新质生产力语境下知识产权高标准国际规则的内涵范畴与评判依据》,载《社会科学家》2024 年第 5 期。

机制。

3. 联合国教科文组织(UNESCO)

UNESCO通过教育、科学、文化和传媒领域的国际合作,促进世界和平与可持续发展,制定国际准则和标准,推动各国在知识产权保护方面的合作,组织世界知识产权日活动,推动《保护世界文化和自然遗产公约》等国际公约的制定和实施,在版权保护方面发挥着重要作用,为各国政府、版权产业和公众提供咨询、培训和技术援助等。

4. 国际植物新品种保护联盟(UPOV)

UPOV致力于协调和促进各国对植物新品种的保护,制定国际统一的保护标准和规则,确保植物新品种培育者的合法权益得到有效保护,成员包括多个国家和地区,通过《国际植物新品种保护公约》来规范和管理植物新品种的保护工作。

5. 欧洲专利局(EPO)

EPO拥有40个成员,包括比利时、塞浦路斯、法国、希腊、爱尔兰、意大利等多个欧洲国家。其负责欧洲地区的专利申请、审查和授权等工作,其专利在成员国内具有较高的认可度和法律效力,为欧洲地区的创新和技术发展提供了重要的知识产权保护支持。

6. 欧盟知识产权局(EUIPO)

EUIPO成员为欧盟的27个成员国。其主要负责欧盟范围内的商标、外观设计等知识产权的注册和管理工作,通过统一的注册程序和标准,为企业在欧盟市场提供了便捷的知识产权保护途径,同时也加强了欧盟内部知识产权的协调和执法力度。

(三)知识产权国际保护的主要国际公约与协定

1. WIPO管理的公约

(1)《建立世界知识产权组织公约》。WIPO的基本法律文件,确立了世界知识产权组织的地位和职能,规定了知识产权的保护范围和相关规则。

(2)《保护工业产权巴黎公约》。1883年签订,是世界上最重要的国际知识产权保护条约之一。[23] 规定了工业产权的国际保护范围,包括专利、商标和工业设计等;确立了国民待遇原则、优先权原则、专利和商标独立性原则等基本准则,为工业产权的国际保护提供了重要的法律框架,现有成员国超过170个。

(3)《保护文学和艺术作品伯尔尼公约》。1886年签订,是世界上最重要的国际著作权保护条约。要求各成员国对其他成员国的公民或居民的作品给予国民待遇,确立了自动保护原则、著作权独立性原则以及著作权的限制与例外等内容,为文学和艺术作品的版权保护提供了全面的规范,现有成员国超过170个。

(4)《专利合作条约》。1970年签订,旨在简化和协调专利申请程序,促进国际专利保护。申请人可以在多个签约国提交一份国际专利申请,然后再进入各个国家的国家阶段进行审查和授权,大大简化了申请流程,降低了申请成本,现有成员国超过150个。

(5)《商标国际注册马德里协定》及《马德里议定书》。1891年签订的《马德里协定》主要用于商标的国际注册,允许商标所有人在多个成员国通过单一申请程序获得保护。《马德里议定书》则是对《马德里协定》的补充和完善,进一步优化了商标国际注册的程序和规则,两者共同为企业在国际市场上保护其商标权益提供了便利。

---

[23] 王悦玥、马忠法:《论"假冒专利"的立法缺陷及其修正》,载《北京理工大学学报(社会科学版)》2015年第1期。

(6)《世界知识产权组织版权条约》和《世界知识产权组织表演和录音制品条约》。前者主要目的是在数字和网络环境下保护著作权;后者则是为了保护表演者、录音制品制作者的权利,适应了数字时代对版权及相关权利保护的新需求。

2. TRIPS 协定

TRIPS 协定涵盖了专利、版权、商标、工业设计、地理标志等多种知识产权形式,并规定了纠纷解决机制,要求世贸组织成员国采取措施确保知识产权的有效保护,对国际贸易中的知识产权保护产生了深远影响。[24]

3. 其他国际公约

(1)《国际植物新品种保护公约》。该公约保护植物新品种发明者的权利,促进农业科技的发展和创新,协调和促进各国对植物新品种的保护,制定国际统一的保护标准和规则,确保植物新品种培育者的合法权益得到有效保护。

(2)《保护表演者、录音制品制作者和广播组织罗马公约》。该公约通常被称为《罗马公约》,是关于邻接权保护的国际公约,对表演者、录音制品制作者和广播组织的权利给予了国际保护,为文化产业中的相关主体提供了重要的法律保障。

(3)《北京条约》。该条约即《视听表演北京条约》,主要是保护音频视觉表演者的权利,进一步完善了国际知识产权保护体系在表演领域的规定,是对《罗马公约》等相关公约的补充和发展。

(四)知识产权国际保护的主要方式

1. 司法保护。各国通过本国的司法系统,依据国内相关法律以及所加入的国际公约,对涉及知识产权侵权等案件进行审理和裁判。[25] 例如,权利人可以向侵权行为发生地或者被告所在地的法院提起诉讼,要求侵权方停止侵权、赔偿损失等,不同国家的法院在处理跨国知识产权纠纷时,也会考虑国际公约的相关规定和国际司法协助等机制。

2. 行政保护。许多国家设有专门的知识产权行政管理部门,像专利局、商标局等,负责知识产权的申请、审查、授权等管理工作,同时也承担着对部分侵权行为进行查处等行政保护职责,比如开展知识产权执法检查、对假冒商标等侵权行为进行行政处罚等。[26]

3. 国际组织协调作用。WIPO 在国际知识产权保护领域发挥着核心的协调和推动作用,它致力于推广知识产权保护的理念、提供相关的培训和技术援助,协助各国完善知识产权保护制度,促进国际知识产权合作与交流;此外,WTO 等国际组织也会通过争端解决机制等方式,处理成员方之间因知识产权保护引发的贸易争端等问题。

(五)国际知识产权法律制度的新变化

1. 技术领域:由"重专利保护"向"重技术秘密保护"转变

随着技术复杂程度的加深,权利人保护自己技术权利的方式也在日渐发生变化。[27] 在人类技术不够复杂的时代,专利成为发明人保护自己权利的主要方式,但在技术日益艰深的环境下,技术秘密或专有技术日益成为企业保护自己权益的杀手锏。专利制度的致命缺点是为获

---

[24] 管荣齐、赵旖鑫:《"一带一路"倡议下实用新型制度的国际协调》,载《科技与法律(中英文)》2025 年第 1 期。
[25] 杨君笑、海本禄:《创新链视角下分析师关注对企业创新的影响机制研究》,载《企业经济》2025 年第 1 期。
[26] 朱叶、孙明贵:《知识产权示范城市政策对出口升级的影响机制研究》,载《科研管理》2025 年第 1 期。
[27] 柳卸林、杨萍、常馨之等:《商业模式驱动的颠覆式创新范式——基于 SpaceX 的探索性案例研究》,载《科技管理研究》2023 年第 17 期。

得专利,权利人需要披露技术方案,而相关竞争者可以利用已经披露的技术方案进行后续研发。因此,在工业化早期,技术较为简单,不通过专利法保护,容易被别人所模仿。如果不申请专利,他人根据产品本身可以进行反向编纂,破解技术方案进而使用技术,使技术发明人利益难以得到保护。但在技术复杂的知识经济时代,技术方案通过商品等难以解剖,申请专利反而会将最核心的技术方案昭告天下,竞争对手可以借机进行研究和后续研发,在掌握核心技术的基础上进行升级换代,反而会超越申请专利的企业等;而核心技术不申请专利,则不容易被实施反向工程或破解。在信息技术的硬件产品如芯片、光刻机等技术制造领域及汽车发动机、底盘等基础制造业领域,跨国公司很少将其最核心的技术拿去申请专利。

2. 著作权领域:由重视传统"复制权"等经济权利保护向重视"传播权"的保护转变

早期著作权法关注著作权的复制权、发行权等,因为在印刷出版时代,控制复制权就等于控制了经济利益,传播很大程度上取决于复制的规模、范围和速度。但随着摄影技术、广播技术及网络技术的广泛使用,人类对著作权的保护有了日新月异的拓展,经济权利的范围大大扩充,摄制权、广播权、放映权、出租权、网络传播权等进入著作权的范围。由于技术的发展,复制方式也由简单的"印刷、复印、拓印"扩展到"录音、录像、翻录、翻拍"等方式,由此使得著作权的传播权变得更为重要,以致可以分离出来成为一个相对独立的权利,即邻接权。这使得与著作权相关的国际条约的数量大大增加。特别是在 TRIPS 协定生效后,1996 年很快通过两个互联网著作权条约,信息网络传播权成为互联网时代极为重要的权利之一并得到了普遍认可。当下,随着数据时代的到来,在数据语境下,人工智能等相关的著作权问题会日渐突出,已经或将成为国际版权制度的重大挑战。[28]

3. 商标领域:由传统商标不断向新型商标转变

区域性的知识产权保护条约在商标保护方面有了很大的变化,现在的商标保护不再仅限于文字、数字、图形或它们的组合,或立体标记,还包括颜色、气味、声音等。[29] 这些新型商标的保护必将带来一些技术上的挑战。网上商店及网络销售产品等使商标侵权变得更为容易,商标保护的国际合作也变得更为重要。在程序方面,网络技术的出现,使商标注册变得更为便捷,但同时也带来挑战,恶意抢注商标变得更为容易和严重。因此,当下对恶意抢注商标的规范成为知识产权国际协调中的重要内容。

第六节 国际投资法

一、国际投资法的概念及特征

国际投资法,是指调整国际私人直接投资关系的国内法规范和国际法规范的总称。

国际投资法的法律渊源包括:各国的涉外投资法或对外投资法;涉及跨国投资的各类双边投资协定、区域性多边条约和世界性多边公约;国际政府间机构制定的有关跨国投资活动的规

---

[28] 费安玲、喻钊:《利益衡量视域下人工智能生成内容的邻接权保护》,载《河北大学学报(哲学社会科学版)》2024 年第 4 期。

[29] 宋云博、翟春春:《新质生产力语境下知识产权高标准国际规则的内涵范畴与评判依据》,载《社会科学家》2024 年第 5 期。

范性决议以及国际惯例。

国际投资法具有如下特征：

1. 国际投资法调整国际私人投资关系。国际投资法的调整对象仅限于国际私人直接投资关系，不包括政府间或国际组织与政府间的资金融通关系。只要投资者不是以政府名义进行投资，东道国一律视其为私人投资加以管理。在某些情况下，甚至政府也参与私人投资活动，由于其活动是以商业活动为基础的，通常也将其与私人投资同等看待。

2. 国际投资法调整国际直接投资关系。国际投资可分为直接投资和间接投资，一般来说，国际投资法调整的对象主要是国际私人直接投资。国际间接投资关系一般不在国际投资法的调解对象之列，私人间接投资关系属于一般民商法、公司法、票据法、证券法等法律法规的调整范畴，国际组织与政府之间或政府相互之间的资金融通关系一般是由国际经济组织法或有关政府间贷款协定等调整。

3. 国际投资法调整的国际私人直接投资关系包括国内、国际两方面关系。国际私人直接投资不仅涉及不同国家的法人与个人间投资合作关系，而且还包括外国私人投资者与东道国间的投资合作关系或投资管理关系、私人投资者与其本国间的投资保险关系、两国或多国政府间基于相互保护私人直接投资而达成的双边或多边投资保护条约关系。国内与国际关系相互联系，构成统一的国际投资关系整体。

二、国际投资法的基本原则

（一）国家对自然资源永久主权原则

国家对自然资源永久主权原则是国家主权原则在国际投资领域中的体现。这一原则的确立有助于彻底改变残留的殖民时代的不平等的国际投资关系，从而使国际投资成为国际经济合作的重要形式。该原则规定在联合国大会通过的一系列决议中，如《各国经济权利和义务宪章》《关于自然资源永久主权的决议》《建立国际经济新秩序宣言》《行动纲领》。这一原则构成国际投资法的基础，东道国据此原则可以采取法律手段对外国投资予以保护和管制，不受任何外来干涉。有关国家也必须在此原则的基础上缔结双边或多边条约，保护国际投资，促进国际经济合作。

（二）平等互利原则

平等互利中的平等是指法律地位上的平等、权利和义务的平等；互利是指相互关系中要兼顾双方的利益，不能以损害对方的利益来满足自己的要求。平等和互利不可分割，平等必然要求互利，只有互利才是真正的、实质上的平等。

平等互利原则在国际投资上既适用于国家间关系，也适用于不同国家的投资者以及国家与外国投资者之间的关系。平等互利原则是国际投资法律关系的基础。只有依据平等互利原则才能建立起对投资各方均有利的新型的国际投资关系，促进国际经济合作，促进有关国家乃至整个世界的经济的增长。

三、外国投资的待遇标准

外国投资的待遇标准是关于外国投资者在东道国享有权利和承担义务的基本准则。投资待遇是双边和区域性投资条约核心的规则之一，通常包括公平公正待遇、国民待遇、最惠国待遇等。

(一)公平公正待遇

国际投资条约一般都规定有公平公正待遇的内容,但内容却不尽相同,且几乎所有条约都没有对公平公正待遇给出明确的定义。有的条约视公平公正待遇为独立的待遇标准,有的则试图参考国际法的一般原则来确定公平公正待遇,有的将公平公正待遇与习惯国际法最低待遇标准等结合在一起表述。

最新缔结的《欧盟—加拿大全面经济贸易协定》投资章节采用了与传统欧式协定和美式投资条约不同的立法方法,从内涵的角度直接规定,如果缔约国采取的一项或一系列措施属于该协定明确列举的五种情形或缔约双方随后约定的其他违反公平公正待遇的情形,则构成对公平公正待遇的违反:(1)在刑事、民事或行政程序中拒绝司法;(2)在司法和行政程序中根本性违反正当程序,包括对透明度的根本违反;(3)明显的专断;(4)基于诸如性别、种族或宗教信仰等显然荒谬的理由有针对性地歧视;(5)采取诸如胁迫、拘禁和骚扰等方式虐待投资者。

欧盟这种更加精细化界定公平公正待遇的立法方法未来会在多大程度和范围上对其他国家缔结投资条约的实践产生影响还有待观察。需要指出的是,尽管理论上和实践上各国对公平公正待遇条款的理解和解释存在不少分歧,但将该待遇标准订入投资条约仍然具有一定意义:它作为一个基本的标准可以确定条约的基调,也可以作为解释条约的辅助因素,或填补条约及有关国内立法的漏洞。也就是说,该标准的模糊性恰恰使其可以被灵活解释,达到保护外国投资者及其投资的目的。

(二)最惠国待遇

最惠国待遇标准是指东道国给予外国投资者的待遇不低于其给予或将给予第三国投资者的待遇。目前,各国签订的国际投资条约,绝大多数规定了最惠国待遇标准。最惠国待遇的例外情形一般包括:

1. 国际投资条约普遍规定,缔约一方基于维护本国国家安全、公共秩序、国民待遇和道德的需要,可以不对缔约另一方投资者的投资实行最惠国待遇。

2. 许多国际投资条约规定,缔约一方给予"关联国家"的优惠待遇,不得视为违反对缔约另一方投资者的最惠国待遇。这里的"关联国家"通常是指关税同盟、经济同盟、共同市场、自由贸易区、区域一体化协定等。

3. 多数国际投资条约明确规定,缔约一方只对缔约另一方在"类似情形"下的投资实行最惠国待遇。

4. 一些国际投资条约规定,对某些特定的投资部门,缔约一方可不对缔约另一方投资者实行最惠国待遇。

5. 缔约一方根据避免双重征税协定或其他有关税收问题的协议而给予第三国投资的优惠,可不对缔约另一方投资者实行。

6. 为避免投资者以不同身份挑选条约甚至滥用条约,近年来,一些国际投资条约规定最惠国待遇条款的适用范围是仅限于条约中的实体法内容。例如,CPTPP 就明确规定,最惠国待遇不适用于国际投资争端解决程序。

(三)国民待遇

国民待遇标准是指东道国给予外国投资者的待遇不低于其已经给予或将给予本国投资者的待遇。然而,即使原则上接受国民待遇标准的国家,一般也都附加了不同程度上的限制。这些限制一般包括:

1. 对于外资准入,大多数发展中国家对外签订的双边投资保护协定,不适用国民待遇标准。发展中国家在条约实践中逐步接受国民待遇,大多也只允许外资准入后(post-establishment)的国民待遇。随着投资自由化在全球范围内的进一步推进,准入前(pre-establishment)国民待遇的条约实践开始出现并有逐步扩展的趋势。准入前国民待遇意味着在准予投资的领域、投资准入的条件以及投资审批方面给予内外资同等待遇,旨在使外国投资者能够在市场准入环节就开始与内国投资者在平等的基础上竞争。

2. 一些双边投资保护协定规定,对外资实行国民待遇受东道国的国内立法的约束。无论是准入前国民待遇还是准入后国民待遇,都包括有限的国民待遇和全面的国民待遇。关于准入前国民待遇,东道国有权通过国内立法以正面清单(positive listing)或负面清单(negative listing)的方式,对于自由化的程度和步伐以及准入条件保留某种程度的控制权,例如,有些条约规定准入前义务只适用于条约或条约附件清单中明确规定的部门、领域或措施。关于准入后国民待遇,投资保护协定仍然赋予东道国保留较大的自由裁量权,包括对国家经济至关重要的特定产业或幼稚产业的例外保护等。

3. 一些双边投资保护协定规定,作为缔约一方的发展中国家基于经济发展的需要,可以就其对缔约另一方的发达国家投资者实行的国民待遇加以限制。

此外,与最惠国待遇标准一样,国民待遇标准也具有国家安全、公共秩序、国民健康、特定的投资部门等方面的例外。

四、跨国投资的国内法律制度

(一)鼓励跨国投资的法律制度

1. 资本输入国制度

资本输入国对外国投资的鼓励制度主要包括财政优惠、金融优惠及其他优惠措施。一般来说,发达国家财力雄厚,其对外国投资的鼓励制度侧重采用金融优惠措施,优惠对象也往往不分外资和内资;发展中国家财力有限,无法大量地提供金融优惠,鼓励措施多以税收优惠为主,而且把外资作为专门的鼓励对象。

(1)财政优惠。财政优惠是最广泛使用的外资鼓励措施。除为各国所普遍采用的减免所得税外,发展中国家往往注重采用免税期、关税减免以及退税等优惠措施;发达国家则更多地采用加速折旧、所得税及其他税种应纳税总额税前的特殊扣除等优惠措施。

(2)金融优惠。金融优惠措施主要包括投资补助金(适用于固定资产的投资);低息贷款、利息津贴与贷款保证;海外投资保险的优惠保险费率;政府以风险资本的方式参股商业风险高的外商投资项目;等等。

(3)其他优惠措施。这些优惠措施层出不穷,常用的措施有:由政府提供补贴,为外商投资企业提供低价的基础设施服务以及提供其他服务和技术支持;为外商投资企业提供市场以及外汇方面的优惠待遇;对外商投资企业降低劳工和环境标准等管理性激励措施。

2. 资本输出国制度

为促进本国海外投资的项目,帮助本国海外投资者尤其是中小海外投资者,并引导本国海外投资的行业和地域投向,资本输出国通常会在以下三方面建立并完善本国的鼓励海外投资的制度:

(1)税收鼓励。通过国内立法或与东道国签订双边协定的形式,采取税收抵免或税收饶让等措施,避免双重征税,减轻本国海外投资者的税收。

(2) 资金援助。一些资本输出国设立了特别的金融机构,对本国私人投资者的海外投资,以出资、贷款或建立特别制度、特别基金的方式,予以资助。

(3) 信息和技术援助。各资本输出国的投资促进机构都向本国海外投资者提供信息和技术援助,包括:提供有关东道国宏观经济、投资机会以及能影响企业营业成本的信息;关于东道国的法律制度和行政体制的信息;向本国的海外投资者提供技术培训;等等。

(二) 保护跨国投资的法律制度

1. 资本输入国制度

为了给外国投资者提供良好的投资环境,保障其合法利益,一些国家在其宪法或外国投资法中以法律形式对外资合法利益进行保护。保护内容主要包括:对外国投资者在东道国领土内投资利益的保护;对外资的征用和国有化及其补偿的规定;关于投资争议解决方式等。其中,关于对外国投资的征用和国有化及其补偿的规定,是保护性政策的核心。因此,大多数国家一般都规定不征收或国有化外商投资企业,即使在特殊情况下,一国基于国家或民族利益的考虑实行国有化,也必须遵循法律程序,按照适当的标准,给予必要的补偿。

2. 资本输出国制度

海外投资保险制度是资本输出国保护本国投资者海外投资的重要的国内法制度。第二次世界大战结束后,一些主要的资本输出国相继实施了投资保险制度,我国也于2001年开始实施海外投资保险制度。

海外投资保险制度是资本输出国政府对本国海外投资者在国外可能遇到的政治风险,提供保证或保险,投资者向本国投资保险机构申请保险后,若承保的政治风险发生,致使投资者遭受损失,则由国内保险机构补偿其损失的制度。

海外投资保险制度是一种政府保证,具有如下特征:(1)海外投资保险是由政府机构或公营公司承保的,政府承保机构与私营保险公司不同,不是以营利为目的,而是以保护投资为目的。(2)海外投资保险的对象,只限于私人海外直接投资,而且私人直接投资只有符合一定条件才可作为保险的对象。一般来说,作为保险对象的海外投资不仅须经过东道国批准,而且还必须对资本输出国经济有利。(3)海外投资保险的范围,只限于政治风险,如征用险、外汇险、战争险等,不包括一般商业风险。(4)海外投资保险的任务,不仅是像民间保险那样进行事后补偿,而且更重要的是防患于未然。这一任务通常是结合两国间投资保证协定来完成的。

(三) 管制跨国投资的法律制度

1. 资本输入国制度

(1) 外国投资的审批制度

发展中国家一般都建立了较为严格的外资审批制度,以使引进的外资符合本国的经济社会发展目标。根据是否审批全部外资项目,审批制度可分为逐一审批制和选择审批制。我国外商投资管理体制由全面的逐一审批制改为普遍备案制与负面清单下的审批制。

发达国家一般只要求对外资的准入进行登记,但对一些特定的外资项目,如外资准入涉及国家安全、垄断市场等特殊情形时,仍必须经过审查,方可准入。

(2) 外国投资的行业限制制度

无论是发达国家还是发展中国家,对关系到国计民生的要害部门,均禁止或限制外国投资,例如国防或军需行业(军火、军用飞机、航天及原子能工业等)、大众传播业(新闻、出版、广播、电视、电影等)、国内交通运输业(铁路、沿海及内河航运等)。

一般来说,发展中国家对外资投资方向的限制严于发达国家,尤其表现在以下几个方面:幼稚行业、不需要先进技术和大量投资而又有利可图的行业、关系到发展中国家特殊需要(如创汇)的行业。

(3)外国投资的监管制度

对外国投资的监管制度包括对外商投资项目建立的监管和对外商投资项目运营的监管。对外商投资项目建立的监管包括:外商投资项目的资金必须如期到位、外商投资的作价必须经有关政府部门的评估、项目在筹建过程中必须定期向外资管理部门提交报告等。对外商投资项目运营的监管制度包括:外商投资项目经营状况的年检制度、财政税务机关的监督制度等。

(4)限制性投资措施

发展中国家对外资的具体法律管制,多表现为限制性投资措施,主要包括:与外资准入有关的投资措施,如最低资本要求、外国投资者的资格要求、外商投资企业的组织形式要求等;与外资股权及控股有关的投资措施,如对外国投资者股权比例的限制、外国投资的本地化限制等;与外商投资企业营运有关的投资措施,如当地成分要求、技术转让要求、贸易平衡要求、对外国投资者汇兑实行限制等。

值得说明的是,随着投资自由化在全球范围内的发展,世界性的国际条约也将限制性投资措施纳入调整范围。例如,TRIMs 协议禁止各成员方制定及实施会对国际贸易产生扭曲作用的投资措施,包括但不限于贸易平衡要求、当地成分要求、进口用汇限制及当地销售要求等。WTO《服务贸易总协定》也规定了服务业国际投资自由化的具体事项。

2. 资本输出国制度

(1)对外直接投资的流量与流向限制

一般来说,发达国家对本国对外投资规模不加限制,只是在特定时期才会采用临时性的限制措施。例如,在 1965~1974 年,美国因为其国际收支问题而限制了跨国公司的对外投资活动。大多数国家一般对海外投资的区位选择没有太多限制,只是少数国家基于政治、军事、外交和国家安全等目的,才会对本国对外投资作出一些限制。

(2)对高新技术的输出限制

技术优势不仅对海外投资经营越来越重要,同时也是一国国际竞争力的重要体现。因此,一些资本输出国对高新技术、产品核心技术的输出实行严厉限制或者根本不允许输出。例如,在美国的操纵下,1996 年 7 月,以西方国家为主的 33 个国家在奥地利维也纳签署了《瓦森纳协定》,对常规武器和两用物项及相关技术转让进行监督和控制。美国商务部颁布的《出口管理条例》对两用物项的高新技术出口进行了严格的限制。

五、国际投资的国际法律制度

(一)《解决国家与他国国民间投资争端公约》

在世界银行的主持下,经过反复多次的修改,《解决国家与他国国民间投资争端公约》于 1965 年 3 月 18 日在美国华盛顿正式签署,因此也称为《华盛顿公约》,其主要内容是建立一个附属于世界银行的"解决投资争议国际中心"(International Center for Settlement of Investment Disputes, ICSID),因此该公约又被称为 ICSID 公约。1966 年 10 月,ICSID 公约生效,同时,依据该公约设立了 ICSID。我国于 1990 年签署了 ICSID 公约,并于 1993 年成为该公约的正式缔约国。

ICSID 公约的目的是为各缔约国即东道国政府与其他缔约国国民(资本输出国投资者)之间的投资争议提供调解和仲裁的便利,以此增进相互信任,促进私人投资的国际流动,尤其是要排除投资者本国政府的介入,使投资争议的解决非政治化(depoliticization)。

1. ICSID 的调解和仲裁内容与程序

ICSID 受理的投资争端仅限于一缔约国政府(东道国)与另一缔约国国民(外国投资者)之间因投资而产生的任何法律争议。争端双方出具将某一项投资争端提交 ICSID 调解或仲裁的书面文件,是 ICSID 有权登记受理的法定前提。因此,ICSID 管辖是自愿管辖而非强制管辖。任何缔约国加入或批准 ICSID 公约,并不意味着缔约国就承担了将任何投资争议交付 ICSID 调解或仲裁的义务。但是,一旦出具书面同意 ICSID 管辖的文件后,任何一方不得单方面撤销其同意。

ICSID 的调解和仲裁两种程序是相互独立的,分别由调解委员会和仲裁庭进行。由于调解本身没有约束力,ICSID 仲裁成为解决争议最常被采用的方法。ICSID 的调解或仲裁程序为:(1)由希望采取调解或仲裁程序的缔约国或缔约国国民向秘书长提出书面请求。(2)请求符合 ICSID 管辖范围并由 ICSID 登记受理后,由双方当事人自由约定设立委员会或仲裁庭。(3)在调解或仲裁开始或进行中,若当事人任何一方对 ICSID 的管辖权提出异议,则由调解委员会或仲裁庭自行决定是否具有管辖权。进行调解时,调解委员会应向双方提出建议,并促成双方达成协议;若调解失败,则应结束调解程序并作出有关报告。进行仲裁时,仲裁庭应该依据当事人双方协议选定的法律规范处理争端。双方协议中没有相关的法律规范的规定时,仲裁庭应当适用作为争议一方缔约国的法律(包括其关于冲突法的规则)以及可能适用的国际法规则。

2. ICSID 仲裁裁决的承认和执行

ICSID 公约第 50 条第 1 款规定:"裁决对当事人双方有约束力。任何一方当事人不得进行任何上诉或采取任何其他除本公约规定外的补救办法。除依照本公约有关规定予以停止执行的情况下,每一方当事人应该遵守和履行裁决的规定。"可见,ICSID 公约的规定排除了各缔约国以公共秩序保留为借口对裁决不予承认和执行,从而使承认和执行 ICSID 仲裁裁决对各缔约国具有绝对的强制性。

(二)《多边投资担保机构公约》

在世界银行的主持下,经过广泛的磋商和数次修订,《多边投资担保机构公约》(Convention Establishing the Multilateral Investment Guarantee Agency, MIGA 公约)于 1985 年 10 月正式通过并向世界银行成员国和瑞士开放签字。1988 年 4 月 12 日,MIGA 公约生效,多边投资担保机构(MIGA)组建成立。MIGA 于 1989 年 6 月开始正式运营。我国于 1988 年 4 月 30 日批准了 MIGA 公约,是公约的创始会员国。

根据 MIGA 公约的规定,MIGA 的目标是鼓励在成员国之间,特别是向发展中国家成员国进行生产性投资,以补充国际复兴开发银行、国际金融公司和其他国际开发金融机构的活动。为达到这一目标,MIGA 的业务包括:(1)对成员国来自其他成员国的投资的非商业性风险予以担保,包括共保与分保;(2)开展合适的辅助性活动,以促进投资向发展中国家成员国以及在发展中国家成员国间流动;(3)为推进其目标,行使必要和适宜的附带权力。可见,MIGA 为实现其宗旨而进行的业务,包括投资担保和与投资相关的咨询,以投资担保为主。

1. 承保范围

MIGA 的承保范围包括：(1)货币汇兑险，即东道国政府采取任何措施，限制投保人将其货币兑换成可自由使用的货币或投保人可接受的另一种货币，转移出东道国，包括东道国政府未能在合理的时间内对投保人提出的此类申请作出行动。(2)征收险，即东道国政府所采取的立法行为或行政的作为或不作为，实际上剥夺了投资者对其投资和收益的所有权和控制权，但政府为管理其境内的经济活动而通常采取的普遍适用的非歧视性措施不在此列。(3)违约险，东道国政府不履行或违反与投保人签订的合同，且投保人在用尽当地救济措施的情形下仍然无法获得权利救济。(4)战争与内乱险，即东道国领土内的任何军事行为或内乱，包括经宣战或未经宣战的战争、革命、暴乱、叛乱和军事政变等。(5)其他非商业风险。MIGA 现已承保不履行金融义务险。

2. 合格投资

MIGA 只对在发展中国家成员国境内所做的投资予以担保，且东道国需同意机构承保，在此项同意作出之前，机构不得缔结任何担保合同。

MIGA 承保的合格投资既包括股权投资，也包括非股权直接投资，如股权持有人在有关企业中所发放或担保的中长期贷款。相对于宽松的合格投资形式要求，MIGA 对合格投资的质量要求非常严格：一是要求前来投资的投资必须是在投保申请注册后才开始执行的新的投资（包括现有投资的更新、扩大或发展以及利润的再投资）；二是该投资必须具备经济合理性、能够给东道国带来良好的经济和社会效益、符合东道国的法律和条例（以东道国事先批准 MIGA 对该项投资的担保为准）、与东道国宣布的发展目标和发展重点相一致、在东道国可以得到公平待遇和法律保护。

3. 合格投资者

根据公约，凡符合下列条件的自然人和法人都有资格取得机构的担保：(1)该自然人是东道国以外的一成员国国民；(2)该法人是在一成员国注册并在该成员国设有主要业务点，或其多数资本为一成员国或几个成员国或其国民所有，在上述情况下，该成员国必须不是东道国；(3)该法人不论是否私人所有，均在商业基础上经营。

4. 代为求偿权

MIGA 一经向投保人支付或同意支付赔偿，即代为取得投保人对东道国或其他债务人所拥有的有关承保投资的各种权利或索赔权。各成员国都应当承认 MIGA 的此项权利。对 MIGA 代位求偿权的承认，使得原属于国家和外国投资者两个"不平等"主体之间的投资争端转化成同为国际法主体的国家与国际组织之间（即平等主体之间）的争端。这意味着对广大发展中国家东道国主权豁免的一种限制，是发展中国家出于吸引外资而在权衡利弊后作出的重大让步。

（三）TRIMs 协定

WTO 与国际投资有关的协定，最突出和最直接地体现在 TRIMs 协定之中。该协定的宗旨在于避免投资措施对贸易造成限制和扭曲影响，推动世界贸易的扩展和逐步自由化，并促进国际投资，以便在确保自由竞争的同时，提高所有贸易伙伴尤其是发展中国家成员的经济增长水平。协议确定的基本原则是：各成员实施与贸易有关的投资措施，不得违背关贸总协定的国民待遇和取消数量限制原则。

TRIMs 协定仅适用于与货物贸易有关的投资措施，不适用于与服务贸易和技术贸易有关的投资措施。TRIMs 协定采取概括式和列举式两种方式来规制应予禁止的与货物贸易有关的投资措施。TRIMs 协定的附录《解释性清单》进一步列举了五种被禁止的与贸易有关的投资措施:(1)要求企业购买或使用当地生产的或来自当地的产品;(2)限制企业购买或使用进口产品的数量,并当这一数量与该企业出口当地产品的数量或价值相联系;(3)普遍性地或依企业出口当地产品的数量或价值量,限制企业进口用于当地生产或与当地生产相关的产品;(4)依据企业所创外汇收入的数量,通过限制其获得外汇的要求,限制企业进口用于当地生产或与当地生产有关的产品;(5)限制企业出口产品或为出口而销售产品。

（四）WTO《服务贸易总协定》

《服务贸易总协定》(General Agreement on Trade in Services,GATS)是 WTO 法律规则体系中与投资自由化密切相关的另一个多边协定。GATS 规范的四种服务贸易之一的商业存在,是以直接投资方式来提供的服务。依据 GATS 的规定,所谓商业存在,是指一成员方的服务提供者在任何其他成员方境内设立的商业场所提供的服务,其中包括为了提供服务的目的,通过对外国直接投资而设立、收购或维持的各种商业机构,如公司、合伙、分支机构及代表处等。由于 GATS 将通过商业存在方式提供服务列为所规制的主要服务贸易方式之一,就使得其事实上也成为一项规范服务业对外国直接投资的多边规则。

GATS 中与国际直接投资关系密切的规则,主要体现在一般性义务和具体承诺义务的规定之中。在一般性义务中,与服务行业中外国直接投资关系密切的主要有最惠国待遇和透明度规则。GATS 中的具体承诺义务,主要涉及市场准入和国民待遇,都与直接投资有密切关系。

GATS 创建了第一个通过多边贸易谈判不断推动服务贸易自由化的机制,它要求各成员不断通过双边和多边的谈判,扩大对其他成员直接投资者开放的服务部门和分部门,不断减少对服务业投资经营运作条件的限制,一般性地给予外国服务业投资者和投资以最惠国待遇,在特定义务范畴内给予外国服务和服务提供者国民待遇,在对市场准入承担义务的服务部门取消多种限制性市场准入措施。

六、我国国际投资法律制度

我国的国际投资法律制度包括两个方面:一方面是为了引进和利用外资,作为资本输入国的身份而制定的外国投资法律制度;另一方面是为了管理和鼓励对外投资活动,作为资本输出国身份而制定的境外投资法律制度。

（一）外国投资法律制度

从法律结构来看,我国外国投资立法可分为三个层次,即宪法性规范、国家专门性法律和地方性法规。从法律内容来看,既包括私法性规范,也包括公法性规范;既包括实体法规范,也包括程序性规范。我国对外签订的投资保护协定及国际贸易协定中的投资章节,也是我国外国投资法律制度的渊源之一。

我国建立了以《外商投资法》为主干,以税收、工商、外汇管理等相关法律法规为配套的外商投资法律体系。2019 年 3 月,第十三届全国人大第二次会议通过《外商投资法》。该法于 2020 年 1 月 1 日起施行。《中外合资经营企业法》《外资企业法》《中外合作经营企业法》同时废止。《外商投资法》是我国外商投资领域的基础性法律,确立了国家对外商投资实行准入前国民待遇加负面清单管理制度及与更高开放水平相适应的信息报告等事中事后监管制度,同时建立外商投资安全审查制度,对影响或者可能影响国家安全的外商投资进行安全审查。

我国是 WTO 成员方,根据 WTO 法律制度,我国对外商投资相关基本立法都作了必要的修改,现行立法与 WTO 的规定保持一致。我国外资法对外资是鼓励与限制相结合,但重在保护。

(二)境外投资法律制度

我国从 20 世纪 80 年代初开始对外直接投资。为了对境外投资活动进行管理,我国已颁布了一些法律规范,但从法律层级看,目前我国还没有专门调整中国企业境外投资行为的法律或行政法规,所依据的法律规范主要是国家发改委、商务部、国资委、国家外汇管理局等部委发布的部门规章或其他规范性文件。例如,《企业境外投资管理办法》(国家发展和改革委员会令第 11 号)、《境外投资管理办法》(商务部令 2014 年第 3 号)、《国家外汇管理局关于境内居民通过特殊目的公司境外投融资及返程投资外汇管理有关问题的通知》(汇发〔2014〕37 号)、《中央企业境外投资监督管理办法》(国有资产监督委员会令 2017 年第 35 号)、《对外投资备案(核准)报告暂行办法》(商合发〔2018〕24 号)、《关于进一步引导和规范境外投资方向的指导意见》(国办发〔2017〕74 号),等等。

目前,我国境外投资法律制度主要从以下方面规范我国境外投资活动:(1)境外投资企业的设立制度,包括境外投资企业的设立条件、核准程序、产业导向等。我国对境外投资采取"鼓励发展+负面清单"的核准(备案)模式,其中核准(备案)模式是指,我国对境外投资采取核准与备案相结合的管理制度,只有属于规定情形的境外投资才需要核准,其他情形的则报有关政府部门备案,具体可分为商务部门对境外投资行为的核准或备案,发改委对境外投资项目的核准或备案。(2)外汇管理制度,包括境外投资企业的外汇风险及外汇来源的事先审查、登记与投资外汇资金的汇出、外汇利润和资产的调回、外汇监管、外汇优惠与支持等。(3)境外投资国有资产的管理制度,包括境外国有资产产权登记制度、境外投资财务管理制度、境外投资国有资产管理制度等。(4)信息报告制度,即境内投资主体在境外设立(包括兼并、收购及其他方式)企业前,按规定向有关主管部门提交相关信息和材料;符合法定要求的,相关主管部门为其办理备案或核准。(5)保护与鼓励境外投资的措施,包括信贷支持、对境外带料加工装配业务的鼓励措施等。随着我国对外投资的不断扩大和发展,完善我国境外投资立法成为一项十分迫切的任务。

主要参考文献

1. 黄进主编:《国际私法》(第 2 版),法律出版社 2005 年版。
2. 陈安主编:《国际经济法》(第 2 版),法律出版社 2007 年版。
3. 王传丽主编:《国际贸易法》(第 4 版),法律出版社 2008 年版。
4. 余劲松主编:《国际投资法》(第 3 版),法律出版社 2007 年版。
5. 《国际私法学》编写组:《国际私法学》,高等教育出版社 2023 年版。
6. 《国际经济法学》编写组:《国际经济法学》,高等教育出版社 2016 年版。